바이두(Baidu),
인공지능이 이끄는 미래를 말하다

스마트 경제

스마트 경제

바이두(Baidu), 인공지능이 이끄는 미래를 말하다

리옌훙 지음

장샤오펑 l 두쥔 편집
이서연 l 송은진 l 고경아 옮김

버니온더문

차례

Part 1. 스마트 경제

인공지능이 디지털 경제에서 스마트 경제로의 진화를 이끌고 있다

Part 2. 바이두

신인프라 건설의 '토대', 스마트 경제, 스마트 사회의 '미들엔드(Middle-end)'

Part 3. 산업 스마트화의 버팀목인 스마트 산업화

'선두 기러기 효과'를 통해 '승수 효과'를 일으키려는 중국의 실험

Part 4. 전통 업종이 맞이한 인공지능

AI to B의 산업 스마트화의 길

Part 5. 인공지능과 우리

스마트와 미래

추천사

2020년 봄이 되자 신종 코로나 바이러스는 전 세계를 휩쓸었다. 이에 세계 각국이 강력한 거리 두기와 방역 조치를 시행하면서 세계 경제·무역 활동이 위축됐고, 중국 경제 발전도 잠시 둔화했다. 하지만 이런 와중에도 5G(5세대 이동통신 기술), 인공지능(AI)으로 대표되는 경제 활동은 오히려 성장했다. 신인프라 건설은 차세대 정보 인프라 구성을 가속해 중국이 경제 하락 압력을 극복하고, 과학 기술 혁신과 산업 업그레이드를 기반으로 경제체제 현대화를 이룰 새로운 엔진이 됐다.

과거 10년 동안 광통신 용량이 100배 증가해 모바일 통신 속도가 1,000배 향상됐고, 슈퍼컴퓨터의 능력도 1,000배 향상되고 데이터 양은 32배 증가했다. 정보 수집, 전송과 저장 효율이 향상되고, 컴퓨팅 능력이 빠르게 발전해 인공지능 시대의 기초가 마련됐다. 그리고 이러한 기초에서 딥러닝 알고리즘의 획기적인 발전은 인공지능이라는 새로운 시대의 서막을 열게 했다.

삼두마차인 빅데이터, 컴퓨팅 파워, 알고리즘은 인공지능 기술의 빠른 발전을 이끌었고, 이미 일부 방면에서는 인류의 평균 수준을 초월했다. 중국 여러 인공지능 기업은 경쟁에서 좋은 성적을 거두고 있다. 예를 들면 음성 식별 같은 경우 바이두의 중국어 식별 시스템의 정확률은 97%에 달해 전문 속기사보다 빠르고, 바이두 안면인식의 정확률은 99.99%에 달한다.

상술한 부분에서 인공지능 기술에 대한 표현이 인공지능이 현재 인류의 일을 감당할 수 있다는 걸 말하는 건 아니다. 인공지능 개념이 언급된 지도 이제 60여 년이 됐지만, 아직도 간단한 문제 인식에서도 어린아이보다 못한 수준에 머물러 있다. 두뇌와 비교해서 인공지능은 현재 '데이터와 컴퓨팅 파워 요구는 높지만, 해결할 수 있는 임무는 아주 적은' 상태에 머물러 있다. 게다가 '알고리즘의 블랙박스화'와 데이터 필요량이 많고, 소음에 저항하지 못하며, 에너지 소비가 큰 것 등 문제들이 존재한다. 인공지능은 상황을 인식하기만 할 뿐 인과관계에 대한 해석이 부족한 단계에 머물러 있어 인공지능 기술의 발전은 거의 막다른 길에 몰린 상황이다. 사실 과거 기술들도 처음 높은 기대를 받기 시작했을 때부터 기술 진전이 이루어져 실제로 사용되기까지는 힘겹고 지난한 발전 과정이 있었다.

게다가 인공지능은 생활과 다양한 업종에서 발휘할 수 있는 역할이 많이 있어 전망이 밝기 때문에 인공지능에 관한 연구 열기도 식지 않고 있다. 사람들의 인공지능에 대한 인식도 점차 추상적인 모습에서 구체적으로 변화하고 있다. 사실 인공지능 기술은 눈앞의 이익에 집착하지 말고 장기적으로 기술력을 축적할 수 있어야 한다. 이에 과학 연구기관과 교육기관은 인공지능 기술 정체에서도 혁신 공간을 확인했고, 자본은 가치가 높은 투자 기회를 찾고 있다. 더 중요한 점은 능력을 갖춘 기업들이 자발적으로 앞장서서 인공지능 기술 발전에 힘을 쏟고 있다는 점이다.

10년 전에 인공지능이 가진 가능성을 파악한 바이두는 재빨리 기업 전략 중심을 인공지능 기술과 응용으로 전환했다. 그리고 기술 연구, 산업응용 플랫폼부터 인간과 기계 상호작용까지 모든 부분에서 상당한 기술을 축적했다. 이에 바이두의 전략도 점차 분명해졌다. 스마트 검색과 스마트 커넥티드카를 넘어 미래의 스마트 사회와 스마트 경제까지 바라보고 있다.

곧 도래할 5G, 빅데이터, 인공지능으로 대표되는 스마트 시대는 컴퓨터, 인터넷, 모바일 통신으로 대표되는 정보화 시대와 비교해서 우리의 생활, 학습과 직업에 더 넓고 깊은 영향을 줄 것이다. 인간+기계, 보조 로봇을 시작으로 로봇이 인력을 대체해 생산효율이 향상되고, 생활 수준의 향상과 지식 정보와 보조 의사결정이 가능해지는 등 인공지능은 인류 생활에 더 넓고 깊이 영향을 미치며 사회를 변화시킬 것이다. 이 책에서는 소비 영역과 산업 영역에서 인공지능의 응용 사례와 인공지능을 통해 이룬 획기적인 성과를 소개하고 있다. 사실 이런 응용 능력은 우리의 상상을 훨씬 뛰어넘는 결과다. 중국의 인터넷 발전 과정을 돌이켜보면 많은 업종이 인터넷 능력이 갖춰진 이후에 생겨났다는 걸 알 수 있다. 3G(3세대 이동통신 기술)가 출현한 뒤 스마트폰이 등장했고, 4G(4세대 이동통신 기술)가 출현한 뒤 QR코드 결제, 공유경제, 스마트 검색이 출현했다. 그러니 5G와 인공지능의 결합은 현재 우리가 상상하지 못하는 새로운 응용과 시나리오를 출현시킬 것이다.

2019년 우전(烏鎭)에서 열린 세계인터넷대회(World Internet Conference)에서 리옌훙 선생은 처음으로 '스마트 경제'라는 개념을 제시했다. 그리고 《스마트 경제》에서 그는 이 개념에 대해 한층 더 발전시키고 있다.

"디지털 경제는 인공지능을 핵심 동력으로 삼아 스마트 경제라는 새로운 단계로 발전할 것이며, 스마트 경제는 전 세계 경제에 새로운 활력을 가져오고, 전 세계 경제를 다시 성장시킬 핵심 엔진이 될 것이다."

매켄지 글로벌 연구소는 2018년 9월 발표한 보고서에서 2030년까지 인공지능이 전 세계 GDP(국내총생산)에 13조 달러를 추가로 기여할 수 있으며, 평균 연간성장률은 1.2%로 인공지능은 19세기 증기 기관, 20세기 산업용 로봇, 21세기 정보통신 기술과 비견된다고 설명했다. 프라이스 워터하우스 쿠퍼스(Pricewaterhouse Coopers)는 2017년 하계 다보스포럼에서 〈기회포착〉이란 보고서를 통해 경제 성장에서 인공지능의 공헌은 새로운 소비 수요 촉발, 노동생산율 향상, 제품과 서비스 품질 개선, 이 3가지 방면으로 종합해볼 수 있다고 말했다. 인공지능은 중국이 지속 가능한 질적 성장으로 전환해 질적 혁명, 효율 혁명, 동력 혁명을 이룰 새로운 엔진이 될 것이다. 프라이스 워터하우스 쿠퍼스는 2030년까지 중국의 GDP 중 26.1%를 인공지능이 기여하게 될 거라고 예측했다. 《스마트 경제》에서는 스마트 산업의 핵심 기술과 산업 스마트화의 풍부한 응용 사례와 청사진을 소개하며, 미래 스마트 경제의 모습을 보여주고 있다.

20여 년 전에 텐센트, 알리바바, 바이두 등의 기업이 잇달아 설립되어 중국 인터넷 발전을 이끌었다. 현재 많은 청년이 때를 잘못 타고나 인터넷 발전의 황금기를 누리지 못했다고 원망하지만, 앞으로 도래할 스마트 시대는 20년 전보다 더 엄청난 변화를 가져올 것이다. 앞으로 10년이 스마트 경제 발전에 중요한 시기인 만큼 우리는 스마트 산업과 산업 스마트화의 발전에 직접 참여하고 목격하게 될 것이다. 인공지능 기술 분야에 종사하고 싶거나 이를 응용해 혁신 창업을 하고 싶어 하는 사람들을 위해 《스마트 경제》는 새로운 기회와 도전을 포착하는 법을 알려준다. 이 책에서는 기초이론, 기초기술, 제품 개발, 서비스 응용 및 사람과 기계의 상호작용 등의 차원에서 바이두가 10년 동안 인공지능을 개발해오면서 겪은 과정이 설명되어 있다. 이에 기술 선택, 제품 방향, 비즈니스 모델, 조직 구조에 대한 고민 과정과 중요 결정을 살펴볼 수 있어 독자들에게 많은 시사점을 제공해주고 있다.

시진핑(習近平) 국가주석은 2018년 10월 31일 중앙정치국 집단학습 회의에서 다음과 같이 지적했다.

"인공지능은 새로운 과학 기술혁명과 산업 변혁을 이끌 핵심 동력인 만큼 차세대 인공지능 발전은 중국이 새로운 과학 기술혁명과 산업 변혁의 기회를 포착할 수 있을지, 없을지를 결정한 중요 전략 문제다. … 각 지도층 간부들은 첨단 과학 기술을 공부해 인공지능의 발전 규칙과 특징을 파악한 뒤 전체적인 계획을 조정해 정책 지원을 강화하고 업무 협력을 이루어야 한다."[1]

이 책이 인공지능 지식 보급을 촉진해 더 많은 독자가 함께 스마트 시대를 만들어나가기를 기대한다.

중국공정원 원사

우허취안(鄔賀銓)

---

1. 시진핑이 주관한 중국 공산당 중앙 위원회 정치국 제9차 집단학습에서 발언, 중국 정부 홈페이지 참고 :
   http://www.gov.cn/xinwen/2018-10/31/content_5336251.htm.

서문 1

2020년 2월은 아마도 베이징 수십 년 역사를 통틀어서 가장 차가 막히지 않았던 한 달이었을 것이다. 날씨가 좋은 날에도 텐안먼(天安門), 왕푸징(王府井)처럼 항상 사람들로 붐비던 장소들에 사람이 없었고, 상점들도 영업을 중단하거나 문을 열어도 손님이 거의 없었다. 나는 집 안에 있기가 답답해 자동차를 몰고 이곳저곳을 돌아다니거나 가끔은 자금성 모퉁이 옆이나 베이하이 퇀청(北海團城) 골목을 걷기도 했다. 별이 빛나는 하늘을 보거나 가끔 지나가는 승객이 거의 없는 버스를 바라볼 때면 딴 세상에 온 것 같은 기분이 들었다.

처음에는 지금껏 겪어본 적 없는 조용하고 인적 드문 베이징의 모습에 흥분되고, 사람이 붐비던 곳을 한적하게 이용할 수 있어 좋기도 했다. 하지만 점차 현실이 눈앞에 보이자 경제가 침체하지는 않을까, 중앙기업과 민간기업의 성적이 어떨까 하는 생각이 들었다. 그러자 매일 차가 막히지 않는 베이징의 텅 빈 거리를 볼 때마다 베이징에 다시 교통체증이 생겼으면 좋겠다고 생각하게 됐다. 이전에 정부 관계자가 나에게 '교통체증은 우리 경제가 호황이라는 증거'라는 말을 한 적 있었다.

2가지를 모두 이룰 솔루션은 없는 걸까? 교통체증이 없으면서 경제가 발전할 수는 없는 걸까? 앞으로 미래에 중국 경제 성장의 동력은 무엇일까? 이 책은 우리에게 익숙한 인공지능을 통해서 이러한 질문에 답하려 한다.

신종 코로나 바이러스가 대규모로 유행했을 때 중국 경제 상황처럼 지금 인공지능 발전은 침체기에 놓여 있으며, 인공지능 관련 기업이 융자받기 어려워져 많은 기업이 사라지고 있다. 이에 모두 '인공지능은 돈이 되지 않는다'라는 생각을 하게 됐다. 이처럼 돈이 되지 않으면 열기와 관심이 모두 식어버려 초조하고 고통스러운 과정을 겪게 된다.

하지만 이런 고통스러운 과정을 나는 이미 20년 전에 경험해봤다. 1999~2000년 닷컴 버블이 사라져 나스닥 지수는 최고 5,000포인트에서 1,000포인트 정도까지 떨어졌다. 이후 인터넷 업종은 3, 4년 동안 침체기를 겪은 뒤 당시에는 상상조차 할 수 없었던 성과를 만들어냈다. 애플, 마이크로소프트, 아마존, 구글 등 2019년 기준, 전 세계 시장에서 상위 10위 기업 대부분이 시가총액이 1조 달러에 육박하는 인터넷 기업이다.

나의 경우 당시 인터넷에 대한 믿음이 변치 않았던 것처럼 지금 인공지능에 대한 믿음 역시 굳건하다. 나는 인공지능이 과거 산업혁명과 비견될 만큼 엄청난 변화를 몰고 올 것이라 믿는다. 인공지능은 우리의 의식주, 산업과 제조, 경제의 운영효율을 바꿀 것이며, 사회 평등과 조화에도 변화를 가져올 것이다. 우리가 지금 보고 있는 자율주행, 스마트 자동차, 스마트 비서 등은 인공지능이 가져올 변혁의 빙산의 일각일 뿐이다.

• • •

3년 전 《지능혁명》을 집필할 당시만 해도 인공지능은 아직 '미래의 일'로 우리는 여전히 '인공지능 시대의 사회, 경제, 문화 변혁을 맞이할' 준비와 기대를 하고 있었다. 하지만 지금 인공지능은 이미 '현재진행형'이 됐다. 비록 인공지능은 아직 돈이 되지 않는 분야이거나 대규모 이익을 거둘 수 없는 분야이지만, 우리는 인공지능이 이미 교통, 금융, 에너지, 제조 등 업종에서 응용되기 시작했다고 보고 있다. 또 우리는 스마트 경제 시대가 이미 도래했다고 확신하고 있다.

중국은 지난 40여 년 동안 개혁개방을 진행하면서 대규모로 오랜 시간 빠른 성장을 지속해왔는데, 이건 인류 역사상 아주 보기 드문 일인 만큼 대단한 일이다. 이런 경제 성장이 가능했던 데는 인프라 건설의 공이 컸다. 과거 10년 동안 중국은 3만 5,000킬로미터에 달하는 고속철도를 건설했는데, 이는 세계 1위로 전 세계 고속철도 총길이의 60%를 차지한다. 또 중국은 14만 9,600킬로미터에 달하는 고속도로를 건설해 고속도로 총길이가 세계 1위이며, 이 밖에도 지하철의 총길이는 대략 6,000킬로미터에 이른다.

이러한 철도, 도로, 기타 인프라 건설을 통해서 중국은 고효율, 저비용 물류 네트워크를 구축해 경제의 활기를 불어넣는 대동맥을 이루었다. 이와 같은 인프라와 에너지 인프라, 수도 인프라, 통신 인프라 등은 중국 경제와 사회 발전의 토대와 골격이 되어 중국이 과거 10년 동안 GDP 고속 성장을 이룰 수 있는 기반이 되어 주었다.

그렇다면 앞으로 10년, 20년 중국 경제를 이끌 동력은 무엇일까? 이 질문의 답은 기술 혁신, 신인프라 건설이라고 할 수 있다. 그 이유는 무엇일까? '12차 5개년 계획' 시기 중국의 교통 인프라 투자액은 12조 5천억 위안이었다. 이에 교통, 에너지, 통신 등 인프라 규모는 이미 커질 대로 커진 상태라서 앞으로 발전 가능성이 제한적이다. 물리 공간이 제한된 만큼 무한대로 고속도로, 공항, 철도 등을 건설할 수는 없다. 하지만 '12차 5개년 계획'에서 정보 인프라 투자액은 2조 위안에 불과했다. 미래의 신인프라 건설은 소프트웨어, 디지털 트윈, 가상 공간에 기반할 것이다. 신인프라 건설의 핵심은 5G, 인공지능, 산업 인터넷, 사물 인터넷, 데이터 센터 등이다. 이와 같은 스마트화 인프라는 활용할 수 있는 공간이 거대해서 더 오랜 시간 지속할 수 있다.

지금 세계는 여러 가지 문제가 뒤엉켜 있고, 경제는 심각한 도전에 직면해 있다. 그리고 우리에게는 인공지능으로 신인프라를 건설해 중국 경제 성장의 새로운 엔진으로 삼을 새로운 기회가 놓여 있다. 이것은 150년 전 미국이 산업화 과정에서 마주한 기회와 상당히 유사하다. 중국이 적극적으로 추진하는 신인프라 건설은 인류가 스마트 경제와 스마트 사회로 진입하기 전 가장 큰 인프라 공정이라 볼 수 있으며, 경제, 사회적으로 전면 스마트화를 불러올 것이다. 이에 나는 신인프라 건설이 스마트 경제에 가장 큰 버팀목이 되어줄 것이며, 신인프라가 스마트 경제의 도래를 가속화할 거라고 믿어 의심치 않는다.

· · ·

스마트 경제와 관련해서 2019년 한 포럼에서 나는 다음의 내용을 발표했다.

"만약 과거 10년 중국 경제에서 가장 눈에 띄는 지표를 찾는다면 '인터넷 경제'라고 생각한다. 중국의 전자상거래, 모바일 결제, 소셜 미디어, 디지털 생활 서비스는 모두 세계 선두에 있다. 그리고 미래 10년 가장 눈에 띄는 지표는 '스마트 경제'가 될 것이다."

인공지능이 주도하는 스마트 경제는 다음의 3가지 측면에서 중대한 변혁과 영향을 가져올 것이다.

첫째, 사람과 기계의 상호작용에서의 변혁이다. 과거 20년은 휴대폰에 대한 의존도가 계속 높아진 20년이었다. 반면 앞으로 20년은 휴대폰에 대한 의존도가 계속 낮아지는 20년이 될 것이다. 스마트 경제 시대에 스마트 단말기는 휴대폰의 범위를 넘어 인공지능 스피커, 각종 웨어러블 디바이스, 언제 어디서든 이용할 수 있는 스마트 센서 등을 포함하게 될 것이고, 응용과 서비스 행태 역시 함께 변화해서 사람들은 더욱 자유로운 방식으로 기계, 도구와 교류를 할 수 있게 될 것이다.

둘째, 스마트 경제는 인프라에도 엄청난 변화를 가져올 것이다. 기존 중앙 처리 장치, 운영체제, 데이터베이스는 중앙 무대에서 밀려나고 새로운 인공지능 칩, 빠르고 효율적인 클라우드 서비스, 각종 응용 개방 플랫폼, 개방된 딥러닝 구조, 통용 인공지능 알고리즘 등이 이 시대 새로운 인프라가 될 것이다.

미래 가장 중요한 운영체제는 개인용 컴퓨터나 휴대폰이 아니라 인공지능 딥러닝 구조일 것이다. 딥러닝 구조는 위로는 각종 스마트 애플리케이션을 떠받치고, 아래로는 인공지능 칩의 설계를 주재할 것이다.

셋째, 스마트 경제로 더 많은 새로운 업종이 만들어질 것이다. 교통, 의료, 도시보안, 교육 등 각종 업종이 스마트화되면 새로운 소비 수요, 비즈니스 모델이 차례로 생겨날 수 있다. 더구나 현재 인공지능이 각기 다른 산업에 침투하고 우리의 생산 방식과 생활 방식에 적용되는 걸 심심치 않게 볼 수 있다.

예를 들어서 전 세계 신종 코로나 바이러스 감염자가 누적 2,000만 명에 근접한 오늘, 바이러스를 저지할 최종 무기인 백신의 빠른 연구개발을 위해서 전 세계 과학자들이 힘을 쏟고 있다. 바이두 연구원은 세계에서 처음으로 mRNA(메신저 리보핵산) 백신 유전자 서열 설계 알고리즘 LinearDesign을 내놓았다. 16분 안에 서열 설계를 할 수 있어 백신 설계의 안정성과 단백질 발현 수준을 향상시키고, mRNA 백신 연구에서 가장 중요한 안정성 문제를 효율적으로 해결해 백신 연구개발 속도를 높였다. 백신 연구개발뿐만 아니라 인공지능인 선별조사, 보조 진단 치료, 신약 테스트 등 방면에서도 많은 역할을 하며 우리의 생명과 건강을 지켜주고 있다.

• • •

마지막으로 스마트 경제에서 양대 핵심 역할을 맡은 정부와 기업에 관해 이야기 해보고자 한다.

정부는 스마트 경제의 최고 디자이너로 관련 산업 정책 제정, 자금 투입 방향 안내, 관련 산업 발전 지원 등 혁신에 유리한 환경을 만드는 역할을 해야 한다. 예를 들어 국가 신인프라 건설 정책이 나오자 각 지역 정부 기관은 투자 목록을 발표하면서 이미 수십조 위안에 달하는 투자 규모가 형성됐다. 이러한 투자는 더 거대한 반응을 이끌어내고, 중국 경제가 앞으로 상당히 긴 시간 동안 고속 성장을 추진할 수 있게 해줄 것이다. 또 예를 들어 스마트 홈 영역에서 정부는 기준을 마련해 더 많은 스마트 제품이 각 가정에 보급될 수 있도록 하고 있다.

미래 기업은 2가지 유형밖에는 없다. 바로 인공지능 기업이거나 인공지능화된 기업이거나다. 그렇다면 인공지능화된 기업이 되려면 어떻게 해야 할까? 기업이 사고, 능력과 문화에서 완전한 인공지능화를 이루어야 한다. 이것은 기업가의 시선이 휴대폰 액정에서 만물 인터넷의 시대로 이전되어야 한다는 걸 의미한다. 그리고 과거 C단(사용자) 중심에서 B단(기업)과 C단을 함께 고려해야 하며, 생산력의 최적화와 생산 관계구조를 새롭게 고민하고 기술과 비즈니스 윤리를 다시 생각해야 한다는 걸 의미한다. 이처럼 앞에서 언급했듯이 인공지능화된 기업은 '인공지능 사고'를 갖춰야 하며, 또 '인공지능 윤리'를 준수해야 한다.

바이두는 스마트 경제에서 어떤 역할을 맡아야 할까? 이에 대해 우리는 처음부터 아주 명확한 관점을 가지고 있었다. 바로 바이두는 인공지능 플랫폼형 기업이라는 것이다. 아주 소규모인 기업도 물, 공기, 전기를 사용하는 것처럼 우리는 누구나 자유롭게 데이터, 알고리즘, 컴퓨팅 파워 서비스를 사용할 수 있게 하고 싶다. 앞으로 기업에 인공지능 기술이 많이 필요해지겠지만, 모든 기업이 이러한 기술 개발을 위해 직원을 고용하고 투자를 할 수는 없다. 반면 바이두는 1만 명이 넘는 엔지니어를 보유하고 있다. 그러므로 가장 효율적인 방법은 우리가 이미 만든 걸 다른 사람이 반복해서 만들 필요가 없게 하는 것이다. 바이두 브레인, 패들패들 딥러닝 구조의 오픈소스 개방은 이러한 생각을 바탕으로 두었다.

최근 우리는 2가지 '500만' 프로젝트를 발표했다. 하나는 2030년까지 바이두 스마트 클라우드 서버 규모를 500만 대까지 늘리겠다는 것이고, 다른 하나는 미래 5년 동안 사회를 위해 500만 명의 인공지능 인재를 양성하겠다는 것이다. 바이두뿐만 아니라 알리바바, 텐센트, 화웨이와 같은 플랫폼형 기업도 경제와 사회의 스마트화 전환 과정에서 갈수록 중요한 역할을 하고 있다.

이 책을 집필한 핵심 원동력도 바로 여기에 있다. 나는 과거 기술 변혁에 관한 연구, 내 생각과 바이두의 실천을 통해서 스마트화 전환에 관한 생각과 의견을 제공하고, 이를 통해서 경제와 사회 스마트화 과정에서 역할을 하고 싶다.

스마트 경제 시대가 도래하고 10년, 20년이 지나서 심지어 30년, 50년이 지난 뒤에 세상은 어떻게 변해 있을까? 어떤 상황이 펼쳐질까? 나의 상상력만으로는 완벽하게 묘사해낼 수 없겠지만, 아마도 단순하고 조화로우면서 아름다운 신세계일 것이다.

바이두 창업자, 회장 겸 최고경영자
리옌훙(李彦宏)

서문 2

알파고 마스터(AlphaGo Master)와 알파고 제로(AlphaGo Zero)가 일으킨 파장이 여전히 가라앉지 않고 있다.

하지만 이 일은 인공지능의 발전에서 대표적인 사건이라기보다는 한 차례 파문에 불과하다. 전용 인공지능의 발전 과정에서 작은 발걸음에 불과한 일이었지만, 사람들이 상상의 나래를 펼치기에는 충분했으며, 더 나아가 인공지능에 대한 전 세계인들의 인식과 기대를 바꾸어놓았다.

신종 코로나 바이러스 팬데믹으로 사람들은 삶과 죽음의 잔혹한 시련에 직면할수밖에 없었고, 차세대 인공지능과 네트워크 정보 기술도 수많은 위기를 겪어야 했다. 사람들은 지금껏 이처럼 절박하게 기술의 가치를 느껴본 적이 없었다. 그리고 중국의 신인프라 건설은 의기소침해진 전 세계 경제에 희망의 빛을 비춰주었다.

때로는 우연한 요소로 인해 세계에 변화가 일어나기도 한다. 신종 코로나 바이러스를 어떻게 대응할지에 대한 각국 정부와 무수히 많은 지구촌 사람들의 대답은 거의 같다. 바로 신뢰할 수 있는 기술을 구축하고, 스스로 조심하며, 서로 협동하고, 인력을 최대한 동원해야만 비로소 대응할 수 있다.

세계의 진정한 변화는 종종 다양한 요소, 다양한 힘이 모여서 이루어지며, 특히 기술적 요소와 비기술적 요소가 교차할 때 이루어진다.

세계를 뒤흔드는 양대 요소 : 기술적 요소와 비기술적 요소

중국은 다행히 모바일 인터넷의 고속 발전과 적용을 거치면서 AI 알고리즘에 풍부한 영양을 제공하는 '양식'인 데이터를 대량으로 축적할 수 있었다. 그리고 중국은 과학 기술 영역과 밀접하게 관련된 2가지 큰 사건을 겪었다. 그중 하나는 이미 일어난 화웨이 5G를 필두로 차세대 네트워크 정보 기술의 선두에 오른 것이고, 다른 하나는 현재 진행 중인 바이두를 '선두'로 한 중국 인공지능 플랫폼형 기업이 차세대 인공지능 기술의 주도권을 잡은 것이다.

화웨이의 이야기는 모두 자세히 들어 알고 있을 것이다. 또 바이두가 여는 새로운 장은 모두가 함께 협동하고 참여하고 있어 중국도 AI+5G를 통한 질적 성장의 더블 엔진을 구축할 수 있을 거라는 기대를 모으고 있다. 전 세계 첨단 과학 기술을 다루는 잡지이자 미국 MIT에서 발행하는 〈MIT 테크놀로지 리뷰〉 2020년 6월 판에서는 '산업 인공지능 발전을 이끄는 바이두 패들패들 딥러닝 플랫폼'이란 제목의 글을 실었다. 또 최신 〈포브스(Forbes)〉에서는 바이두 자율주행 개방 모델을 다루기도 했다. 현재 바이두 아폴로(Apollo)는 이미 전 세계에서 가장 큰 자율주행 개방플랫폼이자 국가급 자율주행 개방 혁신 플랫폼이 됐다. 이에 보스턴 컨설팅 그룹은 2019년 말에 〈산업 스마트화 : 중국 특화 AI 플랫폼 모델〉 보고서를 발표하며, 바이두와 구글을 비교 샘플로 삼아 '중국의 독특한 시장 환경은 기업들을 다각적인 도전에 직면하게 만든다. 기업들은 기술과 산업적 가치를 모두 중시하는 중국 특색의 AI 플랫폼이 필요하다'라는 결론적인 판단을 내렸다. 물론 바이두는 중국 인공지능 기술 기업의 일부일 뿐이다. 바이두 외에도 화웨이, 텐센트, 알리바바, 센스타임, 메그비(Megvii, 曠視) 등 다양한 기업들이 함께 발전하고 있다.

단 3일 동안 자체 훈련을 한 뒤 '형'을 이긴 알파고 제로(AlphaGo Zero)처럼 인공지능 기술은 최근 5년 동안 빠른 속도로 발전했다. 딥러닝의 경우를 예로 들면 DNN(심층 신경망)부터 RNN(순환 신경망), CNN(합성곱 신경망), GAN(생성적 대립 신경망)까지 쉴 새 없이 업그레이드되며 새로운 혁신을 일으키고 있다.

하지만 기술적 요소의 영향만으로는 지금의 세계를 이해하기 힘들고, 미래의 세계를 통찰하기도 어렵다. 그러니 현재 세계를 바꾸는 4가지 비기술적 요소인 유비쿼터스 연결, 유비쿼터스 공유, 유비쿼터스 융합, 유비쿼터스 협동을 살펴보아야 한다.

비기술적 요소는 '사람'이 가장 능동적인 주체로서 그 안에 참여하거나 주도한다. '유비쿼터스(Ubiquitous)'는 점진적인 발전의 과정으로 언제 어디서든 있을 수 있다는 뜻이다. 그러니 미래에 인공지능은 어디에나 존재할 것인 만큼 우리는 그 존재를 의식하지 못하게 될 것이다.

아마도 누군가는 '이게 기술적 요소가 아니야?'라고 의문을 가질 수 있을 것이다. 사실 이건 합리적인 의문이다. 현재 비기술적 요소에는 기술적 요소의 그림자가 있거나 기술적 요소가 바탕을 제공하거나 시간과 공간에서 기술적 요소와 서로 중첩

되어 상호 공존하기도 한다. 예를 들어 5G, AI, 개방공유, 협동생태 등 기술적 요소와 비기술적 요소가 만나 대연결, 대공간, 대협동의 시대를 만들어낼 수 있다.

여러 번의 시행착오를 겪으며 사람들의 관심과 우려를 받아온 인공지능이 오늘날에 와서 핵심 분야로 주목받게 된 이유는 뭘까? 인공지능 기술이 경제와 사회 발전 논리를 어떻게 변화시키고 우리 삶의 방식에 어떤 영향을 줄까? 이 책에 담긴 진솔한 대화와 상호작용을 통해서 모두가 함께 미래에 더 가까이 다가설 수 있었으면 좋겠다.

양대 요소 영향은 사람과 기계, 인간과 미래와 같은 '관계'에 있다.

우리는 '기술'의 탈중심화와 '비기술'의 '인간' 중심화가 조금의 위화감도 없이 공존하는 걸 발견할 수 있다. 이 책에서 설명하는 것처럼 인공지능의 본질은 인간에 대한 이해다. 이해해야 비로소 더 잘 알 수 있고, 더 잘 알아야 비로소 더 잘 도울 수 있다. AI의 최고 윤리는 바로 인간의 성장을 돕는 것이다. 또 신인프라 건설, 새로운 스마트 도시, 새로운 관리의 출발점은 무엇일까? 바로 인간을 중심으로 하고, 인간의 성장과 발전을 촉진하는 것이다. AI 브레인 자체는 아무것도 대표하지 않는다. AI 브레인, 스마트화의 운영체제, 개방공유생태가 하나로 결합할 때 인공지능의 시나리오화가 비로소 진정한 토대를 가질 수 있다.

세계는 '관계'의 구조다. 거대한 천체 사이에도 '관계'가 있고, 인체와 세포 사이에도 '관계'가 있다. 웨이신(微信), QQ, 소셜커머스 모두 관계구조이며, 하나의 조직, 하나의 국가, 하나의 정부도 모두 관계구조다. 전 세계도 하나의 관계구조이고, '일대일로(一帶一路)',[2] 생활공동체 또한 마찬가지다.

이러한 크고 작은 관계구조는 줄곧 변화를 해왔다. 특히 인공지능 차세대 상호작용 기술이 실현된 만물 인터넷, 스마트 인터넷, 산업 인터넷을 바탕으로 한 유비쿼터스 연결과 유비쿼터스 인식, 유비쿼터스 상호작용은 관계구조를 새로 구축했다. 사람, 산업, 사회가 인공지능과 함께 발전하는 게 가능하다. 산업 내부 관계를 새로 구축하고, 산업과 융합하는 건 피할 수 없는 현실이고, 포용할 가치가 있는 일

2. 실크로드 전략구상, 내륙과 해상을 잇는 실크로드 경제벨트. – 역주.

이다. 기업 등 각종 조직의 경계는 이미 불투명해졌고, 앞으로 더욱 모호해질 것이다. 그러니 더욱 생태 속성을 갖추고 유비쿼터스 협동을 해야 성장을 할 수 있다.

가상현실, 증강현실과 혼합현실은 세상에 대한 우리의 인식을 바꿀 수 있다. 사람의 지능과 인공지능의 결합, 융합은 인류와 세계의 발전을 위한 새로운 공간을 열어줄 것이다. 사람의 생존상태, 생활 방식, 협력모델도 모두 바뀌어 가상직원, 공유직원, 프로젝트식 협력, 취미식 협력이 흔해지고, 미래 사람들은 단일 조직 공간보다 플랫폼, 생태에서 더 많이 서식하고 심지어는 '직원'이라는 개념도 달라질 수 있다. 기계와 인간의 관계도 상하관계, 주종관계가 아니라 인간의 디지털 트윈, 인간의 스마트 비서로 바뀌게 될 것이다. 또 집단지성이 이용하는 기술 요소를 반영, 승화한 인공지능은 기술 원칙, 기술 윤리, 기술 철학을 인간과 기계의 상호협동, 슈퍼 스마트 세계의 메타게임(Metagame) 규칙으로 삼는다. 그러므로 인공지능과 집단지성은 상호공존하며 서로를 보완하게 될 것이다.

인공지능은 조합하고 혼합하며 전환하고 확대하는 특징이 있는 만큼 하이브리드 지능은 업그레이드를 지속하며 더욱 강해질 것이다. 인류의 역사는 상호작용의 역사이자 낮은 비용, 낮은 에너지를 소비해 높은 효율과 편익을 누리기 위해 발전해 온 역사다. 인터넷과 인공지능은 상호작용 모델을 바꾸었던 것처럼 하이브리드 지능의 발전은 기술적 요소의 조합, 비기술적 요소의 조합 및 상호 간의 조합을 실현해 협동의 스마트 경제를 더욱 발전시킬 수 있다.

협동과 융합, 공유는 함께 성장한다. 협동은 새로운 연결 메커니즘, 협력모델인 만큼 심도 있는 협력은 에너지 소비 최소화, 효율 극대화, 가치 다중 최적화가 가능하고, 진정한 경계를 넘는 융합이 가능하다. 모든 능력, 관계와 자원을 공유하면 굳이 0에서 1까지 일을 다 할 필요가 없다. 인간이 인공지능이 잘하는 능력을 굳이 습득할 필요가 없는 만큼 집단의 상상력 공간과 창조력 공간이 대폭 확대되어 참여자의 가치를 최대화할 수 있다. 그러니 협동 효과는 계속 추구할 가치가 있는 목표다. 그리고 협동 모델, 협동 시대는 기술적 요소와 비기술적 요소의 융합 작용인 만큼 인간의 해방을 유도하고 확대하고 널리 퍼지게 할 것이다.

모든 걸 새롭게 정의할 AI

AI는 관계에 영향을 주고 관계를 새롭게 정의하는 데만 그치지 않는다. AI로 인한 새로운 정의는 더 많은 노드(node)[3] 시나리오, 시공간을 아우르고 있다.

(1) AI가 새롭게 정의할 요소 : 요소 시장화 개혁은 중국의 앞으로 10년 동안의 개혁 중 가장 중요한 부분이다. 현재 국가는 과거의 토지, 노동력, 자본 외에 기술, 데이터를 새로운 요소로 제시하고 있다. 그리고 얼마 지나지 않으면 국가는 한층 더 나아가 인적자본, 지적자본, 생태, 패러다임 모델을 중요가치로 제시할 것이다.

(2) AI가 새롭게 정의할 생산 관계 : 요소 변화, 생산력 발전, 총요소생산성 수요, 사회 관계구조 조정은 모두 생산 관계의 변화를 불러온다. 공급자 측, 수요자 측의 관계를 새롭게 구축하고, 공급망, 산업망, 가치망(네트워크)의 관계는 지식 흐름, 스마트 흐름과 생태 요소로 인해 새롭게 조정될 것이다. 바이두와 같은 인공지능 플랫폼형 기업과 생태 리더는 스마트 관계의 설계자, 구조 계획자이자 사슬 연결기, 노드 연결기, 공유기, 확대기의 역할을 담당하게 된다. 바이두와 같은 기업의 혁신은 반드시 사회적, 미래지향적, 생태적, 협동적 혁신이어야 한다. 바이두와 같은 플랫폼은 사회적, 공생적 플랫폼이며, 인공지능 발전을 바탕으로 한 새로운 유형의 상호작용 플랫폼이다. 플랫폼의 원칙은 먼저 스마트 시대 과정에 부합해야 하며, 융합 협동생태의 윤활제, 효모균이 되어야 한다. 플랫폼과 생태 각 '종'의 관계를 바이두 상황으로 예로 들면, 사용자는 바이두가 경계를 확정할 수 있게 도와주고, 바이두는 사용자가 관계를 맺을 수 있도록 도와준다. 의심할 여지 없이 AI는 바이두를 새롭게 정의하고, 사용자는 바이두는 새롭게 정의하고, 미래는 바이두를 새롭게 정의할 것이다.

(3) AI가 새롭게 정의할 공간과 시스템 : CPS(Cyber-Physical Systems, 사이버 물리시스템, 또는 정보 물리시스템)는 2006년 미국 과학재단에서 제시된 개념으로 컴퓨팅, 통신, 통제 시스템의 일체화 설계를 통해 가상 공간과 물리 공간의 상호작용, 인식

---

3. 그래프나 네트워크의 연결점이나 재분배점. - 역주.

과 통제, 실시간 협동을 실현하는 것이다. 이후에 제시된 CPSS(Cyber-Physical-Social Systems, 사회 물리 정보시스템)는 CPS의 기초에서 인간과 그 조직을 시스템에 집어넣어 가상 상호작용, 폐쇄형 루프 피드백(Closed-loop Feedback), 병렬처리가 가능하게 하는 것이다(왕페이웨(王飛躍) 등, 2015). CPSS는 브레인 자원, 컴퓨팅 자원과 물리 자원의 긴밀한 결합과 협동을 더욱 중시한다. 클라우드 컴퓨팅과 인공지능이 통합되고 데이터, 알고리즘과 서비스가 융합되는 것으로, 특히 하이브리드 지능이 발전할 때의 데이터+알고리즘(클라우드+AI)은 일반적 의미의 사이버와는 비교적 큰 차이가 있는 만큼 독립적으로 보아야 한다. 더구나 클라우드(Cloud)의 CCPSS(Cloud-CyberPhysical-Social Systems)는 앞으로 전체 논리, 구조 설계, 자원 분배에서 더 많은 이점이 드러나게 될 것이다.

(4) AI가 새롭게 정의할 업종과 산업 : AI는 전체 생태 사슬과 관련된 업무, 관리, 서비스를 새롭게 구축함으로써 노드, 사슬, 네트워크와 그리드, 블록에 새로운 형태를 가져올 것이다. 이에 논리 메커니즘, 가치 분배, 공간 조합이 바뀌고, 제조업과 서비스업의 융합 및 생태 공동체를 기반으로 한 여러 융합이 쏟아져 나올 것이다.

(5) AI가 새롭게 정의할 경제 : 미국의 저명한 과학사학자 토마스 쿤(Thomas Samuel Kuhn)은 '패러다임'을 제시한 사람으로, 패러다임은 본질상에서 이야기하면 일종의 이론체계다. 토마스 쿤(1962)은 '이미 정해진 방법에 따른 패러다임은 일종의 공인된 모형이나 모델이다'라고 지적했다. 토마스 쿤이 보기에 '과학혁명'의 본질은 '패러다임의 전환'이다. 소수의 사람은 광범위한 과학 패러다임 속에서 현재 이론으로는 해결할 수 없는 '예외'를 발견한다. 이 책은 이러한 새로운 패러다임을 구축할 능력은 없지만, 모두에게 '패러다임의 전환'의 가능성이나 필연성을 알려줄 수는 있다.

(6) AI가 새롭게 정의할 성장 : 모든 사람, 물체, 심지어 사건까지 새롭게 정의될 수 있으며, 점진적이거나 자발적이거나 수동적으로 함수화, 디지털화, 트윈화 될 수 있다. 데이터화는 이해하기 쉽다. 모든 사람의 행적, 머무는 장소, 행동은 모두 데이터화 될 수 있으며, 물론 사람이나 기계 자체가 '매개변수'를 가지고 있다. 웨이신, 바이자하오(百家號)는 우리의 가상 공간을 반영하며, 위챗 모멘트(朋友圈)의 공유는 우리의 생각이 가상현실에 남긴 흔적이다. 사실 모든 사람은 하나의 노드, 앱(App, 응용프로그램)으로 이해될 수 있다. 다른 '포인트'는 인공지능의 배경하에서 새로운 방법 해제, 활성화를 통해 유비쿼터스 연결로 유비쿼터스 공유와 유비쿼터스 협동이

만들어진다는 것이다.

    세계 경제 성장이 둔화한 건 다툴 여지가 없는 사실이다. 특히 서양 선진국들은 생산력이 향상될 수 있는 공간, 생산 관계의 능력이 이미 제한을 받고 있다. 그리고 다른 국가들은 각기 다른 새로운 동력, 산업, 트랙을 찾고 있다.

    중국이 개혁개방을 42년 동안 진행하는 동안 많은 변화가 일어났지만, 그중에서 가장 근본적인 변화는 사고의 변혁, 체제의 변화, 규칙의 진화다. 이에 인적자원이 활성화되고, 인간의 능동성, 창조력, 그리고 생산력이 해방되어 생산력과 생산 관계의 잠재능력이 새롭게 발현되고 정의됐다.

    중국은 전 세계 인공지능의 혁신 센터가 될 가능성을 가지고 있다. 그리고 우리는 앞으로 기계와 공생하는 새로운 시대에 진입하게 될 것이다.

    이 새로운 시대에 우리는 AI와 함께 발전하며 모든 걸 정의할 것이다.

'인터넷+백인회' 발기인

장샤오펑(张晓峰)

들어가는 말
스마트 혁명에서
스마트 경제, 스마트 사회까지

2016년 3월 '인공지능'이란 단어가 '13차 5개년 계획'에 적시됐다.

2017년 3월 '인공지능'이 처음으로 정부 업무 보고에 기록됐다.

2017년 7월 국무원이 〈차세대 인공지능 발전 계획〉을 발표했다.

2018년 10월 31일 중앙 위원회 정치국이 인공지능을 주제로 집단학습을 진행했다.

과기부 차세대 인공지능 발전연구센터 등 기관이 발표한 〈중국 차세대 인공지능 발전 보고 · 2019〉에 의하면 2018년에만 12개 국가, 지역에서 국가급 인공지능 전략 계획을 발표하거나 보강했으며, 다른 11개 국가는 인공지능 국가 전략 제정을 준비하고 있다.

수출 통제, 규제실행, 미국 우선주의는 어제오늘 일이 아니었다. 2018년을 예로 들면, 미국 의회에는 〈2018년 수출규제개혁법안〉이 통과됐는데 여기에는 컴퓨터 비전,[4] 음성 인식, 자연어[5] 이해 등 '새로운 기초기술'이 수출규제에 포함됐다. 이후에도 미국은 여러 차례 중국기업을 규제목록에 포함했다. 그리고 2016년 버락 오바마 정부는 〈국가 인공지능 연구발전 전략 계획〉을 제정했다.

상술한 타임라인에서 대량의 정보를 정리해볼 수 있다. 신인프라 건설 열기가 최근 뜨거운 만큼 예리한 독자들은 가치 있는 정보들을 포착할 수 있을 것이다. 하지만 이건 짧은 주기에 드러난 일부 측면만 다루었을 뿐이다.

만약 시간을 더 앞으로 거슬러 올라가 본다면 한자든, 알파벳이나 아라비아 숫자이든 인류 문자 발명 역사는 수천 년 전에 이루어진 일이라는 걸 알 수 있다.

그리고 10만 년 전으로 거슬러 올라가면 언어의 출현을 볼 수 있다. 진화과정에

---

4. 시각 체계의 기능을 컴퓨터로 구현하는 것. – 역주.
5. 인공언어와 대치되는 개념으로 인간이 일상적으로 사용하는 언어. – 역주.

서 문턱이 아주 낮았던 언어는 모든 사람이 자연적으로 습득할 수 있는 능력이었다. 그리고 마침내 이 10만 년의 역사를 지닌 '다운로드양'이 가장 많고 점성력이 가장 강하며 일상에서 사용 빈도가 가장 높은 능력은 스마트 시대에서 완전히 새로운 응용 공간을 맞이하게 됐다.

기술, 경제, 사회 삼각형에서 바라본 앞으로 다가올 스마트 사회

사실 기술, 경제, 사회는 서로를 상호 촉진하고 보완하는 미묘한 삼각관계에 있다. 기술, 경제, 사회 삼각형을 간단하게 표현한 모형(그림 0-1)에서 가장 주의 깊게 볼 것은 삼각형 중심에 그려진 원으로 바로 '사람'이다. 그리고 색이 들어간 부분은 생태로 보아야 한다. 다양한 요소의 각기 다른 역할에서 생태는 각기 다른 특징을 가지고 있다. 기술, 경제, 사회의 발전은 사람을 위한 것으로 사람도 기술, 경제, 사회 사이에서 계속 상호작용을 한다. 이 삼각형 구조가 균형을 이루는지, 서로 당기는 힘이 있는지, 각도와 변이 서로 시너지를 발휘할 수 있는지는 사람과 기술, 경제, 사회의 관계와 상호작용에 영향에 따라 결정된다.

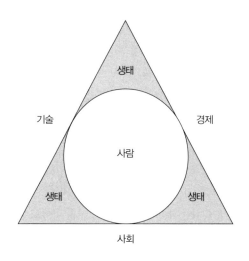

그림 0-1. 기술, 경제, 사회 삼각형

만약 그림 0-1을 차세대 인공지능 배경에 두고 간단하게 수정을 해본다면 그림 0-2의 구조와 관계를 만들어낼 수 있다. 스마트 혁명 시대는 이미 도래해 경제 성장 패러다임에 영향을 주며, 빅데이터를 요소로 삼고 차세대 인공지능을 연료로 삼는 스마트 경제의 도래를 재촉하고 있다. 또한, 스마트 산업화를 촉진하고 더 많은 시나리오의 사업 스마트화 전환을 추진하고 있다. 중국의 거시적인 계획에 따라 중장기적인 신인프라 건설이 진행된다면 스마트화 인프라와 인프라의 스마트화는 스마트 사회를 위한 신인프라를 구축할 것이며, 행정 서비스, 공공 서비스, 사회 관리의 스마트화를 촉진할 것이다. 그리고 이를 통해 이루어질 대중의 스마트 생활은 사람과 사람, 사람과 기계, 사람과 사회, 사람과 미래의 관계에 많은 변화를 가져올 것이다. 회색 부분은 스마트 사회의 생태와 신 생산 관계의 집합체다. 여기는 인간의 성장, 협동 혁신, 산업 지능 인터넷, 가치망이 축적되어 있으며, 스마트 회사의 지적자원의 중요 구성 부분이다. 그중에 신인프라 건설은 스마트 사회, 스마트 경제를 위해 새로운 인프라를 제공하고, 혁신 협동생태와 스마트 생활, 인간의 발전에 강력한 버팀목 역할을 한다.

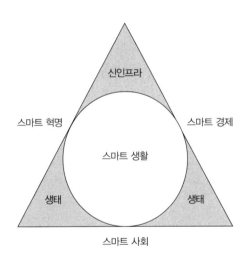

그림 0-2. 스마트 혁명, 스마트 경제, 스마트 사회, 스마트 생활과 신인프라

인간과 기계 간 협력, 경계를 허문 융합, 공동 창조와 공유의 스마트 시대

2019년 5월 16일에 국제 인공지능과 교육 대회가 베이징에서 개최됐다. 시진핑 국가주석은 대회 축하사에서 다음과 같이 말했다.

"인공지능은 차세대 과학 기술혁명과 산업 변혁을 이끌 핵심 동력으로 사람들의 생산, 생활, 학습 방식을 전면적으로 바꾸고, 인류 사회가 인간과 기계 간 협력, 경계를 허문 융합, 공동 창조와 공유의 스마트 시대를 맞이하도록 이끌 것입니다."[6]

중국 정부는 전 세계 인공지능 발전추세를 파악한 뒤 차세대 인공지능이 중국에 중요한 의미가 있다는 판단을 내렸다. 이에 차세대 인공지능을 바탕으로 스마트 경제, 스마트 사회 발전을 추진한다는 중요 결단을 내렸다. 그리고 2017년 〈차세대 인공지능 발전 계획〉을 발표하고, 신인프라 건설을 추진하기에 이르렀다. 우리는 이 시대에서 사는 걸 감사하게 생각해야 한다. 인공지능을 핵심으로 한 기술혁명이 가져올 4차 산업혁명에 참여하고 지켜볼 기회를 가질 수 있으며, 중국이 질적 성장으로 전환하는 역사적 과정에 참여할 기회를 가질 수 있으니 말이다.

인공지능 발전에 관심이 있는 사람들은 가트너(Gartner) 컨설팅 회사의 신흥기술 성숙도 그래프(그림 0-3)에 흥미를 느낄 것이다. 필자는 이 그래프와 다른 2가지 개념인 '두 번째 곡선', '제2의 경제'를 함께 두고 이해와 분석을 진행해보고자 한다. 함께 두고 고려해보면 성장을 지탱할 핵심 요소가 무엇인지, 핵심 통제 부분이 어디에 있는지, 핵심 노선은 어떻게 선택할지와 시간, 자원, 운동을 어떻게 배치할지에 관한 연구 판단이 쉬워진다.

---

6. 시진핑의 국제 인공지능과 교육 대회 축하사, 신화통신 홈페이지 참고 :
   http://www.xinhuanet.com/politics/leaders/2019-05/16/ c_1124502111.htm.

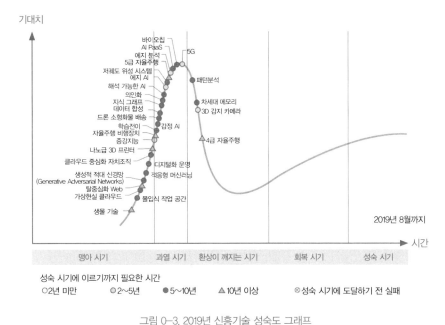

그림 0-3. 2019년 신흥기술 성숙도 그래프

자료 출처 : 중국 과학원 전략자문연구원 〈과학 기술 최전방 속보〉 2019년 제10기에서 옮겨 실음.

영국의 권위 있는 매니지먼트 사상가 찰스 핸디(Charles Handy)는 성장의 '두 번째 곡선'을 제시했다. 그는 모든 사물의 발전은 S형 곡선인, 즉 '첫 번째 곡선'에서 벗어나지 못하므로 어떤 성장 곡선이든 최고점 성장 압력에 직면하면 하락하게 되어 있다고 봤다. 그러면서 지속적인 성장을 이루는 비결은 첫 번째 곡선이 하락하기 전에 새로운 S자 곡선(그림 0-4)을 시작하는 것이라 주장했다. '두 번째 곡선'의 선택은 자신이 누구인지에 따라 어느 방향으로 갈지가 결정된다. 기업의 경우 가트너(Gartner) 신흥기술 성숙도 그래프를 기준으로 1∼2가지 요소는 '두 번째 그래프'에 이르렀거나, 심지어 '세 번째 그래프'에 이르렀다고 생각해볼 수 있다. 그리고 지역, 특히 국가의 경우 다른 개념과 측면이다. 예를 들어서 중국의 경우 차세대 인공지능으로 전체가 발전의 '두 번째 곡선'에 있다고 할 수 있다.

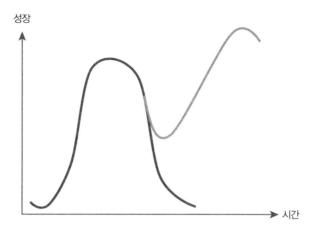

그림 0-4. '두 번째 곡선' 표시

　'제2의 경제'는 들어보거나 관심을 가져본 사람이 거의 없을 것이다. 하지만 많은 이론이 그러하듯이 잘 알려지지 않았다고 해서 가치가 없는 건 아니다. 브라이언 아서(Brian Arthur)는 복잡성 과학(Complexity Science) 창시자이자 저명한 기술 사상가로 슘페터상을 수상했으며《기술의 본질(The Nature of Technology)》을 썼다. 그는 '두 번째 경제'를 기존의 업무가 디지털 업무로 변하는 것이라고 보며, 과거 사람과 사람 사이에 발생하는 많은 업무 과정이 현재는 전자 방식으로 진행되고 있고, 그것들이 보이지 않는 영역에서 하나의 완전한 디지털화 영역을 발생시키고 있다고 했다.

　여기서 특별히 설명해야 할 점은 차세대 인공지능은 실물 경제에 우호적이므로 인터넷의 좌우 이동과 실물 경제에 대한 반파괴적인 '전복' 성격이 있지 않다는 점이다. 스마트 경제도 단순히 인공지능의 주인공이거나 기타 시나리오, 업종과 관련되지 않은 채 홀로 스마트 산업화를 이루는 게 아니다. 스마트 경제는 뚜렷한 to B(업체 대응) 특징을 가지고 있어 5G와 함께 더 많은 업종이 산업 스마트화 업그레이드를 실현하고 최첨단, 고효율로 나아가 새로운 가치를 창조해낼 수 있도록 도울 것이다.

　우리는 이 복잡한 세계에 필요한 좋은 솔루션 체계와 논리 구조를 갖춰야 한다. 그래야만 비로소 배후의 논리를 간파하고, 미래의 추세를 파악해 '구름에 시야가 가려지는' 걸 피할 수 있다. '제2의 경제', '두 번째 곡선', 스마트 경제는 모두 이런 의미에서 솔루션이라 할 수 있다.

다음의 실제 사례는 우리 주변에서 발생하고 있는 것이므로 모든 사람이 자신의 체험을 통해 명확한 판단을 내리고 깊이 있는 성찰을 진행해볼 수 있을 것이다.

전 세계가 기술의 가치를 새롭게 돌아볼 수 있게 한 신종 코로나 바이러스

신종 코로나 바이러스의 유행 속에서 인터넷으로 대표되는 디지털 기술, 인공지능 기술이 중요해졌다. 이 기술들은 방역에 없어서는 안 되는 무기이자 경제사회의 안전장치이며 업무 복귀, 생산 재개의 가속기다. 방역 최전선에 있는 중국은 전 세계에 대협동이 신종 코로나 바이러스 방역에 얼마나 효과적인지를 보여주었다. 이로써 전 사회는 연결의 힘, 과학 기술의 힘, 대협동의 힘을 다시 주목하게 됐다.

중국은 확실히 모바일 인터넷 응용의 선두 국가이자 빅데이터, 인공지능, 5G의 선두 국가다. 비상시기에 정부는 각 분야의 외딴섬, 굴뚝 자원을 융합, 취합, 협동, 결합해 사회 목표를 실현했다. 물론 유행 초기 중국이 기존 관리 모델과 전략을 사용하다가 유행을 효과적으로 막지 못한 건 사실이다. 만약 중국이 처음부터 전면적으로 통신, 인터넷, 빅데이터, 인공지능을 활용해 공공위생 관리와 서비스, 지방정부의 물자와 인력을 모두 동원하는 대협동을 이루었다면 더 좋은 결과를 만들어낼 수 있었을 것이다. 2020년 2월 3일, 중앙정치국 상무위원회 회의에서의 분석처럼 이번 신종 코로나 바이러스의 유행은 중국 관리 시스템과 능력에 커다란 시험인 만큼 반드시 경험을 통해 교훈을 얻어야 한다. 그리고 이번 유행에 대응하면서 드러난 많은 단점과 부족한 점을 보완해 국가 전체 비상상황 관리 시스템을 구축함으로써 긴급한 비상상황에 대응하는 능력을 향상해야 한다.

힘을 모아 대응하면 이겨내지 못할 게 없고, 모두의 지혜를 모아 행동하면 이루지 못할 게 없다(《회남자(淮南子)·주술훈(主術訓)》). 중국이 유행상황을 신속하게 극복할 수 있었던 핵심은 바로 제도+기술+대협동이었다. 정부는 효율적이고 빠르게 대처하며 모두가 다 함께 단결해 예방하고 통제할 수 있도록 했고, 사회는 모두가 한마음이 되어 효율적으로 움직였다. 그리고 군대는 생명과 국민 최우선이란 입장을 견지하며 훠선산병원(火神山醫院)과 레이선산병원(雷神山醫院)을 차이나 스피드(China

Speed)로 건설했다. 바이두, 알리바바, 텐센트로 대표되는 기업들도 제각기 가진 능력을 펼쳐 보였고, 자원과 시장도 최선을 다해 지원했으며, 전 세계 중국인과 물류도 각자 능력을 발휘했다. 국제 사회도 한마음이 되어 지원해주었다. 더욱이 백의천사인 의사와 간호사들이 의료현장에 뛰어들어 우한(武漢), 후베이(湖北)를 집중적으로 지원했다. 이 모든 과정은 전 세계인들의 이목을 끌었으며, 중국인들은 모두의 노력에 감동해 스스로를 단속했다. 이것이 바로 제도+기술+사회 대협동의 힘이다.

신종 코로나 바이러스의 유행은 사회 대협동, 보건 운명 공동체 가치를 드러나게 했고, 전방위적으로 기술의 힘, 기술의 가치를 드러나게 했다.

스마트 방역 외에 더 많은 시나리오에 적용된 AI

사회는 복잡하고 거대한 시스템이다. 그래서 공공위생에 발생한 돌발적인 사건을 통제하는 데에도 다양한 변수와 복잡한 관계가 존재하고 여러 단계의 시스템 공학이 있다. 규모가 클수록 책임도 강해지고 구조, 단계가 복잡할수록 기존 사고와 모델을 답습하는 경향이 강해진다. 이에 허점도 갈수록 많이 생기고 시스템도 갈수록 취약해지는 것이다.

과거 수십 년 동안 중국 과학 기술 중 인터넷 기술, 인공지능 기술은 많은 발전을 이루며 중국 경제사회발전을 위한 임기응변 능력과 융통성을 쌓았다. 그리고 이번에 신종 코로나 바이러스가 유행하자 많은 사회 기구가 사명감을 가지고 축적한 기술로 스마트 방역을 실행해 사람들의 칭송이 자자했다. 바이두의 AI 개발자 '방역' 수호계획, 텐센트의 방역개발자 공익 연맹은 모두 연결, 협동 개발자로 기술, 스마트, 자원, 생태를 사용해 유행 통제를 위한 효율적인 방어막을 구축했다.

바이두는 중국에서 가장 큰 정보, 지식 플랫폼으로서 전염병 유행에서 사람과 사회 서비스의 가치를 다시 발휘했다. 바이두 건강 원이성(問醫生)은 온라인 건강 자문 서비스를 수천만 회 제공하며, 첫 번째 중국어 온라인 건강 자문 서비스가 됐다. 아폴로무인 자동차, 스마트 텔레마케팅 플랫폼, AI 다인 체온 신속 측정 모두 방역 현장에서 활약하며 업무 복귀와 생산 재개가 빨리 이루어질 수 있도록 하고 있다. 또 CDC(질병통제예방센터)의 신속한 검사 지원, 전염병 방역 지원 및 공공위생의 안전 강화 등 일일이 셀 수 없을 정도다.

인공지능은 동력이 되고 전염병은 촉매제가 되어 여러 업종을 바꾸었고, 우리의 협력 방식, 생활 방식도 바꾸었다. 창의력 보호, 업무 복귀 지원 취업 촉진부터 원격 의료, 학습 환경 조성, 원격 사무실, 비대면 서비스, 비상상황 관리 시스템, 관리 시스템 등이 AI 핵심 전장이 되고 있다. AI는 산업 스마트화, 협동의 생태 시스템 구축 등 더 많은 시나리오를 '해제'시킬 것이다. 더 많은 사람이 연결되고 참여할 때 인공지능 및 그 생태가 가져올 승수 효과, 협동 효과는 한층 강해질 것이며, 새로운 동력, 새로운 보너스가 생기게 된다.

방역 시험의 새로운 생각

하나의 쉼표, 하나의 일시 정지 버튼은 우리에게 새롭게 돌아볼 시간을 제공해준다. 그리고 한 번의 거대한 시험, 한 차례의 파괴적 테스트는 우리를 다시 출발하게 한다. 여기서 우리는 전염병이 우리에게 제시하는 5가지 새로운 생각에 대해 공유해 보고자 한다.

⑴ 사회, 전 세계 협력 시스템을 '재조정'해 관계 모델을 다시 구축해야 한다. 전염병으로 사람과 사람 사이의 거리는 멀어졌지만 고립된 것은 아니다. 전염병이 이후 관계와 모델이 새롭게 구축되고, 메커니즘과 규칙이 새롭게 정립되면 빅데이터는 새로운 요소, 새로운 기초로서 미래를 위한 인프라가 될 것이며, AI를 기반으로 한 협동생태 구축은 중요한 과정이 될 것이다.

⑵ 전염병으로 인해 사회의 디지털화, 스마트화에 가속 버튼이 눌러졌다. 오프라인에서 온라인까지 사회의 디지털 발전이 가속화됐다. 이번 전염병에서 온라인 의료기술과 빅데이터의 발전은 방역에 양 날개가 되어 주었으며 공공위생 시스템에 중요한 역할을 발휘했다. 이에 디지털화와 스마트화로의 전환이 일찍 시작되어 기술 수준이 높은 기업이 받을 충격이 줄어들면, 일부 기업은 역성장을 이루기도 하겠지만, 정통 기업이 받는 영향은 상대적으로 커질 것이다.

⑶ 원격, 온라인, 클라우드, 비접촉, 협동은 미래 사회의 새로운 지표가 될 것이다. 비즈니스 클라우드화 속도가 높아지든 인프라, 사회 서비스, 사회 관리, 스마트 제조가 스마트화로 업그레이드가 되든 상관없이 불확실성에 직면한 이유는 탁상공

론을 지속하는 데다가 테스트가 매우 엄격하기 때문이다. 인공지능으로 대표되는 신기술을 포용해야 비로소 세상의 세찬 변화를 막아줄 방파제와 완충지대를 세울 수 있다.

(4) 기업과 산업이 강경하게 경제의 '패러다임 혁명'을 호소하고 있다. 전염병은 공급 사슬을 끊고 산업 사슬에 충격을 주어 글로벌화의 토대가 해체될 위기를 겪게 했다. 중국 인공지능 학회 이사장 중이신(鐘義信) 원사는 이에 '인공지능의 향후 발전을 기존 패러다임에서 계속 진행할 수는 있겠지만, 일부 사람(선봉대 또는 특공대)이 패러다임 혁명을 일으킬 것'이라고 말했다. 2020년 전국 양회 기간에 시진핑 국가주석은 전국 정치협상회의에 참석해 경제계 위원들을 만나 전면, 변증, 장기적 안목으로 현재 경제 상황을 분석해 위기 속에서 새로운 기회를 만들고 비상상황 속에서 새로운 국면을 열 수 있도록 노력해달라고 강조했다.

(5) 새로운 사회 관리로 트랙과 모델을 바꿔야 한다. 스마트화로 발전하는 과정에서 스마트 도시의 데이터와 기술에 대한 여러 새로운 요구가 제시되고 있다. 신종 코로나 바이러스의 유행은 스마트 도시의 동적 시공간 데이터의 고효율 지원 부족, 스마트 기술 응답 수단 부족, 도시 안과 밖의 빅데이터의 전방위 협동 전략 부족을 더욱더 드러나게 했다.[7] 정적 데이터(Static Data)는 이미 전체 주기 관리 수요를 만족시킬 수 없다. 그렇다면 감지가 가능하고 신뢰할 수 있으며 확보 가능한 중국의 새로운 스마트 도시의 관리 시스템의 단점과 약점을 보완하려면 어떻게 해야 할까?

미래를 위해 나온 《스마트 경제》

차세대 인공지능 기술은 우리의 산업, 경제, 사회와 생활 방식을 바꾸고 있으며 요소, 생산력, 생산율과 효율, 생산 관계와 발전 모델을 변화시키고 있다. 컴퓨팅 파워, 알고리즘, 빅데이터로 대표되는 인공지능이 새로운 기초 '토대'가 됨에 따라 '스마트 경제'는 미래 10년 중국 경제의 새로운 지표가 될 것이다.

이 책은 처음으로 바이두의 인공지능 전략과 산업 스마트화의 원칙, 주장하는 가치 및 솔루션을 체계적으로 설명하고 있으며, 세계를 선도하는 인공지능 플랫폼형

---

7. 바이두 스마트 클라우드, 〈바이두 시티 브레인 백서〉, 2020년 5월.

기업이 스스로 구축한 스마트 시대에 대한 통찰을 소개하고 있다. 인공지능 기업으로서의 미래지향적 배치, 활발한 적응력, 강인한 혁신성, 오픈소스 개방의 공생 생태 구축의 전체적인 모습을 살펴볼 수 있을 뿐만 아니라 사람을 이해하고, 사람을 섬기고, 사람이 성취하게 하고, 사람의 성장을 돕는다는 걸 바탕으로 한 미래지향적인 탐색과 실천을 볼 수 있다.

이 책은 스마트 경제의 새로운 특징을 새롭게 제시하고 인공지능, 신인프라 건설과 스마트 경제의 관계를 분석해 새로운 시대의 경제 발전에서 새로운 동력, 공간, 패러다임을 구축하고 있다. 중국의 다양한 수직 시나리오에서 산업 스마트화가 직면한 문제, 전망, 논리와 과정을 그려보고, 중국 디지털화, 스마트화 전환 로드맵을 제공하고 있다. 또 스마트 경제에서의 사고 전환, 경제 변혁, 산업 전환과 교육 생활, 사회 관리, 공공 서비스의 새로운 청사진을 보여주고 있다.

이 책은 AI의 본질이 사람을 이해하는 데 있다고 주장한다. 사람과 기계의 관계는 스마트 비서화, 생태 협동화를 이루는 것이다. 또 '선두 기러기 효과',[8] '생태적 효과'로 '승수 효과', '협동 효과'를 일으키고, 스마트 산업화를 동력으로 삼아 산업 스마트화를 추진하며 스마트화 인프라로 인프라의 스마트화를 이끌고, 디지털 경제를 스마트 경제로, 산업사회를 스마트 사회로 이끌어 중국의 신구 동력 전환과 질적 성장을 이루어야 한다.

아름다움은 미지를 탐색하는 데서 온다. 자, 이제 함께 손을 맞잡고 스마트 경제로의 여행을 떠나보자.

---

8. 선두 기러기가 앞장서서 기러기 무리를 이끄는 것처럼 AI 발전을 통해서 전체 발전을 이끈다는 의미다. - 역주.

Part 1.

스마트 경제 : 인공지능이 디지털 경제에서
스마트 경제로의 진화를 이끌고 있다

01

'인터넷+'에서 '스마트+'로 :
선 '전채요리' 후 '주요리'

인공지능과 실물 경제의 심도 있는 융합을 촉진하고, 차세대 인공지능 발전의 특징을 파악하며, 시장수요를 방향으로 삼고, 산업응용을 목표로 삼아 개혁혁신을 심화한다. 제도 환경을 최적화하고 기업 혁신 활력과 내적 동력을 불러일으키며 업종별, 구역별 특징을 결합하고 혁신, 성과, 응용, 전환의 경로와 방법을 탐색한다. 데이터 주도(Data Driven), 인간과 기계 간 협력, 경계를 허문 융합, 공동 창조와 공유의 스마트 경제 형태를 구축한다.

시진핑의 중앙 전면심화개혁위원회 17차 회의 연설

(2019년 3월 19일)

인터넷은 빠른 속도가 특징인 전채요리고, 인공지능이야말로 주요리다. 약한 불로 천천히 익혀야 하지만 영양이 풍부하다. 앞으로는 그 어떤 기업도 자신이 인공지능과 무관하다고 공언할 수 없을 것이다. 이 주요리를 맛보지 못한다면 한 시대를 잃게 될 것이다.

전채요리, 주요리 발언에 많은 관심이 쏟아졌고 약간의 논쟁이 일어나기도 했다. 몇 마디 덧붙이면 아마 이해하기가 한층 더 수월할 것이다. 인터넷은 속도를 강조한다. 입맛을 돋우는 전채요리처럼 요리가 나오는 시간은 빠르지만, 기술에 대한 요구사항이나 도전이 그다지 크지 않다. 이에 반해 인공지능은 데이터, 알고리즘, 컴퓨팅 파워가 삼위일체 되어 함께 발전하는 것으로 에너지가 드러나는 시간이 상대적으로 느리긴 하지만, 약한 불로 천천히 익히는 주요리처럼 더 큰 인내심과 시간의 투자가 필요하며 영양가도 훨씬 높다. 이렇게 속도가 빠름에서 느림으로 변하는 과정은 산업 업그레이드에 대한 기술 혁신의 영향력이 깊어지는 과정과 일치한다.

'인터넷+'에서 '스마트+'로 : 스마트화로 진화하는 디지털화, 네트워크화

인터넷이 중국의 대문을 두드린 지도 벌써 23년이 됐다. 전반적으로 중국의 모바일 인터넷 응용과 디지털화, 네트워크화 과정은 전 세계에서 우위에 있다.

중국 인터넷이 20년이 넘게 발전할 수 있었던 것은 인터넷 사용자 수의 빠른 성장, 인터넷 사용 시간의 증가, 서비스의 가상 공간 이동, 온라인 정보와 서비스 증가라는 4가지 동력에 힘입은 것으로 이 요소들이 섞여 인터넷의 빠른 번영을 일궜다. 물론 이 과정은 불균형하기 때문에 구조 교체가 계속해서 진행 중이다.

인터넷, 모바일 인터넷이 중국을 바꿨다

모바일 인터넷은 중국에서 4가지 긍정적인 기여를 했다. 첫째, 사용자 경험(User Experience)을 지속해서 개선함으로써 과학 기술이 삶을 바꾼다는 믿음이 강해졌다. 이런 영향과 교육은 기술 주도, 사용자 주도, 광범위한 동원, 보편적 참여의 결과물로 과소평가할 수 없는 성과다. 둘째, 국민경제에 대한 기여 차원에서 봤을 때 소비 인터넷의 육성과정이 전반적인 소비 업그레이드 과정을 수반했고 제품, 소비자에 대한 서비스 접근 방식에 변화를 가져왔으며 이 때문에 '삼두마차'[9] 구조가 바뀌고 중국 경제의 활력, 근성, 탄성이 강해졌다. 셋째, 인간의 사고를 바꿨다. 인터넷 사고, 생태 사고, 공유 사고든지 아니면 데이터 사고든지 사용자의 생각과 행동 패턴을 크게 바꿨으며 혁신, 창조, 창업의 물결을 불러일으켰다. 넷째, 인터넷, 모바일 인터넷은 가상 공간으로의 대이동과 네트워크화 실현을 촉진했으며 '인터넷+'가 디지털화 형성을 도와 스마트를 위한 연결기초, 정보기초, 데이터기초를 제공했다.

중국 인터넷 정보센터에서 2020년 4월 28일에 발표한 제45차 〈중국 인터넷 발전상 통계보고서〉에 따르면, 2020년 3월 말 현재 중국의 인터넷 사용자 규모는 2018년 말보다 7,508만 명 증가한 9.04억 명에 달하고, 인터넷 보급률은 64.5%에 이른다. 이러닝(e-Learning) 사용자 규모는 2018년 말 대비 110.2% 성장한 4.23억 명

---

9. 중국의 3대 경제 성장 동력인 투자, 소비, 수출. - 역주.

에 달하며 인터넷 쇼핑 고객 규모는 7.10억 명으로 인터넷 소비가 디지털 경제의 중요한 구성 부분으로서 소비시장의 왕성한 발전을 촉진하는 측면에서 매우 중요한 역할을 담당하고 있다.

공신부의 2019년 인터넷 및 관련 서비스 운영상황 속보 데이터에 따르면 중국의 인터넷 영업수익은 높은 성장세를 유지하고 있다. 중국 규모 이상[10] 인터넷 및 관련 서비스 기업의 영업수익이 처음으로 1조 위안을 넘은 1조 2,061억 위안을 달성했으며, 동기 대비 21.4% 성장했다. 2013~2019년을 전반적으로 보면 성장 속도가 둔화하는 추세를 보인다(그림 1-1).

그림 1-1. 2013년~2019년 인터넷 영업수익 성장 현황

자료 출처 : 공신부 모니터링 운영 협조국, 2019년 인터넷 및 관련 서비스업 운영상황, 2020년 1월 21일

중국 모바일 인터넷은 난관에 부딪혔다. 인터넷 인구의 빠른 성장에 힘입은 인구 보너스(人口红利)[11]가 점차 사라지고, 인터넷 사용 시간 역시 한정적이고 분산됐다. 또한, 모바일 인터넷의 폐쇄성이 날로 심각해지고 있어서 다들 사용자를 자신의 소생태(小生態)[12] 안에 가두고자 한다. 이런 경우 사용자에게 분리된 경험을 제공하게

---

10. 연 영업수익이 2,000만 위안 이상인 기업. - 역주.
11. 풍부한 노동력으로 경제 성장을 이루는 현상. - 역주.
12. 생활형 공유 서비스 플랫폼 소프트웨어. - 역주.

되므로 이는 중소기업의 생존을 점점 더 어렵게 만든다. 그 밖에도 전자상거래가 매우 발달했으나 온라인상의 홍보, 유통 비용이 오프라인 비용과 비슷하거나 심지어 더욱 높기도 하다.

이외에도 앱 전체 수량도 줄어드는 추세다. 2019년 말 현재, 중국 시장에서 모니터링된 앱은 2018년에 비해 85만 개 줄어든 367만 개로 감소폭은 18.8%에 달한다. 이렇듯 인터넷 자체의 성장에도 새로운 원동력이 필요하다는 신호가 곳곳에서 포착되고 있다.

바통 전달하기

2015년, '인터넷+' 표현이 처음으로 정부 업무보고서에 등장했고, 2019년에는 '스마트+' 표현이 처음으로 모습을 드러냈다. 이는 일종의 릴레이며 계승이자 전환이다.

2019년 3월에 개최된 중앙 전면개혁위원회 17차 회의에서는 〈인공지능 및 실물 경제의 심도 있는 융합촉진에 관한 지도의견〉이 통과됐다. 회의에서는 "인공지능과 실물 경제의 심도 있는 융합을 촉진하고, 차세대 인공지능 발전의 특징을 파악하며, 시장수요를 방향으로 하고, 산업응용을 목표로 삼아 개혁혁신을 심화한다. 제도 시나리오를 최적화하고 기업 혁신 활력과 내적 동력을 불러일으키며 업종별, 구역별 특징을 결합하고 혁신, 성과, 응용, 전환의 경로와 방법을 탐색한다. 데이터 주도, 인간과 기계 간 협력, 경계를 허문 융합, 공동 창조와 공유의 스마트 경제 형태를 구축한다"라는 내용을 발표했다.

인구 보너스 쇠퇴에 대한 과도한 걱정은 불필요하다. 기술 발전의 발걸음은 멈추지 않으며, 사람들의 혁신도 계속될 것이기 때문이다. 미래의 신(新)모멘텀은 AI다. AI는 1960년대 제시된 개념이다. 차세대 인공지능으로 대표되는 혁신이 새로운 기술 보너스 내지 새로운 인구 보너스를 창출하고 있다. 향후 몇십 년, 인공지능은 끊임없이 디지털화, 스마트화 발전을 추진할 것이다. 인터넷 성장을 이끌어온 동력과는 달리 사람들은 일반적으로 차세대 인공지능은 다음과 같은 3가지 성장 동력을 갖고 있다고 생각한다.

(1) 알고리즘 : 인공지능 특히 머신러닝, 딥러닝의 알고리즘은 지난 몇 년간 빠르

게 발전했고 다양한 혁신을 일궈냈다. 딥러닝은 DNN, RNN, CNN에서 GAN에 이르기까지 끊임없이 새로운 것이 발명되고 창조됐다.

(2) 컴퓨팅 파워 : 요즘은 계산 비용이 낮아지는 중이며 서버도 점점 강해지고 있다. 과거에 사람들이 인공지능이 실용적이지 못하다고 여긴 이유는 사용해야 하는 컴퓨팅 파워가 너무 컸기 때문에 경제적으로 감당하기 어렵다고 생각했기 때문이었다. 하지만 요즘 컴퓨팅 파워는 이미 임계점에 달해 인공지능을 실질적이고 쓸 만한 것으로 바꿔놨다.

(3) 데이터 : 데이터의 발생은 여전히 빠르게 발전 중이다. 특히 중국 인터넷은 매우 독특한 특징을 갖고 있다. 바로 9억 명의 네티즌이 같은 언어와 같은 문화, 법률을 사용하고 있다는 점으로 이는 거대한 사용자그룹, 엄청난 시장이자 방대한 데이터 세트(Data set)다. 또한, 끊임없이 새로운 데이터를 만들어 알고리즘의 혁신을 추진하고, 컴퓨팅 파워에도 더욱 새로운 요구사항을 제시한다.

오늘날 이 3가지 동력은 빠르게 성장 중이다. 최근에 이르러 컴퓨팅 파워, 데이터, 알고리즘 3가지 요소가 모두 갖춰졌고, 인공지능이 진정으로 역할을 발휘하기 시작했다.

미래를 재정의하다

시기별로 현대화에 대한 정의는 모두 다르다. 100년 전에는 방직기 몇 대를 둔 방직공장을 설립하면 현대화된 것이었고, 50년 전에는 연기가 뿜어져 나오는 굴뚝이 몇 개 있으면 현대화된 도시라고 생각했다. 1960년대 말에 태어난 사람들은 어릴 적 길가에서 나는 기름 냄새가 도시 냄새라고 여겼던 기억이 있을 것이다. 한편 20년 전 사람들은 정보화가 바로 현대화라고 생각했다. 손 대신 엑셀로 업무를 하고, 홈페이지를 만들면 현대화된 기업이었다. 사실 지금의 공업정보화부가 바로 그 시대의 현대화부다.

이제는 현대화의 정의를 다시 써야 한다. 오늘날의 현대화는 바로 AI다. 최근 몇 년간 AI 기술이 폭발적으로 발전하고 알고리즘, 컴퓨팅 파워와 데이터 간의 선순환이 형성됨에 따라 인공지능 기술 침투율이 끊임없이 향상되고, 산업 업그레이드와 경제 변혁에 미치는 영향도 날로 두드러지고 있다. 향후 몇십 년 안에 산업, 경제,

사회의 발전에 신모멘텀을 제공하고 신사업 포맷을 탄생시킬 것이다.

앞으로 중국 경제, 사회 발전의 주요 추진력은 바로 인공지능이며, 인공지능 자체도 빠르게 발전할 것이다. 현재 '스마트+' 신모델, 신 포맷이 끊임없이 쏟아져 나오는 중이다.

인공지능 기술은 자신이 산업혁명에 비할 만한 기술혁명이라는 점을 증명할 기회가 있을 것이다. 이러한 의미에서 봤을 때 우리는 AI가 인류 역사에 미친 지대한 영향을 검증하고 참여할 수도 있는 매우 위대한 시대에 살고 있다. 모두가 AI 기술의 발전이 우리에게 놀라움을 가져다주기를 기대한다.

다음 막이 아닌 현재진행형

인공지능은 인터넷 일부이거나 인터넷의 3단계가 아닌 새로운 기술혁명이다.

인터넷의 과거와 현재

일반적으로 인터넷 시대의 시작을 1990년대 초부터로 계산한다. 당시는 PC를 기반으로 한 네트워크 또는 시스템이었고, 우리들의 귀에 익숙한 인터넷 회사들이 대거 등장한 시점도 바로 그 시기였다. 미국의 구글, 페이스북, 아마존, 중국의 바이두, 텐센트, 알리바바 등 대형 인터넷 회사가 PC 인터넷 시대에 탄생한 것이다.

최근 8~9년은 인터넷 시대의 제2막으로 모바일 인터넷 또는 무선 인터넷 시대에 진입했다. 바이두가 설립될 당시 중국 네티즌은 1,000만 명에 불과했지만, 20년이 지난 지금은 9억 명에 달한다. 미국의 우버, 에어비앤비, 중국의 메이퇀(美團),[13] 디디(滴滴),[14] 진르터우탸오(今日头条)[15]가 이 시대에 탄생했으며, 새로운 비즈니스 모델도 생겨났다. 사실 인터넷 시대의 제2막은 사람들이 생각한 것보다 짧을 수도 있으며, 미래에는 무선 인터넷을 통한 새로운 비즈니스 모델이 재탄생하거나 혁신형 인

---

13. 중국 최대 음식배달 앱. – 역주.
14. 중국 공유 차량 앱. – 역주.
15. 중국 최대 뉴스 앱. – 역주.

터넷 업체가 탄생할 가능성이 점점 더 낮아진다. 앞에서 말했듯이 모바일 인터넷의 성장 속도가 둔화하고 있으며, 그 현상은 중국에서 더 두드러지게 나타나고 있다.

중국 정부는 2015년부터 '인터넷+'행동계획을 추진해 '인터넷+'를 통해 모든 경제 발전을 이끌어 나가고 성장을 지속하고자 했다. 하지만 미래 인터넷은 무엇에 의지해서 발전할 것인가?

미국 주식시장의 Top 5인 애플, 마이크로소프트, 아마존, 구글, 페이스북은 모두 인터넷 기업이다. 엄격히 말해서 마이크로소프트와 애플은 이전 인터넷 시대에 탄생하긴 했다.

그렇다면 미래에는 어떤 영역에서 혁신형, 고속 성장의 기업이 탄생하게 될까? 답은 아주 간단하다. 바로 인공지능이다.

인공지능은 새로운 개념이 아니다. 단지 지난 몇 년간 엄청난 변화가 발생했고 매우 빠른 속도로 발전했을 뿐이다. 빌 게이츠, 일론 머스크, 스티븐 호킹과 같은 영향력 있는 인물들은 인공지능이 가져올 위험성에 관한 관심을 촉구하기도 했다. 즉 기계가 인류를 통제할 가능성에 관해 말이다.

빠르게 발전하는 기술 현상에 대해서 각기 다른 견해를 가지는 것은 당연한 일이다. 인공지능이 지금 하는 것은 바이오닉스라고 말하는 사람들이 있듯이 말이다. 사실 인공지능, 신경망은 단지 사람 뇌 뉴런의 작동 원리와 비슷할 뿐으로 인간의 뇌가 구체적으로 어떻게 작동하는지도 모르는데 어떻게 모방을 한다는 것인가?

일반적으로 인공지능의 발전을 3단계로 분류한다(그림 1-2). 1단계는 약인공지능이며, 2단계는 강인공지능, 3단계는 슈퍼인공지능이다. 오늘날의 인공지능, 특히 머신러닝, 딥러닝의 알고리즘은 매우 초보적인 단계에 있으므로 상승 여력이 많다. 그러므로 AI가 사람의 인지능력에 도전하게 되지 않을까 하는 걱정은 할 필요가 없다.

인공지능의 발전이 휴대전화나 모바일 인터넷이 곧 사라진다는 것을 의미하지는 않지만, 모바일 인터넷의 혁신 기회 창구는 적어졌다. 새로운 시대가 가져다주는 새로운 기회를 기존 방법대로 맞이해서는 안 된다.

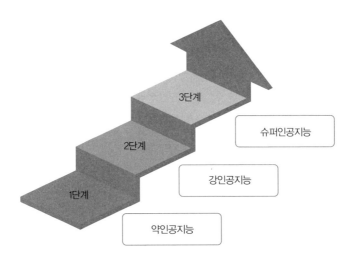

그림 1-2. 인공지능의 3단계

산업과 경제가 맞이하는 전례 없는 변화 : 자동차 산업

자동차 공업은 100여 년의 역사가 있는 산업이자 규모가 매우 크고 산업 사슬(Industry Chain)이 매우 긴 산업으로 중국의 자동차 산업 규모는 GDP의 약 10%인 10조 위안에 달한다. 이렇게 100년 동안 순탄했던 산업이 근래 고비를 맞이했다. 거대한 변화가 발생 중이며, 인공지능 기술 덕분에 자동차 산업에 새로운 서광이 비치고 있다.

중국 소비자는 새로운 것을 갖고 싶어 한다. 디터 제체(Dieter Zetsche) 다임러(Daimler AG) 전 CEO는 중국의 벤츠 소유주 나이가 해외 국가보다 약 20년 젊고, 젊은이들이 새로운 것을 더 잘 받아들인다고 말한 바 있다. 자율주행 인정 정도에 관한 조사에 따르면 중국의 83% 소비자가 자율주행을 인정하며 이는 다른 국가보다 높은 수준이다. 이런 의미에서 봤을 때 자율주행이 중국에서 더욱 빨리 보급될 가능성이 있다고 할 수 있다.

중국 자동차 업계 역시 신기술 응용을 갈망하고 있으므로 무인 자동차의 연구개발이나 제조 면에서 모두 우위에 있다. 바이두는 샤먼 진룽(廈門金龍) 자동차와 협력해 2018년 7월, 무인 주행 버스의 양산을 실현했다. 무인 주행 버스에는 운전석이 없고, 핸들도 없다. 아폴로라는 이름의 버스는 완전 자율주행 차량이다. 아직은 완전히 개방된 도로에서의 주행은 하지 않고 있으며 관광지, 항구, 공원 등 상대적으로 막힌 구역에서 우선해서 경험하도록 하고 있다. 현재 개방된 도로에서 무인 주행 기술이 운전자 없이 주행이 가능할 정도로 발전하지는 못했으나 기술이 매우 빠르게 발전하고 있으며, 매일 새로운 진전을 이루고 있다.

아폴로 같은 무인 자동차는 곧 진짜 개방된 도로에서 주행이 가능한 상태로 접어들 것이며, 시간이 갈수록 자율주행은 더욱 안전한 외출 방식이 될 것이다. 바이두의 자율주행은 이미 알아서 장애물을 피할 수 있고, 길에서 갑자기 작은 동물을 마주쳐도 이를 감지해 멈출 수 있는 수준까지 발전했다.

이와 같은 변화는 자동차 제조공장뿐만이 아니라 업스트림, 다운스트림에 이르는 전 산업 구조에 크나큰 영향을 미쳤다. 이는 우버(Uber), 디디와 같은 택시 서비스 공급업체나 인텔(Intel), 엔비디아(NVIDIA) 등의 칩 제조업체, 보쉬(Bosch), 콘티넨털(Continental AG)과 같은 자동차 공장 1차 협력사에서 완성차 업체까지 영향을 끼쳤다. 현재 중국에는 약 200여 개의 완성차 업체가 있으며, 해외의 포드(Ford), 다임러(Daimler AG) 역시 바이두 아폴로 오픈 플랫폼 대열에 합류했다. 업스트림, 다운스트림에 이르는 많은 업체와 여러 영역이 신생태계, 신산업구조, 신모델의 수혜를 입을 것이며, 동작이 느린 자는 인공지능 기술 발전의 도전에 직면하게 될 것이다. 앞으로 전 세계 더 많은 업체가 중국 자율주행 오픈 플랫폼과의 협력을 통해 이익을 볼 것으로 예상한다.

소비 방식과 여가 방식을 바꾼 인터넷, 생산 방식을 바꿀 인공지능

인공지능은 도대체 어떤 역할을 할 수 있는가? 기업가인 우리는 시장에서 인공지능이 발휘할 수 있는 역할에 더욱 관심을 기울여야 한다.

이 문제는 2가지 차원에서 생각해볼 필요가 있다. 첫째는 인공지능이 현재 무엇을 할 수 있고 머지않은 미래에는 무엇을 할 수 있는가며, 두 번째는 인공지능이 어떤 업종에 영향을 미칠 것인가 하는 것이다.

자율주행뿐 아니라 AI가 바꿀 수 있는 영역은 무궁무진하다. 인공지능 기술이 실물 경제, 각 업계에 영향을 끼친다는 것은 말하지 않아도 알 수 있다. 우리가 생각할 수 있는 모든 업종, 예를 들어 금융에서 부동산, 교육에서 의료, 물류에서 에너지, 제조업에서 가구에 이르기까지 모두 AI 기술의 혁신과 진보가 가져오는 변화를 맞이할 것이다. 중국 차세대 인공지능 발전전략 연구원이 발표한 〈2020 중국 차세대 인공지능 과학 기술 산업발전보고서〉에 의하면, 581개의 응용층 기업의 응용 영역 분포로 볼 때 인공지능 기술은 이미 기업 기술 통합, 솔루션 제공, 스마트 로봇, 핵심 기술 연구개발, 응용 플랫폼, 뉴미디어, 디지털 콘텐츠, 스마트 의료, 스마트 하드웨어, 핀테크, 스마트 비즈니스, 유통, 스마트 제조 등 18개 응용 영역에 광범위하게 분포되어 있다.

인터넷은 우리의 소비 방식, 여가 방식을 바꾸었다. 그러나 AI는 소비층뿐 아니라 공급층에도 막대한 영향력을 미친다. AI는 B[16]단의 업무, 생산효율을 크게 높일 수 있을 뿐만 아니라 우리의 생산 방식에 큰 변화를 가져올 것이다.

스마트 홈 영역에서는 여러 새로운 종(種)이 나타나고, 새로운 생태계를 형성할 것이다. 아마존의 Echo(인공지능 스피커), 바이두의 샤오두 인공지능 스피커가 바로 그 예다. AI 기술과 능력을 부여받은 스피커는 당신의 손을 해방해 더는 버튼을 누르거나 비밀번호를 입력하거나 앱을 열 필요가 없게 하므로 사용자는 색다른 느낌과 경험을 맛볼 수 있다. 인공지능 스피커는 말을 할 수도 있으며, 상대의 말을 알아듣고 명령을 이해할 수도 있다. 기존의 TV는 리모컨을 사용했지만, 요즘 출시되는 새로운 TV는 언어를 사용한 통제가 가능하다. 바이두의 샤오두 비서(小度助手, 듀얼 OS)는 가구의 스마트화를 실현할 수 있으며, 새로운 종을 탄생시키기도 한다.

인공지능은 스피커 외에도 많은 제품을 변형시킬 수 있고, 제조업을 완전히 바꿔놓을 수도 있는데, 가장 큰 영향을 받는 업종이 바로 제조업이다. 중국은 제조업 대국이기 때문에 특히나 인공지능 기술의 발전에 관심을 기울여야 한다. 최신 기술을 도입해 제품과 제조능력을 업그레이드하고 안정적으로 산업의 스마트화 전환을 실현해야 한다. 〈중국제조 2025〉는 제조(製造)에서 지조(智造, 스마트 제조)[17]로라는 개념을 제시했다. 스마트 산업화로 수천억 위안의 트랙이 나타날 것이며, 산업 스마트화

---

16. business, 기업 이용자. - 역주.
17. 지조(智造)는 지능(智能)+제조(製造)의 합성어로 스마트 제조를 뜻함. - 역주.

는 수조 위안에 달하는 거대한 시장일 것이다. 스마트 제조의 중요한 점은 디바이스마다 인터페이스가 있어 사람의 언어를 알아들을 수 있다는 것이다.

도구가 발명되면서부터 인류는 도구 사용 방법을 익히기 위해 엄청난 노력을 기울였다. 차가 바로 그 예다. 운전하기 위해서는 우선 한 달 정도의 시간을 들여 운전면허를 취득해야 한다. 하지만 앞으로 모든 디바이스는 사람의 말을 알아들을 수 있을 것이므로, 사람은 더는 도구를 학습할 필요가 없으며, 도구가 사람을 학습하게 될 것이다. 이 커다란 변화의 영향으로 인해 중국제조는 새로운 단계에 접어들 것이다.

안면 인식 응용 분야도 살펴보자. 공항에서 항공기 탑승 전에 최소한 두 차례의 보안 검색을 통과하고, 신분 대조를 위해 신분증을 제시했던 경험이 다들 있을 것이다. 그러나 안면 인식 기술을 응용하게 되면, 우리는 공항에 도착한 후 아무런 제지 없이 검색대를 통과할 수 있다. 카메라가 당신의 신분을 인식할 수 있으므로 항공권 구매를 완료한 당신은 더는 번거로운 보안 검색을 받지 않아도 된다. 안면 인식에서 끝이 아니다. 여기에 음성 인식, 자연어 이해, 사용자 프로필 등까지 더해지면 더욱 많은 영역에서 변화가 생길 것이다.

사물 인터넷(IoT)은 비즈니스 차원에서 활성화되지 않아서 시장 규모가 아직 그다지 크지는 않다. 모바일 인터넷이 생겨난 후 사람들은 웨어러블 디바이스에 열광하며, 이 분야가 거대한 시장이 될 것이라고 예상했으나 아직 그 기대에는 미치지 못했다. 그러나 인공지능 시대가 오면 사물 인터넷, 웨어러블 디바이스는 거대한 시장으로 변할 것이다.

사물 인터넷은 제조업에 큰 변화를 초래할 것이며, 향후 모든 제조업은 인공지능 산업이나 사물 인터넷 산업에 속하게 될 것이다. 모든 제품은 네트워킹할 수 있어야 하고, 데이터를 클라우드로 전송할 수 있어야 하며, 인공지능을 통해 관련 기술에 대한 분석을 진행해 제품이 소비자와 사용자에게 실질적인 가치를 줄 수 있게 해야 한다.

최근 몇 년간 건강 관리 산업에서 정밀의료가 큰 인기를 끌고 있다. 정밀의료란 환자별로 맞춤형 약과 치료법을 제공하는 차별화된 의료다. 어떤 약이 어떤 사람에게 효과적인지 판단하기 위해서는 환자의 유전자 정보와 후천적 시나리오를 분석해야 한다. 그러므로 의료기술, 건강기술, 인공지능 기술을 종합적으로 운용해야 한다.

레저산업도 변화를 맞이할 것이다. 미래에는 VR(가상현실)과 AR(증강현실)이 콘텐츠 형식의 주류가 될 가능성이 크다. AR은 컴퓨터 비전 문제를 해결해야 한다. 음성기술은 최근 몇 년간 급격한 발전을 거두었으며, 거의 모든 사람의 목소리를 합성할 수 있다. 요즘 영화나 드라마를 찍기 위해서는 배우가 현장에서 몇 개월을 지낸다. 하지만 언어와 그래픽 기술이 한층 더 발전하면 이론상으로 스타는 더는 현장에서 촬영할 필요가 없다. 스타의 라이선스를 얻기만 하면 목소리를 합성하고 사진, 그래픽의 자동 합성도 가능해진다.

지금까지는 규모가 큰 산업에 관해 이야기했다. 그러나 인공지능은 소규모 산업에도 능력을 부여할 수 있다. 독자 여러분은 자신이 있는 업계에 대해 충분히 이해하고, 인공지능 기술에 대해서도 어느 정도 알고 있으므로 더 많은 혁신 공간을 열 수 있으리라 믿는다.

중국은 정책 혁신 면에 있어서 매우 개방적이다. 2019년 중국 지방정부는 총 276개의 인공지능 발전 관련 정책을 내놓았으며, 관련 분야는 스마트 정부 업무, 스마트 의료, 산업 인터넷, 스마트 제조, 스마트 차량 인터넷, 스마트 교육 등이 있다. 잠정 통계에 따르면 전국에 30여 개 넘는 성, 시, 구에서 스마트 커넥티드카(Intelligent Connected Vehicle, ICV) 테스트 관리 규범 또는 실시 세칙을 발표해 개방 도로에서의 자율주행 테스트 업무를 허용했다. 그중 유인 테스트를 허용한 도시는 광저우, 창사(長沙), 상하이, 우한, 창저우, 베이징 등 6곳이다. 이는 무인 주행기술의 지속적인 발전을 추진한다는 면에서 의미가 크다.

정책적인 면 외에도 중국은 인재와 데이터의 2가지 이점을 갖고 있다. 중국은 세계에서 가장 큰 인력자원 국가이고, 동시에 중국인은 매우 부지런하다. 중국의 9억 명이 넘는 인터넷 인구가 매일 대량의 데이터를 생산하고 있다. 이러한 데이터들은 각종 머신러닝 모델을 훈련하는 데 사용될 수 있고, 훈련 효과가 점차 좋아지기 때문에 미래 중국은 AI 발전에 있어서 뛰어난 여건을 갖췄다.

그러나 이것은 시작에 불과하다. 앞으로 점점 더 많은 업종이 인공지능 기술이 자신에게 가져다주는 이익을 체감할 것이다. 각 산업과 기업들은 어떻게 하면 가장 효과적인 방법으로 기술 혁신역량을 강화해 인공지능을 '자신의 요리'로 바꿀 수 있는가 하는 문제에 대해 생각해야 할 것이다. 이 '요리'를 맛보지 못하면 한 시대를 놓칠 가능성이 크다.

AI는 복잡한 세상을 더욱 단순하게 만든다

인공지능이 인터넷과 다른 점은 강력한 수직통합 특징이 있어서 점차 공유화, 생태화, 협력화를 이루어 인터넷 공간의 운명공동체를 형성한다는 것이다.

바이두를 예로 들어 AI 기술 혁신이 바이두에 가져온 변화를 살펴보겠다. 2000년 창립 초기, 바이두는 사람들이 가장 평등하고 빠르게 정보를 얻어 원하는 것을 찾을 수 있기를 원했다. 사람과 정보 간 격차를 좁히는 것이 바이두의 신성한 사명이었다고 할 수 있다. 바이두는 20년 동안 기술 혁신에 힘썼으며, 검색 시대부터 인공지능 시대까지 모든 것을 꿰뚫었다.

AI로 인해 환골탈태한 사업 발전

바이두는 2010년부터 인공지능 기술을 이용해 검색 알고리즘을 재조정했으며, 정렬을 개선했다. 물론 그 당시 사용했던 AI 방법은 이후의 딥러닝이 아닌 일반적 의미의 머신러닝에 불과하다. 2012년 바이두는 처음으로 딥러닝 방법을 이용한 이미지 인식에 성공했다. 이미지를 이용해 이미지를 찾아냈고 효과가 뛰어났다.

2013년 1월, 바이두는 전 세계에서 처음으로 딥러닝으로 명명한 연구소인 바이두 IDL을 설립했고, 그때부터 AI에 대한 투자를 확대했다.

바이두는 끊임없는 탐색을 통해 검색 엔진에 태생적으로 인공지능 유전자가 있다는 사실을 발견했다. 검색 기술과 딥러닝 기술이 매우 긴밀하게 결합해 있다는 점과 매일 누적된 다량의 사용자 행동, 언어자료 표본이 인공지능 학습에 필요한 방대한 데이터를 뒷받침해준다는 점이 그랬다.

이와 같은 기술 유전자와 기술적 우위는 우리의 다른 사업으로 직접 이동해 사업의 환골탈태를 이끈다. 예를 들어 바이두의 피드 스트림[18] 서비스 신시류(信息流)는 'AI+검색'이라는 더블 엔진에 힘입어 사업이 매우 빠른 속도로 발전했으며, 1년도 채 안 되어서 사용자 수가 1억 명을 넘어섰다.

2016년에 바이두는 바이두 브레인을 정식 발표했다. 4년의 진화를 거쳐 콘텐츠

---

18. 빅데이터를 기반으로 사용자 개인의 요구나 관심사를 분석해 그에 맞는 콘텐츠를 구성, 제공하는 서비스. – 역주.

가 날로 풍부해졌으며 하부 기술이 실용, 응용으로 발전해갔다. 바이두의 모든 인공지능 집합체라고 할 수 있는 바이두 브레인은 많은 영역에서 실질적으로 응용되고 있다. 최하부의 딥러닝 프레임워크부터 상부에 있는 상용화 단계인 음성 인식기술, 시각기술, 자연어 이해기술 등까지 범위가 다양하며, 더 위로 가면 오픈소스 기반의 개방형 플랫폼도 있고, 각 업계를 대상으로 하는 것도 있으며, 더욱 기초적인 플랫폼도 있다. 다음에서 관련 내용을 상세하게 소개하겠다.

'선수' 잡기

바둑에서 선점은 매우 중요하다. 지속적인 기술 혁신은 우리가 추종자로 머무르지 않고 '선수'를 잡도록 해준다.

인공지능 스피커로 대표되는 스마트 홈 중앙제어설비는 AI 시대 정보와 콘텐츠 서비스의 새로운 입구다. 사람들은 이를 통해 더욱 자연스러운 방식으로 기계와 상호작용할 수 있으므로 홈 정보 서비스의 입구이기도 하다. 이 입구 덕분에 바이두가 구축한 콘텐츠 생태의 쓰임새가 더욱 광범위해졌다. 예를 들어 샤오두 인공지능 스피커는 '바이두 백과' 데이터를 이용해서 사람들이 일상생활에서 겪는 절대다수의 문제에 대답할 수 있다.

2018년 바이두는 전 세계 최초로 디스플레이가 탑재된 인공지능 스피커를 선보여 그간 영상 쪽의 구성을 한층 더 활성화했다. 그 후 아마존, 구글, QQ가 유사한 제품을 잇달아 선보였다. 2019년 2월 샤오두 스마트 디스플레이[19] 출하량이 처음으로 기존 무화면 인공지능 스피커를 뛰어넘었고 전 세계에서 선두를 달렸다.

두 영역에 심혈을 기울이다

스마트 홈, 자율주행은 바이두가 심혈을 기울이는 두 영역으로, 이미 개방형 오픈소스 생태화를 실현했다.

스마트 홈 분야에서 바이두는 개방형 플랫폼 방법을 채택했다. 빠른 기술 발전

---

19. 터치스크린을 장착한 스마트 스피커. - 역주.

을 이룬 Duer OS 체계를 개방해 인간과 기계 간 대화를 더욱 많은 시나리오에서 실현했다. 최초의 인공지능 스피커는 '바보 스피커'라고 불렸다. 그 당시 인간과 기계 간 대화는 기본적으로 사람이 만든 것으로, 기계 스스로 생각해서 하는 말이 아니었기 때문에 사람이 연속해서 몇 마디 물어보면 스피커는 말문이 막혀버렸다. 하지만 요즘 스피커는 사람의 여러 가지 표현을 이해하고, 이에 상응하는 반응을 보인다. 이것이 바로 샤오두 비서를 사용하는 설비가 점점 많아지는 이유이며, 수억의 활성화 설비 이면에는 65만 회에 달하는 음성 상호작용이 있다. 2020년 6월 현재, 새로운 인간과 기계 간 상호작용 플랫폼으로서 샤오두 개방형 플랫폼에는 3,800개가 넘는 우수한 기능이 들어 있으며, 4만여 명의 개발자들이 다양한 혁신을 위해 노력하고 있다.

바이두가 스마트 주행 분야에서 기울인 노력 역시 놀랄 만한 성과를 거두었다. Apollo L4(전자동, 무인 주행 자동차 또는 기타 차량) 자동 주행능력이 탑재된 '신문물'은 이미 수만 대에 이른다. 현재 14개 도시에서 상용화된 아폴로는 주행거리가 96,000km를 넘었으며, 탑승객이 96,000여 명에 달한다. 스마트 주행은 이러한 '신문물' 중 하나로 '신석기' 자동판매기가 주인 없이도 어디서든 물건을 판매할 수 있는 것과 비슷하다. 이 밖에도 공원의 청소차, 사과 자동수확기 등 우리의 상상을 뛰어넘는 다양한 응용 시나리오가 있다. 운전자가 완벽하게 배제된 신문물들은 향후 몇 년 안에 폭발적인 성장기를 맞이하게 될 것이다.

복잡한 세상을 더욱 단순하게 만드는 과학 기술

자동차의 스마트화만으로는 부족하다. 인프라와의 조화가 필요한데, 그것이 바로 도로의 스마트화다. 오늘날 우리는 도로를 '마로(馬路)'[20]라고 부른다. 처음에는 진짜 말이 달리는 길이었지만, 이후 자동차가 발명되면서 자동차가 달리는 길로 변했다. 만일 도로에 신호등이랑 아스팔트 도로가 없다면 차량 주행은 매우 힘들 것이다. 무인 자동차가 우리의 삶에 들어오려면 도로도 이에 맞게 더욱 똑똑해지고 스마트화되어야 한다. 지난날 도시가 막대한 자금을 들여 다리, 지하철, 대형 주차장

---

20. 중국의 도로 표현. – 역주.

을 설치한 이유는 모두가 교통문제를 해결하기 위해서였다. 하지만 미래에는 더 많은 인프라 투자가 소프트웨어에 집중되어야 하며, 도로의 스마트화, 교통 인프라 시스템 촉진(CVIS)에 투자되어야 한다.

이 분야에 있어서 중국은 이미 많은 도시와 협력 중이다. 베이징을 예를 들어보면, 2018년부터 하이뎬구와 협력을 맺어 신호등을 실시간으로 조정했다. 신호등 조정을 통해 교통체증으로 인한 대기 시간이 30~40% 줄어들 것으로 예측됐다. CCTV가 현재 도로에 있는 차량의 수에 대한 전수, 실시간 모니터링이 가능하므로 스마트화된 의사결정으로 신호등 시간을 조정해 교통을 원활하게 할 수 있는 것이다.

우리는 상하이시와도 스마트 교통, 자율주행 및 산업 업그레이드 등 영역에서 전략적 협력을 진행해 전 세계적으로 앞장서서 시대를 앞선 이념을 갖춘, 자율주행 침투율이 높은 샘플 프로젝트를 탐색하기 위해 노력했다. 대도시 시민들은 교통체증 때문에 괴로움을 겪는다. 교통운송부 추산에 따르면 교통체증으로 인한 GDP 손실이 5~8%에 달한다. 베이징, 상하이와 같은 대도시에서는 교통체증으로 인해 매년 몇천억 위안의 손실이 발생한다. 우리는 인공지능 방식의 도움을 통해 사람들의 인식을 크게 강화하고 에너지 소모를 줄이며 전반적인 효율을 크게 높일 수 있다.

현재 바이두는 인공지능 영역에서 언어, 영상, NLP(자연어 처리) 등 인공지능 기술을 보유하고 있고, DuerOS 개방형 대화형 인공지능 시스템, 아폴로 스마트 주행 시스템의 2가지 업계 생태를 갖고 있으며 AI 영역 최신 응용 시나리오와 솔루션을 공유하고 있다.

언어 인식, 언어 합성, 음성 발화,[21] 문자 인식, 안면 인식, 증강현실, 지식 그래프 등 관련 연구 성과는 이미 바이두 제품에서 완벽히 응용되고 있으며, 이를 통해 수억 명의 인터넷 사용자가 혜택을 누리고 있다.

바이두는 이러한 강점을 통해 전 세계 각 산업 사슬, 공급 사슬 측면의 기업 및 지방정부와 함께 더욱 번영된, 건강한 생태를 구축해 복잡한 세상을 더욱 단순하게 만들 수 있기를 희망한다.

---

21. Voice wake-up. - 역주.

AI 시대에는 AI 사고 방식이 필요하다

10여 년 전 '인터넷 사고'라는 개념이 등장했고, 2012년 즈음이 되자 중국 인터넷은 이미 모바일 인터넷 시대에 진입했다. 모바일 인터넷 시대와 PC 인터넷 시대에 인류의 사고 방식에는 이미 큰 변화가 생겼다.

AI 시대, 이 시대에 속한 사고 방식이 있는가?

예전에 바이두의 엘리트들은 이 문제에 대해 자주 토론했다. 인공지능 시대가 도래했음을 인식한 이상 우리의 사고 방식에도 변화가 필요할까? 바꿔야 할까? 바꾼다면 어떻게 바꿔야 할까?

인터넷이 나타나기 전에도 사람과 사람은 대면 교류, 전화, 팩스 같은 방식으로 교류를 해왔다. 하지만 사람과 사물이 교류할 방법은 없었다. 사물이 '죽었기' 때문이었다.

그러나 인터넷 시대에 들어서자 인터넷 정보 기술은 모든 사회에 사람과 사람 간 소통 효율의 혁명을 가져왔으며, 소통의 상호작용 효율도 크게 향상됐다.

인공지능 시대가 해결하는 것은 사람과 사물의 교류다. 인공지능은 기계를 통해 사람의 의도를 이해한다. 기계가 사람을 이해하게 되면 자연스레 사람과의 교류가 가능해진다.

인터넷이 전채요리고, 인공지능이야말로 주요리라고 하는 이유는 바로 이 사회에 미치는 변화 면에서 이 둘의 체급이 본질적으로 다르기 때문이다. 인터넷이 기존에 존재했던 방식을 더 효과적으로 만들었다면, 인공지능은 기존에 불가능한 것을 가능으로 바꾸었다.

'정보 연결'에서 '만물 깨우기'로의 전환

이것이 바로 2017년 바이두가 사명을 교체한 이유다. 기존의 바이두 사명은 '사람들이 가장 평등하고 편리하게 정보를 얻어서 바라는 것을 찾게 하자'였으나, 오늘날에는 과학 기술의 발전이 우리에게 더욱 많은 가능성을 가져다주었으므로 우리의 사명을 '과학 기술로 복잡한 세상을 더욱 간단하게 한다'로 새롭게 바꿨다. 다시 말해 바이두의 책임이 '정보 연결'에서 '만물 깨우기'로 변했다는 것이다. 이렇게 할 수 있던 것은 AI가 '만물 깨우기'를 가능하게끔 했기 때문이다.

그렇다면 어떻게 '만물 깨우기'를 하는가? 리모컨 없이 자연어만으로 TV에 자신이 원하는 것을 알려주기만 하면 된다. 이렇게 TV와 소통할 수 있다. 리모컨은 당신에게 "이 배우는 류타오(劉濤)입니다"라고 말해주지 못한다. 하지만 언어 상호작용은 이를 가능하게 한다. 이런 기술은 냉장고, 에어컨뿐만 아니라 탁자, 의자 등에도 적용할 수 있으며, 거의 모든 물체가 '사람 말'을 알아들을 수 있게 된다. 이렇듯 음성기술이 점차 휴대전화 시나리오에서 가정, 자동차 시나리오 등 생활 시나리오로 진입했으며, 스마트 고객 서비스 시나리오에도 진입했다.

체온이 느껴지는 AI가 미지의 세상을 통찰하다

AI를 통해 미지의 세상을 통찰할 수 있다니, 꼭 공상과학 같지 않은가? AI의 최대 목적은 사람처럼 사람을 이해하고 사람의 의도를 파악하는 것이다. 하지만 AI도 결국엔 기계기 때문에 똑똑하지 않은 면이 있으나 사람보다 뛰어난 면도 있다. 예를 들어 영원히 피곤함을 느끼지 않고 문제 처리 속도도 매우 빠르다는 점이다. 우리가 불가능하다고 느끼는 일이 '불가능'인 이유는 소요시간이 너무 길거나 필요한 인력이 너무 많기 때문인데, 기계는 이를 가볍게 수행할 수 있다.

인공지능은 냉담한 기술이 아니다. 체온이 느껴지고 감정도 있다. 충칭에 살다가 4~5살 때쯤 실종된 후 줄곧 푸젠에서 자란 한 아이가 있었다. 그러다 27년이라는 시간이 흐른 뒤, 바이두 AI 기술을 통해 얼굴을 대조한 결과, 그가 당시 충칭에서 사라졌던 아이였다는 사실이 밝혀졌다. 또 다른 한 실종자는 정신 질환을 앓고 있었는데, 38세였지만 자신의 이름조차 말하지 못하는 상태였기 때문에 일반적인 수단으로 집을 찾아주기가 어려웠다. 하지만 안면 대조 방식을 통해 부모에게 연락을 취할 수 있었다.

'미래'가 진짜로 온 것이다. 그런데 이렇게 미래가 우리 눈앞에 왔는데도, 당신이 미래의 일부가 아니라면 어떤 일이 벌어질 것인가?

이는 우리 모두, 기업, 관리자가 생각해볼 문제다. 바이두 역시 이런 문제를 계속해서 생각하고 있다. 미래의 세상은 지금과 매우 다를 것이므로 우리 사고 방식의 변환이 절실하다.

Think Mobile에서 Think AI로의 전환(모바일 우선에서 AI 우선으로)

'Think Mobile'은 페이스북이 최초로 선보인 개념이다. 페이스북도 초기에는 PC 제품으로 시작했다가 모바일 인터넷 시대가 도래했음을 의식한 저커버그가 Mobile First를 제시했다. Mobile First란 무엇인가? 저커버그가 회사 내부 엔지니어들과 함께하는 회의에서 신제품, 신기능에 대해 말할 때 모두 PC 페이지의 캡처 화면을 사용했다. 저커버그는 "안 되겠어요. 나한테 한 번만 더 PC 캡처 화면으로 보여주면 당신들이랑 회의하지 않겠습니다. 휴대전화 캡처 화면을 보여줘야 당신들이랑 토론하겠습니다"라고 했다. 저커버그는 이런 '극단적인' 방식으로 페이스북이 Think Mobile을 시작하도록 압박했고, 모바일을 첫 번째 플랫폼으로 삼았다.

모바일(Mobile) 시대 역시 10년이라는 시간이 흘렀다. 세상은 정말 빨리 돌아간다. 바이두는 Mobile First에서 AI First로의 변환을 꾀하고 있다. 우리가 우선으로 고려하던 것은 휴대전화 터치 화면으로 어떤 경험을 하게 하는가였다. 상하좌우를 미는 방법으로 해야 하는가, 아니면 여기, 저기를 터치하는 방법을 해야 하는가와 같은 문제들을 고려했다. 하지만 AI First 상황에서는 카메라 렌즈는 어떤 기능을 갖춰야 하는지, 마이크는 어떤 기능이 있어야 하는지를 생각하게 될 것이다. 이러한 움직임은 바이두에서 그치지 않았다. 2017년 구글 I/O 대회에서 구글 CEO 역시 "From Mobile First to AI First(모바일 우선에서 AI 우선으로)"의 필요성을 역설했다. 그렇게 해서 점점 더 많은 기업이 차츰 이 시대가 변하고 있음을 의식하게 됐다.

소프트웨어와 하드웨어의 결합과 일체

AI 시대의 전형적인 특징은 소프트웨어와 하드웨어의 결합이다. 이전에 인터넷 기업은 기본적으로 소프트웨어 위주였다. 인터넷 시대에는 PC 인터넷이든, 모바일 인터넷이든 모두가 소프트웨어 측면에 관심을 더 기울였다. 하드웨어의 성장과 변화도 빠르기는 했지만, 인터넷 기업으로서 대부분의 시간 동안 자신의 소프트웨어를 어떻게 만들까에만 관심을 주면 됐을 뿐 소프트웨어가 어떤 하드웨어에서 운영되는지는 그다지 알 필요가 없었다. 하지만 AI 시대에는 소프트웨어와 하드웨어의 결합지점에 어떤 혁신요소가 들어갈 수 있는지에 더욱 집중해야 한다. 소프트웨어, 하드웨어, 서비스 이 3가지가 강력한 결합을 이루어야만 진정으로 역할을 수행할 수가 있기 때문이다.

예를 들어보자. 요즘 유행하는 인공지능 스피커와 휴대전화의 차이점은 무엇일까? 인공지능 스피커는 플러그를 꽂기 때문에 배터리 소모에 신경 쓸 필요가 없으며, 문자 입력을 통한 상호교류 방식에서 벗어났다. 휴대전화에는 가상 키보드가 있으므로 사람들은 대부분을 이 키보드와 상호교류하게 되지만, 인공지능 스피커는 마이크를 통해 교류한다. 이는 소프트웨어와 하드웨어가 결합한 전형적인 배치 기술이며, 소프트웨어를 어떻게 하면 되는지만 알면 끝나는 것이 아니다. 마이크 2개를 배치할지, 7개를 배치할지도 결정해야 한다. 이에 따라 사용되는 기술이 완전 다르고, 얻게 되는 경험도 완전 다르기 때문이다. 자율주행 자동차 분야에서 이 특징은 더욱 두드러진다. 레이저 레이더와 각종 센서를 탑재해야 하며, 여러 가지 소프트웨어와 결합해야 무인 주행을 실현할 수 있다.

데이터가 모든 알고리즘을 순식간에 끝낸다?

데이터가 모든 알고리즘을 순식간에 끝낸다. 이는 아마도 AI 시대에 대한 사람들의 첫 번째 반응이거나 관찰되는 현상일 것이다. 만일 충분한 데이터가 있다면 알고리즘에 미세한 차이가 있더라도 괜찮은 결과를 얻는다. 그러므로 제품을 개발할 때 충분한 데이터, 특히 깔끔한 데이터 수집에 열을 올리게 된다. 다시 말해 이 데이터가 어떤 결론으로 대응될 수 있는가가 중요하며, 만일 이런 대응이 점점 더 많아지면 기계의 정확하고 빠른 학습이 가능해지고 능력도 강해진다.

그러나 진정으로 사회 발전을 추진하는 것은 데이터가 아닌 알고리즘이다. 산업혁명의 상징은 증기기관차의 발명이다. 하지만 와트가 개량된 증기기관차를 발명하기 100년 전에 이미 증기기관차가 발명됐다. 그 당시 최초 증기기관차는 영국의 탄광업계에서 출현했다. 왜 그랬을까? 초기 증기기관차의 기술은 매우 낙후됐기 때문에 대량의 에너지가 필요했는데, 탄광 주변은 에너지가 가장 집중되어 있고 가장 저렴한 곳이었기 때문이다. 산업혁명 하면, 사람들은 영국의 탄광이 아닌 와트가 발명한 개량 증기기관차를 우선 떠올린다. 이제 사람들은 이 시대는 "데이터가 새로운에너지다"라고 말한다. 틀린 말이 아니다. "데이터가 순식간에 알고리즘을 없앤다"라는 주장도 일리는 있다. 하지만 진정으로 이 사회의 발전을 이끄는 것은 알고리즘과 기술이다.

AI 사고는 차원 축소 공격이 가능하다

AI 시대의 사고 방식은 도대체 당신에게 어떤 역할을 하는가? 가장 핵심은 차원축소 공격 역할을 할 수 있다는 것이다. 지금 휴대전화는 아직 대체할 수 없지만, 만일 AI 사고를 인터넷 상품으로 할 수 있으면 그것이 바로 차원 축소 공격을 실현하는 것이다.

예를 들어 음성을 통한 검색은 모바일 시대의 사고 방식이 아니라, AI 시대의 사고 방식이다. 오늘날 휴대전화로 하는 모든 일을 AI 방식으로 다시 한다면 그것은차원 축소 공격으로 이 분야의 발전 가능성은 매우 크다. 이를 가전, 자동차 영역을넘어서 모든 업종에까지 응용한다면 전망은 더욱 넓어질 것이다. 이것이 사람들이미리 준비하고 사고 방식을 전환해야 하는 이유다.

바이두는 더 이상 사람들이 생각하는 단순한 인터넷 기업이 아닌 AI 기업이다. 외부 인식이 아직 미흡하고, 사람들의 이해가 부족할 때 필요한 것은 부화뇌동하다가무작정 자신의 신념을 바꾸는 것이 아니라 끝까지 버티는 태도다.

글로벌 전망 : 인공지능 쾌속 열차에 탑승 중인 서방 국가

전 세계 상황을 둘러보자. 미국은 이미 인공지능을 국가 우선 사항으로 분류하고, 제일 먼저 이를 국가 전략 측면으로까지 격상시켰으며, 일부 서양 국가들도 그뒤를 잇고 있다.

최근 들어 미국, EU, 영국, 일본은 잇달아 클라우딩 컴퓨터, 빅데이터, 인공지능 등 일련의 전략 행동들을 발표하고, 전방위적이고 다차원적으로 새로운 산업혁명을 추진 중이다.

미국 우선, 인공지능 우선

2016년 10월 미국 국가과학 기술위원회(NSTC)는 〈국가 인공지능 연구 및 발전전략계획(National Artificial Intelligence Research and Development Strategic Plan)〉을 발표하고, 7개 정부의 중점적인 연구전략을 정했다. 이는 정부 투자를 통해 인공지능에 대한 인식과 연구를 심화하고, 인공지능 영역에서 미국의 선도국 지위를 확보하는 것을 목적으로 하고 있다. 같은 해 백악관은 〈AI의 미래를 위한 준비(Preparing for the Future Artificial Intelligence)〉, 〈인공지능과 자동화가 경제에 미치는 영향(Artificial Intelligence, Automation and the Economy)〉이라는 제목의 두 편의 보고서를 잇달아 발표했다.

미국 국방부는 〈2018년 국방부 인공지능 전략 요약 : 인공지능을 활용한 안보와 번영(Summary of the 2018 Department of Defense Artificial Intelligence Strategy : Harnessing AI to Advance Our Security and Prosperity)〉을 발표했고, 합동 인공지능센터(JAIC)를 설립했다. 주요 골자는 인공지능 부여능력(AI-enabled capabilities) 핵심 작전 임무를 신속히 배치하고, 인공지능 연구개발 프로젝트에 협조한다는 것이다.

2018년 8월 미국 의회는 〈2018년 수출규제 개혁법안〉을 통과시켜 '신흥기술, 기초기술'에 대해 수출제한 조치를 적용하기로 했다. 이 법안은 상무부가 규칙을 제정하고, 민감기술 수출에 대한 관리 감독을 강화함으로써 미국의 경제 및 안보 등 영역의 이익을 보호해달라고 요구했다. 같은 해 11월, 수출제한 관리 감독 총괄 부서인 미국 국무부는 기술 리스트 권고안을 발표했으며, 거기에는 컴퓨터 비전, 음성 인식, 자연어 처리 등 인공지능 영역이 포함됐다.

2019년 2월 11일 트럼프 전 미국 대통령은 13859호 〈인공지능에서 미국의 선도적 위치 유지〉라는 제목의 행정명령을 발표하고, '미국 인공지능 이니셔티브'를 가동했다. 이는 미국 AI 지도력을 격상시키는 국가 전략이다. 2019년 6월 NSTC는 〈국가 인공지능 연구개발과 발전전략 이니셔티브〉 최신판을 발표했다. 이는 2016년 버전을 기초로 기존의 7대 전략을 업데이트하고, 인공지능 우선 사항을 평가하고 조정했으며, 여덟 번째 전략인 '정부 기관과 비정부 기관 간 협력 관계 확대'를 추가했다. 미국 백악관 과학 기술정책국(OSTP)은 〈미국 인공지능발의 원년 년도 보고〉를 발표해 미국의 AI 이니셔티브에 장기적인 전망을 제공했다. AI 영역에서 미국의 선도적 위치를 강화하는 내용을 골자로 하는 국가 발전전략은 AI 연구개발 투자, AI 자원 방출, AI 혁신 장애물 제거, AI 인재 육성, 미국 AI 혁신을 지원하는 국제 환경 조성, 정부 서비스와 임무를 위한 믿을 만한 AI 제공 등 6가지 핵심 정책과 방법을 강조했다.

2019년 11월 14일 OSTP는 또 〈국가 전략 컴퓨팅 이니셔티브 : 미래 컴퓨팅을 이끈다〉 최신판을 발표했다. 오바마 행정부가 발표한 2016년판 이니셔티브와 비교했을 때 최신판은 컴퓨터 하드웨어, 소프트웨어, 전체 인프라 및 혁신적이고, 실질적인 OS 개발 및 기회에 더욱 중점을 두어 미국 컴퓨팅의 미래를 지원하고자 했다.

2020년 1월 3일, 중국 등 국가를 겨냥한 트럼프는 인공지능 소프트웨어 수출규제를 골자로 하는 조례를 갑작스레 발표하고, 1월 6일부터 효력을 발동시켰다. 이 조례에 따르면 스마트 센서, 드론, 자율주행, 위성 및 기타 자동화 설비에 쓰이는 목표 인식 소프트웨어가 규제 대상에 포함된다.

2020년 5월 26일 〈사이언스〉지 보도에 따르면 중국의 강한 경쟁력에 대응하기 위해 미국 의회에 미국 국립과학재단(NSF)의 명칭을 국가 과학 기술재단으로 변경하고, 4년 안에 예산 규모를 5배 늘려 5년간 총 1,000억 달러의 예산을 운용할 수 있게 한다는 내용이 담긴 법안이 발의됐다. 이 법안을 발의한 두 명의 상원의원인 척 슈머(Charles E. Schumer)와 토드 영(Todd Young)은 과학 기술 분야에서의 중국의 진보는 미국 국가안보 및 경제 번영에 직접적인 위협이며 인공지능, 양자 컴퓨팅,[22] 고급 통신, 선진 제조업과 같은 핵심 과학 기술 영역에서 승리를 거두는 나라가 미래의 슈퍼 대국이 될 것이라고 주장했다.

디지털 유럽, 유럽의 기술 주권을 재천명하다

2011년 3월 3일에 발표한 '유럽 2020 전략(Europe 2020)'은 EU 미래 경제 발전의

---

22. 얽힘(entanglement)이나 중첩(superposition) 같은 양자역학적인 현상을 활용해 자료를 처리하는 방법. – 역주.

중점을 다음의 3가지에 두었다. 즉 지식과 혁신을 위주로 한 스마트 경제 발전, 에너지 사용효율 제고를 통한 경쟁력 강화와 지속 가능한 발전 실현, 고용 수준 향상과 사회 응집력 강화다.

2020년 2월 19일(현지시각) EU 집행위원회는 브뤼셀에서 〈인공지능백서 : 우수성과 신뢰의 유럽 길로 가다〉를 발표했다. 백서는 "유럽연합은 2018년 4월에 발표한 'EU AI 전략'을 기반으로 우수하고 신뢰할 수 있는 유럽의 길을 찾아야 한다. AI가 가져온 기회와 도전 앞에서 유럽연합은 유럽의 가치관을 지키고 자기만의 방식으로 행동해 AI의 발전과 계획을 추진해야 한다. EU 집행위원회는 AI 과학 기술 혁신을 추진하고, AI 과학 기술에서 유럽연합의 주도적인 지위를 유지하며, 신기술이 전 유럽에 이바지할 수 있도록 하고, 사람들의 삶의 질을 높이는 동시에 관련 권익을 존중하는 데 최선을 다할 것이다. 이번 AI가 가져온 기회를 잡기 위해 유럽은 반드시 산업과 기술 능력 건설을 강화해야 한다. '유럽 AI 전략'에 상응하는 '유럽 데이터 전략'은 유럽이 전 세계 데이터의 중심이 될 수 있도록 계속 조처해야 한다고 밝혔다. '유럽 데이터 전략'은 유럽이 세계에서 가장 흡인력 있고 가장 안전하며 가장 생동감 있는 데이터 경제체(経済体)가 되도록 하자라는 내용을 골자로 한다"라고 밝혔다. 백서에서는 일련의 인공지능 연구개발 및 관리 감독의 정책 조치를 제안하고, '신뢰성 있는 인공지능 아키텍처'를 구축할 것을 제시했다.

EU 집행위원회는 '디지털 유럽(Digital Europe)계획'에 따라 에지 컴퓨팅(Edge Computing),[23] 인공지능, 데이터 및 클라우드 인프라를 포함한 고성능 컴퓨팅과 양자 컴퓨팅을 지원하기 위한 40억 유로가 넘는 예산을 제시했다. 지난 3년 동안 EU가 인공지능을 위해 제공한 연구와 혁신 자금은 지난해 동기 대비 70%가 늘어난 15억 유로까지 늘었다.

최근 프랑스와 독일은 클라우드 컴퓨팅에 속도를 낼 준비를 하고 있다. 실리콘밸리의 우두머리인 아마존, 마이크로소프트, 구글에 대한 유럽의 의존도를 낮추기 위해 클라우드 컴퓨팅 생태계 구축에 전폭적인 지원을 계획 중이다. Gaia-X라는 명칭의 프로젝트는 현지 서버에 데이터의 저장과 처리를 진행하는 통용 표준을 구축하고, 데이터 프라이버시에 관한 EU의 엄격한 법률을 준수하게 된다. 이 조치는

---

23. 분산된 소형 서버를 통해 실시간으로 처리하는 기술. - 역주.

프랑스와 독일이 경제협력 강화를 통해 코로나에 대응할 때 제안된 것으로 조치의 첫 단계로 프랑스와 독일의 22개 회사가 비영리성 펀드를 설립해 Gaia-X를 운영하게 된다.

02

스마트 경제란 무엇인가

혁신을 통한 성장전략을 실시하고 인공지능과 경제, 사회, 국방의 융합을 주요 노선으로 하며, 차세대 인공지능 과학 기술 혁신능력 향상을 주요 공략 방향으로 삼는다. 스마트 경제를 발전시키고 스마트 사회를 건설하며 국가 안전을 수호한다. 지식군, 기술군, 산업군이 상호 융합되고 인재, 제도, 문화가 서로 지탱하는 생태계를 구축한다. 위험과 도전에 선제 대응하고 인류의 지속 가능한 발전을 위주로 한 스마트를 추진하며, 전반적인 사회 생산력, 종합 국력 및 국가 경쟁력을 높인다. 혁신형 국가 및 글로벌 과학 기술 강국 건설에 박차를 가하고, '두 개의 100년(兩個一百年)'[24] 목표와 중화민족의 위대한 부흥을 위한 중국몽[25] 실현을 위해 강력한 힘을 실어준다.

국무원 〈차세대 인공지능 발전 계획〉

국발[2017]35호 (2017년 7월 8일)

2019년 10월 29일은 세계 인터넷 탄생 50주년 기념일이다. 그동안 사람들은 이메일, 포털, 검색, 홈페이지, SNS, 다이렉트 메시지, 전자상거래, 모바일 결제, 클라우드 서비스, 모바일 뱅크, 쇼트 클립, 피드가 가져다준 새로운 것들을 경험했다.

'인공지능 원년'에 대해서는 이견이 분분하다. 중국의 최초 이메일 발송 시간을 둘러싸고 논쟁이 끊이지 않는 것과 비슷하다. 〈월스트리트 저널〉, 〈포브스〉, 〈포춘〉은 2017년을 AI 원년이라고 하고 있으며, 2019년이 원년이라고 주장하는 사람들도 있다. 어찌 됐든 신기술 발전이 가속화 중이고, 신모멘텀이 성장 중이며, 신트랙이

---

24. 중국공산당 창당 100주년과 중화인민공화국 수립 100주년. - 역주.
25. 과거 세계의 중심 역할을 했던 전통 중국의 영광을 21세기에 되살리겠다는 의미. - 역주.

전환 중이라는 것은 논쟁할 여지가 없는 사실이다.

앞 장에서는 기술 진전의 관점에서 인공지능은 데이터, 알고리즘, 컴퓨팅 파워가 함께 이끄는 산물이며, 차세대 인공지능 기술이 산업혁명의 핵심 추진력이 될 것이라는 내용을 다루었다. 이는 우리가 앞으로 스마트 경제를 다루는 데 있어서 근거를 제공하는 밑바탕이 된다.

중국 인공지능 기술의 구체적 발전 현황은 이 책의 9장을 참고하길 바란다.

스마트 경제는 거짓 명제인가

1956년 8월, 미국의 뉴햄프셔주 하노버에 위치한 다트머스 대학에서 존 매카시(John McCarthy, LISP 언어 창시자), 마빈 민스키(Marvin Lee Minsk, 인공지능 및 인지학 전문가), 클로드 섀넌(Claude Shannon, 정보이론 창시자), 앨런 뉴웰(Allen Newell, 컴퓨터 과학자), 허버트 사이먼(Herbert Alexander Simon, 노벨 경제학상 수상자)이 한자리에 모여 기계가 인간의 뇌를 모방해 인간의 지능을 갖게 한다는 완전히 생소한 주제에 관해 토론을 펼쳤다. 2개월에 걸친 워크숍을 통해 얻은 최대 성과는 이 주제의 이름을 AI로 결정했다는 것이었다.

지난 20년과 다가올 50년

이는 신과학 기술혁명과 신산업혁명의 교차기다.

이는 차세대 정보 기술과 차세대 인공지능 기술이 교차 발전하는 핵심 시기다.

이는 컴퓨팅 파워, 알고리즘, 빅데이터의 발전으로 중첩, 호위 효과를 형성하는 중요한 접점이다.

이는 전 세계 경제사회 발전에 짙게 드리워진 안개를 헤치고 세계화의 진화를 위해 공동의 노력이 필요한 비상시기다.

이는 중국 경제가 요소를 통한 고속 성장에서 혁신을 통한 질적 성장으로 향하는 전환기다.

앞에서 말한 5가지 시기가 겹쳐 있고 유례없는 불확실한 요소까지 존재하는 오늘날, 우리는 어떻게 미래의 경제사회 발전을 연구하고 판단해야 할까? 어떻게 산업 발전의 길을 모색해야 할까?

IT(정보 기술)가 지난 20년의 최대 변수였다고 한다면, 앞으로 다가올 50년의 최대 변수는 AI다. 지난 20년, 중국은 기술과 응용에서의 우위를 점했고, 사람과 사람, 사람과 서비스의 새로운 연결, 자원과 정보의 대칭, 온라인과 오프라인의 결합을 선보였으며, 중국의 네트워크화, 디지털화 과정을 가속했다. 하지만 AI는 체급, 깊이, 넓이 면에서 기존의 IT와 확연히 다른 만물 인터넷(IoE, Internet of Everything),[26] 새로운 상호작용, 대규모 협력을 통해 각 산업, 영역, 시나리오의 전반적인 데이터화, 네트워크화를 추진하게 될 것이며, 대규모의 스마트, 스마트화로의 전환과 업그레이드가 진행될 것이다.

지난 20년 동안 바이두, 구글, 마이크로소프트, 위챗, 트위터, 우버는 하나하나가 각각의 동사가 됐으며, 곰 발바닥(바이두), 펭귄(텐센트), 고양이(Tmall), 강아지(징동닷컴), 개미(앤트그룹) 이미지가 사람들의 머릿속과 가상 공간, 현실 공간에 자리하며 새로운 세상을 맛보게 했다. 다가올 50년, 중국은 전 세계 인공지능의 혁신센터, 응용센터, 협력센터가 될 것이다.

질적 성장과 총요소생산성

두 개의 신(新)명사를 살펴보도록 하자. 첫 번째는 '질적 성장'으로, 이는 2017년 중국 공산당 제19차 전국 대표대회에서 최초로 제기한 새로운 표현이다. 중국 경제가 고속 성장 단계에서 질적 성장 단계로 전환하고 있음을 나타낸다. 중국의 질적 성장 핵심은 혁신을 통한 성장이다. 왕이밍(王一鳴) 국무원 발전연구센터 부주임은 질적 성장의 근본은 경제의 활력, 혁신력 그리고 경쟁력에 있다고 설명했다.

노동생산성, 자본효율이 전부인가? 고정불변인가? 답은 '아니다'다. 전통적인 요소를 통한 고속 성장 모델 시기에는 요소 생산성에 집중했다. 그렇다면 혁신을 통한 질적 성장 모델 시기에는 무엇을 중요시할까? 이것이 바로 두 번째 신명사인 '총

26. 사물 사이의 연결을 넘어 인간, 프로세스, 데이터, 클라우드, 모바일 등 만물이 인터넷에 연결되는 미래의 인터넷으로 사물 인터넷의 진화된 형태다. – 역주.

요소생산성'이다. 이는 시스템 중 정량 측정이 가능한 각각의 요소와 정량 측정이 불가능한 요소의 시스템 생산성을 종합적이고도 구조적으로 살펴보는 것이다.

질적 성장은 중국이 가치사슬의 업스트림[27]으로 이동할 것이라는 점을 의미하며, 이 과정에서 세계화 가치망(Value Network)[28] 핵심 접점에서의 우리 영향력 및 통제력이 만들어지고 확대될 것이다. 이에 미래 지향적인 패러다임, 모델, 관계, 메커니즘 경로에 대한 새로운 사고가 필요하다.

낮은 제조원가와 저임금이 중국의 상대적인 이점이라는 사실은 여전하지만, 쌍저(雙低)는 지속되지 못하고 변곡점으로 갈 수 있으며, 중국이 산업 사슬 업스트림으로 이동하는 데 방해가 될 수 있다. 그러므로 이는 단계적인 이점일 뿐이며, 중국의 '세계의 공장' 타이틀은 지속될 수 없다. '삼위일체 불가능 이론'과 마찬가지로 저비용, 고품질, 고효율의 완벽한 '균형'은 실현 불가능한 미션인 셈이다. 저비용과 저효율은 종종 쌍둥이처럼 나타나기는 하지만, 여러 시나리오에서 저비용 유지를 위해 희생하거나 효율을 감소시킬 수는 없다. 이와는 대조적인 높은 생산성과 고효율을 의미하는 쌍고(雙高)야말로 우리가 지향해야 할 방향이며, 이를 통해 지속 가능한 절대적 이점이 만들어질 가능성도 있다.

결국은 추진력 : 사용자를 더욱 이해한다

기술의 혁명은 상호작용의 혁명을 수반한다. 상호작용의 혁명은 기술 진전의 방향이자 기술 발전의 결과기도 하다. 우리가 데이터를 얻는 것은 사용자(유비쿼터스 사용자)를 더욱 잘 이해하고 사용자 프로필, 시나리오에 기초한 서비스를 더욱 잘 제공하고 싶기 때문이다. 기술 주도와 사용자 주도는 밀접하게 연관되어 있으므로 단편적인 강조로는 이원화의 역설에 빠지게 된다.

이렇듯 오늘날 인류는 새로운 시대에 들어서고 있다. 겉으로 이 시대는 왼쪽은 인공지능 라벨이 붙어 있고, 오른쪽은 스마트 경제 또는 스마트 사회 라벨이 붙어 있는 듯 보이지만, 사실 가장 핵심은 사용자를 더욱 이해하고, 더욱 스마트화됐으

---

27. 기업이 고객에게 가치를 제공함에 있어서 부가가치 창출에 직간접적으로 관련된 일련의 활동, 기능, 프로세스의 연계를 의미함. – 역주.
28. 이해 관계자 간의 원활한 상호 작용의 결합을 의미함. – 역주.

며, 더욱 똑똑한 시대라는 것이다.

바이두는 이 부분을 절감한다. 바이두 검색은 사용자의 수요와 가장 근접하다. 검색이 수요고, 발자취가 데이터이기 때문에 바이두는 가장 완전하고 입체적이며 홀로그래피한 사용자 프로필을 제공하며, 인공지능의 최전방에 서서 상호작용 기술의 끊임없는 발전을 지향하는 인공지능 발전을 추진한다. 스마트 시대에는 더 큰 규모의 연결과 더 효율적인 상호작용을 할 뿐만 아니라, 사용자를 더욱 이해하기 때문에 검색이 곧 인지이며 서비스다.

당신이 명령을 내리기 전부터 당신이 원하는 것이 무엇인지 아는 것, 이것이야말로 미래의 진정한 스마트다. 이 스마트의 기점은 아마 오늘날 바이두가 심혈을 기울이는 DuerOS 같은 상호작용 시스템일 것이다. 이 상호작용은 당신과 사람, 플랫폼, 응용 간의 상호작용이자 인간과 자동차의 상호작용, 인간과 기계의 상호작용, 도로의 상호작용, 사물 간 상호작용, 기계 간 상호작용이 될 수 있다. 친밀하고 매끄러운 상호작용은 그 효과를 높일 것이다.

변화를 맞이하는 생산요소와 생산력, 생산 관계도 재구성 중

기초 연구에는 어느 정도 예외가 있을 수 있다. 기술응용혁신은 생산요소, 생산력에만 집중하기보다 생산 관계의 변화 추세를 더 지켜보며, 기술을 통해 이를 실현해야 한다.

차세대 정보 기술이 차세대 인공지능 기술과 서로 얽혀 생산력 변혁에 커다란 영향을 가져왔다. 차세대 정보 기술은 조직경계, 관계구조를 허물었으며, 권력 구조에 거스를 수 없는 영향을 끼쳤다. 예를 들어 BBS(온라인 게시판), 블로그, 웨이보(微博)[29]부터 공식계정, 바이자하오(百家號),[30] 그리고 톄바(貼吧),[31] 커뮤니티, 펑요췐(朋友圈)[32]부터 쇼트 클립[33]에 이르기까지, UGC(사용자 창작 콘텐츠)는 사람들이 목소리를 내는 루트를 다양하게 만들고, 그들이 존재감을 드러내며 능력을 선보일 무대를 확

---

29. 중국의 개방형 SNS 서비스. - 역주.
30. 바이두가 제공하는 콘텐츠 플랫폼. - 역주.
31. 바이두가 제공하는 인터넷 게시판 서비스. - 역주.
32. 위챗에서 제공하는 폐쇄형 SNS 서비스. - 역주.
33. 5분 이내의 짧은 동영상. - 역주.

대했다. 더불어 공유경제와 대규모 협력은 합작과 협동, 그리고 생활의 방식까지 끊임없이 개선했다.

인공지능 기술 발전, 스마트 구조는 '인류의 지속 가능한 발전을 중심'으로 하는 것으로 사람의 지능+인공지능으로 이루어진 혼합지능(이 책은 인공지능을 중점적으로 다룸)이 산업 시대의 생산요소와 생산 관계를 다시 쓰고 있다. 그렇게 해서 우리는 스마트 경제, 스마트 사회의 거대한 미래를 함께 맞이했다.

중대 변혁과 영향을 가져오는 3가지 측면

인공지능 기반의 스마트 경제는 다음 3가지의 커다란 변화와 영향을 가져올 것이다.

첫째, 인간과 기계의 상호작용 방식에 큰 변화가 생길 것이다. 과거 20년이 휴대전화에 대한 사람들의 의존도가 점차 증가했던 20년이었다고 한다면, 앞으로의 20년은 휴대전화에 대한 의존도가 점차 줄어드는 20년이라고 할 수 있다. 스마트 경제 시대에 스마트 단말기는 휴대전화 범위를 넘어서 인공지능 스피커, 차량용 시스템, 각종 웨어러블 디바이스, 와이파이가 가능한 스마트 센서 등 광범위한 분야에서 응용될 것이다. 이에 응용과 서비스 형태도 변화할 것이며, 사람들은 더욱 자연스러운 방식으로 기계, 도구와 교류하게 된다. 미래에는 검색 형태도 큰 변화가 생겨 언제 어디서나 가능해지며, 시장 규모는 사람들의 상상을 뛰어넘는 수준으로 성장할 것이다.

둘째, IT 등 인프라에도 큰 변화가 생길 것이다. 컴퓨팅 파워, 알고리즘, 생태로 대표되는 신인프라 건설이 대세가 될 것이며, 인프라의 스마트화 및 스마트화 인프라가 폭발하게 될 것이다. 기존의 CPU(중앙처리기), OS, 데이터베이스는 무대의 중앙에서 물러나게 되고, 신형 IP 칩, 간편하고 효율적인 스마트 클라우드 서비스, AI 생태성 개방형 플랫폼 또는 AI 미들엔드, 개방 딥러닝 프레임워크, 통용되는 인공지능 알고리즘 등 모두가 이 시대의 신형 인프라로 자리 잡게 된다. 바이두는 인공지능 플랫폼형 기업으로 이 분야에 엄청난 투자를 진행하고 있다. 바이두 브레인 및 패들패들(PaddlePaddle) 딥러닝 플랫폼은 모두 인프라 측면의 포석이다. 우리는 이를 스마트 경제, 스마트 사회의 스마트 엔진으로 보고 있다.

셋째, 스마트 경제는 많은 새로운 포맷을 탄생시키고 발전 논리와 비즈니스 모델을 재창조하며 스마트 산업화, 산업 스마트화가 새로운 트렌드로 발돋움한다. 교통, 의료, 도시 안전, 교육 등 여러 분야에서 스마트화 실현에 박차를 가하고 있으며, 새로운 소비 수요와 비즈니스 모델이 끊임없이 생겨날 것이다. 바이두의 자율주행 택시 로보택시(Robotaxi)[34]가 창사에서 시범 운행을 시작했다는 것을 알고 있을 것이다. 시내 100km 범위 내에서 승객들은 앱을 통해 터치 한 번으로 택시를 부를 수 있다. 이는 인공지능을 기반으로 한 커넥티드카 업계 발전에 강한 추진력으로 작용할 뿐만 아니라, 도시 교통 인프라의 스마트화를 선도할 것이다.

앞에서 말한 스마트 경제의 3가지 변화는 단독으로 이루어지는 것이 아니라 상호 영향을 미치고 화합반응을 일으킨다. 바이두는 이 분야에 엄청난 투자를 진행하고 있으며, 어느 정도 자리를 잡고 있다. 바이두의 중장기 목표는 인공지능 플랫폼 글로벌 선두기업이 되어 인공지능 응용에 박차를 가하고, 이를 통해 과학 기술로 복잡한 세상을 더욱 단순하게 만든다는 우리의 사명을 실천하는 것이다.

거짓 명제는 아니지만, 힘을 합쳐 정답을 맞혀야 한다

PC의 생산과 보급에서 PC 인터넷, 모바일 인터넷에 이르기까지 전 사회는 혁신이 가져다준 푸짐한 보너스를 누렸다. 이는 정보화 경제, 인터넷 경제에서 디지털 경제로 가는 과정이었다. 그렇다면 잠잠하다가 2.0으로 진화한 차세대 인공지능 기술은 주인공이 될 수 있을까? 인공지능이 핵심적으로 주도하는 4차 혁신 보너스 기간[35]의 보너스는 규모가 어느 정도이며 얼마나 지속될까? 경제, 사회에 어떤 영향을 미칠까? 우리의 연결 방식, 생산 방식, 소비 방식, 생활 방식, 협력모델, 사회발전 방식에 어떤 변화를 가져올까? 왜 스마트 경제가 발생하는 것일까?

2017년 발표한 〈차세대 인공지능 발전 계획〉이 국가를 대표해 '스마트 산업 강화와 스마트 경제 육성을 통해 중국의 향후 십몇 년이나 몇십 년 경제 번영을 위한 새로운 성장주기를 창조한다'라는 답안을 제시했다.

---

34. 자율주행 택시. - 역주.
35. 혁신이 경제 발전의 엔진이 되는 시기. - 역주.

'바람은 부평초 끝에서 시작하고, 파도는 작은 물결 사이에서 인다.' 사실 이렇게 미래에 대한 통찰인 선견지명은 더 이전에, 더 침착하게, 더 확고하게 있었다.

2014년 6월, 시진핑 국가주석은 양원원사대회 연설 중 "로봇 혁명이 수조 달러의 시장을 창조할 것이다. 로봇은 '제조업 왕관 맨 위에 있는 진주'로 로봇 연구개발, 제조, 응용은 한 나라의 과학 기술 혁신과 첨단 제조업 수준을 가늠하는 중요한 지표다. 이러한 신기술 신영역은 로봇 말고도 많이 있으므로 시기를 잘 살피고 전체를 고려하며 철저히 계획을 세우고 착실히 추진해야 한다"라고 밝혔다.

2015년 11월 20일, 시진핑 국가주석은 2015년 세계 로봇대회 축사 중 "중국은 로봇과 스마트 제조를 국가 과학 기술 혁신의 우선 중점 영역으로 포함시켰다. 우리는 각국 과학 기술계, 산업계와의 협력을 강화해 로봇 과학 기술 연구개발과 산업화 과정을 추진하고, 로봇 과학 기술 및 로봇 제품이 발전을 이끌고 사람들을 행복하게 하는 데 이바지하기를 바란다"라고 말했다.

"우리는 계속해서 혁신을 통해 발전을 추진해야 한다. 디지털 경제, 인공지능, 나노기술, 양자 컴퓨터 등 첨단 영역의 협력을 강화하고 빅데이터, 클라우드 컴퓨팅,[36] 스마트 도시 건설을 추진해 21세기 디지털 실크로드를 연결할 것이다."

이는 2017년 5월 14일, 시진핑 국가주석이 '일대일로' 국제협력 고위급포럼 개막식 연설 중 강조한 내용이다.

2017년 10월, 당 19대 보고에서 시진핑 국가주석은 "제조 강국 건설과 선진 제조업 발전에 박차를 가하고 인터넷, 빅데이터, 인공지능과 실물 경제의 심도 있는 융합을 추진하며 중·고가 소비, 혁신주도, 친환경 저탄소, 공유경제, 현대화 공급망, 인적자본 서비스 등 영역에서 새로운 성장동력을 육성하고 새로운 모멘텀을 형성한다"라고 밝혔다.

2018년 10월 31일, 시진핑 국가주석은 19차 중앙정치국 9차 집단학습에서 차세대 인공지능과 경제사회발전의 심도 있는 융합을 촉진하고, 중국 차세대 인공지능의 건강한 발전을 추진해야 한다고 강조했다. 중요 발언에서 최초로 '스마트 경제 형태'에 대해서 언급하며, "길잡이 역할을 하는 인공지능 기업과 산업을 육성하고 데이터 주도, 인간과 기계 간 협력, 경계를 허문 융합, 공동 창조와 공유의 스마트

---

36. 인터넷상의 서버를 통해 데이터 저장, 네트워크, 콘텐츠 사용 등 다양한 컴퓨팅 서비스를 사용할 수 있는 환경. – 역주.

경제 형태를 구축한다"라고 말했다. 시진핑 국가주석은 '신인프라 건설'에 대해 "스마트화 정보 인프라 건설을 추진하고 기존 인프라 스마트화 수준을 높이며 스마트 경제, 스마트 사회의 수요에 적합한 인프라 체계를 형성해야 한다"라고 말하기도 했다.

2018년 11월 1일에 개최된 민간기업 좌담회에서 시진핑 국가주석은 다시 한번 인공지능에 거는 기대에 대해 특별히 언급했다.

기업, 사회의 노력과 국가의 선견지명이 결합한다는 것은 매우 기뻐할 만한 일이다. 이렇게 인공지능 붐이 인다는 것은 향후 몇 년 내 중국 인공지능 발전이 정점을 맞게 될 가능성이 크다는 것을 의미하기도 한다. 이는 바이두와 같은 업계 종사자에게 있어 가장 좋은 소식이다.

자발적으로 변화를 꾀하는 중국, 스마트 경제의 포문을 열다

이는 자발적으로 변화를 추구하는 중국이자 남에게 지기 싫어하고, 남이 하는 대로 따라 하거나 억압받는 것을 거부하는 중국이며, 새로운 시작점에 선 더 개방적이고 자신감에 찬 중국이다.

중국, 앞장서서 스마트 경제의 문을 열다

중국이 앞장서서 스마트 경제의 문을 열었다. 이는 차세대 인공지능 기술 발전이 새로운 단계에 접어든 것 외에도 7가지 요소가 중요한 역할을 발휘하고 있기 때문이다(그림 2-1).

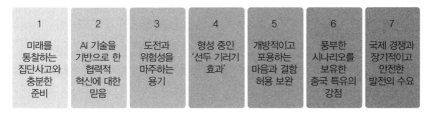

그림 2-1. 중국이 먼저 스마트 경제의 문을 열도록 이끄는 7가지 요소

(1) 미래를 통찰하는 집단사고와 충분한 준비 : 국가가 트랙을 선택하고 전략을 정하며 로드맵을 그리는 작업은 임시방편으로 하거나 불현듯 생각나서 결정하는 것이 아니다. 2017년 발표한 〈차세대 인공지능 발전 계획〉, 2019년 정부업무보고에서 발표한 '스마트+', 중앙정치국의 집단학습에서 제시한 차세대 인공지능은 경제 발전과 결합해야 한다는 의견은 모두 선견지명을 갖고 심사숙고한 결과다. 질적인 성장을 위해서는 부도장치(倒逼機制),[37] 동기부여장치, 새로운 인솔 방향을 찾아야 한다. 나아갈 때, 멈출 때, 물러설 때를 아는 것이 바로 '기술'이자 예술인 것이다.

(2) AI 기술을 기반으로 한 협력적 혁신에 대한 믿음 : 혁신으로 발전을 이끌고 인공지능을 움켜쥐면 과학 기술 혁신 발전의 '핵심'을 움켜쥐는 것이다. 완강(萬鋼)이 평가한 것처럼 중국 차세대 인공지능 기술은 이미지 인식, 음성 인식, 행동 분석 등 영역에서 선두 반열에 들어섰으며, 스마트 로봇, 무인 상점, 기계번역, 차량 공유, 자율주행 등 업종의 신제품에 전 세계인들의 이목이 집중되고 있다. 도시계획, 스마트 교통, 사회 관리, 건강, 농업과학 기술 및 국가안보 등 영역에서 인공지능이 특색 있게 응용되면서 중국 인공지능 발전의 독특한 강점을 형성했다.

(3) 도전과 위험성을 마주하는 용기 : 공이 반드시 나에게만 있는 것은 아니다(功成不必在我). 이는 고차원적인 큰 그림이자 멀리 내다보는 안목을 지닌 국가 의지다. 국가 의지는 고위층과 정부에만 국한되지 않는다. 모든 조직과 개개인을 포함하는 사회 전반적인 생각과 행동의 변화가 더욱 중요하다. 닝보시는 2015년 말에 벌써 스마트 경제를 언급했고, 2016년에 스마트 경제를 추진하기 시작했다.

(4) 형성 중인 '선두 기러기 효과' : 기업으로 대표되는 시장 역량은 더욱이나 소홀히 할 수 없다. 이것이 바로 시진핑 국가주석이 말한 '선두 기러기 효과'다. 하지만 장기적으로 봐야 하며 외로움을 견뎌내야 한다. 바이두는 2010년부터 인공지능 발전에 심혈을 기울였으며, 최근 6년의 연구개발 투자가 매출액의 15%를 넘는다.

(5) 개방적이고 포용하는 마음과 결함 허용 보완 : 정부가 가진 신기술, 신모멘텀, 신포맷의 개방도 및 신중하고 포용하는 사회 관리 감독의 결함 허용이 전례 없는 수준으로 높으며, 공공 서비스 체계에 대한 투자에 전력을 기울이고 있다. 이 부분은 세계적으로도 칭찬이 자자하다. 물론 반발과 억압을 유발하기도 했다.

---

37. 반대 방향에서 압력을 주고 조처함으로써 일을 원하는 쪽으로 진행되도록 유도한다는 의미. – 역주.

(6) 풍부한 시나리오를 보유한 중국 특유의 강점 : 풍부한 응용 시나리오는 인공지능의 발전을 더욱 추진하고, 전 세계 스마트 산업 발전에 거대하고도 무한한 잠재력을 지닌 시장 공간을 제공했다. 우리는 지난날 세계의 다른 곳에서는 접해보지 못한 많은 어려움을 겪었다. 이렇게 우리에게는 다른 곳에는 없는 시나리오가 있으며, 다른 지역에서 해결하지 못한 문제를 우리가 먼저 해결할 기회가 있다는 것은 업계, 기업의 측면에서 봤을 때 매우 중요한 계기다. 문제를 먼저 해결하는 것, 이것이 바로 혁신이다.

(7) 국제 경쟁과 장기적이고 안전한 발전의 수요 : 인공지능은 미래를 이끄는 전략적 첨단 기술로 새로운 산업 변혁의 핵심 추진력이다. 인공지능은 신기술, 신제품, 신산업, 신모델을 탄생시키고 경제구조의 중대 변혁을 유발하며 인류 생산, 생활 방식과 사고 방식을 철저히 바꾸고 사회 생산력을 전반적으로 끌어올린다.

오늘날, 외부 정세가 날로 심각해지고 무역 체계에 제동이 걸렸으며 글로벌화가 시대를 역행하고 있는 등 중국의 발전 환경 변화가 갈피를 잡을 수 없는 상황이다. 안전하지 않은 발전은 지속될 수 없으며 안전을 희생한 발전은 더욱이 있을 수 없다. 인공지능 핵심 기술의 자주 혁신과 보안통제의 중요성은 사실을 통해 증명된 바 있다.

이에 근거해 시진핑 국가주석은 인공지능 기술 발전은 인류의 삶과 세상을 바꿔놓을 것이며, 첨단 기술 영역에서의 인공지능 적용에 박차를 가해야 한다고 강조했다. 이는 국가의 결심이자 우리의 사명이다.

중국의 변화와 불변함

중국의 질적 성장은 혁신이 주도한다. 전 세계적으로 코로나가 유행하고 경제 회복 추진의 어려움과 세계적인 불확실성이 유례가 없을 정도로 심각하지만, 중국은 더 이상 자원과 자본이 주도하는 생색내기용, 무차별적인 양적 완화와 같은 낡은 방법을 쓰지 않을 것이다. 이는 중국의 의지다.

이는 '주요 논리'가 바뀌었음을 반영한다. 주요 논리가 바뀐 상황에서는 맨 위층 설계와 기초 밑바닥이 바뀌어야 하고, 운영체제도 바뀌어야 하며, 관리 체계도 바뀌어야 한다.

기술의 발전은 지속적인 투자와 뗄 수 없는 관계이므로 미래에 대한 투자는 아끼지 말아야 한다. 모멘텀 전환은 생태 개조와도, 혁신협력과도 뗄 수 없다. 그러므로 신인프라 건설은 중장기 계획에 주안점을 두고 영세상인, 민생 보호가 즉각적인 성과를 낼 수 있도록 해야 한다. 절도 있게 밀고 당기는 것, 이것은 신념이다.

이는 '주요 요소'가 바뀌었음을 반영한다. 토지 재정, 자원 현금화에서 기술 부가가치, 인적자본 성장으로, 토지에서 빅데이터로, 재정 자본 최상에서 지능 자본 주도로, 철도, 도로, 기타 인프라 건설에서 신인프라 건설로 변하고 있다.

질적 발전의 출발점은 일반 국민의 성취감, 사람 중심의 지속 가능성이므로 2020년 정부 업무보고는 더욱이 민생 보고에 가까웠다. 이는 대중성이다.

이는 '주요 규칙'이 바뀌었음을 반영한다. 수치, 성과, 부분적인 KPI(핵심성과지표)를 중시하던 것에서 목표 방향, 생태, 협력, 전체적인 OKR(목표 및 핵심 결과)을 중시하는 것으로 변하고 있다.

스마트 경제는 중국 경제의 신수식어가 될 것인가?

미래의 중국은 거대한 실험실이 될 것이다. 융합된 협력을 진행하고 시행착오를 겪으며 혁신을 부화하고 모델을 검증할 것이다. 시나리오를 확대하고 모든 이가 참여하며 가치를 함께 창출하고 공유할 것이다.

지난 5년, 중국 차세대 인공지능 방면의 중요 배치

여기서는 중국의 차세대 인공지능 방면에서 중요한 역할을 한 사건들을 시간순으로 배치해봤다.

2015년 8월 31일, 국무원이 〈빅데이터 발전을 촉진하는 행동 요강〉을 발표했다.

2016년 5월 18일, 발개위(국가발전개혁위원회), 왕신반(국가인터넷정보판공실) 등 4개 부서가 〈'인터넷+' 인공지능 3년 행동 실시방안〉을 공동 발표했다.

2016년 12월 18일, '인공지능'이 처음으로 정부 업무보고서에 등장했다.

2017년 7월 8일, 국무원이 〈차세대 인공지능 발전 계획〉을 발표하고 3단계 발전 목표를 제정해 인공지능과 경제, 사회 간 심도 있는 융합을 가속화한다는 내용을 주요 노선으로 명확히 하고, 차세대 인공지능 과학 기술 혁신능력 강화를 주요 공략 방향으로 삼아 스마트 경제를 발전시키고 스마트 사회를 건설할 것을 목표로 했다.

2017년 11월 15일, 과학 기술부는 차세대 인공지능 전략 자문 위원회와 차세대 인공지능 발전 계획 추진 사무실을 설립할 것을 발표하고 바이두, 알리윈(阿裏雲, 알리바바 클라우드), 텐센트, 아이플라이텍(科大訊飛, iFlyTek) 등 4곳의 국가 차세대 인공지능 오픈 혁신 플랫폼 1기 명단을 공개했다. 그중 바이두의 기술로 '자율주행 국가 차세대 인공지능 오픈 혁신 플랫폼'을 구축할 것임을 밝혔다.

2017년 12월 13일, 공신부는 〈차세대 인공지능 산업 발전을 촉진하는 3년 행동 계획(2018~2020년)〉을 발표해 인공지능 리더 업체를 육성하고 인공지능 산업단지 건설을 모색하며, 인공지능 산업의 획기적 발전을 촉진하고 인공지능과 실물 경제의 심도 있는 융합을 추진할 것을 강조했다.

2018년 9월, 센스타임(商湯科技, SenseTime)이 다섯 번째 국가 차세대 인공지능 오픈 혁신 플랫폼업체로 선정됐다.

2019년 3월, 정부 업무보고에서 처음으로 '스마트+'가 언급됐다.

2019년 6월 17일, 국가 차세대 인공지능 관리 전문위원회는 〈차세대 인공지능 관리 원칙-책임지는 인공지능 개발〉을 발표하고, 인공지능 관리 프레임워크와 행동 지침을 제시했다.

2019년 8월 1일, 〈국가 차세대 인공지능 오픈 혁신 플랫폼 건설업무 안내〉를 발표해 인공지능 업계 리더 업체와 연구기관이 길잡이, 모범 역할을 충분히 발휘하도록 하고 인공지능과 실물 경제의 심도 있는 융합을 촉진하며 국가 차세대 인공지능 오픈 혁신 플랫폼 건설을 한층 더 추진하고 중국 인공지능 기술혁신과 산업 발전을 추진하도록 했다.

2019년 8월 29일, 과기부는 '국가 차세대 인공지능 오픈 혁신 플랫폼' 2기 기업 명단을 발표했으며 화웨이(華為, Huawei), 샤오미(小米, Xiaomi) 등 10곳이 선발됐다.

2019년 8월 29일, 과기부는 〈국가 차세대 인공지능 혁신 발전 시범지구 건설업무 지침〉을 발표했다. 2023년까지 약 20개의 시범지구를 건설하고 효과적인 정책 수단을 혁신하며 인공지능과 경제사회 발전이 심도 있게 융합하는 전형적인 모델을 형성한다. 복제와 보급이 가능한 경험을 축적하고 핵심 길잡이 역할을 할 수 있는 인공지능 혁신 고지를 마련한다. 그 후 베이징, 상하이 등 도시에 '국가 차세대 인공지능 혁신 발전 시범지구'를 만들기 시작한다.

중국은 글로벌 인공지능 혁신센터가 될 기회가 가장 많은 나라다

인공지능은 스마트 경제의 도래를 앞당긴다. 중국은 이 기회를 움켜쥘 능력이 가장 많은 나라 중 하나임은 의심할 여지가 없다. 우리는 기술을 중요하게 여기고, 이를 위한 장기적이고도 지속적인 투자를 진행한다. 중국 정부는 기술 발전을 매우 중시하고 훌륭한 혁신 격려 공간 마련에 적극적이며 데이터를 중요한 생산요소로 삼는다는 내용을 중앙정부 문건에 기록했다. 이외에도 중국은 전 세계 최대규모의 제조업과 응용 시장 및 가장 많은 연구개발자를 보유하고 있다. 이러한 것들은 인공지능 발전에 더욱 많고 훌륭한 응용 시나리오를 만들어줄 것이며 중국인이 스마트 경제와 스마트 사회가 주는 혜택을 보다 먼저 누릴 수 있게 할 것이다.

(1) 우리에겐 규모의 강점이 있다. TV 앞에 앉아 춘완(春節聯歡晚会)[38]을 시청하며 홍바오 이벤트[39]에 참여한 경험들이 있을 것이다. 춘완에서 전 세계 시청자들과 총 몇 차례의 상호작용을 하는지 아는가? 가족이 함께 모여 기쁨을 나누는 그 시각, 중국 공영방송 CCTV의 파트너인 바이두는 마치 전쟁과 같은 힘든 시간을 보낸다. 춘완의 홍바오 이벤트와 상호작용하는 인원이 많고, 동시 데이터양도 많으며, 서버에 대한 요구사항이 높기 때문이다. 그러나 바이두는 그간 춘완의 서버가 다운되던 관례를 종식했다. 춘완이 진행되는 동안 전 세계 시청자와 총 208억 회의 상호작용을 진행하면서 단 한 번도 서버가 다운되지 않았을 뿐만 아니라, 시청자가 매끄럽고

---

38. 춘제완후이의 준말, 설 특집 프로그램. – 역주.
39. 춘완의 무료 홍바오(紅包) 세뱃돈 제공 이벤트. – 역주.

위화감이 전혀 없는 홍바오 이벤트를 경험하게 했다. 바이두에 있어 춘완 홍바오는 기념비적인 의미가 있으며, 중국 AI 산업 클라우드 컴퓨팅 능력이 어느 경지에까지 오를 수 있는가를 생생하게 보여주기도 했다. 중국은 인구, 시장, 시나리오 등 영역에 있어 방대한 규모를 자랑한다. 그 규모의 축소판이라고 할 수 있는 춘완의 208억 회 상호작용은 '중국 규모'라는 것이 어떤 개념인지 직관적으로 드러냈다. 세계 다른 국가와 비교하기 어려운 부분이다.

(2) 우리에겐 데이터의 강점이 있다. 데이터의 경우 첫째는 사용자 규모에서 비롯된 것이며, 둘째는 응용 깊이와 상호작용 누적 능력에서 비롯된다. 예를 들어 창사의 도시 인구는 샌프란시스코의 약 10배다. 이렇듯 대규모의 사용자와 데이터를 보유하고, 컴퓨팅 파워 비용이 계속해서 낮아지며, 다양하고 혁신적인 새로운 알고리즘이 나타나면 모든 업계의 효율은 이에 힘입어 지속해서 상승하게 된다. 그러므로 중국은 미래 스마트의 길에서 선구자 역할을 할 수 있을 것이다.

(3) 우리에겐 시나리오의 강점이 있다. 현대적 의미로 중국 최초의 도로는 후난(湖南)에서 탄생했다. 이는 창사에서 샹탄(湘潭)을 잇는 창탄(長潭)도로로 1921년 준공됐다. 세계 최초 도로와 비교했을 때 100여 년의 격차가 있을 정도로 그 당시 우리는 매우 뒤처져 있었지만, 오늘날 중국의 실물 경제는 혁신주도를 토대로 변화와 업그레이드를 실현했으며, 앞으로는 많은 부분에서 인공지능의 힘을 빌어야 할 것이다. 우리에겐 이렇게나 많은 인공지능 응용 시나리오와 이렇게나 뛰어난 인프라가 있으므로 세계의 혁신과 기술 발전은 점차 '중국 타임'에 들어서게 될 것이다.

(4) 우리에겐 정책적 환경의 강점이 있다. 정부는 '감히 천하를 앞지르다(敢爲天下先)'라는 이념을 받든다. 중국은 '선행선시'(先行先試)[40]라는 정책 환경이 있으며, 기술적으로도 선진국과의 격차를 꾸준히 좁히고 있다. 특히 자율주행, 지능형 차량 인프라 협력 시스템(Intelligent Vehicle Infrastructure Cooperative Systems, IVICS), 스마트 교통 등의 영역에서 보면 출발은 다소 늦었으나 속도는 더 빠르고 잠재력도 더 크다. 2009년 미국의 더뷰크(Dubuque)에 최초로 '디지털 도시'가 건설되기 시작했으며, 2016년까지 미국에는 총 335개 도시에서 스마트 도시를 시행하고 계획하기 시작했다. 중국은 2012년 말부터 스마트 도시 계획을 시행했으며, 2016년까지 총 597개

---

40. 우선 실행하고 우선 시범을 보임. - 역주.

도시에서 시범 운영되고 있다. 이러한 모든 것들은 중국이 디지털화에 안착하고, 인공지능 기술혁신을 통해 산업변혁을 추진하는 데 있어서 강점이 될 것이다. 그러므로 기존의 기술혁신이 중국을 바꿨다고 한다면 다음은 중국의 기술혁신이 점차 세계를 바꿀 것이라고 말할 수 있겠다.

지난날 중국은 디지털화 전략을 추진해왔다. '디지털 중국'은 이미 틀을 갖춰 인공지능의 혁신과 응용을 위해 길을 잘 닦아놓았으며, 신인프라 건설은 이 과정을 가속화할 것이다. 모멘텀 측면에서 보면 신인프라 건설은 스마트 경제 로켓을 가속시켜 하늘로 쏘아 올릴 '연료탱크'다. 중국의 전반적인 디지털화 과정이 인공지능과 같은 역사적 기회를 만나게 되면 국가에서 도시에 이르러 다시 업계, 기업, 개인에 이르기까지 모두가 자신의 강점을 발휘할 기회를 얻게 된다. 이 기술 변혁의 역사적 기회를 잘 잡고 데이터에 숨겨진 어마어마한 가치를 발굴해 전 세계를 위한 중국 특색의 '스마트 파티'를 마련해보자. '스마트 경제'는 틀림없이 향후 10년 중국 경제의 신수식어가 될 것이다.

스마트 경제의 정의

스마트 경제란 무엇인가? 이 책은 스마트 경제에 대해 다음과 같이 정의했다.

스마트 경제는 차세대 정보 기술, 차세대 인공지능 기술 및 이들의 협력 혁신 성과를 기초로 하고 디지털화, 네트워크화, 스마트화 융합 발전을 지렛대로 하며 데이터 주도, 인간과 기계 간 협력, 경계를 허문 융합, 공동의 창조와 공유를 특징으로 한다. 경제사회 각 영역, 다원화된 시나리오와 심도 있게 융합하고 스마트 인프라와 인프라 스마트화를 통해 신인프라 건설을 추진하며, 스마트 산업화와 산업 스마트화를 통해 기술 진보, 효율 향상, 성장 방식 변혁을 추진한다. 신모멘텀을 육성하고 신관리를 진행하며 전반적인 경제의 활력, 혁신력, 생산력, 제어력을 강화함으로써 인공지능을 인프라, 혁신요소로 하고 경제, 사회와 인재의 질적 성장을 지탱하는 더욱 광범위한 신형태, 신패러다임을 형성한다.

간단히 말해 스마트 경제는 차세대 인공지능을 인프라, 혁신요소로 하고 디지털화, 네트워크화, 스마트화의 융합 발전을 지렛대로 삼으며, 경제사회 각 영역, 다원화된 시나리오와의 심도 있는 융합을 통해 경제사회와 인적자원의 질적 발전을 지탱하는 신형태이자 패러다임이다.

이 정의에 대해서는 다음 몇 가지 설명이 필요하다.

(1) 차세대 정보 기술, 차세대 인공지능 기술은 교차하기도 하고 각자 독립적이기도 하므로 둘을 동일시하거나 한쪽을 소홀히 해서는 안 된다. '컴퓨팅 파워, 알고리즘, 빅데이터'가 주축이 되는 인공지능이 주도적 위치에 있으며 이것이 핵심 추진력이다. 그중 데이터는 핵심 생산 요소고, 컴퓨팅 파워는 핵심 능력이며, 알고리즘은 핵심 논리다.

(2) 디지털화, 네트워크화, 스마트화 융합 발전은 하나다. 이는 시진핑 국가주석이 2018년 양원원사회의에서 한 연설내용인 "디지털화, 네트워크화, 스마트화 융합 발전의 계기를 포착하고 정보화, 스마트화를 지렛대로 해 신모멘텀을 육성한다"와 같은 맥락이다.

(3) 스마트 경제 형태는 데이터 주도, 인간과 기계 간 협력, 경계를 허문 융합, 공동의 창조와 공유다. 이에 대해 〈차세대 인공지능 발전 계획〉은 "데이터와 지식은 경제성장의 제1요소가 되며 인간과 기계 간 협력은 주류생산과 서비스 방식이 되고 경계를 허문 융합은 중요 경제 모델이 된다. 이 밖에 공동의 창조와 공유는 경제 생태의 기본 특징이 되고, 개성화된 수요와 주문제작은 소비의 새로운 트렌드가 된다"라고 해석했다. 스마트 시대의 조직경계, 생산 관계, 게임의 법칙은 재정립될 것이다.

(4) 스마트 경제와 신인프라 건설은 밀접한 관련이 있는 것으로 신인프라 건설은 스마트 경제, 스마트 사회의 구성 부분이자 중요한 기초다. 이러한 신인프라 건설의 중심은 스마트 인프라와 인프라 스마트화다.

(5) 인공지능 기술은 시나리오와 결합해야 하며, 스마트 경제의 가치 실현은 경제사회 각 영역, 다원화된 시나리오와의 심도 있는 융합을 통해 이루어져야 하고 스마트 산업화, 산업 스마트화, 스마트 관리로 효율을 높이고 신모멘텀을 육성해야 한다.

(6) 경제사회의 질적 성장과 인간의 지속 가능한 발전, 성장은 서로 밀접한 관계가 있으며 스마트 경제, 스마트 사회는 인간의 성장을 중심으로 한다. 인공지능은 경제 발전의 신엔진, 사회 발전의 부스터이자 인간의 성장을 돕는 동반자다.

⑺ 이 정의는 기술, 빅데이터, 인적자본, 생태의 4가지 생산 요소를 집중적으로 다루었다.

⑻ 스마트 경제의 정의는 시대성이 있고 고정불변하는 것이 아니므로 앞으로 참여자 모두가 정의 내릴 수 있다.

다음은 관련 기관과 연구자가 스마트 경제에 대해 정의한 내용으로 비교, 참고하길 바란다.

- 〈닝보(寧波)시 스마트 경제 중장기 발전 계획(2016년~2025년)〉: 스마트 경제는 클라우드 컴퓨팅, 빅데이터, 사물 인터넷, 모바일 인터넷 등 차세대 정보 기술을 기초로 하고 인공지능, 가상현실, 블록체인 등으로 대표되는 스마트 기술과 경제사회 각 영역의 심도 있는 융합 및 응용을 주요 골자로 한다. 또한, 스마트 산업화와 산업 스마트화를 주요 형식으로 해 생산 방식, 생활 방식 및 사회 관리 방식 스마트 혁신을 추진하는 신형 경제 형태다.
- 보스턴 컨설팅 그룹(Boston Consulting Group 또는 BCG), 바이두 발전연구센터와 알리연구원이 공동으로 발표한 〈중국 인터넷의 새로운 페이지를 해독한다 : 산업 융합으로의 매진 2019〉 보고서에 따르면, 스마트 경제는 '데이터+컴퓨팅 파워+알고리즘'이 정의하는 세상에서 데이터 흐름의 자동화를 통해 복잡한 시스템의 불확실성을 해소하고 자원의 최적화 배치를 실현하며 경제의 질적 성장을 지탱하는 경제의 새로운 형태다.
- 지위산(紀玉山), 청나(程娜)(〈스마트 경제로 인해 거시 경제 관리가 어떤 새로운 도전에 직면하는가〉, 광밍일보, 2019년 11월 19일) : 스마트 경제란 인공지능 기술을 전략 자원과 핵심 생산 요소로 하고 빅데이터, 클라우드 컴퓨팅과 현대 정보 네트워크를 인프라로 삼는다. 또한, 인공지능 기술 산업을 길잡이로 하고 인공지능 기술과 기존 산업의 유기적인 융합을 중심으로 하는 스마트화, 디지털화, 네트워크화 경제 운영 시스템이다.

스마트 경제, 스마트 사회를 위한 형상화 : 11개 본질 속성의 실체 파헤치기

'용과 호랑이는 그려도 그 뼈를 그리기는 어렵다(畫龍畫虎難畫骨).' 아무리 긴 정의라 해도 스마트 경제, 스마트 사회 자체를 분석하기란 어렵다. 사실 인공지능은 기술 속성과 사회 속성이 고도로 융합된 특징을 갖고 있으므로 스마트 경제와 스마트 사회를 따로 떼어놓고 다루어서는 안 된다.

11개 본질 특성 키워드를 알면 스마트 경제, 스마트 사회의 실체를 제대로 이해하고 파악하는 데 도움이 될 것이다. 11개 본질 특성에는 대주기, 대토대, 대연결, 대상호작용, 대미들엔드, 대생태, 대생산, 대배포, 대인터페이스, 대협력, 대성장(그림 2-2)이 있다.

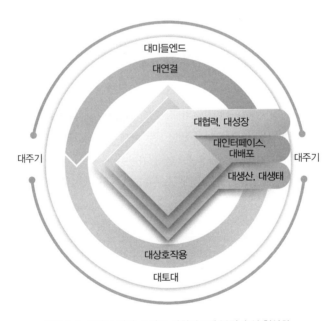

그림 2-2. 스마트 경제, 스마트 사회의 11개 본질 속성 형상화

대주기

주기를 이해하는 건 그리 어렵지 않다. 그렇다면 대주기란 무엇인가? 대주기란

시간 지속 기간이 길고 영향이 큰 주기를 말한다. 기업을 경영하는 사람이라면 다소 익숙할 것이다. 당신이 주시하는 것이 산업, 기술, 응용 면에서 단주기인지, 장주기 인지에 따라 무엇을 하고 무엇을 안 하는지, 무엇을 먼저 하고 무엇을 나중에 할지 가 결정되며 전략 자원 배분도 이와 관련되어 있다.

경제학의 '콘드라티예프 사이클(Kondratiev cycle)'은 1926년 러시아 경제학자 니콜 라이 콘드라티예프(Nikolai Dmitrievich Kondratiev)가 주장한 관점이다. 50~60년을 기 한으로 하는 경제 사이클을 가리키므로 '장기 사이클 또는 장기 파동'이라고 불리 며, '콘드라티예프 파동'이라고 불리기도 한다. 빅데이터와 인공지능은 스마트 시대 의 새로운 경제 장기 파동을 가져올 가능성이 크다.

유추하면 이해가 더욱 쉽다. 1760년대에 시작된 산업혁명은 기계가 인력을 대체하 고 대규모 공장화 생산이 수공 생산을 대체하는 생산과 과학 기술혁명이었다. 방직 기, 증기기관차 등 일련의 기술혁명을 통해 수동 노동에서 동력을 이용한 기계 생산 으로의 변환이라는 중요한 도약을 이루어냈다. 이 사이클은 1840년대까지 이어졌다.

〈차세대 인공지능 발전계획〉에서는 "스마트 산업 강화와 스마트 경제 육성을 통 해 중국의 향후 십몇 년에서 몇십 년 경제 번영을 위한 새로운 성장주기를 창조한 다"라고 밝혔다.

중국은 스마트 혁명 후 인공지능의 지속적 발전+인간의 지능발전 융합이라는 장기 사이클의 기회와 영향력을 보게 됐다. '두 번째 곡선'을 잘 파악하면 스마트 경 제, 스마트 사회로의 전환, 질적 성장으로의 진전을 추진할 수 있으며 중위소득의 함정을 피하고 긴 경기 사이클을 맞이할 수 있다.

대토대

3가지 차원에서 대토대를 이해해보자. 하나는 차세대 인공지능이 있는 사회, 다 른 하나는 인공지능 플랫폼형 기업이 있는 중국, 마지막으로는 중국이 있는 세계다.

먼저 중국이 있는 세계에 대해 말해보겠다. 경제적인 측면에서 보면 개혁개방을 진행한 중국은 세계 경제 발전의 기관차와 부스터가 되어 세상에 발전을 공유하는 기회를 제공했다. 칩을 예로 들어보자. IC Insights(반도체 분석기관)에 따르면, 중국은 전 세계 최대 칩 소비국으로 2018년 칩 소비량은 전 세계 총소비량의 33%를 차지했 는데, 이는 2, 3위인 미국과 유럽의 소비량을 합친 것보다 많았다.

이외에도 중국은 인류 운명공동체의 본보기다. 인류 운명공동체를 제창하는 중국은 인류 운명공동체에 토대로서의 가치를 전달할 것이다. 중국이 여러 국가와 함께 추진하는 '일대일로'가 바로 일종의 새로운 연결이자 새로운 공간을 보여주는 것이기 때문에 반드시 새로운 협력을 탄생시킬 것이며 중국이 토대가 될 것이다. 중국의 토대 능력, 토대 모델에 충분한 설득력이 있어야 세계의 토대도 따르게 된다.

인프라 관점에서 중국의 토대가 무엇인지 다시 한번 살펴보자. 중국은 인터넷 정보 기술을 보유하고 디지털 중국 건설을 추진해 토대의 네트워크화, 디지털화의 발전을 이룩했다. 차세대 인공지능은 신인프라 건설의 핵심이다. 시간이 지나 스마트 인프라, 인프라 스마트화가 발전하면서 네트워크화, 디지털화, 스마트화에 힘 있는 기반을 제공할 것이다. 스마트 시대에는 물론 컴퓨팅 파워, 알고리즘, 빅데이터의 대토대를 더욱 강조한다.

마지막으로 인공지능 플랫폼형 기업이 있는 사회에 대해 말하고자 한다. 토대 능력은 한 회사를 평가하는 중요한 차원이다. 점점 더 많은 회사가 연구개발, 플랫폼화, 혁신성 인프라화를 지속해야만 신인프라 건설의 대토대, 중국의 대토대를 지탱하기 때문이다. 화웨이를 예로 들면, 강력한 토대 능력을 보유하고 있으며, 5G 자체가 스마트 제조, 스마트 교육, 스마트 의료, 스마트 차량 인터넷에 기반을 제공했다. 바이두가 선행동 후발표를 해왔던 것처럼 말이다. 무엇을 했나? AI 기술 연구개발에 진전을 이루고 특정 영역에서 풀 스택(Full stack)[41] 능력을 기르며 오픈소스를 개방함으로써 사회 토대화 능력을 높였다.

대연결

5G 하행 GBPS(교환 대역폭)는 큰 대역폭과 강한 연결 능력을 갖췄다. 스마트 시대에는 정보화 시대와 비교해서 연결 방식, 연결 대상, 연결의 넓이, 깊이, 밀도, 연결하는 스마트화 정도가 크게 진화했다. 연결, 사물 인터넷, 만물 인터넷이 만물 지능 인터넷으로 나아간다.

---

41. 서버 구축과 데이터베이스 연동 등을 관리하는 백엔드와 웹의 시각적인 모든 부분을 개발하는 프론트엔드를 아우르는 다양한 분야. - 역주.

대상호작용

대연결이 대상호작용을 가져왔다는 것은 부연 설명이 필요 없는 일이다. 그 외에도 인공지능이 주도하는 형태, 예를 들어 샤오두 비서와 같은 새로운 상호작용 방식이 가져온 변혁이 일어나고 있다. 대상호작용으로 발생한 신포맷, 신모델, 빅데이터는 신요소의 일부분이다.

대미들엔드

미들엔드는 프론트엔드,[42] 백엔드[43]에 대응되는 개념이다. 일련의 시스템 중에서 공용되는 미들웨어의 집합을 일컫는 것으로 보안 미들엔드, 데이터 미들엔드, 딥러닝 미들엔드, 스마트 주행 미들엔드 등이 있다. 많은 기술적 오픈 플랫폼들은 미들엔드의 성질을 갖고 있으며 공공, 공익의 속성을 지니고 있다. 스마트 시대는 사회에 풍부하고 구조가 점차 합리적이고 강해지는 미들엔드 능력을 갖춘 대미들엔드를 강조한다. 연구개발을 반복하지 않아도 협력적 혁신이 생기므로 스마트 경제, 스마트 사회의 발전과 진보를 추진하게 된다. 예를 들어 모든 기업이 인공지능 인재를 양성하고, 인공지능 부서를 만든다는 것은 불가능하다. 그런 기업들은 대미들엔드의 힘을 빌려 대생태와 더불어 산업 스마트화로의 전환 목표를 실현할 수 있다.

대생태

요즘 생태를 중시하지 않는 인터넷 회사, 플랫폼형 회사는 한 군데도 없다. 스마트 경제 상황에서의 대생태는 바로 시진핑 국가주석이 설명한 '스마트 경제 형태' 중에 '경계를 허문 융합, 공동의 창조와 공유'다. 바이두는 인공지능 영역에 많은 연구개발 비용과 인적 자본을 투자했고, 이를 통해 이룬 혁신 성과는 플랫폼, 생태계를 통해 오픈소스를 개방하고 공유했다. 즉 사회 자본을 크게 절약하고 산업 스마트 대생태 분야에 추진 역할을 한 것이다.

---

42. 프로세서의 처음. - 역주.
43. 프로세서의 마지막. - 역주.

대생산

여기서 말하는 대생산은 1차 산업혁명에서 말하는 기기 대생산이 아닌 AI 대생산이다. 대토대, 대미들엔드, 대생태는 AI 대생산에 강한 버팀목을 제공했고 생산 구조, 생산 방식, 생산 관계의 변혁을 추진했다. 대생산은 순전히 제조 환경에서의 생산을 다루는 것이 아니다. AI가 UGC(User Generated Contents, 사용자 제작 콘텐츠)를 지원하면 콘텐츠 대생산이 나타나는 것 역시 이에 속한다.

대배포

인터넷의 존재 가치 중 하나는 바로 정보 비대칭, 공급과 수요 연결의 경색과 비수직을 어느 정도 해결했다는 것이다. 대칭, 수직 그다음은 배포다. 정보의 배포, 콘텐츠의 배포, 서비스의 배포 등을 포함한다. 스마트 시대 배경에서 배포의 성질, 형태는 크게 다르므로 그에 따라 경험, 효율이 크게 상승한다.

대인터페이스

대인터페이스를 이해하는 것은 다소 추상적일 수 있다. 우선 예를 들어 설명하겠다. 우리는 사람 한 명이 하나의 인터페이스라고 생각한다. 타인은 당신을 통해 당신이 이해한 정보를 이해하고, 당신과 친한 사람과 연결될 수 있다. 여기서 대토대, 대미들엔드, 대생태, 오픈형 플랫폼이 대인터페이스 역할을 하고, 바이두 검색이 바로 슈퍼 인터페이스 역할을 한다. 사실 사람이든, 조직이든 플랫폼의 인터페이스 능력은 충분히 활성화되지 않았다. 정보, 데이터의 관점에서 봤을 때 모바일 인터넷이 사람들에게 지탄받는 이유는 바로 모바일 인터넷이 인터페이스, 연결과 배포를 방해해서 이들이 각각의 데이터 '굴뚝'[44]으로 변했기 때문이다.

이번에는 개발자, 운영자에게 익숙한 예를 하나 더 들어보겠다. API(애플리케이션 프로그래밍 인터페이스)를 이용하면 기타 프로그램의 소스, 데이터, 서비스를 동원할 수 있어서 코드에 접근하거나 내부 작업 메커니즘의 디테일을 이해할 필요가 없다. 사실 API는 한 개의 인터페이스 역할을 맡지만, 바이두 스마트 미니앱(小程序)[45]은 모든 네트워크에서 통용된다.

44. 데이터가 활용되지 못하고 고립되는 현상. - 역주.
45. 간단한 기능의 작은 응용프로그램. - 역주.

대협력

경제와 산업에 있어 연결 혁명, 데이터 혁명, 스마트 혁명, 공유 혁명은 함께 협력 혁명을 펼칠 것이다. 대연결, 대상호작용, 대생태, 대인터페이스가 대협력을 추진하고 인공지능 기술이 대협력에 힘을 실어준다. 경계가 뚜렷하고 상호 분리되어 있으며 개방을 배척하고 생태 사고가 모자라면 대협력 형성은 불가능하다. 대협력은 여러 업계, 산업의 정의를 다시 내리고 기존의 관리체계, 관리 규칙에 도전을 불러올 것이다. 국가, 구역이든 조직, 개인이든 대협력을 갖춰야만 혁신 협력, 생태 협력, 인간과 기계 간 협력, 차와 도로 간 협력, 산업 협력이나 구역 협력이 발생하고 협력의 보너스를 얻을 수 있다.

자체적으로 생태 유전자, 협력 유전자가 있는 신흥 회사는 '주목'을 받게 되며, '기존의' 대기업 역시 대협력으로 귀의하는 모습을 보이기 시작할 것이다. 중신(中信, CITIC)그룹은 자체적인 '협력 전략'을 보유하고 있으며, 샤오미의 전략 생태 사슬은 대협력의 요소를 갖췄다. 2019년 '쌍스이(雙十一)'[46]에 텐센트는 2018년 9월 30일에 전략 업그레이드를 진행한 것에 이어 텐센트 문화를 3.0으로 업그레이드하고 '협력'을 '협업'으로 업그레이드하는 중요한 행보를 보였다. 즉 '개방적 협력, 지속적 진화'였다. 알리바바그룹 이사국 의장인 장융(張勇)은 "비즈니스 파워, 과학 기술, 빅데이터의 주도하에 '쌍스이'가 전 세계 범위의 사회 대협력이 됐다"라고 말한 바 있다. 알리바바의 알리엔터(大文娛), 차이냐오 물류(菜鳥)[47] 역시 대협력의 발걸음을 내디뎠다.

대성장

성장이란 국가에는 경제 발전과 사회의 진보이며, 기업에는 성장과 지속가능성이고, 개인에게는 진보와 발전이다. 대성장은 스마트 경제, 스마트 사회의 목표이자 모든 문제를 고려하고 똑똑한 의사결정을 진행하는 기점이다.

여기에서는 사람의 관점을 중점으로 대성장에 관해 설명하겠다. '사람 중심'은 중국의 가장 소박한 집정 이념이다. 〈차세대 인공지능 발전 계획〉 중에 '인류의 지속 가능한 발전을 중심으로 하는 스마트'라는 표현은 특히 사람들의 인정을 받았다.

---

46. 광군절. 중국에서 11월 11일을 뜻하는 말로 싱글들을 위한 날이자 중국 최대 규모의 온라인 쇼핑이 이루어지는 날. - 역주.
47. 알리바바 물류 플랫폼. - 역주.

사람의 성장을 돕는 것은 바이두의 비전이기도 하다. 인공지능은 냉담한 기술이 아니라 온도가 있고 영혼이 있고 감각을 통해 인지할 줄도 안다. 앞에서 언급한 대토대, 대연결, 대배포도 좋고 대미들엔드, 대생태, 대협력도 좋다. 직접 수혜자와 최종 수혜자 모두 지극히 평범한 개체이며, 그들의 대성장이야말로 스마트 경제, 스마트 사회의 귀결이다.

11개 본질 속성을 통해 스마트 경제를 완벽히 그려볼 수 있었다. 그런데 빅데이터와 시나리오는 왜 다루지 않았을까? 말하지 않았다고 중요하지 않다는 뜻이 아니다. 빅데이터는 매우 확실하고 전부 연결되는 것이기 때문이며, 스마트 시대는 인공지능을 핵심으로 한 기술을 심도 있게 각종 시나리오에 융합되도록 해야 하기 때문이다.

스마트 경제와 디지털 경제

많은 독자가 의문을 가질 것이다. 국가가 디지털 경제, 디지털 중국, 디지털 도시, 디지털 인프라를 강조하고 있는데 어쩌다 또 스마트 경제라는 것이 튀어나왔을까? 스마트 경제와 디지털 경제는 도대체 무슨 관계일까?

스마트 경제의 전생과 현생

마크 포랫(Marc U. Porat)이 1977년에 출판한 9권으로 된 《정보 경제(信息經濟)》는 전 세계 국가가 정보 경제학을 연구하고, 정보 경제를 추측할 때 참고하는 모델 중 하나가 됐다. 책에서는 '첫 번째 정보 부분' 외에도 정보 제품과 서비스를 융합하는 기타 경제 부분을 포함해야 한다고 지적했는데, 이는 포랫이 말한 '두 번째 정보 부분'으로 디지털 기술 혁신과 기타 경제 부분의 융합과 침투로 경제사회 영향이 한층 더 진화한다는 내용이다.

2015년부터 '인터넷+'라는 표현이 정부 업무보고에 여섯 차례 등장했다. 2017년부터는 '디지털 경제'가 정부 업무보고에 세 차례 출현했으며, 관련 '산업 인터넷', '스마트 제조'라는 표현이 각각 네 차례, 세 차례 쓰였다.

중국 정보통신연구원(中國信息通信研究院)의 〈중국 디지털 경제 발전과 고용백서〉(2019년)에 따르면, 2018년 중국 디지털 경제 규모는 20.9% 성장한 31.3만 억 위안에 달하고, GDP의 34%를 차지했으며, GDP 성장 기여율이 3분의 2를 넘었다. 이 데이터들은 다소 과장된 부분이 있기는 하지만, 어느 정도는 디지털화의 위력을 반영했다.

디지털 경제의 범위에 대해서는 국가 발개위가 발표한 〈디지털 경제 발전에 관한 약간의 중점 영역〉에서 그 단서를 볼 수 있다.

....

[특별란] 디지털 경제 발전에 관한 약간의 중점 영역

1. 디지털 인프라 : 인터넷 인프라, 디지털 응용시설(빅데이터센터, 사물 인터넷, 클라우드 컴퓨팅), 시험 인프라(차량 인터넷, 드론, 무인 주행, 무인 배송 등 시험 장소) 등

2. 디지털화 관리 : 정부, 기업, 협회, 대중 등이 공동으로 참여하는 협력 관리 메커니즘, 디지털 기술을 바탕으로 정부 관리의 정확성, 유효성과 인터넷 플랫폼 책임 강화

3. 디지털화 공공 서비스 : 스마트 정무(정부 데이터 소스 개방 공유, 빅데이터 의사결정 보조), 디지털 향촌(농촌 관리 서비스 디지털화, 농민 생활 디지털화 서비스, 인터넷 빈곤 보조), 신형 스마트 도시(도시 정교화 관리) 등

4. 디지털화 전환 : 농업, 공업, 서비스업 및 에너지 등 영역의 디지털화 전환, 디지털화 생활과 서비스 산업 및 인터넷 공장, 주문제작, 매스 이노베이션·크라우드 소싱(Mass innovation·Crowd Sourcing) 공유경제 등의 신구조, 신포맷 등

5. 디지털화 혁신능력 : 디지털 기술 기초 연구개발 능력, 데이터 요소 통합 공유, 디지털 산업 핵심 경쟁력 제고 등

6. 디지털 경제 교류 협력 : 글로벌 디지털 경제 관리체계 참여, 디지털 경제 국제협력 강화 등

7. 디지털 경제 발전 환경 : 디지털 경제 정책 법규, 중요 위험성 대비, 이론 연구, 통계 체계 및 평가 모니터링, 디지털화 인재그룹 구축 및 디지털화 생산력을 제약하는 체제와 정책적 장애물 등

자료 출처 : 국가 발전개혁위원회 혁신 및 첨단 기술발전사, 2019년 4월 발표

....

디지털화, 네트워크화 성찬은 아직 푸짐하다. 하지만 이것이 스마트화가 방치된다는 것을 의미하는 것은 아니다. 3가지가 서로 의각(犄角)[48]을 이루지만 네트워크화, 디지털화는 스마트화로 귀결된다. 인터넷 경제에서 디지털 경제로 옮겨진 것처럼 디지털 경제가 스마트 경제로 진화하는 것은 막을 수 없다. 디지털화, 네트워크화의 보너스가 거의 사라질 때쯤에야 스마트화를 생각해보는 것은 안 될 일이다. 더군다나 디지털화, 네트워크화 자체도 인공지능 기술이 받쳐줘야 가능하다.

네트워크화, 디지털화, 스마트화는 전체를 보고 병행해 추진해야 한다

스마트 경제와 디지털 경제의 관계에 대한 질문에 대답하려면 디지털화, 네트워크화, 스마트화의 전반적인 것과 그 관계부터 설명해야 한다. 국가 통치가 얼마나 복잡한지는 미루어 짐작할 수 있다. 오늘날 현실에서는 발전의 여러 불균형이 존재하며 디지털화, 네트워크화 적용도 천차만별이다. 1차원적으로 네트워크화를 강조하기엔 이미 시간이 흘러 상황이 변했고, 단순히 디지털화를 강조했다가는 스마트화의 미래를 잃을 수도 있다. 그러므로 마땅히 장소, 시기, 기업, 시나리오에 맞게 적절한 대책을 세워야 한다.

차세대 인터넷 정보 기술에서 차세대 인공지능 기술로, '인터넷+'에서 '스마트+'로, 디지털 경제에서 스마트 경제로의 변화는 융합, 협력, 이행의 과정이다. 이로 인해 인터넷에서 스마트 인터넷으로, 클라우드에서 스마트 클라우드로, 데이터화에서 스마트화로의 전환이 발생하고 있다.

저우지(周濟) 원사가 이끄는 '차세대 인공지능이 이끄는 스마트 제조 연구' 프로젝트팀은 "중국 스마트 제조는 '병행 추진, 융합 발전'의 기술 노선을 채택해 디지털화, 네트워크화, 스마트화를 병행 추진하는 스마트 제조 혁신의 길로 가야 하며, 기술적으로 분리되지 않고 서로 섞이고 반복하며 업그레이드해야 한다. 한편으로는 '혁신주도'를 이어나가고 인터넷, 빅데이터, 인공지능 등 가장 선진적인 기술을 직접 이용하며 선진 정보 기술과 제조기술의 심도 있는 융합을 추진해야 한다. 또한, 실

---

48. 사슴을 잡을 때 한 사람은 뒷발을 잡고 다른 한 사람은 뿔을 잡는다는 말에서 유래됨. 전쟁 시 앞뒤에서 몰아치며 공격함. - 역주.

사구시적인 태도로 기업에 맞게 대책을 세우고, 점진적으로 기업의 기술 개선, 스마트 업그레이드를 추진해야 한다. 선진기술로 전통 제조가 해결하기 힘든 문제를 해결한다는 의미의 '이고타저(以高打低)'를 실시하고, 디지털화 '보충수업'을 완성하며 더 높은 스마트 제조 수준을 향해 매진해야 한다"라고 밝혔다.

요컨대 디지털화, 네트워크화는 스마트화의 기초이고, 디지털 경제는 스마트 경제의 기초이며 스마트 경제의 일부다. 스마트 경제는 디지털 경제를 포함하며 디지털 경제의 다음 역이다. 디지털 경제가 제시됐을 때는 차세대 인공지능의 역할이 아직 드러나지 않았었다.

오늘날 스마트 경제의 통계 범위는 앞서 발개위가 열거한 '디지털 경제 발전에 관한 약간의 중점 영역' 통계 내에 있어야 한다. 그 밖에 스마트 산업화, 산업 스마트화, 관리의 스마트화, 신형 스마트 도시와 스마트 교통, 공공 서비스의 스마트화 및 스마트 인프라와 인프라의 스마트화가 핵심인 신인프라 건설을 포함해야 한다.

물론 스마트화를 위한 스마트화를 해서는 안 된다. 영역별, 업종별, 시나리오별, 발전단계별, 기술별로 발전 정도가 천차만별이므로 개성화된 계획이 필요하며 정보화에 관한 보충수업을 해야 할 수도 있다. 우리는 산업 스마트화가 다음 역이라는 점을 강조한다. 선형적 사고를 강조하지 않으며 큰일을 벌여 공을 세우고 성급하게 서두를 것을 호소하지 않는다. 우리에게 전략적 통찰력과 장기적인 판단이 서 있다면 설령 디지털 전환을 시행하더라도 우리의 방법론과 우리가 전반적인 추세를 이해하지 못한 상태에서 하는 계획은 완전 다르다.

평등하고도 잔혹한 스마트 경제의 '시간창'

'큰일에 처할 때는 밝은 것을 귀중하게 여기고, 대세에 임할 때는 좋은 것을 귀중히 여기는 것이 좋다(處大事貴乎明而能斷, 臨大勢貴在順而有為)'라는 말이 있다. 중국이 신인프라 건설을 제창하는 것은 새로운 선택이자 선견지명에 입각해 새롭게 주도하는 것이다. 인공지능이야말로 신인프라 건설의 핵심이며 인프라의 스마트화와 스마트화된 인프라, 지능 산업화와 산업 스마트화, 신모멘텀 발전, 신모멘텀 전환이야말로 다가올 10년을 맞이하는 데 필수적인 사안이기 때문이다.

기회는 준비된 자를 위한 것이지만 준비가 끝나기만을 마냥 기다려주지는 않는다

미래는 머신러닝과 인공지능의 것이다. 정부가 선견지명이 있는 판단을 내린 것처럼 인터넷, 빅데이터, 클라우드 컴퓨팅 및 사물 인터넷 등 기술의 발전으로 인공지능은 연쇄반응을 불러올 수 있는 과학 진보를 일으키고 파격적인 기술을 탄생시키고 있다. 이뿐만 아니라 경제 발전의 신모멘텀 육성과 신형 산업 체계 만들기에 박차를 가하고 차세대 과학 기술혁명과 산업변혁을 이끌고 있다.

《제로 투 원(ZERO to ONE)》에서 진보하는 2가지 방법에 대해 설명하고 있는데, 한 가지는 확장, 규모화, 국제화고, 다른 한 가지는 수직 진보, 기술혁신이 가져온 핵분열, 기하급수적 성장 실현이다.

우리는 한 시대의 탄생을 목격한 증인이니 이 얼마나 행운인가. 게다가 우리는 기술 변혁의 산증인이자 스마트 경제의 건설자도 되어야 한다.

오늘날 짙은 안개가 자욱한 글로벌 경제 형세 속에서 이러한 토론과 사고는 우리가 더욱더 방향을 잘 살펴 의사결정을 내리고 행동을 취할 수 있도록 해준다.

선택에 필요한 몇 가지 이유

⑴ 기술 주도 : 컴퓨팅 파워, 알고리즘, 빅데이터 3가지 요소가 서로 잘 결합해 기술이 성숙했다. 모바일 인터넷 기술과 응용이 빨리 스며든 덕분에 중국은 데이터 방면에서 우세해졌다. 경제 전환 업그레이드의 내재적 요구사항이 인공지능이 이바지하는 실물 경제에 넓은 공간을 제공한 면도 있고, 국내의 많은 응용 시나리오가 과학 기술 기업에 귀한 '훈련' 기회를 제공한 면도 있다. 억만의 인터넷 사용자에서 발생한 엄청난 양의 데이터가 머신러닝에 풍부한 '원료'를 제공했고, 이는 기술의 대체와 혁신의 속도를 끌어올리고 스마트 경제의 발전을 가속화했다.

⑵ 혁신주도 : 이는 중국의 질적 발전 전환과 국가 미래 10년 글로벌 지속 가능한 경쟁에서의 우위를 확립해야 한다는 필요에 의한 것이다. 개혁개방 이후 42년 동안 우리는 트랙을 바꿔야 했고 발전 방식을 전환해야 했으며 질적 발전을 이루어야 했다. 이는 국가의 지속 가능한 경쟁 우위를 구축해야 한다는 필요와 신모멘텀을

구축하고 신엔진을 육성해야 한다는 필요에 의한 내생적 요구사항이다. 혁신은 무엇으로 주도하는가? 차세대 인공지능이 최선책이다.

(3) 요소 주도 : 고령화 사회에 접어든 중국에서는 노동 적령기 인구가 부족하고 전통적인 인구 보너스가 거의 다 사라졌으며 '뒷물결(后浪)'[49] 부족이 일상화가 됐다. 경제는 어떻게 하고 운영은 어떻게 하며 전환은 어떻게 해야 하나? 노동력은 효율에 의해서만 향상된다. 효율은 어떻게 해야 향상되는가?

(4) 시나리오 주도 : 중국은 전 세계에서 유일하게 UN 산업분류 목록 중의 모든 공업 분야를 보유한 국가로, 이는 우리가 매우 자부심을 가질 만한 점이다. 중화인민공화국은 수립 70년간 강력한 공업분포와 물질적 기반에 힘입어 오늘날 우리가 스마트 경제를 논하고 AI 분포에 관해 논할 때 원천이 없는 물과 뿌리가 없는 나무(無源之水, 無本之木)가 될 일이 없게 기초를 단단히 다졌다. AI는 AI 응용 시나리오를 점점 더 스마트화하게 하고 업무 효율이 더 높으며 효과가 더 좋다는 특징을 지닌다. 자동차 제조 분야처럼 업계 적극성이 높고 추진력이 강한 모습을 어렵지 않게 관찰할 수 있다.

(5) 사용자 주도 : 말하기는 좋다. 그러나 어떻게 해낼 것인가? 반드시 사용자 통찰력(User insight)을 이용해야 한다. 사용자 통찰력은 데이터와 데이터 분석이 필요하며 이는 매우 간단한 로직이다.

(6) 안보 주도 : 신기술을 보유하는 것은 국가 안보의 필요에 의한 것으로 자주 혁신, 핵심 기술 자율통제를 해야 하며, 맹목적으로 남을 따르거나 남에게 지배당하는 낡은 방법을 사용해서는 안 된다. 현대 안보 경제학 '삼각형 이론'에서 경제는 두 개의 빗변(한 개는 실물 경제, 다른 한 개는 가상경제)이고, 안보는 밑변으로 만일 밑변이 받쳐주지 않으면 경제가 아무리 빨리 발전한들 안정적인 삼각형을 만들 수 없다고 말한다.

앞에서 말한 6가지 추진력이 교차적으로 형성되면 스마트 경제의 탄생을 한층 앞당긴다. 예외적인 추진력이 있다면 그것은 바로 코로나 사태다.

---

49. 젊은 세대를 가리킴. - 역주.

빠른 행동은 선견지명과 책임에서 비롯된다

상하이, 광저우, 닝보, 저장성, 난징 등 지역은 한발 앞서 기선을 제압했다.

인공지능 발전 고지 건설에 속도를 낸 상하이로 바이두 등 인공지능 기업들이 빠르게 모여들었다. 2018년 9월 18일, 상하이는 인공지능 발전 촉진에 관한 22개 조항을 내놓았다. 2018년 12월, 전국에서 처음으로 '인공지능 응용 시나리오 구축 실시계획'을 발표했으며, 첫 시나리오로 전 세계 170개가 넘는 솔루션을 다루었다. 2019년 5월 25일, 과기부와 상하이시 정부는 공동으로 상하이 국가 차세대 인공지능 혁신 발전 테스트 시범지구 건설을 가동했다. 2019년 8월 31일에는 '인공지능 상하이 고지 건설과 일류 혁신 생태계 구축에 관한 3년 행동방안'을 발표했으며, 상하이 인공지능 산업 투자 펀드를 설립했다.

2020년 5월 8일, 광저우시의 첫 73개 디지털 신인프라 건설 중대 프로젝트가 정식으로 개시됐다. 그중 바이두 아폴로 스마트 자동차 생태 기지, 화웨이의 '쿤펑(鯤鵬)[50]+어센드(昇騰)'[51] 생태계 혁신센터 등을 비롯한 혁신류 프로젝트와 5G, 알리 클라우드, 산업 인터넷 등을 비롯한 정보류 프로젝트 및 5G 스마트 항구, BIM(건축 정보모델) 기술+스마트 도시 등을 비롯한 융합류 프로젝트가 포함됐으며, 총투자액은 1,800억 위안에 달한다. 중대 프로젝트 '성을 공격해 적의 진영을 점령하고 그곳에 자리 잡아 꽃을 피워 열매를 맺다(攻城拔寨, 落地生根, 開花結果)'의 특별 활동을 통해 광저우는 스마트 커넥티드카와 스마트 교통 응용 시범지구, 종합류 베이더우(北斗) 산업 시범단지, 인공지능 및 디지털 경제 테스트 시범지구로 잇달아 선정됐다. '봄에 강물이 풀리는 것은 오리가 먼저 안다(春江水暖鴨先知)'라는 말이 있다. 신인프라 건설 분야에서 보여주는 미래에 대한 광저우의 진취적인 자신감과 결심은 기업이 가장 많이 체감할 수 있다.

---

50. 자체 개발한 서버용 CPU. - 역주.
51. AI 프로세서. - 역주.

국가 결심, 국민 의지, 영예로운 사명

첨단 기술 발전과 산업화 수준은 국가 과학 기술 경쟁력, 산업 핵심 경쟁력과 직접적인 관련이 있다. 2016년 7월, 국무원은 〈'13차 5개년계획' 국가 과학 기술 혁신계획〉을 발표했다. 이는 최초로 국가 과학 기술 혁신계획으로 명명한 것으로 국가혁신을 통한 발전 주도의 필요성에 의해서 발표됐다고 생각된다. 계획은 '2030년을 향한, 국가 전략 의도를 구현하는 중대 과학 기술 프로젝트 재선택'을 제시하고, '과학 기술 혁신 2030-중대 프로젝트'를 시작했으며 1,000여 명의 전문가 논증을 거쳐 최종적으로 15개 프로젝트를 승인했다.

'과학 기술 혁신 2030-중대 프로젝트'에는 중대 과학 기술 프로젝트 관련이 6건, 중요 공사 관련이 9건 포함됐다. 그중 9건은 첨단 영역에 관련된 것으로, 항공 모터와 가스 증기터빈, 국가 네트워크 보안 공간, 우주 탐사 및 우주 비행선의 궤도 선회 서비스(On-orbit servicing)와 유지보수 시스템, 석탄의 깨끗하고 효율 높은 이용, 스마트 그리드,[52] 천지(天地)[53] 일체화 정보 네트워크, 빅데이터, 스마트 제조와 로봇, 중점 신소재 연구개발 및 응용이 있다.

'과학 기술혁신 2030-중대 프로젝트'는 국가 과학 기술 중대 특별 프로젝트와 무슨 관계일까? 이 둘은 '원근이 결합되고 계단식으로 이어지는 시스템 구도'가 형성되어야 한다.

2017년 2월 15일, 과기부는 중국 '과학 기술 혁신 2030-중대 프로젝트' 15개 승인 프로젝트 중 양자 통신, 양자 컴퓨터, 뇌과학 및 뉴로모픽(Neuromorphic) 연구, 심해정거장 및 천체(天体) 일체화 정보 네트워크, 이렇게 4개의 테스트 포인트를 가동하고 방안 편성을 시행한다고 밝혔다. 또한, 인공지능의 급속한 발전 추세를 결합해 기존의 15개 프로젝트를 기초로 '인공지능 2.0'을 추가하고 '15+1' 구도를 형성할 것을 계획했다. 이후 이 '1'은 '차세대 인공지능'으로 확정됐다.

기존에 있는 스마트 제조와 로봇, 빅데이터 등 중대 프로젝트를 전제로 다시 차세대 인공지능을 '과학 기술혁신 2030'에 편입시킨 것은 국가의 안목과 의지를 알리

---

52. 전력망에 IT 기술을 접목해서 전력 공급자와 소비자가 실시간으로 정보를 교환함으로써 에너지 효율을 최적화하는 차세대 지능형 전력망. - 역주.
53. 우주 - 지상 간 양자 통신이라는 궁극의 통신 기술을 구현하기 위한 중국 정부의 프로젝트. - 역주.

고 외부 도전에 적극적으로 대응하는 국가의 결심을 반영하기도 했다. 이렇게 해서 2017년 7월 8일, 국무원은 국발[2017]35호로 〈차세대 인공지능 발전 계획〉을 정식 발표했다.

융합 협력적 혁신의 힘을 위해 과기부는 각각 2018년 10월 12일과 2020년 3월 27일 두 차례에 걸쳐 〈과학 기술혁신 2030-'차세대 인공지능' 중대 프로젝트 연도 프로젝트 보고 지침〉을 발표했으며 "인공지능 기술의 지속적 혁신과 경제사회의 심도 있는 융합 추진을 핵심으로 나란히 뛰기, 앞서 뛰기 걸음걸이 전략에 따라 빅데이터지능, 크로스미디어지능, 군집지능, 혼합형 증강지능, 자율지능 시스템의 5대 방향을 지속 공략하며 기초이론, 지원체계, 핵심 기술, 혁신응용의 4개 측면에서 지식군, 기술군 및 제품군으로 이루어진 생태계를 구축해 인공지능 기술의 고지를 점령하고 발생할 수 있는 새로운 문제와 도전에 적절히 대응하며 매스 이노베이션·크라우드 소싱 혁신을 촉진해 인공지능이 스마트 경제사회 발전의 강력한 엔진이 되도록 한다"라는 종합목표 및 5대 지속적인 공략 방향을 제시했다.

스마트 경제 닝보 모델

앞에서는 거시적인 측면에서 국내외 상황을 비교 연구하고 국가 인공지능 전략 행동계획 맥락을 정리해봤다. 이번에는 중간적 차원에서 저장 닝보를 모델로 해 닝보가 어떤 방법으로 스마트 경제 발전의 길을 걸었는지 살펴볼 것이다. 물론 미시적 측면, 업계 측면, 기술 측면, 응용 측면에서 바이두는 줄곧 발언권을 가진 혁신자이자 실천자였다.

닝보는 전국에서 최초로 스마트 경제 발전을 계획하고 체계적으로 배치한 도시다. 닝보는 2016년 5월부터 스마트 경제 발전을 제안했고, 2017년 5월에는 전국에서 제일 먼저 '스마트 경제 발전 계획'을 발표하기도 했다. 닝보는 중국 스마트 도시 발전의 실천자이자 스마트 제조, 스마트 커넥티드카 등 중점 영역의 선구자이기도 하다. 최근 들어 스마트 경제, 선진제조 및 서비스 경제의 체질 강화와 규모 확대에 입각해 도시 관리 서비스 업그레이드와 전통 제조업 개선을 적극적으로 추진했고 눈에 띄는 성과를 거뒀다.

검색 자료를 바탕으로 닝보시가 어떻게 '디지털 닝보' 건설과 스마트 경제 강화를 위해 차근차근 노력해왔는지 시간별로 정리해보고자 한다.

2015년 20차 〈닝보시 인민 정부 공보〉(발표일 : 2015년 11월 17일)의 '머리글'에 '스마트 경제'라는 표현이 처음 등장했고, "혁신 발전을 지속한다. 과학 기술 혁신을 주도로 정보 경제의 탄탄한 기초를 통해 '인터넷+' 응용을 가속화하고 스마트 경제를 발전시키며 전통적으로 우세한 제조 및 특색 있는 서비스업의 개선과 업그레이드에 박차를 가한다"라고 강조했다.

2016년 5월 11일~12일에 닝보에서 조사연구를 진행한 당시 저장성 위원회 서기인 샤바오룽(夏寶龍)[54]은 과학 기술 혁신이라는 이 첫 번째 짧은 판을[55] 충당하기에 전력을 다하고, 스마트 경제 등 신 경제 형태를 발전시키며 제조업 업그레이드를 추진해야 한다고 강조했다.

2016년 6월 9일, 닝보시 당 위원회 상무위원회, 당시 시위원회 부서기이자 시장 탕이쥔(唐一軍)[56]은 회의를 주재하고, 처음으로 "스마트 경제를 발전시키고 수준 높은 로봇 소도시 건설을 추진하며 스마트 기술 연구개발을 강화해야 한다. 스마트 제조를 발전시키고 스마트 생활 공유를 제창해 닝보를 다른 도시보다 앞선 스마트 경제 시범지구로 만들어야 한다"라는 주장을 명확하게 전달했다.

2016년 6월 13일, 당시 저장성 위원회 서기인 샤바오룽은 위야오에서 스마트 경제 발전상황 보고회를 주재했고 탕이쥔이 시 스마트 경제 발전상황, 목표 및 조치에 대해 보고했다. 샤바오룽은 "스마트 경제가 사회 생산, 생활 방식을 크게 바꾸고 있으며 발전 전망이 매우 좋다. 스마트 경제 발전에 있어서 닝보는 적극적으로 나서고 맡은 일을 미루지 않으며 스마트 경제 발전 시범지구 건설에 박차를 가해 모든 성의 스마트 경제 발전 벤치마킹 모델이 되도록 본보기를 보여줄 것이다"라고 밝혔다.

2017년 5월 13일, 닝보시 인민 정부는 〈닝보시 스마트 경제 중장기 발전 계획 (2016~2025년)〉을 발표하고, 향후 10년 동안 "닝보는 스마트 경제 발전을 전략으로

---

54. 현재 13기 전국 정협 부주석, 국무원 홍콩·마카오 사무 판공실 주임, 당 그룹 서기. – 역주.
55. 폴 새뮤얼슨의 나무통 이론에 나오는 짧은 판. – 역주.
56. 현 법무부 장관. – 역주.

채택해 기초를 다지고 강점을 내세우며 단점을 보완하고 신포맷, 신모델을 육성해 발전의 고지를 점령할 것이다"라고 확실히 밝혔다.

2018년 3월 21일, 닝보시 위원회, 시 정부는 〈'6대 쟁점 공략, 3년 격상(六爭攻堅三年攀高)' 행동 전개에 관한 실시 의견〉을 발송해 "국가 빅데이터 전략에 자발적으로 접목하고 스마트 단말 산업 및 소프트웨어, 칩, 인공지능, 빅데이터, 신소재 등 5대 스마트 핵심 산업을 발전시켜 스마트 경제가 새로운 경제 성장동력이 되게 한다"라고 했다.

2018년 4월 10일, 시 위원회 부서기, 시장 추둥야오(裘東耀)는 '중국제조 2025' 테스트 포인트 시범도시 건설 업무회의에서 "스마트 선도 강화를 발전 방향으로 해 스마트 경제를 강화하고 전통 산업을 키우며 생산성 서비스업 발전에 박차를 가하고 산업 발전의 신구 모멘텀 '더블 엔진'을 강화해야 한다"라고 강조했다.

2018년 5월 21일, 닝보시 정부는 닝보시 '중국제조 2025'와 스마트 경제 전략 자문 위원회 설립을 결정했다.

2018년 8월 18일, 공신부, 중국 공정원, 신화사(新華社)와 닝보시 정부는 베이징에서 '중국제조 2025' 도시 테스트 포인트 시범 기자회견을 공동 개최하고 전국 최초 '중국제조 2025' 테스트 포인트 시범도시로 닝보가 선정됐음을 선포했다.

2018년 9월 7일, 글로벌 스마트 경제 서밋[57]이 닝보에서 개최됐다. 닝보시위원회 부서기, 시장 추둥야오는 축사를 통해 글로벌 스마트 경제 서밋을 개최하는 것은 닝보가 국가 전략 기회를 잡아 디지털 경제 '1호 공정'을 실시하고 스마트 경제를 주요 공략 방향으로 삼아 질적 발전을 추진하며 수준 높은 생활을 창조하는 구체적인 행동이라고 했다.

2018년 12월 2일, 상하이 교통대학 닝보 인공지능 연구소가 정식 업무를 시작했다. 연구소는 인공지능 기술이 닝보에서 집약적으로 전환될 수 있도록 추진하고 닝보의 질적 발전을 도우며 닝보의 디지털 경제, 특히 스마트 경제 발전 수준 향상을 위해 지원한다.

2018년 말, 닝보시 하이수구(海曙區)는 스마트 경제가 견인하고 현대 서비스업과

---

57. Global Intelligent Economy Summit. – 역주.

선진 제조업이 지탱하며 임공 경제(臨空經濟)[58]와 체험 경제[59]를 특색으로 하는 현대 도시 경제 발전 체계의 틀이 잡혔다.

2019년 초, 닝보 동부 신도시 산업 발전 방향이 패션·창의, 스마트 경제, 대건강(大健康)의 '3대 특색 클러스터' 건설로 정해지면서 닝보 산업 구조전환 발전의 주요 진지가 됐다.

2019년 초, 닝보의 선두그룹이던 위야오시(余姚市)는 스마트 경제, 중대 플랫폼, 향촌 진흥을 위야오 2019년 공략 3대 중점으로 삼았다. 2018년 스마트 경제 5대 주요공격 산업의 생산량은 500억 위안을 돌파했고 전략적 신흥산업, 첨단 기술 산업 부가가치 증가 폭은 각각 닝보의 2위와 1위를 차지했다. 다음 단계로 위야오는 스마트 경제 시범지구 건설에 속도를 올릴 것이다.

2019년 3월 27일, 〈디지털 닝보 건설 계획(2018~2022년)〉을 발표했다.

2019년 4월 16일, 〈닝보시 공유경제 발전 행동방안〉을 채택한 닝보시 정부는 닝보 공유경제 발전의 풍향계, 지시서와 로드맵을 구축하고 "제조업의 탄탄한 기반과 스마트 경제의 발 빠른 시작을 기반으로 닝보의 '인터넷+제조업' 추진에 가속도가 붙어 중소기업 클라우드, 사물 인터넷 가전 클라우드, 방직 의류 클라우드, 성이방(生意帮),[60] 중처롄(众車聯)[61] 등 제조 서비스 공유 플랫폼을 양성했다"라고 밝혔다.

2019년 9월 24일, 〈닝보시 차세대 인공지능 발전 행동 방안(2019~2022년)〉을 발표해 기초가 튼튼한 제조업, 기술 수요가 큰 인공지능, 응용 시장이 넓은 시나리오 등 우위를 발휘해 응용, 연구개발과 산업 육성 세 부분을 중심으로 연구개발 혁신, 시나리오 응용에 매진하고 인공지능과 전통 산업의 융합을 추진할 것이라고 밝혔다. 또한 '응용 시나리오-핵심 알고리즘-스마트 부품-스마트 소프트웨어 및 시스템-스마트 제품-스마트 기업- 스마트 산업'을 포괄하는 스마트 산업 사슬을 만들 것이라고 했다. "2022년까지 전국적 영향력을 지닌 인간, 기계 및 사물의 스마트 협력형 혁신 견인지구, 차세대 스마트 제조 응용 시범지구, 인공지능 산업 발전 생태 선행지구의 틀을 조성한다"라며 야심 찬 계획을 드러내기도 했다.

---

58. 공항 기반의 경제성장 방식. – 역주.
59. 소비자가 단순한 상품과 서비스의 소비에서 벗어나 상품의 고유한 특성에서 가치 있는 체험을 얻는 경제. – 역주.
60. 생산력 공유 플랫폼. – 역주.
61. 자동차 산업 사슬 혁신 종합 서비스 플랫폼. – 역주.

2020년 3월 23일, 〈닝보시의 창장 삼각주 구역 일체화 발전 추진에 관한 행동계획〉을 발표하고 교통 연동, 산업 협력, 요소 공유, 환경 보호, 사회 보험 연동 등 구조를 형성했다.

2020년 4월 16일, 닝보시위원회 전면 심화 개혁위원회 4차 회의에서 〈위야오 스마트 경제 선행 시범지구 설립에 관한 실시방안〉을 채택했다.

노력을 기울이면 성과를 거두는 법이듯, 닝보 스마트 경제 발전이 가시적인 성과를 거두기 시작했다. 2019년 닝보시 전체의 지역 내 총생산은 6.8% 성장한 11,985억 위안에 달해 총량 기준으로 2018년 대비 3계단 올라간 전국 12위를 차지했으며 단독 경제 계획 시행 도시에서는 2위를 차지했다. 연구개발 투자 강도는 2.8%에 육박했고 디지털 경제 핵심 산업 부가가치는 14.8% 증가했으며 국가 제조업 1등 종목은 11개가 추가된 39개로 전국 도시 중 1위를 차지했다. 시장 주체가 100만 호를 돌파해 국가 '솽촹(雙創)'[62] 시범도시가 됐으며 5G 응용과 산업화에 박차를 가하고 3,000개가 넘는 5G 기지국을 건설했다. 소프트웨어 영업수익이 25.1% 늘었으며 집적회로산업의 규모 이상 공업 생산총액은 17.7% 증가했고 닝보 산업 인터넷 연구원 산업단지가 착공했다.

스마트 시대 배경에서 사람의 교육과 성장

총요소생산성 차원에서 보면 앞으로 경제 발전의 핵심은 기술 진보에서 비롯되며 기술 진보의 결정적 요소는 인재다. 스마트 경제, 스마트 사회의 미래를 품기 위해서는 미래에 투자해야 하며, 사람의 교육, 훈련, 평생학습 그리고 성장에 대해 다시 생각해볼 필요가 있다.

'발전을 전망'하기 위해서는 '뒷일에 대한 걱정'을 없애야 한다

중국은 인공지능 기초이론, 오리지널 알고리즘, 최첨단 칩과 생태계 등 영역에서

---

62. 창업과 혁신. - 역주.

아직도 선진국과의 격차가 크기 때문에 학제 간 융합과 인재양성이 절실하다. 그렇기에 이제는 인공지능 기술 진화의 최신 추세와 인공지능이 노동력 시장과 인재 교육 및 평생학습에 미치는 영향에 관해 연구해볼 가치가 있다. 다음에서 인공지능 인재를 3단계로 분류해 알아보도록 하자.

(1) 인공지능 혁신형 최고급 인재, 리더 : 칭화대가 이전에 발표한 〈중국 인공지능 발전보고 2018〉에 따르면 중국 등 개도국의 인공지능 분야 최고급 인재 비율은 현저히 낮은 반면, 미국의 인공지능 분야 최고급 인재 인원수는 누적 인원이 5,158명으로 크게 앞선다. 중국 인공지능 인재 인원수가 세계 2위이긴 하지만, 최고급 인재는 미국의 20%에도 못 미치는 977명으로 전 세계 6위에 불과하다.

(2) 인공지능의 응용형 전문 인재 : 리궈제(李國杰) 원사는 2018년 말에 했던 강연에서 중국 인공지능 기초층, 지식층, 응용층의 인재 인원수 비율은 각각 3.3%, 34.9%, 61.8%인데, 미국은 각각 22.7%, 37.4%, 39.9%로 중국의 기초 인재 비율이 심각하게 낮아 머리가 무겁고 다리가 가벼운, 기초가 부실한 양상이 나타나고 있다고 밝혔다. 인사부(人社部)가 2020년 4월 30일 발표한 〈인공지능 공학기술인재 고용 경기 현황 분석보고〉에서는 인공지능 공학기술 인력을 인공지능 관련 알고리즘 딥러닝 등 여러 기술의 분석, 연구, 개발에 종사하고 인공지능 시스템을 설계, 최적화, 운용, 관리와 응용을 하는 공학 기술자라고 정의했다. 데이터 분석에 따르면 2020년 스마트 제조 영역의 인재 수요는 750만 명, 인재 결원은 300만 명으로 예상되며, 2025년까지는 각각 각각 900만 명과 450만 명으로 예상된다. 지금 그리고 앞으로 한동안 해야 할 임무는 바로 스마트 제조 산업에 '대들보'형 인재를 수송하는 것이다.

(3) 인공지능 복합형 인재 : 〈차세대 인공지능 발전 계획〉은 복합형 인재 육성을 중시하고 인공지능 이론, 방법, 기술, 제품 및 응용 등에 정통한 종적 복합형 인재와 '인공지능+' 경제, 사회, 관리, 표준, 법률 등에 숙달된 횡적 복합형 인재를 중점적으로 육성해야 한다고 특히 강조했다.

교육개혁, 활시위를 당겼으면 쏴야 한다

2018년 4월 2일, 교육부는 〈대학 인공지능 혁신 행동계획〉을 발표하고 "교육 영역에서 인공지능의 혁신응용을 서두르고 스마트 기술을 이용해 인재 육성의 혁신, 교수 방법의 개혁, 교육 관리 능력의 향상을 지탱하며 스마트화, 네트워크화, 개성화, 평생화의 교육 체계를 구축하는 것은 균형 잡힌 교육 발전을 추진하고 평등한 교육을 촉진하며 교육의 질을 높이는 중요한 수단이다. 또한, 교육 현대화 실현에 필수 불가결한 동력이자 버팀목이다"라고 강조하는 한편, 2020년까지 '인공지능+X' 복합 특색 전공 100개를 만들고 인공지능 단과대학, 대학원 또는 교차 연구센터 50곳을 설립한다고 밝혔다.

사회 각계의 인식이 변하고 인공지능 능력이 교육 계획에 편입되면서 인공지능이 점차 초중등 교육, 고등교육, 직업교육과 사회 훈련에 유입될 것이며 각 지역, 각급 기구의 행동 속도도 빨라지기 시작했다. 2019년 9월, 가을학기부터 칭다오 초중고교 100곳에 재학 중인 최소 2만 명 학생을 대상으로 인공지능 교육 과정을 시작했고, 2019년 허난성은 인공지능 교육 실험 학교 500곳을 설립한다고 밝혔다. 2019년 5월 18일, 칭화대학 인공지능 학당반(줄여서 '스마트반')의 설립을 발표함으로써 '칭화 학당 인재양성 계획' 8번째 실험반이 됐고, 튜링상 수상자이자 칭화대 교차 정보 대학원 원장인 야오치즈(姚期智) 원사가 스마트반의 초대 학과장을 역임하게 된다. 칭화대는 마이크로소프트 글로벌 부사장에서 막 퇴임한 해리 셤(瀋向洋) 박사에 다시 한번 러브콜을 보내 교수로 재초빙했다. 2019년 5월 25일, 베이징 항공항천대는 인공지능 등 전공을 신설한다는 정보를 발표했다.

2020년 3월 교육부, 발개위, 재정부는 〈'솽이류'(雙一流)[63] 건설 대학기관 학과 융합 촉진, 인공지능 분야 대학원생 양성 가속화에 관한 약간의 의견〉을 발표해 "국가 인공지능 발전의 중대 전략 수요를 중심으로 '수요 방향 제시, 응용 주도', '프로젝트 견인, 다원화 지원', '경계를 허문 융합, 정확 양성'을 기본 원칙으로 하며, '이론, 알고리즘, 플랫폼, 칩 및 응용' 등 급하고 단호하며 부족한 단점 영역을 타깃으로, 기초이론 인재와 '인공지능+X' 복합형 인재를 모두 중요시하는 양성 체계를 구축한

---

63. 글로벌 일류대학, 글로벌 일류학과 육성 프로젝트. - 역주.

다. 또한, 융합학과 건설과 인재양성 신모델을 탐색하고, 수준 높은 혁신형 인재를 양성하며, 인공지능 첨단 인력그룹 건설을 체계적으로 추진해 중국이 세계 과학 기술의 최전방을 점령하고, 인공지능 영역에서의 선도 역할을 통해 진전된 성과를 얻어 더 충분한 인재를 지원해야 한다"라고 밝혔다.

인공지능과 교육 훈련, 평생학습의 심층 융합

인공지능과 교육훈련, 평생학습의 심도있는 융합을 위해서는 인공지능을 통한 학제 간 육성, 그리고 인공지능을 통한 교육 훈련, 평생 학습 및 지속 가능한 성장이 중요한 과제다.

2019년 5월, 유네스코는 〈베이징 컨센서스-인공지능과 교육〉을 공식 발표했다. 이는 인공지능 기술을 통해 2030년 교육 어젠다를 실현하기 위한 유네스코의 가이드와 제안사항이 담긴 최초의 문서다. 요점은 다음과 같다.

- 인공지능과 교육의 체계적인 융합을 통해 교육, 교수 및 학습 방식을 전반적으로 혁신하고 인공지능을 통해 개방적이고 유연한 교육 체계 건설에 속도를 높이며 모든 사람이 평등하고 모든 사람에게 적합한 양질의 평생학습 기회를 확보해 지속 가능한 발전 목표와 인류 운명공동체 실현을 추진한다.
- 평생학습의 관점에서 교육 정책에 접목되고 유기적으로 조화로운 통합 시스템 교육 인공지능 전략을 계획하고 제정한다.
- 효과적인 인간과 기계 간 협업을 인식하기 위해서 일련의 인공지능 소양을 갖춰야 하며, 체제화된 행동을 취해 사회 각 측면에 필요한 기본 인공지능 소양을 높인다.
- 인공지능 플랫폼과 데이터 기반의 학습 분석 등 핵심 기술을 통해 모든 사람이 언제 어디서든 배울 수 있는 종합형 평생학습 체계를 마련한다.
- 교육 인공지능 응용의 공평성과 포용성을 촉진한다. 인공지능을 통해 모든 사람이 양질의 교육을 받고 학습 기회를 얻을 수 있도록 한다. 교육 인공지능의 개발과 사용은 정보 격차의 심화를 초래해서는 안 되며, 소수계층이나 소외계층에 편견을 나타내서도 안 된다.

2018년 9월 18일, 상하이는 〈인공지능 질적 발전 추진 가속화에 관한 실시 방법〉을 발표하고 인력, 데이터 소스, 기술 혁신, 공간 생태, 자본 역량의 5대 발전요소를 중심으로 한 22개 조항의 구체적인 조치를 내놓았다. 고급 인력 유치 분야의 경우, 상하이는 조건에 부합하는 인공지능 인재와 핵심팀을 '인재고봉공정(人才高峰工程)'에 포함시키고, '1인 1책(一人一策)'을 통해 국제 경쟁력을 갖춘 사업 발전 플랫폼을 배치할 계획이다.

2016년 6월, 당시 저장성 위원회 서기인 샤바오룽이 위야오에서 주재한 스마트 경제 발전상황 브리핑에서 스마트 경제 전문 인력에 관해 "닝보는 반드시 원대한 이상과 포부를 갖고 원대한 발전 목표를 수립하며 인재를 집결시켜 스마트 경제 발전의 기초를 공고히 해야 한다. 또한, 인재확보를 위해 치열하게 싸우고 인재 교육에 최선을 다하며 '심부름꾼'이 되어 인재에 이바지한다. 스마트 경제 전문 인력을 최대한 유치하고 육성하며 인재의 혁신 창업을 최대한 지원해 닝보를 스마트 경제 전문 인력이 집결하는 고지로 만들기 위한 속도를 높여야 한다"라고 열정적으로 연설했다.

전도유망한 AI 생태계, 중국을 인적자원 강국이 되도록 돕는다

인공지능의 진입은 인재양성 모델, 협력 모델, 성장 모델, 창업 모델의 대변혁을 가져올 것이다.

전 공신부 장관을 역임하고 현임 중국 전자 과학 기술 그룹 유한공사 이사장이자 당그룹 서기인 천자오슝(陳肇雄)은 "산학 결합을 유지하고 융합 생태를 보완한다. 기업이 주체가 되는 혁신 성과 전환 추진에 박차를 가하고 산학 자원 배치를 최적화하며 협력 모델을 혁신한다. 또한, 교육 사슬, 인재 사슬과 산업 사슬, 혁신 사슬을 유기적으로 결합해 산학 혁신의 쌍방향 전달, 인재의 쌍방향 이동, 융합의 쌍방향 촉진의 우호적인 상황을 만든다"라고 말했다.

〈차세대 인공지능 발전 계획〉은 "지식군, 기술군, 산업군이 상호 융합하고 인재, 제도, 문화가 서로 뒷받침하는 생태계를 구축한다", "스마트 경제와 스마트 사회 적응에 필요한 평생학습과 취업 훈련 체계를 마련한다"라고 강조하기도 했다.

인공지능 플랫폼형 회사, 인공지능 방면의 개방형 플랫폼과 생태는 사용자 프로필, 지식 그래프, 딥러닝 등 영역의 기술 강점을 발휘하고 융합 혁신, 개방형 오픈소스의 생태 강점을 발휘하며 시나리오 연결, 공생 협력의 협력 강점을 발휘해 향후 중국이 인적자본 강국이 되는 것을 돕는 역군이 될 것이다.

신인프라 건설로 스마트 경제, 스마트 사회 기초 다지기 : 안정적이고 장기적인 질적 발전을 이룩해 다가올 10년에서 승리를 거둔다

———

스마트화 정보 인프라 건설을 추진하고 기존 인프라의 스마트화 수준을 높이며 스마트 경제, 스마트 사회 적응에 필요한 인프라 체계를 형성한다.

시진핑의 중국 공산당 중앙 위원회 정치국 9차 집단학습 연설

(2018년 10월 31일)

———

   우리의 분석과 판단에 따르면, 2020년에 막 발표한 〈한층 보완된 요소 시장화 분배 체제 메커니즘 구축에 관한 의견〉, 〈신시대 사회주의 시장경제 체계 보완 가속화에 관한 의견〉, 이전에 발표한 〈중국 특색의 사회주의 제도 지속, 보완 및 국가 관리체계와 관리 능력 현대화 추진상의 약간의 중대 문제에 관한 중국 공산당 중앙 위원회의 결정〉(당 19차 중국 공산당 중앙 위원회 전체 회의(중전회) 심의통과), 〈국가 혁신주도 발전전략 요강〉과 종종 발표되는 '신형 인프라 건설', 국가 발개위가 주도해서 제정 중인 신형 인프라 발전 추진에 관한 지도의견은 개혁개방 42년의 성과가 이룩한 좋은 조건과 '두 개의 100년' 분투 목표가 만나는 역사적 합류점에 입각한 중국의 향후 10년 개혁개방 정층설계(頂層設計)[64]와 신전략 로드맵(그림 3-1)이 될 것이다.

   새로운, 좋은 조건의 개혁개방 물결이 곧 몰아칠 것이라고 믿으며 그 물결을 통해 신인프라 건설에 대한 지도의견이 조속히 나올 수 있기를 함께 기대해본다.

   사실 이전에 자유무역지구, 자유무역항, 차세대 인공지능 혁신 발전 테스트지역, 신구 모멘텀 전환 테스트지역, 디지털 경제 혁신 발전 테스트지역, 중국 특색의 사

———

64. 최고위층이 직접 국가 개혁을 기획·설계·지휘하는 것을 말함. – 역주.

회주의 선행 테스트지역과 징진이(京津翼)[65] 협력 발전, 창장 삼각주 일체화, 웨이강아오대만구[66] 등은 이미 운영 단계까지 발전했으며 이제 스마트 경제, 스마트 사회는 이 진주들을 엮는 실이 될 것이다.

① 2016	② 2019	③ 2020	④ 2020	⑤ 2020?
신발전	신관리	신요소	신체제	신인프라 건설
(국가 혁신주도 발전전략 요강)	(중국 특색의 사회주의 제도 지속, 보완 및 국가 관리체계와 관리 능력 현대화 추진상의 약간의 중대 문제에 관한 중국 공산당 중앙 위원회의 결정)	(한층 보완된 요소 시장화 분배 체제 메커니즘 구축에 관한 의견)	(신시대 사회주의 시장경제 체계 보완에 관한 의견)	(신인프라 건설 신형 인프라 발전 추진에 관한 지도의견, 국가 발개위가 제정 주도)

그림 3-1. 중국 향후 10년의 개혁개방 정층설계 및 신전략 로드맵

대롱을 통해 표범을 볼 수 있고, 일의 미세한 조짐을 보고 발전 방향이나 문제의 본질을 알며, 시작을 보면 끝을 안다(管中能窺豹, 見微可知著, 睹始而知終). 난선전(南深川), 베이슝안(北雄安)은 미래 중국의 테스트지역이다. 중앙정부는 이 두 곳에 중국의 청사진을 설계하라는 사명을 부여했다. 이곳은 이미 나 홀로 '특구'가 아닌, 좋은 조건으로 신 발전 이념을 지니고 중대한 사업을 함께 하는 대협력 테스트지역이다. 개혁 심화–높은 결합허용 테스트–동적 대체 순응–시범 선도–눈부신 발전–신개혁의 나선형식 상승도 점차 뚜렷해지고 있다.

2019년 8월 18일, 중국 공산당 중앙 위원회, 국무원은 〈선전의 중국 특색 사회주의 선행 시범지구 건설 지원에 관한 의견〉을 발표해 선전의 중국 특색 사회주의 선행 시범지구 건설을 지원하기로 했다. 또한, 2025년까지 선전의 경제력과 발전 수준을 글로벌 선두 도시 대열에 합류할 수 있도록 끌어올리고 연구개발 투자 강도와

65. 베이징·톈진·허베이. – 역주.
66. 홍콩·마카오·심천 등 광둥성 지역의 통합발전 계획. – 역주.

산업 혁신능력을 세계 일류 수준으로 만들어 현대화 국제화 혁신형 도시를 건설할 것이라고 밝혔다. "현대화 산업 체계 구축에 박차를 가하고 스마트 경제를 적극적으로 발전시켜 디지털 경제 혁신 발전 테스트지역으로 만든다"라고도 덧붙였다.

이는 스마트 경제 시대를 목표로 신인프라 건설의 대토대를 세우는 10년이자 지적자본 모멘텀을 방출하고 혁신으로 발전을 주도하는 10년이고, 차세대 인공지능 기술을 이끌고 글로벌 인공지능 혁신 중심을 확립하는 10년이다. 또한, 사람을 중심으로 신관리를 추진하는 10년이자 더 높은 수준으로 대외 개방하고 질적 발전의 밑바닥을 다지는 10년이다.

안정적이고 장기적인 질적 발전을 이끄는 8대 지주는 다음 그림 3-2와 같다.

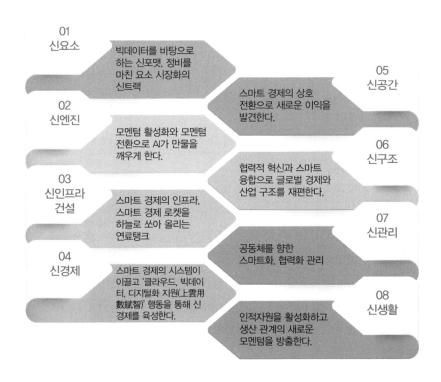

그림 3-2. 안정적이고 장기적인 질적 발전을 이루는 8대 지주

신요소 : 빅데이터를 바탕으로 하는 신포맷, 정비를 마친 요소 시장화의 신트랙

중국 공산당 중앙 위원회, 국무원의 〈한층 보완된 요소 시장화 분배 체제 메커니즘 구축에 관한 의견〉은 첫머리에서 "요소 시장화 분배 개혁을 심화하고 요소의 자율적이고 질서 있는 흐름을 촉진하며, 요소 분배 효율을 높이기 위해 전 사회의 창의력과 시장 활력을 불러일으키고 경제 발전의 질적 변혁, 효율 변혁, 동력 변혁을 추진한다"라고 요지를 밝혔다.

새로운 축, 새로운 트랙

발전에는 '축'이 있다. 과거 특정 단계에서 우리는 자원을 과도하게 소모하고 환경 생태계를 파괴하는 행위를 상당 부분 용인했지만, 현재와 미래에는 혁신, 창조, 새로운 포맷, 새로운 모멘텀에 지원을 아끼지 않는다. 이 '축'의 전환이 바로 요소의 전환과 총요소생산성에 대한 추구다. 이렇게 해야만 혁신주도와 질적 발전을 대표할 수 있기 때문이다.

생산요소의 중요성과 시대성에 근거해 요소의 범주를 명확하게 토지, 노동력, 자본, 기술, 데이터로 하겠다.

요소 전환과 요소 시장화의 이중 역할은 중국의 발전, 중국의 길에 새로운 트랙을 열어준다.

이는 질적 발전으로 향하는 진군나팔로 볼 수 있다. 이 나팔을 불 수 있을지, 이 전환이 매끄럽게 이루어질 수 있는지가 AI가 역할을 발휘하는 데 얼마나 큰 공간을 제공할 수 있을지를 결정할 것이다. 데이터+AI야말로 데이터의 가치를 발굴하고 노동력+AI는 인적자원을 자본화하며, 토지+AI는 토지의 부가가치 역량을 강하게 할 수 있고, 기술+AI는 기술 혁신이 시너지효과를 발생하게 할 것이다.

곱셈효과가 있는 데이터, 승수효과가 있는 AI

생산요소의 형태는 경제 발전에 따라 끊임없이 변천하며 그 중요성은 때에 따라 다르다. 이는 발전의 다인성, 복잡성으로 결정된다. 하지만 일반적인 의미로 동력 메커니즘과 동력 변혁은 인류 사회의 발전을 수반하고 산업혁명은 종종 기술혁명의 수혜를 본다. 이번 경제성장의 장기 동력을 재정의하는 것이 기업가 정신, 지적자본, 생태를 충분히 중요시하지 않는다는 한계가 존재하긴 하지만, 진보하고 있다는 것만은 확실하므로 여전히 기념비적인 의미가 있다.

데이터를 일종의 신형 생산요소로 보는 이유는 무엇일까? 국가 발개위 관련 책임자는 정보 경제가 발전함에 따라 빅데이터로 대표되는 정보 자원이 생산요소의 형태로 변하고, 데이터는 이미 기타 요소와 함께 경제가치 창조과정으로 유입되어 생산력 발전에 큰 영향을 미친다. 그러므로 기타 요소 효율에 대한 데이터의 곱셈 역할을 발휘하기 위해서는 데이터 요소 시장을 육성하고 발전시켜 빅데이터가 경제의 질적 발전을 추진하는 신모멘텀이 되도록 해야 한다고 밝혔다.

실물 경제와 스마트 경제의 융합 발전을 추진하려면 제조업으로 대표되는 각 업계, 각종 시나리오가 디지털화, 네트워크화, 스마트화로 발전할 수 있도록 박차를 가하고 빅데이터를 운용해 국가 관리 현대화 수준을 높이며 지각, 예측, 위험성 대비 능력을 끌어올려야 한다.

눈이 밝은 자는 형태가 없는 것을 보고 슬기로운 자는 아직 싹트지 않은 것을 걱정한다

지혜로운 자는 먼 앞날을 생각한다. 멀리 보면 기술 혁신과 진보, 인적자본 성장, 제도문화 프로세스, 공생과 협력 생태, 지식과 지적 재산권은 모두 지적자본의 범주로 소프트웨어와 하드웨어의 2가지 특징을 지니고 있다. 사실 혁신주도는 본질적으로 지적자본(인적자본, 구조자본, 관계자본 포함) 주도다.

과거에 자원의 잘못된 배분, 생태 발육 부진, 미흡한 인적자본의 활성화, 지적 재산권이 중심 무대로 올라오지 못한 점, 효율이 낮은 관리, 소프트 환경 협력 부족 등은 오랫동안 중국 경제의 활력 발산을 제약했다. 이 요소들에 관심을 기울여 스마트 경제 시대에 충분히 성장하도록 함으로써 신모멘텀의 토양에 자양분이 되거나 신모멘텀으로 바뀌도록 해야 한다.

토지, 노동력, 자본 같은 '옛날' 요소들의 경우 지금도 자원의 잘못된 배분, 약한 유통도(流通度), 낮은 투명성 등 문제가 존재한다. 신요소 성장에는 과정이 필요하며 신요소의 획득 법칙과 거래 법칙, 시장 플랫폼 구축과 법칙 설계에는 누적이 필요하다.

오늘날 중국의 제품과 서비스 가격의 97% 이상이 시장에 의해서 정해지지만, 토지, 노동력, 자본, 기술, 데이터 등 요소 시장의 성장이 상대적으로 뒤처졌다는 이유로 자원 배분을 결정하는 시장의 역할에 영향을 미쳤고 수준 높은 시장 체계 건설의 눈에 띄는 단점이 됐다. 요소의 합리적 유동, 자율적이고 질서 잡힌 유동 메커니즘을 촉진하고 요소의 거시적 배분 효율을 높여야만 실물 경제 발전을 지탱하고 협력 발전의 산업 체계를 형성할 수 있다.

'데이터 외딴섬'은 '혁신 외딴섬'

이동통신 기술의 응용과 시장의 빠른 확장으로 일부 문제들이 여실히 드러났다. 그중 전형적인 것이 바로 데이터의 '외딴섬'[67]화와 '굴뚝'화다. 그런데 '데이터 외딴섬'을 해결하는 것보다 더욱 절박한 것이 '혁신 외딴섬'을 바꾸는 것이다.

중국은 엄청나게 많은 데이터를 보유하고 있지만, 데이터들끼리 상호 연결되어 있지 않고 서로 통합 방법이 없다. 스마트 의료를 예로 들어보겠다. 병원 간에 전자 의무기록이 공유가 안 되어서 환자가 한 병원에서 진료를 마치고 다른 병원에 가면 증상을 다시 설명하고 또 검사를 받아야 하는 상황이 종종 발생한다. 그러므로 사용자의 개인정보 보호를 기초로 관련 부처가 데이터 상호접속과 공유를 추진해 데이터 응용 가치를 높일 필요가 있다.

혁신은 기술의 협력뿐만 아니라 각계의 협력이 더욱 필요하다. 인공지능 발전이 오늘에 이르기까지 개방은 앞으로 나아가는 필요조건이었다. 더 많은 데이터, 컴퓨팅 파워, 기술을 한곳에 모아야만 더 큰 영향력을 펼칠 수 있다. 지난 몇 년간 바이두는 일련의 개방형 플랫폼을 구축해 업계에 기술과 데이터 등을 공유했다. 우리는 더 많은 창작자를 위해 '뺄셈'을 하고 문턱을 낮추며 장벽을 허물고 힘을 모아 효과

---

67. 기업의 영업 기밀 보호, 정부의 데이터 보안, 기술력, 개인 정보 보호 등의 이유로 데이터 배포와 공유를 차단해 생기는 현상. – 역주.

적으로 협력하고자 한다.

바이두가 공유하고자 하는 것은 일종의 혁신능력이다. 부단히 문턱을 낮춤으로써 사람들이 기술을 더 잘 개발하고 사용하게 해 산업이 무르익도록 속도를 올린다. 기술 응용이 계속해서 성숙해짐에 따라 산업 개방 협력의 시대가 다가온다. 바이두는 인공지능이라는 '거대한 배'의 '갑판'이 되어 더 많은 혁신자의 비약을 지원하고 함께 산업의 건강한 발전을 추진하고자 한다.

인공지능의 기술 혁신과 스마트 경제 응용은 충분히 넓은 트랙이다. 경쟁보다 더욱 절실한 것은 더 많은 혁신 포인트를 찾고 더 많은 가치를 창출해서 기술이 사회를 더욱 행복하게 하는 것이다.

신엔진 : 모멘텀 활성화와 모멘텀 전환으로 AI가 만물을 깨우게 한다

미국의 텍사스대학은 여러 업종, 대형 기업의 데이터 이용률과 인당 산출률에 관한 광범위한 연구를 진행했다. 그 결과 데이터 이용률은 10% 상승했고 〈포춘〉이 선정한 세계 100대 기업의 인당 산출률은 14.4% 상승했으며 제조업 평균은 20% 상승했다. 이로써 데이터 주도의 이면에는 기술 효율의 안정적인 향상이 있어야 한다는 것이 명백해졌다.

경제의 안정적 성장과 질적 발전의 '더블 엔진', 산업과 소비를 촉진하는 '더블 업그레이드(双升级)'

1980년대 말 미국의 한 학자는 수백 개의 기업을 조사하는 과정에서 조사한 기업들의 IT 투자와 투자 수익률 간에 뚜렷한 연관성이 없다는 이상한 현상을 발견했다. 노벨 경제학상 수상자(1987년)인 로버트 솔로(Robert Merton Solow)는 이 현상을 '생산성 역설'이라고 칭했다. 우리는 어디서든 컴퓨터를 볼 수 있지만, 생산성 통계에서는 컴퓨터를 볼 수 없다. 이는 '솔로의 역설'이라고도 불린다.

데이터 산업, 스마트 산업만 보면 현재 규모는 1,000억 위안에 못 미친다. 하지만 빅데이터, 인공지능이 산업 디지털화, 스마트화에 미치는 영향과 효율 향상, 제품 서비스 품질 및 사용자 경험 개선을 고려하면 그 규모는 어마어마하다. 그러므로 토대형 기술들이 발휘하는 것은 엔진 역할이며 가져오는 것은 외부 효과, 파급효과 (Spillover Effect), 승수효과(Multiplier effect)이고 이끄는 것은 원동력 혁명, 품질 혁명, 효율 혁명이다.

리궈제 원사는 마치 쌍둥이 같은 빅데이터와 인공지능이 아직까지는 전력과 같은 상용기술이 아닌 구현 기술(enabling technology)이므로 구현기술에서 상용기술까지는 대규모 보급과 발전 과정이 필요하다고 생각한다. 하지만 빅데이터, 인공지능의 역할을 말하려면 양과 성장만 보지 말고 질적 변화에 관심을 기울여야 한다. 혁신주도가 바로 총요소생산성 주도다. 빅데이터와 인공지능은 본질적으로 효율을 높이고 배분을 개선하는 최적화 기술이지만, 총요소생산성에 많은 영향을 끼치므로 경제 발전에 대한 빅데이터와 인공지능의 엄청난 추진 역할을 이해하려면 총요소생산성의 관점에서 이해하는 것이 더욱 필요하다.

만물지능 인터넷(인공지능+사물 인터넷)을 촉진하는 AI

중국에는 '하나는 둘을 낳고 둘은 셋을 낳으며 셋은 만물을 낳는다'[68]라는 말이 있다. AI는 만물을 만들 수는 없지만, 만물을 연결하고 깨울 수는 있다. 지난 몇 년간 많은 업종의 사람들이 만물 깨우기 영역에서의 AI 기술 발전상을 차츰 감지했을 것이다. AI 시대에 인공지능은 기술의 문턱을 낮췄고 관리 효능을 높였으며 사람들은 상상을 뛰어넘는 기술이 가져온 변화에 빠르게 의존했다. 우리가 생각해낼 수 있는 거의 모든 업종에서 인공지능의 존재를 볼 수 있다. 오랜 기술 연구개발, 알고리즘 육성, 컴퓨팅 파워의 증대로 산업은 응용의 빠른 성장기를 맞이하고 있으며 향후 긴 시간 동안 고속 성장단계에 있을 것이다.

스마트 교통을 예로 들어보겠다. 바이두는 무인 자동차에 몇 년 동안 공을 들이면서 교통체증 완화는 차 자체의 문제에만 국한된 것이 아니라 전 사회의 협력도 매우 중요하다는 것을 차차 인식하게 됐다. 바이두는 베이징시 하이뎬구와 협력해 스마트 교통신호 제어 시스템을 가동하고 창사와 지능형 차량 인프라 협력 시스템 기

---

68. 一生二, 二生三, 三生萬物, 도덕경 제25장. – 역주.

술에 기반한 자동 주차 솔루션 성능 테스트를 진행 중이다. 국내 각 지역에서 스마트 도시 건설이 빠르게 추진 중으로 현재 충칭, 창사, 바오딩 등지에서 'ACE 교통 엔진'(자율주행, 지능형 차량 인프라 협력 시스템, 고효율 모빌리티 교통 엔진(Autonomous Driving, Connected Road, Efficient Mobility))'을 이용해 도시 교통 관리를 최적화했다.

신인프라 건설 : 스마트 경제의 인프라, 지능경제 로켓을 하늘로 쏘아 올릴 연료탱크

중국 공산당 중앙 위원회 정치국은 2018년 10월 31일 인공지능 발전 현황 및 추세에 관한 9차 집단학습을 진행했다. 시진핑 중국 공산당 중앙 위원회 총서기는 "스마트화 정보 인프라 건설을 추진하고 기존 인프라의 스마트화 수준을 높이며 스마트 경제, 스마트 사회 적응에 필요한 인프라 체계를 형성해야 한다"라고 강조했다.

"5G 상용화에 박차를 가하고 인공지능, 산업 인터넷, 사물 인터넷 등 신형 인프라 건설을 강화한다", 2018년 12월 19일~21일 개최된 중국 공산당 중앙 위원회 경제 업무회의에서 신인프라 건설이 집합개념으로는 처음으로 정부 당국 문서에 출현했다.

2019년 정부 업무보고서는 "차세대 정보 인프라 건설을 강화한다"라고 요구했으며, 2020년 국무원 상무 회의에서는 "정보 네트워크 등 신형 인프라 투지 지원 정책을 마련해야 한다"라고 분명히 밝혔다. 또한, 2020년 전국 '양회(兩會)'[69]에서는 '신형 인프라 건설'이 최초로 정부 업무보고서에 기록됐다.

근본적으로 바로잡고 신인프라 건설을 인지한다

신형 인프라는 '새로운 발전 이념이 이끌고 기술 혁신이 주도하며 정보 네트워크를 기초로 질적 발전의 수요를 지향하고 디지털 전환, 스마트 업그레이드, 융합 혁

---

69. 전국인민대표대회(全國人民代表大會)'와 '정치협상회의(政治協商會議)'의 통칭 – 역주.

신 등 서비스를 제공하는 기초 인프라 체계'다. 2020년 4월 20일 국가 발개위는 처음으로 신인프라 건설 개념과 함축된 의미에 대해 공식적으로 설명하고 이를 3가지 내용으로 구분했다.

(1) 정보 인프라 : 주로 차세대 정보 기술을 기반으로 진화해 생성된 인프라를 말한다. 예를 들어 5G, 사물 인터넷, 산업 인터넷, 위성 인터넷을 대표로 하는 통신 네트워크 인프라와 인공지능, 클라우드 컴퓨팅, 블록체인 등을 대표로 하는 신기술 인프라와 데이터 센터, 스마트 컴퓨팅 센터를 대표로 하는 컴퓨팅 파워 인프라 등이 있다.

(2) 융합 인프라 : 주로 인터넷, 빅데이터, 인공지능 등 기술을 심도 있게 응용하고, 기존 인프라의 전환과 업그레이드를 지원해서 형성된 융합 인프라를 말한다. 스마트 교통 인프라, 스마트 에너지 인프라 등이 있다.

(3) 혁신 인프라 : 과학 연구, 기술 개발, 제품 연구제작을 뒷받침하는 공익적 속성을 지닌 인프라를 말한다. 중요 과학 기술 인프라, 과학 교육 인프라, 산업 기술 혁신 인프라시설 등이 있다.

실제로 일찍이 2017년 7월 〈차세대 인공지능 발전계획〉에서 "어디에나 있고(유비쿼터스) 안전하며 효율적인 스마트화 인프라 체계를 구축한다"라고 밝힌 바 있다.

스마트화 정보 인프라 건설을 추진하고 기존 인프라의 스마트화 수준을 높이며 스마트 경제, 스마트 사회 적응과 국방 건설에 필요한 인프라 체계를 형성한다. 정보 전송이 핵심인 디지털화, 네트워크화 정보 인프라 추진에 박차를 가하고 융합 감지, 전송, 저장, 계산, 처리가 통합된 스마트 정보 인프라로 전환한다. 네트워크 인프라를 최적화로 업그레이드하고, 5세대 모바일 통신(5G) 시스템 구성을 연구 개발하며 사물 인터넷 인프라를 보완한다. 천지 일체화 정보 네트워크 건설의 속도를 높이고 저 지연(delay), 고 플럭스(flux)의 전송 능력을 끌어올린다. 빅데이터 인프라를 통합 이용하고 디지털 안보와 사생활 보호를 강화해 인공지능 연구개발 및 광범위한 응용을 위한 막대한 양의 데이터를 지원한다. 고효능 컴퓨팅 인프라를 건설하고 슈퍼컴퓨팅 센터의 인공지능 응용 서비스 지원 능력을 높인다. 분산된 고효능 에너지 네트워크를 구축하고 여러 에너지의 상호 조정의 보완과 효과적이고 시의적절한 접근을 지원하는 신형 에너지 네트워크를 형성하며 스마트 에너지 저장 시설, 스마트 전력 사용 시설을 보급해 에너지 수급 정보의 실시간 매칭과 스마트 대응을 실현한다.

앞의 문서는 전문적으로 '스마트화 인프라'에 대해 정의를 내렸다(다음 칼럼 참고).

....

[특별란] 스마트화 인프라

1. 네트워크 인프라 : 실시간으로 인공지능에 협력하는 5G 증강기술 연구개발 및 응용 배치에 속도를 높이고 공간이 인공지능에 협력하는 고정밀 위치 위성항법 네트워크를 구축하며 스마트 감지 사물 인터넷 핵심 기술 공략과 핵심 시설 건설을 강화한다. 스마트화를 지원하는 산업 인터넷, 무인 자동차를 지향하는 차량 인터넷 등을 발전시키고 스마트화 네트워크의 보안 아키텍처(Security architecture)를 연구한다. 천지 일체화 정보 네트워크 구축에 박차를 가하고 천기정보망(天基信息網),[70] 미래 인터넷, 이동통신망의 전면적인 융합을 추진한다.

2. 빅데이터 인프라 : 국가 데이터 공유 교환 플랫폼, 데이터 개방형 플랫폼 등 공공 인프라를 통해 정부 관리, 공공 서비스, 산업 발전, 기술 연구개발 등 영역의 빅데이터 기초 정보 데이터베이스를 구축하고 국가 관리 빅데이터 응용을 지원한다. 사회 각종 데이터 플랫폼과 데이터 센터 소스를 통합하고 전국을 지원하며 구성이 합리적이고 링크가 원활한 일체화 서비스 능력을 형성한다.

3. 고효능 컴퓨팅 인프라 : 슈퍼 컴퓨팅 인프라, 분산 컴퓨팅 인프라 및 클라우드 컴퓨팅 센터 건설을 지속적으로 강화하고 지속 가능한 발전의 고성능 컴퓨팅 응용 생태계를 구축하며 차세대 슈퍼컴퓨터 연구개발 응용을 추진한다.

....

70. 우주선, 위성 네트워크, 위성 관측으로 구성된 종합 우주비행 정보 체계를 일컬음. – 역주.

신인프라 건설의 6가지 표지판 이해하기

필자는 발개위의 해석과 계획 문서를 종합해 신인프라 건설을 이해하기 위한 요점 몇 가지를 정리했다.

(1) 신형 인프라의 '신'과 '구' : 첫 번째 '신'은 기술의 '새로움'을 나타내는 것으로 차세대 정보 기술, 차세대 인공지능 기술과 같은 신기술을 대표한다. 두 번째 '신'은 전통적인 의미에서의 철도, 도로, 기타 인프라 등 고정자산 투자의 인프라와 다르다는 것을 의미하며, 세 번째 '신'은 이러한 인프라가 더욱 스마트화, 토대화된다는 의미를 지닌다.

(2) '신형 인프라'의 '소프트웨어'와 '하드웨어' : 신인프라 건설은 '소프트웨어와 하드웨어를 함께 실시하는 것'이다. 그렇게 말하는 이유는 무엇일까? 발개위가 '혁신 인프라'라고 특별히 언급했으며 공익속성을 띠고 있어서 (바로) 신인프라 건설의 토대 속성과 생태 속성을 함께 결합했다. 그러므로 신인프라 건설은 단순한 철근 콘크리트+인터넷 케이블 작업이 아니며, 혁신 인프라는 혁신주도 발전, 질적 발전을 위해 이바지하는 공공성을 띤 서비스 플랫폼이다. 예를 들어 공공기술 플랫폼, 공공서비스 플랫폼, 긴급 시스템, 질병통제 시스템, 인공지능에 기반한 교육과 평생학습 시스템이 그러하며, 인공지능 혁신 플랫폼(〈계획〉에서 제시한 인공지능 오픈소스 소프트·하드웨어 기초 플랫폼, 단체 스마트 서비스 플랫폼, 혼합 증강 스마트 지원 플랫폼, 자주 무인시스템 지원 플랫폼, 인공지능 기초 데이터 및 보안 측정 플랫폼, 이렇게 5개 기초 지원 플랫폼)과 과기부가 2차례 발표한 15개 국가 차세대 인공지능 개방형 혁신 플랫폼 등은 모두 이 범주에 속해야 한다.

(3) '신형 인프라'의 스마트화 속성 : 이 속성은 매우 뚜렷하고 매우 중요하다. 핵심은 스마트화 인프라와 인프라의 스마트화다. 첫 번째는 시진핑 국가주석이 2018년 10월 31일에 했던 연설에서 언급한 "스마트화 정보 인프라 건설을 추진해야 한다"이고, 두 번째는 〈계획〉에서 언급된 스마트화 인프라로 그중 '정보 인프라'에 대한 "정보 전송을 핵심으로 하는 디지털화, 네트워크화 정보 인프라에서 융합 감지, 전송, 저장, 계산, 처리가 일체화된 스마트와 정보 인프라로의 변환을 가속화한다"

이다. 세 번째는 발개위가 제시한 3가지의 대분류 가운데 "정보 인프라 중 인공지능, 클라우드 컴퓨팅, 블록체인 등을 대표로 하는 신기술 인프라와 데이터 센터, 스마트 컴퓨팅 센터를 대표로 하는 컴퓨팅 파워 인프라든지, '융합 인프라'에서 빅데이터, 인공지능 등 기술을 이용해 인프라의 스마트화에 이바지하는 스마트 교통 인프라, 스마트 에너지 인프라든지 또는 '혁신 인프라' 가운데 중요 과학 기술 인프라, 과학 교육 인프라, 산업 기술 혁신 인프라 등은 모두 컴퓨팅 파워·알고리즘·빅데이터가 뒷받침하는 차세대 인공지능 기술과 밀접한 관련이 있다"이다.

(4) 2020년 정부업무보고가 서술한 내용에 대해 의혹이 제기됐다. 어떻게 이해해야 할까? 정부업무보고(수정 후)는 "신형 인프라 건설을 강화하고 차세대 정보 네트워크를 발전시키며 5G 응용을 확장한다. 충전소를 세우고 신에너지 자동차를 보급하며 신소비 수요를 활성화하고 산업의 업그레이드를 돕는다"라고 밝혔다. 신인프라 건설과 관련된 각 분야에 대해 모두 언급하지 않은 것처럼 보이지만, 이는 연도보고로 해당 연도의 중점을 말하는 것이지, 조목조목 살피는 중장기 계획이 아니라는 점을 고려한다면 이해하기 어렵지 않다.

(5) 발개위와 〈계획〉에서 표현한 공통점과 차이점은 어떻게 이해해야 할까? 〈계획〉 자체는 스마트화를 더욱 강조했고 발개위가 더 전반적으로 설명했다. 발개위 해석과 〈계획〉은 공통적으로 정보 인프라, 네트워크 인프라, 빅데이터 인프라, 고성능 컴퓨팅(High Performance Computing) 인프라를 포함한다. 더욱 전반적인 〈계획〉은 발개위가 주도해 제정하는 신인프라 추진 지도의견이 조속히 나오기를 기대해봐야 할 것이다.

(6) 네트워크화, 디지털화, 스마트화에 이바지하는 '신형 인프라'는 스마트 경제, 스마트 사회의 '대토대'고, 차세대 인공지능은 신인프라 건설의 '대토대'다.

신인프라 건설 : 스마트 경제, 스마트 사회의 '대토대'

국가의 신인프라 건설 노력은 단비와도 같다. 유비쿼터스의 신형 인프라는 유비쿼터스 접속, 유비쿼터스 감지, 유비쿼터스 상호작용을 촉진하고 기술 우호형, 지능 우호형, 생태 우호형, 사용자 우호형의 특징을 지닌다. 신인프라 건설은 인공지능과 심도 있게 결합해 스마트 인프라와 인프라의 스마트화를 통해 스마트 경제, 스마트 사회의 '대토대'가 된다. 중국의 스마트 경제, 스마트 사회 역시 자주 통제, 소프트·하드 일체의 '대토대' 위에 세워져야 한다.

신인프라 건설은 스마트 경제의 기초 아키텍처이자 스마트 사회가 협력하는 스마트 고속도로이며, 스마트 경제를 상공으로 쏘아 올릴 연료탱크로 인공지능과 같이 '승수효과'를 지닌다. 신인프라 건설은 많은 투자 기회를 창조하고 촉진할 뿐만 아니라 성장을 주도하며 중단기 내 발전의 모멘텀을 끌어올리고 중국의 질적 발전 전환을 강력하게 추진할 수 있다. 스마트 경제의 안착과 스마트 사회의 도래에 박차를 가할 수 있으며, 중국이 앞으로 스마트 사회를 이끌 수 있게 기반을 다지고 불확실한 위험성에 대한 인류의 대응능력을 키울 수 있다. 또한, 신인프라 건설과 개방형 생태는 창업의 문턱을 낮추고 혁신의 속도와 생산효율을 높이며 사람들에게 더욱 풍요로운 삶을 선사한다.

물론 아직 국가적 차원에서 통합적으로 추진되지 않았기 때문에 중국의 인공지능 신형 인프라 건설에는 이런저런 문제들이 존재한다. 예를 들어 국내 일부 기업들이 딥러닝 플랫폼을 출시했으나 기초플랫폼 구축에 필요한 기술 문턱이 높고 주기가 길며 투자 규모가 크기 때문에 다수의 기업이 해외 플랫폼에 2차 개발을 진행하는 방식을 선택한다는 점, 인공지능 전용 칩의 대규모 응용과 양산이 아직 실현되지 않았고 인공지능 개방형 플랫폼 사용에 대한 사용자의 적극성이 아직 부족하다는 점, 다원화된 시나리오의 상용에 아직 협력이 필요하고 스마트 클라우드의 보급률이 여전히 낮다는 점 등이 그러하며, 이는 발전 과정 중에 직면하게 되는 문제다.

신인프라 건설은 중국의 향후 몇십 년 경제 발전의 신모멘텀이 될 것이며 인공지능, 클라우드 컴퓨팅, 5G, 사물 인터넷과 블록체인 등을 대표로 하는 신흥기술은 신인프라 건설을 뒷받침하는 핵심 기술이다. 바이두는 책임감 있는 인공지능 플랫폼형 기업으로서 다년간 축적해온 인공지능 기술 성과와 노하우로 신인프라 건설 속도 올리기에 힘을 실어주고 인공지능의 빠른 안착을 촉진해 모든 분야가 그 속에서 한 번도 경험해보지 못한 신모멘텀을 얻을 수 있도록 한다(그림 3-3). 바이두는 현재 베이징, 바오딩, 쑤저우, 난징, 광저우, 양취안, 시안, 우한, 홍콩 등 10여 개 지역을 포괄하는 데이터 센터를 보유하고 있으며, 2030년까지 바이두 스마트 클라우드 서버는 500만 개를 초과할 것으로 예상된다.

스마트 도시 　 지능형 교통 　 스마트 금융 　 스마트 A/S, 　 스마트 에너지 　 스마트 의료 　 스마트 자동차 　 산업 인터넷 및
　　　　　　　　　　　　　　　　　　　마케팅/　　　　　　　　　　　　　　　　　　　　　　스마트 제조
　　　　　　　　　　　　　　　　　　　스마트 업무

| 바이두 브레인 | 패들패들 딥러닝 플랫폼 | 바이두 스마트 클라우드 | 선진기술 | 칩 | AI 특허 |

그림 3-3. 바이두 AI 신인프라 건설 분야

〈바이두 AI 신인프라 건설 분야 상세 내용〉

스마트 도시
– '바이두 시티 브레인' 차세대 도시 스마트 인프라 조성은 공안, 응급, 교통, 도시관리, 정무, 교육 등의 기능 수행
– 더욱 안전하고 더욱 여유 있으며 더욱 원활하고 더욱 살기 좋은 도시 만들기
– '바이두 시티 브레인'은 베이징 하이뎬, 충칭, 쑤저우 등 여러 도시에서 상용화
– '도시 스마트 상호작용 미들엔드' 시공간도(時空一張圖), 스마트 검색(智能一鍵搜) 등 능력을 만들고 도시에 총요소, 전 상태에 대한 파노라마식 통찰 실현
– '바이두 지도'는 중국 최대 지능형 위치 서비스 플랫폼

지능형 교통
– 전 세계 최초 차와 도로가 융합된 풀 스택 스마트 교통 솔루션 'ACE 교통 엔진'
– 베이징, 창사, 바오딩 등 10여 개 도시에서 상용화
– 교통 효율 15~30% 상승, GDP 2.4~4.8% 성장

스마트 금융
– 200여 개 금융기관에 서비스
– '미래 은행 솔루션' 출시
– '디지털 직원' 상하이푸동발전은행(浦發銀行) 등 75개 기업에서 상용화, 고객 응대 운영효율 50% 이상 상승

스마트 A/S, 마케팅/ 스마트 업무
– 80여 개 기업에서 상용화
– 금융, 에너지, 항공 등 업종 적용
– 매년 협력 파트너와 1억 위안 이상의 비즈니스 협력 공유
– 광동 전력망을 위한 '스마트 A/S' 구축
– 차세대 인공지능 업무 플랫폼 '루리우(如流)'

스마트 에너지
– 전력망, 전력발전, 신에너지, 청정에너지, 석유, 화학 공업 등 시나리오를 커버하는 스마트 에너지 만들기
– 기업급 AI 미들엔드, 지식 미들엔드가 국가 전력망, 남방 전력망 등 주요고객을 대상으로 상용화, 드론 순찰 지원, '안면 인식 전기 신청', 종합 에너지 등 20여 개 업무 시나리오
– 중국 2개 특고압 스마트화 선로, 150여 개 스마트 변전소, 4만여 개 송전 선로의 감시 스마트화, 문제 발견 누적 건수 2,000여 건, 일일 인력 대체 순찰 에너지 선로 7만km 이상

스마트 의료
– 300여 개의 병원 대상 서비스 제공
– 1,500여 개 기초 의료기관 대상 서비스 제공
– 수만 명 의사 보조, 1,000만 명 넘는 환자 혜택

- 코로나 기간 바이두 건강 '원이셩(問醫生)'[71] 사용자 8,000만 인원
- '임상 보조 의사결정 시스템' 베이징 핑구 기층(基层)의원

스마트 자동차
- 자율주행 20개 항목 중국 1위
- 테스트 번호판 150장, 24개 도시 적용, 테스트 거리 600만km, 국내 최초 전장 양산 'Robotaxi'
- 차량 인터넷 60여 개 자동차 기업과 협력 체결, 출시 모델 400여 종
- 누적 서비스 차주 1,000만 명, 2019년 누적 주행거리 10억km 돌파

산업 인터넷 및 스마트 제조
- '산업 인터넷 플랫폼' 기업 및 업스트림·다운스트림 산업의 디지털화, 네트워크화, 스마트화 실현 지원. 가치 향상, 모델 혁신, 비용 절감. 생산효율, 안전, 품질, 소방, 오염 관리 등 방면에서 전면적인 향상 실현
- '스마트 제조' 14개 업종, 50여 개 기업, 16개 협력 파트너 적용, 32개 카테고리 수직 시나리오 지원, 3C, 자동차, 철강, 에너지 등 업종에서 규모화 상용

바이두 브레인
- 핵심 기술 국제 선두, 복합적 심층 의미 이해 단계 진입
- 100회 이상의 국내외 경기 수상, 2019년 이후 국내외 경기 우승 28회
- 269개 항목 기술 능력 대외 개방
- 일일 동원 1조 회
- 210만 명 개발자에 서비스 제공

패들패들 딥러닝 플랫폼
- 서비스 제공 기업 9.4만 개
- 발표 모델 수량 23만 개
- 국내 최상위, 서비스 개발자 규모 최대, 가장 완벽한 기능의 오픈소스 개방형 딥러닝 플랫폼
- 국내 최초, 유일의 양자 머신러닝 지원 개발 도구 '량장(量桨)'

바이두 스마트 클라우드
- '데이터 센터' 10개 지역에 분포
- 100T 등급 대역폭, 1,000여 개의 엣지노드
- 업계 최초 'AI 미들웨어', '지식 미들웨어' 발표, 기업의 스마트화 전환 지원

선진기술
- '바이두 연구소' 7대 실험실, 수십 명의 세계 최정상급 AI 인재와 과학자 집합, AI 전망 기초연구에 초점, 기술 선진 방향 탐색
- 클라우드 양자 퀀텀 펄스 시스템 '량마이(量脉)', 국제 선두, 국내 1위
- '바이두 슈퍼 체인(Xuper Chain)', 핵심 기술 자주 통제, 특허 출원량 200여 건
- 산업 사물 인터넷 보안 부분 : 스마트 설비 보안 보장, AIoT 보안 능력 6대 스마트 시나리오 커버, 지원 단말기 1.5억 대

칩
- 중국 자체 연구개발 AI 칩, 신인프라 건설에 믿음직한 원동력 제공
- '바이두 쿤룬(崑崙) 칩'은 업계에서 실질적인 성능이 가장 높은 칩. 중국 자체 연구한 AI 칩 중 최초로 산업 분야에서 대규모 응용
- '바이두 훙후(鴻鵠) 칩' 원거리 음성 칩, 차량용 음성 상호작용, 스마트 홈 등 시나리오와 연동, 칩 하나로 모든 음성 상호작용 문제 해결, 기술 혁신을 통한 업계 구도 바꿈

AI 특허
- 전 세계 공개량 1만여 건
- 국내 7,000여 건, 중국 1위
- 음성 인식, 자연어 처리, 지식그래프 및 자율주행 4개 분야 국내 1위
- 딥러닝 특허 세계 2위

71. 원격진료 서비스. - 역주.

신경제 : 스마트 경제의 체계가 이끌고 '클라우드 서비스, 빅데이터 융합, 스마트화 지원' 행동을 통해 신경제를 육성한다

중국의 디지털 경제, 스마트 경제가 '빨리 감기 버튼'을 누름에 따라 전통 산업의 디지털화, 스마트화 전환이 가속화될 것이며 원동력 변혁이 빠르게 성장하고 신모멘텀, 신포맷이 빠르게 나타나게 된다. 이에 따른 질적, 효능 변화는 스마트 경제가 땅 위로 뚫고 올라와 점차 활발하게 발전하도록 추진할 것이다.

데이터에 따르면 2019년 중국의 5G, 인공지능, 사물 인터넷, 산업 인터넷, 데이터 센터의 5대 신인프라 건설 영역 투자액은 6,000억 위안을 넘었으며 향후 5년 동안 5대 영역 총투자액이 10조 위안에 달하고 산업 구조상의 업·다운스트림 응용 투자는 50조 위안의 부가가치를 가져올 것으로 예상된다.

〈차세대 인공지능 발전 계획〉 3단계(三步走) 전략목표에 따르면, 2020년까지 인공지능 핵심 산업 규모가 4,000억 위안을 넘고 관련 산업 규모는 5조 위안을 넘으며 2030년까지 인공지능 핵심 산업 규모는 1조 위안, 관련 산업 규모는 10조 위안을 넘을 것이다.

신경제는 투자 촉진뿐만 아니라 인공지능을 대표로 하는 신기술과 실물 경제, 다원 시나리오의 심도융합, 총요소생산성의 향상에서 핵심적으로 나타난다. 요소 시장화도 기존 요소가 질서 있게 움직이고 합리적으로 분배되도록 하며 신요소의 가치창조 능력이 활성화되고 드러난다. 그 밖에 인공지능은 사람들의 소비습관과 소비 시나리오에도 큰 영향을 미치고 각 업계에 근본적인 변화를 가져오게 된다. 이 변화 과정 중에 더 많은 새로운 기회가 쏟아질 것이다.

2020년 4월 7일 국가 발개위, 중앙 통신반은 '클라우드 서비스, 빅데이터 융합, 스마트화 지원 행동을 가동해 신경제 발전을 육성하고자 했다. 이 가운데 '클라우드 서비스'는 보급형 클라우드 서비스 지원 정책을 펴는 것이고, '빅데이터 융합'은 더욱 심층적 차원에서 빅데이터의 융합 운용을 추진하는 것이며, '스마트화 지원'은 기업의 스마트화 개혁에 대한 지원력을 강화하는 것으로 특히 인공지능과 실물 경제의 심도 있는 융합을 추진한다.

앞에 말한 행동계획은 "전통 업종 서비스형 경제를 육성한다", "중소형기업에 최종 소비자 스마트 데이터 분석 서비스를 제공한다", "클라우드 서비스가 생산제조 영역과 중소형기업까지 확대되도록 한다", "산업 구조 협력 시범 포인트를 추진한다", "신포맷 성장계획을 시행한다", "'클라우드론' 서비스를 탐색한다", "정부-금융기관-플랫폼-중소형기업 연동 메커니즘을 구축하고 특별 자금, 금융 지원의 형식의 인센티브 플랫폼을 통해 중소형기업에 클라우드 컴퓨팅, 빅데이터, 인공지능 등 기술과 가상 디지털화 생산자료 등 서비스를 제공하며 디지털화 생산자료 공유를 강화한다"라는 내용을 골자로 한다.

바이두는 가장 먼저 '클라우드 서비스, 빅데이터 융합, 스마트화 지원' 행동과 '디지털화 전환 파트너 제안', '유연한 고용 인센티브 계획'에 응답했으며, 다음과 같은 8개 분야의 1차 지원 조치를 발표했다.

블록체인 엔진을 개방하고 중소기업에 능력을 부여하는 체인 혁신을 가속화한다. 딥러닝 오픈소스 개방형 플랫폼 패들패들(飛槳), 완전한 도구 모음, 개발 패키지, 산업급 서비스 플랫폼을 제공하며 전방위적으로 대규모 산업응용을 지원한다. 바이두 브레인의 260개 항목이 넘는 AI 능력을 개방한다. 톈궁(天工) 사물 인터넷 플랫폼 우대혜택을 1년간 제공한다. "AIoT(인공지능 사물 인터넷) 코로나 마스크 계획"을 실시하고 기초 사물 인터넷 서비스와 에지 컴퓨팅 서비스를 제공한다. 온라인 사무 플랫폼을 무료 개방한다. 바이두 마케팅 부가가치 기능을 전면 무료 개방하고 온라인 상점 수수료를 전국에 무료로 제공하며 B2B 조달 플랫폼을 특별 지원해 중소기업 발전 능력을 부여한다. 스마트 전기세 최적화 서비스를 무료 개방해 진정한 비용 절감 효과 증대를 실현한다. 이 밖에 바이두는 후베이 기업들을 위한 특별 조치를 마련하기도 했다.

이전에 바이두는 콘텐츠 창작자와 개발자 등 여러 유연한 취업자를 대상으로 플랫폼화, 생태화 방식을 통해 개방형 직업 기능 훈련, 개방형 아키텍처 도구와 생태 서비스, 공익 솔루션 개발 지원, 기술 서비스 및 지식 서비스 수급 연결과 배포 등 다양화된 서비스를 제공해왔다. 최근에는 5만 명의 데이터 어노테이터(Data Annotator) 육성 계획을 발표하며 고용, 민생 보호를 위한 실질적인 노력을 기울이고 있다.

인터넷 기술, 특히 디지털 기술의 장족의 발전으로 중국 경제사회가 거대한 임기응변적 탄성을 축적했다는 것이 증명됐으며, 차세대 인공지능이 주도하는 스마트 경제가 중국에 더욱 커다란 상상의 공간을 열어줄 것이라는 점 역시 사실로 증명될 것이다. 신인프라 건설의 추진으로 인공지능이 점점 인프라화되어 생활에 스마트를 더하고 산업에 전환 동력을 더하고 있다. 스마트 경제는 국가의 '6온(六穩)',[72] '6보(六保)',[73] '양신일중(兩新一重)'[74] 등 전반적인 계획 마련을 효과적으로 도울 것이며, 코로나 종식 후의 경제 회복 발전에 새로운 원동력을 가져다주어 경제의 안정적 발전과 질적 발전의 '더블 엔진'이 되고, 산업과 서비스의 '더블 업그레이드'를 촉진할 것이다. 또한, 스마트 설비의 보급으로 노인과 어린이도 더욱 평등하고 편리하게 인공지능이 가져다준 더 나은 삶을 영위할 수 있을 것이다.

신공간 : 스마트화 경제의 상호 전환으로 새로운 보너스를 발견한다

신공간은 경제사회 발전의 미래 공간과 발전의 모멘텀을 찾는 것이다. 이 공간은 방향이자 규모고 구조이자 품질과 효능으로 모멘텀은 이 요소 모두에 영향을 미친다.

신공간 : 지속 가능한 발전의 신모멘텀, 신포텐셜을 끊임없이 축적한다

신공간에는 경제 신공간, 발전 신공간, 자본 신공간, 생활 신공간, 관리 신공간, 문화 신공간, 도시협력 신공간, 신요소 공간 등 다양한 정의와 구성이 있을 수 있다.

'신'이라고 하는 이유는 공간만 바뀌는 게 아니라 모멘텀이 바뀌는 것이 더욱 중요하기 때문이다. 신모멘텀이 없이는 신공간도 없다. 그렇지 않으면 토지 재정의 전철을 밟아 계획경제의 옛날 방식을 답습하게 된다. 당의 18차 5중 전회는 "신공간 발전을 통해 신동력을 키우고 신동력 발전을 통해 신공간을 개척해야 한다"라고 요구했다.

지난날 중국은 대규모 자본 투자와 노동력 확장에 의존해 국가의 부상을 추진했

72. 6개 부문 안정. – 역주.
73. 6개 부문 보장. – 역주.
74. 신형 인프라 건설, 신성진화(城鎭化)와 중대사업. – 역주.

으나 오늘날에 이르러 이 두 개 엔진의 효력은 사라지고 있다. 그러나 디지털 기술, 스마트 기술이 기업 생산 잠재력의 발산을 통해 중국 경제의 지속 가능한 질적 발전 실현을 돕고 있다. 이렇듯 차세대 인공지능 기술은 중국에 새로운 발전의 보너스를 가져올 것이다.

스마트 경제는 연결과 상호작용, 포맷과 생태, 산업 사슬과 가치망(value network) 의 재편과 요소, 자원, 분업, 협력 및 관계의 재정립, 스마트 클라우드, 가상 공간, 현실 공간과 사회와 나의 융합을 통해 사회 가치 혁신의 새로운 형태가 된다.

신공간을 이야기하면 반드시 공간 구조와 관련된다. 합리적인 공간 구조는 어떤 것일까? 이를 위해서는 구역 분배와 공간 구조, 도시 구조, 산업 구조, 인재 구조 등 의 지속적인 최적화가 필요하다.

미래에 대한 믿음 공간, 상상 공간, 기대 공간을 열어라

믿음은 금보다 중요하다. 투자는 곧 믿음에 투자하고 신뢰에 투자하며 기대에 투자하고 미래에 투자하는 것이다. 신인프라 건설은 좋은 투자 환경을 만들고 생태 를 발달시켜 투자자, 종사자의 믿음을 키우고 예측 가능한 투자 수익을 끌어올리며 사람들의 투자 열정과 소비 원동력을 불러일으킨다.

2020년 3월, 미국 에델만 PR(Edelman Public Relations)이 발표한 신뢰도 조사 보 고서에 따르면, 중국인의 각 영역 발전에 대한 믿음이 꾸준히 강해졌으며 중국의 신 뢰도 종합 지수는 3년 연속 세계 주요 경제체의 선두를 차지하고 있다.

상상의 공간이 있어야 사람들에게 상상력의 공간을 줄 수 있다. 기술이 스마트 해져야 연결, 융합, 협력형 혁신에서 아름다운 그림을 그려낼 수 있고 신공간, 신관 리, 신생활에서 역동적이고 균형 잡힌 계획을 모색해야 각종 신생산요소가 집결하 고 융합될 수 있으며 혁신 생태, 협력 생태의 지속적인 최적화가 있어야 결합과 분 열이 이루어질 수 있다.

미래의 신보너스로 발생하는 신영역, 신공간 확장하기

당의 18차 5중전회는 5가지 확장이 가능한 공간으로 지역 발전 공간, 산업 발전

공간, 인프라 건설 공간, 인터넷 경제 공간, 청색 경제(Blue Economy) 공간을 발표했다. 최근 몇 년간 5대 신공간은 발전하는 모습을 보여왔으며 특히 앞으로 신형 인프라 건설 공간에 거는 기대가 크다.

스마트 경제, 스마트 사회 배경에서의 신공간은 더욱 많은 것을 포괄한다. 기술경제 공간, 정보 소비 공간, 품질 향상·효율 상승 공간, 융합 혁신 공간, 신포맷 가치 공간, 스마트 민생공간, 공유경제 공간, 정보 격차 해소로 인한 경제 공간, 제도 혁신 가치 공간, 데이터 자산 공간 및 안전 가치 공간 등이 있으며 신공간과 신인프라 건설은 서로 상부상조하는 관계다.

필자는 공간 규모와 구조, 동력 모멘텀 획득 가능성, 신보너스의 규모 정도 이 3가지 관점에서 몇 가지의 신공간을 선택해 분석해보고자 한다.

(1) 신요소가 가져오는 신공간 : 요소 시장화 배치를 보완해 요소 활력이 분출되도록 한다. '깊이 잠든' 요소 자원에 활기를 불어넣고 요소의 잠재력을 불러일으키며 요소 배치 효율과 총요소생산성을 높여 경제 발전을 추진하는 모멘텀이 되게 한다. 신형 생산 요소인 데이터는 기타 요소 효율에 곱셈 역할을 하며 데이터 요소 시장을 발전시키는 경제의 새로운 증량이자 발전의 부스터다.

(2) 품질 향상·효율 상승의 신공간 : 차세대 인공지능과 시나리오의 결합, 실물 경제와의 융합은 효율 상승, 비용 절감, 산업 연결, 공급자 측 개혁 등의 방면에 뚜렷한 영향을 가져올 것이다.

(3) 신흥산업 발전 신공간 : 디지털 산업화, 스마트 산업화, 신포맷, 신산업, 신모델, 신응용, 신형 전략산업 발전 등이 그 예다.

(4) 협력 발전 신공간 : 협력 발전과 대협력의 보너스를 중요시하고 발굴해야 한다. 웨이강아오대만구를 예로 들어보자. 웨이강아오대만구는 '지적자본 집중지역'이지만 복잡한 원인으로 인해 경계를 허문 융합을 이루거나 통합 생태를 형성하지 못했기 때문에 아직 지적자본 탈경계 융합지역이 아니다. 경계를 허문 융합 없이는 세계 수준의 웨이강아오대만구는 실현될 수 없으며 많은 신뢰비용, 거래비용, 협력비용 및 제도비용이 이유 없이 증가하기 때문에 연결된 보너스, 관계자본의 보너스, 융합 혁신의 보너스, 생태의 보너스 내지는 지적자본의 보너스가 줄어들게 된다. 이것은 핵심적인 문제다.

(5) 생태 발전 신공간 : 신인프라 건설은 '혁신 인프라'를 특별히 언급했다. 사실 예전에 텐센트의 개방형 플랫폼, 바이두의 오픈소스 개방형 플랫폼 그리고 중국 공업기술 소프트웨어화 산업 연맹(China Industrial Software Promotion Association), 디지털 트윈스 컨소시엄(Digital Twin Consortium), 인더스트리얼 인터넷 컨소시엄(Industrial Internet Consortium) 등 및 각종 매스 이노베이션 공간, 기술 공공 서비스 플랫폼 등은 모두 신생태의 성격을 지니고 있었다. 이러한 생태는 유형일 수도 있으나 무형인 경우가 더욱 많다. 스마트 사회의 중요한 공간 계획은 혁신 협력, 시나리오 서비스, 산업 연동을 이끌어 스마트 경제에 신모멘텀을 성장시킬 것이다.

(6) 신통치가 가져온 신공간 : 국가 통치, 사회 통치, 기층 통치와 업계 통치의 미래에는 스마트화 상승 공간이 있다. 한편으로는 정부가 스마트 도시, 스마트 교통, 스마트 통치, 스마트 공공 서비스 등 서비스를 구매할 수 있고 다른 한편으로는 신통치가 생산력의 해방, 공공 서비스의 유효성, 업계 관리 감독의 포용성 등 활력을 직접적으로 불러일으킬 것이다.

요소 시장화 분배 체제 메커니즘 의견에서는 "요소 비상사태 배치 능력을 강화한다. 요소의 비상사태 관리와 배치를 국가 비상사태 관리체계 건설의 중요한 내용으로 삼아 긴급물자 생산 배분과 비상사태 관리의 수요에 적응하고 관련 생산 요소의 긴급 배정, 조달 등 제도를 구축하며 비상사태 상황에서의 요소 고효율 협력 배치 능력을 키운다. 빅데이터, 인공지능, 클라우드 컴퓨팅 등 디지털 기술의 응용을 장려하고 비상사태 관리, 코로나 방역, 자원 배분, 사회 관리 등 방면에서 역할을 잘 발휘한다"라고 강조했다.

(7) 지적자본 신공간 : '지적자본'은 경제사회 발전, 기업 성장 배후의 논리, 주도 요소, 발생 작용, 창조가치의 메커니즘과 연결, 매칭, 융합의 규칙 및 방식에 집중한다.

중국은 혁신주도의 질적 발전 신시대에 접어들었다. 사실 지적자본을 중요한 의사 일정에 올릴 때가 된 것이다. 지적자본은 인적자본, 구조자본, 관계자본(그림 3-4)을 포함한다. 인적자본, 관계자본을 이해하는 것은 어렵지 않다. 구조자본은 전략과 위치선정, 경로, 가치관과 문화, 지적 재산권, 제도, 규칙, 프로세스, 비즈니스 모델, 가치망 형상화, 조직 구조와 통치 구조, 플랫폼, 생태 등을 포함한다.

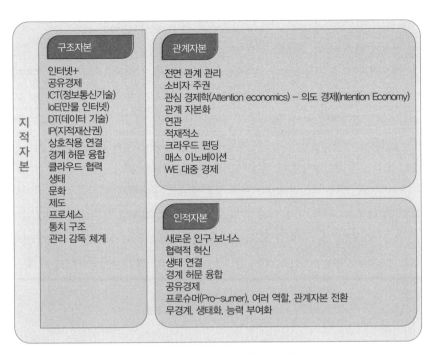

그림 3-4. 지적자본의 아키텍처 및 플롯

자료 출처 : 장샤오핑, 웨이강아오대만구 : 융합 지적자본, 세계적 임항 지구 이룩, 〈황금시대〉, 2017년 7호

바로 지적자본이 회사와 회사, 지역과 지역을 본질적으로 구분한다. 지적자본 수준은 회사, 지역이 있는 곳의 수준과 질에 직접 영향을 미치고 가치망 중 기업, 지역의 제어력과 영향력을 결정짓는다.

도시는 국가 경제 성장의 '엔진'이며, 신형 스마트 도시는 경제사회발전을 배가시킨다. 예를 들어 선전의 역할 덕분에 GDP를 창조했을 뿐만 아니라 개혁, 혁신의 벤치마킹 모델이 됐고 적은 비용으로 중국 혁신의 시행착오를 시험할 수 있는 곳이 됐다. 이렇듯 선전은 동방의 지적자본 도시가 될 능력을 갖췄다.

시기에 맞는 적당한 방법으로 경제 발전의 신공간을 확장한다

코로나 기간에 디지털화, 스마트화는 서비스 방식, 교육 방식, 근무 방식, 의료 방식을 바꿔놓았다. 비대면 서비스, 클라우드 사무, 온라인 훈련, 원격 의료가 생생한 현실이 됐고, 공유 직원 등 유연한 고용이라는 새로운 모델이 생겨났으며, 라이브 방송의 인기가 급상승했다. G20(20개국 정상회의) 정상회담이 온라인으로 진행됐고, UN 회의도 온라인으로 진행됐다. AI, 5G, VR/AR, 빅데이터 등 현대 정보 기술 수단이 '클라우드 전시', '클라우드 결합', '클라우드 협상', '클라우드 계약' 능력을 부여했다. 이로 인해 비즈니스 모델과 운영 방식의 대변혁을 가져왔고, 우리가 신공간 조성과 신공간 운영에 대해 새로운 생각을 하도록 했다.

'클라우드, 빅데이터, 디지털화 지원 행동'에서도 "공유경제, 디지털 무역, 긱이코노미(Gig Economy)[75]를 크게 발전시키고, 신소매(new retailing),[76] 온라인 소비, 비대면 배송, 인터넷 의료, 온라인 교육, 원스톱 외출, 직원 공유, 원격 사무, '자가 경제(stay-at-home economy)' 등 신포맷을 지원해 정책적 장애물과 고충을 해결한다"라고 밝혔다.

신구조 : 협력형 혁신, 스마트 융합, 글로벌 경제와 산업 구도 재편

현 시점에서 미래 지향적인 사고에 근거해 스마트 사회의 시각으로 중국의 신구조에 대해 몇 가지 정리를 해봤다.

(1) 국가 발전 신구조 (내생적) : 5대 발전 이념+혁신주도 발전+질적 발전
(2) 국가 신발전 구조 (종합적) : 국내외 쌍순환(雙循環)이 상호 촉진하는 신발전 구조
"국내 대순환을 주체로 하고 국내외 쌍순환이 상호 촉진하는 신발전 구조를 단계적으로 형성하며 새로운 형세에서 중국이 국제 협력과 경쟁에 참여할 때 발휘할 수 있는 새로운 이점을 키운다." 2020년 5월 23일 전국인민정치협상회의 경제계 위원을 접견하는 합동회의에서 시진핑 국가주석은 국제 형세에 대해 이와 같은 판단을 내렸다.

75. 계약직이나 임시직 고용 형태가 증가하는 현상. - 역주.
76. 빅데이터와 인공지능 기술로 온라인과 오프라인을 일체화해 소비자 중심의 회원제, 지불, 재고 관리, 서비스를 제공하는 새로운 형태의 유통 개념. - 역주.

'국내외 쌍순환 상호 촉진의 신발전 구조'라는 표현은 처음 나온 것이 아니다. 5월 14일 열린 중앙정치국 상무위원회 회의에서 공급자 측 구조적 개혁을 심화하고 중국 초대형 규모의 시장 이점과 내수 잠재력을 충분히 발휘하며 국내외 쌍순환 상호 촉진의 신발전구조를 구축할 것을 밝힌 바 있다.

⑶ 경제 발전 신구조 : 5대 이념 주도하에 디지털 경제, 차세대 인공지능 기술을 핵심으로 해 실물 경제와 심도 있게 융합하고 공급자 측의 구조적 개혁, 네트워크화·디지털화·스마트화 전환 업그레이드, 신구 모멘텀 전환을 추진해 형성된 경제 발전의 신구조다. 현재 디지털 기술과 디지털 경제를 부각하고 미래 지향적인 스마트 기술과 스마트 경제에도 주목한다.

⑷ 친환경 발전 신구조 : 인간과 자연의 조화로운 공생 발전의 신구조를 해결한다.

⑸ 전면 개방된 신구조 : 시진핑 국가주석은 당 19대 보고에서 "전면 개방된 신구조 형성을 추진한다"라고 밝혔다. 여기에는 개방 범위 확대, 영역 확장, 차원 심화가 포함되며 개방 방식 혁신, 분배 최적화, 질적 상승이 포함되기도 한다. '일대일로', 아시아 인프라 투자 은행이 바로 중국의 더욱 고차원적인 개혁개방 신구조의 사례다.

⑹ 통치 신구조 : 다른 계층을 포함하며 적어도 사회 통치 신구조, 도시 통치 신구조, 기층 통치 신구조는 포함된다.

사회 통치 현대화는 통치체계와 통치 능력 현대화에 반드시 포함되어야 하는 부분이다. 당의 18차 3중전회는 "과학적이고 효과적인 사회 통치 체제 형성에 박차를 가한다"라고 밝혔고 19대 보고에는 "사회 통치를 강화하고 혁신하며 공동 건설, 공동 통치, 공유의 사회 통치 구조를 마련한다"라고 밝혔다. 이 밖에 당의 19차 4중전회에서는 "공동 건설, 공동 통치, 공유의 사회 통지 제도를 견지하고 보완한다"라고 밝힌 바 있다. 이렇듯 사회 통치 신구조를 구축하기 위해서는 이념의 과학화, 구조의 합리화, 방식의 정교화, 과정의 민주화가 수반되어야 한다.

향촌 부흥, 도농 융합 역시 사회 통치의 표현이다. 기층 사회 통치 신구조에 대해 19차 4중전회 〈결정〉은 공동 건설, 공동 통치, 공유의 사회 통치 제도를 견지하고 보완하기 위해서는 반드시 "기층 사회 통치 신구조를 구축한다", "당 건설이 이끄는 도농 기층 통치의 효과적인 경로를 찾아야만 정부 통치 능력을 더욱 잘 발휘하고 사회 협력 능력을 불러일으키며 대중 참여 능력을 높여 정부 통치와 사회 조율, 주민 자치의 양성 상호작용을 실현하고 협력 통치 구조를 구축할 수 있다"라는 점을 중요시해야 한다고 강조했다.

(7) 지역의 조화로운 발전 신구조(생태화 협력화 신구조) : 협력 발전이 기조가 됐다. 18대부터 징진이 협력 발전, 창장 경제벨트 발전, 웨이강아오대만구, 창장 삼각주 일체화, 황허 유역 생태 보호 및 질적 발전, 서부 대개발 등 중대 전략들을 통한 지역의 조화로운 발전 추진 움직임이 역사적 성과를 거뒀다. 중국의 지역 조화로운 발전은 개발 협력 정도 심화, 산업 전환 업그레이드 가속화, 효율 및 공평을 함께 중요시하는 새로운 특징을 보인다. 지역 내생 발전 동력을 강화하고 요소의 질서 있고 자유로운 흐름, 효과적인 주체 기능 제약, 균등한 기본 공공 서비스, 자원환경의 수용 가능 등 특징을 가진 지역의 조화로운 발전 신구조를 마련한다.

(8) 혁신 신구조 : 혁신 성장점, 성장 벨트, 성장극(Growth Pole)을 육성하고 중국 지역 혁신 단계별 연동 신구조를 형성한다. 바이진푸(白津夫) 전국 과학 기술 진흥도시 경제 연구회 학술 위원회 의장은 혁신 신구조에 대해서 다음과 같이 명확하게 정리했다. 첫째, 혁신 방식상 개별 혁신에서 플랫폼 혁신으로 전환한다. 둘째, 혁신 지역 구조상 단극화에서 다원화로 전환한다. 셋째, 혁신 중점상 '응용 혁신'에서 '원시 혁신'으로 전환한다. 넷째, 혁신 분배상 기술화 혁신에서 혁신 생태계 구축으로 전환한다. 다섯째, 혁신 행동상 클러스터 혁신에서 협력형 혁신으로 전환한다. 여섯째, 혁신 책략상 분리식 혁신에서 융통 혁신으로 전환한다.

신통치 : 공동체 지향적인 스마트화, 협력화 통치

스마트 사회, 신요소, 신공간, 신생활에는 신통치가 필요하다. 기술은 끊임없이 진화하고 있고 지역과 도시 역시 계속 진화 중이며 사회 통치 역시 지속적인 진화가 필요하므로 신통치가 필요하다. 발전 방식 전환과 통치 모델 전환은 상부상조의 관계다. 신통치는 경제, 사회 발전과 사람의 발전을 종합적으로 고려하고 인민지상(人民至上)[77]을 견지해야 한다.

신통치 : 동적 최적화(dynamic optimization)를 지속하는 사회 운영체계

2016년 10월 9일, 중국 공산당 중앙 위원회 정치국이 인터넷 강국 전략실시에 관해 진행한 36회 집단학습에서 시진핑 국가주석은 연설을 통해 사회 통치를 언급하고 사회 통치 모델에 '3가지 전환'이 발생했다고 강조했다. 한방향 관리에서 쌍방향 상호작용으로 전환되고 오프라인에서 온라인 오프라인 융합으로 전환됐으며 단순한 정부 관리 감독에서 사회 협력 통치를 더욱 강조하는 방향으로 전환됐다는 것이다.

2019년 10월 31일, 당 19회 4중전회에서는 〈중국 공산당 중앙 위원회의 중국 특색의 사회주의 제도 보완과 견지, 국가 통치체계와 통치 능력 현대화 추진의 중대 문제에 관한 결정〉을 채택했다. 신화사는 '두 개의 100년' 분투 목표의 역사적 합류점에서 당의 19회 4중 전회가 '중국 특색의 사회주의 제도 보완과 견지, 국가 통치체계와 통치 능력 현대화 추진'을 중심에 둔 의제에 대해 중요한 결정을 내리고 '중국지치(中國之治, 중국 통치)'의 신경계를 개척했다고 보도했다.

2020년 2월 3일, 중앙정치국 상임위원회 회의는 "이번 코로나 사태는 중국 통치 체계와 능력을 시험하는 계기다. 우리는 반드시 경험을 정리하고 교훈을 받아들여야 한다. 이번 사태 대응 과정에서 드러난 단점과 부족한 부분에 대해서 국가 비상 사태 통치체계를 정비하고 응급구조와 재해 구호 임무 처리 능력을 강화해야 한다"라고 분석했다.

신통치는 사회, 자연과 사람의 관계를 재인지하고 조명하는 것을 기초로 새로운 사고, 새로운 이념으로 경제, 산업, 생활, 요소, 규칙, 문화 등을 구조적으로 사고하고 체계적으로 구축하며 기술 수단과 사람의 광범위한 참여를 종합적으로 운용하고 경제사회 운영체계 구축과 지속적인 최적화를 통해 공동 건설하고 공유하며 협력 통치하는 과정이다.

신통치는 사람 중심의 체계화, 매커니즘화이며 통치 능력, 발전 선도, 포괄적 서비스, 신기술 관리 능력이 끊임없이 향상하는 것이다. 신통치는 사람의 지능과 인공지능을 융합하고 새로운 방식과 루트를 통해 상호작용, 지혜 융합, 공동 건설과 공유의 협력 통치를 진행해야 한다.

77. 인민을 최고로 여긴다. - 역주.

통치와 서비스의 공간은 더 이상 현실 공간에만 국한되지 않는다. 통치는 상호작용이자 대화이며 통치는 서비스와 협력이다. 미래에 상호작용의 주요 채널은 네트워크화, 스마트화된 것으로 언제든 닿으며 여러 방향으로 자극한다.

물론 통치체계, 통치모델의 전환 업그레이드와 통치능력 향상은 하루아침에 이루어지는 일이 아니다. 상호작용, 융합이 가져오는 도전과 신통치의 요구사항에 직면해 정부의 신통치 능력 향상과 강화가 절실히 요구된다. 여기에는 데이터화, 스마트화된 의사결정과 통치능력, 인터넷과 현실 융합 공간의 상호작용, 서비스능력, 안전능력, 응급대처능력, 융합통치능력, 인터넷 공간과 현실 공간의 공신력 등이 포함된다.

사회 운영체계는 끊임없는 최적화와 지속적인 대체가 필요하다

인프라가 날로 스마트화되고 점점 더 많은 도시에 신형 스마트 도시가 세워지는 중이며 '시티 브레인'이 생기기도 했다. 하지만 아직 스마트, 협력형 사회 운영체계가 미흡한 실정이다.

스마트, 협력형의 '사회 운영체계'는 은유적인 표현이다. 반드시 소프트웨어에만 국한된 것이 아니며 한 지역, 도시를 대신 지칭해서 사명, 청사진, 가치관, 규칙, 메커니즘, 문화 등을 모아 일상적인 운영 시스템에 융합한다. 예를 들어 어떻게 우수한 서비스를 제공할지, 어떻게 생태를 공동으로 구축할지, 어떻게 각득기소(各得其所)[78]를 실현할지, 어떻게 다원화되고 포괄적이며 공평하고 투명할지, 어떻게 상호작용 효율을 높일지, 어떻게 협력형 통치, 협력형 관리 감독을 실현할지, 어떻게 신용 메커니즘이 효력을 발휘하게 할지 등이 있다. 사회 운영 시스템은 일종의 협력형 문화, 협력형 메커니즘, 협력형 생태일 수도 있으며 스마트 디지털 생태 시스템, 스마트 사회 운영 시스템(신관리 감독, 신통치), 협력형 혁신, 관계구조 재편이 융합되어 합쳐진 것일 수도 있다.

사회, 도시라는 복잡한 거시체계에 직면해 그 경제구조, 혁신구조, 관계구조, 상호작용구조는 스마트화 인프라, 인프라의 디지털화, 스마트화와 함께 마련되어야

---

78. 각자가 있어야 할 자리에 있음. – 역주.

한다.

신형 스마트 도시에는 다차원적 목표가 있으며 복잡한 메커니즘도 있다. 정부 효율, 서비스 효능의 향상에 지속적인 주의를 기울이고 스마트 감지를 강화하며 공공 협력 공간 조성을 추진하는 것이 그 예다.

차세대 인공지능이 추진하는 경계를 허문 융합은 지역, 도시 발전에 일정 정도의 코너 추월 기회를 제공했으며 지역 발전의 불균형을 완화하고 해소할 수도 있다. 디지털화, 스마트화 방식을 통해 지역 간 불균형의 원인인 자원 불균형과 경제 발전 불균형을 해결하고 후발 도시는 스마트화의 업그레이드에 힘입어 먼저 부상할 기회를 얻게 된다.

신통치는 고용 흡수, 혁신 가치의 시장 주체에 대한 돌봄과 지원에서 구현되기도 한다. 중국의 시장 주체는 1억 명이 넘는데, 그중 방대한 수의 중소형기업은 고용을 흡수하는 주력부대다. 코로나의 충격을 해소하기 위해서 중국 정부는 대규모 감세와 요금인하 정책을 펼쳐 금융 지원을 한층 강화하고 기업의 생산 경영 비용 낮추기 위해 노력했다. 그 결과 시장 주체의 자신감이 강해지고 활력이 생겨나고 있다.

신생활 : 인적자본을 자극하고 생산 관계의 신모멘텀을 방출한다

사람 중심의 사회, 국민이 느끼는 성취감, 빈곤퇴치 전쟁에서의 승리, 전면적인 샤오캉(小康)[79] 사회 건설은 '인민지상'의 집정 이념을 나타낸다.

2020년의 정부 업무보고는 민생보고였다. 건강, 소득, 고용, 빈곤퇴치, 샤오캉, 발전은 모두 사람을 기초로 사람을 섬기고, 사람이 성취하게 한다.

이 밖에 민법전에 대한 표결이 통과됨으로써 중국은 '민법전 시대'를 맞이하게 됐고 국민의 권리를 최대한 보호할 것이다.

---

79. 모든 국민이 편안하고 풍족한 생활을 누림, 중산층. - 역주.

신생활 : 더욱 간단하고 편리하며 더욱 스마트하고 포용적이며 더욱 존엄 있고 성취감이 강하다

코로나의 어두운 그림자가 거치면서 경제사회가 빠른 속도로 회복되고 있으며 양회의 주제는 더 나은 삶에 대한 전망을 제시했다. 스마트 제조, 디지털 경제, 5G 응용에서 양로, 가정(家政), 중의약, 소수민족 문화유산 보호 등에 이르기까지 모두 대표위원과 억만에 이르는 국민의 관심사다.

최근 여러 부처의 위원회에서는 유연한 고용 인센티브 계획을 시행하고 유연한 고용 문턱을 낮추며 혁신 창업을 장려하는 조치들을 내놓았다.

프리랜서 디자이너, 모바일 차량 예약 서비스 운전기사, 자유여행 가이드, 배달 라이더, 온라인 커플매니저, 온라인 헬스코치, 프리랜서 사진작가, 콘텐츠 창작자 등 여러 유형의 유연한 취업자를 대상으로 사회화 역량을 모아 직업훈련, 수요 공급 매칭 등 다양한 고용 서비스와 사회보장 서비스, 민간보험 등 다차원의 근로 보장을 제공할 것이다.

케리 브라운(Kerry Brown) 킹스 칼리지 런던 중국 대학원 원장은 중국은 세계와 손잡고 지속 가능하며 공평하고 포용적이며 호혜 상생의 사회를 만들고 있다고 평가했다.

미래의 도시는 온라인 세상이며 각득기소인 생태 공동체다. 지역, 도시 발전의 성패는 사람에게 달려 있다.

흡인력이 있는지, 혁신적인 창업 창작자를 유치하고 붙잡아둘 수 있는지, 외부 요소와 연결하고 융합할 수 있는지, 상상력 공간과 창의력, 실력을 갖춘 사람이 부담 없이 일하게 할 수 있는지를 살펴야 한다. 신뢰할 수 있고 인지할 수 있으며 성취감을 느낄 수 있어야 한다. 이것이 근본이다.

도시는 일종의 관계구조로 '인터넷+', '스마트+'가 이런 구조를 재편하고 있다. 신형 스마트 도시는 일종의 새로운 '관계', '협력 모델' 및 '도시 계획'을 탄생시킬 것이다. 이 과정에서 생활은 더욱 단순하고 편리해지며 사람은 더욱 존엄을 갖추고 강한 성취감을 느끼게 될 것이다.

창조를 일깨우고 인적자본을 활성화하는 AI

AI는 가족애를 일깨우고 창조를 일깨우며 갈망을 일깨우고 양심을 일깨운다. 생활 방식과 협력 방식을 바꾸는 것, 이것은 AI가 우리에게 주는 가장 좋은 선물이다.

재접속, 스마트 상호작용, 미래의 스마트 경제와 스마트 사회 참여 유도 방식을 보면 산업 시대와 비교했을 때 거의 천지가 개벽하는 변화가 발생했다고 할 수 있다.

AI는 인적자본을 활성화해 사람의 평생학습을 도와준다. AI로 인해 생산 요소와 모든 생산성이 바뀌고 있지만, 생산 관계에는 변화가 없으며 생산력은 그저 일종의 잠재력이다.

사실 모바일 인터넷, 공유경제의 작용으로 이러한 변화는 이미 발생했으며 AI는 사람과 사람, 사람과 외부 세계와의 관계를 다시 쓰게 될 것이다.

이와 동시에 인공지능은 보통 사람들도 기술로 인한 편리함을 즐길 수 있게 해주므로 정보 격차를 줄이는 데도 일조한다. 베이징 다자(北京大栅)는 마을에 홀로 사는 노인은 집에 전동 블라인드, 스마트 콘센트, 스마트 전등을 설치해 샤오두 인공지능 스피커와의 상호작용을 통해 전등과 블라인드와 전원을 켜고 끌 수 있으며 에어컨 온도를 조절할 수 있다.

결론적으로 신인프라 건설, 신형 스마트 도시는 인터넷 정보 기술, 차세대 인공지능 기술을 인프라화하고 클라우드, 네트워크, 클라이언트, 에지(Edge)를 통해 실시간 온라인, 스마트 통합, 상호접속, 상호작용 융합, 스마트 주도를 실현하고 신공간을 확대하며 신통치를 최적화할 뿐 아니라 신생활에 닿으며 사람과 서비스, 사람과 도시, 사람과 사회, 사람과 자원환경, 사람과 미래 간의 관계를 재편하는 지속 가능한 경제사회 발전의 새로운 형태라고 할 수 있다.

인성 :
제3의 눈으로 바라본 바이두

인성 : 인터넷 가치 사상가, 인터넷 가치 연구자, 〈포브스〉 차이나 전 부편집장
인터뷰 일자 : 2020년 4월 16일

장샤오펑 : 인 선생님께서는 인터넷 가치에 대해서 이렇게 오랫동안 연구를 하셨으니 바이두와 겹치는 부분이 꽤 많을 것 같은데요. 글로벌 AI 발전 면에서 바이두의 현재 위치가 어떤 수준이라고 보시나요? 스마트 경제가 바이두의 중요한 수식어일까요?

바이두의 스마트 경제에 대해서

인성 : 저는 2014년부터 바이두에 대해서 비교적 체계적인 연구를 진행해왔습니다. 예전에 매체에서 인터넷 영역에 대해 계속 보도할 때부터 바이두에 대해서 계속 살펴봤죠.

제가 관찰한 바로는 지금 AI는 빠르게 발전하는 단계에 있으므로 경제사회 발전에 점점 더 강한 영향을 미치게 될 것이고, 특히 인력 대체, 지능 해방, 혁신 엔진과 효율 상승이라는 4가지 역할을 할 것입니다.

현재 자본 시장은 아직 AI에 대해서 우려하는 부분이 많습니다. 기업 평가에서 구글의 AI 사업이 차지하는 비중에 대해서도 계속해서 의구심을 드러내는 상황이죠. 도대체 AI가 얼마나 큰 가치를 가져올 수 있는지 다들 관망하는 중입니다.

스마트 경제는 이미 개념 도입과 특정 기술의 스마트화를 특징으로 하는 초기 탐색 단계에서 산업, 경제의 스마트화와 보급을 특징으로 하는 성장기로 접어들었습니다. 이때는 우선 어떻게 안착할 것인가에 대한 문제에 직면하게 됩니다. 이 과정에서 바이두는 어떤 역할을 해야 하는지 자신의 포지션과 방향을 정해야 합니다.

바이두의 현재 전략과 사업 방향은 스마트 경제의 미래 추세와 어느 정도 일치하기 때문에 틀림없이 지향점을 찾을 수 있을 것입니다.

국내에서 AI 분야에 가장 집중하고 있으며, 또 이 분야에서 가장 앞서 있는 업체로서

바이두는 전도와 안착의 주도적인 역할을 발휘해 업계에 방향을 제시하고 미래에 대해 자세히 살펴봐야 합니다.

스마트 경제 발전 그 자체에서 체계적인 사상이 아웃풋 되어 업계의 적절한 인식 수립이나 형성을 도와줘야 합니다. 현재 스마트 경제에 대한 체계적인 사고가 전반적으로 결여된 상황이며, 특히 경제와 사회적인 차원에서 AI 기술을 설명하는 부분이 부족합니다. 그래서 저는 이 책을 통해서 이쪽에 부족한 인지 부분이 보완되고 나중에 효과적이면서 업계를 체계적으로 관찰하고 사고할 방법이 만들어졌으면 하는 바람입니다.

이 관찰방법은 자본 시장에서 특히 중요합니다. 많은 사람이 분석하고 싶어도 이를 진행할 도구가 부족합니다. 기술을 안다고 해서 비즈니스와 경제를 다 아는 것은 아니며, 경제는 알아도 기술을 잘 이해하지 못하는 경우가 많습니다. 그러므로 아키텍처를 개발한다면 중국이든 아니면 전 세계든 도움이 될 것입니다.

장샤오펑 : 중국을 벗어나서 구글, 아마존 등 해외의 가장 실력 있는 AI 업체와 비교했을 때 바이두는 기술 축적 면에서 그 깊이나 주도성이 어느 정도 수준에 있습니까?

인성 : 국내 업체 중에는 바이두가 AI 영역에서 출발이 가장 빠르고 기초능력 축적도 가장 전면적이며 가장 강합니다. 다른 몇 개의 업체 실력도 약하지는 않지만, 바이두가 국내에서 일단 주도적인 위치에 있습니다.

전 세계적으로 봤을 때 중국의 강점 중 하나는 응용 시나리오가 풍부하다는 것입니다. 미국과 비교해서 중국은 인프라와 관련된 서비스에 있어서 후발주자의 강점이 있습니다. 구미지역과 비교하면 중국은 신기술 혁신, 응용의 관리 감독 면에서 상대적으로 더욱 느슨하고 유연한데, 이는 산업화와 응용 보급 단계에 있는 인공지능에 매우 중요한 부분입니다.

핵심 사업, 핵심 시나리오, 핵심 능력을 움켜쥐면 남은 것은 바로 기회를 포착하는 일

장샤오펑 : 바이두를 인정하는 마음과 진심에서 우러나온 기대감이 전해집니다. 그런

데 시간에 쫓기는 듯한 긴박감이 느껴지기도 할까요?

인성 : 기회를 잡아야겠다는 긴박감이 있을 겁니다. 지금 AI 업계는 전도의 역할이 특히 중요합니다. 제품은 뚜렷한 방향이 있습니다. 하고 난 후에 말하는 것이 아니라 사고를 통해 행동을 이끄는 것입니다. 상대가 평범한 제품으로 먼저 선점하는 상황을 피해야 합니다. AI 초기에는 to B 사업이고 일부가 to C 사업이지만 일단 광범위한 인식이 형성되고 경쟁사가 강력한 홍보 활동을 전개할 경우 아무리 뛰어난 기술과 제품을 보유했다 할지라도 수동적인 위치에 놓이게 됩니다. 장기적으로 봤을 때 바이두의 가치가 100억 달러일지, 1,000억 달러일지를 결정하는 것은 인공지능일 것입니다. 그러므로 더 집중하고 더 멀리 내다봐야 하며 용감하게 투자하고 모든 것을 걸고 승부수를 띄워야 합니다.

당시 화웨이가 3G에 과감한 투자를 진행했을 때 커다란 단기성 어려움에 직면했습니다. 시티폰 같은 국내의 단기 성장 시장을 잡지 않았기 때문입니다. 하지만 화웨이는 3G에 전력투구했고 장기적으로 봤을 때 그 방향은 옳았습니다. 3G 시대가 도래하자 화웨이의 시대도 시작됐습니다.

AI도 마찬가지로 장기적으로 보면 전혀 문제가 없습니다. 바이두의 AI 기초능력은 선발주자라는 강점이 있습니다. 바이두 브레인과 패들패들이 핵심 능력을 제공했으며, 이는 아마 현재 전 세계 주요 인터넷 업체 중 가장 개방된 플랫폼 중 하나일 것입니다. 그리고 검색이라는 핵심 사업을 보유하고 있습니다. 이는 그 자체로도 큰 사업일 뿐 아니라 핵심 응용 시나리오기도 합니다. 또한, 바이두 무인 주행 기술은 국내에서 확실하게 선두로 자리매김하고 있고, 스마트 교통은 글로벌 최고 수준의 경쟁을 유발했습니다. 이 분야는 기술과 생태 문턱이 비교적 높은 수직적 응용(Vertical application) 영역입니다. 이 밖에도 샤오두 비서와 인공지능 스피커는 to C 운영체계와 단말기라는 전략적으로 중요한 자리를 차지하고 있습니다.

그 밖에 바이두는 충분한 현금을 보유하고 있어서 전환기에 필요한 대규모 투자를 지원할 수 있습니다. 그러므로 바이두는 지금 매우 유리한 위치에 있으며 기존 사업 역시 AI를 통해 재편할 수 있습니다. 오늘날 국내 주요 인터넷 업체들 가운데 바이두만이 순수한 AI 플랫폼형 회사라고 할 수 있으며, 다른 회사들에 비해 스마트 경제 트랙에 '홀가분한 마음으로 출전하기'가 가능합니다.

장샤오펑 : 샤오두 스마트 디스플레이의 활약이 꽤 괜찮던데, 이는 DuerOS가 미래의 더 효율적인 상호작용과 유비쿼터스 접속이라는 차원에서 의미가 더 크다고 볼 수 있 겠지요. 그렇다면 선생님께서는 DuerOS가 AI의 주류 운영체계 중 하나가 될 기회가 있다고 생각하시나요?

인성 : DuerOS는 기대할 만합니다. 중국은 가전 제조 영역에서 글로벌 1위고, 글로벌 화를 실현해야 합니다. 바이두가 이런 회사들을 잡아서 함께 글로벌화를 진행한다면 DuerOS는 전 세계적인 운영체계가 될 수 있습니다. 이런 회사들과 적극적으로 연맹 을 맺고 국제 경쟁에 함께 참여하며 이익을 공유하고 함께 발전해나가야 합니다. 인터넷 기술은 세대별로 새로운 응용과 새로운 단말을 선보였습니다. AI 역시 마찬가 지일 겁니다. DuerOS는 미래의 주류, AI를 대표하는 새로운 단말이나 응용이 될 수도 있으며 새로운 플랫폼이 될 기회가 있습니다. 인공지능 스피커는 사용 문턱이 낮아서 노인이나 어린아이들이 사용하기 편리하고, 특히 중국의 몇천만 명에 이르는 부모가 외지로 돈 벌러 나가고 홀로 고향에 남은 아이들도 사용하고 있으므로 이 제품은 발 전의 가능성이 매우 큽니다. 또한, 자동차와 같은 기타 핵심 시나리오에도 응용할 수 있기 때문에 직접 가치를 만들어낼 것입니다.

장샤오펑 : 바이두는 정말로 환상적인 기초가 될 것 같군요. 단순히 비즈니스적으로 얼마나 성공하는 데 그치지 않고 모든 시나리오, 모든 시간에 새겨져서 상호작용의 기본 인터페이스가 되고 스마트 경제, 스마트 사회에 능력을 부여받은 기본 운영체계 가 될 것입니다.

이전의 투자 합병, 미래의 트랙 선택

장샤오펑 : 전에 바이두가 거액을 들여 91 와이어리스를 인수한 것을 두고 외부에서 참 의견이 분분했죠. 당시 91 와이어리스를 인수한 것은 바이두의 생태 구축의 한 부 분이었을 텐데요. 시간이 지나고 상황이 변한 시점에서 이런 전진과 후퇴를 바라본다

면 어떤 의미가 있을까요?

인성 : 저는 91 와이어리스를 인수했던 것은 실패가 아니었다고 생각해왔습니다. 모바일 인터넷 전환 때 91 와이어리스가 핵심적인 역할을 했거든요. 어쨌든 91 와이어리스가 온라인 앱 배포 면에서 능력이 있었기 때문에 빠른 속도로 인수가 진행됐습니다. 나중에 모든 팀과 제품이 없어졌어도 그 단계에서 최소한 바이두는 모바일 인터넷이 무엇인지, 모바일 인터넷 사업에서 바이두가 어떻게 할 수 있을지를 알 수 있었습니다. 바이두에게 91 와이어리스는 단계적인 가치이므로 자신의 사명을 완수했다고 봅니다.

장샤오펑 : 어떤 일들에 전념하고 어떤 일들을 분리할지, 또 무엇은 하고 무엇은 하지 않을지를 결정하려면 정말로 과감한 취사 선택이 필요합니다. 전에 바이두가 배달 전문 사업에 발을 들였다가 나중에 포기했는데, 반면에 메이퇀은 배달사업만으로도 크게 성공을 거뒀거든요.

인성 : 사업 초기에도 바이두의 배달사업은 실패한 전략이라고 하는 사람들이 있었습니다. 하지만 저는 배달사업이 바이두가 최근 몇 년간 했던 사업 중에 가장 성공한 전략이라고 봅니다. 지금의 검색, 인공지능 스피커와 기타 사업들은 당시에 바이두 와이마이(外賣)[80] 등 지역 생활과 관련 있는 구조가 없었다면 서비스 연결과 같은 많은 연결은 없었을 겁니다. 바이두 와이마이가 마침 광범위한 연결을 구축했고 중문 검색 엔진으로서 연결 서비스가 반드시 있어야 했죠. 설령 대가가 컸다고 해도 저는 그만한 값어치를 했다고 봅니다. 새로운 분야에 진입하는 입장권을 구매함으로써 바이두가 어떤 분야는 잘하고 어떤 분야를 못 하는지 검증이 된 셈이죠. 최후의 선택이 조금 유감스럽기는 하지만, O2O(온라인에서 오프라인까지)를 했던 것은 당시 바이두가 가장 잘한 전략적 선택 중 하나라고 굳게 믿고 있습니다. AI가 부상하면 취사 선택은 불가피합니다. 알리바바나 텐센트와는 달리 바이두는 자원 문제 탓에 동시다발로 승리를 거둘 수 없습니다. 오직 한 전투에서만 승리할 수 있었기 때문에 AI와 O2O 중 한 가지를 선택해야 했습니다. 이 2가지를 두고 보면 당연히 주저 없이 AI를 선택해야 합

80. 음식주문 배달 앱. – 역주.

니다. 이런 측면에서 봤을 때 바이두의 선택은 현명했습니다. 지금 바이두에게 있어서 유일한 기회는 바로 AI이며 이는 지금 최대의 기회이기도 합니다.

장샤오펑 : 그렇다면 앞으로 바이두는 AI에 전력투구하게 되는 것입니까?

인성 : 사실 원하든, 원하지 않든 간에 지금 바이두는 거의 이미 전력을 다해 AI 사업을 진행하고 있습니다. 하지만 아직 걱정되는 부분들이 있습니다. 첫째는 AI라는 이 비즈니스 모델이 과연 통할 것인지에 대해 업계가 아직 의구심을 품고 있다는 점, 둘째는 바이두가 AI 영역에서 잘 버텨서 마라톤에서 승리할 수 있을지에 대한 걱정입니다. 이 2가지 근심거리가 해소되기 전에 전력투구하려면 용기와 패기가 필요합니다. 어쨌든 간에 저는 반드시 전력투구해야 한다고 생각합니다. 이 2가지 근심거리가 해소되면 아마 바이두는 별일 없었던 것처럼 될 겁니다. 하지만 이 과정에서 특히 '양장피' 문제[81]를 피해야 합니다. 즉 회사가 기존의 검색과 모바일 사업도 기존 템포대로 계속 성장시키면서 새로운 AI 사업에도 전력투구하려다가 전략적 포지션을 그릴 때 이것저것 다 살피는 바람에 결과적으로는 어느 하나 제대로 돌보지 못하는 상황이 발생할 수 있습니다. 그러므로 현명한 방법은 당시 화웨이가 3G로 회사 전체를 견인했듯이 AI 전략을 통해 회사를 재편하는 것일 수도 있습니다.

지점의 정확한 선택, 생태 구축, 모델 다듬기

장샤오펑 : 바이두 AI 능력은 각 업계에 이바지하고 각각의 시나리오 잠금을 해제합니다. 그렇다면 우선순위가 어떻게 됩니까?

인성 : 첫 번째는 스마트 상호작용 차원입니다. 인공지능 스피커를 토대로 보급을 확대하고, 이를 AI 시대의 새로운 사용자 단말기나 응용 플랫폼으로 해 생태 구축을 진행한 뒤 글로벌화를 추진합니다. 인공지능 스피커는 하나의 업종일 수 있으며 to C단에 안착하는 수단이 될 수도 있습니다.

---

81. 기존에 상호 간 필연적 관계가 있는 2가지 사물 또는 사건의 결과가 2가지 이상으로 나타나며 연관성이 떨어지게 되는 현상. – 역주.

두 번째는 인프라 차원입니다. 업종 응용 확장이 잘되느냐 여부는 일반능력과 인프라 발전 정도에 의해서 결정됩니다. 바이두 브레인과 패들패들은 강한 능력을 갖췄습니다. 만일 팔로워, 개발자를 구축하고 팔로워화 운영을 통해 단순하게 사업만 하는 것이 아니라 개발자와 팔로워를 회사 제품과 기술 개발에 포함할 수 있다면 더 많은 포텐셜을 축적할 수 있습니다.

세 번째는 무인 주행을 토대로 스마트 교통, 스마트 도시 관련 사업을 확장하는 것입니다. 무인 주행은 여러 신기술을 집대성한 플랫폼입니다. 미래에는 무인 주행의 많은 능력이 AI 일반능력의 일부분이 되고 AI 인프라의 일부분이 될 수 있습니다.

이 3가지 중심축의 궁극적인 비즈니스 모델이 바로 스마트 클라우드 서비스입니다. 미래에 스마트 클라우드가 시장 점유율을 얼마나 차지할 수 있는가는 클라우드 능력의 강도와 더 많은 앱의 개발 가능 여부에 달려 있습니다. 클라우드 서비스는 초기의 컴퓨팅 공간 클라우드화 단계를 넘어섰으며, 지금은 기본능력 클라우드화 단계에 접어들었습니다.

바이두는 일반능력의 제품화, 솔루션화를 클라우드 서비스 플랫폼에 두었고 많은 기업이 이를 사용하고 있습니다. 클라우드 서비스는 미래 모든 AI 비즈니스 모델의 플랫폼으로 생태 전체를 발전시키고 더욱 많은 기업을 유치할 수 있습니다. 무인 주행 분야처럼 잘하면 벤치마킹 대상이 될 수 있습니다.

바이두의 비즈니스 모델은 분명합니다. to C의 경우 인공지능 스피커를 토대로 소프트와 하드 일체화에 서비스를 더하는 것이 있고, 바이두 앱을 중심으로 스마트폰에 기반을 둔 콘텐츠와 서비스 플랫폼을 하는 것이 있습니다. to B의 경우는 스마트 클라우드 서비스를 기초로 광범위한 능력을 제공해 모든 업계가 사용하도록 합니다. 업계 미들웨어나 업계 일반 플랫폼업체를 끌어들이고 클라우드 서비스 플랫폼으로 받아들여 협력 모델로 여러 업계의 일반 브랜드를 수렴할 수도 있습니다. 이렇게 하면 클라우드의 생태가 구축되고 클라우드 플랫폼업체의 아키텍처를 형성할 수 있습니다.

능력 제품화, 85% 주의 피하기, 본보기 만들기 작업

장샤오펑 : 바이두는 AI 능력을 대토대, 대미들엔드, 대생태로 바꾸고 스마트 기술을 제품화, 도구화, 운영 체계화, 솔루션화 했으며 산업 스마트화 능력을 부여하고 응용을 실현했습니다. 이런 경로가 바이두의 목표 실현에 도움이 된다고 보십니까?

인성 : 핵심은 AI의 응용입니다. 초기와 중기에 본보기를 만드는 작업은 매우 중요합니다. AI가 어떤 것인지, 앞으로 어떤 전망이 있는지 사람들에게 보여주는 것이지요. 스마트 기술의 제품화 역시 매우 중요한 일환입니다. 예를 들어 몇 년 동안 음성 인식, 이미지 인식 등 능력에 있어서 바이두는 많은 노하우를 축적했지만, 정작 사람들의 인정을 받은 것은 아이플라이텍(iFlyTek, 科大訊飛)이었습니다. 아이플라이텍은 제품화를 실현했으며 전반적으로 인식이 넓게 형성됐기 때문입니다.

능력의 제품화는 85%주의를 피해야 합니다. 85%주의란 무엇일까요? 엔지니어들이 흔히 범하는 실수가 기능적으로 제품과 기술을 실현하고 일이 85%까지 진행되면 이제 다 끝났다고 생각해버리는 것입니다. 하지만 제품과 고객과의 관계 형성이 가능한 것은 바로 나머지 15%에 의한 것이며, 사용자가 기술을 직접 경험해야 진정으로 가치를 실현할 수 있습니다. 그러므로 기업 문화에 존재하는 85%주의를 피하고 일을 100% 끝까지 완벽하게 마무리해야 합니다.

능력의 제품화는 가시도(Visibility)를 높이는 것도 필요합니다. 바로 AI가 가져오는 가치의 투명성, 가시성, 분별력을 높여 고객이 AI가 가져다줄 수 있는 가치를 보도록 하고 고객 기업이 AI를 사용해 위험성과 투자를 줄일 수 있도록 합니다.

1세대 샤오미폰은 중국 스마트폰 발전에 큰 공을 세웠습니다. 샤오미 스마트폰은 저렴한 비용으로 사용자를 교육해 사용자가 낮은 위험성으로 3G를 시도해볼 수 있게 했기 때문입니다. 당시 매우 합리적인 가격의 샤오미폰 덕분에 많은 사용자가 이를 구매해서 사용해봤고 천천히 스마트폰을 받아들이게 됐습니다.

현재 AI 역시 사용자 교육 단계에 있으므로 사용자가 AI를 시도하는 데 발생하는 위험성이나 비용을 낮춰야 합니다. 단계적으로 도입하고 전체를 작게 분산해 사용자에게 재미를 맛보게 할 수도 있습니다. 이는 식별성(Identifiability)을 높여 사용자가 제품을 인지하도록 하는 장점이 있으며, 반드시 행동 유도성(Affordance)을 제공해야 하고 추상적인 기술을 구체화해야 합니다. 인식이 확립되면 사용자가 기술이나 제품을 받아들이기가 쉬워집니다.

개방형 오픈소스 협력, 양성(positive) 생태 구축

장샤오펑 : to B 플랫폼의 경우 생태가 성공해야만 기업이 성공할 수 있죠. 그렇다면 플랫폼형 기업은 어떻게 해야 풍부한 to B 능력을 갖추고 단계적으로 양성 생태를 구축할 수 있습니까?

인성 : 우선 백엔드 일반능력이 충분히 강해져야 업계 내부에서 인정을 받을 수 있다고 생각합니다. 그리고 그다음은 생태 의식을 구축해야 합니다. 회사의 기술력이 비슷하다면 앞으로 승패를 결정짓는 것은 아마도 생태일 것입니다. 사실 to B는 to C와 본질적인 차이가 있습니다. to C의 경우는 고객만 잡으면 됩니다. 애플이 욕을 먹어도 여전히 개발자들이 애플을 갈구하는 이유가 바로 to C의 강점이 있기 때문입니다. 국내에서 비교적 성공한 알리바바, 텐센트와 같은 업체들 역시 개방형 플랫폼을 갖고 있습니다. 2014년 알리바바는 '클라우드 협력 계획(雲合計劃)'을 선보여 1만 개의 클라우드 서비스 협력 파트너를 유치하고 방대한 협력 파트너 생태를 구축해 to B를 안착시키고자 했습니다. 사실 to B는 생태 파트너와 생명을 같이해야 합니다. 마화텅(馬化騰, 텐센트 CEO)이 말한 것처럼 목숨의 반은 파트너 손에 있습니다.

to B 업계에서 독식은 금기입니다. 이는 생태에 대한 협력자의 믿음에 영향을 미치기 때문입니다. 만일 강한 생태의 인정을 받지 못한다면 to B 업체는 기초능력이 아무리 강하다고 한들 오래가지 못합니다. 핵심 사업을 to B에 세우고자 한다면 반드시 생태 상생 이념을 지녀야 합니다. 자신이 조금 덜 벌지언정 생태가 더 많이 벌 수 있도록 도와야 합니다. 마지막으로 플랫폼형 업체의 가치는 당신이 속한 생태의 생산력이 얼마나 강한가에 의해 결정됩니다. 앞으로의 경쟁은 생태 간의 경쟁으로 생태의 생산력에 강점이 있는가, 생태 파트너와 이윤을 공유하고자 하는가가 경쟁력의 핵심입니다. 큰 규모의 우수한 생태는 반드시 생산력 강점이 있어야 하며, 생산 관계는 반드시 조화로워야 합니다.

바이두에는 거대한 루트가 있습니다. 이는 생태 구축에 유리하며 바이두 역시 이 생태를 중시하고 의지하며 지원합니다. 현재 축적한 AI 기술을 기초로 생태가 성공을 이루면 기업이 성공을 이루게 될 것입니다.

전략의 동태 순응과 상업화 환금성

장샤오펑 : 2017년 바이두는 전략을 조정하면서 AI 방향을 더욱 확고히 했는데요. 이 전환을 어떻게 보시는지요?

인성 : 전략 전환에는 2가지 핵심 포인트가 있는데 바로 방향과 실행입니다. 방향을 명확히 하는 것은 가장 중요합니다. 방향을 인정을 받아야 생산력과 노동력이 생기며 더욱 많은 자원을 유치하고 새로운 역량이 유입되기 때문입니다. 인터넷 업계에서 이미 풍부한 노하우를 축적한 기업이 전략을 전환하고 새로운 엔진을 재건하기 위해서는 새로운 공감대와 새로운 방향감이 필수입니다.

현재 바이두 전략 변환은 신구 동력의 변환단계에 있습니다. 수치와 영업수익에 이렇다 할 변화가 없고 평탄해 보이지만 내부 구조는 변화의 물결이 일고 있습니다. 예를 들어 클라우드 서비스 등 새로운 모멘텀의 기여분이 이미 나타나기 시작했으며, 인공지능 스피커의 시장 성과와 AI 사업상, 기술상 성과가 이미 회사에 가치를 축적하고 창조해주기 시작했습니다. 변환은 단지 시간문제일 뿐입니다.

회사 내부에서는 새로운 방향을 다시 해독하고 새로운 의미를 부여해 모두가 만족할 수 있는 자신감, 동질감, 귀속감이 형성될 수 있도록 해야 합니다.

장샤오펑 : 몇 가지 중요한 AI 방향의 경우, 단순히 비즈니스 관점에서 봤을 때 대략 언제쯤 변환이 실현될까요? 현재는 어떤 단계입니까?

인성 : 무인 주행은 비교적 장기적인 프로젝트입니다. 이번 코로나 기간에 단계적인 성과를 거두기는 했지만, 아직 궁극적인 무인화는 아닙니다. 이 기술력은 상업화의 요구치가 조금 낮은 물류, 과학 기술 산업단지처럼 점진적인 상업화를 추진해야 합니다.

인공지능 스피커 사용자가 억 명이 넘으면 1억 사용자의 단말 플랫폼이 형성되는 것과 맞먹습니다. 그때가 되어 다량의 응용과 서비스 링크가 입점하면 산업과 산업 구조에 영향을 끼칠 수 있으며 뛰어난 상업화 플랫폼을 마련할 수 있습니다. 아마 1, 2년 안에 이 플랫폼은 매우 중요한 수입원이 될 것입니다.

현재 스마트 클라우드 서비스는 성장세를 유지하고 있습니다. 기술 능력의 제품화, to B 생태의 성장과 같은 요소들이 클라우드 서비스가 빠른 성장을 지속할 수 있을지를 결정합니다.

발전의 여지가 아직도 많이 남아 있는 바이두 모바일 생태

장샤오펑 : 검색+피드 스트림+콘텐츠+서비스는 어쨌든 바이두 비장의 무기이며 모바일 생태는 사용자 수직적 연결과 분배를 형성했습니다. 그렇다면 콘텐츠 생태 방면에서 또 어떠한 가능성과 상승의 여지가 있을까요?

인성 : 바이두의 콘텐츠는 주로 두 부분으로 나뉩니다. 첫 번째는 나만 있는 독보적인 분야입니다. 바이두 백과(百科), Q&A(問答), 자료실(文庫), 티에바(貂吧)가 이에 해당하는데, 종류가 가장 다양하고 다른 플랫폼에는 없는 바이두 고유의 콘텐츠입니다. 제품화 아웃풋이라는 문제에 직면하기도 했지만, 인공지능 스피커가 지식 제품들에 기회를 주었습니다. 지식 제품들을 재가공해서 스피커상의 교육 비서, 가정교사 또는 '10만 가지의 물음' 온라인 버전 지식 비서로 만든 것입니다. 그러나 바이두는 새로운 플랫폼으로 제품화를 해야 합니다.

두 번째는 스마트 미니앱, 동영상, 바이자하오처럼 남들도 있고, 나도 있는 것입니다. 가장 잘하지는 못할 수도 있지만, 남들이 있는 것은 나도 있어야 합니다. 이는 모든 생태에 이바지하는 것이며 단점을 보완하는 역할을 발휘합니다.

그리고 진정으로 재건할 수 있고 to C인 방법도 있습니다. 쇼트 클립은 새로운 시도들을 할 수 있고 인기 콘텐츠를 상품화해 최후에는 하나의 플랫폼이 될 수도 있으므로 기회가 많습니다.

바이두는 기존의 생태를 지속해서 보완하고 나만의 독보적인 부분을 크게 키우며 인기 to C 응용을 탐색해 콘텐츠 생태를 다채롭게 만들 수 있습니다.

장샤오핑 : 요즘 쇼트 클립과 라이브 방송의 경쟁이 과열되어 있는데, 바이두만의 독창적인 방법으로 사람들의 마음을 사로잡을 기회가 생길까요?

인성 : 쇼트 클립은 현재 경쟁이 아주 치열한 영역인데 이는 환금성 효율이 가장 높은 미디어 형태이기 때문입니다. 동영상은 제품 재고라고 볼 수 있으며, 주의력의 1회 전환이 1회 회전을 의미합니다. 쇼트 클립 재고는 회전이 매우 빨라서 몇 초, 몇 분 만에 1회 회전하는 반면, 긴 영상은 1~2시간에 1회 회전하기 때문에 사업을 크게 벌이기가 쉽지 않습니다. 특히 광고 유형이 그렇습니다.

바이두는 대량의 사용자를 보유하고 있으므로 이런 기회를 잘 잡을 겁니다. 하지만 트래픽을 어느 정도 달성하는 것에서 만족할 것이 아니라 사용자가 진정으로 좋아하고 열정과 에너지를 쏟고 싶게 만들며 전파하는 제품을 돕고 싶어 하는 수준까지 해야 합니다. 바이두가 인공지능 스피커에서 돌파구를 찾아 새롭고 통제가 가능한 플랫폼을 통해 새로운 응용을 개발해 자신에게 블루오션을 창조하길 기대해봅니다. 기존의 콘텐츠 생태를 그대로 인공지능 스피커상의 응용으로 옮겨서는 안 되며, 인공지능 스피커의 생태 특징에 부합해야 합니다.

위험성을 감당해야 하면 감당하고, 물러설 때가 오면 물러선다

장샤오핑 : 시장이 아직 인정하지 않은 기술과 혁신에 대해 신생태의 리더로서 어떤 방법들을 취해야 할까요?

인성 : 스마트 경제 발전의 전기에는 선두기업이 본보기 프로젝트를 진행해야 하며 후기로 들어서서 생태가 차츰 형성되면 생태의 개방성 원칙으로 다시 돌아갈 필요가 있습니다.

무인 주행과 같은 시장의 인정을 받지 않은 기술들이나 효율적 시장 규모에 도달할 수 없는 기술들은 스스로 직접 테스트해보고 모험을 감행해야 합니다. 구글이 어째서 무인 주행을 직접 진행하고 직접 상용화하는 걸까요? 퀄컴(Qualcomm)이 초기에 칩을 자체 생산했던 것 역시 같은 이치입니다. 생태의 주도자로서 돈을 투자해가면서까지 이런 위험을 무릅쓰려고 하는 기업들은 많지 않습니다. 생태가 성숙해지면 생태에 넘겨주어야 합니다. 퀄컴이 지금은 더는 칩을 자체생산하지 않는 것처럼 말입니다.

지금 단계에 바이두는 개방적이면서도 개방에 한정되지 않는 유연성이 필요합니다. 어떤 업종은 반드시 소프트웨어·하드웨어가 일체화되고 수직적이어야 합니다. 협력 파트너와 같이하거나 독자적으로 하다가 어느 정도까지 하면 다시 생태에 넘겨줘야 합니다. 물러서야 할 때가 오면 물러나는 것이죠.

인간적 관심과 배려 및 사회 대화

장샤오펑 : 엔지니어 기질의 바이두는 어떻게 사회, 대중과 대화해야 할까요? 사회의 더 많은 인정과 지지를 얻기 위해서 어떻게 자신의 진짜 이미지를 드러내야 할까요?

인성 : AI는 추상적인 기술 영역이지만 AI의 중요한 차원은 바로 to C라는 겁니다. 스마트 사회는 인간적 관심과 배려를 더욱 중시하기 때문에 장기적으로 봤을 때 사회 상상력이 필요합니다.

최근 바이두는 과학 기술 사회 연구센터를 설립해 과학 기술이 어떻게 사회적 수요와 인간적 관심과 배려에 이바지할 것인가에 관한 연구를 진행하고 있습니다. 제 생각에 이는 매우 핵심적인 발전이라고 봅니다. 이런 기관을 통해 업계 전문가 생태를 구축해 그들의 콘텐츠 생산과 아웃풋을 돕고 사람들이 AI, 스마트 경제, 스마트 사회를 인식 하도록 도우며 기업과 사회의 교류와 기술과 대중의 소통을 실현합니다.

바이두는 엔지니어 문화를 추구하는 기업으로 기술자들이 착실하며 가감 없이 있는 그대로 말하는 편입니다. 기술 영역은 추상적이고 전문적이기 때문에 외부 사회가 이 해하기 어렵습니다. 그래서 기술의 사회 가치를 대중적이고 이해하기 쉬운 방식으로 나타내야 대중들이 인식하고 받아들일 수 있습니다. 이 과정은 사용자의 수요를 이해 하고 제품을 혁신하는 과정이기도 합니다. 그러므로 인기 제품의 팔로워층을 형성하 는 운영 방식은 효과적인 소통 방법입니다. 인공지능 스피커, 바이두 패들패들 2가지 제품을 수단으로 해서 커뮤니티를 개발하고 두 개의 진지를 형성해 많은 사용자에게 받아들여지면 자연스레 응집력이 형성되고 확산 효과가 생기며 사회의 인정을 받게 됩니다.

스마트 경제부터 바이두는 사고를 아웃풋하고 자신의 가치 주장을 아웃풋하기 시작했으며 사회와의 소통과 상호작용을 중시하기 시작했습니다. 또한, 이 과정을 통해 자신의 행위에 영향을 미치게 됐으니 이는 매우 좋은 출발점입니다.

장샤오펑 : 스마트 경제는 아직 무인 구역이라 사상 생태, 스마트 생태에 대한 지원과 지도가 필요합니다. 그렇다면 어떤 측면에서 사회와 대중에게 스마트 경제를 설명해야 한다고 생각하십니까?

인성 : 스마트 경제는 신경제 시대의 시작점입니다. 이는 중국적이면서 세계적이기도 하므로 세계적인 시야로 스마트 경제를 바라봐야 합니다. 기술 자체를 초월하고 AI를 초월해 AI를 이야기해야 합니다. 사회 시각, 인문 시각, 경제 시각에서 입체적으로 나타내야만 받아들이는 대중에게 전제적으로 보여줄 수 있을 것입니다.

Part 2.

바이두 : 신인프라 건설의 '토대', 스마트 경제,
스마트 사회의 '미들엔드(Middle-end)'

04

스마트 경제의 스마트화 엔진 :
바이두의 유전자와 사명

인공지능은 과학 기술혁명과 산업혁명을 이끄는 전략적 기술로 파급성이 강한 '선두 기러기' 효과를 가진다.

시진핑의 중국 공산당 중앙 위원회 정치국 9차 집단학습 연설

(2018년 10월 31일)

질문을 하나 해보겠다. 바이두 생태에 몇 명의 '동료'가 있는지 알고 있는가? 잘 생각하고 답해보자.

잘 생각해보라고 한 이유 중 하나는 이 문제는 바이두에서 검색이 안 되기 때문이며, 다른 하나는 당신의 답은 분명 틀렸기 때문이다.

이유인즉슨 바이두에는 등록되지 않은 '동료'가 더 많기 때문이다. 그들은 저장 담당, 데이터 어노테이트 담당, 머신러닝과 딥러닝 담당도 있으며 모델 훈련에 바쁘거나 톄바 관리를 담당하기도 하며….

그리고 수많은 콘텐츠 창작자, 개발자, 전문 봉사자들이 우리의 백과, 톄바, 바이두 지식, 바이두 건강, 동영상, 바이자하오, 개방형 플랫폼에 서식하고 있다.

가까이 있기를 바라는 자는 반드시 멀리 쫓아갈 것이다

20년의 탐색, 꽃다운 시간을 헛되이 보내지 않았다

바이두는 갓 20살 생일이 지났다. 생일 즈음이 코로나 대항에 전력을 다하고 있었던 시기라 예정됐던 20주년 경축 행사도 취소됐다. 하지만 바이두와 동료들의 강력한 고백은 빠질 수 없었다. 한창 젊은 바이두가 20살을 맞이한 2020년 5월 20일에, 그러니까 바이두의 '우리 20'에 다음과 같은 장면이 연출됐다(그림 4-1).

그림 4-1. 바이두의 '우리 20'

바이두 빌딩과 바이두 과기원 건물에 바이두 동료 사진으로 만들어진 30미터×40미터 크기의 대형 현수막을 설치해 모든 바이두 동료들에게 마음을 고백했다.

대형 현수막의 강렬한 사랑에 대한 바이두 동료의 반응 역시 조금도 뒤지지 않았다(그림 4-2). 동료들도 블록 벽에 20살 생일을 맞이한 바이두에 축하 메시지를 남기고 블록으로 재미있는 모양을 맞추기도 했다.

"우리 함께 이 꿈들을 실현합시다!"

바이두 동료들은 인트라넷에서 20살을 맞은 바이두를 향해 계속해서 자신도 바이두와 함께 그 꿈들을 실현하고 싶다고 외쳤다.

그림 4-2. 바이두 동료의 고백

 ....

동료 왕씨 : 업계에서 바이두 AI 산업화의 진정한 성과를 내자.

동료 샹씨 : 바이두 지도를 잘 만들어 사용자가 길을 잘못 들지 않도록 하자.

동료 샹씨 : 바이두를 가장 위대한 인공지능 회사가 되게 하자. 그러면 무인 자동차가 거리를 가득 채울 것이고 샤오두가 집마다 있을 것이며 모든 사람이 바이두 앱을 사용할 것이다.

동료 밍씨 : 무인 자동차로 출퇴근하자!

동료 펑씨 : 우리 모두의 힘으로 바이두를 위대한 하이테크기업으로 만들자!

동료 후이씨 : 몇 년 후에도 넌 여전히 존재하고 내 자자손손도 여전히 너의 충실한 팔로워일 거야. 하하하.

동료 젠씨 : 비바람을 함께 견뎌 무지개를 맞이하자!

동료 나씨 : 매일 성장해 끊임없이 어제의 나를 뛰어넘자!

동료 시씨 : 바이두는 매일 사용자에게 간편한 서비스를 제공할 수 있는 회사가 될 것이다.

동료 야씨 : 더 많은 링링허우,[82] 이링허우[83]들이 바이두를 이해하고 인정하며 가까이

82. 2000년 이후 출생자. – 역주.
83. 2010년 이후 출생자. – 역주.

하고 사랑하게 합시다. 우리의 다가오는 20년도 점점 더 좋아지길!

동료 환씨 : 다가오는 20년을 바이두와 함께.

동료 후이씨 : 버그가 좀 줄었으면!

동료 강씨 : 가장 강력한 정보와 지식이 핵심인 모바일 생태를 구축하자.

동료 저씨 : 더 높은 꼭대기까지 함께 오르자!

동료 린씨 : 사람들의 삶과 일을 더 간편하고 더 아름답게 하자!

동료 페이씨 : 바이두와 함께라면 영원히 젊고 영원히 가슴이 뜨거울 것이다.

꿈을 동력으로 삼은 바이두 동료들과 함께한 젊은 날

한 장면 한 장면 머릿속에 떠오르는 지난 일들

[플래시백 1] 10년 전인 2011년 1월 15일, 바이두가 개최한 10주년 연례 회의에서 10년 동안 바이두에 어떤 변화가 있었는지 함께 알아봤다. 첫 번째는 회사 규모다. 직원의 수가 창립 멤버 7명에서 7,000명인 큰 회사로 변했다. 두 번째는 산업 환경이다. 창립 초기의 중국 인터넷은 모든 것이 시작 단계에 있었다. 그 당시에는 검색 엔진의 개념을 모르는 사람도 많았다. 2011년 중국 인터넷 사용자는 4억 명에 가까웠다. 절대다수의 인터넷 사용자로서는 검색을 안 하면 인터넷에서 그야말로 한 발자국도 못 움직이는 상황이었다. 사람들의 모든 바람은 '바이두'를 해보는 것이었다. 세 번째는 기술과 제품이다. 객관적으로 바이두는 이미 인터넷 전체의 끊임없는 성장과 건강한 발전을 촉진하는 동력 엔진이 됐다. 바이두가 대표하는 검색 엔진은 보통의 인터넷 응용 플랫폼을 넘어서 인터넷 전체의 발전을 추진하는 가장 중요한 기초 플랫폼이 됐다.

[플래시백 2] 20년 전으로 돌아가본다. 2000년 1월 1일, 바이두는 중관춘에서 탄생했다. 당시 우리는 그럴듯한 사무실도 빌리지 못한 채 베이징대 즈위앤호텔(資源僧館) 방두 칸을 빌려 업무를 했다. 매우 누추하고 대충 꾸며놓은, 20제곱미터가 채 안 되는

방 두 칸짜리 사무실에서 추이산산(崔珊珊), 궈단(郭眈), 왕샤오(王嘯)는 최초 버전 검색 엔진을 위해서 제품 구조(Product architecture) 계획과 프로젝트 분업을 진행했다. 그곳에 중국 최초로 검색을 이해하고 검색을 사랑하는 사람들이 모여 사업의 첫 발걸음을 내디뎠다. 당시 바이두가 2년 만에 중문 검색 엔진 시장의 80%를 단번에 차지할 것이라고는 그 누구도 생각하지 못했으며, 오늘날 수만 명이 함께 바이두의 20살 생일을 함께 축하하게 되리라는 것 역시 그 누구도 생각하지 못했다.

창립 멤버는 구글 문화를 따라 자신의 회사를 만들고 탄력 근무제를 시행하고 싶었다. 하지만 모든 직원은 '탄력적'으로 새벽 1~2시까지 일했고, 심지어 일부 직원들은 잠자리에 들기 전에야 오늘 자신이 저녁을 먹지 않았다는 걸 깨닫기도 했다.

열정을 불사른 세월 동안 바이두 창업자는 최소한의 돈과 최소한의 팀, 그러나 가장 뛰어난 기술과 가장 드높은 투지 그리고 가장 빠른 속도로 세상에서 가장 인기 있는 인터넷 회사의 제품보다 더욱 우수한 제품을 개발해냈으며 많은 인터넷 사용자의 인정을 얻었다. 이 모든 것은 20년 전, 기술 하나가 세상을 바꾼다는 꿈과 우리의 사명인 '사람들이 가장 간편하게 정보를 얻고 원하는 것을 찾도록 돕는다'에서 비롯됐다. '바이두' 두 글자는 남송 사인(詞人) 신기질(辛棄疾)의 "군중 속에서 그녀를 천백 번 찾아 헤매다(眾裏尋他千百度)"라는 구절에서 왔다. 이 구절은 이상(理想)에 대한 사인의 집요한 추구를 묘사했다.

어떤 상황에서 '바이두'라는 단어가 하나의 동사로 진화했다는 사실이 기쁘다.

....

추이산산 바이두그룹 수석 부사장, 바이두 문화 위원회 사무총장, '바이두 검객 7인' 중 1인(인터뷰 일자 : 2020년 4월 24일)

1999년 말, 곧 대학원 졸업을 앞둔 나는 인턴으로 스타트업 회사인 바이두에 들어갔으며 2000년 7월, 그 시대에 주목받는 외국기업의 입사 통지서를 포기하고 정식으로 바이두에 입사했다.

당시 검색 엔진의 기술 문턱은 높았고 중국에서 이를 해낸 사람이 아무도 없었기 때문에 나는 바이두가 대단한 기업이 되리라 생각했다. 외국기업에 가면 중국인을 거의 프리세일즈(pre-sales)나 애프터 서비스(after-sales service) 업무를 담당하는 직원으로 양성하기 때문에 핵심 기술을 다룰 기회가 거의 없으며, 핵심 기술을 다루고 연구개발하고 싶어도 중국인에게는 기회가 주어지지 않았다.

2000년, 우리는 약 5개월 만에 최초 버전의 검색 엔진의 연구개발을 완료했고 5월에 바로 선보였다.

그 당시 나는 내가 바이두에서 핵심 기술을 다룬다는 사실에 매우 자부심을 느꼈지만 나를 이해하는 사람은 극히 적었다. 대부분은 급여가 높은 회사를 선택하는데 내가 선택한 바이두는 작은 스타트업 회사인 데다가 호구 취득 문제도 해결해주지 않기 때문이다.

그 당시 나는 밤늦게까지 야근하는 일이 잦았다. 자기의 모듈을 개발하고 나면 밤이 되어서야 통합테스트(Integration test)를 시작할 수 있었다. 파트너 중에는 인턴도 많아서 낮에는 학교에서 수업을 듣고 밤이 되어서야 모일 수 있었다. 통합테스트는 보통 밤늦게까지 하는데 새벽 1~2시가 되어서야 끝나기도 했다.

일을 마치고 숙소로 돌아가는 길은 항상 흥분된 마음이 함께했다. 일의 진전이 정말 빨랐기 때문이었다. 파트너들은 정말로 뛰어났고 매일 리옌훙, 그리고 주변에 있는 뛰어난 동료들에게서 많은 것을 배울 수 있었다. 나는 그렇게 우수한 사람들과 함께 일해본 적이 없었기에 특히 더 흥분됐다. 그해 봄, 나는 베이징대 서문의 서쪽 담 바깥쪽에 있는 방 한 칸짜리 작은 집을 빌렸다. 회사와의 거리가 1km도 되지 않았기 때문에 야근 때문에 퇴근이 늦어도 걸어서 집으로 갔다. 베이징대 서쪽 담 안에는 정향나무가 많이 자라고 있었다. 4월, 꽃이 폈지만 우리는 꽃을 볼 수 없었다. 그래도 꽃향기는 맡을 수 있었다. 정향나무는 밤에 향기를 풍기는 종이기 때문에 깊은 밤 인적이 드문 시간에 풍겨오는 그윽한 향기를 맡고 있으면 굉장히 몽환적이었다. 당시 나는 내가 대단한 일을 하고 있다는 생각에 너무나도 벅찼다.

바이두 검객 7인 체제는 3~4개월 정도 이어졌다. 팀의 동질적 특징이 뚜렷했고 그렇게 특정한 단계에서 우리는 이상주의, 영리함, 단순함이라는 특징들을 드러냈다. 이러한 완벽주의 경향은 스타트업 첨단 기술 기업에 꼭 필요한 것이었다.

리옌훙은 생활 면에서는 대충대충 하는 경우가 많았으나 기술, 제품에서는 디테일을 매우 중시했다. 게다가 그가 그려내는 비전은 실현 불가능하다고 느낄 정도로 요원해 보이지만, 여러 해가 지나면 그때 내린 판단이 옳았음이 상황을 통해 증명됐다.

[플래시백 3] 2000년 3월, 바이두는 코드명이 '전격 계획'인 내부 프로젝트 계획을 세웠다. 9개월 내로 바이두 엔진의 기술 수준을 구글에 전면 대항할 정도로 끌어올리고 일부 지표는 구글을 앞서겠다는 것이었다.

그 당시 구글은 중국어 시장 확장에 박차를 가하는 중이었으며 2000년 9월에는 중국어 버전을 출시했다. 2년 전까지만 해도 바이두가 중국에서 구글과 맞붙기에는 체급 자체가 완전 달랐다.

그러나 회사는 구글에 대항하고 구글에 앞서야 하며 '전격 계획' 완성 후에는 바이두의 일일 방문량이 기존보다 10배는 더 늘고 일일 다운로드 데이터베이스 콘텐츠는 구글보다 30% 많으며 웹페이지 반응 속도는 구글 정도로 빠르고 콘텐츠 업데이트 빈도가 구글을 넘어설 것을 요구했다.

이 프로젝트를 이끈 레이밍(雷鳴)은 내 베이징대 후배로 검색 엔진 분야의 천재였다. 8월에는 속도를 끌어올리기 위해 관리직원들도 대거 입사했다.

2002년 12월, '전격 계획'이 드디어 끝이 났고 분주했던 공격의 시간도 대단원의 막을 내렸다.

15명이 참여했던 '전격 계획'은 우스갯소리로 '야전 소대'라고 불리기도 했다. 호화스러운 라인업에 막대한 자본력을 자랑하는 구글과 조우전(遭遇戰)을 벌였으니 말이다. 그러나 결과는 다 알다시피, 바이두인은 기술공격, 강인한 의지, 팀워크를 통해 중국인 스스로 일군 바이두 검색 엔진이 구글에 뒤처지지 않는다는 것을 증명해냈다.

[플래시백 4] 2011년 말, 바이두의 총직원 수는 15,000명에 근접했다. 직원 수가 처음으로 5,000명이 되기까지 8년이 걸렸지만, 두 번째 5,000명은 2년도 채 안 걸렸다. 그런데 2011년, 우리는 1년 만에 또 곧 세 번째 5,000명을 돌파하게 된다.

[플래시백 5] 2012년은 창업 이래 바이두가 가장 힘겹고 가장 쉽지 않았던 한 해였다. 외부에서 바이두의 발전에 대해 의구심을 품었고 바이두가 얼마나 오래갈 수 있을지 의문을 제기하기도 했다. 바이두가 미래를 구성할 기선을 놓치지는 않았는지, 그냥 선두라는 강점에 도취해 놀고먹으며 밑천을 까먹고 있는 것은 아닌지, 혁신의 동력과 능력이 부족하지는 않은지……. 이런 부정적인 보도가 연일 이어졌다. 심지어 2012년에 바이두는 경쟁과 도전에 직면할 뿐 아니라 미래 전망도 밝지 않다는 의견도 있었으며 동료들은 "앞으로 바이두는 어떻게 해야 하나요? 우리의 미래는 어떻게 되나요?"라는 질문을 던지기도 했다.

우리는 2000년 전후의 인터넷 거품의 붕괴를 겪었고 2008년 글로벌 금융위기도 겪었다. 이런 우여곡절들을 우리는 견딜 수 있었다. 하지만 2012년에는 정말로 걱정됐다. 젊은 바이두 동료들이 이런 압박을 버텨내고 이를 마주하지 못한다는 점이 걱정됐다. 사실 우리를 쓰러뜨릴 만한 어려움은 없었다. 2002년 '전격 계획'으로 구글과 승부를 겨루었던 일이 그랬고, 2005년에 모든 난관을 극복하고 나스닥에 상장했던 것도 그랬다. 2005년, 구글이 중국에 대대적으로 들어왔을 때 많은 이들이 바이두는 이제 곧 살아남지 못할 것이라고 예언했다. 하지만 바이두는 살아남았고 또 아주 잘 지내고 있다. 바이두 역사상 어려운 시기를 겪었을 때마다 아무리 힘이 들어도 미래에 대한 믿음을 포기해본 적이 없었던 것처럼 우리는 매번 일치단결해 버텨낼 수 있으며 또다시 새로운 발전의 여지를 찾아낼 수 있다.

20년, 별빛 하늘을 바라보다

책임은 무겁고 갈 길은 멀다. 처음 베이징대 즈위앤호텔에서 창업했던 검객 7인 시절부터 오늘날까지 스무 살 바이두가 걸어온 이 시간은 수만 명의 직원이 함께 고군분투하며 인류가 더 나은 삶을 살게 하려고 애쓰는 대장정이다.

지난 20년을 돌아보면 바이두에는 3가지의 가장 소중한 자본이 있다. 첫 번째는 바이두의 신념, 그리고 문화고, 두 번째는 바이두의 가장 귀한 자원인 직원과 파트너, 세 번째는 바이두 곁에서 함께 성장해온 사용자다.

기술은 바이두의 신념이자 생명선이다

스마트 검색, 피드 배포, 차세대 상호작용, 무인 주행, 바이두 브레인, 딥러닝 프레임워크, 스마트 클라우드 등 바이두 동료들에게 있어 기술이 세상을 바꾼다는 것은 더 이상 꿈이 아니다.

기술을 보유하면 운명을 내 손안에 쥐게 된다. 바이두의 기반은 기술이다. 선진 기술이 있어야 인류에 행복을 가져다주고 세상을 바꿀 수 있다. 주기가 짧은 레드 오션에서 서로 싸우고 뒤엉키는 방법으로는 안 된다. 어려운 시기일수록 미래에 대한 투자를 늘려야 한다.

발전을 거듭해 오늘날에 이르게 된 바이두는 이미 단순히 자기만의 발전을 추구하는 회사가 아니다. 바이두인의 업무는 종종 사회의 행복과 진보라는 더 큰 범주와 관련된다.

인공지능, 스마트 경제에 대해 전망하고 통찰하는 데 있어서 바이두는 선천적인 이점을 가졌다. 바이두는 상당히 긴 시간 동안 사용자 데이터를 축적해왔고 수억에 달하는 사용자와 행위에 대한 데이터를 보유하고 있으며 더 중요한 것은 기술이 바이두의 유전자라는 점이다. 바이두는 끊임없이 기술에 투자해왔고 기계가 사람을 더 잘 이해하도록 해서 사람과 기계의 진정한 연결을 실현하기 위해 노력해왔다. 이런 데이터가 있다는 것은 인공지능 시대의 '연료'를 보유하고 있다는 것과 마찬가지로 바이두의 기술을 통해 인공지능, 스마트 경제를 더 깊이 이해할 수 있다.

바이두 가치관 : 단순, 믿음직(簡單可依賴)

단순, 믿음직은 바이두가 20년간 경험한 가치관이다. 단순은 회사 내부에 정치가 없고 말을 돌려서 하지 않는 것을 의미하고 도전받고자 한다는 것을 의미하며 회사의 이익이 부분의 이익보다 크다는 것을 의미한다. 다른 일에 신경 쓰지 않고 외부 잡음에 방해받지 않는 것을 의미하기도 한다.

믿음직은 무엇을 의미하는가? 이는 자신감을 의미하고 개방된 소통을 의미하며 가장 좋은 결과만을 다음 단계로 넘긴다는 것을 의미한다. 믿음직은 '신뢰할 만한' 과는 달리 그 안에 정이 담겨 있다. 당신이 도움이 필요할 때 많은 사람이 진심으로 당신을 도와주고자 하고 다른 사람이 도움이 필요할 때 당신도 진심으로 그들을 도와준다. 당신이 상처를 받으면 여기서 힐링하고 마음을 맡긴다. 모든 바이두 동료들이 한마음으로 뭉칠 때 외부로부터 오는 어려움과 도전은 포텐셜을 축적해 바이두인이 더 높고 더 먼 목표로 매진하게 하는 힘이 된다.

　　단순하고 믿음직한 문화 분위기 속에서 모든 바이두인은 언제나 적극적이고 긍정적인 마음가짐으로 외부의 도전에 맞설 것이며, 모든 바이두인은 다른 형제팀이 압력을 받을 때 언제나 그들과 협력해 대처할 것이다. 이것이 바로 바이두인이 일을 하며 행복감을 얻는 원천이다. 바이두 동료와 가족은 회사가 도전을 받아들이고 고난을 이겨내는 데 힘을 주는 가장 강력한 후원자다.

[플래시백 6] 2004년의 어느 주말, 우리는 원명원 옆 찻집에 모여 브레인스토밍을 진행했다. 반나절이나 계속된 브레인스토밍 끝에 최종적으로 도출해낸 것은 단순, 믿음직이라는 다섯 글자였다. 고도로 응집된 5글자는 바이두의 신념을 대표하고 바이두의 가치관을 대표했다.

그 후로 15~6년이라는 시간이 흘렀다. 최근에 바이두 내부에서는 '도전받기'에 대해서 생각을 많이 하고 토론도 자주 한다. 도전을 좋아하는 것과 도전받는 것을 좋아하는 건 별개다. 도전받는 것을 좋아한다는 것은 나에 대한 타인의 도전을 그가 당신이라는 사람을 인정하지 않는 것으로 여기지 말고, 그가 자신의 의견을 직접 표현하는 것으로 받아들이라는 것이다. 만일 그의 의견이 옳다면 당신은 듣고 싶어 할 것이고 만일 그의 의견이 틀렸다 해도 당신은 듣고 싶어 할 것이다. 왜냐하면 당신이 왜 옳은지 설명할 기회가 주어지기 때문이다. 그러므로 이런 분위기를 장려해야 한다. 특히 사업부서는 내부 회의를 통해 사각지대를 발견하고 실수를 수정할 방법을 토론해야 한다. 이는 시장에서 처참히 깨지거나 경쟁상대에게 패하는 것보다 분명 낫다. 이 역시 단순, 믿음직이다.

바이두 비전 : 사람들이 성장할 수 있도록 돕는다

2019년 바이두는 사용자를 가장 잘 알고 사람들이 성장하도록 도와줄 수 있는 글로벌 일류 첨단 기술 기업이 되겠다는 기업 비전을 발표했다.

....

루위안(陸原) 바이두 그룹 부사장, CEO 업무 그룹 전략 및 전략 투자 관리 담당(인터뷰 일자 : 2020년 4월 24일)

장샤오펑 : 2019년 1월, 바이두가 비전을 발표했습니다. 당시, 비전을 업그레이드하게 된 배경이 무엇이었습니까? 그룹의 비전을 그렇게 그려낸 이유가 무엇인가요? 과정은 순조로웠습니까?

루위안 : 2017년부터 바이두는 신전략 업그레이드를 진행하고 새로운 기업 사명을 정하며 문화 업그레이드를 통한 기업의 스마트 경제 지향적인 발전 방향을 촉진했습니다.

2019년까지 전략부서가 100여 명의 고위급 임원과 전체 중간 관리 간부 규모의 약 50% 정도를 대상으로 인터뷰를 진행한 결과, 모두를 이끌어 전략적 선택을 진행하고 어려운 취사 선택을 감행할 최고 강령이 필요하다는 내부 공감대가 형성됐습니다. 이것이 바로 바이두 비전이 탄생하게 된 배경입니다.

'2018년에 정한 기업 사명이 비전을 담아낼 수 있는가?' 토론 결과 사명과 비전은 서로 성질이 다르다는 결론을 도출했습니다. 비전은 우리가 어떤 회사가 되고 싶은가에 관한 것이라면 사명은 우리가 어떤 일을 해야 하는가에 관한 것이었기 때문입니다. 몇 개월 동안에 걸친 임원들의 토론 내용을 종합해 사용자를 가장 잘 알고 사람들이 성장하도록 도와줄 수 있는 글로벌 일류 첨단 기술 기업이 되겠다는 지금의 비전을 확정하게 된 것입니다.

바이두 비전 안에는 사용자를 가장 잘 아는 것, 사람들이 성장하도록 돕는 것, 첨단 기술 기업, 글로벌이라는 키워드가 있습니다. 이 키워드에 담긴 뜻을 설명해보도록 하죠. 첫 번째, 사용자를 가장 잘 아는 것입니다. 여기서 말하는 사용자란 바이두 to B 사업을 하는 고객을 포함하며 바이두의 생태 파트너도 포함됩니다. 바이두가 그들을 이해하고 그들의 요구사항을 알아야 바이두의 제품과 솔루션이 그들에 부합되고 그들에게 받아들여집니다. 가장 잘 안다는 것은 사용자 행위에 대한 깊은 이해와 사용자 업종 지식에 대한 통찰에서 비롯되며 사회에 어떤 변화가 발생할지 내다 볼 수 있는 선견지명에서 비롯되는 것으로 이를 통해 사용자와 고객에게 더 좋은, 더 알맞은 제품과 서비스를 제공합니다.

두 번째, 사람들이 성장하도록 돕는 것입니다. 사람이 성장하도록 돕는다는 것은 무엇일까요? 우리는 사용자가 바이두 제품을 사용할 때 과몰입하거나 많은 시간을 소비하고 심지어 많은 돈을 투자하고도 결국에는 아무런 수확도 없는 것을 원하지 않습니다. 특히 장기적으로 봤을 때 그들의 성공과 성장을 돕거나 인생 가치를 높일 수 없습니다.

엔터테인먼트도 가치라고 말하기도 합니다. 하지만 그 누구도 자신의 아이가 엔터테인먼트에 대한 지나친 관심으로 인간으로서 성장에 꼭 필요한 지식, 소양의 축적과 신체 건강을 소홀히 하기를 원하지 않습니다.

그렇다면 바이두는 사람에게 어떤 가치를 주고 싶을까요? 그것은 바로 사람의 성장을 돕는 것입니다. 바이두 제품과 서비스를 사용한 사용자가 진정으로 제품과 서비스를 통해 성장하고 기쁨을 얻을 수 있기를 바랍니다.

세 번째, 첨단 기술 기업입니다. 바이두는 여태껏 기술을 통한 차별화의 강점이 있는 회사였으며 이런 포지션을 받들고 이어나가 첨단 기술 회사가 되기를 원하는 마음에는 변함이 없습니다. 과학 기술의 유전자는 바이두의 사명과 비전을 관통했습니다. 이는 바이두가 가장 뿌듯해하는 부분이자 계속해서 지켜나가야 하는 방향입니다.

네 번째, 글로벌입니다. 이 단어에는 2가지 측면의 의미가 담겨 있습니다. 하나는 바이두가 체급 면에서 비교적 규모가 큰 회사가 되어서 글로벌적인 시각으로 봤을 때 어느 정도 영향력과 지명도를 갖출 수 있었으면 하는 것이고, 두 번째는 바이두 미래 발전의 무대가 글로벌 경제 무대, 외교 무대, 정치 무대에서의 중국의 지위와 부합하는지 판단하는 것입니다. 중국이 어느 날 전 세계에서 중요한 통치세력이 되면 중국의 기업이 세계 경제와 비즈니스의 중요한 참여자가 될 것입니다. 바이두는 그 일원이 되기를 희망합니다.

기업 비전은 10년, 15년, 20년 동안 지켜야 하는 장기적인 목표로, 바이두 모든 직원의 장기적인 염원을 표현했습니다.

우리는 신비전, 사명 그리고 가치관의 주도하에 기존 제품의 경험상 미흡했던 부분, 생태적으로 더 잘할 수 있는 부분에 대해서 최적화를 진행하고 있습니다.

장샤오핑 : 비전이 뚜렷하면 내부적인 정렬에도 좋고 바이두에 대한 외부의 재인식에도 좋죠. 바이두에 컨설팅 서비스를 제공했던 '외부인재'로서 당시 바이두에 합류하게 된 가장 결정적인 동기는 무엇이었습니까?

루위안 : 가장 큰 이유는 바이두가 매우 견고한 비즈니스 소양과 비즈니스 본질을 갖고 있다는 점이었습니다. 첫 번째, 바이두는 인터넷의 가장 중요한 인프라 중 하나입니다. 인터넷의 3대 주력 인프라인 검색+전자상거래+커뮤니티는 지금도 중요한 기초입니다. 10억 이상의 사용자 규모를 가진 회사는 사실 몇 군데 되지 않습니다.

두 번째, 기업 소양입니다. 바이두는 복잡하지 않고 단순하고 간결합니다. 이는 해내기 매우 어려운 것으로 빼기를 한다는 것은 가장 어렵습니다. 바이두는 이미 최대치로 빼기를 해냈음에도 여전히 빠르게 고객을 만족시킬 수 있고 고객과 상호작용하며 고객의 요구가 무엇인지 이해할 수 있습니다.

세 번째, 바이두의 비즈니스 모델은 캐시 플로우(Cash flow)가 좋습니다. 캐시 플로우는 높은 수익 창출의 성숙한 비즈니스 모델로 기술 천장이 높은 사업 중 하나입니다. 이런 기초에 기반하면 많은 AI 기술을 응용할 수 있고 다양한 변화와 발전에 대한 상상의 여지가 생길 수 있습니다.

이 플랫폼에서 전략을 다질 수 있고 전략을 한층 더 세분화하고 발전시키며 확장할 수 있었기 때문에 저에게는 매우 좋은 기회였습니다.

장샤오핑 : 기업이 건강해지려면 관리를 최적화하고 자정 노력을 감행해야 합니다. 바이두에는 도전받는 걸 즐기도록 이끌어주는 청군(藍軍)이라는 매우 독특한 메커니즘이 있다고 들었는데요?

루위안 : 그룹 차원에서 청군 제도를 시행하는데 홍군(紅軍)과 함께 건설적인 관계를 형성했으면 하는 바람이 있습니다. 자체 내부적인 도전이 외부 도전보다는 낫고 시장에서 경쟁상대에게 도전받는 것보다는 낫습니다. 하지만 우리는 또 건설적이기 때문

에 도전은 말다툼을 의미하는 것이 아니며 도전만 하고 문제 해결 방법을 생각하지 않는 것도 안 됩니다. 저도 청군 중 한 명입니다. 이 청군 부서와 청군 메커니즘이 운영된 지도 꽤 되어서 이제는 어느 정도 효과를 보이고 있으며 그 과정에서 많은 맹점이 발견되어 사업의 건전성이 높아졌습니다. 이는 우리가 과거에 반드시 행해야 했던 변화들을 발견하는 데 도움이 됐습니다. 물론 이 메커니즘에도 많은 대체와 최적화의 여지가 있습니다.

우리가 문제를 발견하고 이 문제 중에서 취사 선택을 해야 할 때가 되면 비전에 입각한 이 청군 메커니즘이 작용하기 때문에 어떻게 해야 할지를 알 수 있습니다. 바이두의 퉈관예(托管頁)[84]를 예로 들어보겠습니다. 바이두의 퉈관예는 어떠한 업종이 바이두의 규범에 부합하면서 안착하도록 하기 때문에 업체가 하고 싶은 대로 하는 것은 더 이상 불가능하며 바이두의 사용자 경험 요구사항을 만족시켜야 합니다. 장기적으로는 이 역시 일종의 인프라이므로 사용자의 신뢰와 이에 수반되는 전환 효과를 높입니다. 우리는 사용자가 우리의 생태 안에 머무르면서 최고의 경험을 얻을 수 있도록 하는, 신뢰감을 주는 이런 일을 하고자 합니다. 회사의 관리 아키텍처를 기반으로 이러한 것들은 사업의 건강한 발전을 지속하는 데 응용 역할을 할 수 있습니다.

··

바이두의 가장 소중한 자산인 직원과 파트너

지난 20년을 뒤돌아봤을 때 가장 뿌듯했던 것은 회사의 성장과 함께 천부적인 능력이 있는 많은 젊은이가 바이두에서 두각을 나타내어 중요한 직책으로 나아가고 더 큰 책임을 졌다는 것이다. 그들은 바이두 사업의 무궁무진한 원동력이다.

오늘날의 바이두 팀에는 숨은 고수가 많다. 이런저런 이유로 바이두를 떠난 동료들 역시 많은 발전을 일궜으며 바이두인은 그들을 축복하고 그리워한다.

현재 바이두 직원의 평균연령은 30세로 젊음을 유지하고 있으며 더욱 합리적인

---

84. 바이두가 제공하는 중소기업용 모바일 홈페이지 플랫폼으로 마케팅, 상품 전시 및 판매, 콘텐츠 제작 등의 솔루션을 제공한다. - 역주.

구조를 갖추게 됐다. 수많은 젊은이가 바이두를 그들 경력의 첫 번째 정거장으로 선택했고 바이두 비전을 위해 청춘과 열정을 바쳤다. 청춘은 단순히 나이로 정의되지 않는다. '청춘'이란 꿋꿋이 나아가는 정신이고, 현재에 만족하지 않는 마음가짐이자 세상을 바꾸기를 갈망하는 사람들이 꿈에 대해 말할 때 눈에서 발산되는 그 빛이다. 바이두에서는 뜨거운 가슴이 영원하고 끓어오르는 뜨거운 피가 영원하며 넘치는 청춘이 영원하고 자유분방한 기개가 영원할 것이다.

마음속 꿈과 기대가 변하지 않고 분투하는 용기와 끈기가 변하지 않는다면 우리는 극한 생존 환경에서도 여유를 찾고 소년으로 돌아올 수 있다.

콘텐츠 창작자, 개발자, 지식공여자들은 우리가 가장 신뢰하고 가장 도움을 줄 가치가 있는 파트너다. 현재 많은 개발자가 바이두의 각 개방형 플랫폼에 서식하면서 함께 건설하고 공생하며 공유한다.

현재까지 바이두 AI 개방형 플랫폼에만 260개 항목이 넘는 AI 기술 능력이 오픈되어 있다. 바이두 AI 플랫폼상의 개발자 규모는 계속해서 빠르게 늘어 190만을 돌파했고 금융, 공업, 농업, 유통, 의료, 인터넷 등 각 업종에 분포되어 있다.

사용자가 일군 바이두

기술은 우리의 신념이다. 기술을 깊이 파고들면 사용자는 반드시 기술을 기반으로 한 응용을 믿고 좋아할 것으로 생각하기 때문이다. 사용자의 클릭은 바이두에 '투표'를 하는 것이다. 우리는 매일 가슴 가득 경외감과 경건한 마음을 갖고 사용자가 보낸 수십억 번의 표를 받는다. 이는 바이두의 발전과 대체를 추진하는 근본적인 원동력이다.

사용자의 검색들과 요구사항들, 행위들은 모두 궤적이 된다. 이런 정보 궤적들은 우리 데이터의 일부분이다. 이렇게 수억 명의 사용자가 바이두를 믿었으며 바이두를 일궜다.

우리가 하는 사업은 중국의 더 많은 보통 사람을 위해 지식의 바다에서 떠다니는 노아의 방주를 만들어 그들이 가장 평등하고 간편하게 정보를 습득하고 빈곤에서 벗어나며 차별을 없애 자신의 꿈을 이루도록 돕는 것이다.

오늘날 바이두는 다가오는 20년의 대장정에 발을 내디뎠으며 역사의 새로운 시작점에 서 있다. 이러한 중요한 시점에 우리가 조국과 맥박을 같이하게 된 것은 행운이다. 우리의 사용자와 함께 공동의 스마트 경제와 스마트 사회의 새로운 시대로 나아갈 수 있기를 바라본다.

사전 배치와 기술 비중 확대로 중국 AI 기술 혁신의 '선두 기러기'가 되다

바이두의 투자는 미래에 대한 투자이고 생태에 대한 투자이며 사람의 성장을 돕는 투자이자 신념에 대한 투자다. 미래 지향적이면서 높은 전환 효율을 유지해야 하는 것은 어려운 일이다.

AI가 새로운 과학 기술혁명과 산업 변혁을 이끄는 중요한 추진력과 전략적 기술이 되고 연구개발에 대한 국가의 방향성에 변화가 생기면서 AI가 첨단 기술 기업의 연구개발 중심이 됐으며 특허 출원량도 해마다 늘고 있다. AI 선두기업들은 점점 강력한 선도적 특징을 지닌 '선두 기러기' 효과를 나타낸다.

....

[특별란] 연구개발에 관한 신정책 방향성

1. 2016년 5월, 중국 공산당 중앙 위원회와 국무원은 〈국가 혁신주도 발전전략 요강〉을 발표해 시장 지향적인 신형 연구개발 기관 발전을 제시했다.

2. 2016년 8월, 국무원은 〈'13차 5개년계획' 국가 과학 기술 혁신계획〉을 발표해 시장 지향적인 신형 연구개발 기관을 육성하고 더욱 효율적인 과학 연구 조직 체계를 구축할 것을 제시했다.

3. 2020년 3월, 과기부와 발개위 등 부처는 〈'0에서 1까지' 기초연구 업무 방안〉을 발표하고 기초연구의 본래 방향을 강화할 것을 제시했다.

4. 2020년 5월, 과기부 홈페이지에 발표된 〈신형세 기초연구 강화에 관한 약간의 중점 조치〉에는 기초연구의 전체 구도를 강화하고 중대 과학 목표 방향과 응용 목표 방향의 기초연구

프로젝트 배치를 강화하며 기업에 기초연구와 응용 기초연구에 대한 투자를 늘리도록 장려한다는 내용이 담겨 있다.

....

2018년 11월 중국 특허 보호 협회가 발표한 〈인공지능 기술 특허 심층분석 보고〉에 따르면 최근 몇 년간 바이두의 AI 특허 출원량이 빠르게 늘고 있으며, 총 2,368건으로 국내 출원인 중 1위를 차지해(그림 4-3) IBM과 함께 각각 중국, 미국 AI 특허의 선두주자가 됐다.

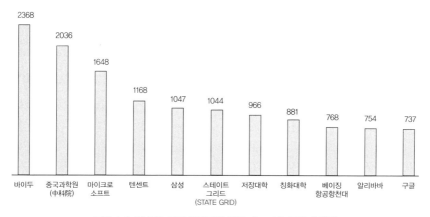

그림 4-3. 2018년 중국 중점기관 인공지능 기술 특허 출원량
자료 출처 : 중국 특허 보호 협회, 〈인공지능 기술 특허 심층분석 보고〉, 2018년 11월

바이두는 특허출원 총량상의 절대적 우위 외에도 자율주행, 음성 인식, 자연어 처리, 스마트 검색, 스마트 추천 등 핵심 기술 분야에서 1위를 기록했다. 스마트 주행 분야에서는 바이두가 인터넷 업체로는 유일하게 랭킹에 올랐으며 포드, 도요타 등 자동차 분야의 전통 강호를 누르고 단번에 1위를 차지했다.

2019년 2월, 세계지적재산권기구(WIOP)는 기술 추세 보고서를 발표해 인공지능 영역의 특허출원과 발전상황을 정리했다. 보고서에 따르면 딥러닝 영역에서 바이두의 특허 출원량은 전 세계 2위로 Alphabet(구글 모회사), 마이크로소프트, IBM 등 기업과 해외 학술기관을 제치고 글로벌 기업 중에서 1위를 차지했다.

2019년 12월 2일, 국가 공업정보 안전발전 연구센터에서 발표한 〈인공지능 중국 특허 기술분석보고〉에 따르면, 중국 AI 특허 출원량 순위에서 바이두는 2018년의 2.4배인 5,712건으로 1위를 차지했으며 딥러닝 기술, 음성 인식, 자연어 처리, 스마트 주행 등 여러 AI 핵심 영역에서 1위를 휩쓸었다(그림 4-4). 이는 바이두가 2년 연속 1위를 달성한 것이다.

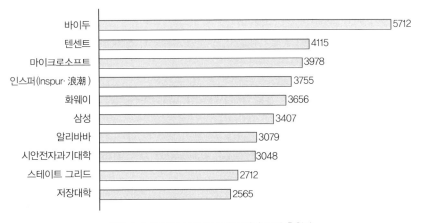

그림 4-4. 2019년 중국 인공지능 영역 특허 출원량
자료 출처 : 국가 공업 정보 안전 발전연구센터, 〈인공지능 중국 특허 기술분석보고〉, 2019년 12월 2일

보고서 데이터에 따르면 2019년 10월 현재, 중국은 이미 미국을 제치고 AI 분야 특허 출원량이 가장 많은 나라가 됐다. 특허 출원량 순위에서 바이두, 텐센트, 마이크로소프트, 인스퍼, 화웨이가 1위부터 5위를 차지했다.

바이두는 일찍이 AI 배치를 시작했으며 식견이 넓은 기업들처럼 자신만의 글로벌화 구조관을 갖고 있다. 2013년 1월, 바이두는 전 세계 산업계에서는 최초로 딥러닝의 명칭을 따서 이름 지은 딥러닝 연구소를 설립했고, 2014년 5월에는 실리콘밸리 인공지능 실험실(SVAIL)을 설립했으며, 2017년 10월에는 실리콘밸리에 무인 주행, 인터넷 보안을 중점적으로 연구하는 2번째 연구센터를 설립했다. 그 밖에 세계 각국에서 많은 우수한 인재를 중국으로 유치했다. 딥러닝 분야에서 바이두는 미국의 많은 대기업보다 앞서 있다. 바이두는 몇 년 전 힘을 비축하던 단계에서 오늘날 상용화를 위해 최선을 다하는 단계에 이르렀고, 앞으로는 주도적인 역할을 담당하게 될 것이다. 이렇게 바이두는 전 세계 AI 분야에서 중국의 명함이 되고 있다.

이것이 바이두다 : 미래의 파수꾼

바이두의 사용자는 무엇이 검색인지 정의하고, 바이두 창작자는 무엇이 콘텐츠인지 정의하며, 바이두 지식 기여자는 무엇이 지식인지 정의하고, 바이두의 기술자와 많은 개발자는 무엇이 인공지능인지, 무엇이 생태인지 정의한다.

단순 철학, 토대 사고를 지닌 바이두 : 더 단순하고 더 사용이 쉬우며 더 효율적이다

바이두는 신념이 있는 바이두고, 엔지니어 문화로 이름난 바이두며, 말과 행동 간에 기준이 있고 책임과 이익 간에 자신만의 생각이 있는 바이두다. 꾸준히 관철한 토대 사고가 행위에 스며들면 단순 철학과 시너지를 형성한다.

바이두 20년의 이정표는 그림 4-5와 같다.

과학 기술을 이용해 복잡한 세상을 더욱 단순하게 하고 검색 첫 페이지 만족도를 높이고 사용자에게 극치의 사용자 경험을 제공하는 것, 기술 오픈소스, 토대화, 도구화, 미들웨어화, 생태화를 통해 바이두가 사용자에게 더욱 간편하고 사용이 편리한 환경을 제공하는 것, 더욱 정확한 피드 스트림을 배포, 매칭해 지식, 콘텐츠 기여자가 더욱 수직적으로 닿게 되는 것, 이 모든 곳에는 단순 철학의 영혼이 깃들어 있다. OKR 중에 사용자 시간에 관한 개입항목이 없는 것은 사용자가 정의한 검색, 사용자가 정의한 생태, 사용자가 정의한 스마트 생활이 무엇인지 알고 있기 때문이다.

그렇게 말하는 이유는 무엇인가? 바이두는 언제 어디서나 사용자와 상호작용하고 사용자의 클릭이 바로 바이두에 투표하고 믿음에 투표하며 서비스에 투표하는 것이기 때문이다. 바이두 생태는 블록체인 생태처럼 참여자의 정보, 콘텐츠, 지식, 분산 개발, 과학 기술 재구조화, 표지화, 매칭화에 기반하고 바이두 사용자의 모든 수요, 모든 궤적, 모든 데이터, 모든 참여가 다원 시나리오와 연결되어 있으며 서비스 가능성을 그려내고 미래 사회를 형상화해 사용자와 함께 이 스마트 세상의 퍼즐을 완성한다.

1999년	리옌훙이 '하이퍼링크 분석' 기술 특허를 갖고 귀국 후 창업
2000년	베이징 중관춘에 바이두 설립
2001년	독자적 검색 엔진 출시
2002년	바이두 MP3 검색 출시
2003년	바이두 테바 정식 출시
2004년	중국 네티즌이 가장 선호하는 검색 엔진, 바이두 WAP 검색 출시
2005년	바이두 지식, 바이두 지도 출시, 미국 나스닥 상장
2006년	바이두 백과 정식 출시
2007년	바이두 동영상 플랫폼(百度視頻) 정식 출시
2008년	알라딘 플랜 가동
2009년	박스 컴퓨팅(Box Computing) 출시, 바이두 자료실
2010년	검색 마케팅 프로 버전(鳳巢) 전환 완료, 아이치이(IQIYI, 愛奇藝) 출시
2011년	바이두 홈페이지 검색 시장 점유율 83.6%
2012년	바이두 왕판(網盤)[85] 출시
2013년	딥러닝 연구소 설립
2014년	미국 연구개발센터 설립
2015년	로봇 비서 두미(度秘, duer) 발표
2016년	'바이두 브레인' 발표, 패들패들 딥러닝 플랫폼 출시, 바이자하오 및 신시류 출시, ABC 스마트 클라우드 전략 발표
2017년	아폴로 자율주행 플랫폼 출시
2018년	스마트 미니앱 출시
2019년	중국 내 AI 특허 출원량 1위, 사용자 규모 10억 명 달성

그림 4-5. 바이두 20년 연도별 이정표

기술의 보편적 특혜를 주고 사람의 성장을 돕는 바이두 : 인간 중심, 모두가 평등하게 AI 능력을 누릴 수 있도록 한다

창업 첫날 사명을 정한 것부터 인공지능이 끊임없는 대체되는 과정 동안 바이두는 계속해서 같은 일을 해왔다. 바로 모두가 평등하게 AI 능력을 누릴 수 있도록 하

85. 구 바이두 클라우드 – 역주.

는 것이었다. 바이두에는 개발자, 창작자, 사용자, 파트너들이 있으며 사용자의 마음에서 나오는 소리를 듣는다.

바이두 비전의 핵심은 사람의 성장을 돕는 것이다. Do better(더 나은 과학 기술)는 아무런 내용 없이 장황하게 끼워 넣은 구호가 아니라 바이두가 매일 존재하는 의미다. 코로나 기간에 바이두는 사용자가 신뢰할 수 있는 자문을 제공했고 기술을 이용해 정부의 과학적이고 정확한 대응을 도왔다.

개방형, 오픈소스의 바이두 : AI는 생태를 고도로 진화하게 하고 더 많은 사람과 조직이 호혜 공생하도록 한다

바이두 생태는 참여자, 개발자가 성장하는 생태다. 인공지능의 발전과 상용화 속도를 높이기 위해서는 오픈소스와 개발형 플랫폼의 역할이 충분히 발휘되어야 한다. 오픈소스, 개방형 방면에서 이미 오픈소스를 전면 개방한 바이두 패들패들 플랫폼은 완벽한 기능의 산업용 딥러닝 플랫폼이 됐으며, 바이두 아폴로는 세계적으로 앞선 자율주행 개방형 플랫폼과 생태가 됐다.

바이두는 모바일 인터넷 배치에 속도를 높여 전략급 입구 바이두 App+ '검색+피드 스트림' 더블 엔진 + '바이자하오+미니앱+퉈관예', 이 3가지가 주축이 되는 완벽한 체계를 마련했으며 단계별로 AI 기술이 제품 경험을 크게 높여 사용자가 바이두 모바일 제품을 응용할 때 효율적이고 정확하며 스마트한 경험을 얻도록 해준다.

AI는 검색 결과 첫 페이지 만족도를 계속해서 높여주고 사용자의 검색 수요를 더 잘 이해하도록 한다. 또한, 콘텐츠 서비스자가 더욱 직관적이고 정확한 정보, 지식 및 서비스를 더욱 쉽게 연결하고 제공할 수 있도록 해준다.

하드코어 테크놀로지(Hard & Core Technology), 블랙 테크놀로지(Black Technology)의 바이두 : 바보짓을 두려워하지 않는 투자를 하고 갖춰야 할 것을 반드시 구비하며 노력하지 않고 덕 보려는 마음가짐을 피하라

지난 7~8년간 바이두는 연구개발에 엄청난 투자를 진행해왔다. 5년 연속 연구개발 투자비용이 100억 위안을 넘었고, 2019년에는 185억 위안(그림 4-6)에 달했다.

중국 500대 기업 중에서 영업수익 순위로는 물론 1위가 아니지만, 영업수익 대비 연구개발비 비중은 단연 1위다. 게다가 연구개발 투자 중 대부분을 인공지능에 투자한다.

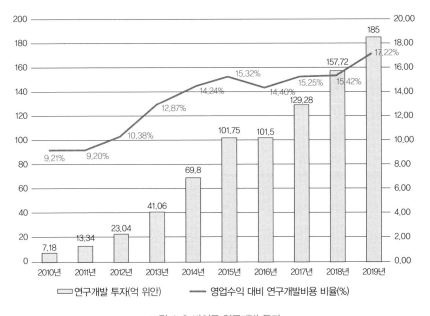

그림 4-6. 바이두 연구개발 투자

2013년 초, 바이두는 세계 최초로 딥러닝 연구소를 설립했다. 현재 왕하이펑(王海峰) 박사가 원장을 겸임하고 있는 바이두 연구원은 산하에 빅데이터 실험실(BDL), 비즈니스 스마트 실험실(BIL), 인식 컴퓨팅 실험실(CCL), 딥러닝 실험실(IDL), 양자컴퓨팅연구소(IQC), 로봇과 자율주행 실험실(RAL)과 실리콘밸리 인공지능 실험실 등 7곳의 실험실을 두었으며, 케네스 워드 처치(Kenneth Ward Church), 더우더징(竇德景), 돤룬야오(段潤堯), 궈궈둥(郭國棟), 황량(黃亮), 리핑(李平), 슝후이(熊輝) 등 AI 영역의 세계적으로 뛰어난 과학자들이 모여 있다.

바이두 연구원 고문 위원회는 2018년에 출범했다. 세계적으로 쟁쟁한 인공지능 영역 인재들로 구성된 고문 명단에는 AT&T와 벨 실험실 전 부사장이자 수석과학자인 데이비드 벨란저(David Belanger), 일리노이대학 어배너 샘페인 캠퍼스 종신 교수이자 컴퓨터 비주얼 영역의 최고 과학자인 데이비드 포시스(David Forsyth), 저명한 연산 언어학 전문가 마크 리버만(Mark Liberman), 미네소타대학교 종신 교수이자 데이터 마이닝(KDD) 분야의 최고 학술대회인 ACM SIGKDD의 혁신상 수상자인 비핀 쿠마르(Vipin Kumar), 양자 암호학의 공동 발명자이자 옥스퍼드대학 종신 교수, 싱가포르국립대학교 퀀텀 기술센터 소장인 아르투르 애커드(Artur Konrad Ekert), 저명한 컴퓨터와 빅데이터 영역 전문가이자 미시시피대학 전 총장, 컴퓨터 교육 유명인사인 제프리 비터(Jeffrey Vitter) 등 세계 유명 과학자들이 포함되어 있다.

바이두 연구원의 연구 영역은 기초부터 감지, 인식기술까지 AI 전 분야 범주를 포괄하는데 머신러닝, 데이터 마이닝, 컴퓨터 비주얼, 음성, 자연어 처리, 비즈니스 지능, 양자 컴퓨팅 등이 이에 속한다(그림 4-7-2).

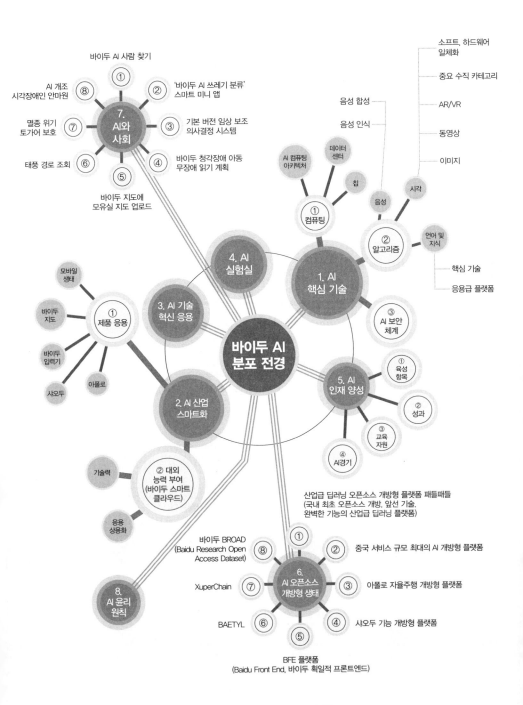

바이두 AI 사람 찾기

① ② '바이두 AI 쓰레기 분류'
    스마트 미니 앱

⑧ AI 개조
   시각장애인 안마원

⑦ 멸종 위기
   토가어 보호

⑥ 태풍 경로 조회

7.
AI와
사회

③ 기본 버전 임상 보조
   의사결정 시스템

④ 바이두 청각장애 아동
   무장애 읽기 계획

⑤ 바이두 지도에
   모유실 지도 업로드

소프트, 하드웨어
일체화

중요 수직 카테고리

AR/VR

동영상

이미지

음성 합성

음성 인식

AI 컴퓨팅
아키텍처

데이터
센터

칩

①
컴퓨팅

음성

시각

②
알고리즘

언어 및
지식

핵심 기술

응용급 플랫폼

4. AI
실험실

1. AI
핵심 기술

모바일
생태

3. AI 기술
혁신 응용

①
제품 응용

바이두
지도

바이두
입력기

샤오두

아폴로

바이두 AI
분포 전경

③
AI 보안
체계

5. AI
인재 양성

①
육성
항목

②
성과

2. AI 산업
스마트화

③
교육
자원

④
AI경기

기술력

② 대외
   능력 부여
   (바이두 스마트
   클라우드)

응용
상용화

산업급 딥러닝 오픈소스 개방형 플랫폼 패들패들
(국내 최초 오픈소스 개방, 앞선 기술,
완벽한 기능의 산업급 딥러닝 플랫폼)

바이두 BROAD
(Baidu Research Open
Access Dataset)

XuperChain

BAETYL

8.
AI 윤리
원칙

⑧

⑦

⑥

①

6.
AI 오픈소스
개방형 생태

⑤

② 중국 서비스 규모 최대의 AI 개방형 플랫폼

③ 아폴로 자율주행 개방형 플랫폼

④ 샤오두 기능 개방형 플랫폼

BFE 플랫폼
(Baidu Front End, 바이두 획일적 프론트엔드)

그림 4-7-1. 바이두 AI 분포 전경(1)

1. AI 핵심기술

바이두 브레인 소프트 – 하드웨어가 일체화된 AI 대생산 플랫폼

① 컴퓨팅 ── **AI 컴퓨팅 아키텍처**
- 백만 TOPS의 강력한 알고리즘 제공

데이터센터
- 10여 개 지역 데이터센터 클러스터

칩
- 자체연구
- 바이두 '쿤룬'
- 클라우드 통용 AI 칩
- 바이두 '홍후'
- 원격 음성 상호작용 칩

② 알고리즘 ── 음성 ── **음성 인식**
- 양방향 연속대화 능력(Full-duplex Continued Conversation)
  1회 발화로 여러 차례 상호작용
  거절 반응

- CNN을 기반으로 하는 음성 증강 및 음향
  모델링 일체화 단대단(end-to-end) 모델링 기술
  오류율 30% 이상 절감

- 절단된 어텐션 모델(Attention model) SMLTA
  세계 최초로 일부 어텐션 모델링으로 전체 문장 초월 실현
  세계 최초 온라인 음성에서 어텐션 모델 대규모 사용 실현

음성 합성
- 최초 Tacotron+wavRNN 합동훈련
- Meitron 모델 : 전 세계 최초 지도 음성 맞춤 기능

시각 ── **이미지**
(컴퓨터 비전
최고 학술회의
2020 CVPR
22편 논문 채택)
- Wider Challenge 안면 인식 국제 경기 우승
- 스탠퍼드대학 DAWNBench 도표 4개 항목 세계기록 경신
- ICME 안면 인식 106 키포인트 측정 경기 우승

동영상
- ICCV VOT 2019 단일 객체 추적 1등 수상
- 다중 객체 추적 도전 MOT16 랭킹 세계 1위

AR/VR
원명원 대수법(大水法) 실제 전경 복원

중요 수직 카테고리
- 바이두 로봇 기술
- 서비스 로봇
- 엔지니어링 기계

소프트, 하드웨어 일체화
- AI 카메라 소프트 하드 일체화 솔루션
- FaceID 멀티모달(multimodal) 안면 인식 모듈
- PaddleSlim 모델 압축 플랫폼

언어 및 지식

핵심기술
- 지식 증강 언어 이해 프레임 어니(ERNIE)가 구글의 버트 (BERT)를 제치고 GLUE 대회에서 1위 수상
- 기계 동시통역 기술 실현
- 정확도 高
- 딜레이 少
- 28편 논문 국제 최고 대회 AAAI 2020에 채택
- 11편 논문 자연어 처리 영역 국제 최고 대회 ACL 2020에 채택
- WMT 2019 국제 기계 번역 대회 우승
- MRQA2019 독해 국제 평가 대회 우승
- 바이두 패들패들 플랫폼이 자체 연구한 지식증강에 기반한 자연언어 이해 기술 및 플랫폼 원신(文心, ERNIE)이 자연언어 처리 분야 최대 규모 국제 대회 SemEval에서 5개 부문 우승

응용급 플랫폼
- 스마트 대화 맞춤형 및 서비스 플랫폼 UNIT
- 스마트 창작 플랫폼
- 업계 지식그래프 플랫폼
- 번역 개방형 플랫폼

③ AI 보안 체계

- 기초층 : 오픈소스 기술 매트릭스
- 플랫폼층 : 개방형 업계 솔루션
- 생태층 : 학술, 기업, 정부, 기관 여러 측면의 개방형 협력

2. AI 산업 스마트화

– '클라우드+AI'로 산업 스마트화 추진
– 국내 최단기 단일 분기 영업수익 10억 돌파

① 제품 응용 ── **모바일 생태**
  – 스마트 미니 앱(개방형 생태 MAU 5억에 달함)
  – 바이두 앱(1,000만 개 이상 사물과 30개 이상의 시나리오 자동인식)
  – 바이두 검색(검색 첫 페이지 만족도 지속 상승)

── **바이두 지도**
  – 스마트 음성 비서 사용자 규모 3억 돌파
  – 세계 최초 지도 음성 맞춤형 기능
  – 하루 평균 이동 거리 20억 킬로미터
  – 하루 평균 위치 서비스 요청 횟수 1,200억 회 돌파

── **바이두 입력기**
  – 하루 평균 음성 요청량 10억 회 이상
    활성 사용자 수 6억 명 이상

── **샤오두**
  – 소프트웨어
    6월 현재 샤오두 비서의 스마트 설비 활성화 수량 4억 돌파, 2020년 3월 샤오두
    비서 음성 상호작용 횟수 65억 회
  – 하드웨어
    샤오두 인공지능 스피커 출하량 연속 5분기 국내 1위
    샤오두홈 스마트 디스플레이 판매량 전 세계 1위

── **아폴로**
  – 중국 자율주행 국가팀
  – 면허 수량, 테스트 거리, 차량 팀 수 중국 1위
  – 국내 유일 중국 자율주행 드라이브 테스트 T4 면허 보유
  – 중국 최초로 L4 등급 자율주행 승용차 전장 양산
  – 세계 최초 L4 등급 자율주행 버스 아폴로 양산
  – 세계 최초 차와 통행이 융합된 풀 스택식 스마트 교통 솔루션 'ACE 교통 엔진'
  – 중국 최초 자율주행 도시(아폴로+창사)

② 대외 능력 부여 ── **기술력**
(바이두
스마트클라우드)
  – 바이두 쿤룬 클라우드 서버(완전 자체 연구개발)
  – 엣지 컴퓨팅 상품 BIE (중국 최초 스마트 엣지 컴퓨팅 상품)
  – 5G+8K+AI 영상 생중계 (세계 최초 실현)
  – 블록체인 플랫폼 텐렌(天鏈)(원스톱 ABC+블록체인 믿을 만한 솔루션)

└ 응용 상용화
  – 스마트 고객 서비스(차이나 유니콤, 금융디지털휴먼)
  – 인터넷(CCTV.com 스마트 창작 플랫폼, AI가 찾아줄게요)
  – 산업 제조(과학 기술 정밀연구 스마트 품질검사)
  – 스마트 도시, 스마트 교통
    (ACE 대표 도시 10곳 이상, 베이징, 상하이, 창사, 충칭, 바오딩, 창저우 등지에서
    상용화
    ABC+X 기반의 도시관리 플랫폼, 쑤저우, 인촨, 닝보 등 여러 도시에서 테스트)
  – 금융(China ums, 스마트 수표 인식 시스템)

3. AI 기술 혁신 응용

– **바이두 Apollo Lite**
  국내 유일의 도시 도로 L4 등급 시각 감지 솔루션
– **자율주행 시뮬레이션 시스템**
  〈사이언스〉 자매지에 게재
– **가상 이미지 합성**
  AI 가상 MC 샤오링(小靈) (바이두+중국 중앙 텔레비전(CCTV))
  가상 앵커(바이두+펑파이뉴스(澎湃新聞))
  업계 최초 '금융디지털휴먼' (바이두+부파(浦發)은행)
– **로봇팔 '차박사'**
– **무인 굴착기**
– **스마트 춘련(春聯)**
– **바이두 브레인&라오서 차관(老舍茶館)이 합작한 국내 최초 AI 차관**

4. AI 실험실

바이두 연구원이 7대 실험실로 업그레이드
  – 딥러닝실험실(IDL)
  – 실리콘밸리 인공지능 실험실(SVAIL)
  – 양자 컴퓨팅연구소(IQC)
  – 인식 컴퓨팅 실험실(CCL)
  – 로봇과 자율주행 실험실(RAL)
  – 빅데이터 실험실(BDL)
  – 비즈니스 스마트 실험실(BIL)

5. AI 인재 양성

① 육성 항목
- '딥러닝 엔지니어 인증 표준'
- '황푸(黃埔)학원', 'AI 익스프레스(快車道)'
- 'Paddle Camp', '패들패들 박사회'
- '전국 대학 딥러닝 강사 양성 교실'

② 성과
- 산학 전략적 협력
- 1,000명 이상의 전문 교사
- 200곳 이상의 대학에 딥러닝 커리큘럼 개설 지원
- 5,000개 이상의 기업에 기술과 응용 교육 제공

③ 교육자원
- 바이두 인공지능 학습 및 실습 커뮤니티 AI Studio 대학 무료 사용 제공
- 차세대 인공지능 교재 편찬

④ AI 경기
- 바이두의 별(연속 15년 중국 엔지니어 인재 발굴)
- 바이두와 시안교통대학의 빅데이터 경진대회 겸 IKCEST '일대일로' 국제 빅데이터 대회
- 중국 대학교 컴퓨팅 대회–인공지능 아이디어 콘테스트
- 패들패들 도전 대회

6. AI 오픈소스 개방형 생태

① 산업급 딥러닝 오픈소스 개방형 플랫폼 패들패들(국내 최초 오픈 소스 개방, 앞선 기술, 완벽한 기능의 산업급 딥러닝 플랫폼)
- 누적 서비스 190만 이상 개발자
- 기업 사용자 8.4만 곳 이상
- 23만 개 모델 발표

② 중국 서비스 규모 최대의 AI 개방형 플랫폼
- 250+항목 핵심 AI 능력
- 하루 평균 콜(call)량 1조 회 돌파
- 음성, 안면, NLP, OCR 콜량 중국 1위

③ 아폴로 자율주행 개방형 플랫폼
- 아폴로 5.5 업데이트로 숙련된 자율주행 솔루션 마련
- 전 세계 최대 자율주행 개방형 플랫폼
- 1기 국가 차세대 인공지능 개방형 혁신 플랫폼
- 약 200개 생태 협력 파트너
- 97개 국가 커버
- 오픈소스 56만 라인 코드

④ 샤오두 기능 개방형 플랫폼 ─ ─ 개발자 수 3.8만 명 이상
─ 3,800종 이상의 뛰어난 기술
─ 협력 파트너 수 500곳 이상
─ 샤오두 비서가 통제 가능한 IoT 스마트 홈 설비 1.1억 이상

⑤ BFE 플랫폼(Baidu Front End, ─ ─ 바이두 획일적인 7층 트래픽 전달 플랫폼
바이두 획일적 프론트엔드) ─ 하루 전달 요청 약 1조
─ 피크 QPS 1,000만 이상
─ 순조로운 춘완 홍바오 행사 진행

⑥ BAETYL ─ ─ 중국 최초 오픈소스의 엣징 컴퓨팅 프레임

⑦ XuperChain ─ ─ 중국 자체 연구+오픈소스의 블록체인 핵심기술

⑧ 바이두 BROAD(Baidu Research ─ ─ 업계급 개방형 데이터 세트
Open Access Dataset)

7. AI와 사회

① 바이두 AI 사람 찾기 – 10,000명 이상의 실종자와 가족을 상봉하게 함
② '바이두 AI 쓰레기 분류' 스마트 미니 앱 – 사용자가 편리하고 간편하게 쓰레기를 분류하도록 도움
③ 기본 버전 임상 보조 의사결정 시스템 – 수만 명의 의사에게 서비스 제공
④ 바이두 청각장애 아동 무장애 읽기 계획 – 세계 최초 청각장애 아동을 위한 AI 수화 번역 미니 앱
⑤ 바이두 지도에 모유실 지도 업로드 – 전국 최초 정부 기관과 협력, 여러 도시에 적용
⑥ 태풍 경로 조회
⑦ 멸종 위기 토가어 보호
⑧ AI 개조 시각장애인 안마원

8. AI 윤리 원칙

─ AI의 최고 원칙은 보안·통제 가능
─ AI의 혁신 비전은 인류가 더욱 평등하게 기술과 능력을 얻도록 하는 것
─ AI의 존재 가치는 사람을 뛰어넘고 대체하는 것이 아니라 사람의 배움과 성장을 돕는 것
─ AI의 궁극적인 이상은 인류에게 더 큰 자유와 가능성을 가져다주는 것

바이두 최고기술책임자 왕이펑 박사

바이두 연구원 선임 고문, 미국 메릴랜드대학 컴퓨터 과학 및 전기, 컴퓨터 공학과 주임 디네시 마노차 교수

저명한 컴퓨터 및 빅데이터 영역 전문가이자 미시시피대학 전 총장, 컴퓨터 교육 유명인사인 제프리 비터

AT&T와 벨 실험실 전 부사장이자 수석과학자인 데이비드 벨란저

일리노이대학 어배너 샘페인 캠퍼스 종신 교수이자 컴퓨터 비주얼 영역의 최고 과학자인 데이비드 포시스

저명 연산 언어학 전문가 마크 리버만

미네소타대학교 종신 교수이자 데이터 마이닝(KDD) 분야의 최고 학술대회인 ACM SIGKDD의 혁신상 수상자인 비핀 쿠마르

양자 암호학의 공동 발명자이자 옥스퍼드대학 종신 교수이자 싱가포르국립대학교 퀀텀 기술센터소장인 아르투르 애커드

케네스 워드 처치, 더우더징, 돤룬야오, 궈궈둥, 황량, 리핑, 슝후이……

바이두
연구원

웨이마자동차(威馬汽車)	스차오(獅橋)
허사이 테크놀로지(禾賽科技)	샤오위짜이자(小魚在家)
XGIMI(極米科技)	윈딩테크(雲丁科技)
바이신(百信)은행	Neusoft(東軟控股)
Gitee(開源中國)	HAND(漢得信息)
coocaa(創維酷開)	캉푸즈(康夫子)
AsiaInfo(亞信科技)	위신테크(宇信科技)
…	

투자

AI 특허 수 1만 건 이상
그중 중국 특허가 7,000건 이상으로 중국 1위
딥러닝 분야 특허 출원량 전 세계 2위

AI 특허

국제 AI 최고 학회 200여 편 이상 채택,
AI 강국 실력 드러냄

AI 논문

AI
학술 실력

ACL, CVPR, NeurIPS 등 국제 최고 학회/대회에서
우승, 누적 100개 이상 항목
과학 연구인력 비중 61%, 업계 선두

AI 수상

그림 4-7-2. 바이두 AI 분포 전경(2)

중국의 인공지능 기초 지지역량 부족 등의 문제를 해결하기 위해서 2017년 2월 국가 발개위는 '딥러닝 기술 및 응용 국가 공정실험실' 설립을 공식 승인하고, 3월에 정식 운영에 들어갔다. 바이두가 주축이 되고 칭화대, 베이징항공항천대, 중국 전기 기술표준화연구원, 중국정보통신연구원이 참여한 실험실에서는 딥러닝 기술, 컴퓨터 비전(Computer Vision) 감지 기술, 컴퓨터 오디션(computer Audition) 기술, 바이오 특징 인식 기술, 신형 인간과 기계 간 상호작용 기술, 표준화 서비스, 딥러닝과 지적 재산권 등 7가지 분야에 관한 집중적인 연구를 진행했다. '국내 선도, 세계 일류'의 딥러닝 기술 및 응용 연구기관을 설립함으로써 연구 진전, 산업 협력, 기술 성과 양도, 인재 육성 등 분야에서 중국의 인공지능 영역 경쟁력을 높이고자 했다.

2017년 11월 15일, 과기부는 1기 국가 차세대 인공지능 개방형 혁신 플랫폼 명단을 발표하고 그중 바이두의 역량을 통해 '자율주행 국가 차세대 인공지능 개방형 혁신 플랫폼'을 구축하고자 했다.

이런 핵심적인 변혁 시기에 바이두 AI는 자신의 길을 고수하며 심층적인 연구를 진행하고 착실히 응용했다. 핵심 기술의 혁신적인 진전으로 국제무대에서 여러 차례 월계관을 차지했고 소프트-하드웨어 일체화 AI 대생산 플랫폼을 구축해 전면적인 자주적 통제를 이루고 오픈소스를 개방했다. 이 밖에 데이터, 알고리즘, 컴퓨팅 파워의 유기적인 융합과 바이두 스마트 클라우드에 힘입어 각 업계에 스마트 업그레이드 능력을 부여했으며, AI 인재를 육성해 AI 서비스 사회를 이행하기도 했다. 2019년 중국 인공지능 특허출원 순위에서 바이두는 5,712건으로 1위를 차지했으며 딥러닝 기술, 음성 인식, 자연어 처리, 스마트 주행 등 인공지능 핵심 분야에서 1위를 거머쥐었다. 2020년 5월 현재, 바이두의 해외 AI 특허 출원량은 1만 건을 넘었고, 그중 중국 특허가 7,000여 건으로 연속해서 중국 1위를 유지하고 있으며 음성 인식, 자연어 처리, 지식 그래프와 자율주행 4가지 세분화 영역 순위에서 중국 1위를 차지했다.

윤리가 이끌고 기술에 체온을 더하는 바이두 : 인류에 더 큰 자유와 가능성을 가져다준다

AI 관련한 윤리, 보안과 사회 책임은 바이두 AI의 전진을 이끄는 지침이자 방향이었다. 보안, 통제 가능은 AI의 최고 원칙이며 인류가 더욱 평등하게 기술과 능력을 얻도록 하는 것이 AI의 혁신 비전이다. 또한, 사람을 뛰어넘고 대체하는 것이 아니라 사람의 배움과 성장을 돕는 것이야말로 AI의 존재 가치고, 인류에게 더 큰 자유와 가능성을 가져다주는 것이 AI의 궁극적인 이상이라는 것을 믿어왔다(그림 4-8).

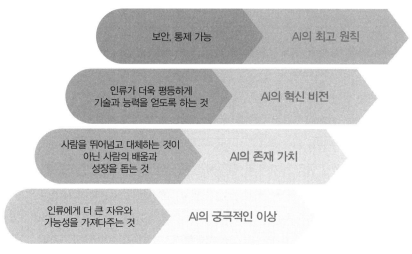

보안, 통제 가능 — AI의 최고 원칙

인류가 더욱 평등하게 기술과 능력을 얻도록 하는 것 — AI의 혁신 비전

사람을 뛰어넘고 대체하는 것이 아닌 사람의 배움과 성장을 돕는 것 — AI의 존재 가치

인류에게 더 큰 자유와 가능성을 가져다주는 것 — AI의 궁극적인 이상

그림 4-8. 바이두가 인지하는 AI 윤리

예상했든, 못했든 수많은 상황을 마주하며 바이두는 시대의 거센 흐름 속에서 AI가 사람들에게 위로가 되는 미소가 되게 하려고 힘쓴다. AI 인재 한 명을 기르는 것은 AI 발전의 길에 등불 하나를 켜는 것과 같다.

더욱 자신감 있고 더욱 신뢰받는 바이두 : 변화에 적응하기도 전에 또 새로워진다

후스(胡適)선생은 "조금씩 노력하면 수확할 곡식이 창고에 가득하다"라고 말한 바 있다.

〈MIT 테크놀로지 리뷰(MIT Technology Review)〉는 2001년부터 매년 10대 혁신 기술을 선정해 발표하고 있다. 이는 심사가 엄격하고 문턱이 높으며 '신기술의 미래에 대한 안내서'라고 평가받는 저명한 차트로, 현재 전 세계 과학 기술의 발전 수준과 방향을 대표하며 미래 인류 생활에 영향을 미친다. 바이두는 2016년, 딥 음성 인식 시스템(Deep Speech2) 분야에서 중국 과학 기술 기업으로는 유일하게 선정됐고, 2017년 2월에는 안면 인식 결제, 강화형 기계 학습, 자율주행 트럭 3개 항목 기술에 선정됐으며 인공지능의 모든 상을 휩쓸었다. 2018년 바이두는 다시 한번 중국 기업으로는 유일하게 선정됐고 실시간 음성 번역 분야의 성과에 힘입어 구글과 함께 해당 분야의 '키 플레이어'로 선정되기도 했다. 이로써 바이두는 최초로 3년 연속 해당 차트에 선정된 중국 기업이 됐다. 다음 그림 4-9에 나타난 6개 차원으로 바이두를 전반적으로 인식해보도록 하자.

2018년에 DuerOS, 바이두 아폴로, 아이치이는 〈포브스〉가 선정한 중국 혁신기업명단에 선정됐고, 2019년에는 바이두 아폴로, 아이치이가 다시 한번 손잡고 〈포

단순 철학, 토대 사고를 지닌 바이두
더 단순하고 더 사용이 쉬우며 더 효율적이다.

기술의 보편적 특혜를 주고 사람의 성장을 돕는 바이두
인간 중심, 모두가 평등하게 AI 능력을 누릴 수 있도록 한다.

개방형, 오픈소스의 바이두
AI는 생태를 고도로 진화하게 하고 더 많은 사람과 조직이 호혜 공생하도록 한다.

하드코어 테크놀로지(Hard & Core Technology),
블랙 테크놀로지(Black Technology)의 바이두
바보짓을 두려워하지 않는 투자를 하고 갖춰야 할 것을 반드시 구비하며 노력하지 않고
덕 보려는 마음가짐을 피하라.

윤리가 이끌고 기술에 체온을 더하는 바이두
인류에 더 큰 자유와 가능성을 가져다준다.

더욱 자신감 있고 더욱 신뢰받는 바이두
변화에 적응하기도 전에 또 새로워진다.

그림 4-9. 6가지 차원에서 바이두 인지하기

브스〉중국 혁신기업명단에 이름을 올렸다.

아폴로는 국내외 권위 있는 기관의 인정을 받았다. 〈포브스〉, 〈MIT 테크놀로지 리뷰〉 등 권위 있는 간행물과 세계적으로 유명한 벤처 캐피탈 연구기관인 CB Insights 등도 바이두의 자율주행을 높이 평가했으며, 〈포브스〉는 바이두가 자율주행 영역에서 구글과 테슬라 등 미국 과학 기술 거물들을 뛰어넘을 가능성이 있다고 밝힌 바 있다.

2020년 1월, Frost& Sullivan이 발표한 〈2019년 중미 인공지능 산업 및 공급업체 평가〉 보고서는 기술 비축, 기술 분포, 기술 생태 및 AI 응용의 4가지 핵심 차원에서 중국과 미국 AI 공급업체의 AI 종합실력에 대해 수량화 대비 분석을 진행했다. 그중 기술 비축과 기술 분포는 기업의 AI 기술력을 종합적으로 구현하는 기업 기술 생태와 AI 응용 분포의 기초이며, 기술 생태와 AI 응용은 기업 AI 사업 비즈니스를 현금화하는 직접적인 방법이다.

보고서는 "중국 공급업체 바이두는 전 세계 4위인 중국 AI 산업의 선두주자다. 중국 공급업체는 정책적 지원에 힘입어 발전의 기회를 맞이하고 있는데, 그중 바이두는 AI 산업의 전반적인 분포에 힘쓰고 있으며 일부 핵심 기술은 미국업체를 앞서고 있다. 또한, 딥러닝 공정실험실, 자율주행 플랫폼 등 국가적 프로젝트를 맡고 있고 중국 AI 업체 중 종합평가 순위 1위다"라고 평가했다.

2020년 2월에 발표된 〈하버드 비즈니스 리뷰(Harvard Business Review)〉 중문판 〈2019 인공지능 특별 연구조사보고〉에서 바이두는 '2019년 글로벌 AI 기업 TOP 5'에 구글, 애플, 마이크로소프트, 아마존과 함께 선정됐다. 그 가운데 바이두에 대해 "바이두는 세계적으로 앞선 인공지능 플랫폼형 회사로 중국 AI 분야에서 시작이 가장 빠르고 기술이 가장 강력하며 구성이 가장 완벽한 기업이다. 바이두 브레인은 중국 유일의 소프트웨어와 하드웨어가 일체화된 AI 대생태 플랫폼으로 음성, 시각, 지식 그래프, 자연어 처리 등 핵심 기술 측면에서 전 세계 업계를 선도한다. 또한, 스마트 클라우드를 매개체로 바이두는 현재 AI 응용 상용화를 적극적으로 추진하고 금융, 고객 서비스, 도시, 의료, 인터넷, 공업 등 영역에 광범위하게 응용해 중국 산업 스마트화의 리더가 됐다. 바이두는 중국 최대 대화형 인공지능 운영체계인 DuerOS를 만들었으며, 샤오두 시리즈 인공지능 스피커 출하량은 세계 2위, 중국 1위를 차지한다. 그 밖에 중국에서 가장 강력한 자율주행 실력을 갖춘 아폴로를 보유하고 있으며 차량 인터넷, 스마트 교통 등 영역에서 완벽한 솔루션을 갖고 있다. 현재 바이두 AI는 특허수, 패들패들 딥러닝 오픈소스 플랫폼, AI 일간 사용량, 개발자 생태 규모, AI Cloud 등 분야에서 중국 1위를 기록했다"라고 평가했다.

05

사회 미들엔드화 :
기술과 산업 가치를 모두 중시하는 바이두

우리는 매우 복잡한 세상에 살고 있다. 인성(人性)의 약점을 이용해 헛소문을 퍼뜨리고 저속한 정보를 발표하며 자극적인 제목으로 DAU(하루 사용자 수)와 시장을 얻으려는 사람들이 있지만, 우리가 원하는 것은 사람의 배움과 성장을 돕는 것이다. 폐쇄된 생태를 구축하고 담장을 쌓아 올리며 콘텐츠를 독점해 홀로 몸집을 키우려고 하는 사람들도 있지만, 우리가 하는 것은 개방, 연결이며 모바일 인터넷의 상호접속이다. 기술을 통해 사람과 사람 간, 국가와 국가 간 격차를 벌리려고 하는 사람도 있지만, 우리는 오픈소스와 생태를 통해 모든 사람이 AI가 가져오는 장점을 누리고 이 세상이 더욱 평등하고 단순하게 되기를 바란다.

어쩌면 우리가 지금 하는 이런 일들은 많은 이들의 이해를 얻지 못할 수도 있으며 우리도 실수를 범할 때가 있을 수 있다. 하지만 초심을 잃지 않고 계속해서 노력해간다면 언젠가는 우리의 기술과 제품이 점점 사회와 시장의 인정을 받을 것이며 언젠가는 우리의 바이두가 하늘로 비상해 세상을 놀라게 할 것이다.

리옌훙의 바이두 하계대회 연설

(2018년 8월 11일)

꾸준하게 독자적으로 통제 가능한 AI 기술을 지키고 축적해 스마트 사회 신인프라 건설의 토대와 경제 발전의 신엔진이 되고 각종 플랫폼, 미들엔드의 공유와 공생과 그리고 협력을 통한 생태 구축으로 경제사회의 기술 대미들엔드, 대생산 플랫폼이 되며 기술과 산업 가치를 모두 중요시함으로써 업계, 산업 스마트화의 조력자와 파트너 수직 시나리오 신가치의 굴착기가 된다. 인간 중심, 사람의 성장을 돕는 것을 목표로 하는 대연결, 대상호작용, 대배포, 콘텐츠 창작자, 개발자와 모든 이의 배움과 성장을 촉진한다. 이는 바이두가 주장하는 스마트 경제, 스마트 사회 지향적인 가치다.

바이두는 왜 이런 믿음을 가지는가? 이는 '기술이 세상을 바꿀 수 있고 플랫폼형 회사는 사람의 성장, 기업의 전환, 경제 성장, 사회 진보를 도울 수 있다'라는 길을 믿으며 이 길을 따라가다 보면 필연적으로 도달하게 되는 "과학 기술이 복잡한 세상을 더욱 단순하게 만든다"라는 바이두의 사명을 믿기 때문이다.

사실 이는 지난 십몇 년 동안 이미 증명된 사실이다. PC 인터넷 시대에 바이두는 정보의 격차를 좁혀 모든 사람과 정보 간의 거리를 똑같게 만들고 톄바, 바이두 지식, 백과 등 인터넷 상품들을 개발했으며 무선 인터넷 시대에는 검색의 트렌드를 이끌고 바이두 왕판, 바이두 지도처럼 사용자 집단이 엄청나고 후기가 좋은 모바일 앱을 선보였다.

대연결 : 모든 것을 연결하는 스마트 검색

과거에 정보를 얻기 위해서는 첫 번째로는 스승님을 통해 진리와 학문을 터득해 의문을 풀거나 두 번째로는 타인에게 가르침을 얻거나 세 번째로는 수많은 책을 읽어야 했다. 가령 헤아릴 수 없이 많은 정보 가운데 우리가 원하는 정확한 정보를 검색하는 것은 마치 지식의 바다에서 당신이 가장 마음에 드는 조개껍데기를 찾는 것처럼 확률이 낮고 헛고생만 하는 일이었다.

사회화, 보편적 특혜화된 지식 관리 플랫폼

〈옥스퍼드 영어사전〉의 편찬 비하인드 스토리를 담은 〈교수와 광인(The Professor and the Madman)〉이라는 영화가 있다. 방대한 양의 〈옥스퍼드 영어사전〉 편찬을 위해 1857년 편찬위원회가 설립됐고, 1876년 언어학자 제임스 머리 교수가 사전의 편집 작업을 이어받았다. 영어의 매력을 충분히 펼치기 위해서 머리는 표제어마다 용례와 어휘의 변화를 열거하고 모든 원문을 첨부해야 한다고 주장했다. 그러나 이는 몇 명의 편집자만으로는 완성할 수 없는 임무였다. 이에 머리는 대담한 생각을 제시했다. 바로 많은 자원봉사자에게 작업에 참여할 것을 호소함으로써 영어를 사용하는 일반인이 어휘를 수집하고 표제어가 사용된 모든 내용을 모으면 편집자가 다시 이를 정리하고 편집하도록 하는 것이었다. 1857년 편찬위원회가 설립되고부터 1928년 사전이 출판될 때까지 71년이라는 시간이 걸렸으니 인류 역사상 가장 대단한 지식공정이라고 할 만하다.

이는 인터넷이나 검색엔진이 없던 시절에 발생했던 이야기다. 머리와 많은 자원봉사자는 사전이 정식 출판되기도 전에 세상을 떠났다. 그러나 오늘날에는 인터넷의 발전과 검색 기술의 발전으로 정보 검색, 지식 습득, 서비스 찾기는 매우 손쉬운 일로 바뀌었다. 그래서 인터넷과 검색 기술, AI 기술의 발전은 나와 내 요구사항의 거리를 더욱 좁혀주고 지식 습득 능력을 더욱 키워주며 학습 효율을 더욱 높여준다. 바이두 검색엔진이 나온 이후로는 모르는 게 있어서 검색이 필요할 때면 사람들은 "두냥(度娘)[86]한테 물어봐"라며 농담처럼 말하기도 한다.

이런 의미에서 봤을 때 바이두는 사회화, 보편적 특혜화된 지식 관리 플랫폼이다(그림 5-1). 우리는 매일 중국인 그리고 전 세계 사람들이 점점 평등하고 편리하게 정보를 습득하고 그들이 바라는 것을 찾도록 하는 매우 의미 있는 일을 하는 중이다.

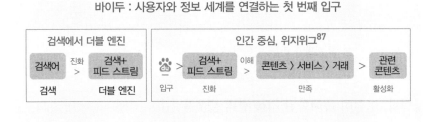

그림 5-1. 바이두 모바일 생태가 사용자와 세계를 연결해준다

지식 그래프가 있어서 '딥러닝'이 가능해졌다. 사실 바이두 백과는 지식 그래프의 축소판이다. 바이두 톄바, 바이두 지식에서는 상호작용이 가능하고 바이두 자료

---

86. 바이두의 애칭으로 바이두 언니 정도의 의미. – 역주.
87. What You See Is What You Get, 보는 대로 얻는다. – 역주.

실에서는 내 지식상점에서 나의 지식을 공유해 손쉽게 지식 현금화를 실현할 수 있으며, 바이두 왕판에서는 내가 찾은 '조개'들을 진열하고 책꽂이를 클라우드에 넣어 클라우드 저장, 클라우드 관리를 진행할 수 있다.

정보의 구조화는 검색 엔진을 일궜고 지식의 구조화는 바이두 백과, 바이두 지식, 바이두 경험(百度經驗)[88]을 일궜으며 데이터의 구조화는 스마트 마케팅과 딥러닝을 일궜다.

검색 엔진의 진화역사, 인공지능 기술 진보의 축소판

바이두는 탄생부터 강한 인공지능 유전자를 갖고 있었다. 기술과 기술의 응용은 우리가 외부 세계에 주는 가장 좋은 선물이며, 모든 사람이 그들이 원하는 연결을 얻게 하는 것은 바이두의 존재 가치이자 우리가 사회에 발을 붙이고 살 수 있는 의미다. 바이두는 처음에 사람과 정보를 연결하는 일로 시작했다가 지식 상품이 생기자 사람과 지식을 연결했으며, 더 많은 기업의 발전을 돕고 사람들이 서비스를 얻게 도울 수 있다는 것을 인식한 후에는 사람과 서비스를 연결했다. 권위 있는 정보와 정부의 정보가 국민에게 전해져야 할 때 우리는 정부, 언론과 사람을 연결하기 위해 최선을 다했다. 이제는 AI 시대가 왔으니 바이두의 연결 시나리오는 무한대로 확장되어 사람과 상황, 사람과 사람, 사람과 서비스, 사람과 사물, 사물과 사물, 사람과 자연, 사람과 도시, 사람과 차, 사람과 미래의 연결에 미친다.

검색 엔진은 본질적으로 인공지능 상품이다. 검색 엔진이 하는 일은 어떤 것인가? 사용자가 자연어로 자신의 요구사항을 표현하면 컴퓨터는 사용자가 무엇을 원하는지 분석한 다음 사용자에게 이에 알맞은 답을 제공한다. 그렇다면 인공지능이 하는 일은 어떤 것인가? 바로 컴퓨터가 사람처럼 생각하는 방법을 습득하도록 하는 일을 한다. 그러므로 처음부터 검색은 인공지능 상품인 것이다.

바이두는 사용자에게 가치 있는 정보와 서비스를 제공해왔다. 바이두 검색은 정보와 지식에서부터 손을 대서 정보 대칭과 수직 연결을 촉진하고 지능적으로 기회를 통찰하며 요구 상태를 파악해서 분석을 진행한다. 또한, 유비쿼터스 상호작용과

88. 바이두의 노하우 공유 채널. – 역주.

배포를 전개하기도 한다. 2012년부터 검색 엔진의 정렬 알고리즘(Sorting algorithm)은 경험 총괄을 기반으로 하는 인공규칙에서 대량 어노테이션(Annotation) 샘플 기반의 머신러닝 모델로 단계적으로 넘어가고 있다. 그러므로 오늘날 사람들이 사용하는 바이두의 이면은 완전히 인공지능 엔진이며, 그 본질은 유비쿼터스의 슈퍼 입구이자 스마트 상호작용 입구다. 이렇게 바이두 검색 엔진은 모바일 인터넷 단말, PC 단말과 많은 제휴 파트너를 기반으로 중문 검색 분야에 제일가는 사회 인프라 서비스 제공업체가 됐다.

체온이 느껴지는 검색, 영혼을 불어넣은 기술

바이두 모바일 생태는 정보와 지식을 핵심으로 한 모바일 생태다. 정보와 지식 습득은 사용자의 기본적인 강성수요로, 이 강성수요는 과거에도 약해지지 않았고 앞으로도 약해지지 않을 것이다. 바이자하오, 스마트 미니앱, 퉈관예, 롱클립, 쇼트 클립과 라이브 방송, 지식 카테고리, 서비스 카테고리는 새로운 콘텐츠와 서비스 생태를 함께 구축했다. 독점인 '스마트 검색+피드 스트림'을 결합해 사용자에 대한 편리한 도달과 배포를 형성했는데, 이는 어디에나 있는, 무엇이든 있는, 밀접히 연결된 정보, 지식 서비스 세계를 다시 만든 것과 다름없다.

코로나 기간에 바깥출입을 하지 않는 사람들에게는 특히나 좋은 퀄리티의 검색이 필요했다. 이렇게 해서 검색 엔진이 가진 가치가 더 드러났다. 불확실성이 많아질수록 사람들은 주변 상황에 관심을 더 기울이게 되고, 더욱 적극적으로 정보를 찾아야 하므로 더 많은 사용자가 바이두 검색을 통해 자신이 원하는 정보를 습득하며 바이두 피드도 사용자가 필요로 할 때 적극적으로 추천한다. 코로나 기간에 바이두 동료는 수많은 콘텐츠 창작자, 생태 협력 파트너와 함께 가장 신속하고 정확하게 권위 있는 정보를 제공했으며 검색+피드 스트림을 통해 매일 10억 명 이상이 바이두에서 코로나에 관련된 정보를 얻었다.

사용자는 정보와 지식 외에 서비스도 필요로 한다. 이에 바이두는 파트너와 함께 최대 규모의 온라인 의료 컨설팅 플랫폼인 바이두 건강(百度健康)을 선보였다. 코로나 기간에 특별 출시한 새로운 브랜드인 바이두 건강은 바이두와 파트너 능력을 기반으로 사용자에게 의료 건강 관련 서비스를 제공했다. 바이두 건강의 원이셩(問醫

生)[89]은 전 세계 네티즌을 대상으로 천만 회 이상의 의료 컨설팅 서비스를 제공했다. 이 서비스는 베이징시 정부의 허가를 받았으며 전 세계 100여 개 이상의 영사관에서 추천하기도 했다.

코로나 기간에 사용자를 대상으로 한 정보와 서비스 제공 외에도 더 많은 협력 파트너와 더 많은 중소기업에 도움을 제공했다. 코로나19 발병 초기, 우리는 재빠르게 '공두계획(共度計劃)'을 내세워 기업에 기술 및 마케팅 자원을 지원하고 업무 복귀, 생산 재개, 효과적인 업무 운영을 도왔다.

자발적 변혁, 바이두 모바일 생태 재건

바이두 모바일 생태의 핵심은 그대로지만 시대가 변화 중이고 사용자가 변화 중이며 우리가 사용자와 고객에게 서비스하는 방식 역시 필요에 따라 파격적으로 변화한다(그림 5-2). 예를 들어, 검색 첫 페이지 만족도를 사용자 경험을 가늠하는 핵심 지표로 삼고 스마트 미니앱 생태를 통해 '신연결'을 구축하며 정보 연결에서 상품 연결, 서비스 연결로의 업그레이드를 실현할 뿐 아니라 사용자, 바이두, 개발자 간의 링크를 통하게 해 파트너, 사용자에게 네이티브(Native) 성장의 원동력 주는 것이 그 예다.

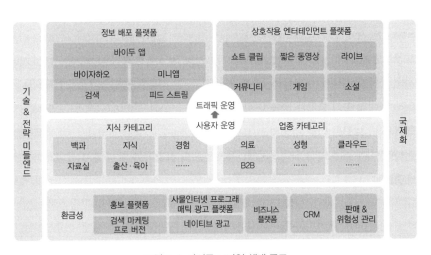

그림 5-2. 바이두 모바일 생태 구조

---

89. 의사에게 물어봐. – 역주.

선더우(沈抖) 박사, 바이두 그룹 부사장, 모바일 생태 사업 그룹 담당, 2012년 바이두 합류, KDDX(ACM 데이터마이닝 중국지부) 부위원장 등 학술 직무 담당(취재 일자 : 2020년 4월 26일)

장샤오핑 : 박사님은 바이두 합류 초기부터 스마트화 검색의 유비쿼터스를 추진하셨습니다. 물론 검색은 곧 스마트화를 뜻하기 때문에 초반부터 AI의 유전자를 갖고 있었고, AI가 모든 검색 경험의 변화를 이끌었습니다. 박사님은 검색 결과 첫 페이지 만족도를 굉장히 강조하시는데, 제가 살펴본 바로는 바이두의 이 지표가 초기 10%에서 50% 정도까지 상승했네요. 또 새로 바뀐 게 있습니까?

선더우 : 네, 최근 데이터는 58%입니다. 검색이란 사용자가 명확한 의도를 가지고 하는 행위이므로 우리는 이 의도를 만족시키는 좋은 방식을 갖고 있어야 합니다. 이러한 이유로 검색 엔진에 있어서 검색 결과 첫 페이지 만족도는 매우 중요한 부분입니다. 초창기에는 우리가 관련 정보를 사용자에게 제공하면 사용자가 이를 선별하고 정제했지만, 지금은 질문이 오면 바로 해결해서 가장 알맞은 결과를 직접 보여줍니다.
검색 결과, 첫 페이지 만족도 역시 검색 스마트화의 모습 가운데 하나입니다. 본질적으로 사용자의 요구사항이 한 가지인 경우는 매우 드뭅니다. 그러므로 우선 한 가지 요구사항을 최대한 만족시키는 동시에 사용자의 의도를 전방위적으로 헤아려서 사용자의 의사결정 사슬(Decision chain) 형성을 도와주는 스마트한 모습이 필요합니다.
미래 검색의 초기 형태는 만능 어시스턴트에 더 가까울 것이며, 검색 엔진의 최종 형태와 최종 발전은 범용 인공지능(Artificial General Intelligence)일 것입니다. 이 목표를 실현하려면 먼 길을 가야 하며 사람과 검색 엔진의 상호작용 방식 역시 끊임없이 업그레이드될 것입니다.

인격화 : 연결 재정립

장샤오핑 : 모바일 인터넷이 데이터를 인위적으로 외딴섬화, 굴뚝화가 되게 하면 검

색이 얻을 수 있는 자양분과 '식자재'가 줄어듭니다. 그런데 이게 오히려 우리 스스로 콘텐츠를 만들게 했으니 전화위복이라고 봐도 되겠네요. 우리의 모바일 생태는 이런 콘텐츠, 지식, 동영상 창작자와는 떨어질 수 없습니다. 지식 제공자를 각각 살아 숨 쉬는 사람으로 보면 그들은 지식과 능력을 갖췄고 관계를 맺고 있으며 자원을 보유하고 있습니다. 그리고 그들에게는 성취감과 가치화할 수 있는 것이 필요합니다. 이러한 연결은 바이두의 능력을 기반으로 만들어낸 진정한 인터페이스입니다. 정확한 매칭을 하는 것은 미래의 기회입니다. 어떻게 사용자와 플랫폼 간, 사용자와 지식기여자 간, 사용자 간, 지식기여자 간 상호작용을 확대할지에 대해서 생각하신 게 있으실 텐데요.

선더우 : 이건 그야말로 천천히 변화하는 과정에서 나타난 새로운 형태입니다. 최초의 검색은 검색의 입구로 인식됐습니다. 이는 기정 콘텐츠를 해결하는 발견 과정으로 사람 간의 관계가 그다지 필요 없는, 꺼내 쓰면 되는 데이터베이스였죠. 그러나 발전을 거쳐 지금은 모든 검색의 뒤에는 살아 있는, 생명력을 가진 사람이 서비스를 제공하고 있습니다. 과거의 검색은 확실히 정적이었으며 사교와는 거리가 멀었고 사람과 아무런 관계가 없었습니다.

방금 말씀드린 논리대로라면 모든 결과의 뒤에는 생생히 살아 있는 사람이 있습니다. 만일 당신이 타이어 교체 방법이 궁금하다면 영상통화를 통해 제가 어떻게 교체해야 하는지 알려주는 방법이 있고, 동영상을 보면서 모르는 부분이 있으면 저에게 메시지를 보내는 방법도 있습니다. 위챗처럼 사회 관계망 서비스로 발전할 수는 없지만, 반드시 더 많은 사람 간의 관계를 축적하게 됩니다.

장샤오펑 : 지식의 공동 창조와 혁신적인 협력이군요. 미래 인공지능 시대에는 새로운 방식으로 이를 실현할 수도 있겠네요. 그 입구는 바로 바이두고요.

선더우 : 맞습니다! 예를 하나 더 들어보겠습니다. 백과는 많은 사람이 공동으로 표제어를 편집합니다. 가령 어떤 표제어에 오류가 있는 것 같다면 어떤 방법으로 창작자에게 이를 알릴까요? 이전에는 직접적인 상호작용이 불가능했기 때문에 바이두에게 이 표제어가 틀렸다고 알려주면 바이두가 다시 사람을 찾아 편집하는 방법밖에 없었습니다.

하지만 요즘 백과에 수록된 표제어 작성 창작자는 개인 홈페이지를 갖고 있습니다. 어떤 백과는 5명이 편집한 것도 있습니다. 사용자는 창작자를 팔로우함으로써 전에 어떤 표제어들을 편집했는지 보고 문제가 있으면 바로 연락할 수도 있습니다. 이렇게 해서 백과 편집은 '살아 있는' 편집으로 변모했습니다.

수요가 주도하고 라이브 방송으로 만족시킨다

장샤오펑 : '인격화를 통해 사람의 속성을 부각시킨다' 이건 미래를 예상한 건가요, 아니면 현재 차근차근 진행 중인 일인가요?

선더우 : 지금 바이두에서는 몇 가지가 진행 중입니다. 바이두 지식에 있는 '새로운 Q&A(新問答)'라는 카테고리인데, 사용자가 바이두 지식에서 질문하면 우리가 어떤 사람을 매칭시켜주는 겁니다. 그러면 현장에서 교류할 수 있고 온라인을 통해서도 가능합니다. 이전에는 바이두 지식에 질문을 올리면 이틀이 지나도록 아무런 답변을 듣지 못하는 일도 있었지만, 지금은 질문이 올라오면 누군가 바로 응답합니다. 그러다가 우리는 많은 사용자에 의해서 질문하는 과정이 대화를 나누는 과정으로 차츰 바뀌고 있다는 점을 발견했습니다. 기존에는 질의응답을 통해 의문을 해소하는 과정이었으나 지금은 근심을 덜고 어려움을 해결해주는 과정으로 변천된 것입니다. 이는 전에 하던 단순 연결로는 실현 불가능한 것입니다.

바이자하오의 게시글에 관해서도 토론이 이루어지고 있고 그 밖에 콘텐츠도 지금 진행 중입니다. 예를 들어 검색 결과가 여러 개 나오면 토론 모듈을 통해 사용자가 진짜로 어떤 화제에 관한 토론에 참여할 수 있게 하는 겁니다.

라이브 방송도 이런 방향으로 변화할 겁니다. 임산부가 먹을 수 있는 것, 먹으면 안 되는 것, 주의사항과 같은 질문 검색은 하루에도 몇십 만회나 됩니다. 기왕 이렇게 다들 궁금해하는데, 산부인과 전문가를 모시고 생방송으로 질의응답 시간을 가지지 못할 이유가 있을까요? 이것이 바로 사용자 검색의 수요에서 출발해 수요의 주도하에 생방송으로 변하는 연결 과정입니다. 기존에는 검색 결과에 따른 문자화된 정보를 이해하는 것에 그쳤지만, 오늘날에는 의사와 직접 교류하고 수다방, 스튜디오에서 자신이 관심 있는 문제를 질문할 수 있습니다.

이는 다른 플랫폼에서는 사용할 수 없는 방식입니다. 물론 다른 플랫폼에서도 전문가들을 모셔 라이브 방송을 진행할 수는 있지만, 독자가 명확하지 않으며 내 관심 분야가 아닐 수도 있습니다. 하지만 바이두는 다릅니다. 검색이란 사용자가 직접 필요한 것을 표현하는 과정이기 때문에 라이브 방송 예약의 역할을 발휘할 수 있으며 수요가 많아질 경우 24시간 라이브 방송도 가능합니다. 임산부 관련 질문은 그중 하나일 뿐이며 법률자문, 진학, 작문, 지원서 작성도 이런 방식으로 가능합니다. '수요가 주도하고 라이브 방송으로 만족시킨다'라는 것은 기존의 문자와 이미지 검색과 비교했을 때 더 나은 검색 경험이기도 합니다. 논리적으로 생각해봐도 바이두의 검색 뒤에는 생생히 살아 있는 사람이 존재하기 때문에 직접적인 상호작용이 가능하다는 것을 알 수 있습니다.

장샤오펑 : 전문적인 사람을 연결해서 지식의 가치를 발굴한다니, 정말 기대됩니다! 전략적인 측면에서 봤을 때 바이두는 인공지능과 사람의 지능을 조합해 군집지능(Swarm Intelligence)으로 융합시키는 작업을 하고 있다고 봐도 되겠군요.

선더우 : 일종의 능력인 AI는 그 자체가 확실히 특정 영역, 시나리오, 문제 해결에 있어서 효과적인 방법입니다. 우리의 훈련 샘플과 데이터가 아주 많고 강해진다면 업계 문제의 해결도 가능합니다. 인류에게는 해결해야 할 문제가 아주 많은데, 이는 몇억 년 동안 일류가 천천히 축적해온 생존 능력입니다. 이런 능력을 전부 디지털화, 지식화하고 AI한테 방문, 습득하게 하기에는 아직 빈틈이 많습니다. 하지만 인간 자체의 지능도 하나의 자원이라고 여겨서 AI 방식을 통해 인간 자원을 충분히 이용한다면 인간의 이런 능력을 최대한 펼쳐낼 수 있습니다. 이 자체가 바로 AI가 인간의 지능을 받쳐주는 것입니다.

근본적으로 검색 엔진은 효율 문제를 해결하고 자원 매칭 문제를 해결하며 정보의 비대칭을 타파하기 위함입니다. 단지 이전의 정보 비대칭은 사용자 수요와 정적 콘텐츠 자원 간 비대칭에서 더욱 빈번했을 뿐입니다. 인간의 지능이 추가되고 군집지능 능력이 연결되고 방출될 때, 연결의 과정 자체가 가지는 가치와 능력도 더욱 향상됩니다.

대배포 : 인간 중심의 지식, 콘텐츠, 서비스, 피드

바이두 사업의 핵심은 콘텐츠 배포와 서비스 배포로, 그 이면의 핵심은 바로 인공지능이다. 바이두 '검색+피드 스트림'의 더블 엔진은 독자적이면서도 두 개가 서로 시너지 효과를 내기도 하며 모두 인공지능 기술을 사용한다.

피드 스트림은 검색의 자연스러운 확장이다. 사람이 정보를 찾는 것이 바로 검색이고, 정보가 사람을 찾는 것이 바로 피드 스트림이다. 그 기초는 모두 우수한 콘텐츠이며 그 기반은 모두 AI이기 때문에 앞으로는 지식 흐름(Knowledge flow), 동영상 스트리밍(Video streaming)도 있을 것이다.

지식, 정보, 콘텐츠의 배포

플라톤은 지식에 관해 많은 이야기를 했는데 "지식은 오랫동안 검증된 것이고 올바른 신념이다"도 그중 하나다. 최근 몇 년간, 콘텐츠 생태에 큰 변화가 발생했다. 여러분 모두가 이 변혁의 산증인이다. 이러한 변화 속에 사용자들은 정보 과부하와 가치 있는 정보 선택이라는 압박에 직면해야만 했다. 그래서 지식의 가치가 확연히 드러났고 콘텐츠에 변혁이 필요했으며 사용자가 주도해야 했다. 바이두는 지식 그래프와 딥러닝 등 AI 기술과 많은 콘텐츠 기여자를 보유하고 있으므로 강점이 많다.

지식 상품을 만드는 데는 속성반이 없다. 지식에 대한 경외감을 가지고 오랜 기간 축적하고 다듬어야 하며 사용자의 수요를 잘 파악해야 한다. 바이두는 사용자 생태 콘텐츠의 힘과 연동해 함께 가장 권위 있고 가장 가치 있는 지식을 사용자에게 전달한다. 이런 가치 주장은 당신이 어떤 콘텐츠에 호감을 느끼는지, 누구와 협력하고 생태를 어떻게 구축할지를 직접 결정한다.

2005년, 첫 번째 지식 상품인 바이두 지식이 출시됐다. 현재까지의 누적 문답 수는 5.6억 개로 모든 중문 영역 최대 Q&A 플랫폼이다. 2006년에는 정의성의 수요를 만족시키기 위해 바이두 백과가 탄생했으며 현재 1,690만 개의 백과류 콘텐츠가 있다. 2009년에는 바이두 자료실이 출시됐다. 현재까지 7억 개의 문서를 보유하고 있으며 매일 많은 문서 검색과 데이터가 필요한 사용자에게 서비스되고 있다. 2010년, 요리 조리법 같은 구조화 콘텐츠에 대한 수요를 만족시키기 위해 바이두 경험이 등장했고, 현재 697만 개의 경험 콘텐츠가 있다.

인터넷 업계가 발전하면서 수직형의 콘텐츠 수요가 생겨났다. 2014년 4월, 출산과 육아 관련 수요를 만족시키기 위한 바오바오 지식(寶寶知道)[90]이 출시됐다. 바오바오 지식은 국내 유명의 출산 육아 분야 커뮤니티로 9,200만여 개의 전문적인 출산 육아 콘텐츠가 모여 있다. 2014년 10월에는 바이두 학술(百度學術)이 선을 보였다. 120만 개 국내외 학술 웹사이트가 수록되어 있으며 수많은 선생님, 대학생, 연구원이 5억 개 이상의 학술문서 색인을 보유한 바이두 학술을 통해 배우고 연구를 진행한다.

이 6가지 상품이 모여 오늘날의 바이두 지식 카테고리(그림 5-3)가 구성됐으며 네티즌이 매일 지식을 습득하는 아주 중요한 루트가 됐다. 어떤 방법을 통해 이런 기존 상품들이 새로운 혁신능력을 발산하도록 할 것인가. 이는 우리 앞에 놓인 매우 중요한 문제다.

콘텐츠가 나아가는 이 방향은 지금 몇 가지 새로운 변화를 내포하고 있다. 특히 품질화와 영상화에서 업그레이드됐다. 바이두는 지난 몇 년간 지식 카테고리를 통해 어떻게 하면 바이두 검색을 기반으로 한 지식 콘텐츠 수요를 만족시킬지, 어떻게 하면 피드를 이용해서 더 많은 사용자가 지식을 습득하도록 할지에 대해 계속해서 시도 중이다.

바이두 지식 카테고리는 업계 전반적으로 영향력을 행사한다. 현재 지식 콘텐츠의 일 평균 검색량 피크는 이미 20.5억 회에 달하고, 매일 3.4억 명 이상의 연인원이 바이두 앱이나 각종 휴대전화 브라우저, PC를 통해서 지식 카테고리 콘텐츠를 방문하며 사용자의 하루 바이두 지식 상품 기여시간은 6.3억 분을 넘었다.

좋은 퀄리티의 콘텐츠 창작자는 바이두 지식 생태의 번영을 촉진했다. 전문가, 권위 있는 기관, 일반 네티즌으로 구성된 콘텐츠 창작자는 더 많은 사용자가 평등하게 세상을 인지하도록 돕는다. 현재 2.2억 명 이상의 지식 콘텐츠 창작자가 바이두 플랫폼에서 지식 카테고리 콘텐츠를 게재하고 있으며, 그중 5만 명의 권위 있는 전문가와 6만 개의 우수한 협력 기관이 수많은 네티즌과 함께 건강하고 우수하며 번영의 콘텐츠 생태를 창조하고 있다.

---

90. 출산·육아 분야 바이두 지식. – 역주.

전 세계 최대 중문 Q&A 대화형 플랫폼 **5.6억** 지식 Q&A	전 세계 최대 중문 백과사전 **1,690만** 백과 표제어	중국 최대 문서, 지식 서비스 플랫폼 **7억** 자료실 문서
바이두 지식	바이두 백과	바이두 자료실
2005	2006	2009
전 세계 최대 중문 네트워크 삶 가이드 **697만** 경험 콘텐츠	중국 최고 출산·육아 지식 커뮤니티 **9,200만** 출산·육아 Q&A	전 세계 최대 중문 학술 검색 플랫폼 **5억** 학술문서
바이두 경험	바오바오 지식	바이두 학술
2010	2014	2014

그림 5-3. 바이두 지식 카테고리 발전 노선

지식 영역은 현재 영상화, 인격화 및 서비스화라는 3대 변혁이 발생하고 있으며 바이두 지식 카테고리가 이 변혁을 이끌 것이다.

첫째는 영상화다. 바이두는 2016년 지식 영상화의 포문을 열었다. 같은 해 '먀오둥동영상'(秒懂視頻)[91]을 선보여 많은 먀오둥백과 유형의 콘텐츠를 백과의 주요 위치에 배치함으로써 더 많은 사용자가 검색할 수 있도록 했으며 스피커에서도 쉽게 검색된다. 먀오둥백과는 현재 중국 최대의 동영상 백과사전이다.

우리는 먀오둥번쭨다(秒懂本尊答),[92] Idol 진화론 등 스타, 셀러브리티 본인이 자기에 관한 이야기를 들려주며 대중과의 상호작용을 높이는 새로운 아이템을 시도해 봤다. 바이두 지식에도 정보량이 많고 더욱 친근한 동영상 형식의 답변을 선보이기도 했다. 2020년부터는 지식 영상화 대장정에 박차를 가하기 위해 '싱즈계획(星知計劃)'을 내세웠다. 이는 트래픽, 배포, 브랜드와 비즈니스의 여러 관점에서 동영상 창작자에게 능력을 부여하고 콘텐츠 전자상거래, 라이브 커머스, 트래픽 분할 및 현금

---

91. 1초면 이해하는 동영상. - 역주.
92. 유명인 쇼트 클립 브랜드. - 역주.

인센티브 등 다원화된 현금화 능력을 제공해 지식 창작자와 지식 보너스를 공유하는 것이다. 바이두는 앞으로 잠재력을 지닌 1만 명의 지식 동영상 신예를 발굴하고 그들을 지식 동영상의 새로운 세력으로 만들 것이다.

두 번째는 인격화다. 인격화의 핵심은 지식 창작자의 영향력을 강화하는 것이다. 어떻게 작자와 독자 간의 거리를 더 좁힐 것인가. 어떻게 사람을 통해 콘텐츠를 감별할 것인가가 핵심 명제다. 바이두 지식은 향후 인격화 강화 방식을 통해 더 많은 지식 콘텐츠 창작자가 노출되도록 할 것이다. 바이두 지식, 바이자하오, 바이두의 모바일 쇼트 클립 플랫폼인 하오칸비디오(好看视频)를 심도 있게 융합하고 인증체계와 팔로워 생태를 구축하며 전체 네트워크 채널과 팔로워 생태를 강화해 모든 창작자가 사용자 집단에서 더 좋은 브랜드 인지를 갖도록 한다.

다년간의 발전을 거쳐 지식 카테고리는 특색 있고 영향력을 갖춘 대량의 지식 IP를 축적했다. 헤드 IP에 대해 업데이트 버전의 '바이두 백과 인물 계획'을 출시해 본인이 자신의 표제어를 더 잘 관리하고 효율적으로 경영하도록 하며 개인 산출과 지식상점을 통합하고 지식 결제 입구를 개방해 트래픽의 도움으로 개인 브랜드를 만들 것이다.

세 번째는 서비스화다. 지식+서비스는 무한의 상상을 가져올 수 있다. 지식 마케팅, 지식 유료화, 온라인 서비스화 방향을 계속해서 깊이 탐구해왔다. 바이두 지식, 바오바오 지식에 유료 Q&A를 선보여 사용자가 온라인을 통해 신속하게 전문가의 의견을 구할 수 있도록 함으로써 정보의 비대칭을 줄였다. '지식 동업자(知道合夥人)'는 2019에 출시되고 2020년에 중점 육성한 장기적 시도 방향으로, 정확한 비주얼 전환이 콘텐츠에서 사용자로의 전환을 실현했다. 2020년 바이두는 지식상점을 대상으로 체계적인 업데이트를 진행했고 바이두 자료실을 지식 전자상거래로 전면 업데이트해 지식, 콘텐츠 생산자가 클릭 한 번으로 상점을 열 수 있게 됐다. 자료실 역시 단일화된 문서 공유 플랫폼에서 거래가 가능한 동영상 커리큘럼, 오디오 문집, 도서 지식 서비스 등을 갖춘 전방위적인 플랫폼으로 업데이트해 개인과 기업 브랜드의 폐쇄형 루프를 실현했고 공급자와 수요자가 지식상점에서 효율적으로 매칭될 수 있도록 했다. 바이두 백과의 '박물관계획' 2.0 버전은 현재 이미 전 세계 300개 이상의 박물관과 디지털 협력을 체결했다.

바이두는 지식의 힘과 지식이 가진 공익의 힘을 보여주고 사람의 성장을 돕기 위해서, 지식 정보 배포의 타당성과 정확도를 높이기 위해서, 그리고 사용자에게 더욱 풍부하고 권위 있으며 생동감 있는 콘텐츠 경험을 선사하기 위해서 앞에서와 같이 노력하고 있다.

정보, 지식, 콘텐츠 연결에서 서비스 연결까지

바이두는 20년 전 검색 사업을 시작한 이래로 사용자에게 가장 필요하고 가장 우수한 콘텐츠를 가져다줄 수 있기를 바라왔다. 최근 인공지능 기술과 피드 상품이 끊임없이 결합하면서 기계가 더욱 정확하게 정보별 주제와 콘텐츠를 이해할 수 있고 사용자별 정보가 갖는 가치에 대해서 더욱 심층적으로 파악하게 되어 모든 사용자의 수요와 추천한 콘텐츠의 완벽한 결합을 이루어냈다.

지난 3년 바이두 앱은 검색에서 '검색+피드 스트림' 더블 엔진의 업데이트를 완료했으며 사람이 정보를 찾기와 정보가 사람을 찾기 측면에서 전반적으로 우위를 점하고 있다. 앞으로 콘텐츠에서부터 서비스에 이르는 사용자의 올 링크(All Link) 경험을 만족시키고 사용자가 원하는 것을 찾고 이룰 수 있도록 돕기 위해서는 그 이면에 바이두 앱의 새로운 상품 이념인 '사람 중심, 위지위그(보는 대로 얻는다)를 구현해야 한다. 코로나 기간에 바이두 앱은 콘텐츠에서부터 서비스에 이르는 사용자의 원스톱식 요구를 만족시켰다. 이는 몇 년 전에는 감히 상상조차 할 수 없었던 사용자 경험이다.

콘텐츠 영역을 보면 이미지에서 동영상 그리고 라이브 방송까지 바이두 앱의 콘텐츠 형태에 큰 변화가 발생했다. 매개체인 라이브 방송의 경우 예전에는 게임, 쇼(Show) 같은 콘텐츠를 주로 다루었지만, 2020년에는 더욱 풍부한 콘텐츠가 라이브 방송에 나타났다. 코로나 기간, 라이브 방송 시청자 수는 코로나 발생 전과 비교했을 때 430% 성장했으며, 그중 정보 지식 카테고리의 라이브 방송 성장 속도가 가장 빨랐다. 바이두 앱은 코로나 극복 생방송 스튜디오를 선보이기도 했다. 온라인으로 벚꽃 구경과 고궁 유람도 가능했고, 산부인과 전문의가 나와 코로나 기간 예비 엄마들이 어떻게 산전검사를 받아야 하는지 알려주었으며, 우샤오보(吳曉波) 씨가 나와 위기 후의 경제 회복에 관한 내용을 공유하기도 했다. 이런 콘텐츠는 사용자의 많은 사랑을 받았다. 피드 배포를 통해 우수하고 권위 있는 콘텐츠가 사용자에 닿을 기회가 더욱 많아졌고, 300만 명 이상의 콘텐츠 창작자가 바이자하오에 모여들었으며 장기적인 계획들을 통해 원작자를 장려하고 우수한 콘텐츠를 보장했다. 지난 1년간 창작 콘텐츠는 122% 성장했고 구독자가 백만이 넘는 작가가 거의 배로 늘었으며 월 소득이 만 위안을 넘는 작가가 86% 증가했다.

서비스 영역을 보면 사용자 보너스가 정점에 달한 상황에서 바이자하오와 미니앱이 이미 많은 창작자, 기업과 사용자를 연결하는 새로운 패러다임이 되어 직통 검색 서비스를 실현했다. 현재 검색 중에 서비스 배포 횟수는 일일 평균 500만 회를 넘는다. 공적금 조회를 예로 들어보겠다. 전에는 공적금 조회가 매우 번거로웠으며 검색 방법을 모르는 사용자들도 있었다. 이런 상황을 개선하기 위해 정부와 바이두 인공지능 기술을 이용한 미니앱을 공동 개발했다. 사용자는 바이두에서 '공적금 조회'를 검색한 후 안면 인식을 통해 빠른 조회가 가능하므로 매우 안전하고 편리해졌다. 현재 바이두 검색에서 세 번에 한 번은 미니앱을 통해 검색이 이루어질 정도로 이용량이 점점 늘어나고 있다.

콘텐츠와 서비스의 폐쇄 루프를 살펴보자. 콘텐츠에서 서비스로의 확장은 사실 사용자 수요에 대한 만족 확장이다. 상품과 서비스의 미니앱은 각종 피드의 게시글, 동영상, 근황에서 마운팅(mounting) 배포를 진행할 수 있으며, 사용자는 흥미 있는 콘텐츠를 보면서 동시에 구매를 완료할 수 있다. 예를 들어 사용자가 영화 평론을 읽고 관심이 생기면 바로 영화표를 구매할 수 있고, 최신 휴대전화 후기를 보고 마음에 들면 바로 주문할 수 있다. 지난 1년 동안 마운팅 미니앱 상품과 서비스 관련 게시글이 506% 늘었으며, 피드 중에서 미니앱의 배포량은 250% 증가했다.

정보와 지식을 핵심으로 하는 중국 최대 종합 콘텐츠 및 서비스 플랫폼으로서 바이두 앱의 일 활성 사용자 수는 이미 2.3억 명을 넘었고, 매일 인당 앱 오픈 횟수는 10회를 초과했으며 피드 콘텐츠 배포는 수백 배의 속도로 성장하고 있고, 피드 상품 총시간과 사용자 상호작용 비율(Interaction rate)은 50% 이상 성장했다. 이는 점점 더 많은 사용자가 바이두 피드의 충성 고객이 되고 있으며, 바이두 앱에 대한 사용자의 고착도(Stickiness)가 계속해서 높아지고 있음을 의미한다.

미니앱, 대연결, 고효율 배포

　현재 바이두에 입주한 스마트 미니앱은 42만 개가 넘는데 관련 생태의 월간 활성 사용자 수는 5억 명을 넘었으며 월 활성 사용자 수가 백만 이상인 미니앱 수가 240개를 돌파했다(그림 5-4). 하지만 앱 생태 대비 중국 모바일 인터넷 월간 활성 사용자 수가 100만을 넘는 앱은 1,500개에 불과하다. 이는 바이두의 스마트 미니앱 생태의 독특한 성질과 긴밀하게 연관되어 있다.

그림 5-4. 2020년 5월 말, 바이두 모바일 생태 스마트 미니앱 데이터

　첫째, 업계 유일한 오픈소스 생태다. 오픈소스는 개발자가 한 번 개발하면 여러 시나리오하에서 배포할 수 있음을 의미한다. 오픈소스 파트너는 45곳이 넘기 때문에 일회성으로 개발한 미니앱은 바이두 앱에서뿐만 아니라 다른 루트에서도 배포할 수 있으며 잠재적 사용자에 닿을 수 있으므로 수익이 매우 크고 바이두만의 독보적인 특징이기도 하다.

　둘째, AI 능력이다. 노하우가 쌓인 바이두 AI는 AI 플랫폼의 수많은 기술 인터페이스와 모든 AI 능력을 미니앱 개발자 플랫폼에 방출해왔다. 개발자들은 미니앱을 이용한 개발이 가능하며, 바이두의 AI 기술을 통해 더 많은 혁신을 진행하고, 더 스마트한 상호작용 경험과 더 나은 서비스를 실현한다.

　셋째, 업계 유일한 '검색+피드 스트림' 더블 엔진 플랫폼이다. 검색과 피드 스트림의 더블 엔진은 상호 보안과 상부상조의 특징을 지닌다. 피드 스트림은 실효성이 매우 강하며, 신속하고도 효율적으로 많은 사용자와의 접촉이 가능하며, 검색은 정확한 수요의 만족으로 타깃 사용자에 매우 정확하게 닿을 수 있으며 장기적이고 안정적으로 존재할 수 있다. 그러므로 뛰어난 콘텐츠든 서비스든 더블 엔진의 도움으로 더욱 넓고 정확하며 오래 지속되는 영향력을 형성할 수 있으며 시간이 축적됨에 따라 최후에는 레전드가 되는 것이다. 양질의 콘텐츠와 서비스를 만든 개발자들은 공평하게 추천되는 기회를 얻는다. 이 역시 많은 플랫폼이 갖추지 못한 특징이다. 개발자는 여기에서 트래픽, 운영 수익을 얻을 수 있을 뿐 아니라 더 중요한 것은 트래픽을 기반으로 운영되는 사용자를 얻을 수 있다.

넷째, 플랫폼이 서로 완전히 뚫려 있고 시나리오별 계좌 체계가 서로 뚫려 있다. 바이두 모바일 생태 내 여러 플랫폼, 즉 DAU가 2억이 넘는 바이두 앱인 아이치이, 하오칸비디오, 지식, 백과, 자료실, 톄바 등이 서로 뚫려 있다. 스마트 미니앱 시나리오별 계좌 체계가 뚫리고 AI 능력이 풍부해지며 솔루션이 지속적으로 향상되면서 스마트 미니앱은 미니앱 생태뿐만 아니라 진정으로 개방된 산업 스마트화 생태계(Ecosystem)를 구축하게 된다.

사용자 수요 시나리오에 부합하고 특색 있는 콘텐츠 자원을 보유하며 기능 경험이 완벽하고 개발자가 안정적으로 운영할 수 있는 미니앱들은 발전의 여지가 많다. 점점 더 많은 기업, 정부 부처와 제3의 서비스 기관들이 바이두 스마트 미니앱 생태의 가치를 깨닫고 있다.

상하이 모터쇼 공식 홈페이지 스마트 미니앱은 사전 입장권 구매부터 행사 기간 현장 관람 안내에 이르는 원스톱 서비스를 실현했다. 서비스 사용자 수가 300만을 넘었고, 모바일 채널을 통한 티켓 판매량에서 1위를 기록했다. 바이두는 인민일보, 광밍왕(光明網) 등과 함께 바이자하오, 스마트 미니앱을 통해 정부 서비스 분야에서 전방위적인 협력을 펼쳤다. 그 밖에 여우잔(有贊), 중관춘 온라인(中關村在線) 등 협력 파트너와 연합해 직영 전자상거래, 첨단 기술 산업 등 분야를 대상으로 한층 발전된 솔루션을 출시했다.

요컨대 바이두는 모바일 생태 영역에서 바이자하오, 미니앱, 퉈관예를 주축으로 발전의 속도를 내고 능력은 점차 강해지고 있으며 바이자하오를 통해 콘텐츠를 제공하고 미니앱과 퉈관예를 통해 필요한 서비스 능력을 제공한다.

바이두 내부에서는 새로운 정보 세상은 알고리즘을 이용해 지름길을 찾고 사용자를 가치 없는, 심지어 저속한 정보에 빠지게 유도하는 방법을 기반으로 해 세워져서는 안 된다고 강조한다. 어떻게 사용자의 관심을 끌 것인지만 생각하거나 그저 조회 수와 사용 시간 올리기에만 집착할 것이 아니라 기술에 힘입어 형성한 사용자와의 신뢰 관계를 경외하고 긍정적 에너지 전파를 이어나가 사용자에게 가치를 제공하고 사람의 배움과 성장을 돕도록 해야 한다.

대토대 : 바이두 브레인+스마트 시대의 운영체제+스마트 클라우드

2015년 '양회'에서 '차이나 브레인 프로젝트(China Brain Project, 中國大腦)' 추진이 결정되면서 산업 스마트화에 박차가 가해졌다. 이후 2017년에 중국 정부가 '차세대 인공지능 발전 계획'을 내놓고 2020년에 이르러 '신인프라 건설'이 전 국민의 화두로 떠올라 스마트 경제와 스마트 사회는 눈앞까지 다가온 현실이 됐다. 이 전체 과정 중에 바이두는 국가 전략과 발맞춘 탐구자이자 실천가, 그리고 가장 중요한 산 증인으로 자리매김했다.

'브레인스토밍', 휘날리는 꽃잎에 흐려진 눈

최근 몇 년 사이 '브레인'이라는 단어가 정신을 차리지 못할 정도로 쏟아져나왔다. 리우펑(劉鋒) 박사의 연구(2019)에 따르면 인공지능 분야와 뇌 과학이 결합한 '뉴로모픽 컴퓨팅(neuromorphic computing)'[93]이라는 새로운 분야가 등장했다. 이후 2012년에 구글이 '구글 브레인'이라는 자체 AI 신기술을 발표했고, 이어서 2014년에 중국 AI 기업 아이플라이텍이 음성 인식기술에 AI를 접목하는 '쉰페이 슈퍼브레인 계획'을 내놓았다. 2015년에는 바이두가 인공지능 하드웨어 플랫폼 '바이두 브레인'을(정식 발표는 2016년이었다), 2017년에는 알리바바가 독자적 AI 프로그램 'ET 브레인'을 각각 발표했다. 또 2018년 한 해에만 중국의 차량 공유 서비스 기업 디디가 '디디 브레인', 중국 IT 기업 랑차오그룹(浪潮集團)이 '엔터프라이즈 에이전트 브레인', 중국 백신 기업 360그룹이 '시큐리티 브레인', 텐센트가 '텐센트 슈퍼브레인', 화웨이가 클

---

93. 뉴런(neuron)과 형태의(morphic)를 합친 말로 뉴런의 형태를 모방한 회로를 만들어 인간의 뇌 기능을 모사, 구현하기 위한 공학 분야. – 역주.

라우드 서비스 기반의 'EI 에이전트'를 연이어 선보였다. 이외에도 시티 브레인, 시티 클라우드, 산업 브레인, 농업 브레인, 항공 브레인, 소셜 브레인, 시티 슈퍼 브레인, 시티 신경망 등 온갖 '브레인'들이 대거 등장했다.

지금 바이두가 뛰어든 전쟁터는 겹겹의 구름으로 둘러싸여 있는데 사방에서 적이 출몰하는 형국이다. 온통 안개가 자욱해 각기 품은 속내를 명확히 알 수는 없지만, 뭔가 대단한 일이 벌어지고 있다는 느낌만은 확실하다.

이런 상황에서 어떤 '브레인'이 진짜이거나 가짜인지 알려면 적어도 3가지 요소를 확인할 필요가 있다. 첫째, 토대에 관한 생각이다. 생각은 방향을 결정한다. 구조와 시스템, 투자를 결정하며, 노력과 개방의 여부를 결정한다. 단일한 선형적 개발인지 풀 스택의 비선형적 개발인지, 토대가 실제로 역할을 할 수 있을지 결정한다. 둘째, 토대의 실력이다. 즉 토대가 얼마나 두텁고 탄탄한지, 업계에서 인지도가 충분한지, 기술력이 뛰어나고 생태환경 수준이 높은지를 살펴야 한다. 그 판단의 기준은 3가지로, 첫 번째 판단 기준은 업계에서 인정하는 최첨단 AI 기술 수준이다. 두 번째 판단 기준은 내부에서 무슨 일이 일어나는지 알 수 없는 불투명한 블랙박스인지 아니면 오픈소스인지다. 또 믿을 만한 모델 훈련, 편리한 핵심 프레임워크, 알고리즘 플랫폼, 데이터 가치 발굴 기능, 스마트화한 운영체제 및 버티컬 솔루션의 유무도 중요하다. 세 번째 판단 기준은 생태적 다양성, 플랫폼에서 얼마나 많은 종의 협업, 혁신이 가능한지, 어느 정도의 집단 스마트화가 가능하고, 얼마나 강력한 생태적 효과와 시너지를 보여줄 수 있는지다. 셋째, 토대의 결과물이다. 미들엔드의 실력, 결과물의 실천과 시나리오 테스트의 유무, 신뢰할 만한 시연 시나리오 및 샘플의 유무, 결과물의 가치 유무와 정도, 공공 외부 효과와 파급 효력의 여부를 살핀다.

2016년에 발표된 바이두 브레인은 현재 '소프트·하드웨어 통합형 AI 양산 플랫폼' 단계인 5.0까지 진화했다. 이는 인공지능 분야에서 바이두가 축적한 기술과 실천의 집약된 결과로 이미 다중적이고 심층적인 언어 이해 단계에 들어서 자연어 처리, 지식 그래프, 음성, 시각 등 세계 AI 기술을 선도한다. 바이두 브레인은 바이두 업무를 위한 가장 강력한 기술로 바이두 검색, 피드 스트림 서비스, 지도, 아이치이, 샤오두, 아폴로 등의 제품 및 사업을 완벽하게 지원한다. 동시에 바이두 브레인은 다양한 분야에서 260여 건에 달하는 AI 기능을 선보였다. 일일 호출수가 이미 1조를 돌파했고, 190만 파트너 및 개발자를 지원하며 다양한 시나리오를 통합해 각종 산업의 스마트화를 돕는다.

패들패들 딥러닝 플랫폼은 바이두 브레인의 핵심 기초로 매우 편리한 딥러닝 프레임워크, 초대형 모델 훈련, 고성능 추론 엔진, 산업용 오픈소스 모델 라이브러리 등 4대 선도 기술을 보유했다. 중국 최초의 완전 오픈소스이자 완전한 기술력을 갖춘 업계 최고 수준의 딥러닝 플랫폼으로 중국이 독자적으로 개발한 '스마트 시대를 위한 운영체제'라 할 수 있다.

바이두 스마트 클라우드는 클라우드 컴퓨팅, 빅데이터, 바이두 브레인, 딥러닝 플랫폼 등 바이두의 핵심 기술을 통합했다. 기본 클라우드 컴퓨팅은 AI 미들엔드, 지식 미들엔드, 빅데이터 등을 결합해 AI가 수단으로서 제 역할을 효과적으로 수행할 수 있도록 했다. 인공지능은 바이두 스마트 클라우드를 통해 각 산업에 전달하고, 더 빠르고 효과적으로 역량을 발휘해 AI 산업화 및 산업 스마트화를 가속하는 열쇠가 됐다(그림 5-5).

그림 5-5. 바이두 스마트 클라우드 아키텍처

바이두 브레인+패들패들+스마트 클라우드 : 경제, 사회, 산업 발전의 '대토대'가 되다

바이두 브레인, 패들패들, 스마트 클라우드는 바이두가 스마트 경제, 스마트 사회, 산업 스마트화를 위해 구축한 강력한 토대다. 신인프라의 핵심을 상징하며 산업 스마트화와 인프라 스마트화를 구동하는 엔진이라 할 수 있다. 이 3가지는 서로 돕고 지원하면서 공동으로 AI 미들엔드를 형성하고 생태계를 구축해 통찰과 진보, 가치를 함께 만들어내고 있다.

신인프라에 '소프트·하드웨어 통합'이 필수인 것처럼 스마트 운영체제 없이는 아무리 뛰어난 브레인이라도 그 효과를 발휘하기 어렵다. AI가 신인프라, 스마트 경제, 스마트 교통, 스마트 시티, 스마트 산업 등 무엇에 서비스하든 반드시 강력한 인터페이스, 전환, 수행력이 필요한데 스마트 운영체제가 그 역할을 맡는다. '바이두 브레인+스마트 운영체제'는 '스마트 검색+피드 스트림'처럼 바이두만의 특색을 지닌 고유한 기술력이다.

바이두의 스마트 클라우드는 이미 일반적인 의미에서 대역폭과 공간을 제공하는 기본 클라우드 컴퓨팅을 크게 뛰어넘었으며 인공지능, 빅데이터, 블록체인, 사물 인터넷을 모두 포함하면서 바이두가 추진하는 사업의 기초가 됐다. 다음 단계에서 클라우드 서비스에 산업 구조 재구성의 기회를 제공하는 것은 AI여야 한다. '바이두 브레인+패들패들+스마트 클라우드'는 바이두의 풀 스택 기술력의 일종으로 소프트·하드웨어 통합을 구현한다. 더불어 강력한 인공지능 기술력, 사회, 산업, 업계에 대한 통찰, 시나리오와 개인화 솔루션에 대한 이해를 기초로 끊임없이 학습하고 세대교체 함으로써 업계, 도시, 수급 간의 생산성을 높이고 상호작용, 서비스 및 협업을 더 효율적으로 만들며 꾸준한 지식 관리, 지식 패키징, 지식 재활용으로 기업과 사회의 스마트 자본을 축적한다.

인공지능은 4차 산업혁명의 핵심 원동력이자 바이두의 강점이며, 고객 서비스를 위한 출발점이다. 이러한 기초와 출발점을 바탕으로 바이두는 사회적 가치와 상업적 가치를 모두 갖춘 중요한 트랙에 집중하는 동시에 멈추지 않고 새로운 트랙을 탐색, 확장할 것이다.

10년을 하루같이 : 토대를 생각하고 토대를 키우며 토대를 만들다

인터넷 시대에서 인공지능 시대로의 전환은 시대의 변혁으로 반드시 새로운 사고와 새로운 전략이 필요하다. 물론 모바일이 앞으로도 더 성장하겠지만, 인공지능은 그보다 훨씬 더 많은 새로운 기회를 가져올 것이다.

바이두의 문화는 소박하며 꾸밈이 없어 늘 말보다 행동이 앞설 것, 더 많이 움직이고 더 적게 말할 것을 고수해왔다. 차세대 인공지능은 우리 사업의 핵심 원동력이 되겠지만 아직 갈 길이 멀다. 국가의 신인프라 건설에 이바지하려면 바이두 같은 기업이 먼저 자신의 신인프라를 잘 만들고 그것을 바탕으로 열심히 일해야 한다. 아무도 없는 황무지에 과감히 뛰어들어서 직접 땅을 고르고 경작해 브레인, 운영체제, 클라우드의 통합을 신중하게 수행해야 한다. 시끄럽게 떠들고 유세하기보다는 단일 차원의 기술이나 응용의 수준을 넘어서 업계 파트너와 함께 시나리오화한 서비스, 산업 스마트화의 가치를 만들어내야 한다.

최근 10년을 돌아보면 바이두는 줄곧 '토대를 생각하고, 토대를 키우며, 토대를 만드는' 일을 계속해왔다.

⑴ AI 기술을 전면 배치했다. 2010년 초, 10년 동안 기술을 축적해온 바이두는 인공지능을 전면에 내세우면서 자연어 처리, 기계번역, 음성, 이미지, 지식 그래프, 머신 러닝, 데이터 마이닝, 사용자 이해 및 기타 기술의 연구 개발에 나섰다.

2012년 1월, 바이두는 딥러닝 기술을 개발하기 시작하고 그해에 음성 인식 및 이미지 인식 효과를 크게 향상했다. 딥러닝이 애플리케이션에서 일으키는 놀라운 효과를 확인한 바이두는 2013년 초, 세계 최초로 딥러닝 연구소를 설립했다.

2013년 하반기 바이두는 세계 최초로 딥러닝 기술을 대규모 검색순위 시스템에 적용했다. 또 2015년에는 구글보다 1년여 앞서 세계 최초의 대규모 신경망 기계번역 시스템을 선보였다.

⑵ 바이두 브레인은 탄생한 이래로 끊임없이 진화하며 AI 핵심 기술을 대외에 개방하고 있다. 바이두는 바이두 브레인 같은 상대적으로 기본적인 플랫폼을 구축하고 인공지능의 딥러닝 프레임워크, 일반적으로 사용되는 응용 기술(언어 인지 기술, 이미지 인지 기술, 자연어 이해 기술 등)을 만들어내는 동시에 모두가 자유롭게 사용하고 호출하도록 개방하고 있다.

바이두 브레인은 2010년부터 기본적인 기술을 쌓으며 점진적으로 보완, 향상하기 시작했다. 2016년, 바이두 브레인 1.0은 몇 가지 기본 기능과 핵심 기술을 완성해 개방했고, 2017년에는 2.0 버전이 비교적 완전한 기술 시스템을 형성해 60여 건의 AI 기술을 개방했다. 2018년에 출시된 3.0 버전은 '멀티모달 심층 의미 이해' 면에서 획기적인 발전을 이루며 110여 건의 AI 핵심 기술을 개방했다. 2019년에는 바이두 브레인이 5.0으로 업그레이드되어 핵심 기술이 다시 한번 크게 발전했다. 이로써 바이두 브레인은 AI 알고리즘, 컴퓨팅 아키텍처와 응용 시나리오의 혁신을 실현해 '소프트 · 하드웨어 통합 AI 대생산 플랫폼'으로 거듭났다.

(3) 바이두의 인공지능 기술은 수차례 세계기록을 갈아치웠다(그림 5-6). 최근 1년 동안 세계적 권위의 경연대회에서 28회나 우승했으며, 그 이전까지 따지면 국가 과학 기술 발전상, 성(省) 및 장관급 과학 기술 발전상을 포함해 100개가 넘는 상을 받았다. 인공지능 분야의 특허 건수는 중국 1위, 딥러닝 분야 특허 건수는 세계 2위다.

대회 최근 1년 동안 세계적 권위의 대회에서 **28회 우승**	MRQA 2019 CVPR 2019 ICCV 2019 NeurIPS 2019 SernEval 2019 AI CITY CHALLANGE 2020
수상경력 수상횟수 **100+**	국가 과학 기술 발전상 1회 성 및 장관급 과학 기술 발전상 5회 제1회 우원쥔(吳文俊) 인공지능 공헌상 중국 특허 은상 4회 세계 인터넷을 선도하는 과학 기술 성과상
특허 인공지능 : 특허 신청 건수 중국 1위* **5,712건** 딥러닝 : 특허 신청 건수 세계 2위** **세계 2위**	* 2019년 12월, 국가산업정보안전발전연구센터, '중국 인공지능 특허기술 분석 리포트' ** 2019년 2월, 세계지식재산기구(WIPO), 기술 분야 보고서

그림 5-6. 바이두 AI 기술의 수상경력

바이두의 페이스디텍션 딥러닝 알고리즘인 PyramidBox는 얼굴 주변의 텍스처 정보를 최대한 활용해 개방된 시나리오에서 페이스디텍션의 기술적 문제를 더 잘 해결할 수 있다. 바이두는 중국 최초로 딥러닝 기술을 이용해 얼굴인식 기술 연구를 진행한 기업 중 하나로 이미 2015년에 당시 업계에서 가장 유명한 공개 데이터 세트인 FDDB와 LFW에서 세계 1위를 달성했다. 또 세계 최고 권위의 페이스디텍션 공개 평가집 WIDER FACE의 3가지 평가 하위집합인 Easy, Medium, Hard에서 모두 1위에 올라 국내외 수많은 과학 기술 기업 및 대학 연구소를 넘어섰다.

강화형 기계 학습 부문에서 바이두는 2018년에 열린 '인공지능 보철 대회(AI for Prosthetics Challenge)'에서 단번에 전 세계 400여 개 참가팀을 물리치고 2위 팀을 30여 점 차로 크게 앞지르며 우승컵을 거머쥐었다.

최근 바이두는 멀티모달 의미 이해 분야에서 커다란 돌파구를 마련해 지식증강 시각-언어 예행 훈련 모델 ERNIE-Vil을 출시했다. 최초로 시나리오 그래프 지식을 멀티모달 예행 훈련과 접목해 5개 모델 미션에서 세계 최고를 경신했으며 멀티모달 분야에서 권위 있는 VCR에서 MS, 구글, 페이스북 등을 넘어서 1위에 올랐다.

앞으로도 바이두는 알고리즘 연구 개발을 계속 추진하며 얼굴 인식 및 강화형 기계 학습 등과 같은 AI 기술을 더 많은 제품과 산업에 적용해 첨단 AI 기술이 더 많은 사람에게 혜택을 주고 더 쉽고 편리하게 생활할 수 있도록 할 것이다.

바이두의 AI칩, 그 스마트한 영혼

바이두는 2010년부터 AI기술에 대규모로 투자해왔으며 컴퓨팅 파워에 대한 기준치를 지속적으로 증가하고 있다. 2017년까지 시장에 출시된 기존 솔루션과 기술은 더 이상 바이두의 수요를 만족시킬 수 없었다.

2017년 이후 바이두 엔지니어와 과학자들은 중국 최초의 다기능 클라우드 AI칩 '쿤룬(崑崙)'을 자체 연구 개발했다. 2019년 7월, 바이두는 원격 음성 상호작용을 위해 설계된 AI칩 '훙후(鴻鵠)'를 출시하고, 같은 해 12월에 '쿤룬'을 기반으로 한 클라우드 서버가 정식으로 출시됐다. 자세한 내용은 이 책의 9장 1절을 참고하기 바란다.

중국은 개혁개방 42년 만에 IT 산업에서 폭발적으로 성장했지만, 자체적으로 하이엔드 칩이 없어 항상 수입해야 했다. 어떤 의미에서 이는 우리 세대의 마음속에 자리 잡은 영원한 고통이다. 하지만 인류가 인공지능 시대에 들어서면서 상황은 거대한 변화를 맞이하게 된다. 바이두 브레인이 AI 기술력에 대한 전 세계의 수요를 만족하려면 자체 개발한 하이엔드 칩이 점점 더 많이 필요하다. 이 칩들과 칩의 소프트웨어, 개발 프레임워크, 다양한 애플리케이션이 모두 함께 형성한 하나의 거대한 플랫폼, 생태계, 수백만 개발자가 사회에 이바지하고 세상을 변화시킬 수 있도록 뒷받침한다.

대생산 : 기술과 시나리오의 더블 액션

기술이 나날이 발전하면서 표준화, 자동화 및 모듈화한 '산업 대생산'이라는 특성이 두드러지고, 인공지능은 다양한 산업군과 분야에 솔루션을 제공하는 포괄적인 실력을 갖추게 됐다. 기계 기술, 전력 기술, 정보 기술과 마찬가지로 인공지능은 인류의 생산과 삶 곳곳에 지속적으로 침투하고 변화를 일으킬 것이다. 인공지능이야말로 새로운 과학 기술혁명과 산업변혁의 핵심 원동력이다.

기술과 산업 가치는 모두 중요하다. 기술 원동력과 시나리오 원동력의 병존

바이두는 인공지능 기술 개발 및 응용의 혁신을 주도하고 추진하는 기업이다. 수년간의 기술 축적과 실천에 기반해 각 산업군으로의 침투를 가속화함으로써 AI가 다양한 응용 시나리오와 광범위하게 통합하도록 한다. 동시에 AI 생태계를 구축하고 다양한 종(種)을 연결해 '소프트 · 하드웨어 통합 AI 대생산 플랫폼'으로 산업 스마트화를 촉진한다는 가치를 실현한다(그림 5-7). 이는 대체 어떠한 조건과 기초가 있어야 가능한 일인가? 다음 우톈(吳甜)의 인터뷰에서 그 답을 찾을 수 있다.

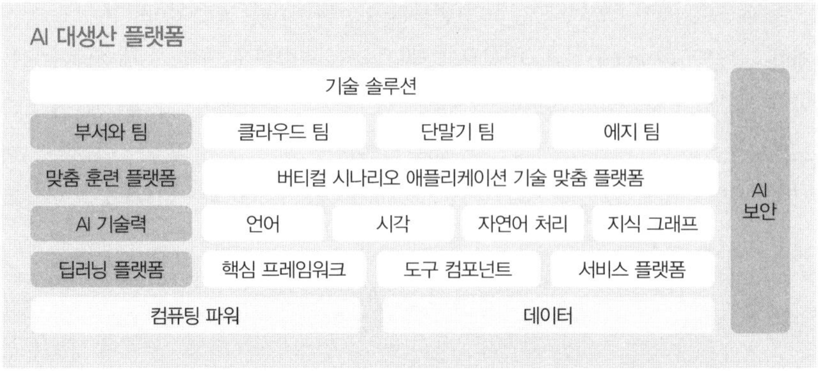

그림 5-7. 각 산업군의 응용 시나리오에 영향을 미치는 바이두 브레인 AI 대생산 플랫폼

....

우톈, 바이두 그룹 부사장, '딥러닝 기술 및 응용 국가 공정실험실' 부주임, 바이두 AI 기술 플랫폼, AI 비즈니스 플랫폼, 패들패들 딥러닝 플랫폼 등의 총괄 책임자(인터뷰 일자 : 2020년 4월 26일)

장샤오펑 : 일전에 제시하신 AI 대생산 플랫폼에 관한 구조도를 봤습니다. 바이두 브레인 바이두 브레인 5.0이 '소프트·하드웨어 통합 AI 대생산 플랫폼'으로 업그레이드되어야 하는 이유는 무엇입니까? 여기에는 어떠한 판단과 노력이 있어야 할까요?

우톈 : 대생산 플랫폼을 내놓은 이유에 관해서는 크게 2가지 측면에서 생각해볼 수 있습니다.

첫 번째는 AI 기술 발전입니다. 딥러닝 기술의 발전으로 AI 기술이 표준화, 모듈화, 컴포넌트화(componentization)[94]되어 바이두 브레인의 시나리오에 사용됐습니다. 이런 특성은 산업 대생산의 특성과 상당히 유사합니다. 산업혁명이 일어날 때마다 핵심 기술이 일련의 변화를 가져왔고, 전체 사회가 대생산의 상태에 들어서게 됐죠. 딥러닝도 인공지능 기술이 산업화 대생산의 단계에 진입하도록 촉진하고 있습니다.

---

94. 반복적으로 사용되는 요소를 부품화해 효율적으로 재사용할 수 있게 설계해서 자원을 최소화하는 전략. – 역주.

두 번째는 바이두가 수년 동안 지속적으로 여러 응용 시나리오에 인공지능을 도입했다는 사실입니다. 이런 시도와 실천을 통해 시나리오의 응용 가치가 향상되고 천천히 경험이 쌓여 기본 플랫폼을 형성하는 한편, 인공지능 연구 개발이 더 높은 효율성과 더 나은 결과를 얻도록 도울 수 있습니다.

바이두 브레인이 공개된 후, 우리는 사회에 수많은 시나리오가 있으며 여러 다양한 산업군에서 인공지능 기술을 필요로 하는 것을 목격했습니다. 하지만 인공지능 애플리케이션 구현이 쉬운 일이 아니죠. 범용 인터페이스 하나로 바로 쓸 수 없으며 작업장과 유사한 플랫폼이 꼭 필요합니다.

바이두 브레인은 바로 이 방향을 향해 단계적으로 발전했고, 기술의 발전과 실천의 진화가 꾸준히 결합해왔습니다. 그렇게 해서 2019년 가을에 출시된 바이두 브레인 5.0은 '소프트·하드웨어 통합 AI 대생산 플랫폼'으로 업그레이드됐습니다.

장샤오펑 : 제가 알기로는 이 AI 대생산 플랫폼은 바이두가 처음, 그리고 유일하게 추진했습니다. 다른 곳은 결과물을 내놓을 만한 구조나 종합적인 실력이 없다고 알고 있는데요. 그렇습니까?

우톈 : 그렇습니다. 각 산업군을 지원할 AI 오픈 플랫폼과 이에 상응하는 생산 플랫폼은 현재 중국에서 바이두 브레인의 영향력이 가장 큽니다. 가장 포괄적인 실력을 갖추었고, 핵심 기술도 선도하고 있죠.

장샤오펑 : 그렇게 발전하는 과정에서 분명히 곡절도 많고 계속 변화를 겪었겠습니다. 최종적으로 지금 이쪽으로 집중하게 된 까닭은 무엇인지, 연구 개발하면서 어떠한 난제와 갈등들이 있었는지 궁금합니다. 또 독자들에게 전하고 싶은 이야기가 있다면 말씀 부탁드립니다.

우톈 : 몇 년 전쯤 인공지능이 한창 주목받기 시작할 때, 인공지능에 대한 기대가 무척이나 높았습니다. 심지어 SF 영화 같은 걸 기대하는 사람도 있었죠. AI가 여자친구가 될 수 있다는 등의 생각 말이에요. 그때 우리는 인공지능으로 해결하려는 제품 수요를 접했지만, 당시의 기술이 그런 수요를 만족하기에 충분하지 않았습니다. 물론 기술이 계속해서 발전할 것을 알고 있었고 어느 정도 발전하리라는 대략적인 판단도 있

었습니다. 아직 실현되지 않은 아이디어 많다는 것도 알고 있었죠. 그런데도 당시 우리는 여전히 혼란스럽고 어디로 나아가야 할지 막막했습니다. 인공지능 기술에 수년 동안 그렇게 많이 투자했으니 당연히 하루빨리 실제 활용 가치를 발휘할 수 있기를 기대하고 있습니다. 그래서 조급한 것도 사실입니다.

그래도 우리는 모두 마음을 다잡으며 계속해서 앞으로 나아갔습니다. AI 대생산 플랫폼이라는 아이디어를 제시할 정도로 기술이 발전했을 때는 모두가 눈이 크게 뜬 느낌이었습니다. 인공지능 기술이 사회를 위해 무엇을 내놓고 어떠한 공헌을 해야 하는지 더 명확하게 보였죠. 대생산 플랫폼은 기술들을 현장에 더 원활하게 도입해 뿌리 내리게 할 것입니다. 산업 전반이 계속 발전할 것이고, 산업 성숙도도 끊임없이 개선되겠죠.

2020년 국가는 신인프라를 제시하며 인공지능을 포함했습니다. 인공지능 기술 플랫폼 자체의 위치와 의미, 가치가 점점 더 명확해지고 있습니다.

장샤오펑 : 그렇군요. 이전에 AI와 신인프라의 관계, AI와 스마트 인프라의 관계를 분석하신 강연을 본 적 있습니다. 인공지능 기술 연구에서부터 스마트 경제, 스마트 사회에 이르기까지 바이두는 약간의 혼란과 방황을 겪었습니다. 심지어 실수를 저지르고 그 대가를 치르기도 했죠. … 업계는 선도하는 기업들은 피할 수 없는 일이고, 그래서 마땅히 존경받아야 한다고 생각합니다. 대생산 플랫폼은 분명히 스마트 인프라의 중요한 부분이 될 것입니다. 바이두의 경제, 사회, 산업에 대한 영향력은 점점 더 커지고, 모든 사람에게 미치는 변화도 갈수록 더 심오해질 것입니다.

패들패들 : 스마트 시대의 운영체제, AI를 더 빠르게, 더 멀리 나아가게 하다

인공지능은 수년간 개발됐으나 과거에 실제로 활용된 사례가 없다 보니 서서히 잊혀졌다. 오직 바이두만이 10년을 하루처럼 묵묵히 투자하고 공을 들이면서 AI 연구와 탐색, 응용을 늦추지 않았다.

리엔훙은 2015년 '양회'에서 국가 역량으로 세계 최대의 딥러닝 컴퓨팅 플랫폼을 구축할 수 있기를 바라며 '차이나 브레인'을 제안했다.

2017년 3월 2일, '딥러닝 기술 및 응용 국가 공정실험실'이 문을 열었고 바이두가 이곳을 이끌게 됐다. 이는 국가가 바이두에 보이는 긍정과 격려인 동시에 바이두가 수행해야 하는 어려운 임무가 됐다. 이 실험실은 중국의 인공지능과 딥러닝 기술 수준을 보여주는 '딥러닝 국가대표팀'이라고 할 수 있다. 바이두는 중국 여자배구 국가대표팀과 같은 국가대표가 되어야 한다.

바이두가 딥러닝 기술과 응용을 연구 개발한 것은 어제오늘의 일이 아니다. 2012년에 처음으로 딥러닝 기술이 바이두 검색에 처음 적용됐고 결과가 매우 좋았다. 이후 컴퓨팅 성능이 꾸준히 개선되면서 데이터 축적이 질적 변화의 분기점까지 도달했고, 과거에는 불가능하다고 여겨졌던 일들이 2012년에는 전부 가능해 보였다.

2013년 1월, 딥러닝 연구소를 공식 설립한 바이두는 우수한 학자와 전문가들을 모아 인공지능, 딥러닝 기술 발전 및 다양한 분야에 대한 적용을 추진하고 있다.

주희(朱熹)는 남송(南宋)의 철학가, 사상가, 교육자이자 시인으로 유학을 집대성해 '주자(朱子)'라는 존칭으로 불린다. '빠르게 노를 젓는다더니, 날 듯이 강기슭으로 왔구나(聞說雙飛槳, 翩然下廣津).' 패들패들의 중국어 명칭인 '페이장(飛槳)'은 주희의 이 시구에서 가져왔는데 '빠르게 가는 배'라는 의미로 쓰였다. 바이두는 패들패들이 AI를 더 빠르게, 더 멀리 나아가게 해주기를 기대하고 있다.

바이두가 자체 개발한 딥러닝 플랫폼인 패들패들은 중국 최초의 오픈소스로 앞선 기술과 완벽한 기능과 기술력을 자랑하는 산업용 딥러닝 플랫폼이다. 2016년에 정식 오픈했으며 개발이 편리한 핵심 프레임워크, 초대형 딥러닝 모델 훈련, 멀티 터미널과 멀티 플랫폼 배치를 위한 고성능 추론 엔진, 산업용 오픈소스 모델 라이브러리 등 선도적인 기술을 갖추었다. 산업 현장에서 시작된 패들패들은 항상 산업과의 심층 통합을 위해 노력하며 완벽한 툴 컴포넌트, 개발 키트와 산업용 서비스 플랫폼을 제공함으로써 전체 기능의 대규모 산업 적용을 지원한다.

바이두 CTO(최고기술경영자) 왕하이펑은 딥러닝 프레임워크의 중요성에 관해 이렇게 이야기했다.

"스마트 시대에 딥러닝 프레임워크는 상하를 잇는 역할을 한다. 즉 애플리케이션을 이어받아 칩으로 이어나가는 것이다. 이야말로 '스마트 시대의 운영체제'다."

딥러닝 모델 개발과 훈련, 예측, 배포 방면에서 패들패들은 TensorFlow,

PyTorch 같은 딥러닝 프레임워크와 어깨를 견줄 만하며 여러 항목에서 이미 기술적으로 앞섰다. 국내 AI 개발자들이 해외 오픈소스 딥러닝 프레임워크에 과도하게 의존하는 한계를 깨부수며 자율적이고 제어 가능한 AI 산업 생태계를 더 육성하는 데 도움이 되고 있다.

현재 다양한 산업군에서 AI를 이용해 업계의 스마트화를 진행 중이며, 이 과정에서 개방된 딥러닝 플랫폼은 딥러닝 기술 적용의 문턱을 효과적으로 낮춘다. 개발자와 기업은 '쓸데없는 시간 낭비'를 피하고 패들패들을 기반으로 더 빠르고, 더 편리하게 AI 애플리케이션을 개발해서 스마트화를 추진할 수 있다. 이제 패들패들은 194만 명의 개발자를 모아 8만 4,000개 기업에 서비스하고 23만 3,000개 모델을 만들어 중국에서 서비스 개발자 규모가 가장 크고 가장 완벽한 기능을 갖춘 오픈소스 딥러닝 플랫폼으로 거듭났다.

바이두 'AI 대생산 플랫폼'의 기초인 패들패들은 업그레이드할 때마다 AI 인프라로서 바이두 브레인의 실력을 더 탄탄하게 만들었다. 바이두는 딥러닝 기술 및 응용 국가 공정실험실과 협력해 2020년 5월에 패들패들의 주요 기능을 다시 한번 업그레이드했다. 그 결과물로 패들패들의 기업 버전인 'EasyDL'과 양자 컴퓨팅 딥러닝 개발 도구 '패들 퀀텀(Paddle Quantum)' 등의 신제품이 출시되면서 바이두의 'AI 대생산 플랫폼'에 더 강력한 기능이 추가됐다.

AI 대생산 플랫폼으로 더 빨라지는 산업 스마트화

인류가 경험한 세 번의 산업혁명을 이끈 핵심 기술은 모두 강력한 범용성을 보이며 표준화, 자동화, 모듈화한 산업 대생산의 특징을 보였다. 지금 우리는 AI를 핵심 원동력으로 하는 새로운 과학 기술혁명과 산업혁명의 물결 속에 있으며 AI는 인류 사회를 스마트 시대로 이끌고 있다.

바이두는 중국에서 가장 빠른 투자, 가장 강력한 기술, 가장 완벽한 구성을 갖춘 AI 선도 기업이다. AI 핵심 기술을 지속적으로 연구 개발하며 인공지능 오픈 소스와 오픈 플랫폼을 적극적으로 구축해 애플리케이션 구현 및 산업 스마트화를 촉진한다.

기본적인 컴퓨팅 파워와 데이터가 뒷받침되는 바이두 브레인은 패들패들 딥러닝 플랫폼을 기본 기술 토대로 2019년 '소프트·하드웨어 통합 AI 대생산 플랫폼'으로 업그레이드되어서 인공지능 산업화 적용에 관한 모든 프로세스를 개방했다. 여기에는 딥러닝 플랫폼, 범용 AI 기능, 맞춤형 훈련, 배포와 통합, 그리고 애플리케이션 기술 솔루션이 포함된다. 동시에 완벽한 AI 보안 시스템을 보장하고 AI 기술 표준화, 자동화, 모듈화를 실현해 개발자의 혁신을 지원함으로써 업계가 스마트화를 완성하고 효율을 개선하며 새로운 가치를 발견할 수 있도록 돕는다.

바이두 브레인의 새로운 AI 컴퓨팅 아키텍처는 칩, 인터넷, 시스템과 스케줄링을 통해 설계 및 기술 방면의 혁신을 수행하고 100만 TOPS(초당 테라 연산) 수준의 강력한 컴퓨팅 파워를 제공한다. 동시에 칩끼리, 시스템끼리, 장치끼리 모두 서로 연결해서 각 시나리오의 컴퓨팅을 하나로 연결함으로써 더 포괄적이고 강력한 컴퓨팅 성능을 만들어낸다.

패들패들 딥러닝 플랫폼을 기반으로 하는 바이두 브레인의 AI 핵심 기술은 계속해서 혁신을 이루어내며 세계 최고의 수준을 유지하고 있다.

음성 기술, 특히 음성 인식 방면에서 바이두는 세계 최초의 스트리밍 다중 어텐션 단절 모델인 SMLTA(streaming truncated multi-layer attention)를 제안하고 대규모 온라인 음성 인식 시스템에 적용했다. 이 기술은 스마트 스피커 및 음성 입력법 등에 적용되어 중국어와 영어가 혼합된 음성을 정확하게 인식해낸다. 또 음성 합성 방면에서는 스타일 트랜스퍼(style transfer)가 음성에 담긴 음색, 문체, 감정 등 다양한 요소를 분리해 독립적으로 조합하고, 합성된 음성을 유연하게 제어한다. 덕분에 20마디만 녹음하면 한 사람만의 고유한 음성을 만들 수 있다.

시각 기술에서는 이미징 기술과 동영상 분석 기술을 기반으로 이미지 감지, 이미지 정밀 인식, 이미지 자연어 처리, 텍스트 인식, 페이스 인식, 포즈 추적, 동영상 이해, 이미지 생성 등 다양한 시나리오에 적합한 기술 매트릭스를 구성한다. 신소매, 금융, 의료, 교육, 기계 및 기타 분야에서 널리 사용된다.

바이두는 인지 방면의 기술에서도 지식 그래프, 언어 이해, 언어 생성 등을 포함하는 완전한 언어 및 지식 기술, 그리고 세계 최대의 지식 그래프를 구축했다. 이로써 사용자의 90%를 만족하는 엔티티(entity)[95] 그래프를 기반으로 다양한 응용 시나리오와 지식 형태에 맞는 관심도 그래프, 산업 지식 그래프, POI(관심 지점) 그래프,

---

95. 실체, 객체라는 의미로 실재하는 유형 또는 무형 정보의 대상. - 역주.

사건 그래프 등 다양한 지식 그래프를 갖추었다.

　자연어 처리 기술 역시 계속해서 새로운 돌파구를 만들어내고 있다. 바이두는 지식과 언어 이해 기술을 결합한 지식 강화 자연어 처리 플랫폼 'ERNIE(바이두원신(百度文心))'를 발표했다. ERNIE는 대규모 데이터 속 엔티티 개념 등 사전 학습한 의미 지식을 모델링해서 실제의 의미를 학습한다. 이러한 지식 통합 의미 모델링(semantic modeling)은 모델의 의미 표현 기능을 크게 향상해서 총 16개의 중국어-영어 자연어 처리 작업에서 구글의 BERT와 XLNet을 능가한다. ERNIE는 탄생한 지 1년여 만에 세 번의 중요한 세대교체를 마쳤고, 권위 있는 여러 공식 대회에서 10번에 가깝게 세계 챔피언을 차지했다. 동시에 바이두는 기계가 인간처럼 자연언어로 소통하고 교류할 수 있도록 의미 이해, 독해, 대화 관리 등을 포함한 언어 이해와 상호활동 기술로 스마트 대화 시스템 맞춤형 서비스 플랫폼인 UNIT을 만들었다. 2019년 9월까지 UNIT은 맞춤형 기능 6만 8,000개, 상호활동 총 570억 건을 축적해 스마트 고객 서비스, 스마트 외출, 스마트 오피스, 스마트 스피커 등 여러 시나리오에서 활용되고 있다.

　이외에 기계번역 분야에서 바이두는 단어 임베딩 디코딩, 텍스트 번역 모델 등의 신기술을 통합해 고정밀, 저지연 동시 통번역을 실현했다. 그렇게 출시된 음성-음성 기계 동시 통번역 시스템인 DuTongChuan(度同傳)은 실제 전문 통번역가 못지않은 효과를 선보였다.

왕하이펑 박사, 바이두 최고기술경영자, 인공지능 시스템 책임자, 바이두 연구원 원장, 국가 차세대 인공지능 발전전략 자문 위원회 회원, 세계 최고의 자연어 처리 국제 학술 협회 ACL(Association for Computational Linguistics)**의 50여 년 역사상 최초의 중국인 회장, 딥러닝 기술 및 응용 국가 공정실험실 이사장 겸 주임**(인터뷰 일자 : 2020년 4월 28일)

장샤오펑 : 바이두가 곧 선보일 AI 미들엔드와 지식 미들엔드는 바이두의 풀 스택 AI 역량을 더욱 확장할 것으로 보입니다. 업계 생태계와 함께 스마트 경제와 스마트 사회의 미들엔드, 산업의 미들엔드, 도시의 미들엔드가 될 텐데요. 간단하게 이 2가지

미들엔드에 대해 소개 부탁드립니다.

왕하이펑 : 왜 기업들에 자기만의 AI 미들엔드가 필요한지부터 이야기하겠습니다. 우선 지금 산업 스마트화가 진행 중이고, 기업은 스마트화를 실현할 AI가 필요하기 때문이죠. AI는 반드시 기업의 응용 시나리오와 깊이 있게 결합해야 기업의 수요를 만족시킬 수 있습니다. 현 단계에서는 대다수 기업이 AI 기술 개발과 응용을 뒷받침할 플랫폼이 부족합니다. 그래서 바이두 스마트 클라우드에 의지해 기업마다 AI 플랫폼을 가지고 원하는 만큼 빠르고 효율적으로 AI 솔루션을 구현할 수 있도록 하는 겁니다. 바이두 AI 미들엔드의 핵심은 AI 기술 엔진과 AI 개발 플랫폼입니다. 기업은 AI 기술 엔진을 통해 바이두가 보유한 260개 이상의 성숙한 기능 중에서 직접 선택할 수 있는데, 여기에는 바이두가 글로벌 프리미엄을 보유한 ERNIE 연산자, 최적화된 주류 알고리즘이 포함되어 있습니다. AI 개발 플랫폼은 세계 3위, 중국 1위의 딥러닝 오픈소스 프레임워크 패들패들을 보유해 기업이 스스로 자율 제어가 가능하도록 돕습니다. 또 관리 플랫폼에는 권한 관리, 모델 관리 등의 공용 제어 모듈이 포함됩니다. 전반적으로 바이두의 AI 미들엔드는 기업이 AI 기술 개발 및 응용을 위한 시스템과 실력을 갖추도록 돕고, 기업의 AI 기술력과 자원을 집약적으로 관리해 기업 스마트화의 판도를 총망라합니다.

이제 지식 미들엔드에 관해 이야기합시다. 지식의 축적과 대물림은 인류의 지속적인 발전을 뒷받침해왔고, AI 역시 지식이 필요합니다. 예를 들어 대규모 지식 그래프의 구축 및 적용, 지식 강화 자연어 처리, 지식 강화를 위한 다각적 의미 이해가 모두 이미 널리 사용되고 있습니다. 바로 이런 이유로 지식이 인공지능 발전의 디딤돌이라고 말하는 것입니다.

기업 스마트화 과정에서도 지식은 매우 중요한 핵심 기반입니다. 각 기업은 고유의 특화된 지식을 보유한 만큼 자체의 산업 지식과 비즈니스 로직을 결합해서 지식에 대한 요구를 충족할 필요가 있습니다. 하지만 안타깝게도 대다수 기업은 지식을 구축하고 운용할 기술력이나 기타 조건을 갖추지 못했습니다. 특히 데이터와 정보에서부터 지식 구축과 적용에 이르기까지의 도구와 플랫폼이 부족합니다.

우리는 기업의 스마트화 수준 향상을 돕고자 지식 미들엔드를 제공합니다. 이것은 바이두가 다년간 축적한 지식 그래프, 자연어 처리, 다중모델 의미 이해, 스마트 검색 등의 AI 핵심 기술을 기반으로 한 전 주기(全-, whole cycle)의, 스마트화한 기업 지식 강화 플랫폼이라 할 수 있습니다. 하위 레이어에서는 다양한 소스와 형식의 데이터를, 상위 레이어에서는 다양한 비즈니스 시나리오를 지원합니다. 지식 미들엔드의 핵심 기능은 기업에 효율적이고 편리한 지식 생산과 조직, 응용에 관한 기술력을 제공함으로써 업무 시나리오의 스마트화를 촉진하는 것입니다. 지식 미들엔드의 기업용 스마트 애플리케이션에는 스마트 지식 라이브러리, 산업 지식 그래프, 그리고 기업 검색, 스마트 추천, 스마트 퀴즈, 지식 추천 등이 포함됩니다.

....

새로운 시대의 상호작용 : '스마트 격차'가 사라진 무한 연결의 시대가 온다

자기 목소리로 안내하는 내비게이션을 상상해본 적 있는가?

언어 인식 및 합성 기술로 20마디만 녹음하면 당신의 음성을 합성해낼 수 있다. 어쩌면 상상하기 어려울 수도, 미래에 있을 일이라거나 공상과학에 가깝다고 생각할지도 모르겠으나 이런 일들은 이미 사실이 됐다.

언젠가는 뉴스 진행자가 피곤하더라도 얼마든지 자기 목소리로 '업무'를 수행할 수도, 시청자들과 대화할 수도 있다.

영상은 목소리를 바꾸어도, 얼굴을 바꾸어도 문제가 되지 않는다.

2018년에 터치스크린을 장착한 스마트 스피커 '샤오두홈(Xioadu Home, 小度在家)'에 '긱 모드(geek mode)'[96]가 추가됐고, 이후 다시 '양방향 연속 대화' 기능이 출시됐다. 덕분에 샤오두홈은 자기에게 하는 말과 아닌 말을 완전히 '이해'해서 구별하고, 사용자들은 굳이 말하는 도중에 끊을 필요가 전혀 없게 됐다. 샤오두홈은 중국어뿐 아니라 영어도 이해하며, 중국어와 영어가 섞여 있을 때도 문제없다.

---

96. 호출어를 말하지 않고 바로 대화할 수 있는 기능. - 역주.

스마트 대화가 인간과 컴퓨터 상호작용을 현실로 만든다

1950년대에 인공지능의 개념이 제시된 이래, 인간과 컴퓨터 시스템 사이의 효과적인 상호작용을 어떻게 실현할 것인가는 늘 정보 기술 분야의 중요한 화두였다. 60여 년 동안 '인간과 컴퓨터 상호작용(HCI, Human-Computer Interaction)'은 사람이 기계에 적응하는 방식에서 기계가 사람에 적응하는 방식을 향해 끊임없이 발전해왔다. 그 방식의 변천에 따라 다음과 같은 발전 단계로 나눌 수 있다.

(1) 컴퓨터 언어를 통한 상호작용 : 초기 인간과 컴퓨터 상호작용은 수동 모드였다. 사용자는 미리 작성해놓은 바이너리 코드를 표시한 천공카드(穿孔-, punched card)나 자기 테이프를 컴퓨터에 삽입해 읽게 했는데, 컴퓨터의 피드백을 받으려면 오랜 시간을 기다려야 했다. 1960년대 중반, 명령 줄 인터페이스(CLI, Command-Line Interface)가 생겨나면서 인간과 컴퓨터 상호작용 방식이 문답형으로 바뀌었다. 사용자는 명령 줄 인터페이스를 통해 명령을 입력하고, 명령을 받은 컴퓨터는 문자로 피드백을 제공했다. 이 단계에서 사용자는 주로 손과 눈으로 컴퓨터와 대화하고 키보드를 두드려 입력해서 문자로 출력을 얻었다.

(2) 그래픽 사용자 인터페이스를 통한 상호작용 : 1980년대에 MS가 출시한 Windows는 컴퓨터 운영체제를 이해하기 쉬운 그래픽 사용자 인터페이스(GUI, Graphical User Interface)로 만들었다. 그래픽 사용자 인터페이스와 같은 시기에 애플이 출시한 마우스와 결합하면서 그래픽 사용자 인터페이스 상호작용이 시작됐다. 2000년대에 들어서면서 스마트폰으로 대표되는 멀티터치 스크린 제품이 전 세계적으로 인기를 얻었고, 인간과 컴퓨터 상호작용의 문턱이 더욱 낮아졌다. 이 단계에서도 손과 눈을 통해 기계와 대화를 나누었지만, 사용자의 입력 방식은 키보드 입력에서 키보드, 마우스, 터치스크린 등 다양한 형태로 바뀌었고 컴퓨터 출력 내용도 단일한 문자 형식에서 텍스트, 그래프, 오디오, 비디오 및 기타 형식으로 다양해졌다.

(3) 멀티모달 인터페이스를 통한 상호작용 : 멀티모달 인터페이스(multi modality interface)는 인간과 컴퓨터 상호작용의 미래다. 사용자는 전통적인 문자나 텍스트 외에 제스처, 시선, 음성, 표정, 터치 등 가장 자연스러운 다양한 방식으로 컴퓨터에 다차원적이고 부정확한 정보를 입력할 수 있다. 컴퓨터는 입력된 정보를 수신, 통합해서 정확하게 이해하고 사용자에게 입체화된 피드백을 전달한다. 컴퓨터 시각, 음

성 인식, 의미 이해와 딥러닝 등의 인공지능 기술의 발달로 기계가 인간의 언어 명령을 이해하고 실행하게 된 것이다.

컴퓨터 언어에서 그래픽 사용자 인터페이스, 그리고 멀티모달 인터페이스에 이르기까지 인간과 컴퓨터 상호작용은 줄곧 간단하고 효율적이며 풍부하고 자연스러운 방향으로 발전해왔다. 멀티모달 인터페이스의 여러 방식 중에 음성은 가장 먼저 시작되고, 가장 발전했으며, 가장 널리 사용되는 방식이다. 따라서 스마트 대화의 등장으로 멀티모달 인터페이스를 통한 인간과 컴퓨터 상호작용이 처음 실현됐다고 말할 수 있다. 미래의 만물 인터넷 미래에도 인간과 기계 사이를 잇는 소통의 교량이라는 중요한 역할을 계속 맡게 될 것이다.[97]

UNIT으로 스마트 대화의 미래를 가늠하다

바이두는 바이두 브레인 스마트 대화 시스템 맞춤형 서비스 플랫폼인 UNIT을 출시해 업계 최고의 대화 기술과 해당 리소스를 개방하고, 음성 및 지식 구축 기능을 통합했다. 동시에 맞춤형 대화 시스템과 훈련 시스템을 제공해서 기업과 개발자들이 느끼는 대화 시스템 연구 개발의 문턱을 크게 낮췄다.

바이두 브레인의 기본 이념은 AI 개발의 문턱을 낮추고 사용하기 쉬운 기술력을 제공해 각 산업군과 업계의 스마트화 가속을 지원하는 것이다. 이에 따라 UNIT 역시 실무 시나리오에 적용한 기술들을 축적하면서 스마트 고객 서비스, 스마트 오피스, 스마트 가전, 로봇, 스마트 외출, 웨어러블 스마트 기기 등의 대화 시나리오 방안을 여러 세트씩 만들어 각 산업군이 스마트 대화 기술력을 업그레이드하는 데 도움을 주고 있다.

'바이두 브레인 스마트 대화 엔진 백서'에 따르면 미래에는 레이블링 데이터 의존, 지루한 피드 스트림, 비효과적인 지식 사용 등의 문제가 점차 해결의 돌파구를 찾으면서 임무형, 문답형, 잡담형 등 특수 시나리오를 위한 스마트 대화 시스템이 더 완벽한 실용화 수준에 도달할 것으로 보인다. 현재 스마트 대화 분야는 제각각 단독으로 움직이던 방식에서 각자 맡은 역할과 소임을 다하는 방향으로 전환 중이

---

97. IDC, 바이두 AI 산업연구센터, '바이두 브레인 스마트 대화 엔진 백서', 2019. 5

다. 플랫폼형 소프트웨어 공급업체는 시장 자원을 대폭 통합해 가치를 극대화할 수 있는 생태계를 구축할 것이다. 또 감지, 인지, 의사결정, 실행에 관한 기술력이 전반적으로 향상되어 시스템 전체가 스마트화의 방향으로 발전한다. 이로써 전체 시나리오 연결, 멀티모달 인터페이스 상호작용, 개인화 경험을 실현하고 최종적으로 다양한 시나리오와 다양한 용도를 모두 아우르는 궁극의 목표, 바로 인간과 기계 사이의 보편적인 스마트 대화를 실현할 수 있다.

지난 7~8년 동안 바이두는 매년 AI 기술 연구 및 개발에 매출의 약 15%를 투자했다. 수만 명의 엔지니어, 100만 대에 가까운 서버 클러스터가 각양각색의 복잡한 연산을 수행했으며, 조(兆) 단위의 데이터로 바이두 브레인을 '키우는' 동시에 수천억 개의 매개변수와 샘플을 훈련함으로써 자연스러운 언어와 음성 대화를 실현했다.

기술 보편화로 '스마트 격차'를 해소하다

이 정도의 대규모 투자가 가능한 기업은 많지 않다. 20여 년 전에 인터넷이 처음 등장하면서 생겨난 용어 '디지털 격차(digital divide)'는 인터넷 접속이 가능한 환경에 있는 사람들과 그렇지 않은 사람들 사이에 경제, 사회적 격차가 심화함을 의미했다. 바이두는 설립 이래, 지난 20여 년 동안 사람들이 가장 평등하고 편리하게 정보를 얻을 수 있도록 이러한 격차를 해소하는 데 주력해왔다.

현재 평등하고 편리하게 정보에 접근하고 획득하겠다는 꿈은 거의 실현됐지만, 이제는 '스마트 격차'가 점차 사람과 사람 사이의 격차를 넓힐 가능성이 있다. AI 시대에 어떻게 해야 스마트 격차를 해결하고 격차를 줄일 수 있을까?

AI 시대는 주로 데이터, 알고리즘, 컴퓨팅 파워로 주도된다. 바이두가 내놓은 답은 데이터, 알고리즘, 컴퓨팅 파워의 지속적인 교체와 개방을 통해 이 격차를 메워 모든 개발자가 세계 최고의 AI 기술에 액세스하고 모든 기업이 더 편리하게 최첨단의 AI 기술력을 활용할 수 있게 하겠다는 것이다.

2017년 이후, 바이두의 오픈 플랫폼에서 음성, 시각, 자연어 처리에 대한 호출수가 단기간에 기하급수적으로 증가하고 폭발적으로 성장했으며 매일 활발히 활동하는 개발자 수도 빠르게 늘었다.

생태 파트너들은 다양한 애플리케이션을 개발해 반복적이고 비효율적이며 과중

한 두뇌 노동에서 해방될 수 있었다.

과거 중국은 저가 상품을 수출하는 나라였지만, 앞으로는 AI 기술을 전 세계에 수출하는 나라가 될 것이다. 바이두는 당신이 어디에 있고, 어떤 산업에 종사하든 평등하고 편리하게 AI 기술력을 획득하기를, 최소한 바이두의 AI 기술력을 획득하기를 바란다.

차세대 상호작용, 무한한 가능성을 열다

바이두의 음성 기술은 업계 최고의 음향 모델과 음성 모델을 기반으로 해 음성 및 텍스트 정보를 상호 변환하며 스마트 내비게이션, 음성 입력, 음성 검색, 스마트 고객 서비스 및 텍스트 오디오 읽기 같은 시나리오에서 사용할 수 있다. 여기에는 음성 인식, 음성 합성, 키워드 스폿팅(keyword spotting)[98]의 3가지 주요 기능이 포함된다.

딥러닝 기술이 널리 사용되면서 인간과 기계의 대화에 관한 기술력은 커다란 발전을 이루었다. 중국에서는 스마트 대화 기술이 이미 시장에 수용되어 기업의 제품 서비스, 생산 모델, 운영 모델, 그리고 의사결정 모델의 스마트화에서 중요한 역할을 하고 있다. 스마트 대화 응용 시나리오 역시 고객 서비스와 판매 관련 업무에 집중됐다. '바이두 브레인 스마트 대화 엔진 백서'의 조사에 따르면 스마트 대화 응용 시나리오 중 상위 5개는 스마트 온라인 고객 서비스, 인공 고객 서비스 지원, 음성 검색, 스마트 콜센터, 기업 관리 도우미다.

많은 사람이 경험한 바이두 지도의 스마트 내비게이션은 이미 국민 애플리케이션으로 자리 잡았다고 해도 과언이 아니다. 반면에 바이두가 제공하는 스마트 고객 서비스에 대한 이해는 상대적으로 부족하다. 바이두는 고객 서비스 분야의 수요를 만족하기 위해 스마트 고객 서비스 시나리오를 위한 완벽한 솔루션을 제공하며 완전하고 효율적인 대화 기술, 대화 흐름 및 지식 구축 기능을 보완했다. 콜센터를 위한 독자적인 음성 솔루션을 개방했으며 자체 훈련 및 최적화를 지원함으로써 개발자에게 더 나은 서비스를 제공한다. 더불어 고효율의 통합 솔루션을 위해 완벽하고

---

98. 사람이 발성한 문장에서 중요하거나 필요한 키워드만 인식하는 음성 인식 방법. - 역주.
99. 상하이푸동발전은행과 바이두가 손잡고 만든 AI 금융상담원 '샤오푸(小浦)'를 가리킨다. - 역주.

표준화한 호출 플랫폼 접속 프로토콜을 지원하고 음성과 의미가 일체화한 프레임 워크를 구축해 한 번의 호출로 음성 및 대화 기능을 효율적으로 통합하고 중단 및 무음과 같은 다양한 접속 이상 상황에 대한 처리 모듈을 제공한다. 이런 기술들은 현재 이미 여러 분야에서 응용되고 있다. 2019년에 바이두와 함께 중국 최초의 금융 '디지털 직원'99을 만든 상하이푸동발전은행(SPDB)은 스마트 고객 서비스 시스템에서도 여러 고객 서비스 채널을 통해 스마트 금융 트렌드를 선도하며 스마트 전환을 추진했다.

차세대 상호작용은 단지 'to B'만이 아니다. 인공지능은 어느덧 새로운 노드까지 발전했으며 사람들이 음성 대화로 상호작용하도록 유도한다.

2017년 7월 5일, 바이두는 DuerOS 오픈 플랫폼을 출시하고, 2017년 11월 16일에는 DuerOS 2.0을 업계에 정식으로 공개됐다고 발표했다. 2018년 말까지 겨우 1년여 만에 DuerOS를 탑재한 스마트 기기가 2억 대를 넘어서면서 DuerOS는 중국 시장에서 가장 활발한 대화형 인공지능 생태계가 됐다.

과거에는 당신이 무슨 말을 해도 알아듣지 못했기 때문에 컴퓨터는 명령에 따라 일을 할 수 없었다. 오늘날 스마트 스피커를 사용하는 사람들은 1~2주가 지날 때마다 스마트 스피커가 점점 더 똑똑해지는 현상을 경험한다. 처음에는 이해하지 못한 말들을 시간이 흐르면서 알아듣게 되는 것이다. 사실상 사람의 언어 상호작용은 문턱이 상당히 낮다. PC와 함께 성장한 사람들에게는 키보드가 인간과 컴퓨터 상호작용의 가장 자연스러운 방법이어서 스마트폰이 나왔을 때 터치스크린이 사용하기 어렵고 불편했다. 반면에 지금의 아이들은 세 살부터 스마트폰 사용법을 배워 마우스나 키보드보다 손가락을 사용하는 편이 훨씬 자연스럽고 편하다. 이제 음성 상호교환이 이 모든 것을 바꿔놓을 것이다.

집+차 : 두 개의 시나리오, 하나의 혁명

바이두의 인공지능을 떠올릴 때, 독자들의 가장 큰 관심사는 2가지일 것이다. 세계 최대 자율주행 오픈 플랫폼이 어떻게 스마트 산업화를 이룰 수 있을까? 샤오두 비서가 유비쿼터스 스마트 상호작용 서비스를 감당할 수 있을까?

스마트 시대, 스마트 기술의 응용은 크게 두 개의 시나리오, 즉 스마트 홈, 그리고 자율주행을 포함한 스마트 교통으로 나눌 수 있다. 머지않아 이 두 개의 시나리오에서 상호작용을 일으킨 혁명이 출현할 것이다.

스마트 홈이 미래 라이프스타일의 변혁을 일으킬 수 있을까?

미래 가정에서 사람들이 자연어를 이용해 다양한 기기와 상호작용하는 모습은 인공지능 시대의 특징 중 하나다. 음성과 자연어는 터치스크린보다 더 자연스러운 '인간과 기계의 상호작용(HMI, Human-Machine Interaction)' 방식이다. 스마트폰 사용법은 아이가 세 살은 되어야 배울 수 있지만, 말은 한 살만 되어도 하기 시작하니 언어의 문턱도 훨씬 낮아지고 더 편리하다.

2014년 말, 아마존의 CEO 제프 베이조스(Jeff Bezos)는 애플에 대항하기 위해 Fire Phone을 출시하고, 'Echo'라는 이름의 스피커까지 선보였다. 5년 후, 스마트 스피커는 스마트폰에 이어 두 번째로 중요한 스마트 상호작용 하드웨어 품목이 됐다.

2019년 기준으로 전 세계 스마트 스피커 출하량은 1억 4,000만 대인데, 그중 Echo가 3,700만 대로 1위였다. 샤오두 스마트 스피커의 연간 출하량은 1,900만 대로 중국 1위, 세계 3위를 기록했다. 시장조사기관 스트래티지 애널리틱스(Strategy Analytics)가 발표한 최신 데이터 보고서에 따르면, 2020년 1분기에 샤오두의 출하량이 5분기 연속 중국 1위를 차지했다.

스마트 스피커에 이어 바이두는 2018년 3월에 영상 토크백 로봇 기업 '샤오위짜이자(小魚在家)'와 공동으로 중국 최초의 스마트 디스플레이 '샤오두홈'을 출시했다. 스마트 스피커 시장에서는 스마트 디스플레이의 인기가 점점 더 높아지고 있다. 글로벌 시장조사기관 카날리스(Canalys)가 발표한 2019년 3분기 세계 스마트 스피커 출하량 보고서에 따르면, 전 세계 스마트 디스플레이의 출하량은 630만 대로 전년도 동기 대비 500% 가까이 증가했다. 그중 샤오두 스마트 디스플레이의 출하량은 230만 대로 세계 1위를 지켰다.

샤오두 스마트 디스플레이 시리즈는 출하량이 부동의 세계 1위일 뿐만 아니라

100. 아직 널리 알려지지 않았으나 머지않은 시간 내에 현실이 될 최첨단 미래 기술들. - 역주.

각종 AI 블랙테크(black tech)[100]를 적용해서 사용자 경험의 만족도를 크게 향상하고 생태적 기능 역시 좋은 평가를 받고 있다(그림 5-8). '음성+터치'의 기초 위에 더해진 양방향 비호출 기능은 1회 호출로 여러 차례 상호작용을 가능하게 하며, 사용자는 다른 사람과 대화하는 동시에 방해 없이 인간과 기계의 상호작용을 실현한다. 최신의 '음성+영상+제스처' 멀티모달 인터페이스는 스마트 디스플레이에 새로운 활력을 불어넣었다. 최근 공개된 샤오두홈 스마트 디스플레이 X8의 경우, 원거리 음성 상호작용 외에 손짓 제어, 눈빛 호출, 안면 인식 등으로 훨씬 편리하고 스마트하게 조작할 수 있어 인간과 기계의 상호작용을 새로운 단계로 이끈다.

음성 상호작용은 스마트 스피커의 가장 큰 특징이다. 중국과학원의 보고서 '스마트 스피커의 스마트 기술 분석과 성숙도 평가'에 따르면 샤오두 스마트 스피커 시리즈는 사용자의 명령을 알아듣고 이해하는 평가항목에서 유일하게 이해도가 90%를 넘는 제품이었다. 사용자 경험과 만족도 평가에서도 샤오두는 1위를 차지했다.

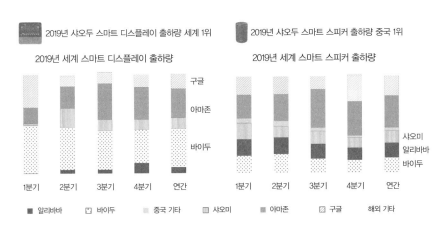

그림 5-8. 2019년 세계 스마트 스피커, 스마트 디스플레이 출하량

자료 출처 : Canalys

....

징쿤(景鯤), 바이두 그룹 부사장, 바이두 스마트 생활 사업그룹(SLG) 사장(인
터뷰 일자 : 2020년 4월 24일)

장샤오펑 : 2017년 7월에 발표된 DuerOS는 11월에 정식으로 오픈되면서 단 1년 만에 중국 시장에서 가장 활발한 대화형 인공지능 생태계로 자리 잡았습니다. 이 사실은 차세대 상호작용이 얼마나 매력적인지 보여주는데요. 이후에도 1년여 만에 샤오두 스마트 스피커의 출하량이 중국 1위, 세계 3위를 기록했으니 분명히 기쁘고 축하할 만한 일입니다. 이렇게 빠른 발전을 어떻게 보시는지 말씀 부탁드립니다.

징쿤 : 감사합니다! 우리는 제품 생산 과정 내내 사용자의 수요 원천과 충족되지 않은 니즈들을 생각합니다. 예를 들어 많은 노인이 전자기계를 사용하면서 벽에 부딪히죠. 하지만 음성 상호반응이 주가 되는 스마트 스피커는 노인들이 쉽고 간편하게 디지털 서비스를 누릴 수 있게 돕습니다. 아이들도 스스로 말해서 음악이나 이야기를 듣고, 애니메이션을 시청하거나 공부할 수도 있습니다. 샤오두는 사용자들에게 콘텐츠를 서비스하고 정신적 동반자가 되는 일종의 '비서' 역할을 합니다.

이러한 시나리오 뒤에는 거대한 시장 수요가 있습니다. 지금 사용자들은 파트너이자 비서, 그러니까 사람이 제공하는 것과 똑같은 서비스가 필요합니다.

어쩌면 휴대폰이나 PC 같은 장치만으로도 충분하다고 생각할 수 있습니다. 더 좋은 선택이 많이 있다는 사실을 모르기 때문에 하는 생각이죠. 우리는 더 좋은 선택들을 사용자에게 제공할수록 수요가 더 커지고 시장에서 새로운 기회가 늘어난다는 사실을 발견했습니다.

이전에 우리는 지금의 모바일 인터넷과 과학 기술이 만들어낸 엄청난 편리성을 감히 상상하지 못했습니다. 마찬가지로 5년 후에 어떤 과학 기술이 우리의 일상에 적용되고 얼마만큼의 편리성을 제공할지 예측하기 어렵습니다.

빌 게이츠는 사람들이 미래 1, 2년의 과학 기술 발전은 고평가하면서 미래 5~10년의 과학 기술 발전은 상대적으로 저평가한다고 말했습니다. 과학 기술을 하는 사람으로서 우리가 대담하게 상상하고 끊임없이 바꾸면 양적 변화가 질적 변화로 전환되는 날이 올 것입니다.

Windows의 첫 번째 핵심 응용 시나리오는 바로 사무실로 PC는 주로 사무실의 디지털 시나리오 문제를 해결합니다. 이것이 첫 번째 디지털화 시나리오입니다.

스마트폰이 보급되면서 더 많은 시나리오가 디지털화됐습니다. 예를 들어 여행 중 이동에 관한 시나리오 같은 거죠. 이런 응용 시나리오들이 하나씩 계속 늘어나고 있습니다. 바이두는 그중에서도 두 개의 시나리오에 커다란 시장 기회와 디지털 수요가 있다고 봅니다. 바로 집과 자동차입니다. 이 두 곳의 사용습관, 과학 기술에 대한 수용습관, 콘텐츠 서비스에 대한 수요가 사무실 시나리오나 여행 중 이동 시나리오와 같을 리 없으니 끊임없이 탐색하고 찾아내야 합니다.

샤오두는 사용자가 생활 속 여러 장면에서 과학 기술을 통해 더 많은 실제 문제를 해결해서 삶이 더 스마트하고 아름다워질 수 있기를 바랍니다.

장샤오핑 : 바이두가 할 수 있는 일과 미래 모습은 사람들의 상상력을 자극합니다. 바이두는 AI 시나리오를 더 광범위하고 심층적으로 다루는 업계 선두주자이고, 소프트웨어와 하드웨어가 통합된 샤오두는 분명히 더 커다란 사명을 등에 지고 있습니다. 일반인은 첨단 기술의 최전선에 선 과학자가 느끼는 감정을 감히 상상하기도 어려운데요. 당신의 즐거움과 성취감이 비롯되는 원천은 무엇입니까?

징쿤 : 제 개인의 내적 원동력은 바이두 자체의 추진력이나 하고자 하는 일과 매우 잘 맞아떨어집니다. 우리 같은 이공계열 사람들은 코드 한 줄, 기술 하나로 세상을 바꾸고 싶어 하죠. 이건 바이두의 사명과 문화인 동시에 제 개인적인 원동력이기도 합니다. 기술로 사용자의 문제를 해결하고 사용자에게 더 나은 경험을 제공할 수 있기를 바랍니다.

샤오두 이야기를 다시 하죠. 기술 혁신에는 두 종류가 있습니다. 하나는 비교적 성숙한 플랫폼에서 반복적인 세대교체를 하는 것입니다. 이전에 검색업무를 할 때 그렇게 했습니다. 바이두는 좋은 플랫폼을 구축하고 사용자 기반이 넓습니다. 여기에 사용자 경험을 개선하기 위한 노력을 쏟아부어 좋은 기능을 많이 추가할 수 있습니다. 다른 하나는 시간이 조금 오래 걸립니다. 나무를 심는 것과 비슷해요. 오늘 나무 한 그루를 심고서 내일 열매를 기대할 수는 없지만, 시간이 흐르면 나무가 자라 분명히 열매를 맺을 것입니다.

개인적으로 후자 쪽에서 더 만족감과 성취감을 느낍니다. 회사가 더 큰 성공을 거두는 데도 도움이 될 거라고 생각합니다. 이러한 사업을 수행함으로써 더 많은 사람의 수요와 문제를 해결할 수 있으니까요. 물론 무에서 유를 만들어내려면 불확실성이 크고 도전도 많을 수밖에 없습니다. 이런 불확실성을 극복하면서 팀을 이끌고 계속 앞으로 나가려면 더 강력한 내적 원동력, 추진력이 있어야 합니다. 저는 과학 기술 혁신에는 실패를 두려워하지 않는 마음가짐이 필요하다고 생각합니다. 우리가 해야 할 일은 바로 현재에서 미래로 나아가는 길을 찾는 것입니다.

장샤오펑 : 사용자가 샤오두에서 얻는 경험은 전반적으로 매우 좋은데요. 그 이면에는 분명히 기술적인 방법을 통한 끊임없는 최적화와 반복적인 세대교체가 필요했을 것입니다. 사용자 경험을 개선하기 위해 어떤 방법론이 있으신지, 또는 어떤 원칙을 지켜야 하는지 말씀 부탁드립니다.

징쿤 : 인공지능 제품의 사용자 경험에 대한 근본적인 방법론은 같습니다. 업종별로 가능한 본질적인 방법도 같다고 생각합니다. 첫 번째는 사용자의 근본적인 문제와 수요가 무엇인지 살펴봐야 한다는 것입니다. 어쩌면 사용자 묘사가 정확하지 않을 수도 있고, 그렇기에 더 자세하게 관찰해야 합니다. 예를 들어 그가 더 원활한 검색을 원하는지, 사람과 정보 사이의 소통이 더 자연스럽기를 바라는지 등을 꼼꼼히 살펴야 합니다.

장샤오펑 : 먼저 사용자의 수요에 대해 정확한 정의를 내려야 하는군요.

징쿤 : 두 번째는 어떤 기술과 제품이 사용자의 문제와 수요를 해결하는 데 도움이 되는지 확인하는 것입니다. 여러 가지 방법이 있겠지만 대체 어떤 방법이 가장 적절할지를 봐야죠.
다음 단계에서는 다시 다른 방법을 찾아야 합니다. 제품과 기술의 결합 관점에서 계속해서 빠르게 시도하고 반복적으로 교체해야죠. 초기 계획이 가장 완벽할 리 없습니다. 계속된 시행착오, 탐색, 데이터 관찰, 사용자 피드백을 통해서만이 마침내 더 나은 솔루션을 찾을 수 있습니다.

장샤오펑 : 샤오두는 어떻게 생겨났고, 또 어떻게 소프트웨어와 하드웨어의 통합을 지향했습니까? 그러한 혁신적인 긴장감은 어디에서 시작되고, 어떻게 천천히 큰 움직임으로 발전했나요?

징쿤 : 우리는 아직 길을 걷는 중이고, 여전히 지속적인 탐구 과정의 과정 중에 있습니다. 매일 여전히 혁신의 긴장 속에 놓여 있죠.

과거의 성장 과정을 돌이켜 보자면 우리는 줄곧 편치 않은 상태에서 끊임없이 문제를 발견하고 해결했습니다. 그러면서도 인간과 기계 사이의 상호작용 방식이 과학 기술 발전에서 가장 밑바닥의 혁신이라고 굳게 믿었습니다. MS가 연 PC시대, 이후 애플과 안드로이드가 연 모바일 시대 모두 초기 출발점은 인간과 기계 사이의 서로 다른 상호작용을 만드는 것이었습니다.

PC 시대에 키보드와 마우스의 발명으로 인간과 컴퓨터 상호작용이 시작됐습니다. 그 전에는 전문가들이 코드를 쓰고 인코딩을 해서 컴퓨터와 상호작용했기 때문에 진입 장벽이 정말 높았습니다. 그런데 키보드, 입력기, 마우스가 생긴 후로 일반인들도 컴퓨터와 소통할 수 있게 됐고, 이 변화는 거대한 시장을 열었죠. 애플은 사람들이 손가락으로 자연스럽게 컴퓨터와 상호작용할 수 있도록 했습니다. 잡스는 이 가장 밑바닥의 혁신, 그러니까 상호작용의 방식이 바뀌면 더 많은 사용자가 모바일 장치를 사용하고 더 많은 응용 시나리오를 만든다는 사실을 발견했습니다.

우리도 그 방향을 따라갔죠. 어떻게 하면 인간과 컴퓨터 사이의 상호작용을 더 쉽게 만들 수 있을까 하는 것 말입니다.

간단한 방식이란 실제로 자연스러운 걸 의미하죠. 키보드는 사람이 기계를 학습해야 하므로 처음에는 돈을 들여 입력법을 배웠어요. 그러다가 스크린 터치로 기계가 인간에 적응하기 시작했습니다. 기계가 사람의 손가락에 적응해야 했으니 인간과 기계의 상호작용이 더 친숙해졌죠. 이제부터는 기계가 인간을 학습하고, 인간의 표현을 배워야 합니다.

샤오두의 시작은 이러한 방향과 추세에 대한 우리의 믿음입니다. 이제 남은 것은 어떻게 할 것인가에 관한 질문입니다. 표정이나 제스처가 더 진보된 형태의 상호작용 방식이라면 언어는 가장 기본적인 상호작용 방식입니다. 우리는 사용자와 장치가 자연어를 통해 상호작용할 수 있기를 바랍니다.

처음에는 바이두 검색창 옆에 음성 입력 상자를 두어서 사용자가 음성으로 컴퓨터에 표현할 수 있게 했지만, 나중에 별로 적합하지 않다는 사실을 알았습니다. 우리는 다시 모바일 기기에서 음성 검색을 시도했는데, 휴대폰에서도 이 시나리오는 가장 적합한 것이 아니었어요. 타이핑에 익숙하지 않거나 어려운 사람들만 사용하니 시나리오의 폭이 좁았죠.

우리는 더 나아가서 사용자가 휴대폰이나 컴퓨터를 사용할 수 없거나 먼 거리에 있는 상황에서 상호작용할 수 있는 시나리오를 상상했습니다. 이때 자연스럽게 사용자가 집에 있는 장면이 떠올랐고, 우리는 샤오두가 사용자가 멀리 떨어져 있을 때도 상호작용할 수 있도록 했습니다.

한 걸음씩 차근차근 탐색하면서 오늘에 이르러 찾은 '홈 시나리오'는 사용자의 수요와 딱 맞았고, 상대적으로 커다란 발전의 공간도 있었습니다.

장샤오펑 : 샤오두 비서와 샤오두 시리즈 제품의 기본 기술 변화는 사용자가 새로운 방식으로 자신과 기계의 관계, 자신과 외부의 관계를 인지하게 했습니다. 또 연결과 상호작용에 대한 정의도 새롭게 바꾸었죠. 이 정의는 단순하면서도 가장 자연스럽고 가장 쉬운 방식으로 사용자가 그 단순함을 수용하고 스마트화를 받아들이게 했습니다. 다시 질문하죠. 이 분야에서 우리의 사명은 어떻게 정의해야 할까요? 어떠한 특유의 혁신적인 문화가 있다고 보십니까?

징쿤 : 우리는 샤오두가 사용자의 관점에서 사용자의 하루 24시간을 동행하는 비서 역할을 하기 바랍니다. 사용자가 시간을 절약해서 가족들과 함께 지내거나 진정으로 삶을 즐기는 등의 더 가치 있는 일에 시간을 쓰도록 돕기 바랍니다.

미래에는 하루 24시간 내내 집이나 차, 어디든지 당신 곁을 지키면서 다양한 요구사항을 해결해주는 비서가 있고, 당신의 생활은 크게 변화할 것입니다. 이런 시나리오는 앞으로 우리가 펼칠 사업에 대한 기대를 반영합니다. 샤오두가 진정으로 사용자의 스마트 라이프에 없어서는 안 될 일부분이기를 간절히 바라고 있습니다.

....

샤오두 차재 OS : 인간과 자동차의 새로운 상호작용, 스마트 카 라이프

바이두의 음성기술과 바이두 브레인의 음성 엔진이 있는 바이두는 샤오두홈 스마트 디스플레이, 샤오두 스마트 스피커 등 다양한 스마트 제품을 출시했다. 샤오두 비서는 다원화한 시나리오와 소프트·하드웨어 통합을 지원한다. 스마트 스피커에서 시작했지만, 여기에 그치지 않고 점차 스마트 홈, 스마트 웨어러블 기기, 스마트 카(smart car),[101] 스마트 고객 서비스, 모바일 통신 등으로 영역을 넓혀가고 있다. 스마트 음성 상호작용은 각종 단말기에서 가장 널리 사용되는 상호작용 방식이 될 전망이다.

이제 또 다른 스마트 단말인 자동차를 이야기하지 않을 수 없다. 자동차 산업은 스마트 네트워킹 시대로 접어들고 있으며, 이는 인간과 기계의 상호작용 방식 변화, 인프라 업그레이드, 새로운 비즈니스 형식의 탄생에 영향을 미치고 생태계의 번영을 촉진할 것이다. 네트워킹과 스마트화는 자동차 산업에 큰 변화를 가져온다. 이에 따라 자동차의 사용 및 소유 방식은 AI 기술로 일대 변혁을 맞이할 전망이다. 앞으로 자동차는 한 번 돈을 내고 사는 하드웨어에서 무한 업그레이드가 가능한 스마트 하드웨어로, 단순한 교통수단에서 사용자에게 무한한 서비스를 제공하는 생활 비서로 발전할 것이다.

바이두의 아폴로 오픈 플랫폼은 이미 전 세계를 아우르는 가장 포괄적이고, 가장 강력하며, 가장 역동적인 자율주행 생태계가 됐다. 2018년 7월, 바이두는 양산형 차량 네트워킹 시스템 솔루션인 '샤오두 차재(車載) OS'를 출시해 최단 30일 만에 기존 자동차를 스마트 카로 '원터치 업그레이드'할 수 있게 했다. 샤오두 차재 OS를 탑재한 자동차는 사용자의 시선, 손짓, 음성 등의 다양한 방식으로 호출되며 내비게이션, 정보, 내부 제어 등의 여러 서비스를 제공함으로써 주행 안전도와 사용자 경험을 효과적으로 개선, 향상한다. 스마트 네트워킹 기술은 자동차가 스스로 지각하고 판단하며 사용자를 잘 아는 친절하고 스마트한 이동 공간으로 만든다.

바이두의 원격 음성 상호작용 칩인 '훙후'의 출시와 양산으로 DuerOS는 날개를 단 호랑이가 됐다. 바이두 훙후 칩+DuerOS, Apollo+DuerOS는 차재 음성 상호작용, 차재 운영체제, 그리고 스마트 홈과 같은 시나리오에 더 큰 상상력을 제공하고 차재 운영체제와 제어 시스템의 통합을 위한 기초를 다졌다.

자동차에는 주로 2가지 문제가 있다. 하나는 운전이고, 다른 하나는 내부의 정보와 오락에 관한 것이다. 사람이 운전하는 자동차 안은 양손이 운전대에 묶여 있는 상황이니 기본적으로 음성이 유일한 상호작용 방식이 된다. 샤오두 차재 OS, 샤

---

101. 정보통신 기술로 운전자와 보행자의 안전, 편의를 높이는 자동차로 최종 목적은 '자율주행'이다. 아직 확실히 통일된 용어가 없으며 자동차 내외부 네트워크를 상호 연결하는 시스템을 갖춘 자동차라는 의미로 '커넥티드 카(connected car)'라고도 한다. – 역주.

오두 차재 백미러는 자동차 내부의 정보와 오락에 대한 수요를 해결한다. 만약 자율주행 문제와 정보 서비스 문제가 동시에 해결된다면 자동차는 더 완벽한 솔루션을 만들 수 있을 것이다.

휴대폰이나 컴퓨터의 운영체제와 달리 차재 운영체제는 자체적으로 등급 차가 있다. 예컨대 샤오두 차재 OS는 안드로이드와 위치가 같지 않다. 차재 스마트 음성 상호교환 시스템인 샤오두 차재 OS는 다른 하위 운영체제와 호환하면서도 다양한 응용 생태계와 상향 연결해야 한다. 이를 통해 완전한 차재 기능과 서비스 생태계를 구축할 수 있다. 그중 일부는 지도처럼 바이두가 비교적 잘 만든 앱도 있고, 앞으로 생태계의 완성차 업체와 기타 파트너들에게 맡길 수 있는 앱도 많다.

음성으로 AI 시대를 '호출한' 바이두

AI 기술의 발전은 산업과 긍정적인 방향으로 선순환하며 상호 역량을 강화하며 그에 따라 응용 시나리오도 나날이 진화하고 있다. 바이두의 탁월한 음성기술은 딥러닝과 산업 적용의 가속화에 기반해 이미 바이두 앱, 바이두 지도, 샤오두 스피커, 바이두 입력기 등 바이두의 여러 제품에 도입됐으며, AI 오픈 플랫폼을 통해 수많은 산업 파트너에 긍정적인 영향을 미쳤다. 특히 바이두 브레인의 음성기술은 이미 하루에 100억 회 이상 호출되면서 업계 최대 규모로 성장했다. 바이두는 개발자들에게 클라우드, 단말, 칩을 포함한 풀 스택 지원과 시나리오별 음성 기술력을 제공함으로써 다양한 산업에서 스마트 음성기술을 적용되도록 지원하고 있다.

2019년 11월, 바이두 브레인의 음성 인식 엔진은 14개 주요 제품의 콘텐츠를 새롭게 발표하거나 업그레이드했다. 여기에는 스마트 하드웨어 장치를 위한 바이두 훙후 음성 칩 기반의 하드웨어 모듈 4개, 개발 보드와 스마트 홈, 스마트 차재, 스마트 IoT 장치의 주요 단대단(end-to-end) 3개, 소프트·하드웨어 통합, 원격 음성 상호작용 시나리오 솔루션이 포함됐다. 그 결과 상호작용의 효과 향상, 소프트·하드웨어 통합의 빠른 응용, 광범위한 호환, 통합 장벽이 낮아지는 등의 긍정적 변화가 생겨났다. 동시에 음성 자체 훈련 플랫폼, 호출센터 음성 솔루션 등도 한층 업그레이드됐다.

바이두 브레인 음성 기술력의 새로운 업그레이드는 개발자와 기업에 더욱 완벽하고 전면적인 음성 엔진 기능을 제공한다. 이를 통해 더 많은 사용자가 상호작용 기능을 갖춘 응용 프로그램과 제품을 효율적으로 생산하고, 산업 각 분야에 대한 음성기술 도입 프로세스를 가속해서 비즈니스 파트너의 스마트화를 돕는다. 예를 들어 중국 가전업체 스카이워스(Skyworth)는 IoT 분야에서 정보 검색이 어렵고 장지 제어가 복잡하다는 문제가 있었는데, 이 역시 바이두 음성 상호작용 기술을 향상함으로써 전체 AIoT 장치 생태계의 상호작용 경험 재구성이 가능했다. 바이두와 스카이워스가 TV 분야에서 협력한 성과는 TV 칩 모델 10개와 TV 2,500만 대에 구현되어 중고급 제품 라인을 프리미엄 라인으로 끌어올리는 데 큰 역할을 담당했다. 차세대 원격 음성 솔루션인 바이두 홍후 음성 칩은 스카이워스 제품에 가성비 높은 하드웨어와 최적화된 소프트웨어 알고리즘 등의 가치를 제공한다. 이외에도 두 기업은 바이두 홍후 칩을 기반으로 여러 다양한 제품에서 협력할 예정이다.

DuerOS가 만드는 다양한 생태계, 다중접속을 실현하고 시너지 효과를 일으키다

음성으로 AI 시대를 '호출'하면서 가장 기대하는 것은 그로부터 파생된 다양한 생태계, 수직 시나리오와 사용자의 다중접속이 만들어내는 '연결, 상호작용 그리드'다. 무엇보다 시너지 효과를 폭발시키는 가능성을 제공하는 점이 가장 중요하다.

(1) DuerOS는 그 자체로 하나의 생태계다. DuerOS 오픈 플랫폼은 기업과 개발자를 위한 완전한 대화형 인공지능 솔루션을 제공하는 개방된 플랫폼이다. DuerOS의 기능이 집약된 오픈 플랫폼은 최고의 인공지능 기술에 대한 바이두의 중요한 응용 프로그램 중 하나다. DuerOS 오픈 플랫폼에는 스마트 홈 오픈 플랫폼과 기술 오픈 플랫폼이 포함된다. 스마트 홈 오픈 플랫폼은 클라우드 도킹, Wi-Fi 직연결, 블루투스 mesh 직연결 등과 같은 다양한 도킹 방식을 제공하며, 사용자가 샤오두 마스터 제어 장치로 스마트 가전을 제어할 수 있도록 지원한다. 기술 오픈 플랫폼은 음성기능 개발 도구 및 솔루션 세트 전체를 제공한다. 개발자들은 가시화된 인터페이스를 사용해 효율적으로 개발, 배치하며 기능을 DuerOS가 장착된 하드웨어에 배포할 수 있다.

(2) DuerOS 애플리케이션의 모든 시나리오는 자체 하위 생태계가 있다. DuerOS

는 휴대폰, TV, 스피커, 자동차, 로봇 등 다양한 하드웨어 기기를 폭넓게 지원한다. DuerOS와의 결합을 통해 기계가 사람들의 일상적인 의사소통 속 음성 표현을 이해하고, 인간과 소통하며 서비스를 제공하는 능력을 갖추게 해서 산업 업그레이드를 도울 수 있다. 다양한 시나리오의 응용 방향 역시 스마트 스피커, 스마트 홈, 차재 OS, 스마트 TV 등 자체 하위 생태계를 형성하며, 이는 수많은 생태 파트너, 서비스 및 개발자, 콘텐츠 제작자를 연결할 수 있다. 다음은 스마트 스피커 생태계를 예로 들어 분석한 내용이다.

바이두는 세계 스마트 디스플레이의 '넘버원 플레이어'로 샤오두홈은 스크린을 장착한 스마트 스피커에 대한 사용자의 인지도를 선점해 브랜드 효과를 톡톡히 봤다. 덕분에 스크린을 장착한 스마트 스피커, 즉 스마트 디스플레이의 전 세계 출하량 1위를 차지했을 뿐만 아니라 산업 활성화 측면에서도 업계를 선도하고 있다. 샤오두홈 스마트 디스플레이 X8은 스크린을 장착한 스피커를 새롭게 정의하고 AI 스마트 상호작용, AI 스마트 이해 및 새로운 콘텐츠 서비스의 3대 요소를 통해 업계를 스마트화의 새로운 전환점으로 이끌었다. 앞으로는 스마트 디스플레이에 연결된 콘텐츠, 서비스, 가정과 사람이 급성장해 새로운 콘텐츠 및 서비스 배포 플랫폼으로 거듭나고 공동 구축, 공유, 공생의 강력한 협업 생태계가 될 것이다.

스마트 디스플레이 같은 이러한 플랫폼은 대연결, 대상호작용, 대협력을 실현한다. 스피커에 스크린을 장착함으로써 가정의 수요에 더 알맞은 상호작용이 가능해지고 AI가 더 많은 생활 시나리오에 적용될 수 있기 때문이다. 샤오두는 업계에 끊임없이 업그레이드 모델을 제공하는 한편, 더 많은 IoT 장치를 연결해 더 많은 사용자가 스마트 라이프를 경험할 수 있도록 한다. 예컨대 샤오미 생태계 기업 중 하나인 지미(Jimmy Technology, 智米)가 샤오두 플랫폼에 연결되면 사용자는 샤오두를 호출해 선풍기, 가습기 등의 가전제품을 음성 제어할 수 있다. 현재 샤오두의 음성 제어를 지원하는 스마트 홈 브랜드는 400개가 넘으며 조명, 에어컨, TV 등 다양한 품목을 망라한다.

DuerOS를 둘러싼 아키텍처와 운영 로직은 점점 더 명확해질 것이며 그 과정은 다음과 같이 진행될 전망이다.

AI 기술이 핵심인 소프트·하드웨어 통합 – 다중 시나리오 수용 – 사용자의 새로운 경험 – 방대한 사용자 기반 양질의 콘텐츠와 서비스 – 수요와 연결 데이터에서의 가치 발굴 – 공급 방면의 역추진과 재편 – 다원적 생태계의 번영과 상호 지원 – 두드러진 생태학적 효과와 예기치 않은 시너지 효과 – 사용자 수요 만족

....

징쿤, 바이두 그룹 부사장, 바이두 스마트 생활 사업그룹(SLG) 사장(인터뷰 일자 : 2020년 4월 24일)

장샤오펑 : 앞으로는 검색의 형태가 많이 달라질 것입니다. 샤오두는 어디에나 있고, 안 되는 것이 없는 스마트한 비서가 될 테고, 점점 더 많은 사용자가 이 똑똑한 비서에게 마음을 쏟겠죠. 미래에는 샤오두가 담당하는 일이 더 많아지고 다루는 시나리오에도 더 큰 영향을 미칠 것입니다. 매일 수십억 번씩 상호작용하다 보면 분석하고 얻을 수 있는 내용이 무척 많을 테니까요. 이는 산업 사슬과 서비스 형태에 영향을 미칠 수 있습니다. 또 미래에는 샤오두라는 이 개방된 공유 플랫폼이 공급 측면에 미치는 영향에 기반해 산업 사슬이 새롭게 만들어질 거라고 봅니다. 공급과 수요가 더 수직적으로 변화하고, 산업 사슬은 더 짧아지겠죠. 그 이후에 대해서는 어떤 생각과 계획이 있으신가요?

징쿤 : 아주 좋은 질문입니다. 샤오두가 하는 일은 일반적인 앱보다 상대적으로 조금 복잡합니다. 공급망, 생산, 제조, 운송, 판매에 이어 소프트웨어 서비스 제공업체에 이르기까지 다양한 산업 사슬의 다양한 협력사들과 매우 긴밀하게 접촉하죠. 전체 산업에 영향을 미치려면 시장에서 얼마나 많은 사용자가 우리 제품과 서비스를 받아들이냐에 달려 있습니다. 지금 상황을 말하자면, 제 생각에는 그 영향력이 이제 막 시작된 것 같습니다.

장샤오펑 : 그렇습니다. 이제야 빙산의 일각이 드러났을 뿐이죠. 앞으로 샤오두가 정말 많은 산업, 영역, 시나리오에 스며들 거라고 생각합니다. 한번 써보면 더 써보고 싶고 좋아하게 될 테니까요. 사실 저는 샤오두를 일종의 '현상'이 되는 제품으로 보고 있습니다. DuerOS도 마찬가지 수준의 운영체제가 될 수밖에 없어요. 침투할 수 있는 산업군, 상상할 수 있는 공간이 넓어 커버리지가 뛰어나죠. 그래서 기술 경로가 보

장되고, 비즈니스 노선에 패러다임과 규칙이 있으며, 생태계 조성 파워가 있는 그런 사업이 되기를 바랍니다. 향후 샤오두 관련 개발 공간에는 제한이 없습니다.

징쿤 : 우리는 가능한 한 빨리 샤오두가 수많은 가정에 들어설 수 있기를 기대하며 더 열심히 노력하고 있습니다. 조만간 우리의 꿈이 실현될 것입니다. 시나리오는 점차 확장되어 2020년에는 신제품도 출시될 예정입니다.

....

스마트 주행 : 무인지대를 향해 나아가다

'교통 강국 건설'은 중국 공산당 제19차 전국대표대회(제19대)에서 내린 중대한 전략적 결정이다. 2019년 9월, 당 중앙 위원회와 국무원이 '교통 강국 건설 강요'를 발표했고, 2020년 2월에는 국가발전개혁위원회를 비롯한 11개 부처와 위원회가 '스마트 카 혁신 발전전략'을 수립, 발표했다. 이렇게 해서 새로운 과학 기술혁명과 산업 변혁의 추세에 발맞춰 산업 스마트화 발전전략의 기회를 놓치지 않고 스마트 카의 혁신과 개발을 추진할 수 있었다.

2020년 5월, 바이두의 스마트 주행과 관련한 2가지 소식이 잇달아 날아들었다. 첫 번째 소식은 5월 8일에 바이두와 광저우 개발구가 전략적 협력 관계를 맺었다는 소식이었다. 양측은 공동으로 광둥, 홍콩, 마카오를 스마트 네트워킹 선도 지역으로 만들고 ACE 교통 엔진을 도입할 예정이며, 바이두는 광저우 최초의 디지털 신인프라 주요 프로젝트 건설에 참여하게 됐다. 두 번째 소식은 5월 26일에 바이두가 베이징 이장(亦庄) 경제개발구에 위치한 아폴로 파크(Apollo Park) 건설을 완료했다는 소식이었다. 아폴로 파크는 차량 및 부품 저장, 원격 빅데이터 클라우드 제어, 운영 명령, 정비 및 교정, R&D 테스트 등 5대 기능을 모두 갖추었다. 이 기지의 완공으로 아폴로 자율주행, 지능형 차량 인프라 협력 시스템 제품의 성숙도와 적용이 가속화될 전망이다.

앞서 4월 9일, 바이두 아폴로는 'ACE 교통 엔진'과 '아폴로 스마트 교통 백서'를 공식 발표해 아폴로 스마트 교통 솔루션을 최초로 공개하고, 인공지능, 자율주행,

교통인프라 융합기술 분야에서의 사업 계획을 체계적으로 설명한 바 있다. 신인프라, 교통 강국 건설, 스마트 카 혁신 개발 전략이라는 배경 아래, 바이두가 출시한 'ACE 교통 엔진'은 도시 관리 및 교통 운송 부문의 큰 관심과 주목을 받았다. 현재 'ACE 교통 엔진'은 베이징, 창사, 창저우 등 10여 개 도시에 도입됐다.

바이두가 인공지능, 자율주행, 교통인프라 융합기술 분야에서 수년간 쌓아온 선도적 경험에 힘입어 탄생한 'ACE 교통 엔진'은 자율주행 생태계와 바이두의 AI 기술력을 집약해 도시 교통을 강화하고, 인공지능과 인프라 시설, 운송 장비, 운송 서비스, 산업 거버넌스의 심층 통합을 촉진한다. 또 도시 관리 시스템과 현대화의 수준을 지속적으로 개선해 실시간 감지, 즉각 대응, 스마트 의사결정을 위한 현대화된 스마트 교통 시스템을 구축해 도시의 한발 앞선 신인프라 건설을 지원함으로써 교통 강국 건설을 선도적으로 추진한다.

스마트 주행과 스마트 교통 : 자동차, 도로, 사람이 함께 일으키는 혁명

스마트 주행은 많은 사람의 꿈이자 수많은 참여자와 혁신가가 있는 커다란 시장이다. 스마트 주행은 스마트 교통과 분리할 수 없으며 자동차, 도로 그리고 사람이 함께 일으키는 혁명이다.

수백 년에 걸친 역사가 있는 자동차 산업은 새로운 기술혁명과 산업혁명의 첫 번째 상징물로 꼽힌다.

이번 자동차 산업 변혁의 주요 트렌드는 전기화, 네트워크화, 스마트화, 그리고 공유화로 이른바 '신4화(新4化)'다. 이는 인터넷 기업, 인공지능 플랫폼형 기업, 신혁신 기업이 자동차 산업에 뛰어들 수 있는 이유이기도 하다.

자동차와 관련한 이 혁명에서 바이두는 차량 네트워킹이 전통적인 인터넷 서비스와 융합해 새로운 산업 생태계 모델을 탄생시킬 수 있는지, 자동차 스마트화가 결국 자동차를 이동 가능한 스마트 로봇으로 만들어 인공지능 기술을 위한 새로운 탑재체를 찾는 것인지를 깊이 사고해야 한다. 또 자동차 공유화를 어떻게 하면 더 폭넓게 응용해 새로운 여행 서비스 비즈니스 모델의 가능성을 창출할 수 있을 것인지 고민해야 한다. 이러한 생각들은 모두 바이두에 소중한 기회가 될 것이다.

현재 바이두가 맞닥뜨린 도전은 크게 2가지다. 첫째, 핵심 기술력이다. 자동차는 안전에 대한 요구 수준이 매우 높고, 자율주행 기술이란 특정 응용 시나리오에서 사람을 대체한다. 따라서 제품의 안전을 확실히 보장하는 것이야말로 기업이 반드시 도전하고 돌파해야 할 핵심 기술력이다. 둘째, 시스템 통합 능력이다. 자동차 제품의 혁신은 단일한 기술의 결과가 아니며, 자율주행 기술 역시 감지, 의사결정, 실행 등 기타 기관과 시스템의 효율적인 조정이 필요하다. 이를 위해서 기업은 전체 산업사슬의 시스템을 통합하는 능력을 갖춰야 한다.

사물 인터넷, AI 등 분야에서 확보한 선도적 위치와 기술 우위는 바이두가 자동차 산업, 특히 네트워크화와 스마트화 측면에서 더 빠르고 더 나은 발전을 이루게 할 것이다. 예를 들어 자동차 안에서 발생하는 인간과 기계의 상호작용에 관련한 인공지능, 음성 의미 인식과 같은 기술은 바이두의 주요 강점이다. 이외에 자율주행 기술에 필요한 빅데이터 수집, 감지 분석, 스마트 의사결정 등과 같은 기술 역시 바이두가 탁월한 분야다.

물론 자동차 하드웨어, 개발 프로세스, 품질 보증 등 분야에서 자동차 업체가 오랜 세월 축적한 고유한 장점은 인터넷 기업이 보유하고 있지 않다. 따라서 인터넷 기업이 자동차 산업에 진입할 때는 인공지능 기술, 인터넷 기술, 애플리케이션 서비스 역량 등 자체 장점을 최대한 활용하는 한편, 자신의 단점을 보완해서 전통적인 완성차 및 부품 업체로부터 배우고 함께 협력하는 노력이 필요하다.

자율주행 분야에서 바이두는 어디에 있는가?

자율주행 분야에서 바이두의 포지션은 아폴로 계획에 근거해 정의할 수 있다. 아폴로 계획은 총 4단계로 구성된다. 제1단계는 섀시(chassis)[102] 등의 하드웨어로 대표되는 자동차 액츄에이터(actuator),[103] 제2단계는 각종 센서 및 컴퓨팅 장치, 제3단계는 소프트웨어 알고리즘, 제4단계는 클라우드다. 바이두의 강점은 소프트웨어 알고리즘과 클라우드 기술력이고, 약점은 주로 자동차 액츄에이터와 같은 하드웨어 기술력이다.

아폴로 계획이 업계에 전달하는 생각의 방향은 매우 분명하다. 즉 모두가 함께

102. 자동차의 기본 골격. - 역주.
103. 동적 에너지를 이용해 기계를 작동시키는 구동 장치나 기구. - 역주.

노력해서 자율주행이라는 케이크를 만들고, 그런 후에 이 케이크를 더 크게 만들기 위해 협력하자는 것이다. 이 과정에서 기업들은 각자의 핵심 경쟁력을 바탕으로 자신의 정확한 위치를 찾고 협업한다. 현재 오픈 플랫폼으로서 아폴로의 '역량 개방, 자원 공유, 혁신 가속화, 지속적 상생'이라는 이념은 국내외 유명 완성차 및 관련 부품 기업을 포함해 점점 더 많은 기업에서 인정받고 있고, 이미 200개 가까운 파트너가 참여한 상태다.

글로벌 선두기업으로서 바이두의 스마트 자율주행 기술 혁신은 이미 '무인지대'로 진입했다.

....

리전위(李震宇), 바이두 그룹 부사장, 스마트 자율주행 사업그룹 사장(인터뷰

일자 : 2020년 4월 18일)

장샤오펑 : 2013년 탄생한 바이두의 자율주행 사업은 외부에서도 좋은 평가를 얻고 있습니다. 2017년에 나온 '바이두의 역량을 통한 자율주행 국가 차세대 인공지능 개방형 혁신 플랫폼 구축'은 국가 차세대 인공지능 개방형 혁신 플랫폼 목록의 맨 윗자리를 차지했고, 2020년 3월에는 세계적으로 저명한 연구조사기관 NR이 바이두를 세계 자율주행 분야의 '리더' 등급으로 분류했습니다. 대충 계산해봐도 약 8년 동안 칼을 갈았다고 할 수 있겠네요.

리전위 : 우리가 이 일을 한 이유는 낙관적으로 봤기 때문입니다.

방금 아주 정확한 단어를 사용하셨어요. '무인지대' 말입니다. 확실히 중국에는 우리가 참고할 만한 대상이 없었습니다. 구글이 2009년부터 탐색을 시작했지만, 우리와 환경이 다르니 그들의 경험을 바로 가져다 쓰기 어려웠습니다.

이런 환경에서 더 중요한 것은 끈기라고 생각합니다.

2020년 초, 리옌훙은 "우리는 2013년부터 자율주행차를 만들었습니다. 그래서 지금 돈을 벌었나요? 아니죠, 아직 아닙니다. 그래도 계속해야 할까요? 당연히 계속해야죠!"라고 말했습니다.

기업이 발전단계에 따라 기존 전략을 그대로 쓸 것인가에 대해서는 논란의 여지가 있습니다. 나는 이것이 바로 한 기업의 신념으로 결정되는 선택이라고 생각합니다. 그렇게 하는 쪽을 선택하는 기업도 있고, 하지 않기로 선택하는 기업도 있죠. 우리는 미래에 자율주행이 자동차와 교통에 모두 큰 가치를 창출한다는 믿음이 있었어요. 그래서 뚝심 있게 계속했던 겁니다. 믿으니까 끝까지 버티는 거죠. 우리의 믿음은 AI라는 이 커다란 산업 방향에 대한 인식에서 비롯했다고 할 수 있습니다.

장샤오펑 : 신념과 끈기에 대해서 말씀하신 부분, 그 자부심이 특히 감동적입니다. 그러나 무인지대라는 그 어둠 속에서 탐색하고 선도하는 과정이 무척 험난했으리라 생각합니다. 전방에는 지도도, 내비게이션도, 신호등도, 고속도로도 없고, 혼자 더듬고 기거나 뒹굴어가면서 끊임없이 시행착오를 반복했을 테죠. 이 기간에 가장 힘들었던 단계는 언제였나요? 그때 흔들리지 않았습니까?

리전위 : 방금 말씀하신 장면이 생생하게 떠오르네요. 2016년 하반기에는 막막한 느낌이 비교적 강했습니다. 바이두가 이 일을 계속할 환경이 되는지, 이런 종류의 미래가 불확실한 사업을 계속해도 되는지 의구심이 생겼죠.

리옌훙은 리더로서 우리 팀에 힘을 실어주었습니다. 언뜻 가벼워 보이는 일들에서도 우리는 그의 마음이 확고하다는 걸 느낄 수 있었습니다. 2년 전에 리옌훙은 내부 고위급 회의에서 이 일을 6~7년 동안 해왔지만, 아직 완전히 상업화하지 못했다면서 그렇다면 다시 6~7년 동안 더 해보자고 말했습니다. 바로 이것이 우리의 신념이고, 우리의 끈기입니다.

또 하나의 힘은 항상 내 곁을 지켜주는 바이두 동료들입니다. 지난 3년 동안 회사는 매년 핵심 직원의 이직률을 집계했는데, 우리 팀의 이직률이 상대적으로 낮은 편입니다. 물론 떠난 사람도 있지만, 더 많은 우수한 동료들이 남았습니다.

끝까지 해보겠다는 끈기는 기본이고 이 업계에서는 외로움을 견딜 줄 알아야 합니다. 회사가 브랜드 홍보를 추진하려면 몇몇 책임자가 나서기도 합니다. 하지만 대부분 뛰어난 기술 인력은 노고를 드러내지 않고 뒤에서 문제점이나 위험요소들을 해결하고 있습니다. 예를 들어 바이두 기술위원회 위원장이 우리 팀에 있는데요. 그 사람에 대해 검색해보면 PC 검색업무에서 이루어낸 영광스러운 업적을 확인할 수 있을 겁니다. 이런 면은 기술자들의 전형적인 품격인데 그러한 모습이 항상 나에게 힘을 줬습니다.

장샤오펑 : 그렇게 묵묵히 지켜내는 일이 절대 쉽지 않았는데 우리는 결국 해냈죠.

리전위 : 네, 그렇습니다. 우리는 수년 동안 함께 싸웠고, 현재 중국에서 바이두 자율주행은 업계 최고 수준을 보여줍니다. 물론 최고 수준의 기준으로 판단하면 아직 불합격입니다. 합격이라면 지금 길 위를 달리는 차들이 전부 자율주행차여야죠. 하지만 업계 내부에서 보면 해마다 꽤 커다란 성장을 거듭하고 있습니다.

미성숙한 산업에서는 제품에 대한 비전이 현실과 동떨어졌다는 회의론이 많습니다. 하지만 저는 현 단계에서 이 제품에 대한 결론을 내리는 것은 너무 성급하다고 생각합니다. 무엇보다 자원을 통합하고 경험을 축적하고 합격 수준까지 가기 위해서 힘을 모으는 것이 중요합니다.

3가지 방향, 교통이 핵심이다 : 에베레스트를 오르면서 길목마다 이정표를 세우다

장샤오펑 : 수년간 공들여 노력한 끝에 지금 이 분야는 더 완전해져서 자율주행, 교통 인프라 융합, 그리고 스마트 카 네트워킹이라는 3가지 사업 방향이 형성됐습니다. 구체적인 사업과 개발 프로세스에 대해 말씀해주실 수 있을까요?

리전위 : 현재 제가 책임지고 있는 이 분야는 산업의 관점에서 볼 때, 스마트 카와 스마트 교통이라는 두 부분으로 구성되어 있습니다.

바이두는 스마트 카 사업에서 2가지 이점이 있습니다. 하나는 인공지능, 특히 딥러닝이죠. 2013년에 바이두는 딥러닝 연구소를 설립해 이 분야의 자원 비축을 위한 견고한 기반을 마련했습니다. 다른 하나는 바이두 지도입니다. 휴대폰과 차재 단말에서 바이두 지도는 충분한 경험을 쌓았습니다. 이외에 바이두는 5G 분야에도 주목하고 있습니다.

자율주행차는 딥러닝 연구소의 연구로 탄생했으며 차량 네트워킹의 스마트 엔터테인먼트 시스템은 바이두 지도를 통해 개발됐습니다. 2017년, 바이두 그룹은 자율주행과 차량 네트워킹이라는 양대 진영을 하나로 통합했습니다.

이후 개발 과정에서 경영진은 이 사업의 목표가 교통문제 해결이라는 데 의견을 모으고 스마트 교통 사업 부문을 새롭게 만들었습니다. 지금의 교통은 사람들의 이동은 점점 정규화되는데 자동차는 점점 더 많아진다는 문제가 있습니다. 양자 사이의 관계를 어떻게 잘 처리하는가가 우리가 해결해야 하는 시급한 문제라고 봅니다.

자율주행 기술을 교통 분야에 적용하는 데 있어 궁극적인 목표는 자동차와 도로, 즉 교통인프라의 융합입니다. 현재 교통인프라의 융합은 이미 우리가 바오딩, 창사에서 한 것처럼 몇 가지 문제를 해결할 수 있습니다. 원래의 계획은 단순히 자율주행차를 더 잘 달리게 하는 거였는데 실제로는 도시 교통을 최적화하는 데 도움이 됐습니다. 우리가 스마트 교통 데이터 모니터링, 스마트 신호등 제어, 버스 운행 효율 향상 등을 가능하게 했기 때문에 되는 일이었죠.

스마트 네트워킹 시대에는 스마트 카와 스마트 도로가 공존하며 서로를 보완합니다. 스마트 네트워킹은 이미 차량 및 지도와 통신하는 인프라가 있고, 교통인프라 융합은 중국 특색의 자율주행 기술 발전 경로로 자리 잡았습니다. 노변 감지는 각 차량에 '신의 눈'을 가진 교통경찰을 배치한 것과 같아서 전방위적으로 안전을 보장하고 교통을 정리하고 도로 자원을 효율적으로 할당함으로써 스마트 네트워킹 차량의 발전을 더욱 촉진합니다.

바이두는 업계 내 다른 기업들과 유사점도 있고, 차이점도 있습니다. 유사점은 모두 AI로 경제 발전 방식을 최적화해서 보다 혁신적이고 안전하며 효율적으로 만들고자 한다는 점입니다. 차이점은 첫째, 많은 다른 기업들이 폐쇄 노선을 선택한 데 반해, 바이두는 개방 노선을 선택한 것입니다. 둘째, 우리는 자율주행차뿐 아니라 교통인프라 융합이라는 기술 경로를 채택했습니다. 우리는 이러한 인식이 세계를 선도한다고 생각합니다.

우리는 교통인프라와 자율주행 차량의 결합이 이동을 더 스마트하고 안전하며 저렴하게 만든다고 믿습니다. 현재 자율주행 차량은 비용이 상대적으로 높은 편인데, 경험의 축적과 진일보한 규모화에 따라 안전에 대한 요구 수준이 높아지면서 비용이 더 증가할 수 있습니다. 그러나 만약 교통인프라 융합이 실현되어 도로 상황을 실시간으로 모니터링하면서 운행을 안내하고 추가적인 안전 신뢰도를 높인다면 비용을 크게 줄이는 것이 가능합니다.

사업 노선만 놓고 본다면 많은 기업이 단번에 미래의 자율주행 택시를 직접 만들려고 합니다. 반면에 우리는 '에베레스트를 오르며 길목마다 이정표를 세우는' 쪽을 선택했습니다. 줄곧 자율주행 택시를 고집하면서 그 과정에서 단계적으로 적절한 제품을 구현하고 스마트 드라이빙 기술의 가치를 꾸준히 제공하기로 선택한 거죠. 예를 들어 우리는 폐쇄된 구역 등의 저속 시나리오에서 시속 20~30㎞의 속도로 자율주행차 아폴로를 시험 운행했고, 이미 30여 도시 시나리오에서 운영 중입니다. 또 운행의 마지막 1㎞ 시나리오에서 자율주행차 사용자가 집이나 일터, 쇼핑 장소에 도착하면 원터치 주차가 가능하도록 했습니다. 바이두와 웨이마(威馬)[104]가 공동 생산한 양산형 모델에도 이 기능이 탑재되어 있습니다.

상장 기업인 바이두는 가치 실현을 피할 수 없으며 우리 기술의 가치 축적을 시장에 공개해서 경제생활을 바꾸고자 합니다. 현재는 스마트 신호등, 노변 주차, 폐쇄된 구역 내 저속 주행, 마지막 1㎞ 주차 시나리오 등이 부분적으로 공개되고 있습니다.

정리하자면 우리는 남들과 달리 개방을 선택했고, 남들과 달리 교통인프라 융합을 선택했으며, 남들과 달리 단계적 상용화의 길을 선택했습니다.

장샤오펑 : 낮은 비용으로 시행착오도 겪으면서 바이두만의 방향과 방법론을 찾고 계시죠. 말씀하신 '남들과 달리'라는 말에서 커다란 자신감이 느껴집니다. 최근 바이두의 경험 축적과 사업 노선을 정밀하게 요약한 표현이라는 생각도 들고요.

리전위 : 우리는 전략을 논의하면서 '에베레스트를 오르면서 길목마다 이정표를 세우는' 방식을 이야기했습니다. 우리는 자율주행이 교통 생활을 변화시킨다고 믿습니다. 5년, 10년이 걸릴 수는 있어도 50년은 분명히 아닙니다. 신에너지차[105]산업은 0에서 1까지 가는 데 수년이 걸렸습니다. 물론 이 산업 사슬이 훨씬 복잡하지만, 단계적으로 한 걸음씩 상업화하면서 능력을 쌓아나가리라 확신합니다. 미래 경쟁에서 승리하려면 산업에 대한 이해와 인식이 한발 앞서야 합니다. 지금 우리는 자동차에 대해 잘 알고, 교통과 관련 산업에 대해 점점 더 많이 알고 있으니 자신감도 점차 커지고 있습니다.

....

104. 중국판 테슬라라 불리는 전기차 업체. – 역주.
105. 연료전지차, 전기자동차, 플러그인 하이브리드차. – 역주.

하늘이 내린 임무, 보안

2020년 양회 기간에 중국 민법 제4장 '인권 편' 중 프라이버시 및 개인정보 보호에 관한 조항이 큰 주목을 받았다. 민법은 인권을 따로 하나의 편으로 만들어 인권에 대한 전면적인 보호를 강조함으로써 그 존엄성을 더욱 강화했다.

로이터 통신은 이를 중국 최초로 프라이버시 및 개인정보에 대한 권리를 확립한 일이라고 보도했다. 인구가 14억에 달하는 이 나라는 이미 '데이터화'를 실현했고, 이 때문에 개인정보 노출이나 해킹의 가능성이 크다. 로이터 통신은 중국의 프라이버시 및 개인정보에 대한 보호 강화가 급성장하는 인터넷 산업을 보호하고 법과 규정을 준수하도록 하는 한편, 중국 데이터의 해외 유출을 보호하기 위한 것으로 보인다고 평가했다.

실리콘밸리의 로봇 스타트업 '로버스트 AI(Robust. AI)'의 창립자이자 CEO인 게리 마커스(Gary Marcus)는 AI 시나리오와 연구 패러다임 문제를 분석하는 《신뢰할 수 있는 AI를 만드는 법(How to Create Trustworthy AI)》이라는 책을 썼다. 마커스는 AI의 진짜 문제가 신뢰라는 점을 지적하고, 신뢰할 수 있는 AI 구축 제안했다.

바이두는 보안을 몇 가지 측면에서 본다. 첫째, 기술 보안이다. 즉 사용자와 시나리오 스마트화를 지원하는 자율적 제어의 가능 여부를 중요시한다. 보안이 없으면 토대로서의 실력, 미들엔드의 가치를 논할 수 없다.

둘째, 플랫폼 및 시스템 운영 보안이다. 사이버 공격, 자율주행 안전, 데이터 센터의 안전과 같은 내외부 위험요소를 제거할 수 있는지를 본다.

셋째, 사용자 및 파트너의 데이터 보안, 그리고 프라이버시 보안이다. 인터넷과 사물 인터넷의 대량의 데이터를 생성할 수 있으므로 데이터 남용, 유출, 도난 등의 문제를 근절해야 한다.

바이두에서 보안은 '제1의 원칙'이다. 이른바 '제1의 원칙'이란 논의가 필요 없는 근본이며 누구도 넘을 수 없는 '레드라인'이다. 바이두는 자체 보안 실험실을 설립하고 메커니즘, 문화, 윤리적 준칙을 바탕으로 '지뢰밭'을 경계함으로써 사고를 방지하고 있다.

스마트 클라우드가 다양한 산업군을 도와 산업 스마트화를 돕는 과정에서 보안은 필수적이고 중요한 부분이다. 바이두 스마트 클라우드는 AI 모델 보안에서 산업 생태계 보안에 이르기까지 모든 측면을 아우르는 일체화된 보안 시스템을 만들었다. AI 모델 보안의 경우, 모델의 견고성 검사와 심층 위조 인식 등의 선도 기술이 업계에 개방되어 있다. 동시에 전체 아키텍처, 하드웨어 보안, 컴퓨팅 보안, 메모리 보안 등의 측면에서 보안 설계를 진행해 원생적 보안 기능을 형성했다. 클라우드 보안 서비스 측면에서는 단말 장치 보안, 에지 방어, 클라우드 방어를 포괄하는 삼위일체 보안 시스템을 구축하는 데 주력했다. 연합 컴퓨팅, 차등 프라이버시, 범용 보안 컴퓨팅, Java, 프라이버시 규제 준수 테스트 등을 포함하는 데이터 보안과 프라이버시 보호에는 전 생애 주기의 데이터 보안 및 개인정보 보호 솔루션을 제공한다. 이처럼 안전한 에스코트를 통해 스마트 클라우드는 인공지능, 빅데이터 등 기술적 우위에 더욱 효율적으로 뒷받침하고, 국가 경제 및 민생과 관련된 분야에서 사명과 책임을 다한다.

보안은 자율주행 기술 개발의 '제1조항'이다. 아폴로 플랫폼에서 모든 파트너가 아폴로의 기술을 실제 시나리오에 적용할 때, 바이두는 보안 문제를 가장 먼저 떠올렸으며 중국 전역의 자율주행 기술 혁신 속도를 늦추는 어떠한 작은 오류도 절대 용납하지 않았다. 이에 따라 바이두는 줄곧 대량의 빈틈없는 작업을 해왔다. 아폴로 플랫폼은 진화를 거듭해 새로 추가된 코드의 50% 이상이 보안과 관련되어 있다. 그 결과, 아무리 미사여구를 늘어놓더라도 보안이라는 선을 넘지 못하면 사용 상태에 들어갈 수 없다.

인공지능 기업의 원칙 : AI 윤리와 AI 기업 표준

AI 시대에 기술이 급속하게 발전하고 실제 제품으로 구현되면서 새로운 규칙, 새로운 가치, 새로운 윤리적 논의에 대한 중요성이 커지고 있다.

기술의 발전은 규칙의 '레드라인'을 넘을 수 없다. 인공지능 분야에 종사하는 사람은 경외심을 잃는 것을 가장 두려워한다. 인공지능 윤리 연구를 강화하고 기계와 사람의 관계를 정확하게 다룰 필요가 있다.

인공지능 윤리는 미래 스마트 사회 발전의 초석이 될 것이다. 인공지능의 전략적 발전 기회를 포착하고, 윤리 연구와 혁신에 박차를 가하고, 인공지능 개발에서 경쟁 우위를 구축해서 하루빨리 스마트 사회를 만들고 기술력으로 국민을 이롭게 해야 한다. 정부의 주무 부처가 주도해 학제 간 분야별 산업 전문가, 인공지능 기업 대표, 업계 사용자, 공공 관계자 등을 조직해 인공지능 윤리 연구와 최상위 설계를 수행하고 민생복지 개선, 산업의 건전한 발전을 촉진해 새로운 기술혁명을 이끌어야 한다.

인공지능 선도기업이자 플랫폼형 기업인 바이두는 이와 관련해 책임감을 느끼고 모범을 보이고자 한다. 제품 설계와 사업 운영에서 인공지능 윤리 원칙을 관철해 인공지능이 제공하는 정보와 서비스가 인간의 성장에 도움이 되어 더 많은 발전 기회를 확보할 수 있게 한다. 또 인공지능 기술과 윤리의 공동 발전을 실현하고 사회에 더 나은 서비스를 제공한다.

2018년 5월, 바이두는 AI 윤리 4원칙을 공식적으로 제안했다. 첫째, AI의 최고 원칙은 보안과 제어다. 둘째, AI의 혁신적 비전은 인간이 더 평등하게 기술과 기능을 획득하도록 하는 것이다. 셋째, AI의 존재 가치는 인간을 넘어서거나 대체하는 것이 아니라 인간을 성장하게 하는 것이다. 넷째, AI의 궁극적 이상은 인류에 더 많은 자유와 가능성을 가져오는 것이다.

인터넷의 마태 효과(Matthew effect)[106]와 다중심화가 갈수록 뚜렷해지면서 플랫폼형 기업의 입지와 관점이 중요해지고 있다. 콘텐츠 플랫폼과 전자상거래 플랫폼은 걸핏하면 '폐쇄 루프(closed loop)[107]이고, 정보 사일로(Information silo),[108] 콘텐츠 사일로(Content silo),[109] 데이터 사일로(Data silo)[110]의 생성이 보편화했는데, 이는 일종의 자기중심적 소외라고 할 수 있다. 콘텐츠나 서비스 공급자의 의도나 고충을 더 많이 생각하는 사람은 없다. 겉모양이 별로고, 사용자 경험을 중시하지 않는 플랫폼은 사용자 구동이라는 본래의 취지에 어긋나는 애물단지가 된다. 특히 폐쇄 루프는

---

106. '부익부 빈익빈' 현상을 뜻하는 사회학적 용어. - 역주.
107. 사람의 개입 없이 프로세스를 직접 제어하는 시스템. - 역주.
108. 정보가 고립되어 공유, 공개 등 다른 시스템과 상호작용할 수 없는 관리 시스템. - 역주.
109. 서로 관련 있는 키워드 및 주제를 담은 글들의 묶음. - 역주.
110. 민감한 데이터를 전송하지 않아 고립되는 현상. - 역주.

자기 생태계가 아닌 콘텐츠, 트래픽, 링크를 제한하거나 차단하므로 콘텐츠 플랫폼과 전자상거래 플랫폼 둘 중 하나만 선택하려면 사업자는 꽤 난감할 것이다. 사실 이 2가지는 하나의 몸에 달린 두 개의 얼굴과 같으니 중소사업자는 딜레마에 빠져 허우적대지 말고 반드시 일을 순조롭게 풀어내야 한다. 만약 모든 플랫폼이 폐쇄 루프라면 자체 상품 진열대와 전자상거래 시스템을 구축해야 하는데, 이는 말할 것도 없이 대량의 자원 낭비를 유발하고 유지 관리 비용을 크게 올린다. 인터넷의 탈중심화는 플랫폼을 중심으로 만들었고, 중소사업자는 발언권이 없다. 이를 생태계라 말할 수 없으며 시너지 효과라 하기도 어렵다.

다행히도 2019년 6월 17일, 국가 차세대 인공지능 관리 전문위원회는 인공지능 관리 프레임워크와 행동 지침을 제안한 '차세대 인공지능 관리 원칙-책임지는 인공지능 개발'을 발표했다. 이 문건은 화합과 우호, 공정과 공평, 관용과 공유, 프라이버시 존중, 보안 통제, 책임 공유, 열린 협업, 민첩한 관리의 8개 원칙을 강조했다. 또 얼마 전 발표된 '중화인민공화국 데이터 보안법(초안)'은 데이터 보안을 보장하고 데이터 개발 및 활용을 촉진하며 국민과 조직의 합법적 권익을 보호하고 국가 주권, 보안 및 발전 이익을 수호한다.

바이두는 끊임없이 자체 검토와 수정을 거듭하며 개선의 길을 걷고 있다. 우리는 기술적 신념이 있으며 기반을 포용하고 경외심을 가득 품고 사용자와 미래에 깊이 헌신하고자 한다. 또 우리는 모든 사용자가 바이두 고유의 스마트 관리를 위해 분산된 노드이자 영원한 파트너로서 함께 바이두를 정의하기를 기대한다.

바이두는 인공지능의 가치를 지키기 위해 최고의 인공지능 기업과 협력할 의향이 있다. 우리는 인공지능이 인간을 대체하고 해를 끼치는 것이 아니라 인간을 돕고 서비스할 수 있기를 바라기에 AI 세상과 미래에 확신이 있다.

신뢰할 수 있는 AI가 있는가? AI가 세상을 더 아름답게 만들 수 있을까? AI 개념이 형성된 지 60년이 넘도록 모든 관련 종사자와 AI 기술 개발 기업은 끊임없이 이 2가지 질문을 스스로 던졌다.

만약 바이두에게 이 2가지 질문에 답하라고 한다면 우리의 대답은 "네!" 그리고 "반드시 그렇게 됩니다"이다.

대생산, 대협력, 대성장 :
오픈소스, 상생과 협력, 각자의 자리에서 성장하다

곧 모든 사람이 클라우드 컴퓨팅, 음성, 이미지, 자연어 이해 등의 일련의 기술이 우리가 산업을 선도하는 관건임을 보게 될 것입니다. 이러한 기술 플랫폼에서는 사용자와 업계에 지대한 영향을 미치는 더 많은 제품이 반드시 등장합니다. 우리는 이미 기술력이 있습니다. 모든 준비도 잘되어 있죠. 그러니 기술의 힘을 믿고, 혁신의 힘을 믿고, 바이두의 힘을 믿으십시오. 미래는 우리 손에 있습니다.

리옌훙, 바이두 연간회의 주제 보고

(2013년 1월 19일)

'생태계'는 1935년에 영국의 생태학자 아서 조지 탄슬리 경(Sir Arthur George Tansley)이 제안한 개념이다. 일정한 시공간 안에서 다양한 유기체 사이 및 생물학적 군집과 무기 환경 사이에 에너지 흐름과 물질 순환을 통해 상호작용하는 통합체를 가리킨다.

생태계와 사회 구조에 대한 인식이 꾸준히 확대되면서 사람들은 인간 사회의 조직과 운영이 생물학적 의미의 생태 시스템과 상당히 유사하다는 사실을 발견했고, 이에 따라 '생태계'라는 개념이 사회과학 분야에 도입됐다. 1993년, 미국의 제임스 F. 무어(James F. Moore)가 '비즈니스 생태계'라는 개념을 처음 제안하며 《경쟁의 종말 : 기업 생태계 시대의 리더십과 전략》이라는 책을 펴냈다. 이 책은 1999년 베이징 출판사에서 중국어 번역본을 발행했다.

무어는 비즈니스 생태계를 조직과 개인이라는 비즈니스 세계의 유기체가 뒷받침하는 경제 공동체로 본다. 비즈니스 생태계는 자체 조직적 특성이 있으며 끊임없이 진화한다. 전통적인 기업과 달리 유기적 공동체에서 사람과 조직은 이 시스템 안에서 끊임없이 상호작용하고 상호의존하며 그 과정에서 함께 진화할 수 있다.

바이두를 생각해보면 검색 엔진은 생겨나면서부터 개방되어 있다. 바이두 백과, 바이두 테바부터 바이두 지식, 바이두 학술까지 줄곧 생태적 성질을 잃은 적이 없다. 이후 기계번역, 바이두 브레인, 패들패들, 아폴로, DuerOS 등이 오픈소스를 유지하면 오픈 플랫폼과 다양한 미들엔드를 구축했다. 특히 바이두 모바일 생태계에 관해서 선더우 부사장은 이렇게 말했다.

"바이두 모바일 생태계는 상생 협력, 개방과 융합을 강조합니다. 우리의 제작자, 개발자, 상업 조직 및 모든 사용자가 바이두 생태계 안에서 영양분을 얻고 성장할 수 있습니다. 상생과 공존, 번영과 혁신을 만드는 세상이 되는 거죠."

외부의 인식은 더 중요하다. 2019년 12월 15일, 보스턴 컨설팅 그룹(BCG)은 '산업 스마트화 : 중국 특화 AI 플랫폼 모델' 보고서를 발표했다. 이 보고서는 바이두와 구글을 비교 샘플로 삼아 '스마트 시대의 산업 혁신과 발전에 AI 플랫폼 모델이 왜 필요한지, 전환기의 중국 실물 경제가 AI 플랫폼에 무엇을 바라는지, 중국 특색의 AI 플랫폼 모델이 중국 실물 경제의 질적 발전에 새로운 동력을 불어넣고 산업 스마트화에 기여하는지'의 3가지 핵심 문제에 대한 새로운 관점을 공유했다.

다음 날, 보스턴 컨설팅 그룹의 위챗 공식계정은 위 보고서와 같은 제목의 글을 게시하고 "파트너십 측면에서 구글은 포괄적이고 광범위한 기술력을 강조하고 AI 기술 개발의 전체 프로세스 지원에 주목한다. 반면에 바이두는 기술 이용의 용이성과 포괄성을 강조하며 상업화 지원, 인재양성 등 산업화 능력에 치중한다. 두 기업은 전혀 다른 생각을 한다"라고 강조했다. 이상의 보고서와 글은 "중국의 독특한 시장 환경은 기업들을 다각적인 도전에 직면하게 만든다. 기업들은 기술과 산업적 가치를 모두 중시하는 중국 특색의 AI 플랫폼이 필요하다"라는 중요한 판단을 내렸다.

확실히 비즈니스 생태계는 그 자체로 대협력의 성격이 있다. 많은 기업가가 생태계 구축을 제안했고 심지어 매우 기발한 이론을 내놓기도 했지만, 그중 몇몇은 우스갯소리로 전락했다. 출발점이 틀리고, 단계가 잘못되는 근본적인 원인은 생태적 사고와 협력적 사고가 있는지에 있다. '유기적'이고 지속 가능한 생태계는 상생과 공유, 무한한 협력이 이루어지며 각자의 자리에서 성장한다.

인공지능이라는 신념

정글의 법칙에 직면한 기술형 기업은 종종 자신들의 기술 및 응용을 '보호'하는 '해자(垓子)'를 만드는 비교적 폐쇄적인 방식을 선택한다. 충분히 이해할 수 있고 신중할 필요가 있는 조치다. 모든 길은 로마로 통한다. 전체 가치의 실현이 폐쇄적이고 중앙 집중적이며 발걸음조차 하지 않는 길만으로 될 리 만무하다.

기술과 인공지능은 바이두의 신념이고, 우리는 기술의 힘을 믿는다. 동시에 우리는 생태계와 협력의 역량을 믿는다. 따라서 바이두는 탄생한 이래 줄곧 개방적이었고 미래에는 더 개방될 것이다.

바이두는 인공지능을 '장식'으로 여기지 않으며 괜히 모바일 생태계에서 시간을 허비하며 쫓아다닐 생각도 없다. 바이두는 사람들이 성장할 수 있도록 돕고자 한다. 우리는 사회 전체가 '효율 향상'에 반복적으로 투입되기를 바라지 않는다. 바이두는 실력과 생태계를 개방하고 생태계 전체의 인공지능, 집단지성 기술과 실력에 의존해 신인프라 건설, 산업 스마트화를 촉진하며, 스마트 경제의 발전을 가속화해서 스마트 사회의 도래와 인간 중심의 지속 가능한 발전을 도울 수 있기를 바란다.

인공지능은 알고리즘 컴퓨팅 파워와 빅데이터의 포괄적인 기능을 통합한 것으로 그 배후에는 수많은 기술과 다방면의 학문이 버티고 있다. 중국공정원(中國工程院) 회원인 탄젠룽(潭建榮)은 인공지능의 8대 핵심 기술로 딥러닝 알고리즘, 패턴 인식 알고리즘, 데이터 검색, 자연어 처리, 강화형 학습 알고리즘, 머신비전 알고리즘, 지식 공학,[111] 뇌와 유사한 상호작용 의사결정을 꼽았다.

'차세대 인공지능 발전 계획'에서도 지식 컴퓨팅 엔진과 지식 서비스 기술, 자율 무인 시스템을 위한 스마트 기술을 포함한 8대 주요 핵심 공통 기술을 제시했다(다음 칼럼 참조).

---

111. 인공지능과 그 응용을 다루는 공학 - 역주.

[특별란] 핵심 공통 기술

1. 지식 컴퓨팅 엔진과 지식 서비스 기술

지식 컴퓨팅과 시각적 상호작용 엔진, 혁신적 디자인, 디지털 아이디어와 시각 매체 중심의 비즈니스 스마트 등 지식 서비스 기술을 연구해 대규모 바이오 데이터의 지식 발견을 전개한다.

2. 매체 간 분석 및 추론 기술

매체 간 통일된 특징, 관련 이해와 지식 발굴, 지식 그래프 구축 및 학습, 지식 진화 및 추론, 스마트한 묘사와 생성 등의 기술을 연구하고 매체 간 분석 및 추론 엔진과 검증 시스템을 개발한다.

3. 집단지성 핵심 기술

집단지성에 대한 능동적 인식과 발견, 지식 습득과 생성, 협업과 공유, 평가와 진화, 인간과 기계의 통합 및 강화, 자기 유지와 보안 상호작용 등 핵심 기술 연구를 수행한다. 집단지성 서비스 시스템 구조를 구축하고 모바일 집단지성의 협력적 의사결정과 제어 기술을 연구한다.

4. 혼합형 증강지능 신아키텍처와 신기술

혼합형 증강지능 핵심 기술, 인지 컴퓨팅 프레임워크, 새로운 형태의 혼합형 컴퓨팅 아키텍처, 인간과 기계의 공동 운전, 온라인 스마트 러닝 기술을 연구한다. 혼합형 증강지능 프레임워크를 병렬 관리, 제어한다.

5. 자율 무인시스템을 위한 스마트 기술

드론 자율 제어 및 자동차, 선박, 철도 교통의 자율주행 등 스마트 기술, 서비스 로봇, 우주 로봇, 해양 로봇, 극지 로봇 기술, 무인 작업장/스마트 공장의 스마트 기술, 첨단 스마트 제어 기술과 자율 무인 운영 시스템을 연구한다. 복잡한 환경에서 컴퓨터 시각에 기반한 위치 확인, 내비게이션, 인식 등 로봇과 로봇 팔의 자율 제어 기술을 연구한다.

6. 가상현실 스마트 모델링 기술

가상 객체의 스마트 행위에 대한 수학적 표현과 모델링 방법, 가상 객체 및 가상 환경과 사용자 간의 자연스럽고 연속적이며 깊이 있는 상호작용 등의 문제, 스마트 객체 모델링 기술과 방법 체계를 연구한다.

7. 스마트 컴퓨팅 칩과 시스템

신경망 프로세서와 고에너지, 재구성이 가능한 뇌와 유사한 컴퓨팅 칩, 새로운 인식 칩과 시스템, 스마트 컴퓨팅 시스템 구조와 체제, 인공지능 운영체제를 연구 및 개발하고, 인공지능에 적합한 하이브리드 컴퓨팅 아키텍처 등을 연구한다.

8. 자연어 처리 기술

짧은 텍스트의 컴퓨팅과 분석 기술, 다국어 텍스트 발굴 기술 및 기계 인지를 위한 스마트 의미 이해 기술, 멀티미디어 정보 이해를 위한 인간과 기계의 대화 시스템을 연구한다.

....

특별란에서 언급한 핵심 공통 기술은 모두 대량의 하위 시스템, 하위 기술 그리고 하위 기능을 포함한다. 모든 과학 기술의 발전은 하나의 시스템 공정으로 여기에는 생태적 협력, 혁신적 협력 및 산업 협력이 더 필요하다. 바이두는 이를 몸소 실천하고자 한다.

과거에는 인터넷 회사들이 기본적으로 소프트웨어에 집중했지만, 오늘날에는 소프트웨어, 하드웨어, 서비스의 3가지 요소를 강력하게 결합해야 그 효과를 제대로 발휘할 수 있다.

이는 서로 중복될 수 있지만, 단차원적 수직적 능력이 좋아진다. 특정 분야에서 풀 스택 능력을 갖출 조건이 되는 것을 꿈이 있는 기업이라면 포기할 리 없다. 하지만 이는 절대 쉬운 일이 아니다.

장담컨대 단차원적 능력만으로는 충분하지 않고, 단차원적 솔루션으로는 더 멀리 나아가기 어렵다. 폐쇄는 문제를 더 크게 만들 뿐이다. 이때 2가지 옵션이 있는데 하나는 이외의 다른 능력을 개발하는 것이고, 다른 하나는 생태계와 협력할 수 있는 안정적인 플랫폼을 선택하는 것이다. 후자는 다시 자체 생태계를 구축하거나 남의 생태계에 융합되는 2가지 선택지가 있다.

특정 분야에서 풀 스택 역량이 뛰어나거나 집적, 융합, 생태적 기능이 강하면 고차원으로 저차원을, 다차원으로 단차원을 깨부수는 일이 가능하다. 이것은 비즈니스 생태계와 비즈니스 로직을 다시 쓰는 일이다. 사실 단순하게 생각만 해봐도 서비스 대상이 고차원과 저차원, 다차원과 단차원 중 누구를 서비스 당사자로 선택 또는 선택하지 않는가는 자명한 일이다. 신인프라도 그렇고, 스마트 시티와 산업 스마트화도 마찬가지다.

이상의 이유로 산업 생태화는 불가피한 추세이며 기업과 개인은 모두 자신의 생태력 또는 생태계 융합력을 향상할 필요가 있다. 지역통합(regional integration)[112] 역시 하나의 생태계며, 지역이 새로운 공간과 새로운 운동 에너지를 기르려면 생태계를 형성하려는 노력이 필요하다. 중국의 과학 기술 혁신과 신인프라 건설이 공공, 공유, 공익을 내세운 '혁신 인프라' 건설로 방향을 바꾼 것 역시 바로 이 때문이다. 상당히 현명한 계획이 아닐 수 없다.

'비즈니스 생태계'는 이제 혁신 생태계, 산업 생태계, 비즈니스 생태계, 협업 생태계 및 성장 생태계를 아우르는 '가치 생태계'로 다시 쓰여야 한다. 이 시스템은 슈퍼 시스템을 형성할 수도 있지만, 반드시 더 많은 하위 시스템을 포함할 것이다.

바이두는 지난 20년 동안 강력한 to C 역량을 축적했고, 비즈니스 파트너에 대한 이해를 바탕으로 to B 역량을 축적했다. 정보 통합 및 배포, 여론 모니터링, 스마트 시티, 정부 서비스, 스마트 교통, 신인프라와 응급 서비스 면에서 바이두의 to G(정보에 대한) 능력도 기본적으로 갖춰져 있다.

기술, 실력, 생태계에 기반한 산업 스마트화와 신인프라 추진에서 바이두는 산업 스마트화를 가능하게 하고 상호 연결, 서비스 배포, 사용자 도달 및 현금 실현 등 분명한 강점이 있다. 마화텅이 말했듯이 개방성은 오픈 플랫폼 그 자체만이 아니라 사용자를 산업 서비스에 연결하는 산업 네트워크의 원천이 될 것이다.

바이두는 줄곧 자체 모니터링을 계속해오고 있다. 2018년, 바이두는 공립 병원과 권위 있는 의료연구기관을 위한 최초의 '사이트 보호 프로그램'(官網保護)[113]인 '공립 병원 브랜드 보호 프로그램'을 실시하고, 네티즌들에게 양질의 믿을 만한 의료 정보를 제공하는 데 주력하고 있다. 2019년 5월 현재, 바이두는 14만 5,000개가 넘는 공립 병원 명칭(약칭, 별칭, 세칭(世稱) 포함)을 보호했다. 사용자가 이렇게 보호된 공립 병원의 명칭을 검색하면 다른 병원의 상업적 프로모션은 표시되지 않는다.

많은 네티즌이 인터넷에서 병원을 찾으면서 자신에게 익숙한 약칭이나 세칭을

---

112. 인접한 여러 국가 간에 관세, 통화 등 상호 경제적인 장벽을 없애고 경제통합을 추구하는 것. - 역주.
113. 바이두가 제공하는 사이트 관리 시스템으로 기업 및 브랜드 명칭, 저작권 등을 보호하고 검색 결과에서 가짜 사이트를 제외하는 목적이 있다. – 역주.

키워드로 사용한다. 예를 들어 '베이징대학 제3병원'은 '북의3원'으로 줄여 부르는 식이다. '빈하이 병원' 같은 경우는 같은 이름의 병원이 톈진(天津), 옌타이(煙臺), 옌청(鹽城), 타이저우(臺州) 등 여러 도시에 있는데 지역마다 부르는 별칭이 다르다. 이런 별칭은 현지인이 아닌 사람들이 정확하게 알기 어렵다. 또 일부 공립 병원은 공식 홈페이지를 빈번하게 교체하거나 유지, 보수해서 검색 엔진 확보와 우선 노출에 어려움을 겪는다. 이를 위해 바이두는 네티즌들에게 공립 병원 약칭 공모 아이디어를 냈고, 사용자들은 적극적으로 소통, 교류하면서 유용한 정보를 제공했다. 네티즌이 제출한 공립 병원의 약칭은 평가를 거친 후, 성공적으로 보호받게 됐다.

바이두는 공식 홈페이지 외에 AI 기술을 활용해 '변칙어'도 효과적으로 단속했다. 예를 들어 '위암'은 '위 | 암', '위cancer', '백반증'은 'bai반증' 등의 변칙어가 쓰인다. 바이두의 AI 모니터링 시스템은 하루 평균 160만 건의 의료용 변칙어 광고를 거부했으며, 2018년 상반기에 거부된 의료용 변칙어 광고 건수는 3억 개가 넘었다.

2019년 9월, 바이두는 '공공 기관 공식 홈페이지 보호 프로그램'을 발표하고 공공 기관의 공식 홈페이지까지 바이두 사이트 보호 프로그램의 대상으로 포함했다. 네티즌들이 바이두에서 정부 기구, 사업체 등의 공공 기관을 검색할 때, 바이두는 이 프로그램을 통해 인증을 거친 공공 기관의 공식 홈페이지나 관련 정보를 먼저 보여주고 검색 결과에 공식 인증 마크를 표시한다. 2019년 9월까지 바이두의 '공공 기관 공식 홈페이지 보호 프로그램'은 정부 기관, 사업체, 병원, 장례식장, 학교, 박물관, 관광지 등을 포함한 700만 개 검색어를 확보했으며 앞으로도 계속해서 늘어날 것으로 보인다.

오픈소스는 미래 지향적 태도다

과거에는 경제가 번영하고 건강하게 발전하는지를 가늠하는 척도로 '전력 소비'를 이야기하곤 했지만, 미래에는 '브레인 사용량(AI 브레인)'으로 각 산업군의 스마트화 정도를 가늠할 수 있다. 물론 이 브레인 사용량은 오픈 플랫폼에서 개발자들의 사용량도 포함한다. 사실 개발자는 우리가 생각할 수 있는 거의 모든 산업군에 포진해 있고, 문화 오락부터 기업 서비스, 교육, 생활 서비스부터 금융, 교통, 물류,

스마트 하드웨어 등 각 산업군에 우리의 AI 개방 능력이 있다. 이렇게 AI가 사회와 경제의 모세 혈관까지 침투하고 있는 것은 바로 오픈소스와 개방성 때문이다.

바이두의 기술 발전, 시나리오 서비스는 생태계 조성과 오픈소스를 수반한다. 바이두는 2013년 딥러닝 연구소를 설립하고, 2015년에 바이두 번역 오픈 플랫폼을 런칭했으며, 2016년 9월에는 바이두 브레인을 오픈했다. 또 지금까지 모바일 생태계, 바이두 브레인, 패들패들, 스마트 클라우드부터 아폴로, DuerOS, 다시 바이두 쿤룬 칩, 훙후 칩을 아우르는 대생태, 대협력의 오픈소스와 오픈 플랫폼 대열을 형성했다.

AI 오픈 플랫폼과 바이두 브레인의 오픈소스 개방 로드맵

바이두 브레인은 2010년부터 기본 기능을 축적하기 시작했으며 점차 개선해 완벽에 가까워지고 있다. 앞에서 간단하게 돌아봤으며 여기에서 좀 더 자세하게 이야기하고자 한다.

- 2016년 9월 1일, 바이두 월드 컨퍼런스에서 '바이두 브레인 1.0'의 일부 기본 기능과 핵심 기술이 공개됐다.
- 2017년 7월 5일, 바이두 AI 개발자 컨퍼런스에서 '바이두 브레인 2.0'의 기본 레이어, 인식 레이어, 인지 레이어, 플랫폼 레이어를 포함한 완전한 기술 레이아웃이 발표됐다. 더불어 바이두는 음성, 이미지, 동영상, 증강현실, 자연어 처리 등의 90여 개의 AI 핵심 기술을 AI 오픈 플랫폼을 통해 개방함으로써 수많은 업계 파트너와 개발자들이 함께 AI 기술 생태계를 건설하는 데 적극적으로 동참하고 있다(그림 6-1).
- 2018년 7월 4일, 바이두 AI 개발자 컨퍼런스에서 바이두 브레인은 3.0으로의 업그레이드를 발표하고 110개 이상의 핵심 AI 기술을 개방했다. 가장 핵심적인 기술 혁신은 '멀티모달 심층 의미 이해'로 기기가 더 잘 듣고 볼 수 있을 뿐 아니라 그 이면의 함의를 깊이 이해하고 다양한 애플리케이션을 더 잘 지원하도록 했다. 당시 바이두 브레인의 하루 호출수는 이미 4,000억 건을 넘었다.
- 2019년 7월 3일, 바이두 AI 개발자 컨퍼런스에서 바이두 브레인은 5.0으로 업그레이드되어 기본 레이어, 인식 레이어, 인지 레이어, 플랫폼 레이어와 AI 보

안의 5대 부분을 포괄하는 핵심 아키텍처를 형성했다. 바이두 브레인 5.0은 소프트·하드웨어 통합 AI 대생산 플랫폼으로 핵심 알고리즘이 다시 한번 큰 혁신을 이루었다. 처음으로 단대단 AI 컴퓨팅 아키텍처를 발표하고, AI 컴퓨팅, 컴퓨팅 아키텍처와 응용 시나리오의 혁신적 결합을 실현했다. AI 기술 개발 내내 놓치지 않았던 보안은 바이두 브레인의 모든 모듈에 통합됐다.

그림 6–1. 인공지능 플랫폼 기술력 구조

바이두 브레인의 AI 오픈 플랫폼은 계속 업그레이드되고 있으며, 현재 가장 완벽하고 앞서나가는 동시에 가장 개방적이고 역동적인 AI 기술 플랫폼이다. 현 단계에서 딥러닝 프레임워크, 딥러닝 교육 플랫폼, 시나리오 기반 AI 기능, 맞춤형 교육 플랫폼부터 소프트·하드웨어 통합 모듈 및 솔루션까지 모두 완전히 개방되어 각 산업군에 힘을 실어주면서 혁신적인 AI 제품 출시를 가속화하고 기업 스마트화 전환을 지원한다. 이미 금융, 공업, 농업, 소매, 의료, 인터넷 등의 업종을 아우르고 있다.

바이두 3대 플랫폼, 패들패들, 아폴로, DuerOS의 개방 여정

(1) 패들패들 : 패들패들의 개방에 대해 간단히 살펴보자. 2016년 8월 31일, 바이두는 자체 개발한 딥러닝 프레임워크 패들패들의 오픈소스를 공개했다. 2018년, 바이두는 딥러닝 기술 플랫폼 부서를 설립하고 패들패들 핵심 프레임워크 1.0을 출시하고, 2019년 4월 23일에는 패들패들의 중국명 '페이장(飛槳)'을 발표하면서 완전한 기능을 갖춘 산업용 오픈소스 오픈 플랫폼으로 업그레이드했음을 밝혔다. 이후 수차례 세대교체를 거쳐 2020년 2월에 Paddle v1.7로 업그레이드됐고, 5월 20일에는 제품 아키텍처를 업그레이드한 기업용 패들패들이 출시되어 기업의 수요를 보다 충족하는 일련의 기능을 제공하게 됐다.

패들패들은 개발 편리성을 높이는 딥러닝 프레임워크를 제공할 뿐 아니라 대규모 딥러닝 모델 학습 기술을 개방해 조 단위의 매개변수가 있는 모델의 효율적인 학습, 멀티 단말 및 멀티 플랫폼 배치를 지원한다. 또 산업 적용을 위한 오픈소스로 다양한 분야에 걸친 산업용 모델링을 개방해 각 산업군에서 효과적으로 응용될 수 있도록 지원한다.

편리함과 사용 편의성은 패들패들의 특징으로 더 포괄적이고 강력한 기능과 함께 사용하기 쉬운 시각적 인터페이스를 제공한다. 더 다양한 시나리오 모델을 사전 제작하고 더 강화된 보안 권한 관리를 제공해 더 많은 시나리오 응용이 가능하다. 패들패들은 사용 편의성을 높이기 위해 딥러닝 환경 설정, 코드 개발, 모델 훈련 및 배치에 최적화를 구현했다. EasyDL은 사용자가 페이지 드래그로 조작할 수 있도록 데이터 관리, 모델 교육에서 모델 배치에 이르기까지 원스톱 AI 서비스를 지원한다.

패들패들은 인공지능 기술 개발의 문턱을 크게 낮추었으며 업계의 관심이 계속 증가하고 있다. 현재 패들패들은 194만 명의 개발자를 지원하고 8만 4,000여 개의 기업에 서비스하며, 23만 3,000개의 모델을 만들어 통신, 전기, 도시 관리, 민생, 공업, 농업, 임업, 그리고 공공복지와 같은 다양한 산업군과 시나리오를 다루고 있다.

(2) 바이두 아폴로의 개방과 세대교체 : 2017년 4월 19일에 바이두가 자율주행 개방을 발표하면서 아폴로 플랫폼이 탄생했다. 2017년 7월 5일에 바이두 Apollo 1.0이 출시된 후, 2017년 9월에 Apollo 1.5, 2018년 1월에 Apollo 2.0, 2018년 4월에 Apollo 2.5, 2018년 7월에 Apollo 3.0이 차례로 출시됐다. 2019년 7월 3일, 바

이두는 아폴로 오픈 플랫폼과 아폴로 기업판과 관련해 2가지 업그레이드를 포함한 Apollo 5.0을 출시했다. Apollo 5.0은 개발자가 클라우드를 통해 30분 만에 자동차 한 대의 역학 보정을 완료할 수 있게 지원하며, 일주일에 100대의 자동차에 대한 보정이 가능하다. 아폴로 기업판은 자율주행 미니버스, 자율주차, 샤오두 차재 OS의 3가지 기능을 업그레이드하는 데 초점을 맞춘 2가지 양산 솔루션인 자율주행 로보택시와 스마트 정보제어를 새롭게 출시했다. 바이두는 2019년 12월 18일에 개최한 제1회 아폴로 생태계 컨퍼런스에서 Apollo 5.5 자율주행 플랫폼을 발표하고 자율주행 클라우드를 공개했는데, 여기에서 가장 중요한 하이라이트는 '지점 간 도시 자율주행' 기능이 개방된 것으로 세계 최초였다. 이와 동시에 교통인프라 융합, 스마트 차량 연계 플랫폼이 개방되면서 바이두 아폴로는 3대 오픈 플랫폼 생태계 구도를 형성하게 됐다(그림 6-2).

2017년 4월	Hello Apollo/ 'Apollo' 계획을 공개하고 자율주행 플랫폼 개방을 발표하다.
2017년 7월	Apollo 1.0/ 폐쇄 구역 트랙션 컨트롤 자율주행
2017년 9월	Apollo 1.5/ 고정 차선 자율주행
2018년 1월	Apollo 2.0/ 단순한 도로 정보를 인지한 자율주행
2018년 4월	Apollo 2.5/ 제한 구역 고속 트래킹 자율주행
2018년 7월	Apollo 3.0/ 폐쇄 구역 자율주행 양산
2019년 1월	Apollo 3.5/ 도시 도로 자율주행
2019년 7월	Apollo 5.0/ 제한 구역 자율주행 양산
2021년	고속 및 도시 도로의 전면적 자율주행

그림 6-2. 바이두 아폴로 자율주행 개방 여정

아폴로 플랫폼은 개방이라는 방식으로 다양한 기술력을 공유하고 국내외 자동차 업체, 신흥 자동차 기업, 서비스 제공 업체 등의 파트너를 한자리에 모아 광범위한 생태계를 구축했다. 이사회 모델로 생태 거버넌스를 전개해 생태 파트너가 중요한 기술을 빠르게 습득하도록 지원하며, 제조업체의 연구 개발과 생산, 판매의 문턱을 낮추고, 중복 투자를 줄여서 개발 효율을 높이고 제품 출시 시간을 효과적으로 단축한다. 실제로 1차 양산 계획도 2년이나 앞당겨 내놓게 됐다.

(3) DuerOS 오픈 플랫폼 : 2011년 애플이 Siri를 출시한 후, 구글 Now, 마이크

로소프트 Cortana(중국명 샤오나(小娜)), 아마존 Alexa, 바이두 DuerOS 등이 잇달아 출시됐다. 2017년 7월, AI 발전전략과 계획을 처음 공개한 바이두는 대화형 인공지능 시스템 오픈 플랫폼인 DuerOS을 출시해 최첨단 자연어 처리 기술로 기계가 인간의 언어를 정확하게 듣고 이해하게 해서 사용자가 가장 자연스러운 인간과 기계의 상호작용을 경험할 수 있게 했다. 2017년 11월에는 DuerOS 2.0으로 업그레이드 됐는데, 이때의 포괄적 업그레이드는 업그레이드된 샤오두 스마트 장치 오픈 플랫폼과 새로 출시된 샤오두 기술 오픈 플랫폼이 포함됐다. DuerOS 2.0은 사용자와 업계에 더 나은 '정확히 듣고, 이해하고, 만족하는' 경험을 선사할 것이다. 이후의 소프트·하드웨어 통합과 샤오두 차재 OS 발전에 관해서는 앞에서 다루었으니 생략한다.

대화형 인공지능 운영체제로서 DuerOS는 바이두의 음성 인식, 이미지 인식, 자연어 처리 및 사용자 화상 등 세계 최고의 기술력 기반으로 만들어졌다. 그야말로 바이두 기술의 집대성이자 바이두의 글로벌 선도 인공지능 기술의 중요한 응용 중 하나라 할 수 있다. DuerOS는 바이두의 정보 및 서비스 생태적 이점을 통합해 방대한 데이터를 보유하고 있으며, 10가지 250여 개 이상의 기능을 공들여 만들었다. 자연어로 하드웨어에 대한 조작과 대화를 완료할 수 있으며, 사용자는 서로 다른 상황에서 명령어 제어, 정보 조회, 지식 응용, 주소 찾기, 일상 대화, 스마트 알림과 다양한 O2O 라이프 서비스를 실현한다. 동시에 타사 개발자의 액세스를 지원해 사용자에게 완전한 서비스 체인을 제공한다. 개방형 운영체제인 DuerOS는 클라우드 브레인을 통해 항상 자동으로 학습하므로 기계가 인간의 언어 능력을 갖출 수 있도록 하고 있다.

AI 기술의 발전으로 DuerOS 음성 대화형 상호작용은 사용자가 정보를 얻을 수 있는 문턱을 낮추고 더 많은 사람이 과학 기술의 혜택을 누리게 한다. 바이두의 비즈니스 협력 파트너는 액세스를 통해 기술, 시나리오 및 장치를 결합할 수 있다. DuerOS 시스템 능력을 탑재한 '스마트 칩'은 저비용, 저전력, 고도 집적의 특징이 있으며 스마트 완구, 블루투스 스피커, 스마트 소형 가전 등의 다양한 기기에 폭넓게 적용된다. 파트너는 DuerOS를 통해 인공지능 대화형 시스템을 도입하는 어려움을 크게 줄이고 더 많은 가능성을 창출할 수 있다.

바이두는 인공지능 분야에 뛰어든 최초의 과학 기술 기업 중 하나로 세계 최고의 인공지능 인재를 모았다. 알고리즘, 컴퓨팅 파워, 데이터로 일컬어지는 인공지능 3 대 요소에 대해서도 오랫동안 탄탄하게 경험과 기술을 축적해왔다. 초대형 신경망, 조 단위의 매개변수, 수천억 개의 샘플을 기반으로 구축된 AI 알고리즘, 수십만 서버와 중국 최대의 GPU(그래픽 처리 장치) 클러스터에 의존한 컴퓨팅 파워를 보유했고, 세계 최대의 중국어 검색 엔진으로 수조 개의 웹페이지, 수십억 개의 검색, 수백억 개의 이미지와 영상 및 위치 데이터를 축적했다.

600여 년 전, 영락대제(永樂大帝)[114]가 환관 정화(鄭和)를 일곱 번이나 서양으로 보냈을 때만 해도 중국의 항해기술은 세계 최고였다. 그 뒤에 해금(海禁)[115]이 시행되면서 중국은 수백 년 동안 폐쇄됐다. 그러나 수만 리 밖에서 콜럼버스는 신세계를 발견했고, 마젤란은 전 세계를 항해했으며, 영국, 스페인, 네덜란드는 거대한 함대를 구축해서는 1840년에 견고한 함선과 성능이 뛰어난 대포를 이용해 중국의 문호를 열었다. 우리는 역사 속에서 흥망성쇠를 배워야 한다. 인공지능 시대가 도래한 지금, 중국이 다시 한번 세계 무대에 우뚝 서고 중국이 최첨단의 AI 기술을 개발할 수 있는 강점이 많은 이때, 우리는 개방이 폐쇄를 이길 수 있다고 믿고 있다. 이것이 우리의 굳건한 믿음이고, 단계적으로 차근차근 실천해 나가야 한다.

다양성이 없으면 생태계도 없다

하나의 생태계는 다양한 주체, 다양한 종(種), 동적 구조, 그리고 합의된 게임의 규칙을 기초로 형성된다. 그중 기술의 다양성, 종의 다양성, 문화의 다양성은 생태계의 다양성을 결정한다. 다원적 참여와 다종(多種)의 조화가 있어야만 생태적 효과가 드러나고 융합과 조정의 공간이 더 크게 마련되는 법이다.

자율주행 분야에서 바이두는 대부분 다른 회사와 차별화한 오픈소스 방식을 선택했다. 현재 OEM(주문자 위탁생산) 자동차 공장을 비롯한 수많은 신생 기업과 기존 기업들이 자율주행 기술을 개발하고 있다. 100여 년이 넘는 역사를 가진 자동차 산

---

114. 명나라 3대 황제. - 역주.
115. 명청 시대에 실시된 항해에 관한 금지령. - 역주.

업이 곧 커다란 발전과 변혁의 시대를 맞이한다는 인식이 생겼기 때문이다. 걱정하는 사람도 많지만, 자율주행 기술은 발전의 수레바퀴를 재창조하며 계속 앞으로 나아가고 있다. 바이두는 이런 상황을 잘 알고 있기에 직접 만들어낸 모든 결과물을 꺼내어 개방했고, 누구든 마음대로 가져가다 원하는 대로 수정해 쓰도록 하고 있다. 다시 돌아와 생태계에 공헌할 생각이 있다면 더욱 환영이다.

이 생태계가 개방된 이후, 전 세계적으로 200여 개에 가까운 생태계 파트너와 3만 6,000명 이상의 개발자가 참여했다. 이 생태계는 세계 최초의 자율주행 생태계이자 현재 가장 커다란 생태계다. 머릿속에 떠오르는 대부분의 자동차 관련 기업은 모두 아폴로 플랫폼에 가입됐다고 보면 된다.

미국 IT 마켓 리서치 회사인 IDC(2018)는 거의 모든 신흥기술 시장이 동일한 생태적 진화 경로를 따르고 있다며 "혁신적인 기업이 주도해 시장이 고도로 집중되다가 새로운 플레이어가 꾸준히 가입하면서 산업 체인이 세분화하고 사용자가 독자적으로 혁신한다. 그리고 세분화한 산업이 재통합되고 참여자가 각자 맡은 일을 수행한다"라고 보고한 바 있다. 이 보고서는 미래의 인공지능 산업 체인을 '기본 하드웨어, 오픈소스 프레임워크와 라이브러리, 플랫폼형 기술 공급업체, 플랫폼 기반 응용 솔루션 개발 업체와 독립 소프트웨어 공급 업체, 단말 사용자'의 5개 층으로 단순 분류한다. 이외에 기본 하드웨어부터 단말 사용자까지 연결하는 중요한 역할로 개발자와 시스템 통합사업자를 꼽았다(그림 6-3).

물론 생태계 구축에는 다음과 같은 3가지 상황이 자주 발생한다. 첫 번째 상황은 종이 서로 다른 생태계에 서식하는 것이다. 이는 지극히 정상인 일이며 그 자체로 다양성의 표현이므로 플랫폼은 일률성을 고집하거나 참여 주체가 하나의 플랫폼에만 있기를 요구해서는 안 된다. 두 번째 상황은 다른 종들이 생태계를 주도하거나 자신이 주도하는 생태계를 스스로 만들기를 원한다는 점이다. 이러면 참여 주체들이 '제멋대로 움직이게' 되므로 비약적으로 발전하기 어려운 경우가 많다. 세 번째 상황은 특정 종이 특정 플랫폼에 과도하게 통제되거나 얽매이게 될 것을 우려해 다양한 공급 업체나 파트너를 선택하는 상황이다. 쉽게 말해 투자할 때 달걀을 한 바구니에 담지 않는 것이 아니라 아예 처음부터 다양한 '달걀'을 구매하는 식이다.

특히 세 번째 상황은 스마트 드라이빙 분야에서 이미 흔히 볼 수 있는 일로 자동차 업체들은 종종 여러 플랫폼이나 공급 업체의 기술과 서비스를 선택하곤 한다.

그림 6-3. 인공지능 생태계의 명확한 역할 분담
자료 출처 : IDC, 바이두 AI 산업 연구 센터, '바이두 브레인 리더십 백서', 2018년 12월 20일

앞으로 상호 간에 생태적 신뢰가 쌓이면 불필요한 우려와 비용 투입을 해결하는 데 도움이 될 것이다.

생태계 관리는 개방형 플랫폼과 공생 생태에 점점 더 중요해지고 있다. 아폴로 오픈 플랫폼은 파트너와 협력해 더 나은 생태계 관리 시스템, '아폴로 이사회'를 구성했다.

바이두는 아폴로 이사회의 구성과 책임을 명확히 했다(그림 6-4). 이사회는 확정된 아폴로 계획과 관련한 전반적인 전략, 사업 개발, 입법 추진이나 정책 수립 촉진의 방법과 규칙을 결정하는 책임이 있다. 사무국은 이사회 회의 협조와 조정, 고문 선임 및 조정, 이사회 참여, 이사회 비용 분담 방안 등 이사회와 고문 위원회의 일상적인 행정 업무를 책임진다.

그림 6-4. 아폴로 이사회 구조

현재 아폴로 이사회는 위원과 옵서버로 구성됐다. 위원 수는 이사회 출범일에 7석이었으나 점차 14석까지 늘릴 수 있으며, 그중 바이두가 상임이사를 맡고 다른 위원은 모두 비상임 위원이다. 추천 업체가 이사회 위원이 되려면 기존 이사회 상황을 기본으로 해당 업체의 업종, 업계 영향력, 아폴로에 대한 기여도와 가입 의사와 같은 요소를 모두 신중하게 고려해야 한다. 바이두, 보쉬(Bosch), 컨티넨탈(Continental), 다임러(Daimler), 포드(Ford), 엔비디아(Nvidia), 치루이(奇瑞, CHERY), BMW, 폭스바겐(Volkswagen)이 기존 이사회 위원이다.

옵서버의 경우, 첫 회의부터 3석이었는데 초기에는 바이두가 지명했다. 모든 옵서버는 각자 비용을 부담해서 이사회(또는 관련위원회)의 모든 회의에 참여할 수 있으나 회의에서 논의된 사항에 대해 투표권은 없다. 각 옵서버의 임기는 1년이며 현재 베이징자동차그룹(BAIC), 제일자동차그룹(FAW), 진룽(金龍), 차이나 유니콤(中國聯通, China Unicom), 차이나 모바일(中國移通, China Mobile)이 옵서버로 참여하고 있다.

아폴로 이사회는 업무 메커니즘도 구체적으로 명확히 했다. 이사회 중점 사업은 이사회 구성원들이 공통적으로 관심을 가지는 중점 의제를 말한다. 의제는 연례 이사회에서 과반수 찬성으로 의결되어 중점 사업으로 확정된다. 중점 사업의 추진 메커니즘은 관련 사업단으로 중점 사업을 넘기면 각 사업단에서 추진 방안을 만들고 실행한다. 아폴로 오픈 플랫폼 아키텍처는 그림 6-5와 같다.

클라우드 서비스 플랫폼						
고정밀 지도	시뮬레이션	양산 서비스 모듈 데이터 처리 라인	보안	OTA (무선 업데이트)	샤오두 비서	V2X (차량 사물 통신)

오픈소스 소프트웨어 플랫폼							
지도 엔진 Apollo Cyber RT	고정밀 위치	감지	예측	계획	제어	HMI(인간과 기계의 상호작용) RTOS(실시간 운영체제)	V2X 어댑터

오픈소스 하드웨어 플랫폼				
차재 컴퓨팅 유닛	GPS(전 지구 위치 파악 시스템), IMU(관성 측정장치)	카메라	레이저 레이더
밀리미터파 레이더	초음파 레이더	HMI 장치	블랙박스	AUX(오디오 입력 인터페이스)
ASU(독립신호 유닛)		V2X OBU(차량용 유닛)		

자동차 인증 플랫폼	
반자동 제어장치 자동차	자동차 인터페이스 표준

그림 6-5. 아폴로 오픈 플랫폼 아키텍처

바이두 브레인의 AI 오픈 플랫폼은 파트너가 빠르게 성장할 수 있는 완전한 생태계 시설을 갖추고 있다(그림 6-6). 바이두 브레인 생태계의 참여 주체들을 위한 세 가지 주요 협력 플랜은 다음과 같다. 첫째, 파트너의 성공을 돕고 AI 미래를 공유할 수 있도록 기술, 고객, 마케팅 및 사업 운영에 관한 모든 지원을 제공하는 합작 파트너십 플랜이다. 둘째, 산업 파트너십 플랜으로 AI 기술을 주요 산업에 응용하고 양질의 산업 파트너 및 기업과 연합해 새로운 AI 가치를 공동으로 창출하는 것을 목표로 한다. 세 번째는 AI 가속기 플랜이다. 바이두의 강력한 AI 기술 개방, 최상위 멘토 선정, 산업 자원과 자본의 연결을 통해 AI 창업가의 성공을 돕는다.

바이두 브레인은 AI 시장을 혁신적으로 시작해 파트너에게 브랜드 마케팅, 제품 평가 및 추천과 같은 풀 패키지 서비스를 제공한다. 동시에 산업 혁신 파트너가 각 부문에서 최대 3개 기업을 선정해 바이두 브레인과 공동으로 설계, 개발하고 함께 산업 솔루션을 만들어 제품을 구현할 수 있도록 할 계획이다.

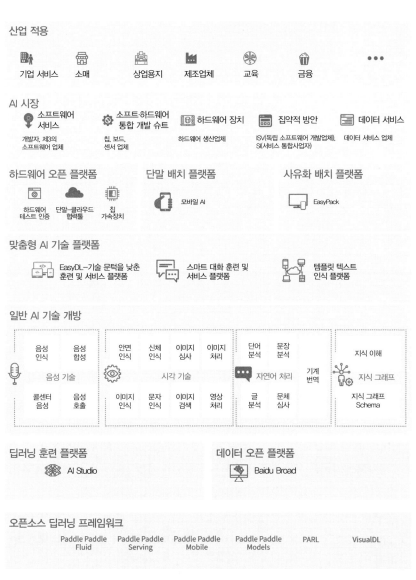

산업 적용

기업 서비스   소매   상업용지   제조업체   교육   금융   •••

AI 시장

소프트웨어 서비스
개발자, 제3의 소프트웨어 업체

소프트·하드웨어 통합 개발 슈트
칩, 보드, 센서 업체

하드웨어 장치
하드웨어 생산업체

집약적 방안
ISV(독립 소프트웨어 개발업체), SI(서비스 통합사업자)

데이터 서비스
데이터 서비스 업체

하드웨어 오픈 플랫폼
하드웨어 테스트 인증   단말-클라우드 협력툴   칩 가속장치

단말 배치 플랫폼
모바일 AI

사유화 배치 플랫폼
EasyPack

맞춤형 AI 기술 플랫폼
EasyDL-기술 문턱을 낮춘 훈련 및 서비스 플랫폼
스마트 대화 훈련 및 서비스 플랫폼
템플릿 텍스트 인식 플랫폼

일반 AI 기술 개방

음성 인식	음성 합성	안면 인식	신체 인식	이미지 심사	이미지 처리	단어 분석	문장 분석	기계 번역	지식 이해
음성 기술		시각 기술				자연어 처리			지식 그래프
콜센터 음성	음성 호출	이미지 인식	문자 인식	이미지 검색	영상 처리	글 분석	문체 심사		지식 그래프 Schema

딥러닝 훈련 플랫폼
AI Studio

데이터 오픈 플랫폼
Baidu Broad

오픈소스 딥러닝 프레임워크

Paddle Paddle Fluid   Paddle Paddle Serving   Paddle Paddle Mobile   Paddle Paddle Models   PARL   VisualDL

그림 6-6. 바이두 브레인 오픈 플랫폼 아키텍처

다 같이 살려면 방법은 공생뿐

인간은 본래 공생체(共生體)다. 플랫폼 내 다양한 종과 종이 공존할 수 있어야 생태적 다양성이 있으며, 생태계는 공생성이 있어야 비로소 존재의 의미가 있다. 기술은 실생활의 장면과 공생하지 못하면 외면당한다. 상호 이익과 각자의 능력 발휘는 새로운 생태계의 기본 원동력이자 기본 법칙이다.

공생의 예는 많다. 많은 사람이 좋아하는 열대 바닷물고기 '흰동가리'는 몸을 가로지른 흰 줄무늬 한두 개가 마치 어릿광대처럼 보여 '클라운 피쉬(clown fish)'라고 불린다. 흰동가리는 독이 있는 가시가 있는 말미잘의 보호를 받고, 말미잘은 흰동가리가 소화하고 남은 찌꺼기를 먹는다. 서로에게 유익한 이런 공생관계 때문에 흰동가리는 '말미잘 고기'라 불리기도 한다.[116]

비즈니스 생태계에는 더 많은 사례가 있다. 예를 들어 디디 플랫폼의 자가용 소유주들은 일종의 공생관계다. 디디가 서비스를 시작했을 때, 앱에는 반짝이는 불빛이 16개뿐이었다. 즉 운행 가능한 차량(당시에는 택시였다)이 겨우 16대라는 의미였다. 만약 계속 이렇게 적은 수의 차량으로만 서비스를 제공했다면 주문이 많아졌을 리만무하다. 디디 플랫폼과 운전자, 운전자와 운전자, 운전자와 승객, 플랫폼과 승객은 모두 서로에게 유익한 상생의 관계임이 분명하다.

스티브 잡스의 애플 디자인은 제품이 생태계 전반이었다. 미국의 미생물학자 린 마굴리스(Lynn Margulis)는 공생이 생물학적 진화의 메커니즘이라고 확신한다.

"대자연의 본성은 어떤 생물이 세계를 독점하는 것을 싫어한다. 그래서 지구상에는 단독으로 분리된 채 존재하는 생물이 절대 존재하지 않는다."

자연의 관대한 은혜 덕분에 우리는 많은 것을 배우고 깨닫는다. 우리는 공생하기 위해서 공생할 수밖에 없다. 이는 바이두의 철학인 동시에 바이두 생태계가 하는 일이다.

바이두의 모바일 생태계에서는 이러한 상호 유익한 공생이 곳곳에서 발견된다. 처음에 '바이두 백과'는 지식 기여자와 편집자가 몇 명 되지 않았다. '바이두 지식' 역

---

116. 바이하이펑(白海鋒), 리샤오광(李曉光), 장린(張霖), '흰동가리 8종과 말미잘 5종의 호환성에 관한 예비 연구', 〈수산양식(水産養殖)〉, 2011년 제11기

시 단숨에 세계 최대의 중국어 대화형 질의응답 플랫폼이 될 수 있었던 것은 아니다. 바이자하오, 하오칸 비디오, 아이치이의 콘텐츠 크리에이터끼리, 크리에이터와 플랫폼 사이, 통합 후에는 각 플랫폼 사이에도 공생화, 생태화가 일어났다. 현재 바이두 모바일 생태계는 정보와 지식을 핵심으로 하는 중국 최대의 모바일 생태계다. 바이자하오의 크리에이터는 300만 명이 넘고, 하오칸 비디오는 80만 명의 미디어 기관 및 PUGC(전문적인 사용자 제작 콘텐츠, Professional User Generated Content) 크리에이터를 보유했다. 또 바이두 지식에는 6만 개의 협력 기관과 5만 명의 전문가를 포함해서 2억 2,000만 명이 넘는 콘텐츠 크리에이터가 활동하고 있다.

하오칸 비디오의 경우, 매일 1억 1,000만 명에게 하루 총 40억 분을 서비스하고 있다. 2019년에만 1억 4,000만 개의 영상이 공개됐다. 이 모든 것은 영상 콘텐츠에 대한 크리에이터의 탁월한 창의성, 멋진 아이디어와 떼어 놓고 생각할 수 없다. 하오칸 비디오에서는 CCTV나 신화통신 같은 주류 매체의 영상이 2019년에만 2,000억 회 이상 방송됐고, 40개 방송사와 협력해 온라인으로 생방송 TV를 시청할 수 있는 미니 프로그램도 출시됐다. PUGC 생태계는 매년 성장을 거듭해 오리지널 크리에이터 증가율이 연간 286%에 달하며, 백만 명이 넘는 팔로워를 거느린 헤드 크리에이터도 200명이 넘는다. 하오칸 비디오는 바이두 앱 검색+피드 스트림+샤오두 스피커+아이치이+톄바+바이두 지식+바이두 백과(그림 6-7) 등의 모든 제품을 배포한다. 하오칸 비디오와 아이치이는 크리에이터와 트래픽 측면에서 통합되어 더 크

그림 6-7. 바이두 백과 2020년 6월 10일 11:40 화면 캡처, 오른쪽에 실시간 통계가 나와 있다.

고 활동적인 '짧은 동영상' 생태계를 만들었다. 보다 유용하고 감각적이며 깊이와 생명력 있는 콘텐츠의 활성화와 번영을 위해 하오칸 비디오는 바이두 '미래 계획'의 일환으로 올해 1,000억대 트래픽을 지원해 스포츠, 건강, 취미, 학습, 관광, 먹거리 8개 주요 카테고리의 우수 크리에이터들을 격려하고 육성한다.

이렇게 다양한 바이두의 오픈 플랫폼과 생태계는 내부적으로 상호 유익하고 공생하며 다른 플랫폼이나 생태계와도 좋은 정보와 에너지를 주고받는 좋은 관계를 유지하고 있다. 바이두 브레인의 AI 오픈 플랫폼과 패들패들이 기반이 되어 아폴로, DuerOS 등 각종 오픈 플랫폼이나 여러 미들엔드와 끊임없이 기술, 방법, 응용, 서비스의 가치를 전달해나갈 것이다. 다양한 플랫폼과 미들엔드의 데이터, 정보 역시 바이두 브레인에 '은혜를 갚으며' 패들패들의 최적화를 촉진한다. 아울러 모바일 생태계 전체를 관통해 다양한 생태종, 서비스, 니즈, 그리고 각종 지식과 정보가 모든 수요자와 사용자에게 전달될 수 있도록 한다.

바이두는 또 다른 측면에서 공생을 이해한다. 즉 바이두 플랫폼과 생태계가 다른 종들이 자유롭게 생겨나고 성장할 수 있도록 '의지할 곳'이 되는 것이다. 고용 보장과 민생 안정에도 바이두가 할 수 있는 일이 있는데 중소기업이 사용자와 만나고 접촉할 기회를 잡도록 지원하는 '함께하기 프로젝트'가 대표적인 예다. 2020년 5월, 바이두 지도는 중소 상인을 위한 '별빛 프로젝트'를 시작했다. 이 프로젝트는 전국 1억 명 이상의 자영업자, 회사, 관광지를 대상으로 무료 입점 채널을 개방해 상인들이 복잡한 자격이나 경력 증명 없이도 바이두 지도에서 매장을 공개함으로써 소비자와의 거리를 좁힐 수 있게 돕는다.

이런 생각은 후베이(湖北) 지역으로 이어졌다. 2020년 5월 27일, 바이두 앱에서 후베이성(省) 네트워크 정보 사무소와 공동 기획한 12시간 연속 슬로우 라이브 방송 '보물 후베이'가 방송됐다. 이 프로그램은 중국 전역의 네티즌을 데리고 우한(武漢), 징저우(荊州), 샹양(襄陽), 첸장(潛江), 수이저우(隨州), 이창(宜昌), 홍후(洪湖), 치춘(蘄春), 다베산(大別山)을 유람하며 현지의 풍습, 민간 문화와 풍부한 역사 유산을 소개하는 동시에 그러한 지식과 문화의 장을 배경으로 라이브 커머스를 진행했다. '보물 후베이'는 바이두 앱 '보물 중국'의 첫 번째 정류장이었다. 앞으로는 쓰촨(四川), 후난(湖南), 안후이(安徽), 허베이(河北), 장시(江西) 등지를 돌며 현지의 매력을 발굴해 디지털 기법으로 완전히 새로운 '지역 명함'을 만들고, 네티즌들에게 지식과 혜택이 공존하는 라이브 방송 잔치를 펼칠 예정이다.

이는 바이두의 라이브 스트리밍 플랫폼이 동종 플랫폼과 달리 '가치 있는 정보와 지식, 문화를 선보이는 쇼핑 가이드'라는 점을 잘 보여준다. 일반적인 라이브 스트리밍의 본질은 가격 전쟁으로 온라인 최저가를 겨룬다고 할 수 있다. 반면 바이두는 생태적 사고, 공생적 사고로 기본적으로 지식과 문화를 밑바탕에 깔고 라이브 커머스를 진행한다. 이는 정보와 지식이라는 바이두의 속성과 떼려야 뗄 수 없는 관계가 있다.

여기, 모든 사람이 생각했으면 하는 문제가 있다.

"인간과 기계는 상호 유익한 공생관계인가?"

원거리, 온라인, 지식 관리, 모두 손을 뻗으면 닿게 하다

모든 사람에게 온라인은 이미 일상이 됐다. 기업의 온라인은 점진적인 과정이며 대부분 경우 사용자의 온라인이 기업과 도시의 온라인을 역추진했다.

루류, AI 시대의 사무 파이프라인을 구축하다

기업 서비스의 온라인화를 받아들이기는 어렵지 않지만, 기업 업무의 온라인화는 동력이 부족한 경우가 종종 있다. 지금과 코로나19 같은 갑작스러운 사태는 기업 운영 변혁의 강력한 원동력으로 작용해 기업의 스마트 오피스에 대한 수요를 빠르게 활성화했다. 심지어 몇몇 대형 인터넷 기업과 유명 투자은행들은 사태가 끝나더라도 직원들이 장기 재택 근무를 신청해 '클라우드' 업무 처리가 가능하도록 하겠다고 선언했다.

2020년 4월 26일, 바이두는 2008년 2월에 만든 '바이두Hi'[117]에 대한 브랜드 업그레이드를 단행해 명칭을 '루류(如流, Info Flow)'로 바꾸고 정식 오픈했다.

루류는 바이두 AI 미들엔드와 지식 미들엔드를 기반으로 기업 통신, 업무 협조,

---

117. 바이두가 운영한 인스턴트 메시징 앱. - 역주.

지식 관리를 일체화하고, AI 시대의 업무 파이프라인을 구축해 차세대 스마트 오피스 플랫폼을 만들었다. 또 스마트 회의 관리, 빠른 가입, 스마트 검색, 스마트 추천, 스마트 소음 감소와 같은 특수 기능을 포함해 사내 정보와 지식이 효율적으로 이동하도록 해 혁신의 효율성을 크게 높였다.

루류의 핵심 기능은 크게 3가지로 나눌 수 있다. '통신류(Communication Flow)'는 520명 동시 참여 및 취약 네트워크 환경을 지원해 언제 어디서나 실시간 통신이 가능하게 한다. '공작류(Work Flow)'는 회의, 일정, 프로젝트 등 다양한 일상 업무 라인의 조정을 지원해서 기업의 운영 비용을 절감하고, '지식류(Knowledge Flow)'는 기업 내부의 지식검색, 개인화한 추천 및 기업 포럼 등 지식 관리 기능을 지원한다. 이러한 3가지 핵심 기능은 유연하고 편리하며 효율적인 업무 모델을 제공함으로써 기업의 디지털화를 돕고 핵심 경쟁력을 강화한다.

2020년 5월 20일, 한 젊은 부부가 루류를 이용해 클라우드 결혼식을 올리고, 가족과 친구 520명을 온라인으로 초대한 일은 아주 흥미로운 사례라 할 수 있다.

지식의 경주는 언제나 즐겁다

검색, 지식 버티컬, 장편 및 짧은 동영상, 라이브 방송, 스마트 오피스, 각종 아카데미, 지식 미들엔드, 다원화한 생태계, 콘텐츠 창작자, 개발자 등 모두 검색해보면 바이두 지식 행렬과 지식 생태계의 영향이 두드러질 것이다. 바이두가 투자한 즈후(知乎)는 각 업계의 지식공유와 상호작용을 위한 플랫폼으로 유명하다.

지식과 정보의 구조화는 데이터의 구조화 못지않게 어렵고, 지식 발굴의 난이도는 데이터 발굴보다 훨씬 높다. 특히 암묵적 지식을 어떻게 명시적 지식으로 만들 것인가, 기술 노하우를 어떻게 기능화, 자본화할 것인가는 항상 어려운 문제다. 또 지식의 발현, 콘텐츠의 전시 메커니즘은 줄곧 도전에 직면해 있다(그림 6-8). 지식 기여자와 콘텐츠 크리에이터, 그리고 수용자와 팔로워의 상호작용도 지속적인 탐색이 필요하다. 한 가지 확실한 수요는 기업은 전 생애주기별 지식 관리 솔루션이 필요하고 그게 아니라면 디지털화 및 스마트화의 도전에 맞서기 어렵다는 점이다.

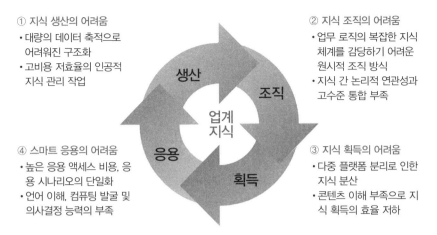

① 지식 생산의 어려움
• 대량의 데이터 축적으로 어려워진 구조화
• 고비용 저효율의 인공적 지식 관리 작업

② 지식 조직의 어려움
• 업무 로직의 복잡한 지식 체계를 감당하기 어려운 원시적 조직 방식
• 지식 간 논리적 연관성과 고수준 통합 부족

④ 스마트 응용의 어려움
• 높은 응용 액세스 비용, 응용 시나리오의 단일화
• 언어 이해, 컴퓨팅 발굴 및 의사결정 능력의 부족

③ 지식 획득의 어려움
• 다중 플랫폼 분리로 인한 지식 분산
• 콘텐츠 이해 부족으로 지식 획득의 효율 저하

생산 · 조직 · 획득 · 응용 · 업계 지식

기업 지식의 전 생애주기를 위한 솔루션이 시급하다.

그림 6-8. 업계가 직면한 지식 활용의 난제들

지식 미들엔드화, 지식 관리로 지적자본을 적립하다

지식 그래프(KG)는 가장 폭넓게 사용되는 지식 표현 형식이자 바이두가 자랑하는 기술력 중 하나다. 지식 그래프는 현실 세계에서의 실체(entity)와 그 내재 관계를 그래프의 형식으로 묘사한다. 패턴을 사용해 가능한 유형과 실체적 관계를 정의하며 임의의 실체가 잠재적으로 상호 연관되도록 허용하고, 다양한 주제 영역을 다룬다.

2020년 5월 18일, 바이두는 지식 그래프, 자연어 처리, 다중 모드 의미 이해, 스마트 검색과 추천과 같은 핵심 AI 기술에 기반한 '지식 미들엔드'를 발표했다. 지식 미들엔드는 기업의 지식 적용을 위한 전 생애주기 원스톱 솔루션을 제공해 기업이 전반적인 운영 효율성과 의사결정 스마트화 수준을 포괄적으로 개선할 수 있도록 지원한다.

지식 미들엔드는 하위 단계에서 다양한 소스와 형식의 데이터를 연결하고, 핵심 기능 단계에서 기업에 지식 생산, 지식 가공, 지식 응용력을 제공하며 상위 단계에서 지식 라이브러리, 업계 지식 그래프, 기업 검색, 스마트 추천 등을 포함한 다양한 업무 시나리오를 지원한다.

다음은 바이두 지식 미들엔드에서 사용하는 여러 시나리오(그림 6-9) 중 일부다.

- 기업 검색 및 지식 라이브러리 : 각종 업무 시스템에 대한 액세스, 기업 내·외부의 지식의 통합 관리, 직원의 업무 검색, 정보 획득, 전문 컨설팅 및 기타 시나리오에서 직원들의 요구를 충족한다. 예를 들어 바이두는 중국공정원(中國工程院)의 엔지니어링 과학 기술 영역의 스마트 지식 검색 엔진을 구축했다.
- 금융 업계의 스마트 리스크 관리 : 지식 그래프 구축 능력과 자체 개발한 고성능 그래픽 데이터베이스를 기반으로 다양한 금융 데이터의 잠재적 연관성과 리스크 모델을 심층적으로 파악해 금융기관의 리스크 저항력을 향상한다.
- 법률 산업의 심판 서포트 : 법률 지식 시스템을 응집해 효율적인 정보 획득, 해석 및 추론 지식 활용 기능을 제공함으로써 사건 종결의 효율성과 재판의 질을 크게 향상한다. 예컨대 바이두는 이판과기(易判科技)[118]를 위해 관련성이 높은 사건 제공, 법 조항의 적용 추천, 그리고 핵심 사안 요소에 기반한 스마트 검색을 제공했다.
- 전력 산업의 디지털화 관리 : 전력 지식 시스템을 구축하고 전력 지식을 질서정연하게 구성해 전문 지식검색, 의사결정 통제력을 제공해서 전력 기업의 디지털화 및 스마트화를 지원한다.

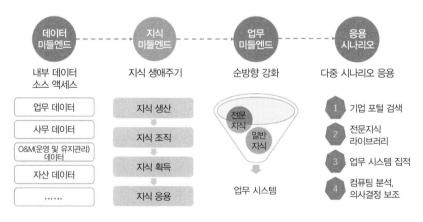

그림 6-9. 기업지식 미들엔드의 응용 시나리오

118. 분쟁 해결을 위한 전 과정 스마트 중재 및 판결 지원 서비스를 제공하는 기구. - 역주.

- 의료 산업의 진단 서포트 : 의료 지식 시스템을 구축하고 해석 가능한 임상적 결정 스마트 지원 기능을 제공한다. 이를 통해 오진, 진단 실패 및 비합리적인 약물 사용률을 감소하고 질병 통제 효율을 높일 수 있다.

기업의 스마트화 과정에서 지식은 매우 중요한 핵심 기반이 된다. 기업은 고유한 지식을 보유하고 있으며, 지식에 대한 요구를 충족하기 위해 자체적인 업계지식과 업무 논리를 결합해야 한다. 그러나 대부분 기업은 지식을 구축하고 적용하는 능력이 부족하고, 특히 데이터와 정보로부터 지식 구축과 적용까지 이르기까지의 도구나 플랫폼이 부족하다. 바이두의 지식 미들엔드는 더 많은 기업이 인공지능 없이도 지식 경주에서 가치를 얻도록 하고, 기업의 지적자본을 응집해 기업 내 지식의 전체 생애주기를 위한 통합 솔루션을 제공한다. 그림 6-10을 참고하자.

다중 업무 시나리오			
제품	기업 검색	스마트 지식 라이브러리	업계 지식 그래프 플랫폼	의사결정 엔진
	지식 생산 →	지식 조직 →	지식 획득 →	지식 응용
핵심 기능	데이터 액세스 콘텐츠 이해 지식 발굴 그래프 구축	지식 분류 지식 표지 지식 집합 지식 연계	검색 엔진 추천 시스템 스마트 Q&A 이미지 데이터베이스	지식 컴퓨팅 지식 추론 의사결정 보조 시나리오화 추천
기초 기술	자연어 처리	지식 그래프	음성	이미지
멀티소스 데이터			

그림 6-10. 기업 내 지식의 전 생애주기를 위한 통합 솔루션

가치 : 지식 및 업무 능력을 강화해 기업의 운영 효율성 및 의사결정 스마트화 수준을 향상한다.

AI+IP : 생태계는 개발자와 크리에이터의 세상이다

바이두 사람들은 매일 즐겁게 무언가를 만들어내고 있다. 우리는 농담처럼 바이두를 '공장'이라고 부르지만, 사실은 더 많은 젊은이의 성장을 지탱하는 든든한 버팀목이 될 '학교'가 되기를 간절히 바란다. 바이두의 생태계에는 수많은 지식 크리에이터, 콘텐츠 기여자, 개발자가 있으며 이 생태계는 그들을 위해 존재하고, 그들에게 속하며, 그들에 의해 정의된다. 미래는 그들의 것이고, AI는 미래에 서비스하기 때문이다. 인공지능 플랫폼형 기업은 가장 먼저 더 많은 사람이 성장할 수 있도록 돕는 플랫폼이어야 한다.

AI+IP : 무한한 성장의 가능성을 만들다

모든 사람은 IP다. 물론 슈퍼 IP인 사람도 있다. 개인은 성장 과정에서 자신의 노력 외에도 외부의 힘을 빌려야 하는 만큼 AI+IP의 가능성은 얼마든지 있다.

．．．

쉬칭(徐菁), 2005년 3월 바이두 입사, 현 바이두 브랜드 마케팅 및 AI 마케팅 부문 사장, 바이두 빅마케팅 시스템의 수석 지식 아키텍트(인터뷰 일자 : 2020년 4월 17일)

장샤오펑 : 현재 직함 중 하나가 바이두 빅마케팅 시스템의 '수석 지식 아키텍트'이신데요. 이 일에는 무엇이 필요하고, 어떤 작업과 관련되어 있는지 말씀 부탁드립니다.

쉬칭 : 지식 아키텍트는 바이두 마케팅 사업 부문에서 10년 전에 만든 자리죠. 지식 경영 관리의 관점에서 외부를 바라보고 내부 업무를 반추하는 일을 합니다. 바이두와 같은 과학 기술 기업은 항상 최첨단을 바라보아야 합니다. 우리의 수많은 엔지니어는 모두 앞선 기술을 보유하고 특허나 학술 연구 분야를 선도하고 있습니다. 이러한 기술들이 더 필요한 곳이 어디인지 알고, 해외 및 다양한 산업에서 어떻게 수행되는지

확인할 필요가 있어요. 그래서 이 자리를 만들어 일종의 전초 기지가 되게 한 거죠. 해외에는 우리와 협력하는 가트너(Gartner)처럼 훌륭한 분석기관과 싱크탱크가 많습니다. 〈포춘〉의 글로벌 500대 기업의 임원들도 많고 그 안에 가치 있는 콘텐츠와 텍스트를 많이 확보하고 있죠. 하지만 우리 엔지니어들은 검색하고 분류할 시간이 없어요. 그래서 정기적으로 내부에 지식을 입력하고 시장의 관점에서 기술 응용의 잠재적인 방향을 보고 있습니다.

장샤오펑 : 일종의 정보 선별에 해당하는군요. 정보가 방대하고 폭발적으로 증가하는 상황에서 개인의 선택 비용이 너무 높으니까요.

개발자가 아폴로를 세계로 보낸다

장샤오펑 : 바이두의 여러 브랜드 기획, 브랜드 전파와 상호작용 업무에 참여하셨습니다. 패들패들, 아폴로, 바이두 브레인, 개발자 컨퍼런스 중 어떤 이야기를 하고 싶은가요?

쉬칭 : 아폴로 자율주행 브랜드 건립과 바이두 AI 개발자 컨퍼런스 이야기를 하죠. 바이두 브레인이나 샤오두 스마트 비서 같은 AI 분야의 여러 브랜드는 모두 바이두의 기술이 축적되어 탄생했습니다. 하지만 자율주행은 언뜻 보기에도 바이두 검색 엔진 사업과 관련이 없죠. 바이두는 기존의 인터넷 기업에서 자동차 관련 산업으로 넘어가 영역을 확장했습니다. 자동차 업계에서는 바이두의 유전자가 자율주행에 도움이 되는지 의문을 제기하는 목소리가 많았습니다.

2017년 4월 19일에 상하이 모터쇼 개막을 앞두고 바이두는 자율주행 브랜드 아폴로를 발표하기로 했습니다. 당시 우리는 모터쇼 회의실도 구하지 못했고, 내부 입장도 불가능했어요. 하는 수 없이 모터쇼장 밖에 작은 회의실 하나를 구해 브랜드 런칭과 전시를 했습니다. 바이두가 모터쇼장 밖의 작은 회의실에서 자율운전을 향하는 원자폭탄을 투하했다는 보도도 있었죠.

장샤오펑 : 왜 그 시점에서 갑자기 발표하겠다는 결정을 내린 건가요?

쉬칭 : 바이두의 자율주행 기술은 2013년부터 준비를 시작해서 2015년에 구체화 됐습니다. 그리고 2017년에 전략적으로 오픈소스에 공개하기로 결정한 거죠. 당시 안드로이드나 iOS 같은 폐쇄형 생태계냐, 아니면 개방형 생태계냐를 두고 여러 차례 논의가 있었습니다. 개방형 생태계는 성장이 빠르지만 위험 부담이 커서 어느 순간 사라지기 쉽습니다. 하지만 나중에는 자율주행이 많은 불확실한 요인과 의사결정 문제에 직면할 거라고 생각했고, 바이두 혼자 생태계를 빠르게 발전시킬 수 없으며 더 많은 파트너가 참여해야 한다는 결론에 도달했습니다.

장샤오펑 : 자율주행 기술은 상대적으로 더 체계적이고 완전하며 종합 AI 수준을 반영한 제품으로 보입니다.

쉬칭 : 현재로선 자율주행이 AI 기술력을 집대성한 결과입니다. 머신 인식, 머신 비전 등을 포함한 의사결정 기능은 많은 최첨단 AI 기술력이 반드시 있어야 제대로 돌아갑니다.

장샤오펑 : 아폴로는 어떻게 나온 거죠?

쉬칭 : 새로운 브랜드를 만들 때는 네이밍이 상당히 중요합니다. 그 당시 우리는 여러 번 논의를 거쳤고, 몇 가지 제안이 나왔죠.
자율주행은 많은 AI 기술이 필요하고 소프트웨어와 하드웨어 사이의 효과적인 조정도 필요해요. 또 복잡한 상황이 끊이지 않고 해결해야 할 문제도 많죠. 토론 과정에서 이런 일들이 꼭 아폴로 달 착륙 계획과 매우 유사하다는 말이 나왔습니다. 인류의 위대한 프로젝트인 아폴로 달 착륙이 성공적으로 완료되기 위해 서로 다른 분야와 방향의 기술자들이 협력하고 여러 나라의 기술력이 동원됐다고 합니다. 자율주행도 마찬가지로 수많은 사람이 공동으로 노력해야 하는 커다란 프로젝트입니다.
자율주행은 많은 극단적인 상황에 직면하게 될 것입니다. 정상적인 상황에서 사람들은 차가 중간 차선에서 주행하면서 왼쪽이나 오른쪽에 부딪히는 일만 없으면 될 거라고 생각하죠. 하지만 도로 청소차라면 개발자는 중간 차선이 아닌 도로 턱에 붙어 가는 차를 만들어야 합니다. 또 예를 들어 눈보라 같은 날씨 테스트라든지, 극한 환경에서의 테스트 등 유사한 문제가 많습니다.

오픈소스에 개방한 후에 한 러시아 개발자는 아폴로 코드로 작업을 수정했습니다. 이 개발자는 눈보라가 자주 몰아치는 러시아 날씨를 염두에 두고 여러 차례 테스트한 후에 코드와 영상을 꾸준히 올려서 여러 지역의 개발자들이 유사한 시나리오에서 솔루션을 공유할 수 있도록 했습니다. 이렇듯 전 세계의 개발자들이 참여하면 다양한 시나리오의 문제가 더 빠르게 해결되고 제품의 가용성이 향상될 수 있습니다.

아폴로 플랫폼에는 소형 물류 로봇, 배송 로봇 등의 개발자도 있는데, 운영 중 문제가 생기면 자신이 해결할 수 있는 것은 코드를 업로드하고, 해결하지 못하는 것은 바이두 엔지니어가 도움을 줍니다. 어떤 스타트업 CEO들은 매일 아침 일어나서 가장 먼저 오픈 플랫폼에 새로 업데이트된 코드를 보는 습관이 오랫동안 해결하지 못한 문제를 해결할 수도 있다고 말하죠. 바이두는 오픈소스 플랫폼에서 솔루션이 더 나은 코드를 선택하는데 그 일부는 개발자들이 제공한 것입니다.

장샤오펑 : 때로는 역할 포지셔닝이 매우 중요하죠. 연극 무대에서 서 있는 위치에 따라 대사가 완전히 다른 것처럼요. 사용자 참여 차원에서 오늘날 파트너와 개발자는 아폴로 오픈 플랫폼을 정의하는 데 어느 정도나 관여한다고 보십니까?

쉬칭 : 아폴로는 오픈 플랫폼으로 정의할 수 있습니다. 사용자마다 각자의 버티컬 시나리오에서 제품의 정의에 참여하고, 버티컬 시나리오에 따라 정의는 달라집니다. 예를 들어 저속 구간 전문 파트너가 되려면 고속도로나 도시 환경에서의 기술력과는 다른 기술이 필요합니다. 우리는 저속 구간에 적합한 좋은 제품의 포지셔닝과 특성을 함께 정의하게 되겠죠. 다양한 요구에 적합한 맞춤형 솔루션을 개발하는 것이 AI의 발전 방향입니다. 여기에서 핵심 요소는 우리가 어떻게 진정으로 한 업계에 들어가고 이해하는가입니다. 스마트 드라이빙의 양산 모델을 만들려면 엔지니어 군단과 자동차 업체가 긴밀히 협력해야 합니다. 알다시피 업종에 따라 사고와 행동의 방식이 각각 다르므로 추진 과정에서 서로 맞춰보고 마지막으로 제품을 정의하게 됩니다. 완전히 일반적인 자동차 업체도 아니고, 완전히 IT 기업도 아닌 모델, 결국 시장 지향적 포지셔닝이 완성되겠죠.

개발자 컨퍼런스는 생태화의 새로운 여정이다

장샤오펑 : 바이두 개발자 컨퍼런스는 어떻게 탄생했습니까?

쉬칭 : 개발자 컨퍼런스는 바이두 브레인 출시에서 시작됐습니다. 바이두 AI 오픈 플랫폼이 출시된 이듬해, 바이두는 제1회 바이두 AI 개발자 컨퍼런스를 시작했습니다. 가장 큰 목적은 더 많은 개발자를 바이두의 AI 생태계에 합류시키고, 바이두의 비전에 따라 기술 평등으로 그들에게 힘을 실어주려는 것이었죠. 리옌훙은 언제나 진정으로 좋은 AI 기술을 더 쉽게 얻을 수 있는 환경을 만들고자 했고, 개발자들과 함께 기술 교체를 추진하기를 바랍니다.

장샤오펑 : 기술에 대한 열린 마음과 포용적 배려라고 할 수 있겠네요.

쉬칭 : AI는 진입장벽이 아주 높은 분야입니다. 여러 산업군에서 필요하지만, 제로 상태에서 훌륭한 AI 기술팀을 꾸리기란 쉽지 않죠. 기반이 탄탄하고 잘나가는 금융 산업조차도 쉽지 않습니다. 그래서 바이두의 지원 의지와 기술력이 더 중요한 거죠.

장샤오펑 : 공공의 AI 플랫폼은 '플러그 앤 플레이' 방식으로 매우 유연하고 역동적이며 무엇보다 저비용이죠. 한 개발자 컨퍼런스에서 자율주행 자동차가 도로를 달리는 생중계 뉴스를 방영한 기억이 있는데 그에 관해 말씀 부탁합니다.

쉬칭 : 당시 자율주행 기술은 도로 위를 달리는 단계에 이르렀어요. 마침 AI 개발자 컨퍼런스를 앞둔 때여서 그 기회에 기술력을 선보이고 싶었습니다.
사실 생방송이 보시는 분들에게는 가장 실감 나는 방법이지만, 막상 하려니 부담이 컸습니다. 그때는 5G 환경도 아니었고, 7,000명이 참석하는 개발자 컨퍼런스에서 Wi-Fi로는 될 일이 아니었죠. 원활한 생방송이 관건이었으므로 여러 방안을 검토했습니다. 그 결과, 자율주행 차량이 시동을 걸고 5환[119]까지 가는 여정을 모두가 목격할 수 있었습니다. 꽤 충격적인 장면이었어요. 현장에서는 물론 이후의 사회 여론도 뜨거웠습니다. 우리는 바이두의 차별화된 기술을 보여주기 바랐습니다. 그래서 사람들이 아직

---

119. 중국 베이징의 5번 순환도로. - 역주.

PPT를 사용하던 때, 손만 뻗으면 닿고 실현 가능한 것들을 보여줄 수 있었습니다.

모든 수준과 유형의 개발자가 AI 생태계의 가장 중요한 종이다

장샤오핑 : AI 생태계 구축 과정에서 인적 요소, 조직 구조 및 지식 구조가 AI 발전에 어떤 영향을 미칠까요? 생태계 구축은 문화적 침투가 필요하고 게임의 규칙이 서서히 형성되어야 하며 다양한 참여자에 대한 인센티브가 필요합니다. 바이두 개발자 플랫폼에는 크게 2가지 유형의 참여자가 있는데 하나는 개별 참여자이고 다른 하나는 통합사업자입니다. 어떤 방식으로 그들이 정체성과 성취감을 느끼고 더 나은 협조적 태도로 계속 생태계에 기여하게 할 수 있을까요?

쉬칭 : 현재 바이두의 개발자 생태계에는 190만 명의 개발자가 있으며, 대형 개발자든 소규모 개발자든 모두 꾸준히 성장하고 있습니다.

우리가 어떤 방법으로 이 생태계의 건전한 운영을 보장할까요? 그 방법은 쉽게 말해서 초등학교에서 대학교까지 다양한 수준과 단계를 가진 완전한 교육 시스템과 비슷하다고 보면 됩니다.

첫 번째는 대학을 대상으로 하는 메커니즘으로 AI에 대한 교육자료를 대학에 제공하는 것입니다. 너무나 새로운 산업이어서 일부 대학은 이 분야에 관한 연구가 거의 없어서 제대로 교육하기 어렵습니다. 바이두는 자율주행이나 딥러닝 등 많은 교육자료를 냈고, AI 교육 수준을 향상하기 위해 대학에 제공합니다. 또 교육자를 위한 과정을 운영해서 매년 수천 명의 교육자를 양성하고 이들을 통해 학생들을 교육합니다.

바이두에는 학생들을 위한 프로그램 스타 대회인 AI Star도 있습니다. 지난 몇 번의 대회에서 챔피언은 모두 대학생이었고, 그 외 수상자도 대학생의 비중이 컸습니다. 하지만 2019년 대회에서 대학생들은 고등학생들에게 완전히 무너졌죠. AI 시대로 진입하면서 이제는 중학생들의 활약도 대단합니다.

두 번째는 소규모 개발자를 대상으로 플랫폼과 툴을 주로 제공하고, 쉽게 시작할 수 있도록 일련의 공개 수업을 제공하는 것입니다.

세 번째는 중소기업을 대상으로 지원 자금을 제공하는 것입니다. AI 방면에서 성장 잠재력이 있다면 바이두 지원 기금으로 첫 시작을 돕습니다. 실제로 일부 개발자들은 이를 통해 중견 기업으로 성장했습니다. 현재 혁신적인 기업을 지원하기 위한 좋은 국가 정책이 많이 있어서 AI를 도입한 후에 이 기업들의 가치는 끊임없이 상승하고 있습니다.

매회 개발자 컨퍼런스에서는 스타트업 기업이 바이두 오픈 플랫폼에 진입한 후의 상황이 집계됩니다. ㈜창사 스마트 자율주행 연구소는 플랫폼에 처음 진입했을 때 평가액이 2억 위안이었으나 이후 6억 위안으로 평가되는 등 기업가치가 꾸준히 상승하고 많은 관심을 받았습니다. 또 한 품질검사 업체는 AI 기술을 도입한 후, 코로나 팬데믹이 시작되고 '신원롄보(新聞聯播)'[120]에 보도됐습니다. 이런 사례는 중소기업이 바이두 생태계에 진입한 후에 얻은 실질적인 도움이라고 할 수 있습니다. 또 플랫폼에는 인큐베이션 시스템도 있습니다.

네 번째는 대기업을 대상으로 하는 것입니다. 바이두는 오픈 플랫폼에 진입하는 대기업의 핵심 기술 책임자들을 대상으로 '황푸 아카데미' 프로그램을 운영해 AI 시대의 최고 기술 책임자 및 설계자를 신속하게 교육해 AI 전환을 돕습니다. 황푸 아카데미의 학생들은 서로 자원의 교환과 생태계 공동 건설을 실현할 수 있습니다.

바이두 오픈 플랫폼의 한 반도체 업체는 바이두의 AI 기술을 적용한 후에 비용을 동종 업체의 3분의 2에서 심지어 절반 정도로 크게 줄여 업계 경쟁력을 확보했습니다.

기술 지원과 생태계 반응은 조직과 개인을 '더 멋지게' 만든다

장샤오펑 : 개인적으로 AI로 개인과 조직에 방향성을 예단해줄 수 있는가의 문제에 관심이 있습니다. 특정 분야에서의 능력이나 발전 가능성을 고려할 때, 어떤 사람이나 업무와 협업하는 것이 가장 유리할까요?

쉬칭 : AI 생태계가 점차 성숙해지면 앞으로 AI 지수 같은 표준이 도입될 것입니다. 어떤 기업이 AI를 더 적극적으로 적용하는지, 효과가 어느 정도인지를 보고서 각 기업의

---

120. 중국 CCTV에서 매일 저녁 7시에 방송하는 종합 뉴스 프로그램 - 역주.

AI 지수에 따라 순위를 정하는 거죠. 미래의 AI 지수는 AI 기능 적용량에 따라 모든 기업의 AI 스마트화 등급을 매기는 것입니다.

현재 바이두의 모든 개방형 AI 기능은 1년에 수조 회 이상 적용되는데 엄청난 숫자죠. 여기에서 트렌드가 보이기도 하는데요. 이런 트렌드를 잘 정리한 결과를 차트 형식으로 발표해서 참고할 수 있도록 합니다.

기업들은 상위 산업 체인과 하위 산업 체인의 상관관계를 파악하지 못할 수 있으므로 트렌드 발표가 스마트화 여정을 더 순조롭게 만들고 적합한 파트너를 찾는 데 도움이 될 것입니다. 앞으로는 전체 생태계를 기반으로 AI 분석을 한 후에 어느 기업들이, 그리고 어떤 업계끼리 협력할 수 있을지 살펴보려고 합니다.

장샤오핑 : 오픈 플랫폼에는 엄청난 양의 데이터가 있고, 이 분야에 관심 있고 실력을 갖춘 사람들이 대거 포진해 있습니다. 앞으로 우리는 개방형 생태계를 이용해 자율주행, 스마트 스피커, 산업 비전 등의 AI 기능을 중심으로 협업과 혁신을 이룰 것입니다. 응용 학습과 적용 과정 중에 그들의 특성과 수요를 발견하게 되겠죠.

쉬칭 : 사회적 효과의 측면에서도 잠재력이 커서 더 많은 산업과 기업에 도움이 되고 개인의 성장까지 촉진할 수 있습니다. 발전과 성장을 도우려는 바이두의 이념은 매우 감성적입니다. 과학 기술의 발전은 결국, 사람을 존중하고, 성취하게 하며, 더 잘 살 수 있게 하는 방향으로 나아가야 합니다.

AI는 일과 생활의 변화를 위한 새로운 기회를 담고 있다

쉬칭 : 기술이 계속해서 사람들에게 힘을 실어주면 미래에는 일과 생활의 방식이 모두 바뀔 것입니다. 바이두의 파트너 중에서 아시아에 비교적 큰 디자인 업체가 있는데, 원래는 항상 디자인 의뢰가 많은 것은 아님에도 디자이너를 많이 고용해야 했습니다. 지금 이 업체는 AI 방식으로 디자인을 합니다. 한번은 어떤 고객이 회사 로고 디자인을 의뢰했습니다. AI는 태그 하나만 있어도 즉각 수천 개의 로고를 생성할 수 있고, 전문 디자이너는 그중에서 더 나은 것을 찾고 선택해서 고객에게 전달하기만 하면 됩니

다. 이렇게 전체 작업 방식이 바뀌니 이 업체는 디자이너를 더 많이 고용할 필요가 없게 됐습니다. 원래 전 세계에 디자이너가 3만~4만 명 정도 있었지만, 이제는 소수의 디자이너만 필요합니다. 게다가 디자이너들은 해변에서 놀면서 또는 길모퉁이 카페에서 디자인을 완성할 수 있게 됐죠.

아마 미래에는 풀타임을 원하는 직업이 많지 않을 겁니다. 1995년 이후에 태어난 젊은이들은 스스로 주인공이 되기를 원하고, 자기 시간을 온전히 자유롭게 쓸 수 있기를 바라죠. 그리고 스마트화는 일과 생활, 그리고 자유의 균형을 맞추는 과정을 가속화할 수 있습니다.

장샤오펑 : 이른바 'N잡(job)'이 유행하고 있습니다. 서로 다른 능력, 관심사, 전공 또는 지식 서비스 능력을 다양한 시나리오에서 사용하며 다양한 채널에서 적용되는 거죠. 이 역시 AI가 능력을 펼칠 기회가 될 것이 분명합니다.

앞서 언급하신 디자인 업체처럼 우리 역시 전 세계 수백만 AI 관련 인재를 영입할 수 있습니다. 그들은 바이두에 고용되지 않았지만, 더 많은 가치를 창출할 수 있으며 플랫폼은 이들이 성장하고 영감을 받고 발전하도록 도와 시너지 효과를 냅니다.

쉬칭 : 연결과 시너지, 모두 아주 좋은 개념이죠. 바이두는 줄곧 개방이라는 이 일을 해왔고, 기술의 대토대 위에서 무엇을 탄생시킬 수 있는지, 전 세계 생태계에서 어떤 시너지가 충돌하는지 목격했습니다. 지금은 DuerOS 오픈 플랫폼, 아폴로 오픈 플랫폼, 바이두 브레인 오픈 플랫폼 어디에서든 다양한 국가의 개발자가 참여할 수 있습니다. 예컨대 아폴로에는 미국, 러시아, 이스라엘 등의 개발자들이 많이 모여 있죠.

AI는 도구일 뿐, 개발자, 크리에이터, 봉사자야말로 세상을 바꾸는 궁극의 힘이다

지난 수백 년의 역사를 되돌아보면 인류 사회의 발전은 주로 기술과 혁신으로 이루어졌다. 컴퓨터가 발명되면서 혁신가와 엔지니어는 '개발자'라는 또 다른 이름을 갖게 됐다. 단언컨대 개발자야말로 AI 시대의 핵심 생산력이다. AI는 도구일 뿐, 개발자야말로 세상을 바꾸는 궁극의 힘이다.

300만 바이자하오 크리에이터는 독창적인 경작인이며 장인 문화의 수호자다. 2005년에 탄생한 바이두 지식은 지난 15년 동안 사용자 질문을 5억 5,000만 회 해결했으며, 답변에 참여한 사람만 1억 8,000만 명이 넘는다. 그들은 또 다른 중요한 개발자이자 혁신가들이다.

2018년 바이두는 자율주행 제품화의 원년을 열었으나 사실 이는 자율주행 자동차 발전의 출발점일 뿐이다. 아폴로는 기계 구조로 보자면 자동차 부품 수를 줄였고, 아직 운전석과 핸들도 없었지만, 그 뒤에는 아폴로 오픈 플랫폼의 급속한 발전이 있었다. 아폴로가 GitHub에 맡긴 오픈 코드 수는 1년 만에 6배나 증가했다. 자율주행에서 1에서 100까지 진화는 개발자의 참여와 떼어놓고 생각할 수 없다. Apollo 1.0에는 3만 5,000개 코드가 있었으며, Apollo 3.0은 이미 22만 개를 넘어섰다.

교통 운송이든 금융 서비스처럼 거대한 산업 체인이든 다양한 AI 응용 시나리오가 있다. 오늘날 AI 적용은 반드시 다양한 기술을 조합해 종합적인 솔루션을 형성해야 한다. 잘하는 분야가 무엇이든 대부분 개발자에게 AI 기술의 전체 체인을 통과하기란 쉽지 않다. 이러한 이유로 바이두 브레인은 지난 수년간 다양한 방면에서 실력을 키우기 위해 열심히 노력해왔다. 현재 바이두는 개발자에게 260개 핵심 AI 기술을 공개했으며 그중 상당수가 오픈소스다. 이 기술들은 개발자들과 결합해 환상적인 시너지 효과를 낸다.

개발자는 매우 특별한 그룹이다. 그들은 일반적으로 AI와 산업을 잘 이해하고 있어서 AI에 어떤 기능이 있는지, 산업에 어떠한 문제가 있는지 알고 있다. 우리가 더 나은 과학 기술을 추구하고, 작은 불씨 하나가 초원을 태울 수 있음을 굳게 믿는다면 AI는 각 분야에서 점점 더 큰 가치를 창출할 것이다.

공공성과 외부성으로 사회화되는 생태계

AI가 산업 스마트화를 촉진하는 것이 일종의 책무이자 사명이라면 인프라 스마트화, 즉 신인프라 건설에 대한 기여는 또 다른 사명이다. 신요소와 신동력의 스마트 경제 및 스마트 사회에 대한 기여 역시 중요하며, 인공지능 플랫폼형 기업은 인류의 발전에 서비스해야 하는 책임이 있다. 여기에는 AI 기술의 발전, 응용의 확대, 그리고 생태계 구축에 있어서 그 사회성, 토대화, 생태화의 속성을 부각하는 일이 꼭 필요하다. 그렇지 않으면 생태계는 계속되기 어렵다.

∙∙

왕하이펑 박사, 바이두 최고기술경영자, 인공지능 시스템 책임자, 바이두 연구원 원장(인터뷰 일자 : 2020년 4월 28일)

장샤오펑 : 오랫동안 바이두에 몸담으셨죠. 현재 CTO인 동시에 AIG(AI 기술 플랫폼)의 총책임자이신데 AIG에 어떤 기대를 걸고 계십니까?

왕하이펑 : 저는 2010년 1월에 바이두에 입사했고 이제 10년이 조금 넘게 일했습니다. 처음 바이두에 왔을 때만 해도 AI 개념이 없었지만, 실제로는 AI 기술을 개발하고 있었죠. 자연어 처리, 기계 번역, 음식 인식 같은 기술이 모두 제가 들어온 첫 분기에 시작됐습니다. 이어 2년 동안 바이두는 머신러닝, 컴퓨터 비전, 추천과 개인화, 빅데이터, 지식 그래프 같은 기술을 연이어 개발했는데 모두 이후 바이두 AI와 바이두 브레인의 기술 기반이 됐습니다.

물론 기술 보유는 전체 작업의 일부일 뿐입니다. 제대로 하려면 기술을 제품에 적용해서 바이두의 사업에 도움이 되도록 해야 했죠. 당시 바이두의 핵심 사업이 검색이었는데, 몇 년 안에 전면적으로 개조를 끝냈습니다. 나중에 제가 검색 사업 책임자로 갔는데, 2015년 즈음에 검색의 스마트화가 궤도에 올랐고 이후로도 꾸준히 개선되고 발전하고 있습니다.

2017년 바이두가 AIG를 공식 출범시키면서 했던 중요한 고민 중 하나는 검색 사업이 발전한 것처럼 피드 스트림, 샤오두 비서, 샤오두 로봇 등도 기술이 무르익고 발전하려면 AI가 어떤 역할을 해야 하는가였습니다. 사실 AI는 이런 앱들이나 검색에만 국한되지 않으며 더 광범위하게 적용되어야 합니다.

AI 기술은 4차 산업혁명의 핵심 구동력으로 응용 범위가 매우 넓어 AI 기술 플랫폼이 꼭 필요했습니다. 이렇게 해서 AIG가 탄생한 것이지요. AIG는 검색을 비롯한 다양한 사업 부문뿐 아니라 산업 투입, 오픈소스와 오픈 플랫폼 같은 외부 지원도 함께 하고 있습니다. 그 덕분에 AIG는 업계 최대의 AI 기술 플랫폼을 만들 수 있었습니다.

저는 팀원들에게 바이두 AI 기술 플랫폼인 AIG가 바이두의 AIG인 동시에 사회 전체의 AIG이기도 하다고 말해왔습니다. 왜일까요? 우리가 이런 플랫폼과 기술들을 개방해서 사회 전체의 산업 스마트화를 지원하기 때문입니다.

장샤오펑 : 공공성과 외부성이 강한 플랫폼이군요.

프론트엔드, 미들엔드, 백엔드를 관통해 산업 스마트화를 지원하다

왕하이펑 : 사실 우리는 계속 수많은 외부 사용자를 지원했습니다. 2017년까지 말입니다. 2018년에 들어서면서 우리는 AIG가 AI 기술에만 머물러서는 안 된다는 사실을 깨달았습니다. 당시 AIG에는 AI와 빅데이터가 있었고, 데이터 센터, 인프라, 칩 같은 아주 기초적인 컴퓨팅 파워 플랫폼과도 어느 정도 연관이 있었습니다. 그래서 그해 말에 바이두는 기본적인 시스템 부문과 인프라 부문을 통합해 완전한 기술 미들엔드를 만들었습니다.

왜 이런 것들을 전부 통합해야만 완전해질까요? 예를 들어 데이터 센터는 AI를 위해 만들어진 것이 아닙니다. 바이두 검색을 비롯한 모든 대형 인터넷 기업은 데이터 센터를 갖춰야 합니다. 또 AI 시대에는 이런 인프라들이 함께 업그레이드되어야 합니다.

완전한 기술 미들엔드를 갖춘 후, 바이두 스마트 클라우드가 산업 스마트화의 중요한 부분으로 떠올랐습니다. 2019년, 바이두는 스마트 클라우드를 통합해 프론트엔드, 미들엔드, 백엔드를 모두 관통했습니다. 기술 미들엔드가 미들엔드와 백엔드라면 스마트 클라우드는 프론트엔드입니다. 전체를 관통해 튼튼한 버팀목을 만들면 바이두뿐 아니라 사회와 산업 전반의 스마트화를 뒷받침하는 중요한 인프라가 됩니다.

이 인프라에는 산업 스마트화와 스마트 산업화라는 2가지 측면이 있습니다. 스마트 기술은 그 자체로 결과물을 내놓을 수도, 산업화할 수도 있습니다. 예를 들어 AI 기술은 그 자체로 상업적 가치가 있으므로 많은 고객이 기꺼이 돈을 내고 더 나은 서비스와 보장을 기대하며, 이를 제한하는 상업적 계약이 있기를 바랍니다.

산업 스마트화는 여지가 더 많습니다. 당연히 스마트 산업화와 산업 스마트화, 이 2가지는 불가분의 관계입니다. 우리는 기본적으로 이런 사고 방식을 고수하며 10년을 걸어왔습니다. 장장 10년 동안 '스마트'라는 말에서 멀어진 적이 없죠.

블랙테크, 블록체인 그리고 생태계

장샤오펑 : 바이두의 양자 컴퓨팅과 블록체인에 대해서 말씀 부탁드립니다.

왕하이펑 : 블록체인은 우리가 수년 동안 해온 것으로 기술과 사업의 두 측면으로 구분됩니다. 기술적으로 우리는 블록체인 플랫폼을 구축하고 아키텍처 기술과 같은 다양한 기술을 포함했습니다. 사실 현재 많은 곳에서 블록체인으로 사업을 벌이기를 원하고 있으며 우리는 이미 블록체인 기술력을 개방했죠.

장샤오펑 : AI와 블록체인은 어떤 관계가 있습니까?

왕하이펑 : AI와 블록체인은 차원이 다릅니다. AI는 우선 기술 체계이고, 기술 체계 위에서 생태계가 발전하는 법이죠. AI 기술은 곳곳에 스며들 수 있고, 블록체인도 AI 기술을 포함할 수 있습니다. 반면에 블록체인은 순수한 기술의 범주에 들어가지 않습니다. 일종의 네트워크를 구축하고 많은 역할이 참여하는 것이죠. 사실상 생태계 전체로 하나의 생태계 자체를 구축합니다.

끝까지 개방하다

장샤오펑 : 바이두 브레인은 바이두의 특성을 가진 부분들로 나뉘어서 AI, 딥러닝 및 오픈 플랫폼의 기술력을 내보내기 위한 기반을 마련했습니다. 저는 개인적으로 인공

지능 운영체제, 특히 패들패들에서 바이두의 특성이 두드러진다고 생각합니다. 개별적으로도 분명히 가치가 있지만, 바이두는 '바이두 브레인+인공지능 운영체제+스마트 클라우드'라는 통합 솔루션을 이용해서 외부 인식의 고유성을 확립할 수 있지 않을까요?

왕하이펑 : 그렇습니다. 우리도 계속 말씀하신 내용을 지향하며 일하고 있습니다. 스마트 사회를 위한 매우 중요한 기본 플랫폼이고, 모든 일에서 결국 이러한 기술 플랫폼이 제공하는 기술을 다루게 되니까요.

장샤오펑 : 2016년부터 바이두 브레인, 패들패들, 아폴로, 샤오두 비서가 잇달아 개방됐는데요. 이런 일들은 모두 바이두의 이미지와 가치에 큰 영향을 미쳤습니다. 좀 더 널리 알려져야 할 일이죠.

왕하이펑 : 바이두의 개방은 역사가 깁니다. 바이두의 알라딘 플랫폼은 일찍이 2009년에 개방됐고, 기계 번역과 음성 인식은 2011년부터 2012년까지 순차적으로 개방됐습니다. 진산(金山)은 2011년, 2012년부터 바이두 번역의 오픈 API를 사용해서 사업을 펼치고 있고, 진산 사전은 바이두 번역의 API를 사용합니다. 음성 인식도 일찍 개방됐죠. 2016년에 우리는 이러한 AI 기능들을 '바이두 브레인'으로 통칭했고, 사람들은 이것을 하나의 완전한 이미지로 기억하게 됐습니다.

그 이면의 기본 아이디어는 방금 말씀하신 내용과 일치합니다. 이런 기술들은 당연히 바이두의 제품과 사업에 도움이 될 테고, 동시에 모든 사람이 이 생태계 안에서 혜택을 받기 바랍니다. AI가 사회 전반을 업그레이드하는 과정에 바이두 혼자가 아니라 모두가 함께 발전과 변혁을 일으키자는 말입니다. 이것이 가장 기초적인 출발점입니다. 또 개방은 인터넷 기업이라는 바이두 자체의 특성과도 관련이 있습니다. 바이두는 곧 검색 엔진이고, 인터넷에서 개방은 매우 중요합니다. 개방하지 않았다면 20년 전의 바이두 검색 엔진은 존재하지 않았을 것입니다. 따라서 개방은 우리의 문화 또는 유전자라고 해도 과언이 아닙니다.

실력이 좋아질수록 책임이 커진다

장샤오펑 : 그렇군요. 하지만 모바일 인터넷 단계에 이르러서는 데이터 사일로나 데이터 섬[121]이 많이 생겨나서 바이두가 더 나은 정보 및 지식 서비스를 제공하는 데 오히려 제약이 있었습니다.

왕하이펑 : 네, 맞습니다. 지금까지 발전해 오면서 새로운 변화들이 출현하면 바이두는 늘 적절히 적응 또는 대응했죠. 콘텐츠 생태계처럼 기술 생태계가 아닌 개방형 생태계도 존재하고 있으니 바이두도 더 많이 참여해야 합니다. 크게 낯선 일은 아닙니다. 10여 년 전에 우리는 콘텐츠가 부족한 상황에서도 바이두 백과, 바이두 지식, 바이두 테바를 만들었으니까요.

장샤오펑 : 사실 바이두는 알려지지 않은 작업을 많이 했고, 사용자에게 완전히 무료로 제공했습니다. 때로는 사용자들의 불평, 불만이 생길 수도 있지 않을까요?

왕하이펑 : 가능한 일이지만, 역설적으로 실력이 좋아질수록 책임은 커집니다. 커다란 플랫폼으로서 책임들을 기꺼이 부담해야죠.

5G와 AI, 서로 날개를 달아주다

장샤오펑 : 이 분야에서 높은 명성과 성과를 가지고 계신데요. 바이두의 CTO가 아니라 스마트 경제나 스마트 사회, 나아가 글로벌 시각에서 보실 때, 현재 AI의 전반적인 발전을 어떻게 평가하시나요? 또 5G는 어떤 역할을 할까요?

왕하이펑 : 전반적으로 보면 번영 중이라고 말할 수 있습니다. 특히 기술과 응용적인 측면에서 중국의 성장세가 매우 좋아서 세계 최고의 우위를 점하고 있습니다. 하지만 AI 기초 연구의 역사는 미국 등의 나라들과는 차이가 있다고 봐야 합니다. 그래도 매우 빠르게 발전하고 있기는 하죠.

---

121. 기능상 서로 관련이 없고 정보가 공유되지 않으며 정보와 업무의 흐름과 응용이 동떨어진 컴퓨터 응용 시스템. - 역주.

중국은 산업계든 학계든 이 분야에서 부지런히 일하며 돌파구를 만들려는 사람들이 많습니다. 기초 연구는 상대적으로 뒤떨어져 있지만, 상승 추세는 거셉니다.

저는 이런 질문을 받으면 늘 산업 전체가 번영하고 있지만, 지금은 스마트 시대의 시작일 뿐이며 아직 할 일이 많고 발전이 무르익은 단계에 이르지 못했다고 말합니다. 바이두가 잘하는 부분이 있고 꾸준히 열심히 하고 있지만, 아직 게임이 끝난 것은 아니죠.

5G는 확실히 매우 중요합니다. AI는 5G를 더 스마트하게 만듭니다. 5G는 하나의 인프라이고 AI가 있어야 쓸모가 더 많아집니다. 또 반대로 5G의 초고속성, 대역폭(주파수 범위)이 있어야 AI가 어디에서나 잘 작동하고 더 많은 응용 시나리오를 확보할 수 있습니다.

협력에서 시작해 협력으로 돌아가다

역사를 되돌아보면 바퀴의 발명처럼 우리를 일깨워주는 일들이 많다. 기원전 4000년에 티그리스와 유프라테스 강 유역에 살던 사람들이 바퀴를 먼저 발명했고, 기원전 3000년에 고대 인도와 고대 멕시코에서 바퀴가 다시 발명됐다.

아이들에게 옛날이야기를 해주면 꼭 "그래서 어떻게 됐어요?"라고 묻는데 이 이야기도 아직 끝나지 않았다. 기원전 2000년에 고대 이집트와 고대 중국에서 바퀴가 또 발명된 것이다.

보다시피 바퀴는 1,000년마다 재발명됐다. 물론 고대에는 사람과 사람 사이의 소통이 매우 비효율적이었고, 서로 워낙 멀리 떨어져서 이루어낸 성과를 외부 세계에 신속하게 전할 수 없었다. 그러나 지금은 상황이 완전히 달라져 우리는 더 이상 또 '바퀴'를 발명할 필요가 없다. 그런데도 사실은 '바퀴'를 발명하고 있는 곳들이 있다.

생태적 효과로 대협력을 이루다

AI의 물결이 요동쳤을 때, 우리는 자연어 이해, 음성 인식, 사용자 분석, 이미지 인식 기술 등 그동안 축적한 모든 것을 오픈 플랫폼이라는 화수분 안에 넣고 공유했다. 그 이유는 2가지로 우선 앞에서 이야기한 바퀴 발명과 같은 일을 피하기 위해서다. 나머지 하나는 먼저 사랑을 베풀어야 사랑받을 수 있다고 믿기 때문이다. 점점 더 많은 사람이 기꺼이 공유하고 함께 만들고 참여하고 협업한다면 모든 참여자가 더 많이 얻을 수 있다. 모든 일의 근본이 되는 협력을 강화하려면 반드시 생태적 효과의 힘을 빌려야 한다.

대생태와 대협력으로 얻을 수 있는 이점은 엄청나다. 우선 0을 1로 만들기 위해 해야 하는 일들을 전부 할 필요가 없으므로 사회자원의 소비를 크게 줄이고, 경계를 넘나드는 통합으로 혁신적 협력, 산업적 협력, 그리고 채널 관계 협력을 일으킬 수 있다. 또 각자의 강점에 더 집중해 생태적 시너지와 효과 극대화가 가능하다.

패들패들 딥러닝 프레임워크는 스마트 시대의 스마트 운영체제인 동시에 사회 거버넌스를 위한 사회 운영체제, 산업 스마트의 운영체제 등이 될 수 있다. 패들패들의 중국어 명칭은 '하늘을 나는 노'라는 뜻이다. 여기에 내포된 의미처럼 바이두는 생태계와 협력의 힘으로 AI 발전을 촉진하고 생태계에 포함된 종들이 더 멀리 나아갈 수 있도록 돕고자 한다.

장샤오펑의 수년에 걸친 연구에 따르면 대협력은 '디지털 혁명, 스마트 혁명, 연결의 혁명 이후, 시공간의 제약을 타파하고 조직의 경계를 바꿔 다중 관계를 재구성한 뒤, 이타 정신, 집약, 공유, 공동 창조, 공생을 기반으로 플랫폼, 생태계, 인터페이스에서 대규모 파트너와 완전히 새로운 협업, 융합, 생태계를 형성해 가치 창출이라는 목표를 함께 달성하는 비즈니스 모델이자 사회자원의 조직 및 배치 방식'으로 설명할 수 있다. 간단히 정리하자면 대협력은 디지털 시대, 스마트 시대의 새로운 관계구조, 협업 방식이자 주류 비즈니스 모델이다.

대협력은 자체 트래픽, 자체 방법론, 자체의 게임 규칙이 있다. 대협력의 논리 및 모델과 스마트화한 운영체제의 결합은 산업, 생태계, 사회 거버넌스를 위한 '소프트 앤 하드' 운영체제가 될 것이며 진정한 상생과 시너지의 효과를 거둘 것이다.

모두가 누리는 인공지능

바이두는 '모두가 누리는 인공지능'이라는 이상을 실현하기 위해 젊은 개발자들, 전 세계 꿈을 가진 모든 개발자와 협력하고자 한다.

AI 시대는 개발자의 시대이며 바이두 생태계 안에는 이미 수많은 개발자가 살고 있다. 끊임없이 개선할 수 있는 기술이 너무 많고, 이 기술들은 많은 영역에서 응용될 수 있다. 음성 인식, 이미지 인식, 자연어 처리, 사용자 분석 등 기초 기술은 다양한 분야에 적용되어 무수한 가능성을 열어줄 것이다. AI 시대는 기술 혁신에 새로운 활력을 가져 왔지만, PC 인터넷 시대에서의 개인 영웅주의는 더 이상 통하지 않는다. 이제는 다양한 대형 플랫폼과 생태계가 등장해 협력과 공생이 필요한 시대이기 때문이다.

이미 많은 개발자가 생태계의 AI 기술을 빌려 자기 분야에서 대단한 성과를 거두었다. 아주 젊은 개발자들도 이 위대한 사업에 함께 참여하고 있다. 1995년 이후에 출생한 리잉밍(黎英明)은 다양한 AI 기술을 이용해서 무인 공문서 발급기를 만들어 인턴 직원에서 일약 제품 디렉터로 변신했다. 중국과학원(中國科學院) 대학원생 런자창(任家强)은 바이두의 AI 기술을 이용해 오염지의 위험요소 관리 모델을 개발했다. 량자(梁佳)의 시각장애인용 내비게이션 시스템, 왕즈융(王志勇)과 뤼펑(羅鵬)의 스마트 선실 온도제어 시스템, 리롄웨이(李連偉), 자오웨(趙岳), 퉁야오(童謠)의 자율주행 휠체어 역시 모두 놀라운 성과다. 이런 사례는 일일이 열거할 수 없을 정도로 많다. 개발자들은 생태계와 공생하고 파트너와 함께 성장하며, 자신의 혁신성, 지혜, 책임감을 바탕으로 모두의 협력에 의존해 더 희망적인 미래를 만들었다.

AI 시대에는 외로운 영웅이 있을 수 없다. AI를 믿고 함께 협력해 새로운 세상을 창조하자.

07

미래 바이두는
사용자가 정의한다

2013년, 우리는 바이두 역사상 최초로 연구원을 설립합니다. 이 연구원은 우선 딥러닝에 집중할 예정이므로 Institute of Deep Learning, 줄여서 IDL로 불리게 될 것입니다. 우리는 올해 제품 및 사업 발전을 위한 견고한 기반을 만들기 위해 이 분야에서 세계 최고의 고수들을 속속 영입할 계획입니다. 나는 바이두 IDL이 AT&T의 벨 연구소(Bell Laboratories), 제록스(Xerox)의 팰로앨토 연구소(PARC : Palo Alto Research Center)와 같은 최고의 연구기관이 되어 중국과 세계의 혁신 역사에 이름을 남기기를 바랍니다!

리옌훙, 바이두 연간회의 주제 보고

(2013년 1월 19일)

미래에 AI는 어디로 가고, 바이두는 무엇이 될 것인가, 누가 인공지능을 정의하고, 누가 바이두를 정의할 것인가, 또 누가 스마트 경제와 스마트 사회를 정의할 것인가, 우리는 언제나 이 문제들을 고민해왔다. 문제의 답은 단 한마디, 바로 '당신'이다!

그렇다면 AI는 신인프라, 산업, 사회 거버넌스를 위해 무엇을 할 수 있을까? 이제 이 질문에 대답할 차례다.

회귀 : AI의 본질은 사람에 대한 이해다

AI의 본질이 사람에 대한 이해이고, 이 점이 해결되지 않으면 '스마트'는 존재할 수 없다. 따라서 인공지능 플랫폼 기업인 우리는 먼저 사람을 더 잘 이해해야 한다.

그렇지 않다면 바이두가 어떻게 존재하겠는가?

바이두가 창립부터 현재까지 해온 검색 사업은 기본적으로 기계가 사람이 원하는 것을 이해하려는 시도다. 처음부터 바이두는 다양한 컴퓨터 방식을 이용해 사람들의 의도를 이해하기 위해 애썼다.

지금은 인공지능만으로는 부족하며 하이브리드 지능이 부상하고 있다.

AI의 발전은 근본적으로 사람의 지능적 효용을 발견, 탐색, 촉진하며 사람의 성장과 창조를 뒷받침한다. 바이두는 사람을 기초로 사람을 이해하고, 사람을 연결하며, 사람을 섬기고, 사람이 성취하게 한다. 우리는 기술의 빛과 인간 본성의 빛이 서로 어우러지기를 간절히 바라고 있다.

마음에 경외심을 품고, 행동에는 멈춤이 있어야 한다

인공지능은 60년의 역사가 있지만, 쓸모없는 것이라 여겨진 바람에 처음 50년은 내내 적막하기 짝이 없었다. 지금 그 유용성이 주목받게 된 까닭은 시장 환경이 바뀌고 여건이 변해 이전에는 불가능하다고 생각했던 것이 가능해졌기 때문이다. 수년 동안 인터넷이 발전함에 따라 데이터는 점점 더 많고 풍부해졌으며, 컴퓨팅 리소스 역시 더 저렴하고 강력해졌다. 결국, AI의 본질, 즉 '인간에 대한 이해'로 귀결되는 것이다.

바이두는 AI가 미래를 대표하게 된다는 인식을 점점 더 확고히 하며 이론, 알고리즘, 칩, 구조, 운영체제, 생태계를 모두 재검토하면서 미래 지향적인 배치와 운영을 진행했다.

AI가 경제, 사회, 생활, 문화에 미치는 영향은 엄청나며 시장 경쟁에서 살아남으려면 스마트화가 필수다. 하지만 워낙 진입장벽이 높은 산업이라 상당수 기업이 자체적으로 AI 기술을 개발할 능력이 없다. 이 모순을 해결하는 방법은 무엇일까? 바이두는 과거부터 축적해온 기술과 능력을 오픈소스화하며 '사용자 문턱 낮추기'를 주장해왔고, 이 개념은 현재 이미 바이두 사람들의 마음에 깊이 새겨져 있다. 기술은 복잡할 수 있지만, 사용자가 쉽게 이용할 수 있도록 문턱을 더 충분히 낮춰야 한다. 이것이야말로 인간에 대한 이해이자 사회에 대한 공헌이다.

마음에 경외심을 품고, 행동에는 멈춤이 있어야 한다. 예로부터 해야 할 일이 있고 하지 말아야 할 일이 있다고 했지만, 오늘날에는 하지 않는 일이 있어야 할 일이 생긴다.

바이두는 단순히 비전과 모순된다는 이유로 많은 단기적 기회를 포기했다. 이는 유혹을 극복한 결과이자 눈앞의 단기적 이익이 희생되는 것을 두려워하지 않은 결과다. 투자 방향 역시 재무적 투자보다는 콘텐츠, 서비스, 생태계와 미래 등의 요소에 전략적으로 투자하는 원칙을 고수한다. 이는 스마트 검색과 AI 기술에 힘입어 수요를 더 잘 파악하고 미래를 내다볼 수 있는 덕분이다.

기술 투자는 함부로 드러내지 않고 충분히 준비해야 성공할 수 있는 분야다. 외로움을 이겨내고 외부의 유혹과 의심에 맞설 수 있어야 한다. 그렇지 않으면 새로운 아이디어를 창출하고, 새로운 지식을 제공하고, 새로운 기술을 선도하고, 새로운 시장을 개척하고, 새로운 기술을 개발할 수 없다.

직원의 성장 : 바이두의 인재관과 실천

기업이 고속 성장을 계속하는 과정 중에 직원의 성장은 매우 중요하고 시급한 문제다.

2011년 여름, 바이두는 '바이두 최고상'을 신설해 탁월한 실적을 거둔 직원들의 열정과 성과를 칭찬함으로써 긍지와 자부심, 보상과 명예를 얻을 수 있도록 했다.

바이두의 인재관은 크게 4가지 측면을 포함한다. 즉 최고의 인재를 초빙하고, 가장 자유로운 공간을 제공하며, 최종 결과로 판단하고, 우수한 사람을 발탁하는 것이다. 바이두의 백락(伯樂)[122]은 바로 인재는 양성하고 선발하는 메커니즘이다. 좋은 메커니즘이 있어야 바이두의 문화와 가치관에 들어맞는 뛰어난 재능을 가진 인물들이 끊임없이 배출될 수 있기 때문이다.

바이두는 수년에 걸쳐 직원의 성장을 돕고 최고의 인재를 발탁하는 방법을 모색해왔다. 최고상을 비롯해 인재양성 프로세스, 5단계 리더십, 유망주 프로그램 등 어떤 것이든 우수한 사람이 제대로 인정받을 수 있는 제도적 장치가 꼭 필요하다.

---

122. 춘추전국시대에 천리마를 알아본 말 감정사로 뛰어난 재능과 천재성을 알아보는 혜안을 가진 사람을 의미한다. - 역주.

바이두 최고상에는 3가지 조건이 있다. 첫째, 프로젝트는 사용자, 고객, 사회적 수준에서 반드시 충분히 중요하고 의미가 있어야 한다. 둘째, 결과가 기대치를 크게 뛰어넘어야 한다. 셋째, 감독급 이하의 직원 10명 미만으로 구성된 작은 팀이 창의적이고 탁월한 성과를 거두어야 한다. 이 3가지 조건은 기술, 인재, 혁신을 강조하는 바이두의 인재관을 가장 잘 반영한다.

어쩌면 세계 최대 인터넷 기업에서 수여하는 가장 큰 상인데 겨우 10명 미만의 소규모 팀에게 준다는 사실이 의심스러운 사람이 있을지도 모르겠다. 그들의 성취가 정말 그렇게 큰 공헌이라 할 수 있을까? 창업 초기, 바이두의 엔지니어 5명이 세계 최대의 중국어 검색 엔진을 만들었던 사실은 작은 팀도 충분히 큰일을 이루어낼 수 있음을 증명한다. 현재 바이두에는 매일 창조적인 작업을 수행하는 수많은 작은 팀이 포진해 있다. 바이두 최고상은 매회 6개 팀에 수여된다.

바이두에는 최고상뿐 아니라 우수한 인재를 선발하는 다양한 메커니즘이 있다. 예컨대 Hackathon(프로그래밍 마라톤)은 갑자기 떠오른 아이디어를 일정 시간 동안 집중적으로 프로그래밍해서 시제품으로 만들어내는 행사다. 유망주 프로젝트는 젊은 직원이 상사 또는 상사의 상사로부터 특별한 주목을 받는 것이다. 이 직원이 남다른 노력과 열정을 보이면서 좋은 성과를 낸다면 30살이 채 되기 전에 바이두 VP(부사장)가 될 수도 있다. 이렇듯 잠재력 있는 직원을 양성하고, 인센티브를 제공하는 메커니즘 속에서 진정한 인재가 관심과 격려에 힘입어 건강하고 활기차게 성장할 수 있는 법이다.

직원은 가장 소중한 자산이고 세상을 바꾸는 힘이다. 멈추지 않고 성장하는 바이두의 경영진이 해야 할 일은 회사를 직원과 생태계 파트너가 꿈을 실현하는 가장 좋은 무대로 만들어서 그들이 자신의 꿈에 좀 더 가까워지게 만드는 것이다.

교육을 통한 빈곤 구제, 네트워크를 통한 교육 지원

창사 이래, 줄곧 사회적 책임을 다해온 바이두는 인공지능과 같은 혁신적인 기술의 힘을 빌려 사용자에게 가치를 제공하고, 사람들이 더 많이 배워서 성장하도록 돕고 있다. 특히 빈곤 구제의 측면에서 바이두는 '네트워크를 통한 교육 지원 프로젝트'를 시작해 안후이, 장시, 첸둥난(黔東南),[123] 윈난(雲南) 등 여러 지역과 협력해 낙후 빈곤 지역에 도서, 교사, 교과 자료, 선진 과학 기술을 전달하고, 빈곤 퇴치를 위한 첨단 과학 기술과 교육의 심층적 통합이라는 새로운 길을 모색했다. 이 프로젝트는 중국 공산당 중앙 조직부, 교육부, 전국공상연맹, 쑹칭링(宋慶齡) 펀드 등 정부 기관과 사회단체가 참여를 제안하는 등 사회 각계의 주목을 받았다.

바이두의 '교육을 통한 빈곤 구제 프로젝트'는 교사 연수, 스마트 교실 건설, 교과과정 설계, 디지털 박물관 등 6개 주요 프로그램으로 구성됐다. 각 프로그램은 'AI 보내기, 독서 보내기, 교과연구 보내기, 비전 보내기'라는 4개 경로를 통해 집행되어 좋은 효과를 거뒀다. 윈난 지역의 경우, 2018년 8월 2일에 '윈난성 바이두 인공지능 교육을 통한 빈곤 구제 기지'가 문을 열어 윈난, 구이저우, 쓰촨 및 기타 지역의 30개 이상의 학교를 지원하고 있다. 2020년에는 100개 학교의 학생 1만 명 이상에 대한 지원이 가능할 것으로 보인다.

바이두는 기술력을 바탕으로 인공지능 기술과 교육 및 학습 시나리오를 융합해 학생 중심의 특성화 수업을 모색한다. 이는 바이두의 교육을 통한 빈곤 구제 프로젝트의 핵심이자 강점이기도 하다. 이 프로젝트는 양질의 교육 자원을 효과적으로 공급해 교사의 수업 준비 부담을 크게 줄이고, 학생들의 학습 효율성을 향상한다. 여기에 바이두는 바이두 지도, 바이두 검색 및 기타 제품 기능과 강력한 AI 기술력까지 동원해 정보나 산업 등의 다양한 차원에서 빈곤 지역을 지원한다. 이를 통해 빈곤한 환경으로 인한 열세를 보완하고 '과학 기술 지원'의 역량을 더 키울 수 있다.

바이두는 과학 기술 지원 프로젝트를 통해 더 많은 인터넷 학습 자원을 제공함으로써 빈곤 지역 학생들의 과학 및 문화 지식에 대한 흥미와 관심을 자극하고자 한다. 또 학생들이 학습과 시야 확장에 대한 열정을 불태워 꿈을 더 환하게 밝히고, 다양한 방면의 능력을 키우는 데 도움이 되기를 바란다. 프로젝트 추진 과정에서 바이두는 인터넷과 검색 엔진 분야의 강점을 활용해 '네트워크를 통한 빈곤 구제'를 브랜드화해서 바이두 플랫폼에 참여한 수억 명의 네티즌이 관련 프로젝트를 이해하고 참여, 전파할 수 있도록 했다. 더불어 '네트워크+빈곤 구제'의 경로를 혁신해 인터넷의 급속한 핵분열식 전파와 사용자의 역량을 집결하는 중추적 역할을 담당하고, 빈곤 지역의 지식 교육과 지속 가능한 발전에 대한 사회적 관심을 형성하는 분

---

123. 구이저우(貴州) 먀오족(苗族)과 둥족(侗族) 자치주. - 역주.

위기를 선도한다. 바이두는 빈곤 구제와 교육 지원을 하나로 통합해 지역 격차를 해소하고, 공공 문화 콘텐츠의 내실을 다지며, 교육 자원의 접근과 공유를 촉진하는 새로운 기회를 제공하고자 한다. 프로젝트는 일회성 지원뿐 아니라 빈곤 지역의 지속적인 발전에 에너지를 더하고, 해당 지역 주민들이 가난에서 벗어나 더 많은 발전의 기회를 얻을 수 있도록 도울 것이다.

AI 인재양성이 중국의 미래다

바이두는 AI 인재양성에 있어 교사 교육, 학생 경연대회, 커리큘럼 공동 제작, 교재 출판을 포함한 다양한 범위의 산학 통합 생태계를 형성했다. 구체적으로 전국 대학 딥러닝 교사 교육 과정, 패들패들 박사회, AI 익스프레스 패스트웨이, 황푸 아카데미, 온라인 딥러닝 캠프, 윈즈(云智)[124] 아카데미 등을 통해 1,000여 명의 전문교육자를 양성하고, 200여 개 대학에 딥러닝 과정을 개설해 5,000여 개 기업에 기술과 응용 교육을 제공하고 있다. 하드웨어 측면에서 바이두는 1,000만 위안이 넘는 수천 개의 GPU 카드가 포함된 AI Studio 교육용 버전을 교직원 훈련을 위한 '교구'로 대학에 무료 배포했다.

더불어 인공지능의 새로운 힘인 학생들이 '경쟁을 통해 훈련'할 수 있도록 연중 국내외에서 정상급 인공지능 관련 대회를 여러 차례 개최한다. 벌써 15년 동안 중국 엔지니어 군단에 인재를 공급한 프로그래밍 대회 '바이두의 별(Astar, 百度之星)', 바이두와 시안교통대학의 빅데이터 경진대회 겸 IKCEST(International Knowledge Centre for Engineering Sciences and Technology under the Auspices of UN) '일대일로' 국제 빅데이터 대회, 중국 대학교 컴퓨팅 대회-인공지능 아이디어 콘테스트 등이 인공지능, 빅데이터 인재를 발굴 및 육성했다. 이상의 3개 주요 대회에 참가한 학생만 해도 수백만 명에 달하며, 거의 1만 개에 달하는 대학팀이 조직되어 대회에 참가했다. 선수들은 5대륙을 아우르는 수십 개국에서 왔다.

실효성을 따졌을 때, 바이두는 이미 기업-학교 간 협력, AI 교육 시스템 공동 건설에 한발 앞서 있고 장기적으로 중국 전역의 AI 인력풀 구축에 도움이 될 것으로

---

124. 영문명은 Baidu ABC Institute다. ABC는 각각 AI, 빅데이터, 클라우드 컴퓨팅을 의미한다. – 역주.

보인다.

바이두의 인식과 가치관

바이두의 20년은 끊임없는 발전과 지속적인 향상의 반복의 20년이자 자기 혁명을 거듭한 '더 나은 과학 기술'을 위한 20년이었다. 바이두는 세계 최대의 중국어 검색 엔진이며 정보와 지식을 핵심으로 하는 중국 최대의 인터넷 종합 서비스 기업, 세계 최고의 AI 플랫폼 기업이다.

새로운 역사의 분기점에 선 지금 우리는 바이두의 내부 및 외부 인지 체계를 재정의할 필요가 있다. 사실 바이두라는 브랜드 의미는 사용자와 생태계 파트너에 의해 새겨지고 있다. 그렇다면 스마트 경제의 맥락에서 바이두를 어떻게 재구성하고 제시해야 할까?

'02. 스마트 경제란 무엇인가'에서 스마트 경제와 스마트 사회를 위한 형상화의 11개 본질 속성을 기억하는가? 대주기, 대토대, 대미들엔드, 대연결, 대상호작용, 대생태, 대생산, 대인터페이스, 대배포, 대협력, 대성장이었다.

바이두의 유전자, 사유, 철학, 기술, 방법론, 가치 제안 그리고 생태계를 살펴보면 바이두의 본질이 이상의 11개 본질적 속성과 고도로 일치한다는 사실을 알아차리기란 어렵지 않다(그림 7-1). 이에 따라 바이두라는 브랜드의 의미, 바이두의 인지 체계와 가치관을 재정의할 필요가 있다.

11개 본질적 속성은 스마트 경제와 스마트 사회의 비전을 제시하며 이 11개 표지와 바이두를 비교 연구할 필요가 있다.

스마트 경제, 스마트 사회의 속성 및 특성은 바이두 유전자 및 능력과 완전히 일치하며, 바이두의 기술, 통찰, 철학, 방법론, 생태계의 가치를 강조한다.

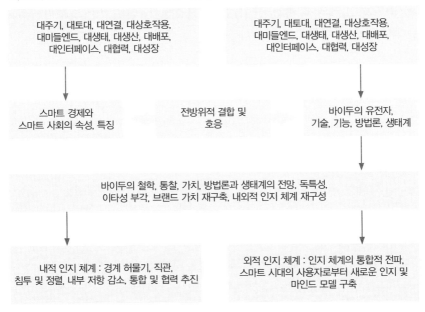

그림 7-1. 바이두 유전자와 스마트 경제, 스마트 사회의 본질적 속성

대주기 : 바이두는 AI를 핵심으로 하는 '4차 산업혁명'의 선봉에서 '선두 기러기'로서 스마트 경제 진입에 주도적인 역할을 한다

스마트 혁명을 위한 바이두의 선택과 배치는 망설임이 없다. 인공지능에 대한 바이두의 투자, 끈기, 육성, 축적은 중국에서 유일무이하다. 모바일 생태계에서 입지를 다진 바이두는 다시 인공지능 개발을 기반으로 하는 '제2의 곡선'을 그리며 기술과 산업 그리고 생태계의 '선두 기러기'가 되고 있다. 그 결과 더 많은 산업과 파트너의 디지털화 및 스마트화 변신을 선도하며 중국이 새로운 기술혁명과 산업혁명의 고지에 서는 데 강력한 지원 및 호위 역할을 맡는다.

대토대 : 바이두는 차세대 인공지능 기술과 그 응용에 깊이 관여하고 있다. 스마트 경제와 스마트 사회, 특히 신인프라, 산업 스마트화라는 대토대의 중요한 부분으로 자리매김했다

창립부터 세계 최대의 중국어 검색 엔진이 되기까지 바이두는 사회 인프라의 일부였다. 그 이후의 바이두는 토대적 사고를 유지하면서 컴퓨팅 파워, 알고리즘, 빅데이터, 딥러닝, 음성 기술 등 모든 분야에서 인프라적 속성이 강했으며, 스마트 시대에 들어서는 토대적 속성을 갖추게 됐다.

바이두는 이미 스마트 경제, 스마트 사회 대토대의 일부가 됐으며 더욱이 신인프라 및 산업 스마트화 대토대의 필수 요소다. 앞으로 바이두는 신인프라를 제공하고, 신인프라 스마트화와 스마트화 인프라 시설에 기여하며, 스마트 산업화와 산업 스마트화를 활성화할 것이다. 차세대 인공지능을 통해 새로운 사업을 활성화해 경제 발전의 새로운 동력, 새로운 엔진으로 역할을 다할 전망이다.

바이두 토대적 속성의 핵심은 바이두 브레인+패들패들 딥러닝 플랫폼+스마트 클라우드로 각 사업 영역, 다양한 분야의 AI를 핵심으로 하는 기초 연구, 기술 클러스터, 응용 클러스터, AI 풀 스택 능력, 데이터 센터, AI 칩 등을 아우른다. 여러 실험실과 연구기관의 협력, 데이터, 알고리즘 및 컴퓨팅 파워의 유기적 통합은 바이두 브레인에 기반해 인프라 스마트화를 추진하고, 바이두 스마트 클라우드에 의존해 각 산업 분야의 스마트화를 가능하게 한다.

대미들엔드 : 바이두의 사회 미들엔드화는 사회 중복 투자를 줄이고, 각 산업군이 스마트화 전환에 효율성 개선과 향상이라는 돛을 달도록 돕는다

미들엔드는 시스템에서 공유되는 미들웨어의 집합을 가리킨다. 바이두의 사회 미들엔드화는 바이두가 산업 스마트화의 최전선에 서서 자신의 기술과 기능, 애플리케이션을 도구화, 공유화, 간편화, 유용화 함을 의미한다.

바이두는 AI 미들엔드, 지식 미들엔드, 스마트 드라이빙, 음성 호출 등의 버티컬 운영체제, 스마트 검색+피드 스트림, 스마트 지도, 원격 사무실을 공유했다.

바이두는 토대적 사고를 바탕으로 끊임없이 개방을 고수함으로써 스마트 사회의 대미들엔드, 신인프라의 혁신 기지가 됐으며 산업 스마트화, 스마트 도시, 사회 거버넌스를 위해 종합적인 버티컬 솔루션을 내놓는 플랫폼형 기업으로 변모했다(그림 7-2).

언어	**음성 합성** 온라인 합성 오프라인 합성 **음성 인지** 호출센터의 음성파일 전사(傳寫) 호출센터의 실시간 음성 인지 원거리 음성 인지 기다란 음성 인지 근거리 음성 인지 – 일반 버전 근거리 음성 인지 – 스피드 버전	**음성 호출** 사용자 정의 호출 사전 정의 호출
시각	**문자 인식** 여권/ 신분증/ 여행 일정표 영업 허가증/ 은행카드/ 보증서 명함/ 정액 영수증/ 기차표 주민증/ 부가가치세 영수증/ 도표 출생 증명/ 기계 인쇄/ 친필 홍콩마카오 통행증/ 택시 영수증/ 숫자 대만 통행증/ 복권/ QR코드 운전면허증/ 일반 영수증 여행허가증/ 인터넷 이미지 문자 인식 차량 번호판/ 일반 문자 인식 VIN 코드/ 위치정보 문자 인식 자동차 영수증/ 일반 고정밀 문자 인식 자동차 합격증/ 일반 고정밀 위치정보 **차량 분석** 외관 손상 인식 차량 속성 인식 교통 흐름 통계 차량 감지 **인체 인식** 주행 분석 배경 분리 유동 인구 통계 인체 감지와 속성 인체 특징점	**페이스 인식** 페이스 합성 페이스 대조 페이스 검색 생체 감지 감정 인지 페이스 특징점 페이스 감지 페이스 속성 **이미지 인식** 화폐 인식 와인 상표 인식 랜드마크 인식 꽃 인식 음식 인식 식물 인식 동물 인식 과채 식자재 인식 브랜드 로고 인식 개체명 인식 일반 사물 및 장면 인식 **이미지 심사** 이미지 품질 감지 혐오성/광고/워터마크 성적 이미지/공포/정치적 이미지

시각	**이미지 처리** 흑백 이미지 컬러화 이미지 복구 이미지 대비도 확대 노이즈 제거 고해상도 확대	**이미지 검색** 동일 이미지 검색 유사 이미지 검색 상품 이미지 검색
자연어 처리 및 지식 그래프	**언어 처리 응용 기술** 원본 심사 글 분류 글 인덱싱 뉴스 요약 원본 수정 주제 추출 감정 경향 분석 대화 감정 인식	**언어 처리 기초 기술** 품사 분석 통사론 분석 워드 임베딩 DNN 언어 모델 의미 유사도 단문 유사도

기계 번역
음성 번역
사진 번역
일반 번역
버티컬 영역 번역
언어 인식

지식 이해
중국어 검색
작문 검색
지식 답변
엔티티 태깅

이미지 데이터베이스
BGraph

그림 7–2. 끊임없이 확대되는 바이두 브레인의 개방

대연결 : 사람에서 사물로, 스마트 검색에서 만물 인터넷으로, 자연어에서 음성으로, 콘텐츠와 지식 기여자에서 수용자로, 쇼트 클립에서 라이브 스트리밍으로, 스마트 정보제어에서 지능형 차량 인프라 협력 시스템으로 발전하기까지 바이두는 스마트 네트워크와 연결 방식을 재구성했다

연결은 관계를 바꾸고, 관계는 패턴을 결정한다. 바이두는 토대적 능력, 미들엔드 출력, 생태계 구축을 기반으로 스마트 상호 연결, 유비쿼터스 인식 및 연결의 중추로 자리 잡았다.

새로워진 바이두의 연결은 신인프라의 각 단계 및 섹션과 상부 구조와의 연결, 지식, 정보, 서비스와 사람의 연결, 클라우드, 단말, 에지와의 연결, 사람과 사람, 사람과 서비스, 사람과 사물, 사물과 사물의 연결, CCPSS(스마트 클라우드-가상 공간-물리적 시스템-사회 통합 시스템), 지식 창출 IP와 수용자의 연결, 종과 종, 종과 생태계, 생태계와 생태계의 연결, 만물 인터넷, 스마트 카와 스마트 도로의 연결, 도시와 농촌의 연결(도시-농촌 통합, 농촌 활성화, 새로운 도시화), 도시와 사람의 연결(스마트 도시와 사회 거버넌스), 도시의 지역 협력 연결 등을 포함한다.

대상호작용 : 유비쿼터스 인식 및 연결은 더 원활한 상호작용을 유도하고 정보 통신의 효율성을 개선한다. 동시에 유효수요와 가치 있는 데이터를 축적함으로써 스마트 경제를 위한 '땔감'을 모을 수 있다

바이두는 다음 방면에서 명확한 우위가 있다. 첫째, 검색 중심의 정보 상호작용, 음성 및 이미지 인식 상호작용, 자연어 처리, 원격 음성 상호작용 칩인 바이두 훙후, 양방향 연속 대화, 멀티모달 상호작용, 동영상 상호작용이다. 둘째, 만물 인터넷, 지능형 차량 인프라 협력 시스템, 스마트 정보제어, 인간과 기계의 상호작용이다. 셋째, 지식 상호작용, 기술 상호작용, 관심사 상호작용, 사용자 상호작용, 소프트 · 하드웨어 스마트 상호작용이다.

대생태 : 모든 종류의 오픈소스, 공동 건설과 공유, 상호 이익과 공생, 융합과 협력, 각각의 목적이 있는 플랫폼이 바이두의 생태화를 만들고, 신인프라와 스마트 사회에서 공공의 속성을 지닌 혁신적 인프라의 일부가 됐다

바이두의 생태화는 이미 꽃을 피우고 열매를 맺었다. 갈수록 더 많은 종이 바이두의 생태계에 서식하면서 이타성이 강조되고 생태의 형태도 점점 다원화되고 있다. 현재 출현한 생태계는 다음과 같다. 정산학연(政産學研) 및 기업의 협력 혁신 생태계, AI 오픈 플랫폼, 아폴로 오픈 플랫폼, DuerOS 오픈 플랫폼, 모바일 생태계와 3대 기둥,[125] 정보, 지식, 콘텐츠, 오디오 및 비디오 생태계, 개발자 생태계, 지식 서비스

---

125. 바이자하오, 스마트 미니앱, 퉈관예를 가리킨다. – 역주.

및 성장 생태계, 버티컬 서비스 생태계, 지역 협력 발전 생태계, 커뮤니티 및 연맹, 인큐베이팅 및 투자 등이다.

대생산 : 바이두 브레인은 중국 유일의 소프트·하드웨어 통합 AI 대생산 플랫폼을 구축하기 위해 대토대, 대미들엔드, 대생태와 함께 새로운 요소를 강화하고 생산성을 향상하며 생산 체계를 변화시킨다

여기에서 말하는 대생산은 산업적인 의미에서의 대량 생산이 아니며 각각의 수준과 콘텐츠에 따라 배치가 다르다. 크게 다음의 3가지를 포함한다.

• to G : 산업(산업 공간, 선도 산업), 업종, 지역, 기업, 혁신, 창업, 동력 발견과 전환, 새로운 서비스, 새로운 거버넌스, 새로운 공익 등

• to B : 제4차 산업혁명, 산업 스마트화, 스마트 산업화, 산업사슬 재구축, 가치망, 스마트 제조, 스마트 물류, 스마트 금융, 스마트 교육, 스마트 의료, 원격 근무, 차세대 인공지능 지도 등

• to C : 정보, 지식, 콘텐츠, 동영상, 라이브, UGC+PGC, 서비스와 LBS(위치 기반 서비스), 지도, 인본주의적 관심, 평생학습, 전 생애주기 성장 및 건강 등

대배포 : '검색+피드 스트림'의 더블 엔진 구동, 믿을 만한 정보와 지식부터 양질의 서비스 배포까지, 공급과 수요 및 협업의 배포, 배포 효과가 가치를 정의한다

바이두는 세계 최대의 중국어 검색 엔진, 그리고 중국 최대의 정보와 지식을 핵심으로 하는 인터넷 종합 서비스 기업으로서 20년 동안 전체 네트워크에서 정보와 지식, 1,000억 개에 달하는 중국 웹페이지를 색인화(indexing)[126]했다. 또 중국 최대의 지식 콘텐츠이자 '바이자하오+스마트 미니앱+퉈관예'로 구성된 모바일 생태계를 주도한다. 정보+지식+콘텐츠+서비스의 배포 능력은 첫손가락에 꼽힌다.

---

126. 특정한 내용이 포함된 정보를 더 쉽게 찾아볼 수 있도록 정렬하는 작업. - 역주.

바이두는 세계 최고의 인공지능 플랫폼형 기업으로 혁신과 함께 프로젝트 배포, 기술 배포, 생태계 배포도 한발 앞서 있다.

대인터페이스 : 바이두는 정확한 연결과 매칭이 가능한 슈퍼 인터페이스를 구현하는 능력이 있으며 사회의 전반적인 배치 및 운영 효율을 향상할 것이다

기술의 진화에 따라 바이두의 인터페이스 속성과 기능이 더욱 뚜렷해졌다. 인터페이스는 효능, 가치와 직접적인 관련이 있으며, 인터페이스의 기능은 기술력이 처한 위치 및 역할 포지셔닝과 직결된다. 인터페이스는 중개가 아니며 정확한 연결과 매칭을 의미한다. 스마트 시대의 슈퍼 인터페이스는 더 강력한 가소성, 더 높은 통제력과 영향력이 있다.

바이두의 인터페이스 속성은 다음과 같다. 인프라의 스마트화 인터페이스, 스마트 시티 인터페이스, 정보 포털, 서비스 인터페이스, 콘텐츠 인터페이스, 협업 인터페이스, 브랜드 이미지 커뮤니케이션, 제품 서비스 공유, 지식 기반 전달 인터페이스, 지식 사회화, 기술 사회화, 공급 및 수요 인터페이스, P-J(Person-Job) 매칭 인터페이스(사람과 사람, 사람과 조직, 사람과 플랫폼), IP와 수용자 인터페이스 등.

대협력 : 바이두는 대미들엔드, 대연결, 대상호작용, 대생태, 대생산이라는 포괄적 우위를 운용해 다차원 통합을 주도하고 사회, 산업, 개인, 생태계에 대한 협력의 배당금을 창출해낼 것이다

인공지능과 인간의 지능을 융합하는 토대 위에 세워진 바이두의 가치에서 중요한 부분은 커다란 배당금을 발굴하고, 대협력의 배당금을 창출, 확대, 분배하는 가치창조의 잠재력을 자극해서 기업과 사회의 스마트 자본을 육성하는 것이다. 예컨대 혁신적 협력, 생태계 협력, 산업 협력(공업 상호 연결, 산업 상호 연결, 스마트 상호 연결), 개발 협력(지역 간, 산업 간, 도시 내, 사회적), 성장 협력 등이 있다.

대성장 : 바이두가 가장 추구하고 가장 중요하게 여기는 사람 중심의 가치와 브랜드 속성이다. 인간의 창의력과 평생에 걸친 성장 능력을 자극해 크리에이터, 개발자, 다양한 파트너 및 수많은 사용자의 성장을 돕는다

앞서 설명한 10개 속성은 모두 사람의 성장을 위한 것이다. 사람의 성장을 돕는 일은 바이두의 비전이자 최고 목표다. 바이두는 지식 그래프, 지식 관리, 딥러닝 같은 포괄적인 기술력, 개인화한 플랫폼의 이점을 활용하고, AI+인간, AI+IP, AI+생태계, AI+교육 및 훈련 등 다양한 형식을 통해 사람이 평생에 걸쳐 성장, 발전할 수 있도록 돕는다. 어느 정도는 바이두가 개인 IP 사업자, 기업 IP 사업자이자 인적자본 은행이라고 할 수 있다.

개인 성장의 관점에서 바이두는 고효율 평생학습에 힘쓰고 고용을 촉진한다. 생태계에 기반한 성장을 자극하고 대인터페이스를 통한 정확한 매칭으로 개발자의 성장을 돕는다. 지식 및 콘텐츠 기여자 등 IP의 성장, 보통 사람의 성장, 특별한 집단의 성장에 집중한다. 파트너 성장의 관점에서 바이두는 기업의 성장, 지역 성장, 사회 조직 성장, 사회 진보와 경제 성장에 주력하고 있다.

정리하자면 11개 속성은 스마트 경제의 맥락에서 바이두를 새로운 구조로 바라보고, 바이두와 스마트 경제, 스마트 사회의 최대 공약수를 찾는 것이다. 즉 내외부 인지 체계의 새로운 '기준'이자 바이두 사용자 정의의 기본인 것이다. 동시에 바이두를 정의하는 기반, 전체 가치의 목록이며 정부와 산업을 위한 언어 체계이기도 하다.

Do Better, 더 나은 AI 시대를 위해

2016년 6월, 바이두의 브랜드이미지 홍보영상 'Do Better'가 큰 호평을 받았다. '더 좋은 기술'은 쉽게 기억할 수 있는 단순한 홍보 슬로건이 아니라 바이두의 약속이다. 당신이 누구인지, 어디에 속하는지, 어떤 꿈을 가지고 있든지, 바이두의 가장 쉽고 믿을 수 있는 서비스를 즐길 수 있다(그림 7-3).

CSR 전략	혁신적 기술	공동 이익 파트너	사회 문제 해결	사용자의 더 나은 삶
	↓ 기술에 충실하고 기술적 책임을 강조한다.	↓ 이익 공동체를 결성하고 책임 생태계를 확장한다.	↓ 새로운 사회적 요구를 발견하고 새로운 시장을 탐색한다.	↓ 사용자 경험을 향상하고 사회적 신뢰를 강화한다.
행동 방향	Environmental 환경	Social 사회	Governance 거버넌스	
6개 책임 주체	CEO · 파트너 및 고객	사용자	정부	직원 · 주주

그림 7–3. 바이두는 '더 좋은 기술'이라는 사회적 책임을 지지한다.

위안포위(袁佛玉), **바이두 그룹 부사장, 그룹 홍보 및 마케팅 총책임자**(인터뷰

일자 : 2020년 5월 17일)

장샤오펑 : 과학 기술의 발전은 사회에 도움이 되기도 하지만, 부정적인 힘도 가지고 있는 양날의 검이죠. 구글은 '악마는 되지 말자(Do not be evil)'를, 텐센트는 '선(善)'을 위한 기술'을 기업의 행동 강령으로 내세웠습니다. 바이두가 제시한 'Do Better'는 정확히 어떤 의미인지, 어떤 의도가 있었는지 말씀 부탁드립니다.

위안포위 : 바이두는 기술 기반 기업입니다. 우리는 어떻게 하면 과학 기술의 힘을 잘 활용해 보통 사람들을 돕고, 사회 문제를 해결하며, 사람들에게 실질적 도움을 제공할 수 있는지를 고민해왔습니다. '더 좋은 기술'을 의미하는 슬로건 'Do Better'는 바로 여기에서 출발했습니다. 그 핵심은 사람의 성장, 사회의 발전을 도우려는 바이두의 비전과 일치합니다.

설립 20년이 된 바이두는 장기적이고 지속적으로 기술 투자를 해온 덕분에 AI 분야에서 세계 선두의 자리를 지키고 있습니다. 이러한 선도적 기술들이 스마트 경제와 스마트 사회에서 더 큰 역할을 할 것이며, 그 혜택이 우리 모두에게 돌아갈 것입니다.

장샤오펑 : 저는 최근 바이두 최고 경영진 여러 명과 이야기를 나누면서 바이두에 대한 기존의 생각들이 크게 바뀌었습니다. 사회적 이미지와 실제 바이두 사이에는 분명

히 편차가 존재하는데 그 근본적 원인이 무엇이라고 생각하십니까?

위안포위 : 전체적으로 바이두와 대중의 소통이 매우 부족합니다. 부적절하고 불충분한 소통은 인지 편차를 초래하죠. 물론 이면에는 심층적인 이유와 표면적인 이유가 모두 존재합니다.

우선 심층적인 이유를 이야기하죠. 기업 유전자 측면에서 기술과 엔지니어 문화를 숭상하는 기업인 바이두는 제품과 기술을 통해 문제를 해결함으로써 우리를 이해시키고자 합니다. 하지만 규모가 큰 기술형 기업이 대중과 만날 때, 기술 이야기만 하는 것은 효과적인 소통 방식이라고 할 수 없죠.

표면적인 이유는 우리가 '나는 누구이고, 어디에서 왔으며, 어디로 가고 싶은지'라는 기본적인 질문에 대한 소통과 공개적인 표현이 부족하기 때문입니다. 우리가 어떤 기업이 되고 싶은지, 왜 이쪽으로 투자하고 저쪽으로는 투자하지 않는지를 적극적으로 소통하지 않으면 이런저런 추측이나 괴리가 많아질 수밖에 없습니다.

기업의 경우, 프로젝트마다 자원의 투입과 관련되어 있으므로 명확한 사고와 전략적 목표 설정이 꼭 필요합니다. 이 사고와 목표는 체계적으로 표현 및 해석되며 가치관을 담고 있어야 하죠. 회사 내부에서 이를 직원들과 충분히 소통하고 목표를 명확히 해서 힘을 모아야 제대로 일이 됩니다. 또 사회를 향해 목소리를 내어야 생태계 구축에 유리하고 뜻을 같이하는 파트너와 조화롭게 일해서 대중의 인정과 여론의 지지를 얻을 수 있습니다.

대중은 대기업에 대한 기대가 있습니다. 그들은 바이두가 무엇을 하고 싶은지, 무엇이 되고 싶은지, 그 경로는 무엇인지, 또 내년 목표, 3~5년의 목표가 무엇인지 알고 싶어 합니다. 바이두는 스스로 무엇을 하면 되는지 알아야 할 뿐 아니라, 대중의 기대도 공개적으로 청취하고 수용하며 적시에 응답해야 합니다.

최근 3년 동안 바이두는 전략 및 기업 문화 업그레이드를 단행해 새로운 전략적 목표, 기업 비전 및 사명을 발표함으로써 사회 그리고 대중과의 소통을 위한 보다 완벽한 최상위 설계를 완성했습니다.

스타 플랜 : AI+신공익

장샤오펑 : 바이두의 AI 기술은 경제, 사회, 생활의 전반에 침투할 것이고, 더 다양한 시나리오를 만들어내겠죠. 바이두는 과학 기술의 힘으로 인간 본성의 빛을 환하게 밝히는 길을 모색하고 있나요? 예를 들어 바이두는 이미 여러 제품과 생태계로 사람들의 성장을 돕고 있는데요. 이후에도 이와 유사한 체계적인 생각과 계획이 있는지 궁금합니다.

위안포위 : 그러한 생각과 실천의 사례가 아주 많습니다. 대표적으로 더 많은 아이들이 지식 습득의 편리성을 누릴 수 있도록 '바이두 무장애 독서 프로그램'을 출시했죠. 그림책을 수화로 번역해서 청각 장애아들이 어떠한 장벽도 없이 독서할 수 있게 돕는 세계 최초의 청각 장애아를 위한 AI 수화 번역 미니앱입니다.

우리는 아이의 성장도 돕지만, 아이와 함께 외출한 엄마를 돕기도 하죠. 예컨대 사용자는 바이두 지도를 통해 주변뿐 아니라 출발지부터 목적지까지의 전체 경로에서 유아 휴게실을 찾을 수 있습니다. 내비게이션을 이용해 직접 안내받을 수도 있어요. 중국 최초로 정부 기관과 협력해 여러 도시의 유아 휴게실 위치정보를 조회할 수 있는 제품입니다. 앞으로는 AI를 태풍 경로 조회, 멸종 위기의 토착어(土着語) 보호, AI 시각 장애인 마사지 업소 개조 등에도 적용할 것입니다.

2020년 5월 13일, 바이두는 중점 공익사업인 '스타 플랜(Stars Plan, 星辰計劃)'을 공식 발표했습니다. 스타 플랜은 기술, 트래픽, 생태계, 자극 등을 제공하는 공익 플랫폼입니다. 우선 기술적으로 스타 플랜은 AI 등의 핵심 기술을 사회적 책임 영역에 활용하고 효과적으로 구현하고자 합니다. 또 공익사업에 트래픽 자원을 제공함으로써 더 많은 사람이 볼 수 있도록 합니다.

바이두는 생태적 역량과 자원을 공유하는 데 개발자 200만 명, 콘텐츠 크리에이터 300만 명, 그리고 수많은 파트너를 보유하고 있습니다. 우리는 정기적인 아이디어 이벤트 등을 통해 생태계 파트너들이 공익사업에 혁신적인 과학 기술을 더 잘 사용하도록 독려할 것입니다.

마지막으로 공익사업이 제대로 수행될 수 있도록 재정적 지원을 아끼지 않겠습니다.

우리는 과학 기술이 공익과 사회적 책임에 더 나은 서비스를 제공하고, 더 많은 문제를 해결할 수 있기를 바랍니다.

강조하고 싶은 내용은 스타 플랜이 기업과 개인을 연결해 공익사업 동참을 유도한다는 점이죠. 이를 통해 사업을 발전시키고 공익정신을 계승할 계획입니다.

바이두의 사명은 '과학 기술로 복잡한 세상을 더 단순하게 만드는 것'입니다. 우리는 공익의 측면에서도 이 사명을 달성하고자 합니다. 바이두 스타 플랜을 통해 크리에이터와 개발자, 기업과 NGO를 모두 참여시킬 수 있습니다.

과학 기술과 감염병의 전쟁 : 효율적 배치와 빠른 착륙

장샤오핑 : 저는 신종 코로나 바이러스 대응 기간에 바이두가 모든 면에서 자신의 이미지를 충분히 드러냈다고 봅니다. 특히 빅데이터와 AI 기술이 얼마나 큰 역할을 하는지 목격하고 실감할 수 있었죠.

위안포위 : 감염병 유행에 직면해서 우리는 모두 행동하고 있습니다. 파트너들과 연합해서 AI 항 감염제품을 만들고 빠른 속도로 배치하고 응용했죠. 덕분에 방역 통제와 산업 복구를 도울 수 있었습니다.

감염병 Q&A 로봇은 겨우 14일 만에 완성해서 출시하고 개방했습니다. 이 제품은 중국 질병통제센터의 미니앱에서 사용되어 감염 상황과 산업 복구에 관한 질문들에 응답하고 있습니다.

산둥 지역의 중퉈(中拓) 정보과학 기술은 바이두가 제공한 OCR(광학식 문자판독장치) 기술을 기반으로 해서 단 6일 만에 지역사회 감염병 예방 및 제어 시스템을 출시했고, 현지 질병 통제 센터에 배치했습니다. 이 시스템을 통해 주민들을 한 명씩 조사해서 신속하게 건강 상태와 이동 상황을 파악할 수 있었죠.

감염병 대응 기간에는 사람들이 밀집하는 공공장소에 대한 보다 효과적인 검사와 모니터링이 꼭 필요합니다. 바이두의 패들패들은 업계 최초로 마스크 페이스 인식과 모니터링 모델을 개방해서 마스크를 착용한 상태에서도 페이스 감지로 신원 확인이 가능하도록 했습니다. 또 베이징 지하철은 불과 3일 만에 마스크 착용 여부 및 올바른 착용 여부를 모니터링하는 실시간 비디오 스트리밍을 실현했고, 이 모델은 곧 많은 기업과 대중교통에 적용되어 사회 전체의 원활한 복구를 위한 안전을 보장했죠.

패들패들을 기반으로 한 폐렴 검사와 질병 예측 시스템은 연구 개발 기간을 30%나 단축했습니다. 스마트 음성 케어 데이터 수집 시스템은 10일 만에 첫 번째 버전을 출시했고, 임상 피드백, 새로운 버전 출시, 최적화를 거쳐 일선 의료인의 업무량을 크게 줄였습니다. 바이두 번역은 7일 만에 효율적이고 사용하기 쉬운 기초판 사용자 정의 번역툴을 만들어 사람들이 감염병 대응 기간에 여러 언어로 정보를 전달할 수 있도록 지원했습니다.

갑작스럽게 발생한 특수한 상황에서 AI 기술이 사회에 가져다주는 도움과 가치, 대응 속도 및 사용 효과가 상당히 가시적이라고 할 수 있죠.

한 외부 전문 리서치 기관이 바이두 감염병 대응 프로젝트와 공동으로 전국 사용자 조사를 진행했는데요. 감염병 대응 기간 전체를 되돌아봤을 때, 사용자들이 가장 잘 했다고 생각하는 기업은 알리바바, 바이두, 텐센트, 화웨이순이었습니다. 이 순위는 사용자들이 바이두 앱, 바이두 지도, 샤오두 및 기타 제품들처럼 혁신적인 AI 기술과 솔루션이 감염병 대응에 제공한 서비스를 잘 알고 있음을 의미합니다.

AI가 쓰레기 분리배출을 '계도'하다

장샤오펑 : 사회적 책임과 대중에 대한 봉사 측면에서 바이두는 또 어떤 기술 응용과 실천을 하고 있습니까?

위안포위 : 우리가 내놓은 바이두 AI 사람 찾기나 샤오제덩(小桔燈) 지식 프로그램[127] 같은 프로젝트는 모두 바이두와 개발자, 콘텐츠 크리에이터, NGO 등의 다양한 역량 이 협력해 AI로 문제를 해결하고 우리 주변의 세상을 더 좋게 만든 실제 사례들입니다. 바이두는 2017년에 스마트 혁명을, 2019년에 스마트 경제를 각각 제안했습니다. 지

---

127. 바이두가 고립, 빈곤, 장애 또는 질병 등 특수 환경 아동의 교육 및 정보의 불평등을 해소하기 위해 하는 공익 활동. - 역주.

금은 인공지능을 사회 경제, 사회 거버넌스에 도입, 활용하는 것이 일반적인 시대가 됐습니다. 패들패들 같은 오픈소스 딥러닝 플랫폼을 기반으로 하는 AI는 보편적 범용 기술이 됐고, 알고리즘에 능숙하지 않은 개발자도 오픈소스 모델에 따라 프로젝트를 구축할 수 있죠.

과학 기술은 사람에게 작용하고 사회에 봉사하며 더 많은 긍정적 가치와 공헌을 낳아야만 진정한 의미가 있습니다. 우리도 이를 위해서 계속 열심히 노력하고 있습니다.

쓰레기 분리배출은 매우 중요한 사회적 이슈입니다. 바이두 앱은 이 문제를 해결하기 위해 스마트 미니앱 '바이두 AI 쓰레기 분리배출'을 출시했습니다. 이 미니앱은 바이두 AI의 시각 및 음성 기술을 기반으로 음성 검색이나 이미지 검색을 통해 사용자가 쉽고 빠르게 쓰레기 분리배출을 할 수 있도록 돕습니다.

최근 바이두는 국제동물복지기금(IFAW)과 협력해 AI 기술을 활용해 야생 동물 제품의 불법 거래를 단속하는 플랫폼을 세계 최초로 출시했습니다. 이 기술들은 바이두의 패들패들 오픈소스를 통해 개방됩니다. 바이두는 앞으로 더 많은 공익조직과 연합해 함께 불법 야생 동물 거래를 단속하고, 야생 동물 보호에서 기술의 역할을 극대화하기를 희망합니다.

우리는 또한, '더 좋은 기술'이라는 비전을 모든 바이두 사람들의 일에 대한 철학에 깊이 뿌리내리게 하고, 각종 경로로 사회와 대중이 이를 체감하고 이해할 수 있도록 시스템을 구축하고 있습니다.

2019년, 우리 그룹의 마케팅 홍보 사업팀은 바이두의 음성 대화 기술을 활용해 시각장애인을 위한 AI 지원 프로그램을 만들었습니다. 음성 대화는 시각장애인들에게 매우 우호적인 상호활동 방식입니다. 이전에는 시각장애인이 손으로 점자를 읽어야 해서 효율이 매우 낮았지만, 지금은 샤오두를 향해 음성으로 말하기만 하면 뉴스를 듣고, 책을 듣고, 음성통화나 영상통화로 상대방에게 자신을 보여줄 수 있습니다.

2019년에 바이두 지도는 구급차 양보 방송 프로젝트를 시작했습니다. 통계에 따르면 많은 사람이 위급한 상황에서 교통 체증 때문에 제때 구조되지 못한다고 합니다. 구급차에 길을 양보하지 않는 운전자도 있고, 아예 구급차를 못 본 운전자도 있다고 합니다. 바이두 지도는 질병통제센터와 데이터 정보를 통신해 구급차가 일정 거리 근처에 있으면 자동으로 "뒤에 구급차가 있으니 양보하십시오"라고 알려줍니다.

이런 모든 일은 강력한 AI 플랫폼이 존재하기 때문일 뿐 아니라, 바이두 파트너들이 선한 마음으로 기꺼이 많은 사람을 돕고자 해서 가능했습니다. 덕분에 우리 제품들은 더 큰 가치를 실현할 수 있었습니다.

브랜드 정리로 가치 주장을 명료하게 만들다

장샤오펑 : 이처럼 진실하고 사용자 친화적인 행보는 기업의 사회적 책임과 브랜드 이미지의 일부를 보여주는 것 같습니다. 그렇다면 브랜드 가치 제안 측면에서 어떻게 하면 우리 제품이 사람들의 마음에 더 깊게 뿌리내리게 할 수 있을까요? 또 어떻게 하면 제품에 대한 사용자 인식을 높이고, 기업 문화에 대한 공감대를 확대할 수 있을까요?

위안포위 : 우리는 2019년에 바이두 브랜드를 체계적으로 정리하고 그룹 차원에서 산업 스마트화, 스마트 경제의 개념, 스마트 경제와 각 사업 부문 사이의 상관관계를 확정했습니다.

전체 바이두 기술 브랜드를 담은 총체(總體)로서 바이두 브레인이 업계에 미치는 영향력은 여전히 막강합니다. 바이두의 기술 축적, 특히 AI 분야에서의 기술 축적이 워낙 막강해서 앞으로도 꾸준히 대중적이고 획기적인 기술을 전파함으로써 사회가 바이두 브레인의 경쟁력을 제대로 알아보게 할 것입니다.

2019년 딥러닝 프레임워크에서 독자적으로 선보인 패들패들은 오픈소스인 동시에 공익적인 브랜드입니다. 우리는 패들패들이 AI 경쟁에서 더 많은 역할을 할 수 있기를 바랍니다. 바이두의 패들패들은 '더 좋은 기술'을 실현한 여러 양질의 프로젝트를 달성했으며, 개발자들이 사회 문제를 해결할 수 있는 응용 프로그램을 만들도록 장려하고 있습니다.

장샤오펑 : AI는 실제로 많은 관계와 그 구조를 바꾸고 있습니다. AI 기술이 우리의 일과 생활, 다양한 시나리오에 더 많이 침투하게 되면 점점 더 많은 사람이 그 변화를 감지하고 의존하게 될 것입니다.

위안포위 : 그때가 바로 우리가 예측한 스마트 사회가 도래하는 때죠. 우리는 인공지능 영역의 심화와 확산을 지속적으로 추진하면서 점점 더 많은 사람이 바이두 제품과

서비스를 통해 혜택을 누리게 할 것입니다. 또 향후 10년 동안 중국의 글로벌 경제적 지위 향상에 나름의 공헌을 하고자 합니다. 바이두의 '더 좋은 기술'로 중국인의 삶이 훨씬 아름답고 풍요로워지며, 더 많은 사람이 성장하고 발전할 거라고 믿습니다.

....

바이두 EasyDL로 '더 정확하게' 빈곤을 구제하다

산시(陝西)의 한중(漢中) 지방은 빈곤 구제를 착실히 추진하면서 업무상 필요에 따라 바이두의 딥러닝 기술을 활용해 '인터넷+정밀 빈곤 구제' 정보 시스템을 독자적으로 개발했다. 이 시스템은 담당자들이 각 마을의 간부들이 올리는 수많은 이미지 중에서 대량의 중복 정보를 빠르고 정확하게 처리하는 일을 도왔다. 덕분에 20만 빈곤 가정 중에 가장 도움이 절실한 2,000개 가정을 선별해 빈곤 구제 사업을 효과적으로 추진할 수 있었다.

이 시스템은 한중 빈곤 구제 사업 담당자들이 기업판 패들패들인 EasyDL의 AI 개발 플랫폼을 기반으로 자체 개발한 것이다. 일주일이 채 되지 않은 훈련과 테스트를 거쳐 두 달 넘게 운영한 결과, 현재 빈곤 구제 관련 이미지 인식의 정확도가 90%에 달한다. 이제 AI는 이미 빈곤 구제의 전 과정에 완벽히 녹아들었다고 할 수 있다. 구체적으로 빈곤층 식별, 모니터링 및 조기 경보, 빈곤 완화 및 종류부터 감독, 평가에 이르기까지 빈곤 구제의 전체 프로세스에 통합되어 업무 효율을 개선했다.

업계 최고의 엔지니어링 서비스 기술과 결합해 구축된 EasyDL은 진입장벽이 높지 않고 풍부한 네트워크와 모델을 갖춘 보다 편리하고 효율적인 중소기업용 개발 플랫폼이다. 이미 3만 명 이상의 기업 소속 개발자들이 산업, 농업, 소매, 보안, 교육, 의료 등 여러 분야의 시나리오를 다루는 모델 작업을 EasyDL에서 7만 개 넘게 생성했다.

AI 박물관 프로젝트

2018년 5월 18일, 국가문물국(國家文物局)과 바이두는 공동으로 '과학 기술을 이용한 문명 전승', 즉 'AI 박물관 프로젝트'를 가동했다. 이 프로젝트의 핵심은 바이두의 AI 기술과 제품 매트릭스를 통해 5,000년 중화 문명의 지혜 네트워크를 구축, 전파하고 '인터넷+중화 문명'의 건설을 추진하는 것이었다.

'바이두 디지털 박물관 프로젝트'는 지금까지 인터넷에서 가장 큰 박물관 플랫폼으로 자리 잡았고, 전 세계 300개 이상의 주요 박물관과 파트너십을 맺어 누적 사용자 수가 7,800만 명을 넘었다.

새로 가동되는 'AI 박물관 프로젝트'는 기존의 '바이두 디지털 박물관 프로젝트'에 스마트 검색, 스마트 지도, 이미지 인식, 음성 안내, 기계 번역, AI 교육과 같은 기능 모듈을 포함해 더 많은 바이두 제품과 기술을 더해 바이두 검색, 바이두 ID, 바이두 지도, 바이두 백과 및 여러 제품을 구현한다.

현재 'AI 박물관 프로젝트'는 온라인 디지털 문화 박물관 지도의 첫 단계를 실현했다. 이 프로젝트에는 정확한 지리적 위치와 관련 정보를 갖춘 총 2,894개의 박물관이 포함되어 있어 사용자들은 바이두 지도를 이용해 더 정확하게 검색하고 안내받을 수 있다.

또 'AI 박물관 프로젝트는' 곧 진시황병마용박물관, 쑤저우박물관, 상하이역사박물관 등 유명 박물관에서 AI 박물관 솔루션의 적용을 실현할 계획이다. 사용자들은 스마트 검색 기능을 활용해 이런 박물관들을 방문할 때, 바이두 검색과 바이두 앱의 이미지 인식 기능을 사용해 언제든지 보다 상세하고 생생한 전시 정보를 볼 수 있다. 'AI 박물관 프로젝트'는 바이두의 혁신적인 기술과 국가문물국의 협력을 통해 박물관 체험을 더 풍부하게 만들어서 사회적 가치를 더할 것이다.

문화 및 박물관 산업 솔루션에서도 바이두는 AR 등의 기술을 활용해 박물관이 파손됐거나 사라진 유물을 복원하고 재현하는 데 도움을 제공한다. 앞으로도 바이두는 문화유산의 데이터화 작업을 가속화해서 다양한 '유물 되살리기' 모델 혁신을 위해 국가문물국과 긴밀한 협력을 계속할 예정이다.

추이산산 :
기술 무인지대에 중국 엔지니어의 문화를 세우다

추이산산 : 바이두 그룹 수석 부사장. 바이두 문화 위원회 사무총장
인터뷰 일자 : 2020년 4월 24일

장샤오펑 : '바이두의 검객 7인'으로 잘 알려져 있고, 창립 멤버로 처음부터 그룹과 동행하셨으니 그 여정의 경험이 다른 사람들과는 상당히 다르시겠죠. 그 창업 시대에는 모든 사람이 지혜를 발휘하고 알 수 없는 미래를 맞이하기 위해 단결하는 데 전념했습니다. 특히 바이두는 엔지니어 문화로 유명한데, 그 형성 과정을 한번 회고해주실수 있을까요?

습관, 실력, 그리고 문화

추이산산 : 창업 초기의 사람들은 완벽주의적인 경향이 있었습니다. 좋은 엔지니어링 습관도 그 시기에 시작됐다고 할 수 있죠. 예를 들면 코드 심사 같은 것입니다. 당시 우리는 코드가 작성된 후, 모두 함께 검토에 참여해서 집단지성을 동원해 코드가 정확하고 품질이 좋은지 꼼꼼히 확인했습니다.

팀이라면 조직력이 상당히 중요합니다. 조직력이 있어야 100명, 1,000명의 오합지졸이 아니라 제대로 된 팀이 될 수 있기 때문이죠. 바이두가 초기부터 시작한 엄격한 엔지니어링 훈련은 어떤 대학에서도 배울 수 없고, 이런 걸 하는 기업도 매우 드물었습니다. 그러니까 말씀하신 지금의 바이두 엔지니어 문화란 것은 사실 창립 멤버들의 높은 자질과 완벽주의적 성향이 만들어낸, 아주 우연한 결과물이라고 할 수 있습니다. 이것이 나중에 전통이 되어서 모든 신입사원에게 직접 가르치면서 높은 수준을 요구하고 엄격하게 훈련해왔습니다.

바이두는 신입사원이 들어오면 멘토를 배정해서 규범을 가르칩니다. 그리고 3개월 안에 프로젝트 하나를 맡겨서 일부 코드를 다시 작성하거나 업그레이드를 완성하도록 합니다. 신입사원이 끝까지 살아남으려면 2가지 관문을 거쳐야 하는데요. 하나는 다

시 쓴 코드로 부서의 코드 심사를 받는 것이고, 다른 하나는 특정 분야에서 한 차례 기술적 토론을 거치는 것입니다. 이 두 개의 관문을 통과해야만 정식으로 바이두의 일원이 될 수 있습니다.

예전에는 직원 채용이 쉽지 않았지만, 우리는 엄격하게 기준을 고수해왔습니다. 뛰어난 인재가 기업의 장기적인 발전을 위한 기초이므로 채용 기준은 반드시 지켜져야 한다고 생각했죠. 나중에 우리는 '가장 좋은 사람을 채용해서 최대의 공간을 제공하고, 최종 결과를 확인해, 뛰어난 재능이 돋보일 수 있게 한다'라는 인재관을 확정했습니다.

장샤오펑 : 말씀하신 조직력이 특히 흥미롭습니다. 이후에 바이두 엔지니어링 방법론과 유사한 것들이 또 형성됐습니까?

추이산산 : '엔지니어 6대 정신(엔지니어의 시간, 품질, 소통, 팀, 진취성, 현실감각)'이라는 것이 있습니다.

당시 바이두는 중국에서 유례없는 거대한 시스템이자 커다란 데이터베이스, 인덱싱 인터넷을 개발했습니다. 이렇게 큰 프로젝트를 완성할 수 있는 데이터베이스는 어떠한 기업에도 없었고, 바이두는 모든 코드를 가장 아래에서부터 직접 작성해야 했습니다. 이러한 고성능, 빅데이터, 고병행성(high concurrency) 시스템은 우리가 받은 전문적인 교육을 넘어 당시 중국 인터넷 개발 엔지니어링 수준을 훨씬 능가하는 것이었습니다. 엔지니어링 기준 역시 참고할 만한 경험이 없다 보니 바이두 스스로 정의해야 했습니다.

장샤오펑 : 무에서 유를 창조하는 단계적 축적과 전승 과정에서 기술과 문화는 대인 전달이나 지식 그래프 구조화를 통해 모두 무게감이 생기고 성숙해졌습니다.

추이산산 : 그리고 마침내 바이두의 유명한 엔지니어 문화로 자리 잡은 거죠. 첫째는 '기술 중심'입니다. '과학 기술이 제1의 생산력'이라는 말은 혁신에 전념하는 하이테크 기업에 완벽하게 반영됩니다. 둘째는 '실사구시 정신'이죠. 기술 공학에서는 절대 사기 행위가 허용되지 않습니다. 우리도 처음에는 아주 작은 실수라고 여기고 무시한 것들이 있었어요. 이런 것들이 나중에는 꼭 큰 사고를 초래하더군요. 이런 경험에서

우리는 작은 실수 하나도 절대 놓치지 않는 신중한 태도를 키울 수 있었습니다. 덕분에 바이두는 뛰어난 기술력과 강직한 태도를 보유한 엔지니어 팀을 양성했습니다.

장샤오펑 : 기업의 발전 역사는 사실 한 편의 문화 변혁의 역사입니다. 바이두의 문화는 우리 제품처럼 천천히 정착하고 점진적으로 반복되어야 한다고 보는데요.

추이산산 : 엔지니어 문화와 상생하는 것은 사람들 간의 평등과 솔직한 소통의 문화입니다. 토론을 통해 문제를 해결하려면 계층의 개념을 버려야 합니다. 처음 리옌훙을 만났을 때, 그는 우리에게 자기를 이름으로 부르라고 하더군요. 20년 전의 중국에서 아직 인턴을 하던 대학원생이 사장을 이름으로 부르려니 처음에는 심리적 장벽이 있어 영 익숙하지 않았습니다.

하지만 계층의 개념이 사라져 하고 싶은 말을 자유롭게 할 수 있으니 평등하고 충분한 토론과 완벽한 수정이 가능해졌죠. 그러면서 문제가 어디에 있는지, 어디로 가야하는지 알게 되고, 프로젝트 속도를 높이기 위한 일관된 목표를 가질 수 있었습니다. 이런 문화는 지금까지 이어지고 있습니다.

장샤오펑 : 예전에 바이두의 기업 문화를 '23개 군율(軍律)'로 요약한 것을 본 적 있습니다. 나중에 출판된 《일백도(壹百度)》를 보니 23개가 29개로 늘어났고, 최근에 본 《바이두문화논어(百度文化論語)》라는 책에서는 관련 내용을 더 잘 다듬었더군요.

추이산산 : 그것도 이미 예전 것입니다. 가장 최근 것은 2019년에 내놓은 《바이두문화금구(百度文化金句)》에 잘 정리되어 있습니다. 바이두의 문화는 20년 동안 진화와 발전을 거쳤으며, 집단 지성의 결정체이기도 합니다. 우리의 핵심 가치관인 '간단하고 신뢰할 수 있는'이라는 말은 초기에 브레인스토밍을 거쳐 나온 결과물로 지금까지도 바뀌지 않았습니다. 바이두 사람들의 단순함과 순수함에 부합하고, 기술 혁신으로 인류에 봉사하는 다소 이상주의적인 바이두의 기질과도 잘 들어맞죠. 물론 엔지니어 문화의 특성도 잘 나타내고요.

OKR : 정비를 통해 조직의 결속력을 강화하다

추이산산 : 2019년 바이두가 OKR(Objectives and key results)[128]을 실시한 것도 완전하게 정의하고 해결해야 할 문제를 명확히 파악하기 위해서였습니다. 초창기에는 수십 명 정도이니 서로 충분히 소통하고 토론하는 일이 수월했고, 수만 명이 되고 나서는 OKR을 통해서 조직의 최상층부터 최하층까지 의견을 충분히 맞춰보고 있습니다. CEO의 OKR뿐 아니라 조직 구성원이라면 누구나 대규모 부서나 사업군, 소규모 부서장의 OKR까지 모두 볼 수 있습니다.

또 우리는 직급을 축소했습니다. 직급이 적어지니 모두가 나사 하나에서 항공 모함 조립까지 완성되는 과정을 정확히 알 수 있게 됐죠. 조직에는 좋은 '연계성'이 꼭 필요합니다. 모든 구성원이 자신이 무엇인지, 왜 지금 이 일을 해야 하는지, 왜 자신의 상사가 그 목표를 설정했는지를 알아야 합니다. 그렇게 서로 전수하고 확장하면서 안정적인 탑을 쌓아 올리는 것입니다.

우리는 조직의 연계성과 전략의 투명성을 보장하기 위해 OKR을 장려합니다. 예를 들어 한 직원의 목표가 '하루에 수백 킬로미터 걷기'라면 OKR은 이 직원에게 베이징으로 갈지, 시안으로 갈지, 아니면 하얼빈으로 갈지를 알려줍니다. 먼저 방향을 명확히 한 후에 매일 얼마나 멀리 걸어가야 하는지 알려주는 식입니다.

장샤오펑 : 꾸준히 OKR을 추진해오면서 분명히 난관과 저항도 많았으리라고 생각합니다. 전후 비교를 하자면 어떤 기본적인 판단을 내릴 수 있을까요?

추이산산 : OKR을 추진하는 데 몇 가지 목표가 있었는데 그중 일부는 잘 됐고, 또 일부는 그리 이상적인 결과를 얻지 못했습니다. 조직 정비도 잘된 부분 중 하나고, 관리자들이 직원들에게 그들이 어디로 가는지를 가시적으로 설명하는 것도 효과가 좋았습니다. 이전의 목표 설정은 제대로 이해하기가 어려웠어요. 대부분 수치화됐고, 가시적인 묘사와 외부의 시간에서 설명됐기 때문입니다.

이렇게 하면 마치 달리기 경주에서 스톱워치만 보고 트랙을 보지 않는 것과 다를 바

---

128. 목표 및 핵심 결과 지표'라는 의미로 조직 차원에서 목표를 정의하고 결과를 추적하기 위한 목표 설정 프레임워크. 회사가 먼저 목표를 제시하면 부서와 직원들이 자신의 목표를 설정하는 방식으로, 회사와 부서, 직원들이 목표 달성을 위해 서로 협력하는 시스템이라 참여도를 높일 수 있다. – 역주.

가 없습니다. 트랙을 봐야 우리가 지금 3위니까 2위로 달려가야 한다고 팀이 이해할 수 있습니다. 우리가 지금 51.6초인데 50초 안으로 뛰어야 한다고 아무리 말해봤자 팀원들은 목표를 정확히 이해하지 못합니다. 팀이 이해하느냐, 이해하지 못하느냐의 차이는 굉장히 큽니다.

위와 아래를 연결하는 중간 관리자층의 OKR은 특히 중요합니다. 경영진의 목표는 간단하게 정비할 수 있으나, 중간 관리자층은 겉은 그럴듯해 보이나 속은 그렇지 못한 '양두구육(羊頭狗肉)'이 되기 쉽기 때문입니다.

몇 분기에 걸친 세대교체 후, 우리는 중첩 루프 방법론을 구현하기 시작했으며 이번에야말로 제대로 된 느낌을 받았습니다. 제가 하는 모든 일을 저의 부하 직원들 모두가 충분히 이해했고, 그들 각자가 무슨 일을 하든 서로 이해했습니다.

장샤오펑 : 그렇습니다. 이 변화의 과정은 무의식중에 스며들었을 것입니다. 협력도로 판단했을 때, OKR 추진 전후를 비교한다면 어떻게 평가하시겠습니까?

추이산산 : OKR의 구현은 3가지 측면을 개선했습니다. 첫 번째는 '정비'로 이를 통해 시스템 안에서 서로 간의 정보 소통이 원활해졌습니다. 두 번째는 '협력'으로 조직의 큰 목표와 파트너의 진행 상황을 알아야 비로소 정확한 호흡이 가능합니다. 세 번째는 '집중'으로 OKR 자체의 목표가 명확해 단, 3개의 목표만 있습니다.

특히 정비 측면에서 엄청난 개선이 이루어졌습니다. 협력에서는 모두가 주변 사람들이 무엇을 하고 있는지 천천히 이해하면서 상대적으로 나쁘지 않은 개선이 있었지만, 원하는 수준에까지 이르지는 못했습니다. 지금은 모두가 같은 부서 내의 다른 사람이 무엇을 하고 있는지 알 수 있는 수준입니다. 과거에 '우산 구조'라는 문제가 있었습니다. 부하직원 10명이 저하고만 이야기하고 서로 대화하지 않아 협력이 안 되니 효율이 낮았죠. 옆 사람이 무엇을 하는지 알아야만 어떻게 협력해야 하는지 알 수 있습니다.

장샤오펑 : OKR 추진 과정이란 사실상 하나의 문화 렌더링 과정이자, 사명과 가치관, 그리고 비전이 스며드는 과정이군요.

먼 곳을 향해야 미래의 기업이 될 수 있다

장샤오펑 : 올해로 바이두가 스무 살이 됐습니다. 사실 그 세월 중에 많은 유혹이 있었죠. 무엇을 해야 하고, 하지 말아야 하는지에 대해 많은 독립적인 분석, 판단 및 선택이 있었을 것이 틀림없습니다. 서비스 제공업체, 인터넷 게임 등은 리옌훙이 거절했다고 들었습니다. 이런 의사결정을 내리는 데 어떤 종류의 의사결정 시스템이 있습니까?

추이산산 : 바이두의 혁신은 핵심 역량에 기초한 것입니다. 그 핵심 역량에 더 가까운 일을 하는 데 초점을 맞추고, 혁신을 통해 핵심 역량 개발을 촉진합니다. 돈을 많이 벌수 있을지는 몰라도 아무런 관련 없는 이슈를 좇을 생각은 전혀 없습니다.

우리는 항상 모바일 생태계 방향의 전략을 고수해왔으며, 끊임없이 혁신의 포인트를 찾고 있습니다. 인터넷 업계에서는 앞으로 나아가지 않으면 뒤로 밀리고, 공격이야말로 최선의 방어입니다. 검색과 AI는 하나의 넝쿨에 달린 두 개의 열매와 같습니다. 검색은 자연스레 AI로 이어지죠.

AI에는 4개의 초석이 있습니다. 첫째는 자연어, 둘째는 컴퓨터의 음성 및 시각적 이미지 인식, 셋째는 딥러닝, 넷째는 컴퓨팅 파워입니다. 특히 딥러닝은 굉장히 높은 수준의 컴퓨팅 파워가 필요합니다. 바이두는 창립 이래, 이 네 개의 주춧돌을 둘러싸고 발전해왔습니다.

검색은 자연어에 대한 이해이고, 바이두는 빠르게 이 분야를 시작했습니다. 또 바이두는 일찍부터 딥러닝 실험실을 세웠고, 컴퓨팅 파워도 원래 가지고 있었습니다. 검색자체가 하나의 빅데이터이고, 고병행성과 고성능을 갖춘 컴퓨팅 시스템이기 때문입니다. 딥러닝은 수십 년 전에 이미 존재했지만, 예전에는 훈련에 사용할 수 있는 데이터가 매우 적어서 돌파구를 찾지 못했으며 나중에 데이터의 양이 많아지면서 크게 발전했습니다.

바이두의 검색 엔진은 엄청난 양의 데이터를 가지고 있어 자연스럽게 AI 라인에 도달했습니다. 2019년에 왕하이펑은 바이두의 CTO를 맡았습니다. AI 분야에서 고급 기술 인재인 왕하이펑은 당시 바이두 내 최고 수준의 엔지니어 4명 중 한 명이었습니다. 그외에 세 명은 우리가 직접 배출해낸 사람들이었습니다.

리엔훙은 기술이 세상을 바꾸고 파괴적인 혁신까지 가져올 수 있다고 믿습니다. 자율주행이나 스마트 교통은 널리 알려진 전형적인 AI 응용 시나리오인데, 사실은 모바일 생태계 및 다양한 산업군에서의 응용 시나리오가 더 많습니다.

바이두 경영진은 비교적 이상주의적이고 매우 감성적이며, 기술로 국가에 봉사하고 일에 몰두합니다. 모두 더 많이 일하고 말은 줄이려고 하죠. 리엔훙, 왕하이펑, 선더우 같은 사람은 이공계 남성의 기질이 강합니다. 진짜 일하고 싶은 사람은 종종 말을 많이 할 시간과 에너지가 없고 분위기를 잘 만들지도 못합니다.

인재가 있어야 언제든지 출발할 수 있다

추이산산 : 지금 우리는 직접 키워낸 임원이 점점 더 많아지고 있습니다. 이전 단계에서는 내부적으로 성장한 부회장과 이사 그룹을 승진시켰습니다. 우리가 아주 중요하게 생각하는 내부 성장은 주기와 인내심이 필요합니다. 그러나 때로는 회사의 성장 속도가 내부 인재가 성장하는 속도보다 빨라서 외부로부터 인재를 영입해야 합니다. 앞으로 '낙하산' 임원의 비율은 점차 낮아질 것입니다. 우리가 최근에 발탁한 부사장은 100% 80년대생이며 강한 주인 의식과 충성심이 있습니다. 이런 것들은 면접 인터뷰에서는 잘 드러나지 않고 일을 하면서 알 수 있는 태도죠. 저는 충성심이 단기적인 이익을 추구하기 위한 것이 아니라 회사의 장기적인 발전을 위한 것이라고 생각합니다.

장샤오펑 : 외부에서 '바이두를 위해 태어났다'라고 평가받으시는데요. 아주 정확한 말인 것 같습니다.

추이산산 : 저뿐 아니라 바이두가 직접 길러내 서로 단단히 연결된 직원들도 분명히 그렇게 생각할 겁니다. 물론 외부에서 데려온 임원은 이런 느낌이 들지 않거나 안정감이 부족할 수도 있어요. 아무래도 시간이 걸리겠죠. 안팎을 막론하고 진정한 인재는 회사와 깊고 길게 연계되어 있어야 함께 먼 곳을 볼 수 있습니다.

우리는 구글과 정면으로 맞붙은 적이 있습니다. 2005년 구글이 중국에 진출하면서 대졸자에게 준 연봉이 우리의 2배였습니다. 구글은 워낙 돈도 많고 패기가 넘치는 기업이라 전 세계의 인재를 끌어모았죠. 하지만 우리는 좌절하지 않고 고집스럽게도 기술력과 제품에서 물고 늘어졌습니다. 그해에 구글의 시장 점유율은 분기마다 1%p씩

떨어졌습니다. 바이두는 여러 인재의 꾸준한 노력에 힘입고 모두의 성실한 단결에 의지해 오늘날까지 걸어올 수 있었습니다.

장샤오펑 : 발전의 길 위에서 출발을 반복하고 짐꾸러미를 손에서 놓지 않았군요. 20년 역사를 되돌아볼 때, 바이두에서 가장 소중히 여길 만한 것은 무엇이라고 생각하십니까?

추이산산 : 가장 소중한 것은 역시 사람입니다. 지위 고하를 막론하고 각급 핵심 간부들, 모든 직원이 매우 중요합니다. 모두 같은 이상을 품고, 같은 감정을 느끼죠. 또 함께 힘난한 길을 걸으면서 뼛속까지 바이두의 문화, 이념과 사명이 새겨져 있어요. 바이두 사람들과 각 팀이 가장 소중하다는 것에 조금의 의심도 없습니다.

기복, 난관, 장애물 앞에서도 사람이 있고, 인재가 있고, 팀이 있다면 반드시 살아남을 수 있습니다. 위험이나 어려움을 만났을 때, 버티지 못하는 사람들이 있습니다. 과거 홍군(紅軍)[129]의 장정(長征)에서도 혁명에 대한 믿음을 잃고 중간에 포기한 사람이 있어 끝까지 장정을 완수한 사람이 특히 귀했죠.

바이두는 언제나 스스로 자신을 압박하고, 때로는 스스로 걸림돌이 됩니다. 나는 바이두가 현재 있는 단계를 새로운 장정에 비유하곤 합니다. 무인지대의 어려움은 기술형 기업만이 맛볼 수 있습니다. 어려운 상황이 오랫동안 지속할 것이며, 언덕을 오르는 단계에서는 더욱 서둘러 기존의 문제를 해결해야 합니다. 마주한 장애물이 깊든, 얕든 함께 걸어갈 수만 있다면 팀은 경험을 쌓고 향상을 거듭해 더 훌륭해질 것입니다. 우리는 시간과 좌절의 맷돌질을 두려워해서는 안 됩니다. 가만히 앉아서 남의 성과를 누릴 수는 없는 법이죠. 2년만 더 시간을 주면 팀이 더 잘될 것이고, 회사도 마찬가지일 것입니다. 이 과정에서 회사는 성장하는 사람, 성장하는 팀, 성장하는 사업을 가장 소중한 자산으로 거두게 됩니다.

장샤오펑 : 창업 원로들의 말씀은 늘 감동적이네요. 바이두의 발전, 문화의 발전, 기술의 발전을 확인하고, 우리의 위치가 스마트 경제 선구자, 스마트 사회 건설자에 점점 더 가까워지는 것을 볼 수 있었습니다.

---

129. 공산당 혁명 시기에 중국 공산당이 지도한 무장조직. - 역주.

Part 3.

산업 스마트화의 버팀목인 스마트 산업화 :
'선두 기러기 효과'를 통해 '승수 효과'를
일으키려는 중국의 실험

브레인+운영체제+개방형 에코시스템+시나리오 기반 : 중국 인공지능 발전 로드맵

인공지능 핵심 기술이 빨리 응용될 수 있도록 하고, 기술 통합과 산업 모델 혁신을 추진하며 핵심 영역 스마트 제품 혁신을 촉진한다. 인공지능을 활용한 새로운 경영 방식을 적극적으로 육성해 산업 사슬의 고급 단계로 진입할 수 있도록 하며, 세계적으로 경쟁력을 갖춘 인공지능 산업클러스터를 조성한다.

국무원 〈차세대 인공지능 발전 계획〉

(2017년 7월)

세계가 경쟁할 새로운 핵심 전장이 아직 완전히 모습을 드러내고 있지 않음에도 물밑 힘겨루기는 이미 시작됐다. 미래의 영향력, 발언권, 핵심 접점을 차지하기 위해 전 세계 주요 경제체제는 조금도 주저하거나 망설이는 법이 없다.

역사적으로 과학 기술혁명이나 산업혁명은 대부분 기술 혁신·혁신 열풍·산업응용·생산력과 생산관계의 본질적인 혁신으로 이어지는 일련의 과정을 거쳤다.

차세대 인공지능의 발전은 이미 중국의 국가 전략이 됐다. 중국 인공지능의 발전은 중국 스마트 경제, 스마트 사회의 과정을 더욱 가속하는 결정적인 사건이 될 것이다. 하지만 그러기 위해서는 먼저 인공지능 발전 로드맵을 정리해 발전 과정을 정확하게 파악하는 게 필요하다.

'중국시대'에 진입한 전 세계 기술 혁신, 중국은 세계 과학 기술의 방향을 바꾸고 있다

현실적으로 중국이 선두에 서서 전체 과학 기술을 이끌기에는 아직 가진 힘이 부족하다. 기초 연구가 상대적으로 빈약하거나 부족해 취약한 부분이 많은데, 특히 핵심 기술의 경우 자립할 역량을 갖추지 못했다. 그러니 차세대 인공지능 언어환경에서 우위에 있다고 우쭐거리거나 지나치게 낙관해 좋은 기회를 놓쳐서는 안 된다. 또 지나치게 과소평가하며 국내 기술력을 경시해서도 안 될 것이다.

두 강대국 중국과 미국이 가진 각각의 장점

전 세계 인공지능 기술 혁신 방면에서 중국과 미국은 각각의 장점이 있다. 미국은 확실히 강한 실력을 갖추고 있고 중국은 우세한 형세를 갖추고 있다. '중국시대'에 진입해 중국이 세계 인공지능 과학 기술의 방향을 바꾸고 있다고 말하는 것도 과장이 아니다. 다만 추종 전략, 후발주자의 이점이 있는 건 맞지만 스마트 시대의 적용성에는 아직 의문이 있다.

업계는 전체 상황을 볼 때 중국과 미국이 전 세계 인공지능 발전을 이끌고 있다고 인식하고 있다. 미국은 인공지능 연구 방면에서 선두를 차지하고 있고, 중국은 인공지능 응용 방면에서 괄목할 만한 성과를 거두고 있다. 이에 업계 전문가들은 향후 양국이 이 영역에서 서로 보완 역할을 할 수 있을 거라 생각한다.

과학부 부부장 리멍(李萌)의 2017년 평가에서 지적했듯이 중국의 인공지능 연구개발은 여러 해 동안의 노력을 통해 중대한 진전을 이루었으며, 특허와 논문에서는 이미 세계적으로 선두 반열에 올랐다. 특히 음성 인식, 머신비전, 기계번역 영역에서는 세계적으로 선두에 있으며, 혁신적인 기술을 활용한 창업 활동도 활발하게 이루어지고 있다. 하지만 중국 인공지능 기술에는 부족한 점도 아직 많이 있다. 예를 들면 기초이론, 핵심 알고리즘, 핵심 설비, 첨단 반도체 등 방면에서는 아직 성과가 부족하다. 인재 면에서도 경제 사회 발전과 인공지능의 빠른 발전 수요를 만족시키지 못하고 있으며, 과학 기술 연구기관과 기업도 세계적 영향력을 갖춘 생태계와 산업 사슬을 아직 형성하지 못하고 있다.

2019년 5월 24일 과기부 차세대 인공지능 발전연구센터 등 기관은 〈중국 차세대 인공지능 발전 보고 · 2019〉를 발표했다. 해당 보고서에 따르면 2013년~2018년까지 전 세계 인공지능 영역 논문 문헌은 총 30만 5천 편이 출현했으며, 그중에서 중국에서 발표된 논문은 7만 4천 편이었다. 또 전 세계 인용률이 상위 1%인 논문을 봤을 때 중국은 세계 순위 2위를 차지했으며, 전 세계 인용률이 높은 상위 100편의 논문 중에서 중국의 논문은 16편 포함됐다. 그리고 2018년 연말까지 전 세계에 설립된 인공지능 기업은 15,916개였으며, 중국의 인공지능 기업 수는 3,341개로 전 세계에서 2위를 차지했다.

기술로 변화한 중국, 기술 변화를 이끌다

중국이 개혁개방을 하고 42년 동안 국민의 생활은 크게 좋아졌다. 더욱이 지난 20년 동안 중국의 컴퓨터, 인터넷, 스마트폰 보급이 꾸준히 개선됐다. 지금까지의 발전 과정을 살펴보면 중국이 어느 정도 세계 과학 기술의 추세를 바꾸었다는 걸 알 수 있다.

중국의 특허 신청 건수는 5년 연속 전 세계 1위이고, 인공지능 논문 수도 전 세계 25%를 차지하며 1위를 차지하고 있다. 그리고 인공지능의 융자는 전 세계에서 차지하는 비중이 절반을 넘어섰다.

또 중국에는 최근 몇 년 동안 AI 벤처 기업이 많이 생겨나면서 융자량이 매우 증가했는데, 이런 기업들은 각각의 수직 영역에서 점차 경쟁력을 드러내고 있다.

과학 기술 발전에 집중해온 중국이 조금씩 잠재력을 드러내며 발전하고 있는 것이다. 2019년 중국은 전체 사회 연구개발에 2조 1,700억 위안을 투입했다. 이는 GDP에서 차지하는 비중이 2.19%에 달하는 금액으로 과학 기술 발전 공헌율은 59.5%였다. 세계지적재산권기구의 평가를 보면 중국의 혁신지수는 세계 14위를 차지했다.

과거 중국은 미국의 오늘이 중국의 내일이라 생각하며 미국에서 이미 일어난 일이 중국에서도 발생할 거라고 생각했다. 하지만 지금 중국은 이미 자신만의 길을 걸어가고 있다.

중국의 모바일 결제, O2O 보급률, 전자상거래는 이미 세계 1위다. 이제 집을 나설 때 지갑을 챙길 필요가 없게 됐고, 음식 배달과 온라인 쇼핑도 일상화되어 배송 서비스도 아주 발달했다. 그리고 이러한 것들은 우리의 생활 방식도 변화시켰다.

일부 차세대 인공지능 기술 발전에서 이미 선두에 오른 중국

많은 부분에서 독자적인 개성을 가진 중국은 이를 이용해 남다른 기술을 만들어낼 수 있다. 예를 들어서 자율주행 기술의 경우 바이두는 2013년부터 자율주행을 연구하기 시작했다. 그리고 자율주행 기술 개발을 더 빨리 시작한 미국과 달리 2017년 바이두 자율주행 기술을 외부로 공개하겠다고 선포했다. 가진 기술을 개방하고 소스를 오픈했을 뿐만 아니라 소스 코드도 완전히 공개했다. 그것도 중국에만 개방한 것이 아니라 전 세계를 향해 개방했으니 중국이 세계 자율주행 기술 발전에 기여한 거라 할 수 있다. 이전에 기업들이 각자 연구했을 때는 상대 기업이 구축한 기술을 자신들도 갖추고 있어야 하기에 다시 새롭게 시작하는 경우도 많았다. 하지만 소스가 오픈되어 그럴 필요가 없어지자 중국의 기술력은 빠르게 발전했고, 여러 협력팀, 개발자들과 손을 잡고 생태계를 빠르게 번영시킬 수 있었다.

물론 자율주행에서 중국은 미국과는 다른 특징을 가지고 있다. 중국은 자동차 산업을 독립된 산업이 아닌 교통 문제의 일부분으로 의식하고 있기 때문이다. 거리에 달리는 자동차를 하룻밤 사이에 전부 자율주행 자동차로 바꿀 수는 없지만, 교통 인프라 시스템을 바꾼다면 자율주행 자동차로 바꾸지 않더라도 교통 효율을 높일 수 있다.

이와 동시에 완전한 자율주행을 시행하기 위해서는 먼저 부분적으로 자율주행을 시행해봐야 한다고 생각한다. 예를 들어서 지하 차고나 주차장 등 좁은 공간은 운전 기술이 서툰 운전자들이 특히 힘들어하는 장소다. 반면 AI는 이와 같은 저속 환경에서 비교적 잘 임무를 수행할 수 있다. 이에 일부 봉쇄된 구역에는 이미 완전한 자율주행이 실행되고 있다.

기술을 활용해 교통 효율을 높임으로써 사람들에게 더 좋은 경험을 줄 수 있는 곳은 많이 있다. 그런 면에서 바이두 자율주행 플랫폼인 아폴로는 전 세계에 개방한 자율주행 플랫폼이자 중국의 특색을 실현한 것이다. 이처럼 중국만의 특징을 가진 시나리오는 다른 국가가 복제하기가 어렵다. 따라서 중국이 이런 특징을 가진 시나리오를 이용한다면 기술 선두 자리에 오를 수 있다.

스마트 홈의 경우 현재에도 매우 치열한 경쟁이 벌어지고 있는 분야다. 미국의 가정들도 현재 인공지능 스피커를 많이 구매하고 있다. 이런 상황에서 중국만이 가진 특징은 무엇일까? 2017년 1월, 미국 라스베이거스 국제 소비자 전자제품 박람회에서 선보인 스크린형 인공지능 스피커를 들 수 있다. 이는 기술력 면에서 미국보다 반년 정도 앞선 것이었다. 현재 가정용 스크린 인공지능 스피커 샤오두홈의 판매량은 스크린이 없는 인공지능 스피커 판매량을 추월했는데, 전 세계를 통틀어 처음 있는 일로 아주 의미 있는 사건이라 할 수 있다. 스크린이 있는 것과 없는 것이 주는 느낌은 매우 다르기 때문이다. 비록 스크린이 장착된 인공지능 스피커가 몇 배는 더 비싸지만, 처리할 수 있는 일이 더 많아 스마트 비서 역할을 더 잘 수행할 수 있다. 또 발달한 피드 스트림을 활용한 알고리즘으로 사용자 개인 취향에 맞는 정보를 제공해주는 서비스를 기존 휴대폰에서 이제는 스크린형 인공지능 스피커를 통해서도 제공할 수 있게 됐다.

그리고 기술 응용을 통해 장시간 대화도 가능해졌다. 처음 인공지능 스피커는 일문일답식이었다. 하지만 진정한 인공지능 스피커라면 다양한 대화가 가능해야 한다. 사용자의 질문에 대답할 뿐만 아니라 사용자에게 질문하거나 다른 관련 화제를 추천해줄 수도 있어야 한다. 일문일답에서 장시간 다양한 대화가 이어질 수 있도록 기술을 발전시키는 건 무척이나 어려운 일이다. 하지만 바이두는 이를 실현하기 위해 꾸준히 노력하면서 가장 먼저 샤오두 스마트 하드웨어에 응용했다. 그 뒤 다시 양방향 연속대화 기술에 응용했고 더 나아가 이러한 편리한 상호작용 방식을 인공지능 스피커 제품에 확대했다.

기업 서비스에도 상당히 큰 혁신 공간이 있다. 제조업이 중심인 중국의 경제 성장은 경제를 어떻게 전환 업그레이드시킬지, 어떻게 혁신을 추진할지, 어떻게 스마트+를 이룰 것인지에 달려있으며, 이 과정에서 AI의 역할이 아주 중요하다.

엥겔스는 '사회에 존재하는 기술상의 수요는 대학 열 곳을 합친 것보다 과학 발전을 더 촉진할 수 있다'[130]라고 말한 바 있다. 만약 중국이 인공지능 방식을 활용해 중국 제조업의 효율을 높일 수 있다면 혁신 공간은 더 커질 수 있고, 수요도 더 왕

---

130. 《마르크스 엥겔스 선집》 중문 제2판 제4권, 731~734p.

성해질 수 있다.

　제조업뿐만 아니라 모든 분야의 기업이 전환 업그레이드, 혁신주도 발전, 효율 향상의 압력에 직면해 있다. 신기술을 이용해 효율을 향상할 수 있는 공간은 아주 넓은데 고객관계 관리(CRM)도 그중 하나다. 전통 소프트웨어 영역인 CRM은 무척이나 익숙한 분야로 이전에는 기업이 자체적으로 소프트웨어를 구매하기만 하면 됐지만, 이제는 소셜 고객 관리도 가능하다. 프론트엔드가 고객과 미디어를 통일하고, 백엔드가 공급 사슬을 공유하는 다방면의 협동, 개방, 공유는 중국의 CRM 발전의 중요 방향이다.

차세대 인공지능 기술 발전에서 중국이 가진 우위

　중국이 자신만의 특징을 가진 이유는 남다른 규모를 가지고 있기 때문이다. 그러니 충분히 많은 시나리오와 풍족한 데이터, 풍부한 인재, 발전된 인프라를 갖춘다면 많은 혁신이 중국에서 먼저 출현할 수 있다.

　중국은 1장에서 분석한 데이터의 우세함, 시나리오의 우세함, 인재의 우세함, 자금의 우세함과 인프라의 우세함을 충분히 이용하면 한층 더 혁신할 수 있다. 그리고 이러한 혁신은 중국에서뿐만 아니라 세계 모두가 이용할 수 있을 것이다. 대토대, 대규모, 빅데이터로 이룬 큰 기회를 통해서 중국은 세계적인 기술력으로 세상에 공헌해야 한다.

　다국적 회계 감사 기업인 프라이스 워터하우스 쿠퍼스는 보고서를 통해 2030년까지 인공지능 기술이 전 세계 GDP를 14% 성장시킬 것이며, 이는 15조 7,000억 달러에 이르는 금액이라고 발표했다.[131]

　다국적 컨설팅 기업인 액센츄어(Accenture)는 2017년 6월 〈인공지능 : 중국 경제성장 동력〉 보고서에서 제조업, 농림수산업, 유통업이 AI 응용을 통해 가장 큰 이익을 얻을 3대 업종이라 분석하며, 2035년까지 AI로 인한 3대 업종의 연간 성장률이 각각 2%, 1.8%, 1.7%가 될 거라 예측했다.

---

131. 거천(葛晨), 린샤오춘(林小春) 등 특별기고 : '새로운 스마트 시대' - 2018 인공지능 대발전, 베이징 신화통신 2018년 12월 17일.

역사는 정체되거나 반복되는 법이 없다. 혁신과 기술 발전을 거듭하며 끊임없이 앞으로 나아갈 뿐이다. 그리고 중국은 세계 과학 기술의 방향을 바꾸고 있다.

머지않은 미래에 인공지능은 지금의 전기처럼 우리 일상에 없어서는 안 되는 필수 요소가 되어 인류의 경제, 정치, 사회, 생활 환경을 완전히 바꿔놓을 것이다.

그러니 바이두는 새로운 인프라 설비 건설자, 새로운 협동 생태계 인솔자, 새로운 라이프 생활의 전도자로서의 발걸음을 멈추지 않을 것이다.

강자로서 선두를 이끌게 될지, 아니면 약자로 뒤처지게 될지는 반드시 답해야 할 문제다

혼자서 싸워서는 강자를 이길 수 없다. 각각의 정책으로는 새로운 핵심 전장에서 승리할 수 없고, 각개전투로는 전체 상황을 통제할 수 없다. 국가의 의지와 국가의 행동이 필요할 뿐만 아니라 협력적 혁신, 협력적 행동이 있어야 한다. 물론 전 세계적으로 협력하는 게 좋겠지만, 현실 조건상 이루어지기는 어렵다. 하드코어 테크놀로지와 연구개발은 한 가지 기술처럼 보이지만 사실 그것은 '소프트웨어와 하드웨어를 함께 사용'하는 시스템 공학이다.

생태계를 기초로 하고, 협동을 근간으로 해야 한다

'대협동의 보너스'는 대협동을 통해서 발굴해내야 한다. 같은 말을 반복하는 것처럼 들릴 수 있겠지만, 그렇지 않다. 대협동을 하지 않고 어떻게 대협동 보너스를 얻을 수 있겠는가? 과거 '협동', '분담 협동', '대리(代理)' 등의 개념은 해체되거나 새롭게 정의되어야 한다. 그렇다면 어떻게 협동해야 할까? 영화 〈유랑지구〉[132]의 장면들은 우리에게 풍부한 상상력을 제공해줄 뿐만 아니라 대협동의 정수를 보여준다.

(1) 협동력으로 지구의 궤도를 바꾸다 : '유랑지구'에서는 지구를 태양계에서 벗어

---

132. 중국 SF영화로 미래 태양계가 소멸 위기에 처하자 지구를 태양계에서 벗어나 2500년 거리에 있는 식민지로 이동시키게 되면서 발생한 사건을 그린 영화다. 감독 궈판(郭帆), 2019년 개봉. – 역주.

나 2500년 거리에 있는 다른 식민지로 이동하기 위해 전 세계가 힘을 모아 지구 표면에 만여 개의 행성 추진기와 방향 전환 모터를 설치했다. 여기서 행성 추진기에는 추진 엔진과 방향 전환 엔진이 있는데, 전자는 지구에 앞으로 나아가는 동력을 제공하고 후자는 지구가 나아가는 방향을 통제한다.

(2) 연합정부 : 국가와 국가 사이에 장벽은 넘기가 힘들다. 하지만 치명적인 재난 앞에서 협동은 유일한 선택이다.

(3) 〈유랑 지구법〉 : 이것은 지구인이 다 함께 지켜야 하는 최고 행동 강령이다.

(4) 포화식 지원 : 포화식 지원은 독자적으로 운영되는 모델로 목표 달성을 위해서 어떤 대가든 감수하는 것으로 하나의 구조 임무를 여러 구조 부대에 하달해 목표 실현 효과를 높인다. 예를 들어 항저우 행성 추진기의 지원 임무를 완수하지 못한 왕레이(王磊)의 CN171-11 구조 부대가 다음 임무를 위해 인도네시아 술라웨시에 도착했을 때 이미 다른 부대가 임무를 완성한 경우가 그것이다.

(5) 목성의 수소 점화 : 행성 추진기 분사 반경 제한을 극복하고 목성의 수소를 점화시키기 위해 류페이창(劉培強)과 동료들은 '행성 추진기 분사 + 우주정거장 자폭'이란 방법을 선택했다.

바이두는 중국에서 맨 처음 인공지능 분야에 뛰어든 기업이다. 바이두가 모색한 방법을 바탕으로 중국 인공지능의 궐기 로드맵에 대한 다음과 같은 의제를 고려해 볼 수 있다고 생각한다.

전체적인 핵심 경로

(1) 신인프라 건설에서 '신상부 구조'까지, 신생태계에서 다시 신생산 관계까지다.

(2) '브레인 + 운영체제 + 개방형 에코시스템 + 시나리오 기반'은 하나의 선택 가능한 항목이다. 여기에서 '브레인'은 중국 브레인, 분야 브레인, 시티 브레인 등이 포함된다.

(3) 소비 인터넷에서 공업 인터넷까지, 산업 인터넷에서 산업 지능 인터넷, 만물 지능 인터넷까지다. 이미 전면적인 계획에 들어선 산업 스마트 인터넷은 소비 지능 인터넷을 선도하게 될 것이다.

(4) 유비쿼터스 인식, 연결부터 유비쿼터스 상호작용, 협력까지로 매칭과 협력이

근본이다.

⑸ 차세대 인공지능 기술과 5G/6G, IPv6(인터넷 프로토콜 버전6)/ IPv6+로 대표되는 차세대 정보 기술이 함께 구현된다면 디지털 경제와 스마트 경제가 경쟁할 필요도 없을 것이다.

⑹ 스마트 경제와 스마트 사회를 모두 고려해 사회 발전과 개인 성장을 함께 이루어야 한다.

방법론 : 5가지 '포인트'와 6가지 '결정'

중국이 핵심 전략 시점에 들어서고 있다는 점에는 이견이 없을 것이다. 소비 인터넷에서 산업 인터넷, 산업 지능 인터넷으로 변천하는 핵심은 '연결 포인트'를 설정하고 '착안 포인트'을 정확하게 선택하며, '발화 포인트'까지 계속해서 온도를 올려 중첩, 융합해서 '폭발 포인트'까지 접근하면 '통제 포인트'를 통해 총괄적으로 계획하는 데 있다. 이것이 5가지 '포인트'다. 그렇다면 통제 포인트란 무엇일까? 자주 혁신, 자주 통제라 할 수 있다. 모래사장 위에 높은 빌딩을 지을 수 없고, 손해를 본 건 오래 기억해야 한다. 신인프라 건설에서 산업 지능 인터넷까지 토대, 중심을 통제하지 못해서는 안 된다. 다른 것들은 일일이 설명하지 않겠다.

여섯 '결정'은 목표 방향 결정, 방법론 결정, 로드맵 결정, 트랙 결정, 협동 메커니즘 결정, 게임 규칙 결정으로 어느 것 하나 빠져서는 안 된다. 결정해서 실행에 옮기는 건 사실 아주 간단한 일이다. 결정한 계획이 합리적이지 않을 때는 상황에 맞게 조정할 수 있어야 한다.

6대 수단

먼저 첫 번째 수단을 살펴보도록 하겠다. 지난 10년 동안 기술과 운용 면에서 빠르게 발전한 중국 인터넷은 광범위한 영역, 생산에 침투하며 많은 변화를 이루어냈다. 그리고 그 결과로 대량의 데이터가 출현했는데, 이는 중국의 차세대 인공지능 발전, 스마트 의사결정 실시의 핵심 수단이자 중요 전략자원이다.

두 번째 수단은 중국의 응용 시나리오다. 중국은 산업 부문의 완비, 풍부하고 다원화된 시나리오, 충분한 창업 동력을 갖추고 있어 규모, 수준, 범위 면에서 모두 우위를 차지하고 있다.

세 번째 수단은 중국의 신인프라로, 이것의 우위는 너무나도 자명하다. 이미 모든 게 계획되어 있어 무질서하게 목표를 정할 필요가 없고, 비싼 비용을 들이며 맹목적으로 시행착오를 거듭할 필요도 없다. 이처럼 약간 늦게 시작하더라도 차분히 계획한다면 발전 가능한 인터페이스와 공간을 확보할 수 있다.

네 번째 수단은 전환 업그레이드의 내부 추진력이다. 신구 동력 전환, 혁신주도 질적 성장에 각급 정부 기관은 내부 추진력과 전체적인 계획을 세우고 있다. 산업 디지털화, 스마트 전환이 이미 그만둘 수 없는 추세가 됐다는 사실에 내구력을 갖춘 기업들도 당혹스러움을 감추지 못하고 있다. AI 생태계는 실물 산업이 각자의 트랙에서 성장하는 걸 도울 것이다. 이외에도 발전 단계, 발전 수준에 차이가 있어 '보완'할 점이 적지 않으므로 일률적으로 처리하려 해서는 안 된다.

다섯 번째 수단은 대협동이다. 중국은 대협동을 실현하는 데 선천적인 우위와 제도적 우위를 가지고 있다.

여섯 번째 수단은 블록체인이다. 인공지능+빅데이터+생태계는 산업 생태계와 창업 생태계를 새롭게 바꿀 것이다.

6대 트랙

발전 계획에 근거해 차세대 인공지능은 제조, 농업, 물류, 금융, 비즈니스, 가정까지 총 6가지 중점 분야에서 융합 혁신을 진행하고 있다. 필자는 이 6가지 트랙에 대한 몇 가지 건의를 제안하려 한다.

첫째, 스마트 운전 기술, 5G 기술을 핵심으로 삼아 자율주행, 스마트 차량 인터넷, 스마트 교통신호 제어 시스템, 차량 인프라 협력 시스템 기술, 스마트 교통, 스마트 도시를 일체화시킨다.

둘째, 음성 상호작용과 시각 기술, 소프트웨어와 하드웨어 일체화를 핵심으로 인공지능 스피커, 스마트 홈, 스마트 도우미, 스마트 자동차, 스마트 고객 서비스, 스마트 금융 등 시나리오를 적용한다.

셋째, 클라우드는 전부 스마트 클라우드로 발전시킨다. 스마트 클라우드는 브레인이 바탕이 되는 클라우드로 기본 클라우드+AI를 말한다.

넷째, 신인프라 건설이다. 신인프라 건설을 트랙으로 보는 게 억지스러워 보일 수 있으나 사실 산업 스마트화, 스마트 도시, 스마트 경제, 스마트 사회와 충분히 연결되고 바탕이 될 수 있다.

다섯째, 스마트 제조를 핵심으로 한 산업 스마트화다. 빠른 속도로 발전하고 있는 인공지능 기술은 각 분야와 업계에도 스며들어 현재의 산업 방식을 바꾸고, 기업 생산율을 높이고 있다. AI로 인해 우리는 이제 표준화, 자동화, 모듈화된 AI 공업 대생산 단계로 들어서고 있다. 이것은 경제와 사회 발전에 지속적으로 엄청난 영향을 줄 것이며, 여러 업종의 경쟁 지형을 새롭게 바꾸어놓을 것이다.

여섯째, 생태계, 교육, 대건강이다. 보편적 혜택을 특징으로 하는 생태계, 교육계, 대건강은 모든 사람의 성장, 생활과 관련이 있어 협동을 펼칠 충분한 매력이 있다.

종합해서 스마트 시대 중국의 자주 혁신, 자주 통제는 불가능한 꿈이 아니다. 그러니 중국은 차세대 인공지능 기술에서 선두를 이끄는 강자가 되어야지, 곳곳에서 발목이 잡히는 약자가 되어서는 안 될 것이다.

다 함께 협동하고 노력해서 중국 스마트 경제의 도약 포인트, 폭발 포인트를 찾고, 전략 의도가 실현되기를 바란다. 세계 AI 상업화가 왕성히 진행되고 있는 때에 중국도 화려하고 찬란한 성과를 거두기를 희망한다. 20년 전에 바이두가 사람들이 가장 평등하고 빠르게 정보를 얻어 원하는 것을 찾을 수 있기를 원했다면, 지금 우리는 자주 탐색과 광범위한 개방 방식을 통해서 AI 기술을 혁신함으로써 중국 전체가 혜택을 입고, 세계 모두가 행복해질 수 있기를 바란다.

수직 시나리오 분석 1 : 풀 스택 기술력 서비스를 통한 혁명

인공지능은 교통 발전의 새로운 엔진이며, 스마트 교통은 공업혁명의 파도 위에서 있다. 이것은 국가의 신인프라 건설이라는 거대한 흐름 속에서 혁신 과학 기술의 선두주자이자 기초 산업이다. 인공지능과 교통의 5G 디지털화 전환, 스마트화라는 흐름 속에서 기존 교통 시스템은 디지털화, 네트워크화, 자율주행을 바탕으로 한 신교통으로 전환이 가속화되고 있다.

ACE 교통엔진, 로보택시 자율주행 택시의 합동 출격

2020년 4월, 바이두에는 중국 교통 부분에서 기록할 만한 2가지 획기적인 사건이 있었다. 하나는 4월 9일 바이두에서 스마트 교통 솔루션인 'ACE 교통엔진'을 배포해 체계적인 종합 해결 방안을 제시한 것이다. 둘째는 4월 19일, 바이두가 아폴로 로보택시(Apollo Robotaxi) 자율주행 택시 서비스의 전면 개방을 선포하면서 창사 지역에서는 바이두 지도, 바이두 앱을 통해 클릭 한 번으로 택시를 부르고 무료로 시승도 해볼 수 있게 됐다. 이로써 아폴로 로보택시는 중국에서 처음으로 앱을 통해 대중에게 개방한 로보택시 서비스가 됐다.

바이두는 중국에서 유일하게 차와 도로가 융합된 풀 스택 자율주행 기술을 가진 첨단 기업이다. 인공지능, 빅데이터, 자율주행, 지능형 차량 인프라 협력 시스템, 고정밀 지도 등 차세대 기술을 이용해 차와 도로가 융합된 교통 엔진을 만들어 인프라 스마트화, 교통 운수 장비 스마트화와 외출 서비스의 간편화를 추진하고 있다. 또 행정 업무의 관리 애로사항 해결, 사업 비즈니스의 생태계 건립 및 소비자의 다양한 요구를 만족시킬 수 있는 서비스를 제공하고자 힘쓰고 있다. 그리고 미래 교통이 진정한 스마트화, 일체화 단계에 진입할 수 있도록 노력하고 있다.

차와 도로가 융합된 풀 스택 자율주행 기술은 선진 자율주행, 지능형 차량 인프라 협력 시스템, 무선 통신과 차세대 인터넷 등 여러 기술을 활용해 사람, 차, 도로, 클라우드, 지도 등 교통 요소들의 상호 융합을 실현하는 것이다. 또한, 차량 스마트화, 도로 스마트화, 운수 스마트화 이렇게 3가지 차원을 바탕으로 디지털화, 네트워크화, 자동화 3가지 단계의 발전 노선을 따르고 있어 지속적으로 발전할 수 있는 형태다.

선두를 달리는 자율주행 기술, 전 세계 유일한 차와 도로의 폐쇄형 루프

유일하게 자율주행 국가 인공지능 오픈 혁신 플랫폼을 이룬 기업인 바이두는 2019년 연말까지 자율주행 관련 특허 신청 건수가 1만 8천여 건을 넘었고, 이로써 중국은 세계에서 1위를 차지했다. 2019년 미국 캘리포니아 차량 관리국의 자율주행 도로 테스트 보고에는 바이두의 MPI[133] 순위가 전 세계 1위(표 8-1)라고 나와 있다. 또 유일하게 가장 높은 T4 면허를 얻은 중국의 유인 테스트 번호판은 120장에 달하며, 테스트 거리는 600만km를 초과했다. 또한, 베이징의 도로 테스트는 테스트 도로, 지역 범위, 서비스 규모, 테스트 허가증 및 거리 측정 모두 전 세계 선두를 차지하고 있다.

표 8-1. 2019년 미국 캘리포니아 차량 관리국 자율주행 도로 테스트 보고서(부분) (단위 : 마일)

기업	국가	2019년		2018년	
		이탈률	총운행 거리	이탈률	총운행 거리
바이두	중국	0.055	108300	4.86	18093
Waymo	미국	0.076	1454137	0.09	1271587
제너럴 Cruise	미국	0.082	831040	0.19	447621
Autox	중국	0.094	32052	5.24	22710
포니 AI(Pony AI)	중국	0.154	174845	0.98	16356
Nuro	미국	0.494	68762	0.97	24680
Zoox	미국	0.627	67015	0.50	30764
디디(滴滴)	중국	0.682	11730	–	–
PlusAI	미국	1.064	1880	18.40	–

자료 출처 : 치처즈자(汽車之家) 업무팀이 2019년 미국 캘리포니아 차량 관리국의
자율주행 도로 테스트 보고서를 정리해 작성한 표.

133. MPI는 자율주행 자동차가 기술적 고장이나 안전 운행을 위해 자율주행 모드를 중단하고 인위적 개입으로 전환되는 걸 가리키는데, 이를 '이탈'이라 부른다. '이탈' 데이터 보고서는 어느 정도상에서 자율주행 기술의 성숙도를 가늠하는 데 사용된다. 미국 캘리포니아는 전 세계 자율주행 자동차 테스트가 활발하게 진행되는 곳이다. 2015년부터 캘리포니아 차량 관리국은 현지에서 자율주행 테스트를 진행하는 기업에게 1년 자율주행 '이탈' 데이터를 요구하고 있다.

앞에서 언급했듯이 2018년 7월, 바이두는 샤먼 진룽 자동차와 협력해 전 세계 처음으로 L4등급의 자율주행 버스 '아폴로'를 양산했다. L4등급의 자율주행 솔루션 시스템을 탑재하고 있는 아폴로는 이미 베이징, 슝안(雄安), 푸젠 핑탄(福建平潭), 광저우, 선전 등 지역에서 상업 운영을 하고 있다.

자율주행, 스마트 교통 영역에서 바이두는 전 세계에서 유일하게 차와 도로가 융합된 스마트 운행 기술의 폐쇄형 루프를 갖춘 기업이다. 자율주행 방면에서 아폴로는 조작 시스템, 컴퓨팅 플랫폼, 감각 제어 등 10대 핵심 기술을 정복해나가며 복잡한 도시 도로와 고속도로에서 자율주행을 실현했다. 이에 지능형 차량 인프라 협력 시스템 방면에서 L0~L5등급의 자율주행 차량의 광역 시각, 중복 감지와 초지평선 감지를 지원할 수 있다. 또 스마트 차량 인터넷 방면에서는 샤오두 차재 OS는 이미 무선 충전 설비, CarLife 휴대폰 미러링, 내비게이션 및 스마트 백미러까지 4가지 종류의 제품 형태가 갖춰져 있고, 단말에서는 지도, 음성, 시각, 데이터, 생태계, 계정, 지출 등의 기능이 통일되어 있다.

스마트 커넥티드카의 3가지 경계

대단히 큰 규모의 사업인 자동차 공업은 지금 100년 동안 보지 못했던 변화에 직면해 있다. 그것은 바로 스마트화, 네트워크화를 거쳐 최종적으로 무인 주행으로 들어서는 변화다.

바이두 스마트 차량 인터넷은 이미 60여 곳의 자동차 기업, 400여 대의 차량과 합작을 진행했고, 수천만 명의 사용자에게 서비스를 제공했다. 이를 통해 '사람-차-집-생산-생활'의 유기 생태계를 구축해 도시 발전과 생활을 위한 상당한 동력을 제공했다.

비교적 긴 시간이 필요한 스마트 네트워킹에는 다음과 같은 3가지 경계를 이루어야 한다.

첫째, 인프라의 스마트 네트워크화다. 지금 도로를 달리는 자동차 중 대부분은 인터넷이 연결되어 있지 않고 자율주행 기능도 없지만, AI 방식을 이용해 교통 효율을 개선하고 높일 수 있다. 자동차가 시대의 발걸음을 따라가지 못할 때 인프라가 앞장서서 도로에 각종 감지 센서, 카메라를 설치할 수 있다. 가장 간단한 건 교차로에 설치된 신호등이다. 신호를 표시하는 기능만 하는 지금의 신호등은 곧 있으면 스마트 신호등으로 바뀔 것이다. AI는 이미 교통 정보를 실시간으로 전부 처리할 수 있다. 모든 신호등과 연합, 협동해 신호등 시간을 조정한다면 신호등의 대기 시간을 30%~40% 줄일 수 있다. 이와 같은 해결 방안을 이용하면 자동차에 스마트 기능이 없어도 도시의 교통 효율과 통행 효율을 대폭 향상할 수 있다.

둘째, 자동 주차다. 엄격한 의미에서 말하자면 자동 주차가 아니라 마지막 1㎞의 자율주행이자 '마지막 1㎞의 자유'라고도 할 수 있다. 완전한 자율주행 시대가 오기도 전에 자동 주차가 가능한 이유는 무엇일까? 그 이유는 주차장이 저속 환경이라서 마지막 1㎞ 자율주행 능력이 없는 차에 구축 효과를 일으키기 때문이다. 현재 바이두의 자동 주차 기능은 이미 기업들의 주문이 끊이지 않고 있다.

셋째, 완전한 공유 자동차 시대, 자율주행 시대다. 자율주행 기술의 발전 속도가 아주 빠른 만큼 이 시대는 언젠가 도래하게 될 것이다. 더구나 상대적으로 봉쇄된 환경에서는 이미 자율주행이 완전하게 실행되고 있다.

···

리전위, 바이두 그룹 부사장, 스마트 자율주행 사업그룹 사장(인터뷰 일자 : 2020년 4월 18일)

장샤오펑 : 테슬라가 과거 보안에 문제가 생긴 적이 있습니다. 해커가 차량 시동, 정지, 가속을 통제할 수 있다고 협박한 거지요. 이에 독자들이 오픈소스로 인해 보안상 문제가 생기지 않을까 의문을 가질 것 같습니다. 어떻습니까?

리전위 : 테슬라, 우버에서 일어난 사고들은 상당히 위험한 일입니다. 변화하는 과정에서 일은 좋게 변할 수도 있고, 나쁘게 변할 수도 있습니다. 그래서 저희는 나쁘게 변할 가능성을 최대한 낮추려 합니다.

업계에 막 진입했을 때 모두 개방하지 않는 방식이 더 안전하다고 생각했습니다. 하지만 이 영역에 들어선 뒤 작은 실험을 해본 결과, 시중에 있는 자동차들 대부분이 쉽게 해킹당할 수 있다는 사실을 발견했습니다. 솔직하게 말해서 높은 기술 수준을 갖추지 않아도 가능했습니다. 자동차는 폐쇄적인 것처럼 보이지만, 휴대폰이나 PC보다도 뚫리기가 쉽습니다. 과거 자동차 해킹이 일어나지 않은 건 단순히 인터넷이 연결되어 있지 않았기 때문입니다. 이런 상태에서 자동차에 인터넷이 연결된다면 보안상 문제가 생기겠지요. 그러니 폐쇄되어 있다고 해서 꼭 안전한 건 아닙니다.

오픈소스 플랫폼은 개방된 주방과 같습니다. 모두가 사용하기 때문에 누구든 안전 문제를 발견해낼 수 있습니다. 예를 들면, 여기 벌레가 있다거나 저기에 파리가 날아다닌다고 말하는 것처럼요……. 더 쉽게 문제를 발견해낼 수 있으니 갈수록 더욱 안전하게 바뀔 수 있을 겁니다. 소스를 오픈하지 않은 상황에서는 코드 엔지니어가 게이트를 닫고 있어 내부 장식이 어떤지 아무도 보지 못하니 게이트 앞에 빗질만 깨끗하게 하면 그만이지요. 하지만 지금은 모두 집 안을 들여다보고 싶어 합니다.

저희는 오픈소스를 하기 전에 반년 정도 시간을 들여 2가지 중요한 일을 해야 했습니다. 하나는 보안이었고, 다른 하나는 IP 작업이었지요. 대량의 코드를 스캔해 코드에 만약 다른 IP가 사용됐으면 분리해야 했습니다. 모두 오픈소스 코드를 사용했고, 제품화와 상업화의 과정에서 다시 게이트를 하나 추가해 보안성을 높였습니다.

보안은 최우선 과제입니다. 보안은 저희 업무에서 가장 중요한 부분입니다. 저희의 코드 논리는 차선 변경을 안전하게 하지 못할 경우에는 사용자 체험의 질이 나빠지더라도 차선 변경은 하지 않겠다는 겁니다. 이것은 저희가 사용자를 위해 갖춰야 할 책임감입니다. 만약 보안 수준을 높이지 않고 단순히 저희의 능력만 드러내려 했다면, 무인 자동차는 진작에 세상에 나왔을 겁니다. 하지만 저희가 이루려는 건 사람이 운전하는 것보다 더 안전하고 다양한 기능도 수행할 수 있는 한 치의 실수도 없는 완벽함입니다.

정부의 드넓은 포용력, 분명하게 드러난 개방의 힘

장샤오펑 : 현재 바이두는 100여 개의 자율주행 테스트 허가증을 가지고 있습니다. 해외와 비교해봤을 때 중국 정부의 포용력이 높다고 보이는데 어떻습니까? 중국 정부가 새로운 기술, 새로운 업종을 적극적으로 포용하고 더 큰 테스트 공간을 제공해주

었나요?

리전위 : 맞습니다. 저희가 처음 자율주행에 진출했을 때 세 개의 거대한 산을 맞닥뜨렸습니다. 바로 기술, 자본, 정부 정책이었지요. 이 세 개의 산 중에서 기술이란 산은 더 높아졌지만 다른 2가지, 특히 중국 정부 정책은 최근 몇 년 동안 저희가 상상했던 것보다 훨씬 더 나아졌습니다.

우려했던 것처럼 정부가 저희 일을 막거나 허용하지 않는 일은 일어나지 않았습니다. 오히려 정부는 우선 실행하고 우선 테스트할 수 있게 해주었고, 심지어 상황이 이상적이지 못해도 기업이 먼저 시도해보면 나중에 정책으로 보완을 해주었습니다.

정부는 저희의 예상보다 훨씬 더 혁신에 포용적이었고, 혁신을 갈망하고 있었습니다. 정부가 제시한 조건은 안전뿐이었습니다. 베이징시에서는 항상 저에게 "전위 씨, 테스트를 진행해도 좋습니다. 하지만 이곳이 수도인 만큼 안전에 각별히 유념해주십시오"라고 말했지요.

이것도 저희의 책임이었습니다. 수도에서 테스트를 진행하니 저희가 더 잘해야 했지요. 베이징, 장사, 창저우, 충칭은 적극적으로 저희를 포용해주었고, 생각했던 것보다 훨씬 빨리 저희 일을 학습하고 이해했습니다.

최근에 저희는 스마트 교통 백서를 발표하면서 20여 개의 도시에서 받은 피드백을 되짚어 봤습니다. 모두 저희의 생각을 알고 있었고, 다음 단계를 진행하기를 원했습니다. 계속해서 실천하는 과정에서 정부, 첨단 기술 기업, 자동차 제조공장이 삼위일체가 되어 긴밀히 협동하는 중국만의 특색을 가진 자율주행 실행 방식이 형성됐습니다. 자동차 제조공장은 차대, 전자구조를 만들고, 바이두는 스마트 기능을 만들고, 정부는 정책 지원, 인프라 건설을 책임지는 삼위일체의 협력 방식이 형성된 겁니다. 이것은 개방의 힘, 생태계의 힘입니다. 단일 기업이 가진 힘만 보면 미국 기업이 중국 기업보다 훨씬 강합니다. 구글, 아마존, 마이크로소프트 등 세계적인 기업들은 어떤 영역에서든 절대적 우위를 차지하고 있습니다. 하지만 중국 대기업이 서로 협력하고 정부가 강력한 지원을 해준다면 중국도 자신만의 우위를 갖출 수 있습니다.

스마트 자율주행, 지능형 차량 인프라 협력 시스템으로 변화하는 차, 도로, 인간의 관계

장샤오펑 : 생태 방법을 활용해 전체 산업사슬, 전체 시나리오, 전체 시공간을 진행하는 목적은 사용자 및 생태 협력 파트너가 독특하고 풍부한 가치를 얻을 수 있게 해주기 위함입니다. 스마트 자율주행은 분명 많은 부분에서 저희를 바꿀 겁니다. 사람과 자동차의 관계, 자동차와 지능형 교통 인프라 시스템 역시 그중 한 부분이라 할 수 있습니다. 그렇다면 주로 어떤 부분에서 인간과 기계의 관계가 변화할 거라 보십니까?

리전위 : 지금껏 상호작용 방식의 변화는 컴퓨터 분야의 혁명적인 혁신을 통해 이루어졌습니다. 스마트 자동차 업무에서 차량 인터넷은 중요한 부분입니다. 과거 차량 시스템은 대부분 휴대폰 시스템보다 낙후되어 있어 차내 사람과 기계의 상호작용 방식의 개선이 절박하게 요구됐습니다. 음성 상호작용, 지문 인식의 방식은 운전 시나리오에서 실행할 가치가 있으며, 보안 취약점도 해소할 수 있습니다. 음성 상호작용을 통해 쉽고 빠르게 콘텐츠와 서비스에 접속할 수 있고, 안면 인식을 활용해 차 문을 열거나 결제 등을 할 수도 있습니다.

과거 몇 년 동안 인간과 기계의 상호작용으로 인한 가장 큰 변화는 스마트폰의 출현이었고, 이제 다음으로는 스마트 차량이 될 겁니다. 중국은 과학 기술 발전 속도가 매우 빠릅니다. 중국이 전 세계 모바일 인터넷을 선도하고 있습니다. 더구나 세계 자동차 기업들도 이런 변화에 부담을 느끼고 있습니다. 차량 모델 하나를 개발하는 데 보통 2, 3년이 소요되니까요. 그래서 자동차 기업이 새 모델을 발표한 뒤 상호작용 방식이 낙후되어 있다는 걸 발견하면 바이두에 연락해 6~8개월 안에 상호작용 방식을 더 개선할 수 있는지 문의합니다. 이건 이전에는 절대 실현 불가능한 일이었지만, 지금은 할 수 있습니다. 자동차 기업으로서는 테슬라 터치스크린과 같은 기술이 생겨날 때마다 받은 경쟁 압력도 커질 수밖에 없습니다.

앞에서 말한 것들은 단지 유인 주행에만 해당하고, 무인 주행 영역에는 더 상상할 수 있는 공간이 넓습니다. 자동차가 이동하는 사무실이자 이동하는 휴식 공간이 될 수 있습니다. 저희가 구상해둔 무인 주행으로 실현될 새로운 시나리오는 빙산의 일각일 뿐입니다. 무인 주행은 분명 사람과 자동차의 관계, 외출의 방식을 상당 부분 바꾸어놓을 것이며 도시의 생활에 새로운 의미를 부여할 겁니다. 이와 같은 미래에 관한 생각은 저희가 난관을 극복하게 해주고, 저희가 상호작용 방식이 혁명적으로 바뀌는 날이 와서 더 안전하고 더 효율적으로 되도록 기대하게 합니다.

마음속에 경외심이 있어야 비로소 믿음을 가질 수 있다

장샤오펑 : 리 선생님의 설명을 통해서 아주 참신한 로드맵을 볼 수 있었습니다. 여기에는 to B 요소뿐만 아니라 to G, to C 요소도 포함된 것 같습니다. 각 요소의 경험과 가치를 충분히 고려하기가 쉽지 않으셨을 텐데요. 사업을 계획하면서 분명 사업 청사진을 미리 그려 두셨겠지요.

리전위 : 맞습니다. 저희의 대체적인 로드맵을 to B, to G, to C의 측면에서 본다면, 먼저는 to B로 차재 차량 인터넷입니다. 다음으로 to G는 차량 인터넷 관련 부분으로 저희는 이것을 인프라 설비 네트워크화라고 부릅니다. 다음 단계로 다시 to B인데, 이 때는 고급의 자율주행 기능을 자동차에 장착시키기 시작합니다. 마지막으로 to C 단계에 들어섭니다. 이 과정에서 바이두의 유전자가 가장 잘하는 일은 to C이지만, to C가 가장 경로가 길기도 합니다.

상업화, 산업화를 실현하는 과정에서 저희는 많은 것들을 배워야 했습니다. 예를 들면 자동차 제조공장과 소통을 하는 방법을 익혀야 했습니다. 자동차 제조공장에서 사용하는 언어체계는 인터넷 업계와는 달랐고, 또 자동차 제조공장에서는 차량 모델 하나 만드는 데 2, 3년이 필요했습니다. 몇 주 동안 빠르게 테스트를 진행하며 추진해보다가 안 되면 곧바로 철수하는 닷컴 기업의 앱 제작 방식과는 완전히 달랐지요. 처음 저희는 이런 사실도 모른 채 겁 없이 제품을 빨리 만들어 출시하겠다는 생각만 했습니다. 반면 지금은 새로운 분야에 진입하려면 마음속에 경외심을 품고 있어야 한다는 걸 압니다. 자동차 제조공장에서 말한 안전, 차량 규칙, 문서화와 같은 일들을 할 수 있어야 합니다. 자동차 업계의 역사는 인터넷 업계보다 오래된 만큼 저희가 일을 제대로 해내려면, 먼저 차근차근 배우고 이해해야 했습니다.

처음에 자동차 제조공장은 저희가 가진 기술력만 인정했을 뿐 사업을 진행할 수 있을

지는 반신반의했습니다. 하지만 이제는 저희가 더 잘 사업을 진행할 수 있지 않을까 기대를 하고 있습니다. 2년 동안 저희는 아무것도 해내지 못할 거란 걱정 어린 시선을 받으며 자동차를 제작해냈을 뿐만 아니라 무인주행 기술력까지 구축했습니다. 그리고 앞으로 더 많은 것들을 해낼 겁니다. 그리고 저희가 이 분야를 존중하고 경외심을 갖는 것은 자동차 제조공장과 신뢰를 건설하는 기초입니다.

2019년 하반기부터 저는 to G 언어를 배우려고 노력해왔습니다. 정부의 요구는 자동차 제조공장과 완전히 다른 to G의 고객 관리입니다. 단계식 고객 관리로 단계마다 요구가 완전히 다른 겁니다. 예를 들어서 시를 책임지는 시장은 혁신에 관심을 가지지만, 부시장은 산업에 관심을 가지고, 그 아래 간부는 신호등 조정이 잘되는지, 버스 스마트화가 가능한지에 관심을 가집니다. 이처럼 각 단계의 요구가 다른 만큼 핵심은 어떻게 고객의 모든 요구를 만족시키냐에 있습니다.

저희는 빠르게 배우기에 앞서 마음을 비웠습니다. 2년 동안 얻은 가장 큰 깨달음은 만약 저희가 한 분야를 스마트화하려 한다면, 반드시 깊이 연구하고 해당 분야의 규칙을 철저히 이해해야 한다는 거였습니다. 설사 분야에 진입한 뒤 일부 저희가 하기에 적합하지 않은 부분을 발견한다면 물러나되 중도에 그만두지는 않고 저희가 잘하는 일을 하는 방향으로 진행했습니다. 저희는 이렇게 자동차 업계에 진출했습니다. 협력 동료들이 저희에게 "왜 할 수 없는 걸 하려고 합니까?"라고 물어보면 저희는 이렇게 답합니다. "여러분이 잘하는 부분을 저희는 다루지 않을 겁니다. 하지만 여러분들이 하지 못하는 부분에서 저희는 최고가 될 겁니다"라고 말입니다. 예를 들어서 저희는 자동차 제작과 관련된 하드웨어 부분은 잘하지 못했지만, 여러 하드웨어 일을 처리했습니다. 일부 하드웨어는 생산이 규격화되어 있지 않고, 살 수도 없어 스스로 연구해 제작할 수밖에 없었습니다. 또 서버 파트너들과 협력할 때 저희는 차량용 컴퓨터 장치를 만들려고 했습니다. 공랭, 수랭은 저희도 잘하지 못하는 부분이었지만, 하지 못하면 폐쇄형 루프를 형성할 수 없고 시나리오를 이룰 수 없어 저희가 해야 했습니다. 그렇게 조금씩 추진하니 어느 날 산업화를 이루게 됐고, 저희는 앞으로 협력 파트너와 뭘 해야 하는지 알게 됐습니다.

진정으로 한 분야에 깊이 진입하려면 몸을 낮춰야 합니다. 비록 이 과정에서 때로는 저희가 잘하지 못하는 일을 해야 할 때도 있었지만, 어쨌든 누군가는 해내지 않으면 네트워크화, 스마트화는 실행될 수 없는 공염불에 불과할 뿐입니다.

지금 저희는 자동차 분야를 비교적 잘 이해하고 있으며 스마트화할 수 있는 많은 부분을 발견했습니다. 예를 들면 IT시스템은 스마트화나 디지털화할 수 있으니 앞으로 포착할 기회도 더 많아질 겁니다. 하지만 해당 분야를 깊이 알지 못했다면 다가올 기회도 발견할 수 없습니다.

예리한 무기를 든 선봉 부대

장샤오펑 : 저희에게는 입소문 효과라는 아주 강력한 무기가 있습니다. 그리고 자율주행은 AI시스템이라는 왕관을 장식하고 있는 귀중한 보석입니다. 그러니 저희가 이 부분을 깊이 파고든다면 전체 시장의 수용도에 분명한 영향을 끼칠 수 있을 겁니다. 자율주행은 산업 전반과 관련이 있어 스마트 차량 인터넷, 지능형 차량 인프라 협력 시스템을 선도해 나갈 수 있습니다. 스마트 차량 인터넷의 경우 DuerOS를 사용해 응용 프로그램과 서비스를 연결할 수 있고, 지능형 차량 인프라 협력 시스템의 경우 스마트 교통, 스마트 도시를 선도하며 저희가 축적한 우수한 능력과 서비스를 견인하고, IT시스템과 AI시스템을 포함한 미래 산업의 스마트화를 이끌 수 있습니다. 이러한 예리한 무기와 착안점은 바이두가 선봉 부대가 되는 데 아주 중요할 겁니다.

리전위 : 말씀하신 것처럼 무인 자동차는 예리한 무기임이 틀림없습니다. 저희는 다소 늦게 차량 인터넷 분야에 진출했지만, 포트와 같은 자동차 기업과 협력을 논의할 당시 자율주행 기술이 좋은 평가를 받고 있었기 때문에 모두 저희와 대화를 나누길 원했습니다. 그리고 저희의 기술력을 이해한 뒤에는 저희가 갖춘 차량 인터넷 제품을 긍정적으로 평가했고, 더 나아가 저희의 차량 인터넷의 편리함도 인정했습니다.

지능형 차량 인프라 협력 시스템도 마찬가지로 저희가 가진 비장의 무기입니다. 예를 들어서 저희는 창사시와 협력해 무인주행 도시, 스마트 네트워킹 도시를 만들려 합니다. 여기서 지능형 차량 인프라 협력 시스템은 자율주행을 지원할 수 있을 뿐만 아니라 많은 응용 시나리오를 지원할 수 있습니다. 일반 자동차와 커넥티드카에 서비스를 제공하기 위해 협력 시나리오를 한 걸음 더 전개할 수 있는 겁니다. 이것은 고차원으로 저차원을 공격해 경계를 무너뜨리는 핵심입니다.

저희는 스마트 자동차를 만들면서 축적된 경험을 무인주행 영역에서 쓸 수 있을 거라 믿습니다. 이전에는 섀시, 브레이크를 잘 알지 못했지만, 지금은 자동차 산업 협력을 다년간 해오면서 생산라인을 이해하고 분야에 깊이 진입하게 됐습니다.

에이전트 형성 : 생태의 협동화, 서비스의 차별화

장샤오펑 : 저도 여러 제조업자, 생태계 파트너 협력 모델의 비교적 큰 차이점에 주목하고 있습니다. 어떤 방면에서 그것들을 변화하고 향상할 수 있을까요?

리전위 : 기본적으로 모든 기업이 스마트화가 미래의 추세라고 생각하며, 차량 전체를 스마트화하려 하고 있습니다. 예를 들어서 중국 자동차 기업 이치훙치(一汽紅旗)의 경우 바이두와 함께 로보택시 협력을 진행한 뒤 중국에도 자율주행 자동차 섀시와 전자구조에 대한 이해가 깊은 기업이 있다는 걸 믿게 됐습니다. 오로지 깊은 협력을 진행해야만 비로소 배선을 어떻게 해야 하는지, 설계를 어떻게 해야 하는지 등 과정을 이해할 수 있습니다. 이치훙치의 경우 기본부터 쌓아나가고 있으니 앞으로 상부 알고리즘 시스템과 엔터테인먼트 시스템을 위해 바이두와 접촉하든지 아니면 다른 기업과 접촉하게 될 겁니다.

협력을 통해 저희는 액셀러레이터, 브레이크, 핸들의 기능을 배웠고, 그것들의 알고리즘 클라우드의 능력을 배웠지만 당장 핵심 경쟁력을 만들어낼 수는 없습니다. 다른 자동차 기업들과는 달리 저희는 브레이크 조절 기능을 다른 기업보다 잘 만들 수 있다고 단언할 수도 없고, 그것들을 단숨에 자율주행 알고리즘과 접목할 수 있다고 말할 수도 없습니다. 그러니 협력 과정을 통해서 저희가 잘하지 못하는 부분을 배우고, 전체 시스템에 대해 전면적으로 이해하는 게 중요합니다.

테스트를 완성하기 위해서는 수백 대의 자동차를 밖에서 운행해봐야 합니다. 그리고 500배, 1,000배의 시뮬레이션 시스템을 시험하기 위해 수천수만 대의 서버를 운행해야 합니다. 이것은 인터넷 관련 업무에 능숙하고 검색 엔진이 갖춰져 있는 바이두가 잘할 수 있는 일입니다. 이전 차량 안정성 테스트는 단지 자동차 제조공장에서 충격

테스트를 하는 거였습니다. 하지만 지금은 오프라인에서 대량의 가상 시뮬레이션을 해볼 필요가 있습니다. 그 이유는 자동차뿐만 아니라 사람도 시뮬레이션해서 운전 시스템을 점검해야 하기 때문입니다.

장샤오펑 : 이런 협력 생태계를 생각하니 3가지 문장이 떠오릅니다. 바로 '각자 맡은 일에 만족하고, 각자 맡은 일을 유능하게 처리하며, 각자 적재적소에 자리 잡고 있어야 한다'라는 겁니다.

저는 여러 기업과 교류하면서 몇몇 분야에서 공통으로 가지고 있는 것들을 종합해볼 수 있었습니다. 바로 지식 패키징을 산업 소프트웨어, 산업 응용에 대입시켜 산업 사슬의 협동을 추진하고, 연결과 연동 그리고 정확한 매치를 통해 과학 연구, 서비스, 생산과 사용자가 모인 플랫폼을 이루어야 한다는 겁니다. 그러니 미래 생태계 조성에는 더 긴 고려가 있어야 하지 않겠습니까?

리전위 : 생태계 건설에 대해서 지금 저희는 단 한 가지 생각만 하고 있습니다. 바로 계속해서 개방해야 한다는 겁니다. 저희는 보면 수직적으로 제품을 만들고, 기존 능력을 계층화하고, 협력 파트너의 계층화를 격려해야 한다고 생각합니다.

이에 저희는 교통 분야에 PaaS(서비스형 플랫폼) 개방 플랫폼을 만들어 참여자가 모두 플랫폼을 기반으로 응용 시나리오에 기여하기를 바라고 있습니다. 또는 SaaS(서비스형 소프트웨어)를 만들어 창고에서 조립으로 만들 수 있는 제품을 찾을 생각을 하고 있습니다. 이것은 에이전트를 이루는 과정입니다. 저희는 공급 사슬 능력, 수요능력을 해방하고 ERP(기업 자원 계획) 방식을 이용해 물류 시스템과 전체를 연결할 수 있습니다. 그리고 이것은 전체 상태를 아주 좋게 개선할 것입니다.

현재 저희의 업무 핵심은 에이전트를 형성해 조립 능력을 개방하는 데 있습니다. 예를 들어서 센서를 제작한 첫째 날부터 개방하거나 IaaS(서비스형 인프라)를 개방하면 플랫폼에서 모두가 수요를 형성할 수 있고, 사용하면서 계속해서 교체할 수 있습니다.

미래에 저희는 에이전트를 기업급, 산업급으로 발전시키는 종합 조직 방안에 힘쓸 겁니다. 예를 들어서 제조회사의 주문 시스템과 물류회사의 물류시스템, 심지어 ERP 공급·판매·보관 시스템까지 연결한다면, 중간 단계가 줄고 수요에 맞춰 생산할 수 있어 산업 효율은 엄청나게 향상될 겁니다.

저희의 현재 계획은 3가지 단계로 나뉩니다. 첫째는 각 부분의 핵심 접점을 디지털화 해서 연결하고 묘사할 수 있게 하는 겁니다. 둘째는 네트워크화, 상호접속을 하는 겁니다. 셋째는 자동화, 스마트화 수단을 통해 모든 링크를 연결하는 겁니다. 이렇게 하면 사회효율을 대폭 상승할 수 있습니다.

장샤오펑 : 바이두는 이미 차량 인터넷을 추진할 거대한 힘을 가지고 있으니 스마트 클라우드를 통해 분류, 운영을 진행한다면 더 큰 공간을 마련할 수 있을 겁니다. 바이두가 계속 주장한 산업 스마트화는 개방 플랫폼, 능력 수출, 생태계 건설, 외부와의 연결, 후속 협동, 서비스와 기술의 협동, 수요에 따른 생산을 통한 것입니다. 이와 같은 일련의 변화가 전체 경제와 잘 연결된다면 효율을 대대적으로 높일 수 있을 겁니다. 그럼, 차량 인터넷이 이후에 더 노력해야 할 부분은 무엇입니까?

리전위 : 정부 입장에서 보면 자동차 스마트화 이후에 메모리와 컴퓨팅 수요가 생길 겁니다. 또 자동차 업계 발전의 측면에서 현재 비교적 분명한 요구는 디지털 마케팅입니다. 자동차 제조업자는 어떻게 하면 자동차를 더 많이 팔 수 있을지에 관심이 있습니다. 바이두는 디지털 마케팅 영역에서 명확한 우세를 가지고 있습니다. 디지털 마케팅은 현재 바이두의 주요 영업 활동인 만큼 검색만으로도 정확한 추천을 해줄 수 있습니다. 만약 자동차 제조공장의 Java가 뒷받침된다면 바이두의 빅데이터와 사용자 프로필 기술을 활용해 마케팅 정보와 자동차 구매를 원하는 사람들을 매칭시킬 수 있습니다.

제품화, 양산화와 솔루션화

장샤오펑 : 과거 제품화, 양산화, 솔루션화를 언급하신 적이 있습니다. 아직도 이 기본 방향을 유지해야 한다고 보십니까? 더 발전하려면 무엇이 필요할까요?

리전위 : 몇 가지 응용 프로그램 분야의 발전 상황과는 달리 차량 인터넷의 양산화는 이미 잘 이루어지고 있습니다. DuerOS Inside의 마케팅 모델의 주문 점유율은 중국 첨단 기술 기업 중에서 선두를 차지하고 있습니다. DuerOS는 저희의 핵심 경쟁력으

로 차량용뿐만 아니라 스피커 출하량도 아주 많습니다. 이뿐만 아니라 휴대폰 지도, 바이두 앱에도 사용됩니다. 당시 이 제품을 제작하는 데 엄청난 힘이 들었지만, 제때 가치를 인정받은 셈입니다.

장샤오펑 : 고정밀 지도는 기존 바이두 지도를 바탕으로 개발하고 업그레이드한 것입니까?

리전위 : 기술은 서로 통하는 부분도 있고, 서로 통하지 않는 부분도 있습니다. 고정밀 지도는 일반 지도보다 요구 사항이 높은 편입니다. 저희의 고정밀 지도에는 3가지 다른 등급이 있습니다. 첫 번째 등급은 차량에 사용할 수 있게 살짝 고급화한 기존 지도입니다. 두 번째 등급은 운전 보조 시스템으로 사용할 L2/L3 지도입니다. 마지막 세 번째는 무인자동차에 사용하는 L4 지도입니다. 이렇게 지도마다 정밀 등급이 각기 다릅니다. L2/L3 지도는 차선, 커브률 등을 지원하는 반면, L4 지도는 정확도와 정지상태 물체 표기에 대한 요구가 더 높습니다.

바이두는 자율주행 서비스를 위해 전 세계에서 가장 뛰어난 고정밀 지도를 갖추고 있습니다. 아직 자율주행 자동차를 생산 계획은 없지만, 고객들은 저희의 고정밀 지도가 무엇이고, 어디에 사용하는지를 알고 싶어 합니다. 이에 바이두는 수백 대의 자율주행 차량 행렬을 통해서 고객의 요구에 대답했습니다.

방금 차량 인터넷을 말하면서 언급한 DuerOS는 이미 상업화됐고 차량 지도도 양산되고 있으며, 현재는 고정밀 지도 양산을 추진하고 있습니다. 아직 시장에 많이 출시되지는 않았고, 자동차 기업 혁신에 더 집중하고 있지만, 진행 속도는 매우 빠른 편입니다.

이 밖에도 각 교통 분야에 솔루션을 제공할 겁니다. 신호등 배치와 단지 안을 달리는 아폴로는 이미 실행되고 있습니다. 저희가 공을 들이는 건 교통 분야의 전체 솔루션입니다. 도시 차원에서 단일 제품으로는 부족한 만큼 사슬 연동이 필요합니다. 동시에 신호등, 주차, 차선, 자동화를 일괄적인 솔루션으로 해결해야 합니다. 집 현관에 정차하거나 자율주행으로 지하 주차장에 들어가는 고급의 자율주차 기능은 2020년에 기본적으로 완성됐습니다. 시일이 더 필요한 건 택시로 저희가 이치훙치와 함께 협력해 만든 시범 제품을 창사 시민들이 먼저 체험해보고 있습니다.

세상에 등장할 무인화 Apollo 6.0

장샤오펑 : 스마트 자율주행은 중국의 스마트 경제, 스마트 사회, 스마트 생활에 중대한 영향을 줄 겁니다. 마지막으로 현재 5.5버전까지 공개된 아폴로에 앞으로 어떤 변화가 있을까요? 어떤 부분에서 대대적인 진전이 있을 것 같습니까?

리전위 : 아폴로는 2017년 4월 19일 발표됐으니 발표된 지 이미 3년이 됐습니다. 2020년 9월 발표될 6.0버전의 핵심 키워드는 무인화가 될 겁니다.

현재 자율주행은 많이 언급되지만 무인주행은 자주 언급되지 않습니다. 왜냐하면 L4 등급 기능을 다루면서도 여전히 차 안에는 사람이 있어야 한다고 생각하기 때문입니다. 하지만 이번 신종 코로나 바이러스의 유행으로 인해 저는 인류에 예상치 못한 사건이 발생했을 경우 대응을 위해 무인화, 스마트화 기술이 가장 필요한 만큼 무인주행은 반드시 실현되어야 한다는 걸 깨달았습니다. 만일 무인주행 기술이 완성되어 있었다면, 우한에서 신종 코로나 바이러스가 집단 유행했을 때 많은 도움이 됐을 겁니다. 차량에 운전자가 있으면 전염 위험이 있는 것과 달리 무인주행은 전염 위험을 줄일 수 있습니다. 저희는 스마트화, 무인화를 반드시 완성할 수 있다고 믿지만, 현재는 사회에 혼란을 일으킬 수 있어 적극적으로 실행하지는 않고 있습니다. 지금도 기술 지원을 할 수는 정도까지 개발하기는 했지만, 만일 기술 지원을 했다가 사고가 난다면 득보다 실이 많게 될 테니까요.

6.0은 무인화로 사람이 이동하거나 화물을 운송하는 등의 시나리오를 다루고 있습니다. 2020년 신종 코로나 바이러스가 유행하는 동안 운전석이 없는 100여 대의 차량으로 음식 배달, 화물 운송, 소독 등 무인주행 시나리오 테스트를 진행했습니다. 그리고 사람 이동 시나리오의 경우 2020년 하반기까지 진전을 보이기를 희망하고 있습니다. 저희의 가장 큰 바람은 능력을 갖추고, 또 갖춘 능력을 개방함으로써 모두와 협력해 성과를 이루는 것입니다.

수직 시나리오 분석 2 : 가정용 샤오두의 첫 성장—소프트웨어와 하드웨어의 일체화, 서비스 생태화

강력한 기술력을 기반으로 한 샤오두 비서는 뛰어난 솔루션을 제공할 수 있다. 이에 다양한 시나리오를 광범위하게 응용해 풍부하고 완벽한 콘텐츠 생태계, 서비스 생태계를 갖출 수 있다면 기업 생산, 개방 문턱을 대폭 낮출 수 있을 것이다.

새로운 디스플레이, 새로운 설비, 새로운 상호작용, 새로운 유형, 새로운 서비스

샤오두의 혁명적인 스마트 디스플레이, 강력한 시장표현의 배후에는 끊임없이 각종 AI기술과 능력을 업그레이드하고, 사람의 능력을 이해하려 한 바이두의 노력이 있다. 이런 노력을 바탕으로 긱 모드를 통해서 샤오두는 장애 없이 영리한 대화를 나눌 수 있게 됐다.

멀티 상호작용은 스마트 디스플레이가 사용자를 더욱더 잘 이해할 수 있게 해주고 비서화, 인격화 특징을 더욱 분명하게 해주었다. 친근하게 다가갈수록 더욱 신뢰하게 되는 법이다. 사용자의 생활 수요를 이해하고 사용자의 생활 습관을 파악한 샤오두는 스마트 생활 관리자 통제 센터, 서비스 센터가 되어 사용자가 스마트 가정생활을 누릴 수 있게 했다. 기술이 점차 발전해감에 따라서 샤오두는 갈수록 능숙하게 대화를 이해할 거고, 사용자를 더 잘 이해해 만족하게 할 수 있게 될 것이다. 샤오두는 인간을 닮아가고 모방하려는 게 아니라 사용자에게 더 좋은 서비스를 제공하고 스마트 생활의 행복을 더욱 쉽게 누릴 수 있게 해주려 한다.

이러한 새로운 유형은 소프트웨어와 하드웨어의 일체화 제품 자체를 넘어 새로운 방향을 대표한다. 나날이 새롭게 발전하는 인공지능 기술과 상호작용 방식의 변화는 더 큰 범위에서의 혁명을 불러올 수 있다. 샤오두 비서는 더 많은 시나리오와 스피커, TV, 냉장고, 휴대폰, 로봇, 차재, 손목시계 등 많은 하드웨어 설비를 지원할 수 있다. 새로운 디스플레이, 새로운 설비, 새로운 상호 인터페이스, 새로운 상호작용 모델을 여는 새로운 서비스는 서로 다른 시나리오 콘텐츠를 연결하고 서비스 업그레이드와 스마트 마케팅을 위해 더 많은 혁신 공간과 상상 공간을 제공해줄 것이다.

스마트 디스플레이 방면에서 샤오두의 능력은 계속해서 발전하고 있지만, 이것이 AI의 가치가 발휘될 수 있는 유일한 분야는 아니다. 진정한 AI는 각종 분야에서 사람들의 생활을 끊임없이 바꾸어야 한다. AI만이 의료 건강, 금융 서비스, 교통 서비스를 포함한 각 분야의 작은 핵심을 변화시켜 사람들이 더 좋은 경험을 하게 해 줄 수 있다.

그렇다면 샤오두를 기반으로 가정 시나리오의 스마트 마케팅을 시작할 수 있을까? 샤오두 마케팅 센터는 샤오두를 주요 마케팅 부분에 TALK 스마트 마케팅 솔루션을 향상했다. 이에 인지적 접근, 상호 호감, 관계 심화, 지속적인 전환에 모두 새로운 상상과 활용 공간을 가질 수 있게 됐다(그림 8-1과 그림 8-2).

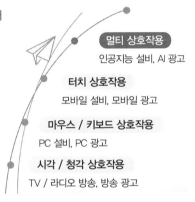

샤오두가 연 인간과 기계의 자연스럽고 풍부한 교류가 이루어지는 멀티 상호작용의 시대

미디어 효율 향상과 인간과 기계의 상호작용
방식의 혁명이 불러온 마케팅의 새로운 물결

멀티 상호작용
인공지능 설비, AI 광고

터치 상호작용
모바일 설비, 모바일 광고

마우스 / 키보드 상호작용
PC 설비, PC 광고

시각 / 청각 상호작용
TV / 라디오 방송, 방송 광고

멀티 상호작용
모든 정보교류 방식은 일종의 모달(Modal)이라고 부를 수 있다. 예를 들어서 사람의 촉각, 청각, 시각, 후각 등의 감각에는 상응하는 정보 전달 매개인 동작, 언어, 그림, 냄새 등의 형식이 있어야 하는데, 이런 모든 것들은 일종의 모달이라고 부를 수 있는 것이다. 이에 멀티 상호작용은 즉 멀티모달 인터페이스 조합의 상호작용 방식이라 할 수 있다.

브랜드와 사용자 소통형식의 변혁인 샤오두 멀티모달 상호작용
더욱 스마트해진 상호작용 : 사람과 사람이 교류하는 것과 비슷한 친근함
더욱 다양한 제공 : 들을 수 있고, 볼 수 있고, 이해할 수 있음
더욱 효율적인 연결 : 수요에서 서비스까지 더욱 빠르고 신속한 연결
더욱 영리한 피드백 : 결정에 도움을 주는 아이디어를 제공

자연언어처리   이미지 상호작용   클릭 터치

시선 식별   손짓 식별   생체 인식

그림 8-1. 샤오두 멀티 상호작용

자료 출처 : 바이두 마케팅 센터, 샤오두 미디어 가치 연구소, 2020년 5월

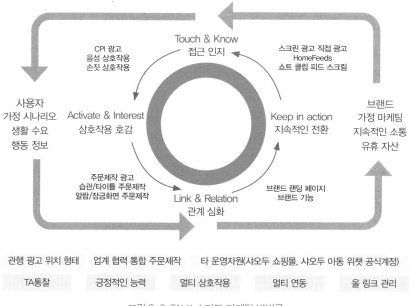

관행 광고 위치 형태   업계 협력 통합 주문제작   타 운영자원(샤오두 쇼핑몰, 샤오두 아동 위챗 공식계정)

TA통찰   긍정적인 능력   멀티 상호작용   멀티 연동   올 링크 관리

그림 8-2. TALK 스마트 마케팅 방법론

자료 출처 : 바이두 마케팅 센터, 바이두 미디어 가치 연구, 2020년 5월

....

징쿤, 바이두 그룹 부사장, 바이두 스마트 라이프 사업그룹 사장(인터뷰 일자 : 2020년 4월 24일)

장샤오펑 : 팀원들과 함께 제품을 계속해서 만들고 다듬어오신 만큼 돌아볼 가치가 있는 일들도 있었겠지요.

징쿤 : 저희 제품은 사용자들이 사용하는 과정에서 저희가 예상했던 시나리오를 넘어섰을 뿐만 아니라 사회에 긍정적인 의미를 가져다주었습니다. 원래 기술은 취약계층에 별로 관심을 가지지 않습니다. 그래서 취약계층의 목소리는 무시되기 일쑤이고 절박한 요구는 잘 해결되지 않았습니다.

시각장애인들은 정보를 얻고 싶어 하는 요구가 강했고, 여러 생활 문제를 해결하고 싶어 했습니다. 그래서 저희의 엔지니어들은 샤오두를 통해서 시각장애인 안마원에서 에어컨 리모컨이 없어도 음성으로 에어컨을 조작할 수 있게 환경을 개선했습니다. 음성으로 선풍기를 통제하고 전등을 켜고 끌 수 있습니다(많은 시각장애인이 사물이 볼 수는 없지만, 빛은 감지할 수 있음). 시각장애인들을 요구를 해결하는 건 강성수요입니다. 시각장애인들이 노래나 만담을 듣고 싶어 할 때 말 한마디로 해당 콘텐츠를 얻을 수 있다는 건 그들의 생활에서 큰 변화입니다.

반면 돈을 벌러 외지로 나간 부모와 떨어져 농촌에서 홀로 남아 있는 아이들이 정보와 서비스를 얻으려면 어떻게 해야 할까요? 부모가 아이들과 연락하려면 어떻게 해야 할까요? 집 안에 홀로 남은 아이를 위해서 샤오두를 구매하는 부모들이 많습니다. 샤오두에 탑재된 '집 안 살펴보기' 기능을 활용하면 1초 만에 집 안 상황을 볼 수 있고, 외지에서 일하는 부모와 아이가 빠르게 연락을 취할 수 있습니다. 이와 관련된 여러 감동을 자아내는 사례들도 많이 있습니다.

장샤오펑 : 그렇다면 전체 제품 정가 전략도 대중화에 치중한 고려인 겁니까?

징쿤 : 저희도 사실 어떻게 해야 할지 고민하는 중입니다. 최근 아마존 CEO 제프 베이조스가 저희 생각과 일치하는 말을 했습니다. 그의 말의 대략적인 의미는 앞으로 하드웨어를 만들어 수익을 내는 방식이 달라져야 한다는 거였습니다. 기존처럼 고객이 제품을 구매하는 것을 통해 수익을 내는 게 아니라 사용자가 제품을 사용하는 것을 통해 수익이 내야 한다는 겁니다. 그러기 위해서는 사용자가 제품을 더 좋아하게 만들고, 기꺼이 제품을 위해 돈을 낼 수 있게 만들어야 합니다. 그래서 저희는 문턱을 낮추려 하고 있습니다. 모두가 혜택을 누릴 수 있는 가격대를 설정해 더 많은 사용자에게 새로운 경험을 할 기회를 제공하려 하는 겁니다.

DuerOS 생태계

장샤오펑 : 앞으로 샤오두가 채택, 확정할 각종 응용 프로그램과 서비스가 더욱더 많아지고, 다원화될 거라 믿습니다. DuerOS는 소프트웨어와 하드웨어 일체화가 적용된 시나리오의 도움을 받아 가정, 자동차를 제외한 더 많은 곳에 쓰일 수 있을 겁니다.

더욱이 개방 플랫폼 생태계는 이미 몇십 개의 시나리오를 만족시키고 있지 않습니까. 그렇다면 생태계 건설, 게임 규칙 설계에서 어떤 가치관을 가져야 할까요? 앞으로 상상해볼 수 있는 공간이 있을까요?

징쿤 : 저희는 처음부터 개방 생태계를 원했습니다. 그 이유는 지금까지 모든 분야의 발전이 협동 발전을 통해 이루어졌기 때문입니다. 한 기업이 충분한 자원을 가지고 모든 걸 해낼 수는 없습니다. 설사 풍부한 자원을 가진 거대 기업이 모든 걸 한다고 해도 모든 방면에서 잘할 수는 없습니다.

DuerOS를 개방의 3대 운영체제라 부르는 이유가 뭘까요? 그 이유는 운영체계 자체에 해결해야 하는 기초적인 것들이 많기 때문입니다. 동시에 운영체계의 진정한 발전은 제3의 능력이 갈수록 많아지는 데 있습니다. 이로써 운영체계는 갈수록 강하게 변화하게 됩니다.

원래 윈도우(Windows)의 발전도 포토샵, 오피스, 게임과 같은 많은 도구류 소프트웨어가 있었던 덕분이었습니다. 안드로이드와 iOS의 개발도 마찬가지입니다. 개발자들이 응용 프로그램을 많이 개발할 때 전체 운영체계는 더욱더 강해질 수 있습니다.

저희는 모두가 협력해 발전하기를 희망합니다. 사용자의 동영상 시청 욕구는 아이치이에서 만족시킬 수 있고, 오디오 방송 수요는 히말라야(Himalaya)[134]에서 해결할 수 있습니다.

저희가 해결하는 건 서로 다른 응용 프로그램을 어떻게 협력하게 하고 계정을 연동하게 할지입니다. 기본적으로 사용자가 사용할 때 여러 응용 프로그램이 버벅거림 없이 매끄럽게 연결된다고 느껴야 합니다. 그리고 계획적인 측면에서는 개방을 통해 함께 번영하고 공생하기를 바랍니다. 이렇게 서로가 시너지 효과를 일으켜야 시장을 더욱더 확장할 수 있습니다.

최근에 바이두는 협력 파트너와 힘을 모아 온라인 동영상 진찰 기능인 '홈닥터' 서비스를 시행했습니다. 홈닥터는 특히 고령자 가정에 중요한 서비스입니다. 더욱이 최근에는 신종 코로나 바이러스가 유행하면서 사소한 건강 문제로는 병원을 찾지 않으려 합니다. 이런 시기 홈닥터, 홈의료는 거대한 강성수요입니다. 또 이를 계기로 상상력

---

134. 오디오 콘텐츠 플랫폼. - 역주.

공간이 넓어진 사용자들이 새로운 발견과 아이디어를 가지고 샤오두가 어떤 일을 했으면 좋은지 제안해주었으면 좋겠습니다.

장샤오펑 : 샤오두 사용자들은 프라이버시 보호, 보안 등 문제를 고민하거나 걱정해 본 적이 있을 겁니다. 어떤 방법으로 이런 사용자들의 걱정을 해소할 계획이십니까?

징쿤 : 샤오두를 제작한 첫날부터 저희는 프라이버시와 보안을 가장 중요하게 생각했습니다. 얼마나 많은 일을 처리하든지 상관없이 보안에 문제가 생긴다면 사용자들의 신뢰를 잃게 될 테니까요.

그래서 저희는 개방 방식으로 설비 시스템을 만드는 첫날부터 협력 파트너들에게 전체 분야의 백서를 개방하라고 요청했습니다. 그리고 공개적으로 더 많은 사용자, 더 많은 협력 파트너와 더 많은 구제기관이 설비 표준화 제정 작업에 참여하도록 했습니다.

더 풍부한 응용 시나리오에 적용되고 있는 인공지능

인공지능의 발전을 기다리는 시나리오들이 갈수록 많아지고 있다. 그중에서 가장 큰 응용 시나리오인 신인프라 건설은 AI가 더 많은 시나리오에 적용되고 융합될 수 있게 해준다.

스마트 네트워킹은 자동차 산업뿐만 아니라 인간, 사회, 경제, 산업, 생활 등 여러 방면과 관련이 있다. 그러므로 스마트 네트워킹은 전 사회의 추세를 대표한다고 할 수 있으며, 많은 영역에서 엄청난 발전 잠재력이 있다.

과거 20년 동안 중국인의 휴대폰 의존도는 계속해서 높아졌고, 이제는 휴대폰이 신체 일부분처럼 느껴진다고 생각하는 사람도 많다. 하지만 인공지능 시대가 도래함에 따라 앞으로 20년 동안 휴대폰 의존도는 계속해서 낮아질 것이다. 인공지능 시대에는 주변 환경에 각종 센서가 설치되어 사람의 요구를 더욱 빠르게 감지해 처리해줄 것이다. 터치로 작동하는 휴대폰의 경우 손을 통해서 기계와 상호작용을 해야 하지만, 미래에는 인간과 기계의 상호작용 방식이 더욱 다양해질 것이다. 특히 음성을 이용해 기계와 교류를 진행하는 게 일상이 될 가능성이 높다. 또 기계는 학습을 통해가 갈수록 영리해져서 사람의 요구를 더 잘 이해하고 만족시키게 될 것이다.

먼저 이야기한 자동차, 가정뿐만 아니라 우리가 접촉하는 모든 분야가 스마트화 과정에서 엄청난 잠재력을 가지고 있다. 스마트 의료의 경우 현재 기계가 사람보다 더 정확하게 엑스레이 판독을 할 수 있으며, 스마트 교육의 경우에는 컴퓨터와 알고리즘이 선생님들보다 학생들을 더 잘 이해할 수 있게 됐다.

미래에는 어떤 학생이든, 어떤 문제이든 스마트 학습 비서가 개별 답변을 해줄 수 있을 거고, 학습 문제에서도 맞춤형 해결책을 제시해줄 수 있을 것이다. 의료 영역도 마찬가지다. 스마트 비서가 의사 옆에서 의료사고가 나거나 충돌 약물을 환자에게 처방하지 않도록 보좌를 해줄 것이다.

AI는 to C 영역에서뿐만 아니라 to B 영역에서도 응용할 수 있다. AI 기술은 B단 영역인 제조나 공급에 대대적인 변화를 불러올 수 있다. 현재 강판 제작을 할 때 기포가 있는지, 없는지 사람이 일일이 검사해야 하는 문제를 AI를 활용하면 손쉽게 해결할 수 있다. 바이두는 제철소와 협력해 이미지 인식, 컴퓨터 시각 능력을 활용해 철재에 문제가 있는지를 효율적으로 식별해내겠다고 발표했다. 이에 생산 설비에 각종 센서를 설치하고 많은 데이터를 수집했지만, 아직은 이런 데이터들을 활용하기에는 부족한 부분이 있다.

바이두는 현재 선진 AI 기술을 이용해 중국 제조업체의 경쟁력을 높여주고 있다. 2020년 7월 3일, 바이두 스마트 클라우드는 산업 비전을 갖춘 PaaS 제품인 산업 품질 검사 클라우드 플랫폼을 바이두 산업 비전 스마트 플랫폼으로 전면 확대했다. 기존 스마트 산업 품질 검사 솔루션을 바탕으로 새로 스마트 산업 순찰 솔루션, AR 원격 도움 및 훈련 솔루션을 추가했다. 이 3대 솔루션은 바이두 산업 비전 스마트 플랫폼의 기능을 더욱 풍부하게 하고 조작 문턱을 낮춰줄 것이다.

또 AI는 공급을 변화시킬 수 있다. 바이두는 어느 해외 대형 슈퍼마켓과 협력해 AI 기술로 슈퍼마켓 신선제품의 효율을 끌어올렸다. 예를 들어서 제품이 언제 들어오고, 언제 진열하고, 언제 폐기해야 하는지 등을 인공지능을 활용해 예측할 수 있다. 이와 같은 협력을 통해서 슈퍼마켓 10곳의 이익률은 20% 증가했으며, 보고된 손실률은 30% 이상 줄었다.

과학 연구를 보면 현재 AI는 다양한 영역을 개척하고 있으며, 특히 의료 건강 영역에서의 활약이 가장 두드러진다. 지난 1년 동안 AI의 덕분에 약물 분자구조 확정부터 약물 처방까지 효율이 향상됐고, 초기 암 진단과 종양 예측 기술도 발전됐다. 예를 들어서 미국 캘리포니아 대학 로스앤젤레스 캠퍼스는 AI를 활용해 의사의 알츠하이머 진단 시기를 6년 앞당기는 기술을 개발했고, 미국 스탠퍼드 대학교 물리학자는 AI 프로그램을 개발해 몇 시간 만에 원소주기표를 새롭게 발견했다. 또 과학자들은 이미 AI를 이용해 지진과 해일을 예방[135]하는 방법을 연구하기 시작했다.

이제 AI는 연구에만 그치지 않고 삶 곳곳에 응용되고 있다. 과거에는 인간과 생김새가 비슷한 로봇이 계단을 오를 수 있는지, 넘어진 뒤 스스로 일어날 수 있는지, 로봇의 피부가 인간처럼 탄력성을 가질 수 있는지에 관심을 가졌다. 하지만 지금은 기계를 보조로 바라보며 인간에게 얼마나 많은 가치를 줄 수 있는지에 관심이 있다.

과거에는 중국의 인공지능 논문 발표 수, 특허 신청 수가 전 세계에서 1위라는 데 관심을 가졌지만, 지금 가장 중점을 두고 있는 건 AI 개발 구조에서 얼마만큼의 발언권을 가졌는지다.

장기적인 관점에서 봤을 때 AI는 인간에게 영생을 가져다줄 수도 있다. 어떻게 그런 일이 가능할까? 이미 인간의 행동, 사진, 말을 기록해 데이터화할 수 있으며, 컴퓨터는 이런 데이터를 기반으로 학습해 해당 인물의 사고 방식을 배울 수 있다. 그러니 언젠가는 팀 쿡(Tim Cook)이 애플이 스마트 자동차 개발에 뛰어들지, 말지를 결정할 때 스티브 잡스가 어떻게 생각할지 알아볼 수도 있을 것이다. 컴퓨터가 데이터를 통해 스티브 잡스의 사고 논리를 학습할 수 있을 테니 말이다.

모든 사람의 사고 논리가 학습될 수 있고, 생전 모든 자료가 데이터화 될 수 있다면 어떤 의미에서 영생을 얻게 된다고 말할 수 있지 않을까? 그러니 AI의 존재 목적은 인간을 위협하고 통제하는 게 아니라 인간에게 질 좋은 서비스를 제공하고 돕기 위한 것이다. 그래서 우리는 아름다운 스마트 경제 시대의 도래를 기대하고 있는 것이다.

---

135. 거천, 린샤오춘 등 특별기고 : '새로운 스마트 시대' – 2018 인공지능 대발전, 베이징 신화통신 2018년 12월 17일.

순식간에 도달할 스마트 산업화

신형 운송 도구 연구개발을 강화하고, 스마트 커넥티드카(스마트 자동차, 자동주행, 교통 인프라 협력 시스템) 연구개발을 강화해서 자주 통제가 가능한 산업 사슬을 형성한다. 스마트 교통을 대대적으로 발전시켜 빅데이터, 인터넷, 인공지능, 블록체인, 슈퍼컴퓨팅 등 신기술과 교통 분야의 심도 있는 융합을 추진한다. 데이터 자원을 활용해 교통 발전을 추진하고 교통 인프라 네트워크, 운송 서비스 네트워크, 에너지 네트워크, 정보 네트워크를 융합 발전시켜 광범위한 선진 교통 정보 인프라를 건설한다.

중국 공산당 중앙 위원회, 국무원 〈교통 강국 건설 강요〉

(2019년 9월)

국무원이 2017년에 발표한 〈차세대 인공지능 발전 계획〉에는 비록 직접적으로 '스마트 산업화'를 언급하지 않았지만, '인공지능 신흥산업을 대대적으로 발전시킨다', '스마트 기업을 대대적으로 발전시킨다'라는 두 부분을 통해서 설명하고 있다.

그중에서 '인공지능 신흥산업을 대대적으로 발전시킨다'라는 부분에는 '세계적 경쟁력을 갖춘 인공지능 산업 클러스터를 조성한다'라고 언급되어 있다. 그러면서 6대 산업인 스마트 소프트웨어와 하드웨어, 스마트 로봇, 스마트 운송 도구, 가상 현실과 증강현실, 스마트 단말, 사물 인터넷 기초 부품을 중점적으로 언급하고 있다.

그리고 '스마트 기업을 대대적으로 발전시킨다'라는 부분에서는 '인공지능 산업을 이끌 선도기업을 빨리 육성한다'라고 언급되어 있다. 드론, 음성식별, 이미지 인식 등 유리한 영역에서 전 세계를 이끌 인공지능 선도기업과 브랜드를 속히 육성하고, 스마트 로봇, 스마트 자동차, 웨어러블 디바이스, 가상현실 등 신흥 영역에서도 선도기업 육성을 가속화해야 한다는 것이다.

그리고 추진 계획에서는 '중국 인공지능 산업 기술 혁신 연맹을 조직한다'라는 언급이 있다. 2017년 7월 23일에 성립된 이 연맹은 이후 '차세대 인공지능 산업 기술 혁신 전략 연맹'(기존 이름은 그해 6월 설립된 다른 연맹이 사용하게 됐다)으로 변경됐다. 판원허(潘雲鶴) 원사가 연맹의 명예 이사장과 전문위원회 주임으로 부임하고 가오원 원사가 연맹 이사장에 부임했다. 연맹 발기 구성원에는 바이두, 알리바바, 텐센트, 화웨이 등 유명 기업이 이름을 올랐으며 베이징대학, 칭화대학, 저장대학 등 저명한 대학 과학 연구소도 포함됐다.

2019년 11월, 국가 발전개혁위원회가 발표한 〈산업구조조정 지도목록(2019년 판)〉을 보면 이전 것과 비교했을 때 '장려 산업'에 '인공지능', '인력 자원과 인력 자본 서비스업' 등 4개 분야가 새로 추가됐다. 이 최신판 목록은 2020년 1월 1일부터 실행됐는데, 그중에서 인공지능과 관련된 인공지능 칩, 스마트 인프라, 스마트 도시 등 15개 사업(류)은 다음 표9-1과 같다.

표 9-1. 〈산업구조조정 지도목록(2019년 판)〉 '장려 산업'에 언급된 인공지능 산업 목록

번호	인공지능 발전장려 산업
1	인공지능 칩
2	산업 인터넷, 공공시스템, 데이터화 소프트웨어, 스마트 설비 시스템 집적화 기술 및 응용
3	인터넷 인프라, 빅데이터 인프라, 고효능 컴퓨팅 인프라 등 스마트 인프라
4	가상현실, 증강현실, 음성과 의미 식별, 이미지 식별, 여러 센서 정보 융합 등 기술의 연구개발과 응용
5	무인 자율 시스템 등 전형 업종 응용 시스템
6	인공지능 표준 테스트 및 지적소유권 서비스 플랫폼
7	스마트 제조 핵심 기술 설비, 스마트 제조공장, 단지 개조
8	스마트 인간과 기계 상호작용 시스템
9	웨어러블 디바이스, 스마트 로봇, 스마트 홈
10	스마트 의료, 의료영상 보조 진단 시스템
11	스마트 보안, 영상 이미지 신분식별 시스템
12	스마트 교통, 스마트 운송 도구
13	스마트 교육
14	스마트 도시
15	스마트 농업

발전개혁위원회의 분류에서 빅데이터, 클라우드 컴퓨팅, 블록체인 정보 서비스 등이 '정보산업' 쪽에 들어가 있다는 데 설명이 필요하다.

다만 지면이 제한된 탓에 이 장에서는 이걸 모두 체계적으로 설명할 수가 없다. 더구나 이 장은 스마트 산업화의 주요 부분을 채택해 그 전망과 기회, 문제점을 설명해야 하는 만큼 불가피하게 일부 설명하지 못하는 부분이 생기는 건 어쩔 수 없다.

인공지능 칩 : 난관이 있어도 절대 멈출 수 없는 자주화를 향한 여정

2019년 8월, 칭화대학교 교수와 연구진이 개발한 AI칩인 텐직(Tianjic)이 〈네이처〉에 발표됐다. 이로써 중국 칩과 인공지능 영역에서의 논문이 처음으로 〈네이처〉에 실리게 됐다. 세계 최초 이성질 융합형 브레인 칩인 텐직은 자전거에 '자율주행'을 실현했다. 보도에 따르면, 텐직은 다핵구조를 사용해 여러 재구성 특성을 가진 기능성 핵을 가지고 있어 알고리즘 학습과 브레인 모방 회로 기계를 지원할 수 있다고 한다.

2020년 6월 2일, 상하이 증권거래소에서 인공지능 칩 개발 기업인 한우지(寒武紀)가 과학혁신판 상장 위원회에 심의를 통과했다는 희소식이 들려왔다.

인공지능 발전의 기초제품인 인공지능 칩은 컴퓨팅 파워, 알고리즘의 밑바탕이며, 각종 시나리오 응용 실행의 조건이자 스마트 하드웨어와 소프트웨어의 중추이다. 하지만 칩은 중국의 경우 해외의존도가 높은 전형적인 취약 분야다.

알고리즘을 실현하려면 강력한 컴퓨팅 능력이 뒷받침되어야 하고, 더욱이 딥러닝 알고리즘은 컴퓨팅 파워에 대한 요구가 매우 높은 편이다. 인공지능이 발전됨에 따라서 컴퓨터 하드웨어와 소프트웨어도 CPU, GPU, FPGA 등 기존 칩에서 전용 칩으로 발전하는 과정을 거쳤다.

칭화대학 마이크로전자 연구소장 웨이샤오쥔(魏少軍)은 과거 '산업이 없으면 AI도 있을 수 없고, 응용이 없으면 AI도 있을 수 없으며, 칩이 없으면 AI도 있을 수 없다'라는 말을 통해 칩과 AI의 관계를 설명했다. 2019년 사이디(賽迪) 컨설팅은 〈중국 인공지능 칩 산업 발전 백서〉에서 2018년 중국 AI 칩 시장 규모는 80억 8천만 위안으로 50.2% 증가했다고 발표했다.

AI 칩 기술의 주요 경로는 GPU, FPGA, ASIC 등이다. 그중에서 GPU, FPGA(현장 프로그래밍 가능 게이트 어레이)는 비교적 익숙한 칩 구조인 반면, ASIC(주문형 반도체)는 특정 응용 시나리오를 사용하는 전용칩이다. GPU 구조의 칩은 딥러닝 대량의 컴퓨팅 수요를 만족시키면 인공지능의 잠재 능력을 드러낼 수 있지만, 전력 소모가 비교적 높다는 단점이 있다. FPGA 구조 칩은 충분한 컴퓨팅 능력, 비교적 낮은 시행착오 비용과 충분한 기동성을 가지고 있지만, 가격이 비교적 높고 프로그래밍이 복잡하다는 단점이 있다. ASIC 구조의 칩은 특정 기능이 강화되어 있어 처리 속도가 빠르고 전력 소모가 낮지만, 생산비용이 높다는 단점이 있다.[136]

AI 칩은 인텔, 엔비디아, AMD 3대 거대 기업이 장악하고 있으며 IBM, 마이크로소프트는 에너지 효율, 컴퓨팅 파워에서 상당한 발전을 이루었다. 반면 현재 중국은 인공지능 칩 분야에서의 발전에서 아직 시작 단계에 있다. 하지만 엄청난 양의 데이터, 5G 저지연(Low Latency), AI시나리오 실행을 위해 칩이 빠른 발전이 절박하게 필요한 상황이다.

사실 인공지능 칩은 다른 칩과 밀접하게 연관되어 있다. 그중에서 언급할 가치가 있는 것들은 다음과 같다. 화웨이의 어센드 시리즈 칩, 치린 칩, 800G 모듈(유럽 제조업자는 현재 400G 모듈만 공급하고 있다)을 채용해 화웨이가 자체적으로 연구 개발한 oDSP(디지털 신호처리 기술) 칩(포토닉 칩)이 그것이다. 이것들을 전부 사용한 안전하고 믿을 만한 CPU의 '선웨이·타이후라이트(神威·太湖之光)' 슈퍼컴퓨터는 여러 차례 세계 슈퍼컴퓨터 톱 500위에서 1위를 차지했다. 또 항저우 중톈마이크로 전자(杭州中天微電子)의 매입형 CPU의 누적 출하량이 대폭 증가했고, 중국 국내에 비교적 완전한 베이더우 위성항법 칩 기술 시스템이 형성됐다. 고용량 5G 이동통신의 핵심인 밀리미터파 칩의 경우 2020년 6월 15일, 난징 네트워크 통신과 쯔진샨 실험실에서 이미 CMOS(상보형 금속산화 반도체) 밀리미터파 전체 집적 4개 채널 위상제어 어레이 칩을 연구 제작해 칩 패키징 공정과 테스트를 마쳤다. 이로써 채널당 비용이 1,000위안에서 20위안까지 줄었다. 여기서 배경 이해가 필요한데, 중국의 경우 5G 건설에 주로 센티미터파 기술을 사용하고 있는 반면, 미국은 계속 밀리미터파 기술을 사용해 5G를 발전시켜 성숙도가 낮고 비용이 많이 들어 진전이 느렸다.

2011년부터 딥러닝을 위한 연산이 필요함에 따라 바이두는 FPGA를 기반으로 한 AI 부스터를 연구, 개발하기 시작했고, 같은 시기 CPU를 사용하기 시작했다. 과

136. 거천, 린샤오춘 등 특별기고 : '새로운 스마트 시대' – 2018 인공지능 대발전, 베이징 신화통신 2018년 12월 17일.

거 몇 년 동안 바이두는 FPGA와 GPU를 대규모 배치하기 시작했다. 하지만 AI 응용의 폭발로 연산 능력에 대한 요구가 점차 높아짐에 따라서 전통 칩을 기반으로 한 AI 연산 가속으로는 수요를 만족시킬 수 없게 됐다.

2018년 7월 4일, 바이두가 자체적으로 연구, 개발한 중국 최초의 다기능 클라우드 AI칩인 '쿤룬'이 공식 발표됐는데, 그중에는 학습용 칩 쿤룬 818-300, 추론용 칩 쿤룬 818-100도 포함됐다. 그리고 쿤룬은 지금까지도 업계 내 설계 컴퓨팅 파워가 가장 높은 AI 칩이다.

'쿤룬'은 중국의 대규모 연산 실행 중에 탄생한 칩이다. XPU 구조를 바탕으로 삼성 14나노미터 공정을 사용한 쿤룬은 전력 소모를 150와트로 제한했을 때 연산 성능이 260Tops에 달한다. 이에 데이터 센터의 고성능, 저비용, 고기동성이라는 3대 요구를 해결할 수 있게 됐다. 바이두 쿤룬 칩은 완전한 툴체인을 구비하고 있어 개발자들에게 개방하면 패들패들과 심도 있는 결합을 통해 풀 스택 국산 기술 생태계를 만들 수 있다. 기능 면에서는 시각, 음성, 자연언어처리, 추천, 무인 자동차 등 여러 시나리오를 동시 지원할 수 있어 업계 내 딥러닝 모델 중에서 좋은 성능과 효율을 가지고 있다.

원격 음성 상호작용 칩인 '바이두 홍후'는 전통 칩 설계 방식을 바꿔 소프트웨어로 정의되는 완전히 새로운 설계 구성을 선보였다. 바이두 홍후는 AI 연산 수요와 일치하는 코어 내장 메모리 구조 설계, 등급별 메모리 로딩 전략, AI 알고리즘 훈련을 기반으로 한 고속 비퍼 메모리 설계와 원활한 듀얼코어 통신 시스템을 갖추고 있다. 이에 최종적으로 딥러닝 컴퓨팅 과정과 데이터 로딩의 고도 병행을 실현함으로써 칩 하나로 원격 디스플레이 신호 실시간 처리와 최저 오류 보고 고정밀 실시간 모니터링의 수요를 만족시킬 수 있게 됐다.

2019년 12월, 쿤룬을 기반으로 한 바이두 쿤룬 클라우드 서버가 정식 오픈되어 기업과 개발자들을 위해 강력한 AI 추론과 훈련 성능을 제공해주고 있으며, AI 기술과 각종 분야의 심도 있는 융합을 향한 발걸음을 가속하고 있다. 바이두 쿤룬 클라우드 서버는 150와트 전력 소모에서 260조 정수의 AI 연산이 가능한 성능과 512GB/s 대역폭을 갖춰 완전한 개발 툴체인을 제공한다. 또 사용자의 C/C++ 개발 연산자 사용을 지원하며 아주 좋은 프로그래머 빌리티를 갖추고 있다. 이미지 컴파일 프레임워크 XTCL를 제공해 바이두 패들패들 등 주요 딥러닝 구조를 지원할 수 있으며 언어, 영상 NLP 등 각기 다른 알고리즘 모델을 지원할 수 있다. 그중에서 바이두 AI ERNIE 모델의 성능은 T4 GPU의 3배 이상이다.

종합해서 AI칩화, 하드웨어와 소프트웨어화, 플랫폼화로 나아가는 추세는 분명하다. 클라우드 컴퓨팅, 에지 컴퓨팅, 설비 일체화, 알고리즘 소프트웨어와 하드웨어의 일체화는 AI 및 칩의 발전 방향 중 하나다. 2020년 5월, 바이두 패들패들 계열 고성능의 경량화 추리 엔진 Paddle Lite는 한우지 계열 클라우드 인공지능 처리 장치 칩 쓰위안(思元) 270과 정식으로 완전히 호환되는 모델이다. 그리고 쓰위안 220 에지 컴퓨팅 칩도 조만간 모델 작업이 완료될 것으로 보인다. 이것은 또한 바이두 패들패들로 대표되는 딥러닝 구조 생태가 한우지 설비, 클라우드 일체화의 인공지능 칩 생태와 성공적으로 융합됐다는 걸 상징한다.

바이두 연구원(2019년)은 중요한 결론과 전망을 제시했다. AI 알고리즘, 컴퓨팅 파워 기술 한계를 지속적으로 돌파해 기계가 세계를 이해하는 능력을 초보적으로 갖추게 하는 컴퓨팅은 설비(Device), 에지(Edge), 클라우드(Cloud)에서 이루어지는 만큼 D-E-C 시나리오가 관심 포인트가 될 거라고 말이다.[137] 이는 다음 3가지 방면으로 설명할 수 있다.

(1) 대규모 부호 신경망은 앞으로 기계에 깊이 있는 이해와 추리 능력을 일정 부분 갖추게 할 것이다. 대규모 이미지 신경망을 세워 부호 시스템과 네트워크 장점과 결합하면 신경망에 구조화된 지식 표현을 할 수 있고, 초보적인 이해와 추리 능력 갖추게 될 수 있다. 이는 일반 인공지능(AGI)에 중요한 진전이다.

(2) 소프트웨어로 정의되는 칩은 통용되거나 특정 용도로 사용되는 칩을 넘어 AI 컴퓨팅의 중요 힘이 될 것이다. 미래의 칩 구조와 제품 정의는 AI 응용, 알고리즘, 컴퓨팅 구조와 긴밀한 결합인 만큼, '알고리즘·소프트웨어·하드웨어'가 삼위일체 협동 설계된 새로운 칩이 만들어질 것이다. AI 칩의 AI 알고리즘 성능과 속도가 향상되면 기계는 세상을 더 정확하고 빠르게 인식하고 이해할 수 있게 된다.

(3) 에지 컴퓨팅은 에지 AI 모델로 변화하고 있으며, 에지 컴퓨팅 솔루션은 스마트화가 더욱 강조되고 있다. 에지 컴퓨팅은 계산물리학, 스마트 도시, 유비쿼터스 컴퓨팅과 사물 인터넷을 실현할 중요 요소로 여겨지고 있다. 에지 컴퓨팅 방면에서

137. 바이두 연구원, 바이두 브레인 AI 기술 성과 백서 2018~2019년, 2019년 10월.

AI가 사물 인터넷과 융합되면 공공 클라우드에서 운행되는 대다수 모델은 에지 컴퓨팅 범위에 배치된다.

바이두의 AI 칩 전략은 전체 AI 전략의 중요 구성 부분이다. AI 시대에 중국만의 '칩' 경쟁력을 갖추게 하는 건 바이두와 기타 생태계가 가진 사명이다.

첨단 반도체는 중국의 단점이다. '스마트 컴퓨팅 칩과 시스템'은 〈차세대 인공지능 발전 계획〉에서 제시한 8대 '핵심 공통 기술 시스템' 중 하나다. 계획에서는 에너지 고효율, 재구성 가능한 뉴로모픽 컴퓨팅 칩과 컴퓨팅 이미지 기능을 갖춘 뉴로모픽 시각 센서 기술을 핵심으로 자기주도 학습 능력을 갖춘 고효율 뉴로모픽 신경망 구조와 하드웨어 시스템을 연구 개발하는 걸 요구하고 있다. 또 감지 신호 다중 이해와 지능 성장, 상식 추리 능력을 갖춘 뉴로모픽 스마트 시스템을 실현할 것을 요구하고 있다.

이 목적을 실현하기 위해 앞으로 중국의 인공지능 칩 연구개발, 설계, 발전을 이루기 위해서는 더 많은 혁신적인 협동을 해야 한다.

스마트 클라우드 : 대역폭 공간에서부터 스마트 서비스, 운영 가치 증가, 일반에서 수직까지

클라우드 컴퓨팅 영역에서 중국은 후발주자다. 오늘날까지 갈수록 많은 분석이 2020년을 클라우드의 전환점이 되는 해라고 주장하고 있다.

여기서 전환점은 4가지 방면을 의미한다. 첫째, 시장이 재조정되어 일부 실력이 부족한 클라우드 서비스 업체들이 시장에서 밀려나게 될 것이다. 둘째, 중국과 해외 클라우드 서비스 업체들 사이의 경쟁에 미묘하게 변화가 일어날 것이다. 셋째, 클라우드 경쟁 트랙이 변화할 것이다. 특히 '풀 스택 AI+클라우드' 종합 능력을 갖추는 게 기본 사항이 될 것이다. 마지막 넷째, 다음의 3가지 요소가 가져올 영향이다. 신인프라 건설, '클라우드, 빅데이터, 디지털화 지원' 행동이 결합해 영향을 줄 것이다.

3가지 요소에서 신인프라 건설은 스마트화 인프라 설비를 적극적으로 배치해 기존 인프라 설비는 바꾸는 것으로 변수와 영향이 가장 큰 요소다. 그리고 '클라우드, 빅데이터, 디지털화 지원' 행동은 외부 추진력이며, 신종 코로나 바이러스는 이미 기업의 클라우드 개발과 클라우드 사용을 촉진하고 있다.

IDC 〈중국 공공 클라우드 시장(2019년 하반기) 추적〉 보고를 보면, 2019년 하반기 중국 공공 클라우드 서비스 전체 시장 규모는 69억 6천만 달러에 이르렀다. 그중에서 IaaS 시장의 경우 전년도 동기 대비 60.9% 성장했으며, PaaS의 시장의 경우 전년도 동기 대비 76.3% 성장했다. 국무원 발전연구센터 보고에 따르면 2019년 중국 클라우드 컴퓨팅 시장 규모는 1,290억 7천만 위안으로 지난해 같은 기간보다 34.1% 증가했으며, 지난 4년 총증가율은 35.11%였다. 미국 자문 기관 Frost & Sullivan 데이터를 보면 중국 IT 총지출에서 클라우드 서비스가 차지하는 비중은 2015년 2%에서 2019년 6%로 증가했으며, 2024년에는 15.8%까지 증가할 것으로 예측됐다. 또 Gartner는 2020년 전 세계 공공 클라우드 서비스 시장이 17% 증가해 2,280억 달러에 이를 거로 예측했다. 중국 정보통신연구원은 2019년 〈클라우드 컴퓨팅 발전 백서〉를 발표하며, 2020~2022년 전 세계 클라우드 컴퓨팅 시장이 16% 이상의 성장 속도를 유지할 것으로 예측했다. 또 전 세계 클라우드 컴퓨팅 시장 규모가 전체적으로 안정된 성장 상태를 보인다면 2022년까지 시장 규모가 2,700억 달러를 초과할 거라 예상했다. 반면 2020년 중국 클라우드 서비스 시장에 대한 매우 엄격하고 체계적인 분석은 아직 없었다.

이전 클라우드 서비스는 컴퓨팅 파워, 컴퓨팅 능력의 클라우드화였다면 지금은 종합 AI 능력, 업무 능력, 각 응용 능력의 클라우드화다.

클라우드는 온라인과 오프라인의 이동이 아니라 보안, 신뢰, 고효율, 가치 증가 능력의 대명사다. 상술한 목적을 실현하기 위해서는 '(혼합) 클라우드+(종합) AI'가 필요하다. 능력을 부여할 수 있는 산업의 스마트화 업그레이드를 하루속히 추진해야 비로소 진정한 스마트 경제 발전을 위한 새로운 동력을 마련할 수 있다.

리궈제 원사는 무어의 법칙이 극한에 이를 때쯤 빅데이터와 AI 컴퓨팅의 기하급수적인 성장이 나타날 것이며, 컴퓨터 시스템 구조는 핵심 추진 요소가 될 거라 말했다. 그러면서 하지만 현재는 겨우 1%도 안 되는 클라우드 서버만이 AI를 위한 서비스를 가속화하고 있는 만큼 다방면에 AI가 적용되려면 처리율이 100배 이상 높아져야 할 필요가 있다고 지적했다.[138]

---

138. 리궈제 원사 : 디지털 경제 발전을 위한 기틀을 잡아야 한다, 참고 https://www.sohu.com/a/272289634_680938.

전체 AI 능력, 클라우드의 스마트화, 산업에 대한 이해와 통찰, 시나리오 서비스 경험과 생산력을 통해 시범적이고 합리적인 구조의 개발자 생태계, 산업 딥러닝 구조와 협력 도구를 추진할 수 있어야 상술한 몇 가지 요소가 클라우드 서비스 시장을 새로 쓸 핵심 요소가 될 수 있을 것이다.

현재 바이두 스마트 클라우드는 이미 인공지능, 빅데이터, 블록체인, 사물 인터넷을 포함한 기본 클라우드 컴퓨팅을 뛰어넘어 바이두 스마트 클라우드 업무 기초를 구성했다. 하지만 클라우드 컴퓨팅은 여전히 그중에서 가장 중요한 핵심 기초다.

2020년 바이두 스마트 클라우드는 '컴퓨팅을 기초로 하고, 인공지능을 수단으로 삼아 중요 트랙에 초점을 맞추겠다'라는 새로운 전략을 공개했다. 동시에 AI 미들엔드, 지식 미들엔드를 양대 혁신 플랫폼으로 해서 클라우드 컴퓨팅 센터는 사회 가치와 상업 가치를 두루 갖춘 핵심 트랙에 집중하겠다고 했다. 이에 AI를 수많은 직업과 업종에 적용하고 스마트화 업그레이드를 추진하며 AI 산업화 대생산의 핵심 역량을 마련하겠다고 했다.

2020년 5월, 전략 기반이 명확해지자 바이두는 스마트 클라우드의 업무 구조를 새롭게 바꿔 전략 이행 과정을 더 잘 뒷받침할 수 있게 했다. 스마트 클라우드의 새로운 구조는 3가지 단계로 나뉜다.

가장 아래 단계는 기초 레이어, 인식 레이어, 인지 레이어와 보안을 포함한 바이두 브레인으로, 이것은 또한 바이두의 핵심 기술 엔진이다. 예를 들어 기초 레이어는 인공지능 발전을 지탱하는 알고리즘, 컴퓨팅 파워와 데이터이고, 인식 레이어는 음성, 컴퓨터 시각, 증강현실, 가상현실 등을 포함하며, 인지 레이어는 사람의 인지와 관련된 자연언어 처리와 지식 그래프 등 구조적 언어와 지식 기술이다.

그리고 다음 단계는 플랫폼으로 일반적인 기본 클라우드 플랫폼, AI 미들엔드, 지식 미들엔드 및 시나리오에 근거한 플랫폼과 기타 핵심 컴포넌트를 포함한다. 예를 들어 멀티미디어 플랫폼, 클라우드 네이티브(Cloud Native) 개발 플랫폼, 사물 인터넷, 블록체인 등이다.

이러한 기초와 실제 응용이 결합하면 상부를 구성해 각종 업종에 능력을 부여할 수 있는 스마트 응용과 해결 방안을 제공할 수 있다. 이렇게 새로운 구성을 통한 클라우드 업무는 이미 클라우드 컴퓨팅 범위에만 한정되어 있지 않다. 기본 클라우드 컴퓨팅은 AI 미들엔드, 지식 미들엔드, 빅데이터 미들엔드 등과 결합해 AI를 수단으로 삼아 더 빠르고 더 좋은 추진력으로 산업 스마트화 업그레이드를 가속할 수 있다.

기본 클라우드 플랫폼은 바이두 스마트 클라우드의 기반으로 전체 상부의 응용을 지탱한다. 클라우드 컴퓨팅, AI, 보안 등 미들엔드, 백엔드, 프런트엔드가 수직적으로 통하게 해 기본 클라우드 플랫폼의 기술 축적과 장점을 충분히 발휘할 수 있으며, 제품과 서비스가 완전히 갖춰진 시스템을 이룰 수 있다.

먼저 고도의 탄성을 지닌 기초 인프라를 갖춰야 한다. 여기에는 대규모 디지털 센터, 고성능 컴퓨팅과 저장 서버(Storage server), 자체 연구 개발한 칩과 고성능 네트워크가 포함된다.

바이두 스마트 클라우드는 클라우드 메인 프레임, 클라우드 메모리, 클라우드 보안 등을 포함한 전체 제품 시리즈를 이루었다. 이에 고객을 위해 전체 시나리오, 높은 가성비, 쉬운 유지 보수, 보안 준수, 융통성이 높은 솔루션과 서비스를 제공할 수 있게 됐다.

2020년 6월 19일, 바이두는 향후 10년 동안 인공지능, 칩, 클라우드 컴퓨팅, 데이터 센터 등 신인프라 건설 영역의 투자를 확대하겠다고 발표했다. 2030년까지 바이두 스마트 클라우드 서버 대수는 500만 대를 넘을 것으로 예측되는데, 이는 현재 전 세계에서 통계한 500대의 슈퍼컴퓨터의 컴퓨팅 파워를 모두 합친 것의 7배에 달한다.

신인프라 건설은 앞으로 몇십 년 동안 중국 경제 발전에 새로운 동력이 될 것이다. 그리고 인공지능, 클라우드 컴퓨팅, 5G, 사물 인터넷과 블록체인 등으로 대표되는 신흥기술은 그 핵심 기술의 버팀목이다. 산업 스마트화의 파도는 이미 전 세계를 휩쓸고 있다.

산업 스마트화를 깊이 연구한 바이두는 이미 산업 스마트화 업그레이드의 맥락을 정확하게 파악하고 있으며, 스마트 클라우드는 앞으로 바이두의 전방위 산업 스마트화 서비스에 가장 좋은 인터페이스가 될 것이다.

스마트 통신 : 5G+AI, 핵심 접점을 포착해 통제력을 강화하다

2019년 6월, 공신부가 공식적으로 5G 상용허가증을 발급함으로써 중국은 5G 시대에 접어들게 됐다.

세상의 말처럼 4G가 생활을 바꿨다면 5G는 사회를 바꾸고 있다.

5G가 사물 인터넷, 데이터 센터, 인공지능, 산업 인터넷 등과 융합해 차세대 인프라를 구성하는 건 신인프라 건설의 주요 구성 부분이다. 둥난대학(東南大學)의 장촨(張川) 교수의 평가처럼 5G는 역사상 처음으로 사람만을 연결하기 위해 설계된 인터넷이 아니며, 만물 인터넷은 인터넷 전환의 출발점에 지나지 않는다. 신인프라 건설을 있는 힘껏 추진하는 이유는 미래 산업 발전을 위한 기술 근간을 마련하기 위해서다.[139]

5G와 AI가 가진 장점을 합치면 더 큰 효과를 발휘할 수 있는 만큼 점차 함께 구현하게 될 것이다. 5G 인터넷과 AI 기술의 결합은 각종 분야가 새롭게 연결될 수 있는 기회를 가져다줄 수 있다. AI를 5G에 적용해 5G를 더욱 스마트하게 만들 수도 있고, 5G를 AI에 적용해 AI의 사용 범위를 확장할 수도 있다. 그래서 AI를 이야기할 때 5G, 6G, IPv6는 절대 빠질 수 없다. 우허취안 원사도 5G는 단순한 기술이 아니며 인공지능, 산업 인터넷 등과 연동될 수 있다고 강조했다. 사실 이것은 화웨이가 외부 압력에 직면한 기본 원인이다.

2017년 IHS Markit가 연구 발표한 〈5G 경제〉 독립 보고에 따르면, 2035년 5G가 만들어낸 경제 가치는 12조 3,000억 달러에 이를 것이고, 전 세계 5G 가치 사슬로 2,230만 개의 일자리가 생길 것이라 예측했다. 그리고 우허취안 원사에 따르면 5G, 인공지능, 산업 인터넷은 각각 세계 경제 성장을 불러올 것인 만큼 2035년까지 5G, 인공지능, 산업 인터넷으로 인해 세계 경제가 40조 달러 성장할 거라 계산했다.[140]

국제전기통신연합(ITU)은 5G에는 3가지 응용 시나리오가 있다고 파악했다. 다음의 표 9-2를 보면 5G와 AI가 밀접하게 연관되어 있음을 알 수 있다.

---

139. 장예(張曄), 5G, 신인프라의 '밸러스트'는 어떻게 세워야 할까, 커지르바오(科技日報), 2020년 5월 26일.
140. 허창(何暢), 우허취안 원사 : 전염병 발생 상황에서 빠르게 성장하는 5G 제품, 5G 사용자 연말에 2억 명 달성할까. 신랑커지(新浪科技), 2020년 5월 17일.

표 9-2. 5G 3대 주요 응용 시나리오(국제전기통신연합 ITU-RWP5D 제22회 회의 확정)

응용 시나리오	언급된 주요 영역, 방향
향상된 모바일 브로드밴드(eMBB)	주로 가상현실/증강현실, 온라인 4K 동영상 등 고대역폭이 필요한 업무
초고신뢰·저지연 통신(uRLLC)	주로 차량 인터넷, 무인주행, 무인기계 등 지연에 민감한 업무
대규모 사물통신(mMTC)	주로 스마트 도시, 스마트 교통 등 높은 연결밀도가 필요한 업무

화웨이는 5G 지식소유권과 5G 인터넷 해결 방안에서 강력한 기술 통제력과 발언권을 가지고 있을 뿐만 아니라 5G 표준에 명백한 주도권을 가지고 있다. 독일 특허 조사기관 IPlytics는 지금까지 화웨이는 5G 규격 제정 회의에 참석하기 위해 3,000명이 넘는 기술자를 파견했다고 지적했다. 5G 관련 표준을 결정하는 전 세계 이동통신 표준화 기술협력 기구인 3GPP에서 화웨이의 제의, 표준 규격에 대한 일부 '기술 공헌'으로 5,855건이 비준을 얻었다. 이와 비교해 미국 기업 중에서 반도체 거대 기업인 퀄컴은 1,994건에 그쳤으며, 인텔은 962건이 '기술 공헌' 비준을 받았다.[141]

중국의 5G 기술과 진행 상황은 항상 세계 선두를 달리고 있다. 독일 특허 조사기관 IPlytics가 2020년 6월 2일 갱신한 데이터에 따르면 화웨이, 중싱통신(ZTE, 中興) 등을 포함한 중국 기업은 5G 표준 필요 특허 신청량이 전 세계 34%를 초과하며 1위를 차지한 것으로 나타났다. 지금까지 화웨이는 전 세계 범위에서 8만 5천 건의 유효 특허를 가지고 있으며 그중 발명특허가 90%를 차지한다.

5G 방면에서 화웨이는 업계에서 유일하게 초광대역 솔루션을 가지고 있다. 2020년 2월 20일에 발표한 초광대역 솔루션인 800G 모듈의 포토닉칩은 속도가 무척이나 빨라서 5G 인터넷으로 인해 직면할 도전에 운영업체가 유연히 대처할 수 있도록 도와줄 것이다. 권위 있는 분석기관 Omdia의 예측에 따르면 2023년까지 전 세계 인터넷 통신량은 2019년의 거의 3배인 4,300,000PB에 이를 거라고 한다. 이러한 변화에 적응하기 위해서 현재 전 세계 광네트워크의 전송 속도는 100G에서 200G/400G로 빠르게 변화하고 있다. 하지만 기타 5G 공급업체들은 현재 400G 모듈만 제공할 수 있다. 이 밖에도 GSA 보고에 따르면 2019년 연말까지 34개국의

141. 일본 〈산케이신문〉, 일본 매체 : 중미 경쟁의 새로운 전선이 5G 기술에서 기선을 제압한 중국, 참고소식망, 2020년 6월 16일.

62개의 운영업체가 정식적으로 5G 상용화를 선포했으며, 화웨이는 그중에서 2/3인 41곳을 지원하고 있다.[142]

스마트 통신의 경우 베이더우 위성 항법 시스템을 언급하지 않을 수 없다. 필자가 이번 장을 쓰고 있을 때 마침 중국 베이더우 3호 글로벌 항법 위성 시스템을 구성하는 마지막 항법 위성인 55번째 위성이 성공적으로 발사됐다. 이로써 중국의 글로벌 항법 위성 시스템은 원만하게 건설될 수 있게 됐다. 중국이 자체 힘으로 건설해 운영하는 글로벌 항법 위성 시스템은 전 세계 사용자들을 위해 매시간 고정밀 위치, 내비게이션, 시간 서비스를 제공하는 국가 중요 시공 인프라 시설이 될 것이다. 이처럼 베이더우 항법 위성 시스템은 중대한 사명을 품고 있을 뿐만 아니라 위성 인터넷 배치를 위한 상상 공간을 제공해준다. 하늘과 땅이 일체화된 정보 네트워크는 '과학 기술 혁신 2030-중대 프로젝트'에서 가장 먼저 착수한 중요 프로젝트이자 과거 중국의 '제13차 5개년' 계획 강요 및 〈제13차 5개년 계획〉 국가 과학 기술 혁신계획〉에 열거된 사항이다. 그리고 그 목표는 '전 세계 적용, 어디서든 접근, 수요에 따른 서비스, 믿을 수 있는 보안'이다. 건설이 완료된다면 중국은 글로벌 시공 연속 통신, 신뢰도 높은 보안 통신, 지역 대용량 통신, 고기동 풀코스 정보전송 등 능력을 갖추게 될 것이다.

바이두의 경우 인프라와 기초기술 측면에 투자하고 있다. 예를 들어서 지연에 대해서는 MEC 컴퓨팅 노드, Wi-Fi 노드 등 서로 다른 통신 기술을 통해 더 나은 통신을 실현하려 한다. 또 한편으로는 운영업체, 하드웨어 제조업자, 산업계와 연합해 자율주행, 사물 인터넷, 온라인 번역, 검색, 지도, 8K 인터넷 동영상 생방송 등 방면에서 AI+5G를 적용할 수 있도록 힘을 모으고 있다.

이와 같은 협력을 추진하는 이유는 5G가 여러 수직 영역에서 AI 서비스 능력을 뚜렷하게 향상할 수 있다는 걸 바이두 연구원에서 파악했기 때문이다. 5G 인터넷 상용화는 AI 기술이 각 수직 영역에 적용되는 속도를 높일 수 있다. 5G 인터넷과 AI 기술이 함께 구현된다면 각 분야에 새로운 연결 기회를 가져다줄 것이며, 과학 기술 발전으로 만물 인터넷의 새로운 단계를 추진하게 될 것이다.[143]

---

142. EETimes China, 화웨이 800G 포토닉칩 발표, 런정페이 : 미국은 아직 멀었다. EE Times China, 2020년 2월 27일.
143. 바이두 연구원, 바이두 브레인 AI기술 성과 백서 2018~2019, 2019년 10월.

에지 컴퓨팅은 5G 핵심 기술 중 하나이자 컴퓨팅 파워 협동이 구체적으로 드러난 것이다. 5G 통신에서 네트워크 에지는 규모가 작은 부분이나 휴대식 데이터 센터에 배치되어 단말 요청의 현지화 처리를 진행함으로써 uRLLC과 mMTC의 초저지연의 수요를 만족시킨다.

최근 몇 년 동안 바이두는 계속해서 에지 컴퓨팅과 5G 영역에 적극적으로 진출해왔다. 2018년 바이두는 인터넷의 에지 컴퓨팅 통일 플랫폼인 Over The Edge(OTE) 조성에 성공했으며, 계속해서 차이나 유니콤, 인텔 등 유명 기업과 협력해 5G 건설을 가속화하고 있다. OTE 플랫폼은 앞으로 바이두의 AI와 5G 인프라와 연결될 것이다. 그럼 바이두 AI가 만물 인터넷 세계에 진입해 사용자에게 접근하고, 사용자에게 서비스하는 새로운 생태계 시스템이 만들어질 수 있다. 자원 관리, IaaS 자원의 가상화를 포함한 OTE 플랫폼의 구조는 에지 서비스 관리의 PaaS를 실현해 IaaS과 PaaS의 각종 에지 솔루션에 기반해 에지에서 전면적인 컴퓨팅 속도 지원을 제공할 수 있다.

2019년 바이두는 에지 컴퓨팅 프레임워크인 BAETYL 소스를 오픈해 Linux기금회 산하 커뮤니티에 기증했다. 이로써 중국은 처음으로 에지 컴퓨팅 프레임워크 소스를 오픈했으며, 또 처음으로 기금회의 에지 컴퓨팅 항목에 가입하게 됐다. BAETYL와 바이두 스마트 에지 BIE 클라우드 관리 패키지를 함께 사용하면 클라우드 배치, 에지 운행의 효과를 거둘 수 있어 각종 에지 컴퓨팅 시나리오 수요를 만족시킬 수 있다.

스마트 자동차 : 자동차 스마트화에서 지능형 차량 인프라 협력 시스템까지

공업·정보화부, 국가발전개혁위원회는 〈정보소비 확대 및 업그레이드 3년 행동계획(2018~2020년)〉에서 특별히 스마트 커넥티드카 방면을 제시했다. 그러면서 차재 스마트 칩, 자율주행 조작 시스템, 차량 스마트 컴퓨팅 등 핵심 기술 제품을 연구해 2020년까지 신뢰할 수 있고 안전하며 실시간 사용할 수 있는 스마트 커넥티드카 컴퓨팅 플랫폼을 추진한다고 설명했다.

2018년 4월에 교통운송부와 공신부, 공안부가 협력해 스마트 커넥티드카 도로 테스트 관리 규정의 시행 조치를 내놓았는데, 이는 처음으로 국가 차원에서 자율주행 도로 테스트를 규정을 정한 것이었다. 2018년 7월, 교통운송부는 자율주행 폐쇄 테스트 장소 건설을 위한 기술 지침 임시방편을 내놓으면서 각 지역의 폐쇄 테스트 장소 건설의 진행을 지도했다.

2019년 2월 28일, 교통운송부 부장 리샤오펑(李小鵬)은 국신반(國新辦) 교통운송의 질적 성장을 위한 심화 개혁 추진 발표회에서 자율주행은 교통운송 영역에서 선진 기술인 만큼 안전 보장, 효율 향상, 서비스 개선, 산업 발전에 중요한 의미를 지니고 있다고 지적했다. 그러면서 교통운송부는 자율주행 기술 개발, 응용을 중요시 생각하는 만큼 문제 해결 방법을 모색하는 데 적극적으로 지원하고 실패에는 포용적일 것이지만, 또 한편으로는 안전 여부를 엄격히 감시하고, 독점을 단호히 단속할 거라 말했다. 그러면서 그는 자율주행 발전에 관한 국가 차원의 지도의견은 자율주행과 지능형 차량 인프라 협력 시스템 핵심 기술 장비 연구와 테스트 검증을 강화하는 거라고 말했다.

2017년부터 과기부는 바이두의 기술로 '자율주행 국가 차세대 인공지능 오픈 혁신 플랫폼'을 구축하기로 한 뒤 국가 중요 전략을 잇달아 발표했다. 먼저 2019년 9월, 당 중앙 위원회와 국무원이 〈교통 강국 건설 강요〉를 발표했고, 2020년 2월에는 국가발전개혁위원회를 비롯한 11개 부처와 위원회가 〈스마트 카 혁신 발전전략〉을 수립, 발표했다. 이로써 중국이 스마트 자동차 혁신, 지능형 차량 인프라 협력 시스템, 스마트 교통까지 교통 강국에 이르는 전체 구조가 더욱더 명확해졌다.

자율주행과 지능형 차량 인프라 협력 시스템이 같이 추진되고 융합 발전되면 스마트 교통을 더 빠르게 실행할 수 있어 자동차와 도로가 더욱더 스마트해질 수 있다. 그리고 스마트 교통이 단지, 도시, 고속도로 등 다양한 장소에 적용되면 효율과 안전이 향상될 수 있다. 현재 각 지자체의 포용력이 점점 높아져서 과감하게 우선 시행해 테스트를 진행하려는 지역들이 많아지고 있고, 스마트 자동차의 발전에 풍족한 혁신 공간을 제공해주고 있다.

종합해보면 자동차 업계의 전기화, 스마트화, 네트워크화, 공유화라는 4가지 변혁이 빠르게 추진될 것이며, 자율주행은 산업 경쟁력의 핵심이 될 것이다. Gartner와 중국 정보통신연구원이 함께 작성한 〈2018년 세계 인공지능 산업 발전 청서〉에 따르면, 2017년 중국 자율주행 시장 규모는 이미 681억 위안에 이르렀으며, 2018년에는 893억 위안에 이를 것으로 예측됐다. 맥킨지 글로벌 연구소의 예측에 따르면, 2020년까지 스마트 교통을 실행하면 악성 교통사고가 30% 줄어들 수 있고, 온실가스 배출도 15% 감소하며, 평균 통근 시간이 1.5%~20%까지 줄어들어 상당한 사회적 이익을 얻을 수 있는 것으로 나타났다.

스마트 네트워킹을 응용하면 자동차에 더 다양한 소비체험을 줄 수 있다. 새로운 산업 발전 추세에 따라 전통 자동차 기업은 기술 플랫폼 협력을 통해서 기술력 강화, 커넥티드카 시스템, 무선 스마트 충전 시스템을 구축해 차세대 제품을 내놓으려 힘쓰고 있다. 스마트 네트워킹은 점차 전통 자동차 기업의 주력 카드가 되고 있다. 예를 들어 광치 신에너지 자동차(廣汽新能源)와 텐센트가 합작해 운전자가 차량 자체 음악 소프트웨어, 소셜여행, 원클릭 충전소 찾기 등 서비스를 체험할 수 있게 했다. 볼보와 알리바바는 합작으로 차량과 스마트 스피커 연결을 실행해 운전자가 실내에서 음성 명령을 통해 차량 상태를 알아볼 수 있게 했다. 그리고 둥펑 닛산 합작사는 자신들의 지식재산권을 활용한 스마트 차량 인터넷 시스템을 갖춰 차주에게 차량 도난, 차량 정비 등 정보를 제공해줄 수 있다.

2019년 8월 31일, 반도체 설계업체 디핑센(地平線)이 발표한 중국 최초의 차량용 인공지능 칩인 정청(征程) 2세대는 광선 레이더, 카메라, 밀리미터파 레이더 등 센서 제품의 집적도를 높이고, 자율주행 기술 향상을 추진했다. 포니 AI의 차세대 자율주행 소프트웨어와 하드웨어 통합 시스템은 차량이 각기 다른 도로 상황과 주행 시나리오에서도 정확한 감지 데이터를 얻을 수 있게 한다. 화물 운송 트럭의 자율주행 기술을 연구하는 투심플(TuSimple)은 이미 500미터 범위 안의 도로 상황을 감지해낼 수 있다.[144]

2020년 5월 26일, 베이징시 정부의 대대적인 지원을 받아 바이두는 베이징 이좡 경제개발구에서 아폴로 파크 건설을 완료했다. 차량과 부품 저장, 원격 빅데이터 클라우드 제어, 운영 명령, 정비 및 교정, R&D 테스트 등 5대 기능을 모두 갖춘 아폴로 파크는 현재 전 세계에서 가장 큰 자율주행과 지능형 차량 인프라 협력 시스템 응용 테스트 기지다. 이와 같은 아폴로 파크가 건설됨에 따라 아폴로의 자율주행,

144. 왕천양(王辰陽), 끊임없이 변화하는 자율주행, 지능형 차량 인프라 협력 시스템이 구축된 스마트 도시, 상하이 신화통신, 2018년 9월 26일.

지능형 차량 인프라 협력 시스템 기술 제품의 완성과 응용을 더욱 빠르게 추진할 수 있게 됐다.

2018년 연말부터 기획된 아폴로 파크의 부지면적은 13,500㎡고, 사용면적은 11,000㎡로 이미 자율주행 테스트 차량이 200여 대가 배치되어 있다. 기지 내부에는 자율주행과 지능형 차량 인프라 협력 시스템 연구 센터, 차량 조정 센터, 수리 검사 센터, 원격 빅데이터 클라우드 제어 센터, 국내 보안 지휘 센터, 자산 저장 센터, 보안 테스트 학원 훈련 교실 등 관련 기술 센터가 자리해 있다. 그리고 외부에는 테스트할 수 있는 폐쇄 도로가 갖춰져 있어 자율주행 자동차 연구부터 테스트까지 모든 과정을 진행할 수 있다.

베이징시는 2019년 12월에 〈자율주행 자동차 도로 테스트 관리 실시 세칙(시범 시행)〉을 발표해 처음으로 자율주행 자동차가 사람이나 화물을 싣고 테스트를 진행하는 것을 허락했다. 그리고 같은 달 바이두 아폴로는 유인 자율주행 테스트 허가증 40장을 취득함으로써 베이징시에서 유인 자율주행 테스트 허가를 받은 첫 번째 기업이 됐다. 2020년 4월 19일, 바이두 아폴로 로보택시가 바이두 지도와 바이두 앱에서 서비스를 시작하면서 중국에서 처음으로 국민이 직접 로보택시 자율주행 시승 서비스를 이용할 수 있게 됐다. 한편 바이두 아폴로를 기반으로 한 무인주행 택배 화물차, 자율주행 버스 등은 이미 2018년부터 슝안시 시민 서비스 센터 단지 안에서 도로에서 운행하고 있다.[145]

바이두의 자율주행 핵심 기술 연구는 2013년까지 거슬러 올라간다. 7년 동안 바이두 아폴로는 이미 전 세계에서 가장 큰 자율주행 개방 플랫폼이 됐다. 그리고 바이두 아폴로는 2018년, 2019년 연속 베이징에서 자율주행 테스트 차량을 가장 많이 투입했고 가장 긴 거리를 테스트했다.

자율주행 시스템은 보안이 엄격해야 한다. 그래서 몇 년, 심지어 더 긴 시간을 투자해 자율주행 차량을 대상으로 충분한 도로 테스트를 진행하고, 시뮬레이션 시스템 테스트를 계속 진행해 보안성을 평가하고 향상해야 한다. 2018년부터 바이두는 증강현실과 가상현실 방면에서도 많은 중요한 진전을 이루었다. 이에 증강현실 자율주행 시뮬레이션 시스템을 개발한 바이두는 실제 차량 흐름을 모방한 증강현실

---

145. 왕쯔린(王子霖), 세계에서 가장 큰 자율주행 테스트 기지를 건설한 바이두, 상하이증권보(上海證券報), 2020년 5월 27일.

을 통해서 거의 진짜와 같은 시뮬레이션 시나리오를 만들었다. 이로써 더욱 신뢰할 수 있고 저렴한 자율주행 자동차 시뮬레이션 방법을 마련하게 됐으며, 훈련과 테스트 평가 자율주행 시스템에 대규모 감지, 결정과 주행 계획 알고리즘을 사용할 수 있게 됐다.

이 시스템을 현존하는 시뮬레이션 시스템과 비교하면 사실감, 확장성 등 방면에서 파격적인 기술 진전을 실현한 것이다. 이와 같은 연구성과는 〈사이언스 로보틱스(Science Robotics)〉에 발표됐다.[146]

2018년 11월 1일, 바이두는 이치훙치와 연합해 중국에서 처음으로 L4급 자율주행 승용차를 양산하기로 계획한 뒤 2019년 소량 생산해 오프라인에서 시범 운행을 진행했고, 2020년 대량으로 생산해 여러 도시에서 운행을 시작했다.

감지 시스템은 자율주행의 가장 중요한 부분인 만큼 해당 기술 발전 정도는 자율주행의 가능성 및 후속 발전과 직접 관련이 있다. 2019년 바이두 아폴로는 중국 유일의 순수시각 L4급 자율주행 솔루션·바이두 아폴로 라이트(Apollo Lite)를 발표했다. 순수 카메라 10대, 초당 200프레임 데이터양의 병행처리를 지원할 수 있다. 이에 단일 시각 링크 최대 프레임 손실률을 5% 이하로 통제할 수 있고, 전방위 360°실시간 환경 감지를 할 수 있어 전방에 있는 장애물의 안정 측정 거리가 240m에 이른다.

아폴로 라이트는 이미 베이징 다오샹후(稻香湖) 등 여러 지역 구간에서 테스트를 실행하고 있다. 동시에 바이두 아폴로는 줄곧 여러 센서가 융합된 기술 노선을 따르고 있다. 이에 광선 레이더와 카메라의 공동 작용으로 빠르게 더 스마트한 자율주행 기술의 발전 속도를 높이고 있다.

2020년 5월 20일, 바이두 아폴로는 이민(伊敏) 노천광산을 위해 개조한 광산용 트럭 무인주행 프로젝트를 5G를 통해 생방송으로 진행했다. 중국에서 처음으로 172톤급 광산용 트럭을 개조하면서 소요된 시간은 겨우 30일이었다. 바이두는 계속 화넝이민석탄전기유한회사(華能伊敏煤電有限公司)와 함께 전기화, 자율주행, 스마트 배차, 위치 감지, 고정밀 지도, 스마트 광산 영역에서 협력을 진행해 전면적이고 체

---

146. Wei Li, Chengwei Pan, Rong Zhang, Jiaping Ren, Yuexin Ma, Jin Fang, Feilong Yan, Qichuan Geng, Xinyu Huang, Huajun Gong, Weiwei Xu, Guoping Wang, Dinesh Manocha, Ruigang Yang, "AADS: Augmented autonomous driving simulation using data-driven algorithms", Science Robotics, 2019, Vol. 4.

계적이며 신뢰할 수 있는 솔루션을 제공할 계획이다.

이번에 이민 노천광산 광산용 트럭을 무인화로 업그레이드 개조를 진행하면서 아폴로의 응용 시나리오는 확장됐다. 이전에 아폴로는 여러 개발자와 함께 무인판매트럭, 관광지 스마트 킥보드, 스마트 청소차, 무인 굴착차 등 9가지 거대 시나리오를 상용화시켰다. 그리고 2020년 신종 코로나 바이러스 방역 과정에서 아폴로의 응용 범위는 환경 소독, 물자 공급에까지 확장됐다.

자율주행 능력이 계속해서 발전되고 있는 것 외에도 7년 동안 연구를 거치면서 아폴로는 이미 자율주행, 지능형 차량 인프라 협력 시스템, 스마트 차량 인터넷이라는 3대 기둥을 형성했다. 그중에서 지능형 차량 인프라 협력 시스템은 도시의 교통을 더욱 '스마트'하게 만들어주고 도시 교통 능력을 향상시킬 수 있다.

2019년 말까지 바이두 아폴로 스마트 차량 인터넷 플랫폼은 생태계 협력 파트너 60여 개를 가지고 있으며, 400여 종의 차량과 협력해 1,000만 명이 넘는 운전자들에게 서비스를 제공해주었다. 이에 2019년 차량 누적 주행거리는 10억km에 달한다.

신인프라에서 아폴로의 'ACE 교통엔진'은 발전의 정책 보너스를 가져올 것이다. 2020년 5월 초, 바이두 아폴로와 광저우 개발구역은 전략 협력계약을 체결하고 함께 홍콩·마카오 스마트 네트워킹 선도 지역을 만들기로 했다. 바이두의 이전에 잇달아 충칭, 양취안, 허페이 세 도시와 지능형 차량 인프라 협력 시스템 구축 프로젝트를 체결하며 바이두 아폴로 생태계를 한층 더 확장한 바 있다. 또 5월에는 하이량 과학 기술(海梁科技), 톈마이 과학 기술(天邁科技), 인장주식회사(銀江股份), 따탕가오홍(大唐高鴻), 하이신 인터넷 과학 기술(海信網絡科技), 즈여우워 과학 기술(智優沃科技) 등의 기업들이 속속 아폴로와 협력 계약을 맺었다.

증강현실/가상현실 : 이제껏 보지 못한 현실과 가상의 융합

VR 기술은 20세기에 발전된 완전히 새로운 실용 기술이다. VR 기술은 컴퓨터, 전자 정보, 복제 기술을 전부 포괄하며, 그 기본 실행 방식은 가상현실을 컴퓨터 시뮬레이션하는 것으로 사람에게 강렬한 몰입감을 준다. 사회 생산력과 과학 기술의 지속적인 발전에 따라 각 업계의 VR 기술에 대한 수요도 나날이 커지고 있다. 엄청

난 발전을 이룬 VR 기술은 점차 새로운 과학 기술 영역이 되어가고 있다.[147]

AR 기술은 가상정보와 실제 세계를 교묘하게 융합한 기술로 멀티미디어, 3D모델링, 실시간 추적 및 등록, 스마트 상호작용, 감지 등 여러 기술 수단에 광범위하게 응용된다. 컴퓨터로 생성된 문자, 이미지, 3D 모형, 음악, 영상 등 가상정보를 시뮬레이션한 뒤 실제 세계에서 응용해 두 종류의 정보가 서로를 보완함으로써 실제 세계의 '증강'[148]을 실현한다. AR은 허구와 실재가 서로 연결된 인프라를 구축할 수 있어 인간과 기계가 서로 교류하는 혁신적인 체험이 가능하다.

그리고 혼합현실(MR)이라고 불리는 기술도 있다. 혼합현실은 VR 기술이 한층 더 발전된 것으로 현실 시나리오를 통해 가상 시나리오 정보를 나타낼 수 있다. 이에 현실세계, 가상세계와 사용자 사이의 상호 피드백의 정보 회로를 건설할 수 있어 사용자가 더 생생한 증강 체험을 할 수 있게 해준다. MR은 기술을 한데 조합함으로써 새로운 관람 방법을 제공해줄 뿐만 아니라 새로운 입력 방법을 제공해주며, 모든 방법이 서로 융합되어 혁신을 추진할 수 있게 해준다.

VR과 AR 기술에 관해서 구글 VR/AR 책임자인 클레이 바버(Clay Bavor)는 다음과 같은 말로 정확하게 설명했다.

"VR은 사용자를 어떤 곳이든 데려다 줄 수 있고, AR은 사용자에게 어떤 물건이든 가져다줄 수 있다."

VR과 AR은 기초기술의 발전과 지원이 있어야만 한다. 2018년 이후 바이두는 VR과 AR 방면에서 많은 중요한 진전을 이루었다. 바이두는 생태 개방 플랫폼 DuMix AR을 구축해 여러 종류의 AR 핵심 능력과 AR 엔진을 개방하고, 개발자 및 협력 파트너들에게 완성도 높은 원스톱 솔루션을 제공했다. 바이두 AR은 이미 파노라마, 3D이미지 콘텐츠 수집, 처리, 전송, 전시 및 상호작용 기술을 탄탄하게 구축했으며, 이를 기반으로 바이두는 앞에서 설명했던 것처럼 AR의 자율주행 시뮬레이션 시스템을 개발하고 있다.

바이두 브레인 DuMix AR 플랫폼은 바이두 브레인의 중요 구성 부분이다. 현재 이미 중국에서 가장 큰 영향력을 갖춘 AR 기술 개방 플랫폼 중 하나가 된 바이두

147. 리량즈(李良志), 가상현실기술 및 그 응용 탐구, 중국과학 기술종횡, 2019(3) : 30-31.
148. 후톈위(胡天宇) 등, 증강현실 기술 총론, 컴퓨터 지식과 기술, 2017년 제34기.

브레인 DuMix AR 플랫폼은 40항목이 넘는 기술 개방 능력을 보유하고 있다. 2019년 발표한 DuMix AR 5.0은 인간과 기계 상호작용과 시나리오 물리 세계 상호작용 2가지 방면에서 중대한 진전을 가져왔다.

사람과 기계 상호작용 방면에서 바이두는 인간의 얼굴, 신체, 손짓 환경 일체화 상호작용 시스템을 구축해 발전된 정밀화 능력과 풍부한 특수 효과 콘텐츠 서비스로 동영상, 생방송 등 전체 시나리오를 위한 원스톱 AR 엔터테인먼트 상호작용 솔루션을 제공하고 있다. 고정밀 안면 포인트 측정과 3D 안면 재건 알고리즘을 기반으로 표정 실시간 포착과 상호작용을 실현했다. 그리고 바이두 브레인을 바탕으로 음성, 안면 등 기술 영역의 경험을 축적하고 '패들패들' 딥러닝 플랫폼을 통해 자체 연구한 인물 표정 스마트 생성과 클라우드 렌더링 기술을 결합해 가상인물 영상 스마트 제작에 완전한 솔루션을 제공할 수 있다. 문자나 음성을 입력하기만 하면 가상 캐릭터가 생동감 있는 표정과 풍부한 동작으로 뉴스 보도하는 영상을 대량생산할 수 있게 된 것이다.

감지 추적 방면에서 바이두는 시각 위치측정(Visual Localization)과 증강 서비스 VPAS를 자체 연구해 오프라인 고정밀 지도 구성, 온라인 위치측정, 융합 추적, 이 3가지 핵심 모듈을 통해 중국에서 처음으로 현지 상용화 기준이 부합한 시나리오 물리 세계 상호작용 시스템을 구축했다.

DuMix AR 플랫폼은 40여 개의 생태 협력 파트너와 함께 브랜드 마케팅, 영상 엔터테인먼트, 관광지, 교육과 자동차 등 여러 수직 분야에서 혁신적인 탐색을 진행했다. 그리고 이를 통해 AR 기술을 활용한 대형 디스플레이가 설치된 세계 첫 번째 AI 공원인 하이뎬(海澱) 공원이 등장했다. 하이뎬 공원의 등장 이후 2019년 동안 중국 여러 도시에서는 앞다투어 AR 태극권 대형 디스플레이를 설치하기 시작했다. 이 AR 태극권 대형 디스플레이는 증강현실 기술로 오프라인 이용자에게 풍부한 체험을 제공할 뿐만 아니라 전 국민운동 열풍을 일으켰다(그림 9-1). 2019년에는 이뿐만 아니라 춘완 홍바오 이벤트와 가상 아나운서 '샤오링(小靈)'이 연거푸 중국 공영방송 CCTV에 등장하기도 했다. 또 바이두는 '청각장애 아동이 자유롭게 읽을 수 있는 환경조성 프로젝트'에서 일기금(壹基金, One Foundation), 58퉁청과 협력해 기존 출판물에 AR 기술을 적용했으며, 취약계층 지원을 통해 긍정적인 사회 효과를 만들어 냈다. 2020년에 바이두 AR는 바이두 하오칸비디오, 날씨 조회 소프트웨어 중국날씨(中國天氣)와 협력해 위에윈펑(嶽雲鵬)[149] 이미지를 바탕으로 중국 최초 스타 IP 가상 사회자인 '샤오웨웨(小岳岳)'를 만들었다. DuMix AR 플랫폼의 지금까지 누적된 상호작용량은 19억을 초과했으며, 6대 분야에 솔루션을 발표해 AR기술과 응용 발전에 촉진했다.

그림 9-1. 시민의 운동을 도와주는 AR 태극권 대형 디스플레이는 이제껏 보지 못한 현실과 가상의 융합을 실현했다.

DuMix AR과 바이두 지도 시나리오화 능력이 결합하면 사실적 AR상호작용을 시나리오 실현할 수 있고, VPAS는 AR 관광지 스마트 가이드를 창조적으로 실현할 수 있다. 그 예로 중국 대표 관광지인 위엔밍위엔(圓明園)과 타이산(泰山)에서 기술을 적용해 잔해만 남아 있는 위엔밍위엔의 따수이파(大水法)의 과거 아름다운 모습을 다시 재현한 것을 들 수 있다. 최근에는 다시 바이두 지도와 힘을 합쳐 AR 보행 내비게이션 기능을 베이징 화룬우차이청(華潤五彩城)에 적용해 정확한 내비게이션 서비스를 실현했다. 이것은 중국에서 처음으로 시각 위치측정 서비스와 복잡한 실내 환경을 결합한 시나리오 응용이다. VPAS 실내 위치측정 기능의 업그레이드를 통해 DuMix AR의 실제 공간 환경에 대한 이해 능력은 넓은 야외 공간부터 수만 제곱미터에 달하는 실내의 복잡한 공간에까지 이르게 됐다. 이는 물리 세계와 상호 연결이

149. 중국의 유명한 만담가. - 역주.

더욱 긴밀해졌다는 걸 의미한다.

5G 시대가 도래함에 따라 VPAS 실내 위치측정 기술의 응용될 수 있는 시나리오도 더 많아지고 있다.

공공장소 시나리오에서 지도 경로 계획 기능과 AR 증강 상호작용 콘텐츠를 결합하면 마트, 교통 허브, 관광지 전시회에 관한 내비게이션 / 구매 가이드 / 관람 가이드 등 기능을 손쉽게 실현할 수 있다. 또 사용자의 공간 환경을 효율적으로 파악할 수 있어 가게, 자동차를 쉽게 찾을 수 있고, 구매와 결제가 편리하며 생생한 관람과 체험을 할 수 있다.

산업 공간 시나리오에서는 공장 환경 데이터와 보조 정보가 결합해 산업 솔루션을 대대적으로 확장할 수 있다. 이에 설비 순찰, 자원 추적, 물류 저장, 직원 훈련 등 서비스를 제공해 인건비는 낮추고 업무 효율을 높일 수 있다.

또 가상현실 VR은 시야를 넓히고 미래를 창조할 수 있다. VR 핵심 기술과 업계 상용화 솔루션을 깊이 연구한 바이두는 VR 기술을 기반으로 교육, 마케팅 등에 솔루션을 제공해 산업 디지털화 업그레이드를 돕고 있다.

바이두는 전체 시나리오, 3D 영상 콘텐츠를 수입, 처리, 전송, 전시 및 상호 기술 방안에 대한 경험을 지속적으로 쌓아 이미 K12, 고등 교육기관 훈련, 마케팅 등 업무 시나리오 상용화를 지원하고 있다. 콘텐츠 생산 방면에서 고정밀도 촬영, 스마트 결합, 딥러닝을 기반으로 한 영상 정확 분할 기술을 통해 소프트웨어와 하드웨어의 일체화 3D영상 수집 방안을 구축할 수 있다. 콘텐츠 전시 방면에서는 자체 연구한 WebVR 렌더링 엔진, 자체 연구한 고성능 파노라마와 3D이미지 영상 방영 엔진 및 장기적으로 축적한 VR 헤드 디스플레이 하드웨어 적용 기능을 기반으로 Unity, Web 플랫폼에 적용 가능한 전체 양식 콘텐츠 전시 VR Suite SDK를 추진할 수 있다. 그리고 협력 파트너에게 기초적인 VR 콘텐츠 방송 기술 지원을 제공할 수 있다.

현재 교육 방면의 상품인 '바이두 VR 교실'은 이미 전국 20여 개 도시와 지역에서 응용 및 상시 교육을 실현하고 있다. 'VR 새로운 사용 과학 실험실'도 산둥대학(山東大學), 쾅예대학(礦業大學), 화베이수이리대학(華北水利大學) 등 여러 고등 교육 기관에서 상용화되고 있다. 바이두는 VR 기술을 활용한 5+교육시나리오의 효과적인 실행을 적극적으로 추진했고, 상하이시 위이(愚一) 초등학교는 상하이시에서 처음으로 G Cloud VR을 응용한 교실을 개설하게 됐다.

마케팅 방면에서는 상위 산업과 하위 산업의 심도 있는 결합으로 원스톱 3D이미지 수집 소프트 하드웨어 제품을 제공해 VR 콘텐츠 제작 문턱을 낮출 수 있다. 바이두 시스템 제품 매트릭스를 연합하고 VR 광고, VR 충전소, VR 자동차 등 부가가치 서비스를 추진할 수 있다. 동시에 업종 카테고리 시나리오와 VR 기술을 결합해 VR 클라우드 전시회, VR 자동차 구경 등 전체 분야 솔루션을 제공할 수 있다.

선더우 :
모든 IP가 빛나게 만드는 모바일 생태 가치 공유

선더우 : 바이두그룹 부사장. 모바일 생태 사업 그룹 담당
인터뷰 일자 : 2020년 4월 26일

장샤오펑 : 바이두의 캐쉬카우(Cash cow) 업무인 모바일 생태는 검색부터 모바일 생태, '검색+피드 스트림' 더블 엔진, 콘텐츠 배포, 서비스 배포에 이르기까지 계속 발전하고 있습니다. 일단 모바일 생태가 무엇인지 간략하게 소개해주실 수 있으십니까?

모바일 생태의 2+2+1

선더우 : 알겠습니다. 모바일 생태라는 이름은 비교적 큰 의미를 담고 있습니다. 그러니 먼저 전체 업무 구조를 말한 뒤 배후에 있는 업무 논리를 설명하겠습니다.

저는 이전에 모바일 생태 업무를 간략하게 2+2+1이라고 불렀습니다. 바로 두 종류의 플랫폼, 두 종류의 카테고리, 하나의 환금성을 의미하지요.

두 종류의 플랫폼에서 하나는 정보 배포 플랫폼입니다. 정보 배포는 바이두가 가장 잘하는 부분입니다. 바이두는 맨 처음 검색을 갖춘 뒤 피드 스트림을 만들었습니다. 예를 들어서 사용자의 수요에 따라 활용되는 검색은 아주 이성적인 브레인 소비로 시간을 절약하고, 지식을 증가시킨다는 목적이 있습니다.

다른 하나는 상호작용 엔터테인먼트 플랫폼입니다. 예를 들어서 커뮤니티, 동영상, 게임, 소설, 생방송은 모두 엔터테인먼트가 핵심인 플랫폼입니다.

이런 두 종류의 플랫폼에서 하나는 정보를 제공해 시간을 절약하게 해주고, 다른 하나는 엔터테인먼트 콘텐츠를 제공해 시간을 보내게 해주는 서로 다른 콘텐츠 배포 논리를 가지고 있습니다. 콘텐츠 중에 어떤 건 이미 온라인에 있던 거고, 어떤 건 바이두가 자체적으로 제작한 것으로 충분히 많은 콘텐츠를 제공, 배포하기 위해서는 이런 콘텐츠를 생산하고 제작할 필요가 있습니다.

그리고 두 종류의 카테고리에서 하나는 백과, 지식인, 자료실과 같은 지식 카테고리

로 사용자에게 주로 지식을 제공하는 카테고리를 말합니다. 저희는 다시 새롭게 사용자 생산 메커니즘을 조직하고 있습니다.

다른 하나는 업종 카테고리로 검색이 아우르는 범위를 넓혀 각기 다른 업종이 연결되게 하는 겁니다. 그런 면에서 바이두와 타오바오는 유사하지만, 차이가 있습니다. 바이두는 많은 업종을 아우를 수 있지만 모든 업종을 깊이 파고들 수는 없습니다. 반면 타오바오는 전자상거래 한 업종에 집중하고 있지요. 타오바오의 장점은 단일 전자상거래 카테고리입니다. 사용자가 타오바오에서 제품을 검색할 때 검색된 제품의 배후에는 타오바오의 조직이 얽혀 있습니다. 점포 제공부터 지불, 유통까지 모든 단계가 철저하게 연결되어 있습니다.

반면 바이두는 아주 많은 카테고리를 가지고 있지만, 모든 부분을 철저하게 연결할 표준화된 시스템이 없습니다. 어째서 바이두는 지금껏 카테고리를 깊이 연구하지 않았을까요(아이치이에서 긴 동영상을 연구해 성공한 건 예외)? PC 시대에는 바이두의 이런 문제들이 그다지 두드러지지 않았습니다. 인터넷, HTML(하이퍼텍스트 마크업 언어) 웹 브라우저를 기반으로 한 웹사이트에서는 모든 게 자연스럽게 연결이 되어 있으니까요.

사용자는 바이두에서 검색을 통해 지식 정보를 얻을 수 있을 뿐만 아니라 좋은 서비스도 제공받을 수 있었습니다. 하지만 모바일 시대가 되면서 카테고리의 응용이 비교적 수직적이고 폐쇄적으로 변했습니다. 이에 바이두가 스스로 하지 않으면 콘텐츠와 서비스를 제공하기 어렵게 됐습니다. 현재 의료, 성형, 자동차, B2B 등 일련의 업종의 카테고리가 있습니다. 바이두는 이런 중요 카테고리의 정보 배포의 논리뿐만 아니라 처음부터 끝까지 전체 과정을 건설해야 합니다. 그래야 모든 부분이 연결되게 할 수 있습니다.

이 2가지 카테고리는 엄격하게 구분되지 않지만, 지식 카테고리는 더 많은 콘텐츠를 제공하고, 업종 카테고리는 더 많은 서비스를 제공해 더 많은 단대단 업종에 폐쇄형 루프를 건설하는 거라 할 수 있습니다.

마지막으로 '1'은 통일된 환금성을 의미합니다. 광고는 바이두의 주요 환금성으로 플랫폼과 카테고리는 많지만, 환금성에는 광고만 있습니다. 그러니 광고주 입장에서 투자 수익률을 이룰 수 있게 해주어야 합니다.

이처럼 모바일 생태는 두 종류의 플랫폼, 두 종류의 카테고리와 하나의 환금성으로 이루어진 2+2+1 구조로 되어 있습니다.

간단한 철학을 고수해 폐쇄형 루프가 가능한 생태 관계를 중건한다

장샤오펑 : 아주 분명한 구조라서 독자들이 바이두의 모바일 생태 전체를 비교적 또렷하게 판단하고 파악할 수 있을 것 같습니다.

사용자 체험이나 제품의 논리와 제품 정신에서 제공하는 정보가 명확할수록 사용자들이 머무르는 시간도 짧아질 수 있습니다. AI 기술을 이용해 사용자들이 바이두를 더 간편하게 이용할 수 있게 하면, 사용자들이 매번 바이두에서 검색만 하고 떠나버리는 결과를 초래할 수가 있지 않습니까?

바이두만의 독특한 제품 논리인 간편함을 계속 고집하실 생각이십니까?

선더우 : 제품 논리와 생각의 변화를 설명해드리겠습니다. 우선 중국 인터넷 생태의 변화로 제품 체험은 업그레이드 됐습니다.

검색은 일종의 제품 형태이며 그 자체에 산업 논리가 담겨 있습니다. 검색 자체는 기초 응용성 제품이니 생태가 필요하지 않습니다. 처음 사용자가 검색하는 포털은 웹 브라우저입니다. 웹 브라우저는 업종 표준 제품으로 완전히 개방되어 있어 사용자가 평상시 언제나 방문할 수 있습니다. 과거 웹 브라우저를 통해서 충분히 많은 콘텐츠와 서비스를 갖추고 있는 웹사이트를 방문했을 때는 포털부터 콘텐츠 제공과 서비스 제공까지 모든 게 개방되어 있었습니다.

바이두는 그저 기술을 활용해 사용자의 수요와 서비스를 연결해주면 됐습니다. 이런 상황에서 바이두는 생태 건설할 필요도 없었고, 자신들의 카테고리를 개발할 필요도 없었으니 연결에만 집중하면 됐습니다. 하지만 당시 바이두 전체 업무 모델은 사실상 웹사이트, 웹마스터 사이의 일종의 제로섬게임이었습니다. 예를 들어서 사용자가 기차표를 검색하면 저는 사용자에게 씨트립(攜程, Ctrip)[150]을 보여줍니다. 그렇게 되면 다음에 사용자는 바이두를 사용하지 않고 직접 씨트립에 접속하게 될 수 있습니다. 반면 씨트립이 계속 바이두를 통해 사용자를 끌어들일 필요가 있다고 생각해야 바이두

---

150. 중국 최대 온라인 여행/티켓 서비스 기업. – 역주.

는 광고를 진행해 수익을 거둘 수 있습니다.

이런 사업 모델에서는 사용자이든, 기업이든 바이두에게 친구가 될 수 없기에 제로섬 게임이 되는 겁니다. 웹사이트는 바이두가 없으면 소비자를 끌어들일 수 없으므로 바이두에게 고마워합니다. 하지만 그들의 진짜 목적은 바이두를 통해서 사용자를 자신의 웹사이트에 유입시키려는 것인 만큼 바이두에 의지하면서 한편으로는 바이두에 많은 불만을 품고 있었습니다.

그리고 사용자의 경우 정보와 서비스를 얻는 게 목적인 만큼 광고를 보고 싶어 하지 않지만, 광고주는 광고비를 들여 고객을 끌어들이려는 목적이 있는 만큼 더 자극적인 콘텐츠를 만들려 합니다. 그리고 바이두는 수익을 위해 어느 정도 광고주의 이런 행동을 용인할 수밖에 없고, 이에 사용자 쪽과 약간의 대립이 생기게 됩니다.

PC 시대에서는 이런 대립 충돌이 비교적 분명해서 시간이 지날수록 나빠지는 걸 알 수 있었습니다. 바이두의 사용자 평가에서 직접적으로 드러났으니까요. 그것은 아주 간단한 산업 논리이지만, 변화하는 과정에서 사용자 수요와 충돌이 생겨난 겁니다. 그리고 모바일 시대에는 이 문제가 갈수록 심각해졌습니다. 많은 콘텐츠와 서비스가 앱을 통해 제공되면서 더는 개방된 콘텐츠 생태를 이룰 수 없게 된 것이죠. 기존에 바이두에게 필요했던 2가지 요소인 포털과 콘텐츠와 제공에 큰 문제가 나타났습니다.

더욱이 중국에서 모바일 시대는 PC 시대, Windows 시대처럼 개방의 개념이 아닙니다. 콘텐츠를 앱 안에서 제공받을 수 있게 된 이상 검색 엔진이 계속 존재하려면 반드시 이 두 문제를 해결해야 했고, 이에 바이두는 자체 앱을 만들 수밖에 없었습니다.

바이두는 앱을 통해 포털 통제력을 늘리고 콘텐츠 공급 문제를 해결하기 위해 바이자하오와 미니앱을 만들기 시작했습니다. 바이자하오를 활용해 콘텐츠 공급 문제를 해결하고, 미니앱으로 서비스 제공 등의 문제를 해결하려 한 겁니다. 그러자 기존의 웹마스터와 콘텐츠 서비스업들이 바이두 앱에서 바이자하오와 미니앱을 개발하기 시작했습니다. 바이두 생태는 이런 방법을 통해 콘텐츠를 얻을 수 있게 됐고, 바이두와 웹마스터, 사용자와의 관계도 기존보다 더욱 부드러워졌습니다.

당당(當當)의 경우를 예로 들면 과거 당당은 사용자가 당당왕(當當網)[151] 물건을 사길

---

151. 중국 종합 온라인 쇼핑몰. - 역주.

바랐기에 바이두를 떠났습니다. 하지만 지금은 당당도 바이두에서 미니앱을 만들었고, 사용자가 바이두에서 검색을 통해 당당왕에 방문하거나 바이두 앱을 통해서 당당 스마트 미니앱을 열어 당당왕에 방문해 물건을 구매하기를 바랍니다. 사용자가 바이두 앱을 계속 이용하게 하려면 복잡한 기능을 줄이고 계좌를 연결해 지불 방식, 사용자 정보를 연결할 필요가 있습니다. 그리고 당당 스마트 앱의 경우 효율이 높아지면 사용자의 체험도 더 좋아지게 됩니다. 바로 이런 이유에서 당당과 바이두는 서로 협력하는 관계를 맺을 수 있습니다.

바이두는 모바일 시대를 맞이해 포털 문제, 콘텐츠 공급 문제를 해결해야 했고, 앱과 미니앱을 제작할 필요가 있었습니다. 이에 폐쇄형 루프 체험을 조성하는 자발적인 변화와 적응 과정을 거쳤습니다. 타오바오가 전자상거래 폐쇄형 루프 문제를 해결했던 것처럼 바이두는 미니앱+단의 방식으로 이 폐쇄형 루프 체험을 해결했습니다.

이처럼 모바일 시대에 맞는 메커니즘과 모델을 구축해 기존 사용자, 웹마스터와의 대립 관계를 해소하고, 이익 공동체가 될 수 있게 한 것은 엄청나게 큰 변화라 할 수 있습니다.

사용자의 수요를 읽어 최고의 체험을 제공한다

장샤오펑 : 배경을 아주 명쾌하게 설명해주셨습니다. 기존의 논리를 바꾸어 생태의 방식을 활용한 플랫폼과 업체, 업종 사이의 공생관계를 구축한 것이군요. 이에 사용자에게 더 좋은 체험을 제공하고, 검색 및 검색 후 행동까지 사용자의 전체 주기를 더 잘 평가하고 분석할 수 있게 됐습니다. 또 반대로 바이두 검색의 첫 페이지 만족도와 콘텐츠, 서비스에도 영향을 줄 수 있을 겁니다. 더 좋은 작은 폐쇄형 루프를 조합해 큰 폐쇄형 루프를 만든 거지요.

선더우 : 논리상으로는 그렇습니다. 검색은 문제의 해답을 찾거나 의혹을 해결하거나 임무를 완성하기 위한 과정입니다. 이에 바이두는 사용자가 문제를 빨리 해결할 수 있도록 도와주어야 합니다. 방금 다룬 논리 전환을 통해서 저희는 사용자가 문제의 해답을 찾는 데 더욱 많은 도움을 줄 수 있게 됐습니다.

정보를 검색하는 입장에서 살펴보면, 가령 쯔후에 게시된 문장을 찾고 싶어 한다면 사용자는 쯔후의 앱이나 쯔후의 html5를 이용해야 하며, 윗면에 빼곡하게 있는 광고로 부정적인 경험을 하게 됩니다. 그래서 바이두는 쯔후와 협상하며 다음과 같이 말했습니다.

"이렇게 힘들게 하지 말고 미니앱을 활용하면 되지 않습니까. 사용자가 미니앱에 들어가는 건 쯔후 앱에 들어가는 것과 같으니까요. 쯔후는 더 많은 사용자 정보를 가질 수 있고, 사용자는 더 좋은 체험을 할 수 있습니다."

단과 미니앱 솔루션은 사용자가 임무를 완성하는 주기를 길게 바꿔 더 어렵게 만드는 게 아닙니다. 전체 임무 완성의 단대단 사슬에 폐쇄형 루트를 형성해 사용자가 중간에 돌아가는 시간을 줄여주고, 더 좋은 서비스 체험을 제공해주는 겁니다. 이것은 사용자의 만족도를 높여주고, 더 나아가 사용자가 정보를 얻는 효율도 더 높일 수 있습니다.

이 밖에도 서비스 측면에서 말하자면 기존 사용자는 검색이 끝나면 바로 떠났기에 바이두는 사용자가 서비스에 만족했는지, 아닌지를 파악할 수 없었습니다. 현재는 미니앱을 통해서 서비스 경로를 완전하게 파악할 수 있고, 이에 저희는 해당 서비스에 대한 정보를 더 많이 확보할 수 있게 됐습니다. 예를 들어서 씨트립의 경우 사용자는 바이두를 굳이 떠나지 않아도 씨트립으로 이동을 할 수 있습니다. 이에 씨트립이 사용자에게 제공하는 서비스에 책임을 져야 하는 건 물론, 사용자는 동시에 바이두에 '바이두가 제공하는 경로를 통해 씨트립을 이용했으니 바이두가 마땅히 책임을 져야 한다'라고 요구할 수 있습니다. 바이두는 미니앱을 통해 사용자를 더 강력하게 보호하고 책임지게 됐습니다. 기존에는 사용자가 검색이 끝나면 이동해서 할 수 없었지만, 지금은 바이두 앱 안에서 전체 과정을 관리하고 서비스할 수 있는 만큼 바이두가 사용자에게 더 많은 책임을 지게 된 겁니다.

비록 사용자가 얼마나 오래 머물렀는지는 많은 플랫폼의 평가 지표이지만, 검색은 본래 궁금증을 풀고 싶은 사용자의 수요를 만족시키기 위한 겁니다. 그러니 저희가 이런 방식을 통해서 효율을 한층 더 높이는 건 어쨌든 사용자의 수요와 관련성이 있습니다.

예를 들어서 베이징에서 거주하는 사용자가 꾸이린(桂林) 지역 날씨를 검색한다면 어떤 의도가 있는 걸까요? 아마도 꾸이린으로 여행을 가고 싶거나 꾸이린의 상황을 알고 싶어서일 겁니다. 이런 상황에서 검색은 사용자의 전체 수요를 대표하지 않습니다. 사용자의 수요는 아마도 쇠사슬 형태나 그물모양일 겁니다. 그러니 한 차례의 검색은 전체 수용의 일부분만 대표할 뿐입니다. 만약 바이두가 한 부분을 통해서 사용자의 수요 사슬 전체를 파악할 수 있는 능력을 갖춘다면 미리 사용자의 수요를 예측하거나 더 나아가 사용자에게 필요한 정보와 서비스를 제공해줄 수 있습니다. 이것이 바이두의 더 스마트한 행동입니다. 예를 들어서 바이두가 사용자의 수요를 정확히 파악한 뒤 꾸이린의 가장 방문하기 좋은 장소 10곳을 알려주거나 꾸이린으로 가는 가장 저렴한 티켓을 안내해줄 수 있습니다. 그럼 사용자는 바이두에게 방해를 받았다고 느끼지 않고 오히려 바이두가 더 스마트하게 행동한다고 생각하게 됩니다.

이렇게 저희는 사용자의 수요를 한 점에서 한 선으로 확장하고, 다시 한 면으로 확장해 사용자의 미래 수요에 대한 탐색을 진행합니다. 그렇게 되면 사용자의 검색 시간이 증가하겠지만, 효율 향상을 전제로 사용자의 전체 사슬의 수요를 한층 더 만족시킬 수 있습니다. 이것이 검색이 확장해가야 할 목표이자 방향입니다.

최저 기준에서 생각해서는 안 되는 공공 플랫폼

장샤오펑 : 퉈관예는 어떤 배경에서 출현하게 된 겁니까? 사용자에게 더 신뢰할 수 있는 콘텐츠를 제공하기 위해서였나요?

선더우 : 사용자가 검색하는 이유는 정보를 얻기 위해서이지만, 업체와 광고주는 사용자가 그 과정에서 자신들이 판매하는 제품이나 서비스를 보기를 바랍니다. 그래서 일부 광고주는 과장된 광고를 하거나 심지어 거짓 정보를 사용해 사용자를 끌어들이려 합니다.

바이두는 검색 엔진으로서 반드시 이런 문제를 해결해야 합니다. 업체에게 퉈관예를 사용하게 한 이후로는 블록체인과 유사한 메커니즘 덕분에 업체가 부당한 행동을 할 수 없게 됐습니다. 그리고 바이두는 사용자를 더 책임질 수 있게 됐습니다. 과거 광고주가 자신의 웹페이지를 활용해 마음대로 할 수 있었을 때도 저희가 강력하게 심사를 진행했습니다. 하지만 광고주가 심사를 이리저리 피해버리거나 심사 뒤 약간의 개선만 보일 뿐이었기 때문에 저희는 손해를 입거나 사기를 당한 사용자들의 불만을 피할 수가 없었습니다.

이런 배경에서 저희는 사용자의 이익을 보호하기 위해서라도 바이두가 모든 걸 관리해야 한다는 생각을 가지게 됐습니다. 그렇게 하면 사용자를 더 잘 관리할 수 있으니 사기를 당하더라도 바이두가 더 잘 대처할 수 있을 테니까요. 또 광고주 입장에서는 바이두에 더 좋은 여러 기능을 지원받을 수 있습니다. 예를 들어 더 좋은 채팅 컴포넌트를 사용할 수 있거나 더 좋은 동영상을 사용할 수 있는 등 바이두가 제공하는 기타 기술을 활용해 효율이 향상될 수 있습니다.

장샤오펑 : 바이두의 검색 엔진이 사용자에게 제공하는 것들은 차별 없이 보편적 혜택을 주는 공공 서비스와 닮았습니다. 하지만 현재 완전히 무료로 검색을 사용할 수 있는 상황은 오히려 여러 여론을 일으키거나 사용자의 원망을 불러올 때가 있습니다. 검색 플랫폼이 부정적인 감정을 담는 거대한 깔때기로 변한 겁니다.

계속해서 최적화해 사용자의 첫 페이지 만족도를 올리고 퉤관예 메커니즘을 실행하는 이와 같은 새로운 모델은 바이두가 자발적으로 변화하기 위해 노력한 결과라고 생각합니다. 하지만 외부에서는 의문의 목소리가 끊이질 않았습니다. 이런 의문의 목소리를 들으며 전환하는 과정에서 힘들지는 않았습니까? 과정에는 어떤 어려움이 있었나요? 그리고 어떤 새로운 지식을 얻게 됐습니까?

선더우 : 당시 비즈니스 모델은 본질적으로 비즈니스 보안, 비즈니스 리스크 관리에 문제가 있었습니다. 네티즌이 바이두에 요구하는 기준이 더 높아진 겁니다. 이에 팀에서는 배후의 원인과 논리를 고민해야 했습니다. 이 사건을 통해서 우리는 바이두가 국민 플랫폼이 된 만큼 최저 기준에서 생각하지 말고 높은 기준에서 생각해야 하는 건 아닌지 되돌아보게 됐습니다.

팀과 조직의 입장에서 이러한 문제를 겪은 건 무척이나 불쾌한 일이었지만, 사용자의 요구와 기대에 주목하며 그에 알맞은 해결 방안을 생각해내는 게 먼저였습니다. 그 당시 저희는 과거, 현재뿐만 아니라 미래도 봐야 했기에 팀원 전체가 이전보다 훨씬 장기적인 시각을 가져야 했습니다.

저희의 첫 페이지 만족도는 가장 좋은 해결 방안을 찾기 위한 거였습니다. 저희는 최근 '바이두 건강 의학'을 제작하면서 원사, 전문가, 의사에게 질병에 대한 전문적인 의견을 구했습니다. 예를 들어서 '갑상선 결절'의 경우 갑상선 질환의 원인까지 다루는 등 일련의 권위 있는 지식 정보가 대폭 향상됐습니다.

이런 일을 바이두는 많이 하지만 대규모 홍보를 하지는 않습니다. 바이두 플랫폼은 사용자가 건강 문제를 물어보는 가장 중요한 장소인 만큼 저희는 당연히 이런 일을 가장 잘 해내야 합니다.

2019년 바이두 건강 브랜드를 중건해 전염병이 발생한 시기에 국민을 위해 무료 온라인 진료, 온라인 약 구입 서비스를 제공했습니다. 현재 매일 수십만 명이 진료를 보고 있으며, 사용자는 바이두 생방송을 통해서 의사에게 자문할 수 있습니다. 이러한 성실한 노력과 사용자 수요에 맞는 제품, 서비스 덕분에 2020년 1분기 바이두의 전체 의료 평가가 좋아질 수 있었습니다.

장샤오펑 : 바이두 기술 신조, 바이두의 가치관은 수요와 사용자와의 지속적인 상호 작용이군요. 많은 사용자가 바이두의 노력을 보고 인정하고, 협력 업체도 더 투명한 비즈니스 생태 안에서 자기 능력을 넓혀 나갈 수 있을 거라 믿습니다.

검색, 다음의 바이두가 등장할 수 있을까?

장샤오펑 : '검색+피드 스트림'이 바이두에게 뭘 가져다주었습니까? 이제 경쟁 기업에 관해 이야기해보는 게 좋을 것 같습니다. 현재 검색에 발을 들여놓는 기업들이 점점 많아지고 있습니다.

선더우 : 첫째, '검색+피드 스트림' 더블 엔진을 바이두는 맨 처음 시도했고 성공했습니다. 피드 스크림의 성장 속도는 아주 빠릅니다. 바이두는 현재 세계에서 가장 큰 더블 엔진 플랫폼이자 검색과 피드 스트림을 함께 성공시킨 플랫폼입니다. 사용자 검색은 자발적인 표현입니다. 우리는 이를 통해 사용자의 수요를 이해한 뒤 사용자의 관심에 맞는 추천을 해줄 수 있습니다. 만일 사용자가 관심이 있으면 검색을 할 거고, 없으면 보기만 할 겁니다. 바이두가 제작한 신시류는 규모 면에서 경쟁 기업이 위협을

느낄 만큼 빠르게 성장했습니다. 그럼에도 경쟁 기업들이 검색에 발을 들여놓은 이유는 해당 상업 모델이 성공적이고, 제품의 배합이 합리적인 만큼 반드시 뛰어들어야 한다고 생각하기 때문입니다.

둘째, 바이두 입장에서 다른 기업들이 검색 분야에 뛰어드는 건 아주 좋은 자극제가 됩니다. 오랜 시간 검색 분야에서 선두 자리를 유지해온 바이두는 새로운 시각과 아이디어가 필요합니다. 새로운 경쟁상대의 등장으로 자극을 받으면 더욱 발전하기 위해 노력할 테니 바이두로서는 좋은 일입니다.

셋째, 모바일 시대 검색 분야에는 생태 자체에 대한 더 강한 요구가 있습니다. 이제는 PC 시대일 때처럼 한 가지 알고리즘만으로 많은 콘텐츠를 제공할 수 없습니다. 경쟁 기업들은 제각기 콘텐츠에서 우세한 점을 가지고 있을 수 있습니다. 하지만 이런 콘텐츠로는 사용자 검색 전체를 아우를 수는 없는 만큼 검색이 가진 문제도 해결할 수도 없습니다. 그러니 검색을 통해 사용자의 다양한 수요를 만족시킬 필요가 있는 겁니다.

바이두의 검색 규모가 큰 덕분이 많은 창작자, 웹마스터와 함께 미니앱을 만들 수 있었기에 미니앱을 발전시켰습니다. 그러자 다른 경쟁 기업들도 앞다투어 미니앱을 만들기 시작했습니다. 하지만 대규모 트래픽이 없어 개발자의 비용이 너무 커졌고, 이에 개발이 쉽지 않게 됐습니다. 사실 검색 생태계는 선두 효과가 비교적 또렷하게 나타나고 있습니다. 이러한 선두 효과는 생태 발전을 이끌기에는 좋지만, 소규모 검색 엔진의 성장에는 도움이 되지 않습니다.

바이두에 가해지는 압력은 저희의 몰입도를 높여줍니다. 동시에 모바일 생태의 발전 방향에서도 바이두는 오랫동안 검색에 힘을 쏟은 덕분에 더 좋은 감각을 가질 수 있게 됐습니다. 이에 이론적으로 더 좋은 생태 방향을 판단할 수 있고, 생태 문제를 더 잘 해결할 수 있습니다. 반면 다른 기업들은 이런 문제를 해결하는 데 있어 바이두보다 훨씬 더 큰 도전에 직면할 겁니다.

스마트 검색을 통해 막다른 골목에서 벗어나 새로운 세상으로 나아가다

장샤오펑 : 이야기를 주고받다 보니 대검색과 모바일 생태의 배후에 AI가 있다는 생각이 듭니다. 앞으로 AI가 관련 산업의 비즈니스 모델과 경영 형태에 영향을 주어 비즈니스 논리 구조를 변화시킬 것 같습니다.

선더우 : 맞습니다. 방금까지 말한 검색은 이미 연결에서 업그레이드를 이루어 더는 정보나 트래픽의 단순 배포라고 할 수 없습니다. 검색 시나리오에서의 폐쇄형 루프를 형성해 사용자의 정보 발현, 수요의 표현부터 정보 취득, 서비스까지 모든 걸 완성했습니다. 검색 자체에 360개의 포털과 시나리오가 연결됐습니다. 기존의 많은 경제 행위가 이러한 연결 업그레이드 과정에서 효율이 향상되고 폐쇄형 루프가 더 좋아지고, 체험이 나아졌습니다. 이것은 분명 폐쇄형 루프의 효율 향상을 가져오게 될 겁니다.

장샤오펑 : 그렇습니다. 수직이든 공급과 수요의 일치이든 사실 연결 방식의 변화이자 상호 작용 방식의 변화입니다. 최장 경로가 최단 경로로 바뀌면 정보의 불균형 상태가 상대적 균형 상태로 변하게 될 거고 사용자를 더 잘 관리할 수 있게 될 겁니다. 앞으로 스마트 검색은 인프라의 성질을 띠게 되어 언제 어디서나 이용할 수 있게 될 테니 전체 스마트 경제, 스마트 사회의 주축이 될 것입니다.

선더우 : 저도 그렇게 생각합니다.

Part 4.

전통 업종이 맞이한 인공지능 :
AI to B의 산업 스마트화의 길

10

산업 스마트화의 플랫폼,
생태와 솔루션

산업 온라인 플랫폼을 조성해 '스마트+' 확장을 통해 제조업의 전환 업그레이드를 실현한다.

리커창(李克强), 제13회 전국인민대표대회 제2차 회의에서 작성한 정부 업무보고

(2019년 3월 5일)

차세대 인터넷 정보 기술과 차세대 인공지능 기술은 이 세계를 새롭게 구성하며 하루가 다르게 신인프라 건설, 신경제, 신통치, 신생태의 새로운 요소, 새로운 기능, 새로운 인프라가 되어가고 있다.

스마트 산업화도 물론 중요하지만, 차세대 인공지능의 더 중요한 응용 시나리오는 실물 경제 각 업종의 스마트화다. 스마트 경제의 새로운 추세 속에서 신인프라 건설의 강력한 지원을 받으며 산업 스마트화는 가장 중요한 새로운 흐름이 됐다.

갈수록 빠르게 실물 경제를 '포용'하는 인공지능

AI 기초기술이 전면 업그레이드된 뒤 어떻게 적용해 활용할지는 모두가 주목하는 문제가 됐다. 기술을 활용하려면 어떻게 해야 할까? IDC가 70개 가까운 응용 시나리오를 추적해본 결과, 시장에 개방된 기술 능력이 풍부할수록 응용 시나리오도 폭넓어지는 것을 발견했다. 그리고 인공지능 기술이 기업에 적용되어 효율을 발휘하기 위해서 3가지 점을 주력할 필요가 있는 것으로 나타났다. 그 첫 번째는 쉽게 접근할 수 있고, 간단하게 조작할 수 있게 하는 것이고, 두 번째는 수직 심화 시나리오를 기반으로 모델을 발전시키는 것이며, 세 번째는 데이터 센터부터 단말기의

하드웨어 소프트웨어까지 적용하는 것이다.[152]

이 말을 간단하게 설명하면 과학 기술을 활용해 복잡한 세상을 더 간단하게 만든다는 것으로, 신뢰할 수 있고 손쉽게 사용 가능하고 매칭이 가능한 것이라 말할 수 있다. 산업 스마트화로 전환을 실현하려면 AI 능력과 개발 도구가 효율, 사용성, 가격 대비 성능, 실현 효과 등의 고정지표를 만족시켜야 한다.

인공지능과 실물 경제의 '포용'과 융합

판윈허 원사는 인공지능 2.0과 산업 경제의 심도 있는 융합으로 인해 발생하는 변화가 앞으로 15년 안에 전 세계에서 드러나게 될 거라 주장했다. 중국의 인공지능화 발전은 5가지 단계인 생산과정의 스마트화, 기업경영의 스마트화, 제품 혁신의 스마트화, 공급 사슬의 스마트화, 경제조정의 스마트화에서 전개되고 있다.[153]

IDC(2018년) 연구에 따르면 AI가 기업 전체 효율에 미치는 변화는 4가지 방면인 생산모델의 스마트화, 결정모델의 스마트화, 운영모델의 스마트화, 제품서비스의 스마트화로 나타날 것이며(그림 10-1) 각각 응용 시나리오마다 차이가 있기는 하지만, 기업이 AI 시스템에 투자를 정식적으로 시작한 뒤 6~24개월 안에 투자금을 회수할 수 있는 것으로 나타났다.

전통 산업 영역의 스마트화는 이미 큰 진전을 이루어 전체 효율에 괄목할 만한 변화를 보였다. AI는 전통 분야의 복잡한 시스템과 여러 제약 조건으로 생기는 문제를 해결하는 데 확실한 우위를 가지고 있다. '산업의 왕관'이라 불리는 항공기 제조 분야는 8대 주요 시스템, 28개의 핵심 협동 인터페이스, 33종의 핵심 기능, 450만 개의 부품, 엄청나게 많은 데이터, 빈번한 인간과 기계의 상호작용, 고도로 복잡한 알고리즘을 가진 소프트웨어 시스템으로 구성되어 있다. 상하이 항공기제조 유한회사(上海飛機製造有限公司)는 자동화 분사 도색 로봇, 유동적 레일 제작 로봇, 자동화 리벳 삽입 로봇, 레이저 스캐닝 로봇 등 선진 스마트 설비를 사용하고 있다. 이로써 노동자의 양손에서 해방되어 머신비전, 이미지 인식, 음성 상호작용, 빅데이

---

152. 국제데이터기업(IDC), 바이두 AI 산업 연구 센터(BACC) 〈바이두 브레인 리더십 백서〉, 2018년 12월 20일.
153. 판윈허, 2019년 중국(항저우) 산업 온라인 대회에서 〈AI 2.0과 산업경제 발전 스마트화〉의 주제 강연에서 발표한 내용.

터 분석 등 기술을 이용해 스마트 감지, 스마트 생산, 스마트 검사, 스마트 결정을 실현했다. 빠르고 신뢰할 수 있는 항공기 합성재료구조 테스트는 세계적으로 해결하기 어려운 문제였지만, AI의 출현으로 해결의 실마리가 나타났다. 상하이 항공기 제조 유한회사의 경우 대표 결함 샘플에 관한 최대한 많은 데이터를 수입해 핵심 정보를 추출한 뒤 데이터베이스를 건립했다. 이후 5G기술을 운용해 클라우드 플랫폼에 저장하고 평가 시스템과 연결해 이를 바탕으로 한 딥러닝 학습 모델로 결함을 테스트하고 계속 대체할 수 있게 됐다. 이에 현재 검사 시간이 기존 4시간에서 몇 분으로 줄었고, 전문 기술자 비용도 95% 내려갔다.[154]

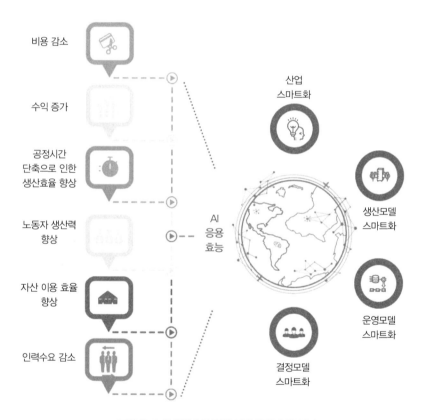

그림 10-1. AI 적용으로 인한 기업 전체 효율 평가

자료 출처 : 국제데이터기업(IDC) 바이두 AI 산업 연구 센터(BACC),
〈바이두 브레인 리더십 백서〉 2018년 12월 20일.

154. 두캉(杜康), 실물 경제를 빠르게 '포용'하는 인공지능, 상하이 신화통신, 2018년 9월 19일.

비록 실물 경제와 AI 융합이 초보적인 성과를 거두었지만, 여전히 해결해야 할 문제가 많이 산재해 있다. 대량의 데이터, 풍부한 응용 시나리오, 실제 이용자 수는 AI의 사용에 중요한 부분이지만, 많은 기업에서 이런 조건에 비교적 큰 격차가 나타나고 있다.

새로운 풍향계가 된 경계를 허문 융합 발전

기술혁명, 산업변혁, 소비발전의 추세에 따라 2019년부터 중앙 전면심화개혁위원회는 실물 경제 발전과 관련된 2가지 중요 문건(표 10-1)을 발표했는데, 이 두 문건에는 공통적으로 '융합'이 강조됐다는 특징이 있다. 이 2가지 문건을 함께 살펴보면 2가지 중요 시사점이 있다. 하나는 과거 '정보화와 산업화의 융합'에서 '선진 제조업과 현대 서비스업의 융합' 또는 '정보화와 산업화의 한층 더 깊은 융합'으로 나아가는 게 확실해졌다. 디지털화, 스마트화는 내부 협동 추진을 위주하므로 가치사슬, 공급측면이 중시된다. 반면 '양업융합'은 외부 협동을 중시하고 가치망 관점에서 공급측과 수요측의 연동을 중시한다. 둘째는 인공지능과 실물 경제의 융합이다. 만약 인공지능 플랫폼형 기업이 '양업융합', C2M(사용자와 제조사 직접 연결) 추진을 함께 고려한다면 더 많은 환영을 받을 것이다.

표 10-1. 실물 경제 융합 발전과 관련된 중앙 전면심화개혁위원회의 주요 문건

문건 명칭	통과 시기	회의	주요 요구
인공지능과 실물 경제의 심도 있는 융합 추진과 관련된 지도의견	2019년 3월 19일	중앙 전면 심화 개혁 위원회 제7차 회의	인공지능과 실물 경제의 심도 있는 융합을 추진한다. 차세대 인공지능 발전의 특징을 파악하며 시장수요를 발전 방향으로 삼고 산업응용을 목표로 삼는다. 더욱 깊이 개혁혁신을 진행하고 제도 환경을 최적화하며 기업 혁신 활력과 내부 생산 동력을 활성화한다. 서로 다른 업종, 서로 다른 지역 특성을 결합해 혁신성과 응용 업그레이드의 경로와 방향을 탐색하고 데이터 주도, 사람과 기계의 협력, 경계를 허문 융합, 공동 창조, 공유하는 스마트 경제 형태를 구축한다.
선진 제조업과 현대 서비스업의 심도 있는 융합 발전 추진과 관련된 실행 의견	2019년 9월 9일	중앙 전면 심화 개혁 위원회 제10차 회의	선진 제조업과 현대 서비스업의 심도 있는 융합은 제조업의 핵심 경쟁력을 강화하고, 현대 산업시스템을 육성하고, 질적 성장을 실현하는 중요 노선이다. 기술혁명, 산업변혁, 소비발전의 추세에 따라 업무 연계, 사슬 연장, 기술 적용을 심화해 새로운 유망업종, 새로운 모델, 새로운 경로를 탐색한다. 선진 제조업과 현대 서비스업의 융합성장, 공생관계를 추진한다.

바이두 AI의 산업 스마트화는 바이두 브레인 AI 대생산 플랫폼을 기반으로 한다. 바이두 AI to B로 바이두 스마트 클라우드를 탑재한 '클라우드+AI' 능력, 아폴로 등 각종 대생태 능력, 지식 미들엔드 등 각종 분야의 미들엔드 능력을 통해 각 업종에 바이두의 AI 기술성과 플랫폼 능력을 대규모 운송할 수 있다. 동시에 바이두 모바일 생태의 스마트 검색, 신시류, 스마트 미니앱, 스마트 마케팅, 서비스 배포 능력을 활용해 산업과 서비스업, 사용자 사이의 상호교류와 융합을 대대적으로 촉진할 수 있다.

산업 스마트화의 플랫폼 : 산업에서 산업으로, 인터넷에서 스마트 인터넷으로

인공지능은 신인프라 건설의 중요 구성 부분이자 산업 인터넷 추진의 핵심 요소다. 산업 인터넷을 건설해 발전시켜 인터넷, 빅데이터, 인공지능, 블록체인과 실물 경제의 심도 있는 융합을 추진하고, 선진 제조업을 발전시켜 전통 산업의 최적화 업그레이드를 지원하는 데에는 중요한 의미가 있다. 산업 인터넷에서 기타 산업 네트워크로, 인터넷에서 스마트 인터넷으로의 발전은 스마트 경제 발전을 위해 공간을 더욱 넓히고 더 강력하고 새로운 동력을 쌓을 수 있게 해준다.

산업 인터넷 : 사슬, 요소를 충분히 연결하고 소프트웨어와 AI로 기계를 새롭게 정의한다

2017년 11월 27일에 정식 발표된 〈국무원 '인터넷+선진 제조업'의 산업 인터넷 발전에 관한 지도의견〉은 중국이 처음으로 산업 인터넷 발전을 강조한 중요한 문건이다. 이 문건에서는 국가 제조업 강국 건설을 위한 지도팀을 결성해(2015년 6월 마카이(馬凱) 부총리를 필두로 한 지도팀이 결성됐다) 산업 인터넷 전담 그룹에서 산업 인터넷과 '중국 제조 2025'를 같이 추진할 것을 요구하고 있다. 이에 2018년 2월 먀오웨이(苗圩) 부장을 조장으로 삼아 각 부처의 업무팀이 모여 산업 인터넷 전담 그룹을 창설했고, 그해 5월 21일 첫 번째 업무 회의에서 산업 인터넷 전략 자문 전문가 위원회가 설립됐다. 그리고 심사를 거쳐 5월 말 〈산업 인터넷 발전 행동 규칙 (2018~2020년)〉과 〈산업 인터넷 전담 그룹 2018년 업무 계획〉을 발표했다.

산업 인터넷이 무엇인지 독자들도 궁금해할 것이라 생각한다. 간단히 설명하자면 산업 인터넷은 산업 영역의 네트워크화, 디지털화다. 정보통신 기술을 산업 사슬, 생산 요소와 연결해 품질과 효율 향상, 전 분야 협동의 목적을 실현하는 것이다. 그리고 산업 앱과 산업 인터넷 플랫폼은 표현을 위한 형식이라 할 수 있다.

중국 산업 인터넷 연구원은 산업 인터넷을 다음과 같이 정의했다. '산업 인터넷은 차세대 인터넷 정보 기술과 제조업의 심도 있는 융합의 산물이다. 또 산업 디지털화, 네트워크화, 스마트화 발전을 실현할 핵심 인프라다. 인간, 기계, 사물의 전면적인 상호 연결과 전체 요소, 전체 산업 사슬, 전체 가치 사슬의 전면적인 연결을 통해서 완전히 새로운 생산제조와 서비스 시스템을 형성하는 건 경제 전환 업그레이드의 핵심 버팀목이자 중요 경로이며 완전히 새로운 생태다.[155]

2012년 제너럴 일렉트릭(General Electric)이 산업 인터넷이란 개념을 제시하면서 엄청난 주목을 받았다. 제너럴 일렉트릭은 본래 자신들의 Predix가 산업 인터넷의 표준이 되어 협력 파트너들이 참여하고 싶어 하는 생태 시스템이 되기를 희망했다. 하지만 안타깝게도 Predix는 별다른 성과를 거두지 못했고, 제너럴 일렉트릭은 여러 문제에 직면해야 했다. 국무원 판단에 따르면 전 세계 산업 인터넷은 산업 구성이 아직 정해지지 않은 중요한 시기에 놓여 있으며, 또한, 규모가 확장 면에서 정체기에 있는 것으로 나타났다. 산업 인터넷이 중국에서 처음 시작됐을 때도 국내 소비가 활발하면 해외 소비가 위축되고, 해외 소비가 활발하면 국내 소비가 위축되는 과정을 거쳤다. 그래서 하이얼(海爾), 쒀웨이(索爲) 시스템 등 선두 부대가 적극적으로 일을 진행했음에도 시장 주체의 초기 반응은 긍정적이지 않았다. 동시에 초기 산업 인터넷 플랫폼이 단기간에 효과가 느리게 나타나고, 중소기업의 클라우드 플랫폼 관련 지식 부족과 동력 부족 등 여러 문제에 직면했다.

현재는 앞으로 3가지 부분에서 변화가 발생해 산업 인터넷의 전체적인 과정이 달라져 아주 많은 산업 관련 앱이 제작되고, 산업 인터넷 응용 혁신 생태계가 구축될 것으로 보인다. 첫째, 신인프라 건설의 강력한 요구가 발생할 것이다. 둘째, AI

---

155. 중국 산업 인터넷 연구원 홈페이지. https://www.china-aii.com/index.php?m=content&c=index&a=lists&catid=7.

발전이 정점에 이르러 네트워크화 디지털화를 바탕으로 스마트화와 더 좋은 결합을 이룰 수 있게 될 것이다. 셋째, 전환 업그레이드 추진과 주요 산업 인터넷 플랫폼의 시범 효과가 더블 협력 역할을 하게 될 것이다.

그래서 산업 인터넷은 디지털화, 네트워크화를 주요 특징으로 한 새로운 산업혁명의 핵심 인프라 설비다. 그래서 각 정부 부처도 3년 전과는 비교도 되지 않을 만큼 이를 중요하게 인식하며 관심 있게 지켜보고 있다. 베이징만 놓고 봐도 현재 베이징에는 360개의 산업 인터넷 기업이 자리해 있으며, 연 수입이 5,000만 위안 이상인 기업은 214개다. 규모 면에서도 산업 기업의 클라우드 플랫폼 비중은 40.5%이며, 중소기업의 클라우드 플랫폼 사용자 수는 20만이 넘는다. 산업 인터넷의 국가 최고급 식별 해석 노드(National-Level node of identification and resolution)[156](베이징)는 이미 온라인에서 운행하고 있으며, 2020년 3월 말까지 14개 업종 2급 노드에 접근한 지표 등록량은 18억 2천 9백 개에 이른다. 베이징은 이미 전국 지휘 운영 센터를 건립해 5개 국가에 대한 최상위 노드(National Top Node)의 감독과 관리를 실행하기 시작했다. 국가급 산업 인터넷 보안 모니터링과 상황 감지 플랫폼 건설을 추진해 베이징은 이미 기본 기능 건설과 21개 성급 플랫폼 연결을 완성했다. 〈베이징시 신형 인프라 건설을 가속화하기 위한 행동 방안(2020~2022년)〉에서 베이징은 산업 인터넷 지표해석 국가 최상위 노드(베이징) 건설을 가속하기 위해 누적 20개 이상의 2급 식별 해석 노드(Secondary-Level node of identification and resolution)[157]를 구축하고, 20개 이상의 국가 영향력을 갖춘 시스템 솔루션을 제작 공급해 20개 정도의 스마트 제조 모범 공장을 만들 계획이다.[158]

산업 (인터넷) 앱 : 모듈성 지식의 '온전한 보전', 교체와 재사용

공신부는 2018년 4월 〈산업 인터넷 앱 제작공정 실행 방안(2018~2020년)〉을 발표하며 산업 인터넷 앱을 다음과 같이 정의했다.

---

156. 국가 또는 지역이 제공하는 최고급 식별 해석 서비스를 말한다. 전국 범위에서 최상위 지표 코드 등록과 지표해석 서비스를 제공할 수 있으며 지표 등록, 지표 인증 등 관리 능력을 갖추고 있다. −역주.
157. 특정 업종 또는 여러 업종에 제공하는 식별 서비스의 공공 노드를 가리킨다. − 역주.
158. 양나(陽娜), 베이징 산업 인터넷 기업 360개에 이른다. 베이징 신화통신, 2020년 6월 11일.

'산업 인터넷의 산업 지식과 경험이 탑재되어 있어 특정 수요를 만족시킬 수 있는 산업 응용 소프트웨어이며 산업 기술 소프트웨어화의 중요 성과다.'

어디에나 인류의 지식이 숨겨져 있다. 과거 결승문자(結繩文字), 암석화, 갑골문을 사용해 지식을 기록하고 전수할 당시에는 지식을 '온전히 보존'하거나 계속 교체해 시나리오에 이용할 수 있는 기술 요소가 부족했다. 기술화와 정보화의 융합은 수직의 산업 소프트웨어가 빨리 탄생하게 해준다. 반면 제조업의 디지털화, 스마트화, 협동화는 산업 네트워크, 상업 앱과 하이브리드 지능의 협동 행동이 필요하다.

보잉(Boeing)은 최신 항공기 제작 과정에서 8,000개가 넘는 산업 소프트웨어를 사용했는데, 그중 1,000여 개만 상업 소프트웨어였고, 나머지 7,000여 개는 보잉이 자체 개발한 산업 앱이었다. 보잉은 몇십 년 동안 쌓아온 항공기 설계, 최적화 및 산업 기술과 공정 경험을 7,000여 개의 산업 앱에 담아 보잉만의 핵심 경쟁력을 만들어냈다.

쒀웨이 시스템 기업의 회장인 리이장(李義章)은 자신이 쓴 《산업 앱 : 디지털 산업 시대를 열다(工業 App : 開啟數字工業時代)》에서 산업 앱을 '지식 로봇'으로 비유했다. 과거 IT와 산업 종사자들 사이에는 큰 틈이 있었다. '산업 안드로이드'에 주력한 쒀웨이 시스템은 산업 소프트웨어화, 지식 자동화를 통해서 제조 영역에서의 기초 공통성, 업종 통용 및 기업 특유의 산업 기술, 지식, 경험을 온전히 보존해 쉽게 조작할 수 있고, 쉽게 보급할 수 있는 개개의 산업 인터넷 앱으로 만들려 했다.

이 일이 하이브리드 지능과 무슨 관계가 있는 걸까? 사실 스마트 제조나 인공지능을 제조업에 서비스하는 것과 관련해서 인공지능과 IT, 제조업 사이에는 과거 IT와 산업 종사자들 사이에 있던 틈만큼 커다란 틈이 존재한다. 하지만 산업 앱의 기술 요소를 활용하면 숨겨진 지식이나 사람의 능력을 발견하고 모을 수 있다. 그리고 전용과 반복사용이 가능하도록 모수화, 함수화, 모듈화하면 AI에 필요한 수학적 기반이 쉽게 해결되어 디지털 설계, 디지털 교부, 디지털 제조의 기반을 세울 수 있다. 그러므로 스마트 제조에서 하이브리드 지능은 상당한 역할을 발휘할 수 있다.

이와 같은 분석을 통해서 산업 인터넷은 비교적 강한 침투성을 가지고 있으며, 산업 스마트 업그레이드의 기초 설비라는 걸 쉽게 확인할 수 있다. 산업 인터넷은 '정보 고립'에서 벗어나 정보 수집과 공유를 촉진하게 해주고 첨단 공급 사슬 시스템을 새롭게 재편하게 해주며 첨단 제조업과 현대 서비스업의 융합을 촉진한다. 그리고 산업 기술의 소프트화, 산업 앱은 산업 인터넷의 기초라 할 수 있다.

산업 인터넷에서 산업 네트워크로

2018년 10월 23일, 마화텅이 쯔후에서 2가지 문제를 제기했다. "앞으로 10년 동안 인터넷 과학 기술 산업에 영향을 줄 기초과학은 무엇일까? 산업 네트워크와 소비 네트워크의 혁신적 융합이 가져올 변화는 무엇일까?" 이 질문에 수많은 사람이 주목하면서 현재 총 3,319개의 답변이 달렸다.

마화텅은 자신이 한 질문에 직접 답을 달지는 않았다. 사실 그는 2018년 9월 30일에 이미 이 질문의 답을 정식으로 제시한 바 있다. 그날 텐센트는 제2차 전략 업그레이드를 진행했는데, 이는 6년 만에 텐센트가 시행한 또 한 차례의 자기 혁명이었다. 텐센트는 산업 네트워크를 포용하며 자신의 역할을 새롭게 정의했다. 그리고 사업그룹인 '클라우드와 스마트 산업 사업그룹'으로 새롭게 구축한 뒤 그것을 텐센트의 to B의 중심으로 삼았다.

중국의 발전을 위해서는 인터넷 보너스를 누린 인터넷 기업이 먼저 나서서 이미 축적한 기초 서비스 능력을 산업 스마트화를 위해 제공해줄 필요가 있다.

마화텅의 말에 따르면 산업 네트워크는 기업의 주요 고객, 생산 경영활동의 핵심 내용, 효율 향상과 최적화 안배의 핵심 주제인 인터넷 응용과 혁신이다. 또 인터넷 심화 발전의 고급 단계이자 전통 산업의 전환 업그레이드의 필수 요소다. 산업 네트워크와 소비 네트워크는 서로를 지탱하는 양쪽의 날개이자 더블 엔진으로 서로를 보완하며 발전해 나가야 한다.

텐센트는 '각 분야 디지털화의 도우미로서 디지털 중국 건설을 돕고' 협력 파트너와 함께 '디지털 생태 공동체'를 건설하기를 희망하고 있다. '능력 부여'에서 각 분야에 가장 밀착된 '디지털 도우미'로서 나아간 건 텐센트가 '모든 건 사용자 가치로 귀결'된다는 기존 태도를 고수한 것이다. 텐센트 클라우드도 발기인 신분으로 LoRa 컨소시엄에 가입해 사물 인터넷에서 만물 인터넷으로 발전해 나아가고 있다.

2017년 12월 7일, 장융은 조직구조의 전면적인 업그레이드를 선포했다. 그러면서 전체 알리바바 제품 기술과 데이터 능력의 강대한 미들엔드를 건설하고 더 나아가 '큰 미들엔드, 작은 프론트엔드'의 조직과 업무형식을 형성해 전방 업무를 더욱 빠르고 민첩하게 함으로써 미래 신비즈니스 환경의 요구를 만족하게 하겠다고 말했다.

'산업 인터넷'과 '산업 네트워크'의 영문명은 똑같이 'Industrial Internet'으로 산업 네트워크의 외연을 더 확장하고 소비 네트워크를 이어받아 확대할 수 있으므로 완전히 분리해서 볼 수 없다. 산업 네트워크의 발전은 보편적 성질을 가지고 있는 만큼 소수의 기업에만 서비스하는 게 아니라 산업 사슬, 가치망의 모든 기업에 차별 없이 서비스하고 개성 맞춤 서비스를 하기 위한 것이다. 특히 중소기업들이 모든 부분을 갖추고 0에서부터 1까지 모든 일을 할 필요가 없도록 생태, 협동의 가치를 철저하게 실현하고 발굴해야 한다.

도전은 미지의 아름다움을 탐색하는 데서 온다. 생태, 클라우드와 산업 네트워크는 공유경제의 특징을 가지고 있다. 이에 새로운 사회자원 조직과 협력을 향상함으로써 수요 측과 공급 측의 동태적 균형, 효율적 균형 문제를 해결하고 협동 파트너를 촉진해 효율적인 공급이 가능하게 할 수 있다.

인터넷에서 스마트 인터넷으로, 고립에서 생태로 나아가는 미래

생태, 개방 플랫폼은 대부분 대형 인터넷 기업에서부터 시작되는 탓에 플랫폼형 기업과 생태가 공동경제와 대협동의 이중 속성을 지니게 되는 게 사실이다. 산업 네트워크는 더욱더 그러하다. 산업 인터넷, 산업 네트워크는 모바일 인터넷의 굴뚝화 발전 모델을 더는 따를 수 없는 만큼 더 좋은 연결, 융합, 협동을 실현해야지 자기 생각만 내세워서는 산업에 지속 가능한 가치를 제공할 수 없다.

'중국 제조업'이 경쟁력을 갖추고 진정한 전환 업그레이드를 실현하기 위해 가장 필요한 건 AI 기술이지 빅데이터, 클라우드 컴퓨팅 사물 인터넷만 1차원적으로 강조해서는 안 된다.

역사라는 긴 강은 끊임없이 흐르고 기술은 나날이 발전해간다. 하지만 기술이 항상 사람을 기초로 하고 사람을 섬기고 사람을 핵심으로 해야 한다는 사실은 변하지 않는다. 그러니 우리는 단순히 네트워크화, 디지털화의 요구를 해결하려고만 해서는 안 되며 오히려 스마트화 차원에서 네트워크화, 디지털화를 어떻게 할지 생각해야 한다.

미래는 스마트 설비가 인간에게 서비스하는 시대가 될 것이다. 그러니 인터넷에서 스마트 인터넷으로의 발전은 거스를 수 없는 추세이며, 산업 인터넷, 산업 네트워크, 소비 네트워크는 모두 스마트 인터넷으로 발전할 것이다. 바로 '5G+인터넷+빅데이터+인공지능+사물 인터넷+블록체인'으로 이루어진 게 스마트 인터넷인 것이다. 차세대 인공지능을 촉진할 스마트 인터넷 상호접속은 다음 시대 인터넷의 가장 큰 특징이자 제4차 산업혁명의 가장 큰 특징이다.

얼마 뒤 스마트 인터넷은 사회생태 중건, 신구 동력 전환, 인터넷 서비스 제품 변혁, 스마트 사회 관리, 전체 협동 보너스 해방 등 여러 부분에 깊은 영향을 끼칠 것이다.

이런 상황에서 플랫폼형 기업은 새 신발을 신고 기존의 길을 계속 걸을 수도 있겠지만, 더 좋은 방향은 자신의 생태성, 협동성을 발전시켜 사회 협동을 추진하는 것이다.

빠르게 발전하는 AI 산업화는 바이두, 화웨이의 5G+AI 협력을 위한 넓은 공간을 제공해주었다. 2017년 말에 양측은 전면적인 전략 협의를 맺고 인터넷 서비스와 콘텐츠 생태, AI 플랫폼과 기술 등 방면에서 전방위의 심도 있는 협력을 시작했다. 또 공동으로 모두에게 혜택이 가는 모바일과 AI 생태를 건설하고 AI 응용과 전체 시나리오 단말 산업의 신속한 업그레이드를 추진함으로써 소비자가 AI시대의 '더 쉽고, 개성화'된 스마트 생활을 체험할 수 있게 했다.

바이두와 화웨이는 비슷한 점이 많았던 만큼 함께 협력하는 게 놀랄 일은 아니었다. 두 회사 모두 아주 강력한 기술 유전자를 가지고 있어 핵심 기술을 자체 연구하면서 성장했다. 지금 인터넷 시대에서 인공지능 시대로 바뀌는 과정에서 바이두는 AI 영역에서 비교적 오래 힘을 쏟아왔고, 화웨이는 상당한 사용자를 확보하고 있다. 그러니 바이두와 화웨이가 함께 협력한다면 이전에는 하지 못했던 일들을 해낼 수 있을 것이다. 바이두+화웨이는 모든 게 발전하는 '백화제방(百花齊放)'을 이루어 낼 수 있을 것이다.

AI 플랫폼과 기술협력 방면에서 화웨이의 HiAI플랫폼과 바이두의 패들패들 딥러닝 구조를 기반으로, 화웨이의 NPU(매입형 신경망 처리기)의 장점을 발휘해 화웨이의 AI 개방 플랫폼과 바이두 브레인을 중심으로 한 개방 생태를 함께 건설할 수 있다. 그리고 이를 많은 AI 개발자들에게 서비스한다면 소비자들에게 더 풍부한 AI 응용과 스마트 서비스 체험을 제공할 수 있을 것이다. 동시에 양측이 각종 스마트 단말에서 딥러닝 음성과 이미지에 협력을 진행한다면 인간과 기계의 소통이 더욱 빨라질 수 있고 '사물을 음성으로 켜고, 자유롭게 소통하는 시대'를 실현할 수 있다. AR시나리오화 혁신에 대해서 양측은 '기술혁신+하드웨어'를 통한 '소프트웨어와 하드웨어의 결합' 형식으로 함께 업종 선두의 AR생태를 건설해 사용자에게 가상과 현실이 통하는 경계를 제공하기로 했다. 또 인터넷 서비스와 콘텐츠 생태의 협력 방면에서 양측은 검색과 피드 스트림 등 영역의 협력을 강화해 함께 소비자에게 더 풍부하고 뛰어난 콘텐츠와 스마트하고 빠른 서비스를 제공하기로 했다.

사실 10년 동안 빠르게 발전하면서 휴대폰 분야가 대변혁의 임계점에 진입한 만큼 다음 세대에는 시대를 뛰어넘는 의미를 가진 스마트폰이 탄생할 것이다. 그리고 스마트 산업의 업그레이드를 이끄는 건 음성, 머신비전, VR/AR 등 더 자연스러운 상호작용 방식과 인공지능이다. 휴대폰은 수동적인 개인 도구에서 인류의 분신으로 변해 소비자에게 자발적으로 서비스하는 일상의 AI 비서가 될 것이다.

이와 같은 산업 변혁을 기반으로 화웨이와 바이두는 소비자 중심과 산업 노동자 서비스 이념을 고수하면서 양측의 장점을 살려 모두가 혜택을 보는 개방형 심화 전략협력에 입각한 연맹을 결성해 뛰어나면서 지속 가능한 모바일과 AI 생태를 함께 만들고, 모바일 인터넷에서 스마트 인터넷 시대로 나아갈 것이다. 과학 기술이 사용자를 더욱 잘 이해하고, 우수한 서비스를 제공할 수 있도록 해서 세계적인 범위에서 산업, 경제, 사회 발전 모델의 혁신과 도약을 이끌 것이다.

디지털 트윈 : 홀로그래피, 실시간, 동태적

디지털 트윈은 물리 모델, 감지 신호, 운행 이력 등 데이터를 충분히 이용하고 여러 학과, 여러 물리량, 여러 치수, 여러 확률의 시뮬레이션 과정을 모아 이를 가상 공간에 완전하게 옮겨 실제 설비의 전체 라이프 사이클(life cycle) 과정을 반영하는 것을 말한다.[159] 인더스트리4.0 연구원 프로젝트팀(2018년)을 잠시 이끌었던 후취안(胡權)은 디지털 트윈이란 개념이 2011년 3월 미국 공군연구소 책임자의 강연에서 맨

---

159. 타오페이(陶飛), 장멍(張萌) 등, 디지털 트윈 — 미래 공장 운행의 새로운 모델, 《컴퓨터통합생산시스템》, 2017년 제1기.

처음 언급됐다고 주장했다.[160]

디지털 트윈은 현실을 넘어서는 개념으로 하나 또는 여러 개의 중요하고 서로 의존하는 설비 시스템의 디지털 반영 시스템으로 볼 수 있다. 후취안은 디지털 트윈은 모델링, 시뮬레이션, CAD(컴퓨터 이용 설계) 등으로 이해될 수 있는 만큼 중국 제조업 업그레이드, 산업 인터넷 실현을 위해 이용되는 것으로 단순하게 이해해서는 안 된다고 말했다.

디지털 트윈은 스마트 제조 시스템의 기초로 전체 라이프 사이클 범위 안에서 디지털과 물리 세계의 일치된 협조를 보증할 수 있다. 디지털 모델에서 진행하는 각종 시뮬레이션, 분석, 데이터 축적, 발굴, 심지어는 AI 응용 모두 현실 물리 시스템과 적용성, 일치성을 보인다.

디지털 트윈을 산업 인터넷의 중요 개념으로 생각한 제너럴 일렉트릭은 빅데이터 분석을 통해서 물리 세계 기계의 실제 운행 상황을 완벽하게 파악하려 노력했다. 디지털 트윈은 갑작스럽게 설계자들에게 완전히 새로운 꿈을 가져다주었다. 디지털 트윈은 사람들이 가상과 현실의 벽을 넘어 물리와 디지털 모델 사이에서 자유롭게 왕래하고 상호작용할 수 있게 해주었다.[161]

디지털화, 산업 기술 소프트웨어화에서 산업 앱까지 디지털 트윈과 스마트화를 결합해 기계를 가상 공간의 홀로그래피적이고 동태적인 디지털 상태로 바꾸어 에이전트를 실시간 반영할 수 있다. 미래 스마트 하드웨어, 스마트 작업장, 스마트 공장, 스마트 운동장과 경기장, 스마트 비서를 모두 디지털 트윈이 가능하고 사람도 하나 또는 여러 가지 디지털 트윈을 가지고 있는 모습을 상상해볼 수 있다. 이것은 산업혁명, 서비스혁명, 건강 관리, 스마트 자동차, 스마트 가정 등에 분명한 영향을 줄 것이다.

제너럴 일렉트릭의 Predix는 유일하게 디지털 트윈을 진행하기에 최적화된 시스템이자 학습 시스템이라고 자인한다. 제너럴 일렉트릭은 홈페이지에서 Predix의 4가지 특징을 다음과 같이 소개하고 있다.[162]

---

160. 후취안, 인더스트리4.0 연구원 프로젝트 팀, 디지털 트윈(Digital Twin)이란 개념은 누가 제시했을까? 인더스트리 4.0 연구원 홈페이지, 2018년 6월 29일, http://www.innobase.cn/?p=1658.
161. 타오페이, 장밍 등, 디지털 트윈 — 미래 공장 운행의 새로운 모델, 《컴퓨터통합생산시스템》, 2017년 제1기.
162. 제너럴 일렉트릭 홈페이지 참고.

- 산업자산과 시스템 정보를 파악하는 완전히 새로운 기본 방법.
- 점화 플러그, 발동기, 발전기 설비 세트부터 발전소까지 각종 복잡한 상황에 사용 가능.
- 부속품, 자산과 시스템의 전체 라이프 사이클 안에서의 단계적 데이터와 정보
  : 설계, 구축, 운행, 조작과 서비스
- 자산과 시스템 지식, 조기 경고, 예측, 학습과 최적화.

산업 스마트화의 생태 : 생태가 없으면 다음 10년도 없다

우리는 줄곧 to B, to G, to C에 관해 토론해왔지만, 아마도 다음 단계에서는 to E(Ecology, 생태)가 모든 개인, 조직에 가장 중요한 능력과 방법이 될 것이다. 생태에는 종이 다양해서 여러 슬래시 신분을 겸비할 수 있고, 더구나 이러한 to E 능력은 '해자'를 가지고 있다.

애플 생태 12년 : 명실상부 '황금알'의 화수분이 될 앱 스토어

2008년 애플은 별것 아닌 것처럼 앱 스토어(App Store)를 선보였고, 당시에는 별다른 주목을 받지 못했지만, 돌이켜 보면 신의 한 수였다. 사람들의 이목을 끌지 않는 이 조용한 움직임으로 애플은 첨단 기술 기업 생태 구축의 서막을 연 것이다.

게다가 이 이야기는 아직 끝나지 않았다. 애플은 2020년 6월 16일 Analysis Group의 경제학자가 진행한 연구에서 앱 스토어의 생태 시스템이 2019년 전 세계에서 5,190억 달러의 비용과 판매액을 기록했다고 발표했다. 그중에서 중국에서의 수익은 2,460억 달러로 전체 액수의 47%를 차지했는데, 이는 미국, 유럽, 일본보다도 많은 액수다. 지금까지 앱 스토어는 약 200만 개의 앱을 제공하고 있으며, 매주 방문량은 사용자 5억 명이 넘는다. 방문하는 지역도 175개의 국가와 지역에 두루 분포되어 있다. 이대로라면 앞으로 10년 뒤 앱 스토어는 애플의 '황금알을 낳는 화수분'이 될 것이다.

지금까지 아이폰은 모든 이들의 주목을 받으며 각종 분야의 풍향계 역할을 해왔

다. 하지만 애플리케이션 시장의 이용자들이 갈수록 많아지면서 아이폰과 기타 하드웨어 판매증가 속도는 **빠르게** 하락하면서 애플은 생태 시스템을 통한 수익에 주력하기 시작했는데, 바로 소프트웨어, 서비스, 데이터 및 대량의 협력 파트너의 집합체다.[163]

애플이 말하는 것처럼 혁신자와 몽상가들은 앱 스토어(App Store)에서 자신의 꿈을 실현할 수 있게 됐고, 사용자들은 안전하고 신뢰할 수 있는 도구를 찾을 수 있게 됐다. 창업, 건강, 헬스, 교육과 일자리 창출에 지속적으로 기회를 제공하고, 사람들이 계속 변화하는 세상에 빠르게 적응할 수 있도록 도움을 주기 위해 애플은 더 많은 개발자에게 자신들의 생태 시스템에 들어오라고 격려하고 있다. 한편으로 애플은 디지털화 제품과 서비스 관련 비용에서 받는 수수료의 비중이 15%~30%에 달한다. 소위 '애플세'라 불리는 이 수수료는 현재 EU의 조사를 받고 있다.

화웨이 생태 : 만물 인터넷의 스마트 세계를 구축한다

2018년 12월 31일, 런정페이는 회사 비전을 '모든 게 연결되는 세계를 함께 구축하는 것'에서 '모든 개인, 가정, 조직이 디지털 세계에 진입해 만물 인터넷의 스마트 세계를 구축하는 것'으로 바꾸겠다고 밝혔다. 화웨이는 이러한 세계를 개인 연결부터 사물 연결, 정보 연결까지 '모든 게 연결된 시대'라고 정의했다. 외부 압력과 견제에 직면하자 런정페이는 과거 모바일 생태에서 동력이 부족했다고 인정했지만, 화웨이의 전체 제품 **폐쇄형** 루프의 5G 업무생태, 화웨이 클라우드 생태에는 주목할 만한 점이 있다(그림 10-2).

모바일 생태에서 2020년 1분기 화웨이의 출하량이 전 세계 1위였음에도 불확실성이 커지자 화웨이 생태 논리는 신중하게 투입을 키워왔다. 그리고 1여 년 동안의 노력을 거쳐 HMS(화웨이 모바일 서비스)와 홍멍(鴻蒙) 생태 개발자들은 이미 140만 명이 넘었다.

5G 업무생태에서 리더가 된 화웨이는 5G 멀티칩 솔루션으로 바룽(巴龍) 5000을

163. 자오잉잉(趙瑩瑩), 5,190억 달러! 애플의 '황금알을 낳는 암탉'이 된 앱 스토어, 베이징일보 커후돤(北京日報客戶端), 2020년 6월 16일.

제시하며 전 세계 최초로 단대단 제품과 해결솔루션을 제공한 기업이 됐다. 현재 수많은 업종이 5G를 포용하고 있으며, 화웨이 모델화, 전체 시리즈 제품 솔루션은 운영업체를 위한 친환경, 융합, 미니멀 5G 상용네트워크 구축하고, 새로운 성장을 가능하게 하고 있다.

그림 10-2. 화웨이 개인 및 가전제품 매트릭스

2019년 8월, 화웨이는 AI 처리 장치 어센드 910 및 전체 시나리오 AI 컴퓨팅 구조인 MindSpore를 내놓았다. 이에 과기부는 화웨이가 소프트웨어·하드웨어의 국가적 AI 개방 혁신 플랫폼 건설에 주요 역할을 맡았다고 발표했다.

화웨이 클라우드는 안정적인 협력 파트너 관계를 맺고 있다. 자신들을 '스마트 세계'의 옥토로 생각하는 화웨이는 협력 파트너들이 현지 생태에 빠르게 융합될 수 있도록 돕고 있다. 클라우드의 업무 경계를 확실히 지키고 디지털 주권을 존중하는 화웨이는 고객의 데이터를 비즈니스 수단으로 삼지 않으면서 협력 파트너들과 함께 연합해 혁신을 이루어 고객과 협력 파트너들을 위해 가치를 계속 창조해내고 있다 (그림 10-3).

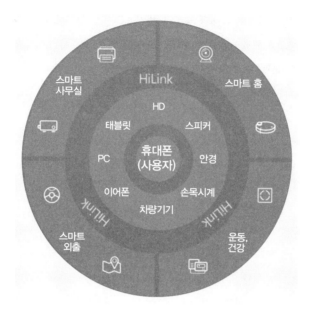

그림 10-3. 화웨이의 전체 시나리오 IoT 전략

화웨이는 세계에서 가장 많은 특허를 보유하고 있는 기업 중 하나다(2019년 말까지 화웨이는 전 세계 범위에서 유효 특허 8만 5천여 건을 보유하고 있으며, 그중에서 발명특허가 90% 이상 이다). 이에 화웨이는 계속해서 경계를 확장해나가며 세계와 손을 잡으려 하고 있다. 협력 파트너들과 함께 '함께 공생하고 재생하는' 산업 환경과 상생 번영의 비즈니스 생태 시스템을 건축해 사회적 가치와 비즈니스 가치를 함께 실현하려 한다.

하이얼 생태 : 사물 인터넷 생태 브랜드

2019년 12일 26일, 하이얼 그룹 이사회 의장, 최고경영자인 장루이민(張瑞敏)은 하이얼 그룹 창업 35주년 기념회 현장에서 하이얼 그룹의 6단계 전략인 '생태 브랜드 전략'을 발표하며 사물 인터넷 생태에 매진할 것이라고 말했다.

장루이민은 '제품은 시나리오로 대체될 수 있고, 업종은 생태로 아우를 수 있다'라는 전형적인 생각을 품고 있다. 2019년 6월 하이얼은 BrandZ의 가장 가치 있는 글로벌 100대 브랜드에서 유일하게 사물 인터넷 브랜드로 이름을 올렸다. 사람들이 아직 런단허이(人單合一) 모델이 뭔지 모를 때 하이얼 창업 생태에는 이미 규모는 작지만 혁신적인 창업자들이 많이 출현했다. 이로써 하이얼은 백색가전 제조기업에서 혁신적인 창업자들의 육성 플랫폼으로 전환에 성공했다.

런단허이 모델에서 '런(人)'은 직원을 의미하며 '단(單)'은 사용자 가치를 의미하고, '허이(合一)'는 직원이 직접 사용자와 대면해 가치를 창조하고 공유하며 직원의 가치와 창조된 사용자 가치가 하나가 되는 것을 의미한다. '런단허이'의 핵심은 인간 가치의 최대화를 추구하는 것이다. 2016년 장루이민은 하이얼을 하나의 생태계로 정의하며, 하이얼 생태계의 목적은 사용자를 위한 가치 창조라고 말했다.

하이얼이 만든 COSMOPlat(카오스)는 중국이 지식재산권을 보유하고 있는, 전 세계 처음으로 사용자가 전체 과정에 참여하고 체험할 수 있는 산업 인터넷 플랫폼이다(그림 10-4). 카오스 플랫폼은 이미 강력한 생태 흡인력을 형성해 전 세계 390여만 곳의 자원이 모였고, 약 4만 3천 개 기업과 3억 3천만 명의 사용자에게 서비스되고 있다. 계속 성장하는 생태 시스템을 구축해 이미 세계에서 가장 큰 대량 고객화(Mass Customization) 솔루션 플랫폼이 됐다. 하이얼 그룹은 카오스 플랫폼을 기반으로 15개 인터넷 공장을 만들어 사용자 수요를 바탕으로 즉시 공급, 탄력적인 배치, 수평적 확장이 가능한 유연한 생산능력을 갖추었다. 자오저우(膠州) 인터넷 공장을 예로 들면 이 플랫폼을 적용한 뒤 생산효율이 60% 향상됐으며, 개발 주기와 납품 주기가 50% 이상 줄었고, 운영비용은 20% 줄었다.

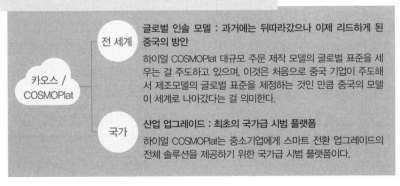

그림 10-4. 하이얼 COSMOPlat(카오스) 산업 인터넷 플랫폼

바이두 생태 : 중국에서 서비스 규모가 가장 큰 AI 개방 생태

바이두는 AI 기술을 핵심으로 한 '제4차 산업혁명'이 이루어지기 위해서는 전 산업의 참여가 필요하다는 생각을 가지고, AI에 진출한 뒤 계속 개방 전략을 고수해왔다.

바이두는 인공지능 플랫폼형 기업으로서 전 세계를 이끌 AI 능력을 연구하는 동시에 바이두 브레인 AI 개방 플랫폼, 패들패들 산업급 딥러닝 개발 개방 플랫폼, 아폴로 자율주행 개방 플랫폼, DuerOS 개방 플랫폼 및 각종 오픈소스 프레임과 데이터 세트 등을 통해서 개발자와 기업 사용자들에게 AI 기능을 개방하고 기술과 솔루션을 제공했을 뿐만 아니라 각종 업종의 전환 업그레이드를 도와왔다.

(1) 바이두 브레인은 중국 업계에서 가장 전면적이고 가장 앞서 있으면서 서비스 규모도 가장 큰 AI 개방 플랫폼이다. 딥러닝 프레임워크, 시나리오 기반 AI 능력, 맞춤 훈련 플랫폼 하드웨어와 소프트웨어 일체형 모듈과 솔루션 방안 등을 갖추고 있어 AI 기술 축적과 시나리오 수요가 각기 다른 개발자들이 실제 문제를 해결하도록 도움을 줄 수 있다. 하루 평균 호출량이 1조를 돌파했으며, 음성, 안면, NLP, OCR 호출량은 중국에서 1위다. 또한, 바이두 스마트 클라우드는 AI 능력엔진과 AI 개방 플랫폼을 기반으로 산업 스마트화를 추진하는 핵심 동력 중 하나가 됐다.

(2) 패들패들 산업급 딥러닝 오픈소스 개방 플랫폼으로 스마트 시대의 운영체제를 구축했다. 패들패들에는 개발자 숫자가 이미 194만 명에 이르렀고, 서비스 기업은 8만 4천 곳에 달해 패들패들을 바탕으로 23만 3천 개의 모델이 생산되어 각 업종에 적용되고 있다. IDC의 보고에서 바이두 패들패들이 구글, 페이스북과 함께 3위에 올라 처음으로 중국 딥러닝 플랫폼이 상위권을 차지하게 됐으며, 이는 시장점유율 상위 5위 중에서 유일하게 중국 자국 상품이었다.

(3) 아폴로는 전 세계에서 가장 규모가 크고 개방됐으며, 가장 활발한 활동을 펼치고 있는 자율주행 개방 플랫폼이다. 바이두 ACE 스마트 교통 엔진은 수직플랫폼이자 교통 영역 인공지능화의 선두주자다. 세계 97개국과 지역에서 3만 6천 명이 넘는 개발자들이 아폴로 오픈소스 코드를 사용하고 있으며, 오픈소스 코드 수는 56만 개가 넘는다.

(4) DuerOS 기술개방 플랫폼은 스마트 비서 기능을 가진 소프트웨어와 하드웨어 일체화다. 플랫폼의 기술 개발자 수는 이미 3만 8천 명이 넘었으며 게임, 효율 도

구, 인터넷방송국, 아동교육, 스마트 홈 등 4,000여 종의 기술지원을 제공할 수 있다. 브랜드 협력 생태에서 샤오두 비서의 협력 파트너 숫자는 이미 수백 개에 달한다. 화웨이, OPPO, vivo, 스카이워스, TCL, 소니, 샤오텐차이(小天才)[164] 등 여러 영역에서 선두에 있는 브랜드들과 함께 다양한 협력을 진행하고 있다. 샤오두 비서가 통제할 수 있는 IoT 스마트 홈 설비는 이미 억대가 넘는다.

(5) BAETYL는 중국에서 첫 개방소스의 에지 컴퓨팅 프레임워크다. BAETYL와 바이두 스마트 에지 BIE 클라우드 관리 패키지를 함께 사용하면 클라우드 배치, 에지 운행의 효과를 거둘 수 있어 각종 에지 컴퓨팅 시나리오 수요를 만족시킬 수 있다.

(6) 바이두 블록체인 기초기술을 자체 연구해 독립적인 기술력을 갖출 계획이다. 중국은 이미 블록체인이 핵심 기술의 자주혁신을 실현하는 중요 돌파구가 될 거라 확신하고 있다. 현재 중국의 자체 기술력을 갖춘 플랫폼은 많지 않다. 80%가 넘는 블록체인 기술 플랫폼이 해외 원천기술(예를 들어 Fabric, 이더리움)의 제품이나 파생상품을 사용한다. 2019년 5월, 바이두는 처음 블록체인 브랜드 Xuper를 공개하며 자체 연구 개발한 블록체인 기초기술인 XuperChain의 소스를 공식 오픈해 개발자들과 과학 혁신성과를 공유했다. 이로써 기술 의존도와 핵심 기술을 해외에 의존할 때 생길 수 있는 위험성을 제거했다.

(7) 바이두는 BROAD 산업급 개방 데이터 세트로 알고리즘 연구를 촉진하고 있다. 대규모 영역의 데이터 세트는 머신러닝 연구와 응용의 기초다. 바이두 BROAD(Baidu Research Open-Access Dataset) 프로젝트는 여러 산업급의 영역 데이터 세트를 발표했다. 예를 들어 대규모 자율주행 데이터 세트, 거리 이미지 데이터와 문자 시나리오 데이터 세트, 영상 하이라이트, 시나리오 해석, 기계 독해, 중국어 문장 및 상응하는 개방형 정보추출 사실 데이터 세트, 중국어 정보추출 데이터 세트, 중국어 단문 오프라인 표기 데이터 세트, 영어와 중국어 동시통역 데이터 세트, 녹내장 영상 데이터 세트, 연령성 황반변성 영장 데이터 세트, 병리성 근시 등이 있다. 이로써 알고리즘 연구를 가속화하고 AI 발전을 추진하고 있다. 그중에서 대규모 자율주행 데이터 세트 아폴로 스케이프(ApolloScape)는 첫 대형 자율주행 기업의 대규모 개방 데이터 세트로서 업계 내 환경이 가장 복잡하고 표기가 가장 정확한 3D 자

---

164. 아동용 스마트 제품 제조기업. - 역주.

율주행 공개 데이터 세트 중 하나다. 2018년 3월 발표한 이후 이미 전 세계에서 내려받은 횟수가 만 회가 넘었다.

AI화 기업 '3가지 부분 일체화'

미래에는 어떤 기업이든 AI와 관련이 있을 수밖에 없지만, AI 기술 연구, AI 플랫폼과 생태를 구축할 수 있는 능력을 갖춘 기업은 거의 없다. 현재 절대 대다수의 기업에 가장 중요한 것은 시대 흐름에 맞춰 먼저 AI를 받아들이는 것이다. AI 기술을 성공적으로 응용하고, 최대한 빨리 AI를 도입해 유리한 출발선에서 미래의 발전 동력을 제공할 수 있어야 한다.

여기서 한 기업이 진정으로 'AI화 기업'이 된다는 건 '3가지 부분 일체화'를 말한다. 첫째, AI 사고를 갖추는 것으로 만물 인터넷, 새로운 사고를 기반으로 한 전략을 의미한다. 둘째, AI 능력을 갖추는 것인데, 이는 기업이 AI 기술을 이용할 능력을 갖추는 것이지 AI 기술을 개발하는 걸 의미하지는 않는다. 셋째 AI 방면의 윤리를 준수하는 걸 말한다. 이처럼 한 기업이 진정으로 'AI화 기업'이 되려면 사고 방식, 기술 측면에서 AI와 긴밀하게 결합해야 하고, 그 문화도 반드시 'AI화' 되어야 한다. 이 책 1장 5절에서 AI 사고 방식에 관해 다루었고, 제5장 마지막 절에서는 AI 윤리에 대해 다루었다. 그리고 책 전체에 걸쳐서 AI 능력과 그 시나리오 응용에 대해 이야기했다. 그러니 '3가지 부분'에 대한 내용을 돌이켜 생각해보고 AI화 기업에 대한 전체적인 인식을 세우길 바란다.

(1) AI 사고 방식 : 오늘날 기업은 센서가 두루 퍼져 있는 사회에서 자신의 위치를 정확하게 찾을 수 있다. 인터넷이 사람과 사람의 소통 효율을 높여주었다면 AI는 사람과 만물의 교류 문제를 해결해줄 수 있다. 과거 기업의 주요 관심사는 소프트웨어 측면에 국한되어 있었다. 하지만 AI 시대에 들어서면 기업은 소프트웨어와 하드웨어의 결합에 더 많은 관심을 기울여야 하고, 그 속에서 새로운 혁신의 기회를 찾아야 한다.

(2) AI 능력 : 오늘날 AI 영역에는 대량의 개방 소스와 개방된 플랫폼이 존재한다. 세계적으로 앞서 있는 첨단 기술 기업들은 이 방면에서 장기적으로 대대적인 투

자를 해왔다. 그러니 기존의 것을 새롭게 발명해보겠다는 충동은 하지 않는 게 좋다. 기업은 공개된 제삼자의 기초 AI 능력 중에서 우수한 걸 찾고 감별해낼 수 있어야 한다. 그리고 이를 통해 자신의 시나리오를 기반으로 업종 특성, 환경과 결합하고 자신만의 장점을 가진 업무를 강화해 그 속에서 독특한 AI 응용 능력과 장점을 발전시켜야 한다. 기업은 AI가 무엇을 할 수 있고 무엇을 할 수 없는지, 자신에게 무슨 자원이 있고 어떤 데이터가 있는지를 이해할 필요가 있다. 그리고 아울러 자신이 얻을 수 있는 자원이 무엇이 있고, 얻을 수 없는 데이터가 무엇이 있는지도 파악해야 한다. 자신의 장점에 치중해 관련된 데이터를 모으고 관련 알고리즘을 확보한다면 이러한 능력을 기반으로 삼아 경쟁자들과는 구분되는 자신만의 우위를 가질 수 있다. 그러니 AI화를 이루려는 기업은 AI 응용 혁신의 연료로 삼을 독특하고 우수한 대량의 데이터를 지속적이고 효율적으로 축적할 수 있는 능력을 갖출 필요가 있다. 그리고 다른 한편으로는 AI의 도움을 받아 데이터 속에서 '금광'을 발굴할 수 있도록 AI 기술, AI 플랫폼과 연계할 수 있는 능력을 갖출 필요가 있다.

(3) AI 윤리 : 기업의 발전에는 반드시 준수해야 할 AI 윤리의 4가지 원칙이 있는데, 여기서 반복해 설명하지는 않겠다. 동시에 생태 문화, 사람의 성장을 돕는 시스템, 협동 문화와 규칙, 사회적 관심과 책임 등 자신만의 특징적인 문화, 시스템, 규칙을 만들어 기업의 핵심 활력소가 되게 해야 한다.

3가지 경지를 수련해야 하는 산업 스마트화

산업 스마트화 업그레이드는 스마트 경제의 보너스를 발견, 발굴, 확대하는 데 도움이 된다. 과거의 사고 방식, 이전의 방법, 관습적인 모델을 답습하면 미래의 싸움에서 이길 수 없다.

만약 기업이 AI를 단순히 모바일 인터넷을 개선하는 일회성 혁신일 뿐이라고 생각한다면 자신을 리셋할 수 없고, 혁신적인 기회를 제대로 파악하지 못할 테니 새로운 응용 시나리오와 기술 가능성에 겨냥한 참신한 비즈니스 모델을 구축할 수도 없을 것이다. 과거는 더 넓은 미래로 나가는 데 장애물이다.

산업 스마트화의 심도 있는 추진은 점진적인 과정이다. 불교 용어를 인용해 설명하자면 3가지 경지를 수련하는 거라 할 수 있다. 바로 처음 '산을 보니 산이고 물을 보니 물이다'라는 경지에서 '산을 봐도 산이 아니고 물을 봐도 물이 아니다'라는 경지에 이른 뒤 마지막으로 '산을 보니 역시 산이고 물을 보니 역시 물이다'라는 경계에 이르는 것이다.

산을 보니 산이고 물을 보니 물이다 : 로봇은 사람을 닮아야 할까? 물과 기름 같은 기술과 산업

첫 번째 경지는 '산을 보니 산이고 물을 보니 물이다'이다. 몇 년 전부터 훠궈(火鍋)[165] 식당에서 로봇을 사용하거나 국수 식당에서 로봇을 이용해 도삭면(刀削面)[166]을 만드는 모습이 보이는데 이건 사실 AI와 관련이 없다. 또 최근 2년 동안 은행에서 도입한 사람 모습을 한 로봇 '로비 관리자'의 경우는 '인공지능은 사람과 닮아야 한다'라는 고정관념에서 비롯된 것이지, AI를 통한 새로운 업무 방식이라고 볼 수는 없다. '산을 보니 산이고 물을 보니 물이다'라는 말처럼 기술은 기술이고, 산업은 산업일 뿐이므로 진정으로 융합될 수 없다.

산을 봐도 산이 아니고 물을 봐도 물이 아니다 : 업무 논리에 침투한 기술

두 번째 경지는 AI가 업종에 진입해 '산을 봐도 산이 아니고 물을 봐도 물이 아니다'의 상태에 이르는 것이다. 진정으로 AI 기술이 산업 스마트화의 동력이 되기 위해서는 업무 논리 자체에 깊이 침투해야 한다. 2019년 바이두는 상하이푸둥발전은행과 협력해 금융 영역에서 처음으로 '디지털 직원'을 만들었다. 디지털 직원은 자연 언어 이해, 지식 그래프, 딥러닝 등 기술의 도움을 받아 금융 지식을 업데이트함으로써 고객의 요구를 이해할 수 있게 됐고, 일반 고객에게도 VIP처럼 1대1 서비스를 제공한다. 바이두는 이미 이러한 기술과 능력을 개방했으므로 어떤 분야, 어떤 기업이든 '디지털 직원 플랫폼'을 통해서 자신의 디지털 직원을 맞춤 제작할 수 있다. 이와 관련된 사례는 12장 7절에서 자세하게 소개할 예정이다.

165. 중국식 샤브샤브. - 역주.
166. 밀가루 덩어리를 칼로 썰어 만드는 국수. - 역주.

과거 무인 자동차는 기본적으로 이미 만들어진 자동차를 개조했기 때문에 시장에 대규모 진입이 불가능했다. 그러던 중 바이두 로보택시가 이치훙치와 협력해 정식으로 양산을 시작했다. 이는 바꿔 말하면 모든 자율주행 기술 모듈은 사전 설계, 새로운 자동차와 유기적 통합조정을 거쳐야 한다는 것이다. 그렇게 해서 더 안전하고 신호 방해나 고장의 위험이 적어야 비로소 양산을 시작할 수 있고, 일반 사람들이 안심하고 탈 수 있다.

산을 보니 역시 산이고 물을 보니 역시 물이다 : 기술화를 유형에서 무형으로, 산업의 본질로 돌아가 모두 함께 융합되다

더 높은 경지는 바이두와 협력 파트너들이 함께 더 노력해야 하는 '산을 보니 역시 산이고 물을 보니 역시 물이다'의 경지다. 앞으로 10년 동안 AI는 갈수록 많은 산업에 침투하고, 갈수록 많은 업종에 적용될 것이다. AI 기술은 유형을 무형으로 바꾸어 산업의 본질로 회귀할 수 있어야 한다. 스마트 교통의 본질은 교통이고, AI 교육의 본질은 교육이다. 프로그래머는 가장 효율적인 알고리즘을 쓸 수는 있지만, 마오타이주(茅臺酒)[167]의 발효과정은 이해할 수 없고, 가장 좋은 알고리즘 모델을 디자인할 수는 있어도 자동차의 산업 디자인을 이해하지는 못한다. 산업 스마트화의 생산력은 실물 경제와의 심도 있는 융합에서 비롯된다. 기술로 품질을 향상하고 인공지능으로 장인의 영혼을 부활시켜 더 좋은 제품을 만들어 더 좋은 서비스와 더 높은 가치를 창조해야 한다.

AI 기술은 중국 경제의 미래를 바꿀 수 있고, 인류의 미래 생활을 바꿀 수도 있다. 현재 바이두는 기술로 국가의 은혜에 보답할 수 있으며, 중국 국내의 풍부한 응용 시나리오로 기술 전환과 혁신을 가속할 수 있다는 것을 깊이 느끼고 있다. 우리는 기술 변화의 산증인일 뿐만 아니라 새로운 경제를 일구는 건설자다. AI의 발전은 전 업종이 노력해야 할 기회이자 전 인류의 기회다. 산업이 스마트해질수록 인류의 생활은 더욱더 아름다워질 것이다.

---

167. 중국에서 생산되는 가장 고급 백주. - 역주.

산업 스마트화의 방법론

산업 스마트화의 방법론은 대상에 따라서 분명한 차이가 있다. 업종마다 서로 다른 산업 스마트화의 원칙, 논리와 스마트화 로드맵이 있다. 정부, 플랫폼형 기업, 기업 전환, 다양한 종 등 다양한 주제를 하나로 통일해서 다룰 수는 없다. 설사 동일 업종이라도 기업마다 차이가 있고, 시나리오가 다른 만큼 방법도 아주 다를 수밖에 없다.

정부의 방법론에 대해서는 우리는 8장 2절에서 6대 핵심 경로, 5가지 '포인트'와 6가지 '결정', 6대 수단, 6대 트랙에서 이미 언급한 만큼 여기서는 반복해 다루지 않을 생각이다. 산업, 업종, 기업에 대해 다루면서 보충해 설명해야 할 필요가 있을 때만 다루도록 하겠다.

화웨이, 사이디 컨설팅이 본 산업 디지털화 전환방법

화웨이, 사이디 컨설팅 등 기업들은 업종 디지털화 전환에 대한 솔루션을 지속적으로 제시해왔다. 사이디 컨설팅은 가치 시각, 기술 시각, 업무 시각 3가지 시각을 9가지 차원을 통해서 설명을 진행한다(그림 10-5). 화웨이는 다수의 사례를 근거로 4가지 방면인 전환전략, 보장조건, 핵심 원칙, 핵심 행동을 10가지 시각을 통해서 업종 디지털화 전환 솔루션을 설명한다(그림 10-6).

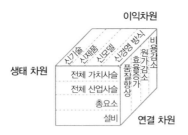

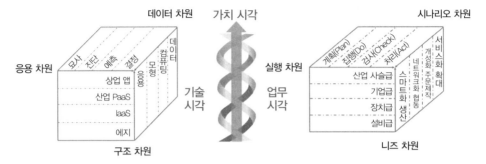

그림 10-5. 사이디 컨설팅의 제조업 디지털화 전환 솔루션 참고 구조
자료 출처 : 사이디, 〈산업 인터넷 플랫폼의 중점 업종 디지털화 전환 솔루션 백서〉, 2020년 4월 20일

• 한 가지 기업급 전환전략을 지원한다
디지털화 전환은 기업급 전략인 만큼
전체적 국면에서 계획한다.

• 2가지 보장조건을 창조한다
조직 전환을 통해 조직 활력을 촉진하
고, 문화 전환을 통해 분위기 전환을 일
으킨다.

• 3가지 핵심 원칙을 관철한다
핵심 원칙을 전체 전환과정에 관철해
처음부터 끝까지 확실한 궤도에서 전환
이 이루어지게 보장한다.

• 4가지 핵심 행동을 추진한다
4가지 핵심 행동을 통해서 전환의 핵심
과정을 통제한다.

그림 10-6. 화웨이의 업종 디지털화 전환 솔루션
자료 출처 : 화웨이, 〈업종 디지털화 전환 솔루션 백서(2019년)〉

산업 스마트화에 대한 가치를 주장하는 바이두

바이두는 중국에서 유일하게 스마트 상호작용, 스마트 인프라 건설, 산업 스마트화 영역에서 모두 독자적인 장점을 가진 인공지능 플랫폼형 기업이다. 그리고 줄곧 오픈소스 개방을 기본 원칙으로 지켜온 바이두는 생태 파트너들과 제로섬게임 관계가 아니라 협동 공생하는 관계를 이루기 위해서 AI 보조자 역할에 전념하고 있다. 어떤 업종이든 규모가 얼마나 되든 상관없이 모든 기업이 물이나 전기를 사용하는 것처럼 바이두 플랫폼의 기능과 서비스를 사용해 빠르고 안정적으로 AI화 전환을 실현한다면 최종적으로 일반 소비자들에게도 이익이 가게 될 것이다.

산업의 스마트화 전환은 단번에 이루어질 수 없는 만큼 여러 시행착오를 겪어야 한다. 풍부한 AI 생태를 갖춘 인공지능 플랫폼형 기업으로서 바이두가 산업 스마트화의 가치를 주장한 이유는 산업 스마트화에 관심을 가지고 그 역할을 이해하며 이로써 업종을 통찰하고 사용자 이해와 가치관을 파악하게 하기 위해서다.

스마트 경제, 스마트 사회, 산업 스마트화에 대한 바이두의 가치 주장에는 다음과 같은 것들이 있다.

⑴ 토대를 생각하고 토대를 키우며 토대를 만들어야 한다. 우리는 5장 3절에서 이미 이 점을 다룬 바 있다. 바이두가 말하는 토대를 생각하는 건 체계적 사고, 풀스택 발전 사고, 생태 개방 사고, 사용자 중심 사고를 말한다. 토대를 키운다는 건 4가지 판단에 기초한 것으로 기초가 튼튼한지, 업종에 대한 이해가 충분한지, 능력이 충분한지, 생태 수준이 높은지가 그것이다. 토대를 만든다는 건 첨단 기술 발전이 충분한지, 미들엔드 능력이 충분한지, 솔루션이 정확한지, 실천과 시나리오 경험이 있는지, 시범시나리오와 시범샘플이 믿을 만한지, 가치가 있는지, 얼마큼의 가치가 있는지, 시나리오·요소·산업·공급과 수요를 융합할 수 있는지, 공공의 외부성과 유출효과가 있는지, 협동이 이루어질 수 있는지 등이 그것이다.

⑵ 신뢰에서 시작해 가치에 충실하며 4가지 '믿음'을 견지한다. 4가지 믿음은 믿을 수 있는 AI, 믿을 수 있는 생태, 믿을 수 있는 솔루션, 믿을 수 있는 서비스 보안이다. 믿을 수 있는 AI 기술은 기본조건이자 전제조건이다. 성숙하고 믿을 수 있는 기술을 구축해야만 산업을 진행할 수 있고, 생태를 구축하고 사용자들과 신뢰 관계를 맺을 수 있다.

(3) 경외심을 가지고 신중히 행동한다. 항상 알지 못하는 기술에 경외심을 가져야 할 뿐만 아니라 산업 노동자, 산업 지식, 업종 논리에 경외심을 가져야 한다. 또한, 고객, 사용자, 생태 규칙, 보안, 윤리, 프라이버시, 신뢰, 성장추진에도 경외심을 가져야 한다. 특히 의존 기술과 사용자와의 신뢰 관계에 경외심을 가지고 사용자에게 가치를 제공하고 성장을 도울 수 있어야 한다. 기술 발전은 규칙이 정한 선을 넘어서는 안 되며 인공지능 영역에 종사하는 사람들은 항상 사용자와 미래에 대한 책임감과 경외심을 간직하고 있어야 한다.

(4) 말보다는 행동을 우선한다. 엔지니어 문화와 소박한 품격을 지키며 항상 지행합일을 이루어야 한다. 성실하게 연구개발을 진행하고, 신중하고 부지런히 서비스 를 제공한다면 우리의 토대를 더욱 굳건히 할 수 있다. '군자는 말이 행동보다 앞서는 것을 부끄러워 한다(君子恥其言而過其行)'[168]라는 말이나 원이둬(聞一多) 선생의 "사람들은 말을 한 뒤 행동하지만, 나는 행동을 하고 말을 한다', '사람들은 말을 한다고 해서 반드시 행동하지 않지만, 나는 행동을 해도 반드시 말을 하지는 않는다' 라는 말처럼 행동을 중요시해야 한다.

(5) 시나리오를 동력으로 사용자를 핵심으로 삼는다. 산업 스마트화는 비즈니스 거래나 고정된 솔루션을 강요하는 게 아니라 시나리오의 효율을 높이고, 사용자의 반응을 살피고, 기업의 지속 가능한 실천 과정을 이루는 것이다. 진정한 AI를 중심으로 한 산업 스마트화는 시나리오 업무 논리에 깊이 침투해야 한다. 무식해서 용감하다는 말이 있다. 하지만 우리는 무식해서 용감해서는 안 되는 만큼 업종, 산업, 산업 노동자, 서비스 업체, 생태 개발자를 공부하고 파악해야 한다. 또 언어 시스템을 전환하고 산업 규율을 이해하며 생태, 사용자와 함께 통찰하고 로드맵을 정리해 개별 솔루션을 다 같이 다듬어야 한다. 가치를 창조하는 중요 핵심 중 하나는 산업 내부 사람의 성장을 돕는 것이다.

(6) 다 함께 공유하고 다 함께 건설하며 오픈소스 개방을 지속한다. 앞장서서 AI 기술과 능력을 개방한 바이두는 개방도와 생태도에서 광범위한 인정을 받았다. 이것은 첫째 바이두의 내부 동력, 기술에 대한 믿음, 상장을 돕고자 하는 바람에서 비롯됐다고 할 수 있다. 그리고 둘째 생태 개방의 본질이 사회 협동 실험실, 공공 기

168. 《논어(論語)》, 〈헌문(憲問)〉에 나오는 구절로 '이(而)'는 '지(之)'로 해석해야 한다.

술과 산업 서비스 플랫폼이기 때문이다. 이 밖에도 국가가 바이두에 혁신 플랫폼, 국가공정실험실 건립하고 미래 어떠한 업종, 어떠한 기업이든 모두 맞춤 진행할 수 있도록 도와주는 역할을 주문했기 때문이다.

(7) 산업 지능 인터넷을 통해 융합을 추진한다. 앞에서 분석했듯이 산업 지능 인터넷은 '5G+AI+클라우드+산업(공업)인터넷+IoT+블록체인'을 말한다. 바이두가 추진하는 산업 지능 인터넷은 자동차, 가정 영역에서 탐색 수준에 머물러 있음에도 벌써 고무적인 반응이 나오고 있다. 산업, 기업과의 협력은 '인터넷 속도'에서 드러날 뿐만 아니라 계속해서 '인공지능 수준'을 높이고 심도 있는 추진을 하게 한다. 그리고 융합 추진은 인공지능과 실전경험에서의 융합부터 산업과 산업 사슬, 산업 생태의 융합 추진까지 이어진다. 첨단 제조업과 현대 서비스업의 융합을 추진하고 공급자 측과 수요자 측의 고효율 연결, 정확한 매칭을 추진해야 한다. 이러한 방면에서 바이두는 독자적인 장점이 있다. 바이두 스마트 검색+피드 스트림+스마트 미니앱+서비스 배포+바이두 라이브+스마트 마케팅+VR, AR을 이용해 개발자, 지식 창작자, 사용자를 연결할 수 있다. 이에 공급과 수요를 더욱 수직적으로 연결하고 전파를 더욱 입체적으로 하며 더욱 정확한 매칭을 이루고 더욱 강한 신뢰를 쌓게 할 뿐만 아니라 나아가 관계를 자본화할 수 있다.

(8) 협동 보너스를 발굴하고 지적자본을 쌓는다. 산업 스마트화는 앞으로 내부 협동을 대대적으로 추진하고 산업 사슬, 가치망의 협동을 추진해야 하며, 아울러 생태, 융합, 연결, 경계를 뛰어넘어 사회 협동을 추진해야 한다. 바이두는 지식 그래프 능력, 딥러닝 능력, AI 미들엔드와 지식 미들엔드를 이용해 기업, 산업, 생태를 대대적으로 발전시키고, 더 나아가 사회의 지식 관리, 지적자본 관리 능력을 향상해야 한다. 아울러 인력자본의 가치를 새롭게 발견해 신뢰를 기반으로 한 사용자 관계, 고객 관계, 직원 관계, 산업 관계, 합력 관계, 생태 관계, 사회 관계의 자본화를 추진해야 한다. 바이두는 또 다양한 종류의 학습 플랫폼을 개방함으로써 사람의 성장을 돕고 있다.

바이두의 8대 가치 주장은 다음 그림 10-7을 통해 볼 수 있다.

그림 10-7. 바이두의 8대 가치 주장

스마트화를 준비하는 기업에 주는 16가지 충고

종합해서 말하자면 산업 스마트화 업그레이드를 빠르게 추진해야 비로소 스마트 경제 발전을 위한 새로운 동력을 주입할 수 있다. 여러 해 심도 있는 탐색과 실천을 거친 바이두 브레인 AI 기술은 이미 스마트 클라우드, 생태 대외 적용을 통해서 다양한 업종에 진출해 스마트 변혁을 추진하고 있다.

다만 부인할 수 없는 건 산업 스마트화 서비스를 개별화해야 한다는 것이다. 이에 만병통치식 처방이 불러오는 불신을 피하기 위해서 인공지능 기술 적용, 스마트화 발전을 이룰 '티핑포인트(Tipping Point)'를 찾고 있는 기업에 16가지 참고할 만한 충고를 제공해주고자 한다.

⑴ 기업이 없으면 AI도 없다. 이 거대한 흐름이 세상을 모두 휩쓸게 될 것이며 모든 업종, 시나리오, 개인은 이 거대한 흐름에서 빠져나올 수 없을 것이다.

⑵ 산업 사고 방식이 아닌 AI 사고 방식을 배우면 인터넷 사고 방식에 구속되지 않을 수 있다. 유비쿼터스 인식, 유비쿼터스 연결, 유비쿼터스 공유, 유비쿼터스 협동의 세계에서 자신의 노드, 역할, 위치를 찾는다면 노드 유동량, 노드 가치와 영향력, 통제력을 계속 강화할 수 있다.

⑶ 먼저 내공을 기르고 자신을 혁신해 내부 생태화를 이루어야 비로소 외부와 협동을 할 수 있다. 내부에서 먼저 내부 협동성과 생태 속성을 향상해야 크든 작든 외부 생태 건설을 주도할 능력을 갖출 수 있다. 또 능력이 부족하더라도 신뢰할 수 있는(적재적소에 있는) 생태를 찾아 융합할 수 있다. 먼저 생태를 건축하고 생태를 융합한 뒤에 자유롭게 발전해야 한다.

⑷ 산업 스마트화는 단편적 생각, 일차원적인 사고가 아니며 성급하게 처리할 수 있는 일도 아니다. 그러니 단편적인 문제에만 집착하거나 일차원적인 능력만 강조하거나 일부 행동만 토론해서는 안 된다. 서비스, 전략을 바탕으로 미래지향적인 시각에서 현재를 고민하고, 끝이 어떨지를 고려해 시작할 수 있어야 한다. 큰 문제에 착안점을 두되 작은 일부터 시작해야 한다.

⑸ 토대 능력, 산업 통찰, 개방 의식, 협동 정신, 믿을 수 있고 손쉽게 사용이 가능한 솔루션을 선택한다. 풀 스택 능력, 업종의 심도 있는 통찰, 쉽게 조작할 수 있는 시스템, 융합 이점, 지속 교체 가능한 서비스 능력을 갖춘 플랫폼 또는 생태협력을 찾아야 한다. 예를 들어서 신뢰할 수 있는 AI, 신뢰할 수 있는 클라우드, 신뢰할 수 있는 서비스, 신뢰할 수 있는 결제, 신뢰할 수 있는 협력, 신뢰할 수 있는 생태가 그것이다.

⑹ 착안점을 고려해 기술 발전, 업종 추세를 두루 고려하고 기업 전략과 경쟁자 분석을 두루 진행해야 한다. 또 자원, 요소, 능력과 관계를 두루 살피고 업종별 고충과 사용자 불만 사항도 같이 보아야 한다.

⑺ 자신이 한 번에 이룰 수 없는 건 경쟁자도 한 번에 이룰 수 없다. 누구도 해결할 수 없는 문제다. 티핑포인트는 항상 존재하지만 노력이 충분하지 않으면 나타나기는커녕 점점 더 멀어지게 된다. 그러니 상황에 맞게 적응하며 협동화, 생태화를 이루어야 한다.

(8) 트랙은 변하지 않지만 달리는 방법은 바꿀 수 있다. 어디서나 뒤집을 수 있고, 효율을 높일 수 있어야 최고가 될 수 있다.

(9) 부족한 부분을 보강하고 선택해 공부한다. 먼저 기초 지식을 공부하고 부족한 부분을 공부한다. 전통 모델에서 네트워크화, 디지털화, 스마트화까지 지식을 습득하고 부족한 부분을 채운다.

(10) 숨기는 것 없이 공유하며 협동 공생한다. 서로에게 이로운 중국, 공생하는 중국은 모두가 기대하는 부분이다. 예를 들어 블록체인과 같은 좋은 기술을 제약하는 건 내부의 갈망이나 지속적인 행동보다 더 좋은 동력을 제공해주지 못한다. 인간 본성의 훌륭한 부분을 자극해야 비로소 혁신 정신도 솟아 나올 수 있지만, 인간 본성의 나쁜 부분을 확대하고 만족시키면 팀은 갈수록 엉망이 되고 위축되게 된다.

(11) 클라우드는 단순히 온라인에서 오프라인으로 이동하는 게 아니라 보안, 신뢰, 고효율, 가치 증가, 능력 향상의 대명사다. 앞에서 말한 목표를 실현하기 위해서는 '(혼합) 클라우드+(종합) AI'의 최대한 민첩하고 유연성 있는 배치가 필요하다. 클라우드 서비스 시장의 핵심 요소를 돌이켜 생각해보면 전체 AI 능력, 클라우드 스마트화, 산업에 대한 이해와 통찰, 시나리오 서비스 경험과 생산력 촉진 시범성, 합리적인 규모와 구조를 갖춘 개발자 생태, 산업급 딥러닝 프레임워크와 협동 도구라고 할 수 있다.

(12) 대량 고객화를 추구하면 규모효과의 함정에 빠지지 않을 수 있고, 오픈소스 개방, 기업이 성장할 수 있는 환경을 조성하는 기회를 가질 수 있다. 이에 스스로를 제한해 데이터의 울타리에 갇히거나 콘텐츠의 외딴 섬에 고립되지 않게 된다.

(13) 시행착오만큼이나 지적자본도 중요하다. 아무리 좋은 기술을 가지고 있어도 사용자를 멸시하거나 규칙을 무시하거나 각 분야에 대한 경외심이 부족해서 생기는 문제는 해결할 수 없다. 지적자본은 인적자본, 구성자본, 관계자본을 포함한다. 먼저 이해해야 먼저 지식과 경험을 축적할 수 있고 먼저 확대할 수 있다. '다음 세대'를 우대해야 비로소 '앞 세대'가 용감히 설 수 있는 만큼 함께 연합해 인재를 양성하고 인력자본을 키우며 지적자본으로 인한 이익을 공유해야 한다.

(14) 장소, 시간, 단계, 시나리오, 사용자에 맞는 대책을 세워야 한다. 예를 들어서 생방송을 하려 한다면 먼저 생방송을 하는 목적이 무엇인지, 어떤 플랫폼이 적당할지, 제품을 판매할 건지, 브랜드를 홍보할 건지를 알아야 알맞은 답을 찾을 수 있

다. 다른 예로 스마트 미니앱은 작지만 큰 성과를 거둘 수 있다. 또 다른 예로 대연결, 대상호작용을 하려 한다면 작은 상호작용을 먼저 고려해봐야 하며, 대체 불가능하다고 생각할 만큼 개성을 가져야 한다. 이것이 스마트 시대, 스마트 마케팅이다.

(15) 공동의 정의, 협동 관리를 해야 한다. 사용자가 당신이 누구인지, 어디로 가야 할지 정의하는 데 참여할 수 있어야 한다.

(16) 만약 의문이 생긴다면 '2장 5절 스마트 경제, 스마트 사회를 위한 형상화 : 11개 본질 속성의 실체 파헤치기'를 참고하기 바란다.

11

산업 스마트화 및 그 전환 :
AI와 함께 발전한다

인공지능은 모두가 흥미를 갖고 주목하던 것에서 사회 공통 인식이자 국가 전략으로 변화했다. 우리는 각 산업 영역에 인공지능을 적용하는 걸 적극적으로 추진하며, 각 영역과 각 업종의 효율이 향상되고 사람들의 체험이 높아질 수 있도록 도와야 한다.

충칭 스마트 박람회에서 리옌훙의 연설내용

(2019년 8월 26일)

아에샤 카나(Ayesha Khanna)와 파라그 카나(Parag Khanna) 부부는 잡지 〈에스콰이어(Esquire)〉가 뽑은 '21세기 가장 영향력 있는 75인'에 선정됐다. 두 사람이 공동 집필한 《혼합현실(Hybrid Reality)》에서는 우리가 기술과 '공존'하는 단계에서 기술과 '함께 발전'하는 시대로 나아가고 있다고 설명한다.

차세대 인공지능의 본질적인 특징은 학습 능력을 갖추고 지식 생성과 더 좋은 지식 운용 능력을 갖추는 것으로 질적 도약이라 할 수 있다. 각각의 업종 영역에 있는 대량의 지식을 형성화, 구조화, 도표화, 함수화해서 데이터 연결 및 기타 요소와 결합을 통해 AI 발전의 양분을 제공해야 한다. 그리고 이렇게 되면 각 업종에도 기술적 뒷받침을 할 수 있으니 스마트화 수준을 대폭 향상할 수 있다.

인터넷 기업이 앞장서서 AI화를 가속화하다

반드시 가야만 하는 길인 AI를 개방하면 모두가 더 많은 이익을 얻을 수 있다. 예를 들어서 전 세계 각 소프트웨어와 하드웨어 기업이 연달아 AI 영역에 적극적으로 진출해 대량의 자금과 인력을 투입하면서 원래 관련이 없던 기업, 개발자, 생태, 플랫폼 사이에 연동 관계가 형성되고 있다.

그중에서도 인터넷 기업은 가장 먼저 깨달은 쪽에 속한다. 인터넷 기업은 내부와 투자자의 압력 때문이든, 사용자의 기대와 장기적 발전 수요를 만족시키기 위해서든 빠르게 스마트화를 진행했다.

인터넷의 인구 보너스가 약해지고 온라인에서 머무는 시간을 무한대로 확장할 수 없게 되면서 고객 유치 비용이 커져 트래픽의 질을 맞추기 어려워졌다. 이에 원래 자체적으로 만든 '해자'가 무너지거나 막힌 호수처럼 고립되자 인터넷 기업은 모델 전환이나 트랙 변경이 필요하게 됐다. 이에 가장 주류인 전자상거래 기업으로 발전을 모색했으나 이마저도 병목 현상으로 어려움을 겪게 됐다.

모바일 인터넷이 발전하는 10년 동안 많은 인터넷 기업들이 대량의 사용자 데이터를 축적했지만, 모두가 이를 효과적으로 이용한 건 아니었다. 일부 인터넷 기업은 눈앞의 상황에만 집중할 뿐 미래를 위한 가능성을 발굴하지는 못했다. 과거 바이두는 이런 데이터를 이용해 인터넷 기업이 고객 효율을 높이고 머신러닝을 훈련할 수 있도록 도우려 했다. 하지만 거래처들은 자신들이 보유한 데이터를 개방하는 걸 원치 않았고, 한쪽 데이터로만은 할 수 있는 역할이 무척이나 제한적이었다.

이런 상황을 타개할 수 있었던 건 빅데이터, AI 기술 응용이 인터넷 기업에 새로운 공간을 제공해준 덕분이었다. 트래픽이 경직되고 온라인 인구 숫자가 증가하지 않고 온라인에서 머무르는 시간도 줄어들자 강력한 성장 압력을 받은 기업들이 어쩔 수 없이 일부 데이터를 개방하기 시작했다. 그리고 개방된 데이터와 바이두의 데이터가 교환되자 효율이 대폭 향상됐고, AI 기술도 어느 정도 영향을 받게 됐다. 2017년 광군절에 전자상거래 기업의 바이두 투자가 120% 증가한 것처럼 많은 기업이 바이두에 투자하고 싶어 하는 건 바이두의 트래픽 전환 효율을 인정했기 때문이다.

국가 입장에서는 중국의 경우 전 세계 디지털 경제 순위에서 2위에 머물러 있지만, 미래 인터넷 인구의 증가 속도가 완만하고, 기존 기술과 응용 혁신의 한계에 직면해 있다. 이에 인터넷을 활용해 중국 경제를 발전시키기 위해서는 새로운 발전동력이 필요한 상황이다. 여기서 새로운 발전동력이란 신기술, 특히 인공지능 기술이라 할 수 있다.

AI 기술과 전통 인터넷 기술의 큰 차이점은 과거 20년 동안 중국 인터넷 발전이 주로 소비, to C의 영향에 의지했다면, AI 기술은 to B이자 to C로의 공급에 영향을 주거나 C와 B를 동력이 되게 한다. 우리는 줄곧 공급 측 구조의 개혁을 강조해왔는데, 현재 AI 기술은 확실히 생산, 제조 등 영역에 뚜렷한 영향을 주고 있다.

2018년 11월, 우전에서 열린 세계인터넷대회에서 마화텅은 다음과 같이 말한 바 있다.

"먼저 각 업종의 디지털화를 돕고, 다음으로 디지털화 과정에서 어느 부분을 포용할 수 있을지를 보아야 합니다. 예를 들어서 비즈니스 모델을 바꿔 제조업이 서비스 업종으로 전환할 수 있는지, 생산한 제품을 직접 소비자에게 전달할 수 있는지 또는 스스로 운영해 직접 소비자에게 서비스를 제공할 수 있는지를 보아야 합니다. 이것이 바로 비즈니스 모델의 전환이라 할 수 있습니다. 다음으로 대량의 데이터를 인공지능이 관리하게 하거나 그중에 많은 과정을 대신하게 하는 게 저는 한 가지 방식이 될 수 있다고 생각합니다. 사실 텐센트의 경우 이미 이러한 포지션을 찾았습니다. 저와 리옌훙은 기초 연구 분야를 미리 준비하고 뛰어들기를 바랍니다. 이렇게 해야 비로소 우리가 비즈니스계와 협력을 할 능력을 갖출 수 있을 테니까요."

먼저 스스로 능력을 갖춰야 인터넷 기업은 앞으로 10년 동안 경제 발전을 이끌 동력이 될 수 있다. 그러기 위해서는 스스로를 혁신해 능력을 계속해서 향상해야 한다.

스마트 제조 : '중국 제조업'에서 '중국 스마트 제조업'으로 업그레이드되는 방법

앞에서 우리는 인공지능이 실물 경제와 심도 있는 융합을 가속화하고 있는 점을 분석했다. 모든 부분이 완비되고 시나리오가 풍부한 제조업은 앞장서서 '중국 제조업'이 '중국 스마트 제조업'으로 업그레이드될 수 있도록 경로와 방법을 모색해야 한다. 그리고 이를 통해서 중국의 제조업 발전 기술 부족과 첨단 제조업 육성이 부진한 고질적인 문제를 바꿔야 한다. 그리고 국가는 스마트 제조 등을 국가 전략과 국가 중점 연구개발 계획의 핵심 프로젝트로 배치할 필요도 있다. 여기서는 전체 장의 핵심이자 산업 스마트화의 가장 중요한 시나리오를 다루어보도록 하겠다.

AI의 도움을 받아 차세대 제조업으로 발전하는 스마트 제조

독일의 '인더스트리 4.0(Industry 4.0)'[169]과 미국의 산업 인터넷은 비교적 일찍 제시됐음에도 산업 디지털화 네트워크화의 패러다임 및 기술 노선을 명확하게 설명하고 있다. 다만 당시는 차세대 인공지능이 새로운 진전을 이루지 못했던 만큼 '인더스트리 4.0'은 진정한 의미에서 제4차 산업혁명이라고 볼 수 없다.

그렇다면 스마트 제조란 무엇일까? 스마트 기계+선진 분석 도구+사람과 기계의 상호작용이 바로 스마트 제조다. 중국 공정원 원사 후허취안은 '인공지능은 클라우드 컴퓨팅, 빅데이터, 5G 기술과 함께 스마트 제조를 지탱하는 정보 기술'[170]이라고 설명한 바 있다.

....

[특별란] '중국 제조 2025'에서 2020년의 전략목표

산업화, 제조업의 실현은 국가의 지위를 한층 더 공고히 해주므로 제조업의 정보화 수준을 대폭 향상한다. 중점 영역의 핵심 기술을 확보하고 우세 영역의 경쟁력을 한층 더 강화하며 제품 품질을 향상한다. 제조업 디지털화, 네트워크화, 스마트화에 분명한 진전을 거둬야 한다. 중심 업종의 단위 산업생산량 에너지 소모, 물자 소모 및 오염물 배출을 확연하게 줄일 수 있도록 해준다.

....

하이얼의 스마트 제조는 '등대공장(lighthouse factory)'[171]에 등재됐다. 독일 암베르크에 위치한 지멘스는 유럽에서 가장 발전된 디지털화 공장으로 생산설비와 컴퓨터가 생산공정의 75%를 처리한다. 생산설비는 제품 정보에 따라 알아서 생산공정을 결정할 수 있다. 각 조립 부분에 있는 '명칭'과 '주소' 등 정보를 상호 식별해 디지털

---

169. 독일이 추진하는 정책으로 4차 산업혁명을 지칭한다. – 역주.
170. 두캉, 실물 경제를 빠르게 '포용'하는 인공지능, 상하이 신화통신. 2018년 9월 19일.
171. 4차 산업혁명의 핵심 기술을 도입해 제조업 발전을 이끄는 공장을 뜻하는 말. – 역주.

화 공장에서 운행경로를 정할 수 있어 분포식, 고효율의 빠른 시스템을 구축할 수 있다.

스마트 공장이 발달함에 따라 전체 제조 과정이 유연해지고 투명해져서 추적이 가능해졌다. 이처럼 스마트 기술은 제조의 전 과정에 적용되어 있다. 이에 같은 생산량을 유지하면서 인력은 50% 줄이고 생산효율은 3배 높아져 주문 생산 주기가 18일에서 5~7일까지 줄어들게 됐다.

중국 건설장비 제조업체 줌라이언(ZOOMLION, 中聯重科)은 10분마다 타워크레인 마스트 하나를 생산할 수 있고 90분마다 크레인 런웨이를 생산할 수 있으며 110분마다 카운터웨이트를 생산할 수 있다. 이건 줌라이언이 전 세계에서 가장 큰 타워크레인 스마트 공장을 만들어 생산효율을 높인 덕분이다. 고효율, 고품질을 유지할 수 있는 '비밀'은 12가지 스마트 생산 라인, 100여 대의 로봇, 1만여 개의 센서로 구성된 '총명'한 브레인과 '민첩한' 팔이 있기 때문이다.[172]

....

[특별란] 〈차세대 인공지능 발전 계획〉에서 스마트 제조에 대한 요구

제조 강국이라는 중대한 요구를 중심에 놓고 스마트 제조의 핵심 기술 설비, 핵심 지원소프트웨어, 산업 인터넷 등 시스템을 통합 적용을 추진해 스마트 제품 및 스마트 인터넷 제품, 스마트 제조에 사용되는 도구와 시스템, 스마트 제조 클라우드 서비스 플랫폼을 연구 개발한다. 스마트 제조공정, 분산식 스마트 제조, 네트워크화 협동 제조, 원격 진단과 운송 서비스 등 신형 제조모델을 일반화한다. 스마트 제조 표준 시스템을 건설하고 제조 전 과정 활동 스마트화를 추진한다.

....

저우지 원사가 이끄는 '차세대 인공지능이 이끄는 스마트 제조 연구' 프로젝트팀의 연구로는, 스마트 제조는 그 발전 과정에서 3가지 기본 패러다임으로 종합, 귀결

---

172. 왕옌빈(王延斌), 위즈여우(俞慧友), 하오샤오밍(郝曉明), 경제 주 전장에 깊이 침투한 '스마트+', 커지르바오, 2020년 5월 27일.

과 업그레이드할 수 있다. 즉 디지털화 제조(제1세대 스마트 제조, 디지털화 네트워크화 제조), '인터넷+제조' 또는 제2세대 스마트 제조(디지털화 네트워크화 스마트 제조)와 차세대 스마트 제조가 그것이다. 그중에서 후자는 차세대 인공지능 기술과 선진 제조 기술의 깊이 있는 융합의 결과인 만큼 제조업의 설계, 제조, 서비스 등 부분 및 조합에 혁명적인 변화를 가져올 것이며, 제조업 미래 발전의 핵심 추진력이 될 것이다(그림 11-1).[173]

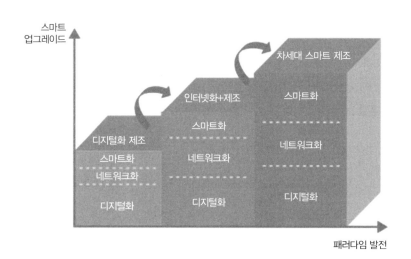

그림 11-1. 스마트 제조 기본 패러다임의 발전 과정
자료 출처 : '차세대 인공지능이 이끄는 스마트 제조 연구' 프로젝트팀, 중국 스마트제조 발전전략 연구, 중국궁청커쉐(中國工程科學), 2018년 제20권 제4기.

'차세대 인공지능이 이끄는 스마트 제조 연구' 프로젝트팀은 차세대 스마트 제조 시스템(그림 11-2)을 스마트 제품, 스마트 생산 및 스마트 서비스 3대 기능 시스템 및 산업 지능 인터넷과 스마트 제조 클라우드 양대 시스템을 통합한 거대 시스템으로 보고 있다. 중국은 나라 상황과 기업의 상황에 맞게 3가지 기본 패러다임을 채택해야 한다. '병행 추진, 융합 발전'의 기술 노선과 선진기술을 사용해 기존 제조업이

---

173. '차세대 인공지능이 이끄는 스마트 제조 연구' 프로젝트팀, 중국 스마트제조 발전전략 연구, 중국궁청커쉐(中國工程科學), 2018년 제20권 제4기.

해결하지 못했던 문제를 해결해 디지털화를 완성하는 동시에 더 높은 스마트 제조로 나아가야 한다.

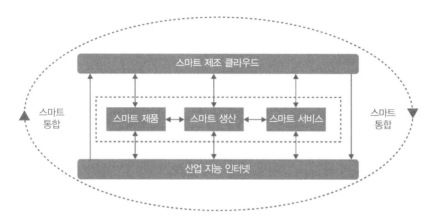

그림 11-2. 차세대 스마트 제조 시스템

자료 출처 : '차세대 인공지능이 이끄는 스마트 제조 연구' 프로젝트팀, 중국 스마트제조 발전전략 연구, 중국궁청커쉐(中國工程科學), 2018년 제20권 제4기.

미국의 바츨라프 스밀(Vaclav Smil)은 《미국 제조 : 국가번영이 제조업과 밀접하게 관련된 이유》에서 "강력하고 아주 혁신적인 제조업 시스템 갖춰 취업 기회를 만들어내지 못한다면 아무리 발전된 경제체제를 가지고 있어도 번영은 불가능하다"라고 지적했다.

데이터는 스마트 제조가 비상하는 데 필요한 핵심 연료다. 국가 산업 인터넷 빅데이터 센터를 통해 더 많은 제조업체가 고품질 빅데이터를 제공받고, 데이터 보안이 가능한 상황에서 첨단 기술 기업과 함께 공유, 혁신하면 제조업의 스마트화 수준을 대폭 끌어올릴 수 있다.

2017년 세계경제포럼(World Economic Forum)에서는 선진제조업 기술의 무궁한 잠재력에 주목하며 2025년에 제4차 산업혁명이 일어나 3조 7천억 달러에 이르는 가치가 만들어질 거라 예측하고, 세계경제포럼에서는 처음으로 40가지 선진 제조 실용 사례를 선별했다. 이후 2018년 세계경제포럼은 1,000여 개 공장을 선별해 운영과 실적에서 획기적인 발전을 이룬 16곳 공장을 선진 제조 영역의 선두주자인 '등대공장'이라 명명했다. 2019년 전 세계 '등대공장' 네트워크에는 28명의 구성원이 새로

들어왔다. 그중에서 14곳은 단대단 가치망을 통한 '등대공장'으로 평가받고 있으며 이런 공장은 공급업체부터 고객까지 전 과정을 혁신해 오프라인 공장 범주를 넘어서는 가치를 확보했다. 매켄지는 상술한 등대공장의 핵심성과지표를 생산효율, 지속가능성, 민첩성, 출시 속도, 주문 제작 5가지 차원에서 평가를 진행했다(그림 11-3).

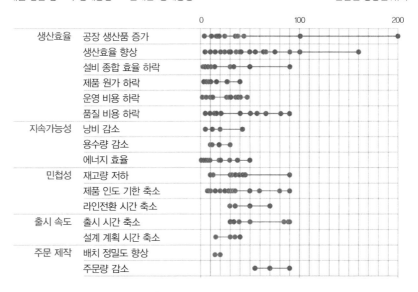

그림 11–3. '등대공장' 핵심성과지표 – 전 세계 등대공장 네트워크

자료 출처 : 세계경제포럼, 매켄지, 전 세계 등대공장 네트워크 :
제4차 산업혁명 최전방에서의 통찰, 2019년 12월

산업 인터넷 건설 추진의 아주 중요한 내용은 바로 제조업의 스마트화를 실현하는 것이다. 이번 신종 코로나 바이러스의 유행으로 오히려 제조업은 스마트화 전환의 기회를 마련하게 됐다. 이에 오픈소스 딥러닝 플랫폼 등을 수단으로 삼아 스마트 제조 인프라를 구축하고 제조업체 스마트화 전환에 기초기술을 뒷받침해줄 필요가 있다. 또 동시에 관련 부서가 앞장서서 지방 정부와 대형 공업기업의 연합을 통한 산업 데이터베이스를 건립할 필요가 있다.

산업 스마트화 실현, 자주화 실현

미래에는 스마트 설비, 스마트 생산라인, 스마트 작업장, 스마트 공장에서 대량의 스마트 제품이 제조될 것이며 산업모델, 협력모델, 운영모델의 중대한 변화가 초래될 것이다. 스마트 제조와 관련된 인공지능 기술은 시각, 음성, 지식 그래프, 빅데이터 등 다양한 분야를 포괄하며, 제조업과의 융합의 본질은 품질과 효율 향상, 원가절감이라 할 수 있다. 또 기술을 혁신하고 기업 관리 방식의 변화를 통해서 비즈니스 모델을 혁신해야 한다. 스마트 공장에는 생산라인 재구성과 능동적인 스마트 관리배치, 생산장비 스마트 사물 인터넷과 클라우드화 데이터 수집, 다차원 인간과 기계의 상호협동과 상호운용 등 기술이 활용되고 있다.

이와 같은 기술을 통해서 스마트 제조는 네트워크화 협동, 개성화 주문제작, 서비스화 확장, 스마트화의 공통된 특징을 보인다.[174] 산업 제조 영역에서 고효율 산업 지능 인터넷, 스마트 제조 응용을 건설하려면 어떻게 해야 할까? 즉 5G, AI, 스마트 클라우드 플랫폼을 산업 스마트화 인프라로 삼아 설비 상호접속과 분포식 스마트를 핵심으로 한 미래 공장의 스마트 시스템을 건설하려면 어떻게 해야 할까?

이에 충분한 준비를 한 바이두 브레인은 제조업의 AI 기술 수요에 맞춘 대응 솔루션을 제시했다. 현재 바이두 스마트 클라우드 스마트 제조 솔루션은 이미 14대 업종과 관련된 32종류의 수직 시나리오를 가지고 있다. 유형별 스마트화 제품 설계에는 자동차 부품, 3C 전자제품, 소비품 품질검사, 충전소, 풍력발전기 등 산업 장비의 고장진단과 예측성 유지 보수부터 생산공정, 물류 운송 최적화, 산업 생산환경 안전감시 시스템까지 다양한 영역이 포함되어 있다. 이러한 다양한 비즈니스화 협력 프로젝트는 업종별 거래처와 사회를 위해 중요한 가치를 만들어내고 있다.[175]

산업 인터넷은 새로운 기술과 산업 시스템의 연결, 융합의 결과다. IoT, 에지 컴퓨팅 등 기술을 통해서 물리 세계의 설비 운행상태, 환경의 데이터 등을 감지해 수집하고 전송, 저장, 수집, 정리를 통해 데이터를 스마트 분석해 스마트한 혁신응용을 생산한다. 또 기업의 연구개발, 생산, 공급, 마케팅, 서비스 등 방면에서 비용은

174. 자오창원(趙昌文), 새로운 정보혁명의 물결을 인식하고 파악해야 한다, 런민일보, 2019년 6월 14일.
175. 바이두 AI 산업연구센터, 바이두 AI 부스터, AI 기술산업화 왕성한 발전하기 좋은 시기 - 바이두 생태파트너 AI 응용 안 사례집, 2019년 8월.

줄이고 효율은 향상하는 혁신적인 결과를 만들어낸다.

산업 인터넷의 핵심 엔진인 산업 스마트

바이두 스마트 클라우드가 보유한 완전한 산업 인터넷 플랫폼 방안. 자체 연구한 IaaS, PaaS 제품/솔루션, 생태협력 파트너와 연합해 SaaS 서비스 제공

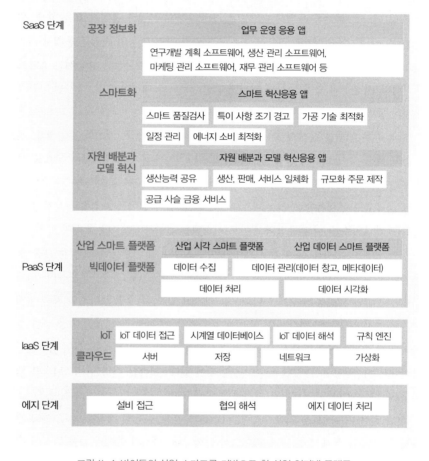

그림 11-4. 바이두의 산업 스마트를 기반으로 한 산업 인터넷 플랫폼

전체 산업 인터넷의 몇 가지 단계 구조에서 산업 스마트 플랫폼은 중간의 핵심 엔진이다. 산업 스마트 플랫폼은 수집한 데이터를 가공해 지식을 만든 뒤 지식을 활용해 최종적으로 가치를 만들어내는 일을 책임진다(그림 11-5).

- AI 기술을 선도하고 전체 과정을 자주적으로 통제한다. 쿤룬 칩+패들패들 구조+자체 연구 알고리즘, 딥 어댑테이션 최적화, 모델 효과 최적화
- 개방된 제품 협력 파트너가 스스로 능력을 기를 수 있게 해준다.

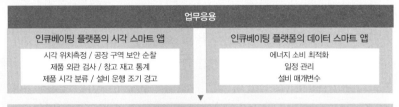

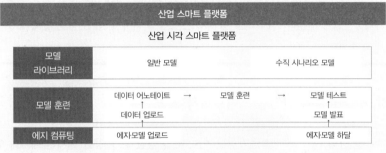

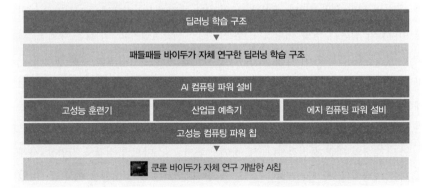

그림 11-5. 바이두 산업 스마트 플랫폼 구조

바이두의 산업 스마트 플랫폼 하부층은 바이두가 자체 연구한 쿤룬 칩을 기반으로 한 AI 컴퓨팅 파워 설비이고, 중간층은 패들패들을 기반으로 한 시각 스마트 플랫폼과 데이터 스마트 플랫폼이다. 그리고 최상층은 협력 생태를 통해 함께 구축한 단대단 솔루션이다.

중국의 핵심 분야인 스마트 제조는 자주적으로 통제 가능한 스마트화 인프라가 필요하다. AI 기술 측면에서 앞에서 소개한 플랫폼은 칩에서부터 구조, 연구개발까지 전부 바이두가 자체 연구하고 통제할 수 있도록 구성되어 있다. 게다가 이러한 기술들은 높은 효과를 거둘 수 있도록 최적화되어 있다. 또 산업 시각 스마트 플랫폼과 산업 데이터 스마트 플랫폼 모두 개방된 제품으로 고객 파트너가 스스로 능력을 기를 수 있게 해준다. 한마디로 말해서 스스로 훈련하고 AI 모델로 교체할 능력을 기를 수 있도록 해주는 것이다.

시각, 청각을 통해 산업을 스마트화하다

바이두 산업 시각 스마트 플랫폼은 이미지, 동영상 등 다양한 매체의 데이터 업로드, 어노테이터, 훈련, 테스트 기능을 제공한다. 게다가 클라우드에 있는 훈련하기 좋은 모델을 네트워크를 이용해 공장, 산업용 퍼스널 컴퓨터 등 각종 컴퓨팅 파워 설비에 하달할 수 있다. 물론 클라우드는 공공클라우드와 공업기업의 개인 클라우드 모두 가능하다. 5G를 응용해서 컴퓨팅 파워 설비를 더욱 민첩하고 탄력적으로 배치해야 한다. 기존의 상황에서는 한 대의 설비가 한 대의 산업용 퍼스널 컴퓨터, 한 대의 컴퓨팅 파워 설비만 배치할 수 있었다. 하지만 5G 시대에 들어서면서 이미지 비디오와 같은 다양한 미디어의 빅데이터를 더 안정적이고, 더 넓은 대역폭, 더 낮은 지연으로 전송할 수 있게 됐다. 이에 컴퓨팅 파워 크러스터를 집중 배치해 다양한 산업라인, 심지어는 전체 공장이 컴퓨팅 파워를 공유할 수 있게 됐다. 이 방면에서 바이두와 화웨이의 5G X Labs 실험실은 아주 많은 응용을 탐색하고 실행했다. 그렇다면 산업 시각 플랫폼이 어떤 모델과 응용을 만들어낼 수 있을까?

먼저 제품의 외관 품질검사다. 이 장에서 곧바로 '스마트 품질검사 작업장' 사례를 다룰 예정이다. 또 다른 시각 스마트의 시나리오로는 보안 순찰을 예로 들 수 있다. 현재 많은 공장이 많은 수의 카메라를 설치해 공장의 보안 위험을 감시하고 있다. 하지만 카메라도 결국 사람의 눈에 의지해야 하는 일인 만큼 사건이 발생한 뒤에 과정을 역추적하는 역할만 할 뿐이지 보안 문제가 발생한 순간을 곧바로 감지해내지는 못한다. 바이두는 산업 시각 스마트 플랫폼에서 '보안 순찰 모델'을 만들었다. 동영상 내용을 식별해낼 수 있는 이 모델은 실시간으로 작업복 착용 문제를 지적, 금지된 곳에 침입할 시 조기 경보, 위반된 행동 감시 통제, 설비 운행 상황 감시 통제 등의 상황을 발견할 수 있다.

시각뿐만 아니라 인공지능의 기술 발전은 AI 새로운 종의 탄생을 촉진하고 있다. 미래 스마트 설비 발전의 중요 방향은 어떠한 설비든 사람의 말을 듣고 이해할 수 있는 인터페이스 갖추는 것이다.

새로운 요소로 새로운 가치를 창조하는 산업 데이터 스마트 플랫폼

산업에는 이미지, 동영상 등 산업 시각 스마트 플랫폼이 처리하는 비정형 데이터뿐만 아니라 정형 데이터도 많이 있다. 예를 들어서 센서를 통해 수집되는 설비 운행 데이터나 산업 품질검사를 통해 수입되는 제품 품질 데이터, MES(제조실행시스템) 등 정보화 시스템에서 수집되는 각종 데이터는 모두 정형 데이터다. 산업 데이터 스마트 플랫폼은 이러한 정형 데이터를 이용해 강화학습, 딥러닝 등 AI 기초 알고리즘과 산업 메커니즘 지식을 융합해 여러 종류의 모델을 생산한다.

이러한 모델 중에서 상태 감시 등과 같은 묘사형 모델은 물리적 세계에 발생한 문제를 해결할 수 있고, 결함요인 분석 등과 같은 진단형 모델은 문제가 발생한 이유를 파악할 수 있다. 또 특이 사항 조기 경고, 판매량 예측 등과 같은 예측형 모델은 미래에 발생할 문제를 해결할 수 있고 매개변수 추천, 배치 최적화 등과 같은 결정형 모델은 미래 예측을 바탕으로 현재 어떻게 해야 하는지를 결정하는 역할을 할 수 있다. 이러한 모델들의 아웃풋 결과는 바이두 통제시스템에 반대로 영향을 미쳐 통제시스템을 통해 설비, 생산 계획에 역작용을 일으키고 최종적으로 가치를 창조해낼 수 있다(그림 11-6).

산업 시각　　業務 運營 最適化　　設備 資産 管理　　시스템 혁신

스마트 품질검사　　가공 기술 최적화　　설비 건강도 평가　　생산과 판매 예측
스마트 순찰　　　　일정 계획　　　　고장 자동 진단　　　배치 최적화
　　　　　　　　예측성 유지 보호　　예측성 유지 보호

설비 종합 효율　　직원 노동생산력　　제품　　　　생산라인
업그레이드　　　　향상　　　　　품질향상　　　효율 향상

원재료　　　　재고　　　에너지　　　품질 유지 비용
비용 감소　　　감소　　　소비 감소　　　감소

그림 11-6. 기업의 비용 절감, 효율 향상 문제를 해결한 산업 스마트 플랫폼

　　최근 몇 년 동안 바이두가 협력 파트너들과 함께 제공한 서비스는 많은 공업 기업에 기술적 혜택을 가져다주었다. 업계 내에서 선두에 있는 기업일수록 데이터를 포함한 새로운 기술이 가진 가치를 알게 된다. 이에 AI 기술을 일찍 사용할수록 일찍 이익을 얻게 되고 더욱더 기술에 투자하는 선순환 구조가 형성된다.

　　산업 제조업 시나리오는 많고, 스마트 제조의 기회도 많다. 바이두는 자신들의 장점을 발휘해 하층 인프라를 건설해 이용하기 좋고 편리하며 통용되는 AI 플랫폼 기술을 선보이려 한다. 또 상층의 응용 시나리오를 잘 아는 업무 파트너에게 맡겨 모두가 함께 고객에게 서비스를 제공하고 고객을 위한 가치를 창조해내기를 바라고 있다.

바이두·중국 바오우철강 : 'AI+강철' 시범 샘플 제작

2018년 10월 26일, 바이두와 중국 바오우철강(中國寶武鋼鐵) 그룹은 전략협력을 맺었다. 이에 양측은 바이두의 ABC(인공지능, 빅데이터, 클라우드)+IoT기술, 사회화 플랫폼 운영 등 방면에서의 능력과 중국 바오우철강이 철강 영역에서 가진 전문기술, 대규모 시나리오와 산업 사슬의 종합능력을 결합해 철강제조와 산업 서비스, 공급 사슬과 생태계, 도시서비스와 혁신 창업 등을 중심으로 한 기술혁신, 모델 혁신을 추진했다.

양측은 제품 품질검사, 보안 생산 등 영역의 응용에서 빅데이터 플랫폼 건설 및 머신비전에 초점을 맞추고 가공 기술 과정 최적화, 생산 일정 영역의 응용과 실천에서 머신러닝을 추진했다. 그리고 AI 기술을 기반으로 설비 스마트 원격 유지 보수 시험 실행을 전개하고 산업 데이터와 응용 시나리오에 의지해 스마트 알고리즘, 시각 식별, 딥러닝 등 AI 기술 응용을 탐색했으며 시리얼 설비 스마트 원격 운용 솔루션을 만들어 업종을 경계를 뛰어넘는 광범위한 응용을 시작했다.

2017년 바이두 스마트 클라우드와 중국 바오우철강 소속인 바오스틸 테크놀로지(Baosteel Technology, 寶鋼技術)는 스마트 거푸집 관리 시스템을 만들어 평균 출강 온도를 10℃ 낮춰 에너지 비용을 70억 위안 절약했고, 거푸집 가열에 사용되는 에너지를 50% 줄여 약 150억 위안을 절약했다.

바이두 스마트 클라우드와 파트너가 공동 제작한 '스마트 품질검사 작업장'

외관 검사는 중국 제조업, 더 나아가서 전 세계 제조업의 약점이다. 대규모 생산을 실현하기 위해서는 정확한 검사가 반드시 필요하다. 이에 기존 사람이 진행하는 검사 작업의 경우 중국은 적게 잡아도 매년 수천억 위안을 투자해 200만 명 이상의 품질검사 인원을 고용해야 했다.

사람이 진행하는 검사는 육안+확대경의 방식으로 제품 검사를 진행해 제품 부품의 품질을 판단한다. 더구나 3C 제품의 경우 부품 크기가 아주 작아서 작업 강도가 높고 효율이 낮아 나날이 높아지는 요구를 맞추기 힘들었다. 게다가 젊은 층이 노동강도가 강한 일을 꺼려 품질검사원을 채용하기가 어려워져서 많은 제조업 기업이 임금 상승과 기존 인원을 유지하기 어려운 등 여러 문제에 직면해 있었다.

그러던 중 2017년 바이두 스마트 클라우드가 컴퓨터 시각 기술을 활용한 제작한 품질검사 소프트웨어·하드웨어 복합기를 발표하면서 스마트 품질검사가 가능해졌다. 2019년 바이두 스마트 클라우드는 품질검사 플랫폼을 제조업에서 활용할 수 있도록 규모화하기 위해 2.0 버전으로 업그레이드를 진행했다. 새로운 버전의 품질검사 클라우드 플랫폼은 사용 문턱을 낮춰 더 민첩하게 생산환경에 적용할 수 있어 사용자는 제로 코드로 모델 훈련을 진행하고 클라우드에서 전체 모델을 지원받을 수 있게 됐다. 모델이 생산라인에 적용된 뒤 기업은 생산라인 원재료, 가공 기술 변화에 따라 자율적으로 모델에 대한 최적화 교체를 진행할 수 있어 모델 업데이트 시간이 하루에서 1분까지 단축됐다. 또 바이두 스마트 클라우드가 협력 파트너와 함께 '외관 결함 시각 테스트 설비'를 설계해 스마트 품질검사 작업장에 적용하면서 생산라인을 자동 검사할 수 있게 됐다. 고속 카메라가 부품을 찍어 전송하면 기계는 제품에 결함이 있는지, 어떤 유형의 결함인지를 식별해내고, 이런 정보를 로봇 팔에 전송하면 로봇 팔은 결함이 있는 부품을 중간에 제거하게 된다.

현재 바이두 품질검사 클라우드 제품은 산업 시각 스마트 플랫폼의 일부분으로 3C, 자동차, 철강, 에너지, 고무, 방직 등 10여 개 업종, 몇십 개의 시나리오에 적용되고 있다. 바이두 품질검사 클라우드는 첫째, 품질검사자들이 하던 업무 강도가 높은 반복 작업을 대신 처리함으로써 고된 노동에서 해방될 수 있게 해주었다. 둘째, 안정성이 높고 검사 효율을 대폭 향상했다. 설비 한 대의 효율이 숙련 품질검사관 10명의 효율에 해당할 뿐만 아니라 정확도는 높아지고 누락률은 내려가서 수율이 향상됐다. 예를 들어 서우강철(首鋼) 자동화 정보의 경우 강판 결함 분류 정확도가 99.98%에 달한다. 셋째, 기업의 비용 절감 효율 향상이 두드러졌다. 품질검사 인원을 80% 이상 줄이면서 부지면적이 80% 감소했고, AI 품질검사의 투자 회수율은 기존 모델의 6.5배에 달한다. 넷째, 제품 품질을 디지털화해서 품질검사 클라우드 설비를 통해 실시간으로 확보한 외관 품질검사 데이터를 기반으로 제품에 대해 실시한 품질 분석을 진행할 수 있게 됐다. 생산수율 이상, 결함 분포, 결함 위치 등 이상 상황을 가장 빨리 파악해 경고할 수 있어 생산라인이 신속하게 생산 과정을 조정할 수 있게 해준다. 이에 제품 손실은 줄이는 동시에 기업도 결함요인 분석, 가공 기술 매개변수 최적화 능력을 통해 가공 기술을 개선하고 수율을 높일 수 있게 됐다.

자동차 업종의 포장 효율 향상을 돕는 베이징 쥐스 스마트 과학 기술

이미 징둥팡(京東方, BOE), 샤프(Sharp Corporation), LG, 화싱광뎬(華星光電) 등 전자기기 제조업체에 도입된 패들패들의 이미지 측정과 분할 모델은 산업 부품 결함 검사에서 검사 정확도와 속도를 향상했다. 이전 방법과 비교해서 부품 결함 검사 오류 확률, 검사 누락률을 30% 이상 줄여 인력 검사의 낮은 효율, 낮은 정확성, 불안정성, 높은 고용 비용의 문제를 해결했다.

타이어휠 생산 업종 기업은 고객의 요구에 맞춰 다양한 모델의 타이어휠을 생산하는 만큼 정확하게 모델을 분류하는 건 포장에서 중요한 부분이다. 톈진 리중타이어 유한회사(天津立中車輪有限公司)는 BMW, 현대, 마쯔다(Mazda) 등 기업의 공급업체로 연간 생산량이 1,500만 개에 이르며 수백 종의 타이어휠 제품을 생산한다. 인력 검사 분류 방법을 사용할 당시 거의 30명에 이르는 직원이 교대로 검사 작업을 진행했으나 속도는 낮고, 비용은 높고, 정확도는 떨어지는 등의 문제가 있었다.

이와 같은 문제를 해결하기 위해서 베이징 쥐스 스마트 과학 기술(北京矩視智能科技, Beijing Matrix Vision)은 바이두 패들패들을 기반으로 한 AI 시각 테스트 기술을 개발해 식별 정확도를 99%까지 높이고 식별 시간은 0.5초 줄였다. 게다가 사이즈와 도안이 각기 다른 다양한 타이어휠에 적용할 수 있어 생산 비용을 대대적으로 낮추면서 검사질의 안정성은 보장했다.

스마트 금융 : Fintech+AI가 이끄는 미래

금융 업종은 과학 기술과 디지털화 전환의 선두 업종 중 하나로 선진 기술을 적용해 거대한 비즈니스 가치와 사회 가치를 만들어내고 있다. 미래 'Fintech+AI'는 금융업 발전 방향을 새롭게 바꿀 중요 요소다.

이전에 사람들은 은행이 자신의 신용카드 한도액을 얼마로 설정할지에 관심을 가졌다면, 지금 사용자들은 온라인에서의 검색을 보면 소비신용 대출 제품이 개인에게 주는 혜택이 어느 정도인지에 더 관심을 가진다. 온라인에서 찜하고 오프라인에서 소비하거나 오프라인에서 체험하고 온라인에서 주문하는 건 이미 젊은 층의 소비 습관이 됐다. 소비와 서비스 시나리오가 잘 어우러져 사용자 소비의 대세를 만들어낸 것이다.

[특별란] 〈차세대 인공지능 발전 계획〉에서 스마트 금융에 대한 요구

금융 빅데이터 시스템을 건립하고 금융 다중 매체의 데이터 처리와 이해 능력을 향상한다. 스마트 금융 제품과 서비스를 혁신하고 금융의 새로운 사업을 발전시킨다. 금융 업종이 스마트 고객 서비스, 스마트 감시 등 기술과 설비를 도입하도록 격려한다. 금융 리스트 스마트의 예측과 예방 시스템을 확보한다.

바이두 스마트 금융은 금융기관을 위해 고객 확보, 리스트 통제부터 운영까지 단대단 스마트화 솔루션을 제공하고 고객의 서비스와 경영 능력이 향상될 수 있도록 돕고 있다(그림 11-7). 기초 플랫폼의 자율 제어 소프트웨어와 하드웨어를 기반으로 하며, 그중 그래픽 데이터베이스는 지식 그래프 응용을 지탱할 차세대 핵심 제품이다. AI와 지식 미들엔드 지원하에 은행, 보험 등 대량의 제품에 디지털화 마케팅을 실현할 수 있다. 바이두 스마트 금융의 스마트 마케팅과 서비스, 디지털 직원 등은 금융기관이 고객에게 통일된 서비스 기준, 개성화된 서비스 체험을 제공하도록 돕고 포괄적인 금융 서비스를 실현할 수 있도록 해준다.

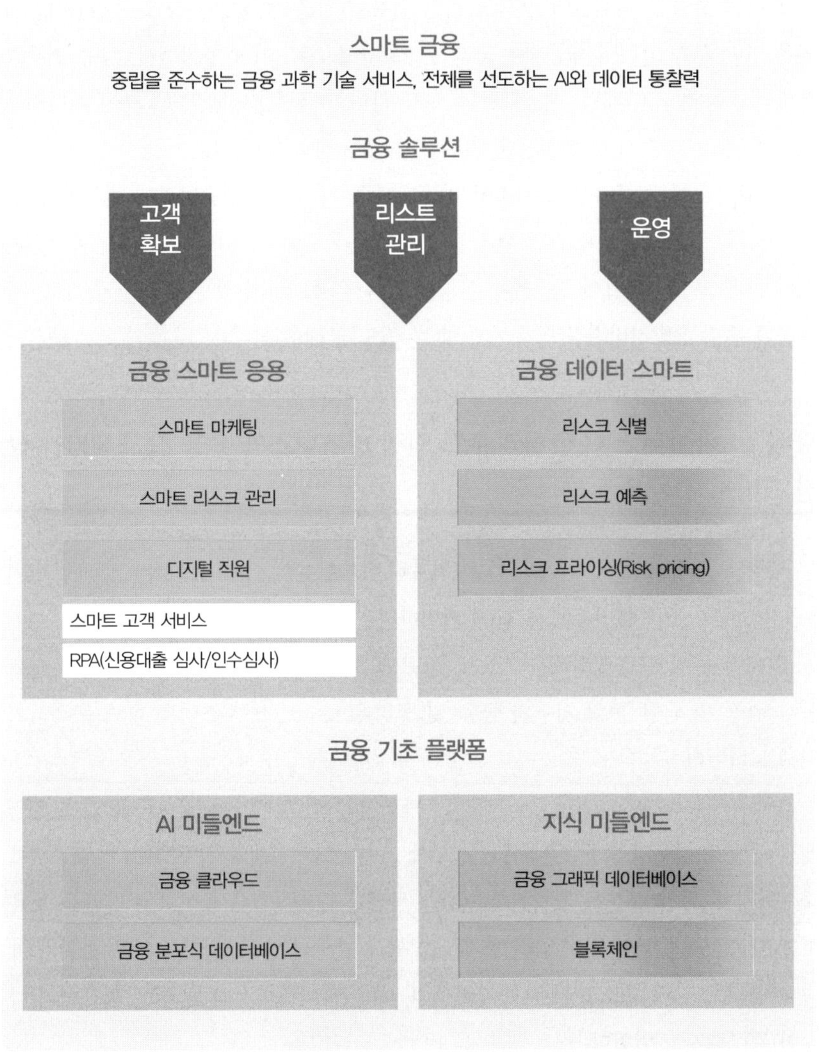

스마트 금융
중립을 준수하는 금융 과학 기술 서비스, 전체를 선도하는 AI와 데이터 통찰력

금융 솔루션

고객 확보	리스트 관리	운영

금융 스마트 응용
- 스마트 마케팅
- 스마트 리스크 관리
- 디지털 직원
- 스마트 고객 서비스
- RPA(신용대출 심사/인수심사)

금융 데이터 스마트
- 리스크 식별
- 리스크 예측
- 리스크 프라이싱(Risk pricing)

금융 기초 플랫폼

AI 미들엔드
- 금융 클라우드
- 금융 분포식 데이터베이스

지식 미들엔드
- 금융 그래픽 데이터베이스
- 블록체인

그림 11-7. 바이두 스마트 금융

바이두 스마트 금융은 국유 6대 은행, 9대 주주제 은행, 21곳의 보험기구를 포함해서 거의 200여 곳에 이르는 금융 고객에 서비스되고 있으며, 마케팅, 리스크 관리 등 10여 개 금융 시나리오가 포함되어 있다. 이처럼 협력 파트너가 이미 30곳이 넘는 생태를 구축해 중국 금융 클라우드 솔루션 영역에서 최초의 진형을 형성했다.

스마트 금융은 끊임없이 고객을 위한 업무 가치를 창조해낼 수 있다. 디지털 직원은 이미 75개 고객에 제공되어 고객 운영효율을 50% 이상 향상했다. 유통 핀테크 제품이 신용카드 마케팅, 신용대출 리스크 관리, 보험 사기 방지 등 핵심 시나리오에 적용됐고, 그중 대출 부실률은 업무 평균 10% 정도 내려갔다.

바이두 스마트 클라우드는 지식 미들엔드를 기반으로 금융기관이 종류가 많고 복잡한 유통금융 제품에 관한 완전한 지식체계를 세울 수 있도록 도와줄 수 있다. 바이두의 스마트 작업 로봇, 전략 심의 로봇은 금융기관의 업무 부담을 줄이고, 사용자가 편리하게 서비스를 이용하게 할 수 있도록 해준다.

사례 1 : 바이두 스마트 클라우드 인렌 비즈니스와 손을 잡고 800만 상점 스마트 전환을 돕다

바이두 스마트 클라우드와 인렌 비즈니스(銀聯商務, China UMS)는 2017년 9월 ABC 스마트 금융 클라우드를 함께 건립한다는 내용의 전략협력을 달성했다. 이에 IaaS 기반 클라우드 플랫폼을 기초로 삼고 엄청나게 많은 데이터 통합을 주축으로 삼아 상점 및 금융 협력 기구의 금융 및 클라우드 서비스 시스템을 함께 구축하기 위해 노력했다.

중국 인렌(中國銀聯, China UnionPay)의 자회사인 인렌 비즈니스는 중국 결제 영역에서 선발 주자이자 중국 국내에서 선두에 있는 종합 결제와 정보 서비스 제공업체다. 10여 년 동안 성장을 거치면서 800만 상점과 1,000만 대에 이르는 단말을 보유하게 됐고, 매년 85억 건이 넘는 결제 거래를 처리하게 됐다. 이처럼 업무 범위가 계속 확장되고 고객 규모도 계속 증가함에 따라 인렌 비즈니스의 IT 건설 필요성이 나날이 뚜렷해지고 있었다.

이에 바이두 스마트 클라우드는 인렌 비즈니스에 분포식 구조, 소프트웨어와 하드웨어 일체화를 기반으로 한 전용 클라우드 시스템을 제공했다. 바이두 금융 전용 클라우드는 높은 기능 호환성, 높은 안정성, 아키텍처 다중화, 빠른 배치 등 방면에서의 장점을 충분히 발휘해 인렌 비즈니스가 세계 일류의 종합 결제, 정보 데이터, 금융 서비스를 제공하는 업체로 발전할 수 있도록 도왔다.

양측은 또 2018년 4월, 다양한 유형의 비즈니스 시스템에 맞춘 인렌 비즈니스 바이두 금융 공공 클라우드 서비스 솔루션을 만들었다. 더 많은 상점에 IaaS, PaaS, SaaS 전방위 클라우드 서비스를 제공하기 위해서 금융 서비스의 높은 보안 수준 및 높은 AI 기술 능력을 통해 상점들의 스마트 전환 수요를 만족시켰다. 이 솔루션이 안면 인식, 머신러닝 등 바이두가 보유한 세부 영역의 기술과 결합한다면 이전의 거래 결제는 점차 시나리오 결제로 나아갈 것이며, 유통, 물류 등 업종은 스마트화될 것이다.

앞으로 양측은 공동 데이터 실험실을 건립해 정밀 마케팅(Precision Marketing), 신용등급평가(Credit Rating), 바이어 개점, 지리적 위치 검사, 리스트 평가 등이 포함된 빅데이터 서비스 시스템과 리스트 통제시스템을 구축할 예정이다.

사례 2 : 상하이푸동발전은행의 스마트화 전환[176]

상하이푸동발전은행은 바이두의 오랜 파트너로 양측은 최근 몇 년 동안 기술혁신을 위해 협력했고, 여러 뛰어난 성과를 거두었다. 2019년 상하이푸동발전은행은 바이두와 협력해 중국에서 처음으로 금융 '디지털 직원'을 도입했고, 스마트 고객 서비스 시스템으로 온라인에서 많은 고객에게 서비스를 제공하고 있다. 이처럼 스마트 금융이 발전함에 따라서 상하이푸동발전은행도 계속해서 스마트화 전환을 실현하고 있다.

5G와 스마트 경제 시대가 도래함에 따라 정보 데이터가 다시 폭발적으로 증가하고 있다. 인류의 두뇌에는 천억 개에 달하는 뉴런이 있지만, 정보 데이터의 증가 속도는 인류가 이해하고 분석하는 속도를 이미 뛰어넘었다. 이 때문에 '데이터'와 '스마트'의 효율적 융합을 통해 지식구조를 체계화할 필요가 있다.

상하이푸동발전은행은 오픈뱅킹을 추진하게 되면서 AI, 빅데이터 등 핵심 기술을 도입할 필요가 있었다. 이에 2019년 상하이푸동발전은행은 바이두와 협력해 '디지털 직원', 스마트 고객 서비스 등을 선보였고, 아주 좋은 성과를 거두며 업계에서 큰 반향을 일으켰다. 이는 모두 데이터+스마트의 결합으로 만들어낸 시너지 효과라

---

176. 판웨이둥(潘衛東)(상하이무동발전은행 은행장, 부회장)이 2020년 ABC SUMMIT·하계 회의에서 한 연설, 2020년 5월 18일.

할 수 있다. 우리가 계속 앞장서서 지각형 기업(Sentient Enterprise)에서 인지형 기업(Cognitive Enterprise)으로의 심도 있는 전환을 이루는 데 지식의 추상과 누적은 아주 중요한 핵심 부분이다. 바이두 지식 미들엔드의 발표는 바이두가 다시 한번 인공지능 영역에서 독창적인 시도를 한 것이자 앞장서서 기술혁신을 시도한 거라고 할 수 있다.

아주 큰 능력을 지닌 바이두의 미들엔드는 앞으로 상하이푸동발전은행과 C단, B단, G단에서 디지털화 스마트 금융 서비스를 제공하기로 의견 일치를 봤다. 이 미들엔드는 지식생산부터 지식응용까지의 폐쇄형 루프를 제공해 지식 전체 라이프 사이클에 기능을 부여할 수 있는 능력 갖추고 있다. 이것은 업종 내 매우 가치 있는 혁신이며, 금융 업종 스마트화에 필요한 방향이다.

금융 업종은 줄곧 데이터양이 아주 풍부한 업종이었다. 통계에 따르면 중국 대형 상업은행과 보험회사의 데이터양은 이미 100TB 이상이며, 그중에서 80% 이상이 비정형 데이터다. 이 지식 미들엔드는 기업 검색, 스마트 지식 라이브러리, 지식 그래프 플랫폼과 결정 엔진을 포함하고 있어 기존에 분산 관리되어 파악과 탐색이 어렵고 재활용이 힘들었던 데이터를 플랫폼화해서 정보, 지식, 스마트로 전환해 금융 업종에 풍부한 업무 시나리오를 제공할 수 있다. 예를 들어서 기업 내부 운영에서 다원화된 여러 데이터에 대한 지식구조를 통해 기업의 '내부 검색'과 전문 '수직 검색'을 실현해 지식협동을 효과적으로 진행해 전체 업무 효율을 올릴 수 있다. 리스크 관리 영역에서도 지식 미들엔드를 통해 주요 다차원 연결 사슬을 발굴해 잠재적으로 리스크가 있는 기업을 예측하고 불법 거래를 식별해낼 수 있다. 회계감사 관리 감독 방면에서 회계감사 보고서, 재무 보고서, 정책 공고, 신문 여론 등 금융 업종 데이터를 분석해 회계감사 방면에서 기업의 결정을 도와 비용을 절감하고 효율을 향상하게 할 수 있다. 정밀 마케팅 영역에서도 지식 사슬을 바탕으로 성향에 따라 맞춤형 마케팅 전략을 구상해 마케팅 정확성과 효율성을 향상할 수 있다. 상하이푸동발전은행은 '세계적인 경쟁력을 갖춘 일류 주주제 상업은행을 건설하기 위해 새로운 금융업 시대에 맞는 발전을 이루는 선두주자이자 인솔자가 되겠다'라는 전략 목표를 제시했다. 이에 풀 스택 디지털화 능력을 기르기 위해 힘쓰고 있다. 이런 목표를 실행하기 위해서는 지식 관리와 디지털화 스마트 업무가 새롭게 요구됨에 따라 바이두 지식 미들엔드의 4대 기술은 의심할 여지 없이 중요 고려 방향이 될 것이다.

지금까지 금융 업종은 매우 많은 데이터와 다양한 응용 시나리오를 통해 인공지능 발전 응용에 양질의 토양을 제공해주었다. 인공지능 혁신 응용을 앞장서서 실행해온 상하이푸동발전은행은 지금까지 신인프라 건설을 빠르게 전개해온 만큼 앞으로 기술 변혁의 기회를 포착해 금융 스마트화 변혁을 이끌 수 있을 것이다.

사례 3 : 바이신 은행 – AI+DT 구현[177]

바이신 은행(百信銀行)은 처음으로 바이두 스마트 클라우드 분포식 구조를 기반으로 한 디지털 은행이다. 운영을 시작한 지 2년밖에 되지 않았지만, 중국 디지털 은행의 새로운 모범이 되어 규제기관의 인정을 받고 있다. AI, 빅데이터 등 영역에서 바이두 스마트 클라우드와 협력해 '영도실험실(零度實驗室)'을 공동 건립하고 공동 모델링을 전개해 빅데이터 리스크 통제 능력을 끌어올렸다. 이에 일반 시민들과 영세 기업주에게 더 빠르고 효율적인 금융 서비스를 제공하고 있다. 이렇게 바이두 클라우드+AI기술을 통해 바이신 은행은 금융 과학 기술 영역에서 아주 풍부한 성과를 거두었다. 이에 2019년 중국 중앙은행의 첫 번째 핀테크 혁신 샌드박스 감독 시범 기업으로 선정되어 업계에 비교적 큰 반향을 불러왔을 뿐만 아니라 바이두 스마트 클라우드를 기반으로 'AI+DT 스마트 융합 엔진'을 만들어 '2019년 10대 수도 금융 혁신 독려 프로젝트'에 선정됐다.

바이신 은행은 설립 초기 금융 서비스를 언제 어디서든 이용할 수 있도록 하겠다는 꿈을 품었고, 현재 이 꿈은 점차 현실이 되어가고 있다. 2019년 말까지 바이신 은행은 누적 3,200만 명이 넘는 사용자들에게 신용대출, 스마트 자산, 혁신 결제 등 온라인 금융 서비스를 제공했다.

---

177. 리루둥(李如東)(바이신 은행 은행장)이 2020년 ABC SUMMIT·하계 회의에서 한 연설, 2020년 5월 18일.

스마트 의료 : 데이터를 통해 구현한 스마트화, 온라인·오프라인 일체화

중국 의료 건강 업종의 결정적인 약점은 공급과 수요 사이의 모순이다. 인구 고령화에 따라 의료 수요 증가, 의료 보험 비용 부담 증가, 의료 자원 불균형 문제가 갈수록 대두되고 있다. 현재 AI 등 새로운 기술 수단이 도입됨에 따라서 의료 시스템의 개혁 및 건전한 발전에도 새로운 활력이 불어오고 있으며 스마트화, 온라인화, 데이터화는 발전을 이끄는 새로운 특징이 됐다.

서비스 능력의 종합체인 의료에서 큰 역할을 발휘할 AI

중국의 현재 단계에서 가장 큰 문제는 의료 자원의 구조적 불균형이다. 〈건강중국 2030' 계획 강령〉에서는 체계가 완전히 갖춰져 업무 분담이 명확하고 기능적 상호 보완이 가능하며 긴밀한 협력과 고효율 운영이 가능한 종합형 의료 위생 서비스 체계를 건립해야 한다고 제안하고 있다. 또 품질 높은 의료 위생 자원을 균형 배치해서 국민 건강을 지키는 수호자의 능력을 갖춰야 한다고 지적했다.

의료연합체 건립은 등급별 진료제도 건립의 중요 수단이다. 도시 의료 집단, 현급 의료 공동체, 전문 분야 연맹과 원격 의료 협력망 위주의 의료연합체 건설을 빠르게 추진하기 위해서 의료연합 네트워크 관리를 점진적으로 실현해야 한다. 이에 국가위생건강위원회, 국가중의학 관리국은 최근에 〈의료연합체 관리방법(시범시행)〉을 발표해 2020년 8월 1일부터 실행하기 시작했다.

앞으로 의료체계의 참여자는 단일체가 되어 환자를 위해 종합서비스를 제공할 것이며, 영역을 뛰어넘는 협력을 통해 의료 가치를 최적화해 일치된 이익 요구를 형성할 것이다. 그리고 의료연합체와 핵심 의료 생태 시스템에서 AI는 중요한 역할을 발휘하게 된다. 품질향상과 효율 증대, 비용 절감과 이익 증대, 모델 혁신을 통해서 의료 시스템의 변혁과 업그레이드를 추진하고, 환자를 위해서 전체 시나리오 능동형 건강 관리를 제공하게 된다. 그러므로 AI와 데이터는 앞으로 의료 생태를 새롭게 정의하고 각종 관계와 업종 혁신 방향을 재정립할 것이다.

이와 같은 AI와 의료의 결합은 각 부분에서 풍부한 응용 시나리오를 만들어낼 수 있다(그림 11-8). 미래에 의료기관이 제공하는 서비스는 기존 오프라인 위주에서 온라인과 오프라인 일체화로 확장될 것이며, 의료 서비스도 현재는 치료 중심이지만 미래에는 능동식 의료 관리로 범위가 확장될 것이다. 이에 일관되고 정확하며 품질 좋은 의료 서비스를 제공해 진정으로 언제 어디서나 전 생애 주기 의료 관리를 실현할 수 있게 될 것이다.[178]

바이두 AI 기술을 적용한 스마트 의료로 품질 좋은 의료 자원을 더욱더 공평하게 보급하다

바이두 스마트 클라우드 스마트 의료 부서는 2018년에 설립되어 2019년 브랜드를 '링이즈후이(靈醫智惠)'[179]로 업그레이드했다. 그리고 AI 기술과 의료 업종의 긴밀한 결합을 통해 선별, 진료, 관리 3대 주요 의료 부분과 시나리오를 중심으로 일체화 스마트 의료 솔루션을 추진해 중국 의료자원의 공급 부족과 불균형 문제의 해결을 도왔다.

최하부는 멀티모달 의료 AI 미들엔드와 권위 있는 전문 의료지식 미들엔드를 바탕으로 의료 AI 기반의 토대를 형성했고, 상층부는 안저검사, 임상 보조 의사결정, 신종 코로나 바이러스 선별검사, 진료기록 관리, 적합한 약 처방 및 만성질환 관리 등을 포함한 멀티 의료 스마트 응용을 건립했다. 그리고 선별, 진료, 관리 등 의료 시나리오를 중심으로 필요한 솔루션을 추진해 의료에 새로운 활력을 불어넣었다(그림 11-8과 그림 11-9).

링이즈후이는 인민위생출판사(人民衛生出版社), 둥롼그룹(東軟集團, Neusoft), 랑차오지퇀(浪潮集團, Inspur) 등 전문 협력 파트너들과 함께 대대적인 성과를 거두었다. 제품은 이미 27곳의 도시와 자치구, 병원 300곳, 일반 의료기구 1,500곳에 도입됐고, 수만 명의 의사가 제품서비스를 이용해 수천만 명의 환자들을 치료해 서비스 연인원이 이미 2,500만 명에 달한다.

---

178. 바이두 AI 산업연구센터, 바이두 AI 부스터, AI 기술산업화가 왕성하게 발전하기 좋은 시기 – 바이두 생태파트너 AI 응용안 사례집, 2019년 8월.
179. 바이두가 개발한 의료 인공지능. – 역주.

AI 건강 관리
질병 예방, 실시간 질병 검사와
평가, 개인 맞춤 행동 지도

AI 영상 등 선별시스템
의료영상을 통한 질병 선별, 유전자 검사를 통해
발병위험 질병 예측

AI 가상보조
스마트 사전 문진, 개별 진료 안내, 진료지도

진단 전

예방　　선별검사　　분류

AI 보조 진단
응용 AI 기술이 진료 과정에서 의사에게 보조적
조언을 제공.

AI 영상 등 의료 시스템
의학 영상진단, 병리 자동진단, 스마트 방사선 요
법 시스템.

AI 정밀 의료
AI와 유전자 검사 등 방법을 통해 개인화 치료 방
안 결정.

스마트 병상
응용 AI의 간호사 보조, 모니터링 시스템, 추적식
예측

진단 중

임상 진단　　의술　　임상 치료　　입원

스마트 로봇
수술 로봇, 간호 로봇 등을 포함한 보조 로봇.

AI 건강 관리
AI를 통해 만성질환 관리, 발병 위험 예측, 건강
문제 예측 경고.

진단 후

간호　　예후 관리

 의사 교육

의사능력 훈련 AI 플랫폼

AI를 통해 가상의 환자와 가상의
공간을 마련해 온라인 교육,
시험평가 등 기능을 제공함.

의학 연구

의학 연구 보조 AI 플랫폼

정보조회, 분류분석,
연구 보조 등 기능을 제공함.

 병원 관리

스마트 병원 관리

AI를 통해 전자 진료기록,
품질 관리, 성과 관리, 정밀화 운영을
포함한 관리 수준을 강화.

그림 11-8. 의료 서비스에 새로운 기회를 가져온 AI

자료 출처 : 중국 정보통신연구원, 롤란드 버거(Roland Berger), 바이두 AI 산업연구센터, 2019년

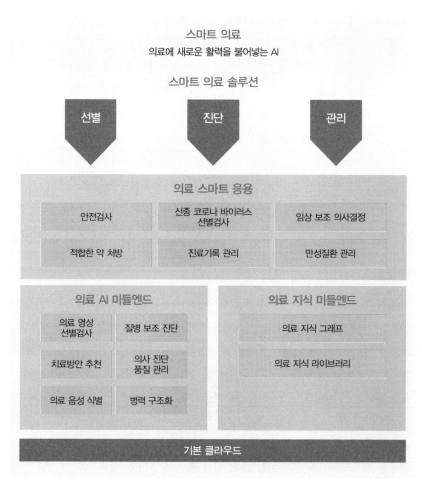

스마트 의료
의료에 새로운 활력을 불어넣는 AI

스마트 의료 솔루션

선별   진단   관리

의료 스마트 응용

| 안전검사 | 신종 코로나 바이러스 선별검사 | 임상 보조 의사결정 |
| 적합한 약 처방 | 진료기록 관리 | 만성질환 관리 |

의료 AI 미들엔드

의료 영상 선별검사	질병 보조 진단
치료방안 추천	의사 진단 품질 관리
의료 음성 식별	병력 구조화

의료 지식 미들엔드

의료 지식 그래프

의료 지식 라이브러리

기본 클라우드

그림 11-9. 바이두 스마트 의료 구조

일반 의료를 돕고, 등급별 진료를 추진하는 바이두 링이즈후이 CDSS

일반 병원의 전 과목 고품질 진료 능력의 부족은 1차 진찰과 등급별 진료제도를 건립하기 힘든 핵심 원인 중 하나다. AI 보조 진단은 의사의 오진을 효과적으로 줄이고, 의료의 질과 안전을 높여줄 뿐만 아니라 원가비용을 관리해주어 일반 의료를 전방위에서 도울 수 있다.

2019년 말, 〈MIT 테크놀로지 리뷰〉는 'AI 의료 : 아시아의 발전 공간, 능력, 주동적 건강 관리의 미래' 보고서를 통해서 바이두의 링이즈후이 임상 보조 의사결정 시스템(CDSS)이 지역사회 일반 병원의 의료 서비스 능력을 향상할 수 있었던 이유와 현지 당국과 의사, 환자에게 높은 평가를 받을 수 있었던 이유를 중점적으로 소개했다.

링이즈후이 CDSS는 바이두가 엄청난 양의 교재와 임상 지침, 약물 도서 및 최고 병원의 양질의 진료기록을 학습해 검증된 의학 정보를 바탕으로 만든 임상 보조 의사결정 시스템이다. CDSS의 해석능력(Interpretability)은 바이두 의학 자연언어 처리와 지식 그래프 기술에서 건립됐으며, 상술한 기술은 CDSS의 핵심 성공 요인이다.

보조 문진, 보조 진단, 의료 방안 추천, 의사 진단 품질 관리 등을 포함한 시스템의 다양한 기능들은 전방위에서 의사의 진단 능력 향상을 도울 수 있다. 보조 진단 방면에서 CDSS는 27가지 기본 과목에 4,000종이 넘는 질병을 판단할 수 있는 능력을 갖추고 있다. 이에 일반 진료에서 오진을 피할 수 있도록 돕고 치료에 참고할 수 있는 정보를 제공할 수 있다.

지식 그래프는 컴퓨터가 이해하고 컴퓨팅을 사용하는 지식을 표현하는 방식으로 링이즈후이의 의학 지식 그래프 시스템은 의료 표준화 용어 체계, 의료 용어 상호작용 체계 및 복잡한 의학 사례 체계를 포함하고 있다. 이처럼 복잡한 지식 체계를 완벽하게 구성하는 일은 몹시 어렵고, 시간과 힘이 많이 든다. 하지만 바이두는 AI 기술을 빌려 90% 작업을 자동화하는 데 성공했다. 지식 정리 관리 플랫폼을 대외적으로 개방하면 각기 다른 병원, 다른 과의 의사들이 지식을 간편하게 정리하고 관리할 수 있어 그들 각각의 지식 수요를 만족시킬 수 있다. 현재 의학 지식 그래프는 이미 수백만 가지 의학 용어, 수천만 가지 의학 용어 상호작용 체계, 수십만 가지 의학 사례, 수억 가지 의학 지식 항목, 4,000여 종의 전문 질환 그래프와 20여만 종의 전문 약물 그래프를 마련했다.

링이즈후이 CDSS는 보조 문진 기능을 통해서 일반 병원 의사가 전문가의 지식을 참고해 환자의 모든 증상의 구체적인 속성을 자세히 파악하고, 증세를 더 정확하게 알도록 할 수 있다. 보조 진단 기능은 환자 병력의 각 특징을 바탕으로 의사가 진단을 내릴 수 있게 도와 오진을 방지할 수 있고, 적합한 약 처방 기능은 환자 정보, 이전 진료기록, 이전에 복용한 약물 기록 등 다양한 정보를 종합 분석해서 현재 복용하는 약물이 적합한지를 판단하고, 만일 적합하지 않을 경우 즉시 경고해 의료 과실이 일어나지 않도록 방지해준다(그림 11-10).

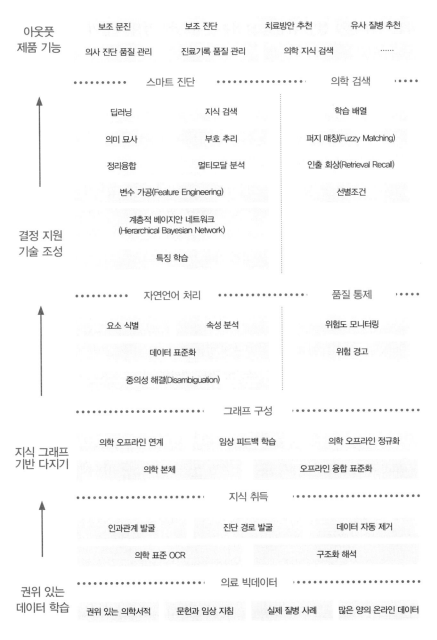

아웃풋
제품 기능

보조 문진　　　보조 진단　　　치료방안 추천　　　유사 질병 추천

의사 진단 품질 관리　　　진료기록 품질 관리　　　의학 지식 검색　　　……

스마트 진단　　　　　　　　　의학 검색

딥러닝　　　지식 검색　　　　학습 배열

의미 묘사　　　부호 추리　　　퍼지 매칭(Fuzzy Matching)

정리융합　　　멀티모달 분석　　　인출 회상(Retrieval Recall)

변수 가공(Feature Engineering)　　　선별조건

계층적 베이지안 네트워크
(Hierarchical Bayesian Network)

특징 학습

결정 지원
기술 조성

자연언어 처리　　　　　　　　品질 통제

요소 식별　　　속성 분석　　　위험도 모니터링

데이터 표준화　　　위험 경고

중의성 해결(Disambiguation)

그래프 구성

의학 오프라인 연계　　　임상 피드백 학습　　　의학 오프라인 정규화

의학 본체　　　오프라인 융합 표준화

지식 그래프
기반 다지기

지식 취득

인과관계 발굴　　　진단 경로 발굴　　　데이터 자동 제거

의학 표준 OCR　　　구조화 해석

의료 빅데이터

권위 있는
데이터 학습

권위 있는 의학서적　　　문헌과 임상 지침　　　실제 질병 사례　　　많은 양의 온라인 데이터

그림 11-10. 바이두 CDSS 기술구조

외진 지역 환자 실명 위험을 낮춰주는 AI 안저검사 복합기

질병을 예방하기 위해 조기 검진을 하는 것은 '건강 중국 2030'의 중요 부분이지만, 기본 의료자원의 부족으로 질병 조기 검진이 제대로 이루어지지 않고 있다. 안저검사를 예로 들면, 중국의 경우 질병 위험이 있는 사람은 6억 명이 넘지만, 전문 안과 의사는 3억 6천만 명뿐이고, 그중에서 안저검사를 할 수 있는 의사의 수는 수천 명에 불과해 검사 수요를 충족할 수 없다.

이런 상황에서 링이즈후이는 'AI 안저영상 분석 시스템'을 만들어 AI 기술을 활용해 안과의 안저 영상 분석 데이터를 학습했다. 현재는 당뇨망막병증, 녹내장, 노인성 황반변성 시력을 상실할 수 있는 3가지 질병에 대한 분석 기술을 갖추었으며, 정확도는 최고 병원의 유능한 의사들과 거의 차이가 없다.

바이두는 권위 있는 안과 전문가와 함께 AI 안저 컬러사진 표시 기업 표준을 세웠다. 그리고 20여 곳이 넘는 3급 이상 병원에서 경력이 많은 임상 의사들에게 의뢰해 50만 건의 안저 데이터를 다중 교차 표시하게 함으로써 권위 있는 의료 정밀 표시 데이터를 얻을 수 있었다. 이러한 권위 있는 데이터를 기반으로 딥러닝, 머신러닝과 의료 임상 과정을 융합해 정·역방향 자료 기반의 AI 알고리즘 구조를 세웠다. 현재 구조에는 20개가 넘는 서브 모듈을 포함하고 있다. 안저 핵심 구성에 대한 정립, 분할 및 감염 부위, 의심 부위 검사 등 방법을 통해서 정방향 AI 자료 기반 검증을 실현했으며, 네트워크의 해석 능력 탐색으로 얻은 적외선 열지도를 통해 블랙박스 알고리즘을 분석해 역방향 AI 자료 기반 검증을 실현했다. 최종적으로 정·역방향 자료 기반 융합 아웃풋을 실현해 AI 알고리즘 아웃풋이 이해 가능한 임상시험 경로를 따르도록 했다. 현재 알고리즘은 13종이 넘는 주요 안저 카메라 영상에 적용되어 촬영 과정에서 각기 다른 밝기, 농도, 초점 성능, 그림자 등 방해 요인에 대해 최적화를 진행해 알고리즘의 강건성(Robustness)을 효율적으로 높였다.

2018년 바이두는 중산대학(中山大學) 중산안과센터와 함께 'AI 안저영상분석시스템 연구 협력 프로젝트'를 시작했다. 이에 AI 기반 안저 영상 분석 기능을 광둥성 자오칭시(肇慶市) 여러 일반 병원에서 적용했으며, 10분 안에 검사 결과를 받아 볼 수 있는 AI 안저검사 복합기를 공동 개발했다.

'바이두 AI 안저검사 복합기'는 널리 적용될 수 있어 안과의사가 적은 외진 지역에서도 환자를 도울 수 있다. 국가 위건위(國家衛健委)의 지침에 따라 바이두는 가난한 현 500곳을 우선 선발해 '바이두 AI 안저검사 복합기'를 기증해 환자들이 일찍 시력 저하 위험이 있는 질병을 발견해 제때 치료할 수 있도록 돕고 있다.

만성질환 관리+샤오두 : 언제 어디서든 건강 관리를 할 수 있게 한다

중국의 노인 중 3분의 2가 만성질환을 앓고 있다. 만성질환은 꾸준히 약을 먹고 관리하지 않으면 증상이 쉽게 악화한다. 당뇨병의 경우 합병증이 100여 가지가 있어 환자의 삶의 질에 영향을 줄 뿐만 아니라 심하면 생명을 위협하기도 한다.

그러므로 증상 악화를 예방하기 위해서는 효율적인 관리가 중요하다. 하지만 의사가 환자의 증상을 추적하고 만성질환 환자를 관리하는 범위는 매우 제한적이다. 전문 의사가 항상 환자에게 관심을 가질 수 있을까? 환자의 삶의 질을 개선하도록 도울 수 있을까?

바이두는 이 문제에 다음과 같은 답을 내놓았다. 샤오두홈 인공지능 스피커를 활용해 만성질환 관리 제품을 많은 가정에 도입함으로써 더 많은 환자를 보호하는 것이다. 환자가 스마트 홈닥터의 도움을 받게 되면 환자의 증상과 전문의학지식을 결합해 환자에게 맞는 개별 만성질환 관리 솔루션을 제공할 수 있다. 그리고 약물 관리, 규칙적인 검사, 환자 교육, 재진 처방, 동영상 문진, 위험 예측 경고 등 과학적인 기술을 사용해 환자가 솔루션을 따르도록 도울 수 있다. 환자가 입원하는 동안의 의료 데이터, 웨어러블 디바이스로 수집한 건강정보 데이터를 결합해 전체 라이프 사이클 의료 건강 데이터를 만들 수 있고, 이를 통해 더 과학적이고 효과적인 개별 만성질환 관리 솔루션을 마련할 수 있다.

이뿐만 아니라 스마트 홈 의사는 환자가 계약한 소셜 가정 의사의 화신이 될 수도 있다. 소셜 가정 의사는 병원에 있지 않아도 환자의 약 복용, 검사 수치를 통해 건강 상태를 파악하고, 약 복용에 관여하거나 조정할 수 있다.

바이두가 산둥성 어느 지역과 연합해 현지 만성질환자들을 관리한 결과는 매우 놀라웠다. 환자의 혈당 관리율이 19% 증가했고, 혈압 관리율도 24%나 상승했다.

군 종합병원 전자의무기록을 해방한 다차원 구조화

전자의무기록의 형식으로 기록된 의료 정보는 임상, 과학 연구, 관리의 중요한 자료가 된다. 하지만 각 시스템 기준이 다른 데다가 기준을 지키지 않는 문서 데이터도 대량 존재한다. 그래서 병원이 이런 데이터를 연구 자료, 임상 보조 자료, 의사 결정 자료로 사용하려 할 때 다음의 3가지 문제점에 부딪힌다. 첫째, 통일된 모델이 없어 다양한 병력 데이터로 사용할 수 없다. 둘째, 빠르고 정확한 검색이 불가능해 연구와 환자 치료 자료로 사용하기 힘들다. 셋째, 기존 데이터를 연구에 필요한 정밀 구조 데이터로 전환해 효율을 높일 수 없다. 이 때문에 완전하고 다층적인 데이터 처리 방안을 마련해 의료 데이터의 효율적인 이용을 실현할 필요가 있었다.

링이즈후이는 인민해방군 종합병원 빅데이터센터와 협력해 바이두의 전자 진료 기록 구조화 기술을 응용해 병원에서 20여 년 동안 모은 데이터의 효율적인 관리를 진행했다. 전자의무기록 규범화, 전자의무기록 언어 표준화, 질병 증상 구조화를 통해서 전자의무기록의 이용 효율을 대폭 끌어올렸다. 예를 들어 질병 증상 구조화의 경우 병원 전문 과목의 질환 연구시나리오를 겨냥한 전문 질환 심층 구조화 도구를 제공해 의사가 빠르고 효율적으로 전자의무기록을 전문 질환 데이터베이스로 전환할 수 있게 도왔다. 기존 인위적인 추출이나 규칙에 기반을 둔 추출 방식과는 다르게 이 방안은 NLP 기술을 기반으로 해서 문서를 이해하고 추리할 수 있다. 또 배치 가능한 추출 구조라서 빠르고 효율적으로 전문 질환 데이터베이스의 제작을 완성할 수 있다.

의료 보험 비용 관리, 원격 심사를 도와주는 '샤오차오'

의료 보험은 국가 의료 보장 시스템의 중요 구성 부분으로 보험 비용 관리는 보험기금의 장기적이고 안정적인 발전을 위한 중요 수단이다. 하지만 관리 허술, 착오, 정보화 시스템 결함 등의 원인으로 규범에 맞지 않는 의료 보험 경비 지출이 증가해 의료 보험 시스템의 안정적인 운영에 위협이 되고 있다.

'샤오차오 로봇'은 '인증 식별+의약학 심사+보험정책 심사' 방식을 사용해 약국에서 의료 보험을 사용해 결제할 때 의료 보험 비용을 관리할 수 있도록 했다. 소비자가 약국에서 의료 보험 카드를 사용해 약을 구입할 때 먼저 얼굴 식별과 신분증 비교 대조 확인 과정을 거친다. 그리고 질병 유형에 근거해 관리 시스템에서 사용자가 구매하려는 약품에 대한 의약학 심사와 의료 보험 정책 심사를 진행해 증상에 맞는 치료인지 적합한 약물 복용인지 확인하고, 과도한 의료 서비스를 방지해 의료 보험의 '3가지 목록' 요구 기준을 엄격하게 집행한다.

샤오차오 로봇이 1년에 걸쳐 완성한 의료 보험 비용 관리 시스템의 인증 대조 기능은 바이두의 안면 인식 기술을 바탕으로 완성했으며, 의약학 심사에는 바이두의 CDSS를 사용했다. 중국 23개 성 83개 시의 200여 개의 약국에 적용되어 서비스 횟수는 누적 1,500만 회에 달한다. 환자의 안전한 약 복용, 적절한 약 사용을 보장하는 동시에 불합리한 처방과 병에 맞지 않는 약 사용 및 필요 이상의 약 처방을 효과적으로 근절할 수 있었다. 또 다른 사람의 의료 카드 사용 방지를 통해 약국 의료 보험 비용 지출을 20% 가까이 줄여 상당한 액수의 의료 보험 지출을 절약할 수 있었다.

이 밖에도 바이두와 산시 화산다 약국(華山大藥房)과 협력해 샤오차오 원격 심사 시스템의 온라인 배치와 서비스 모델 최적화를 완성했다. 시스템이 약국에서 제삼자 처방전을 확인해 관리 백엔드에 업로드하면 전문 약사가 온라인 서비스를 제공하는 것이다. 이로써 약국에 약사가 부족하거나 자리에 없을 때 생기는 문제를 해결할 수 있어 약사 자원 효율을 최대화할 수 있다. 또 시청각 서비스를 통해서 기록을 보관하면 약국 서비스 기록이 보존되어 정부가 신속하게 전 과정을 관리 감독하고 추적할 수 있게 됐다.

홈닥터 업무 효율을 향상한 완우위롄

홈닥터 서비스는 국가 의료 위생서비스 개혁에 중요한 추진 방향 중 하나이지만 의사 자원 부족, 균일하지 않은 서비스 수준, 공급과 수요의 불균형 문제에 직면해 있다. 안후이성의 어느 지역의 경우 홈닥터와 사용자 비율이 1:3000 또는 1:4000에 이른다. 이외에도 홈닥터의 지식과 경험 수준의 격차로 인해서 서비스 품질을 보장하기 힘들다.

완우위롄(萬物語聯)의 홈닥터 서비스 스마트 단말은 병원, 위생 서비스 센터, 지역

사회, 가정 등 다양한 시나리오에 배치할 수 있어 홈닥터 자원 부족 문제 해결을 도울 수 있다. 이 스마트 단말은 홈닥터 서비스가 직면한 문제를 해결하기 위해서 데이터, CPG(임상진료지침), CDSS 3대 컴포넌트를 설치해 홈닥터 팀의 효율을 향상할 수 있는 도구를 제작했다. 데이터는 스마트 장비, 웨어러블 디바이스를 통해 언제든지 서비스 대상의 상태를 수집할 수 있고, CPG는 질병과 건강 관련 지식 라이브러리, 개인 건강 데이터의 지원을 받아 언어 추리 엔진을 통해 서비스 대상의 현재 상태를 바탕으로 홈닥터가 기준 지침에 따라 서비스를 제공하도록 도울 수 있다. 마지막으로 CDSS는 링이즈후이의 임상 보조 의사결정 시스템을 직접 사용해 홈닥터가 증상과 질병의 종합적인 상태를 판단하고 이를 바탕으로 필요한 결정을 내리도록 도와 서비스 수준을 대폭 향상할 수 있다.

현재 시스템은 이미 안후이성 벙부(蚌埠)에서 시범 운행되고 있다. 시스템의 도움을 받아 홈닥터의 1회 서비스 시간이 30~40분에서 10분 정도까지 줄어 단일 서비스 효율이 대폭 향상되었다. 웹사이트 서비스 능력도 2,500명에서 5,000명까지 늘어났으며 적용 범위도 2배 증가했다.

12

산업 스마트화 및 그 전환 :
AI를 통해 이루는 공존, 공유, 공생

산업 스마트화 업그레이드를 빠르게 추진해 인공지능과 각 업종의 융합 혁신을 진행한다. 제조, 농업, 물류, 금융, 상업, 가정 등 중요 업종과 영역에서 인공지능 응용 시범을 진행하고 인공지능 규모화 응용을 추진해 산업 스마트화 발전 수준을 전면 향상한다.

국무원 〈차세대 인공지능 발전 계획〉

(2017년 7월)

차세대 인공지능 기술이 더 많은 영역에 적용됨에 따라 소프트웨어와 하드웨어의 결합, 사람의 지능과 인공지능의 융합, 생태종 융합 협동의 새로운 AI 생태, 새로운 업종 생태, 새로운 비즈니스 생태가 형성되고 있다.

스마트 교육 : 지식 그래프 '클론(Clone)' 명사

교육은 백년대계(百年大計)의 근본이다. 여기에는 2가지 차원이 있다. 첫째, AI는 이미 교육 수업 영역에서 광범위하게 응용되어 전통 교육 모델이 가진 무미건조한 교육 내용, 낮은 관리 효율, 복제 불가능한 교육 자원, 교육의 개성화 부족, 일부 교육의 주관적인 평가 등 문제를 해결하는 것을 도왔다. 둘째, 전 세계에 불어닥친 새로운 경쟁 국면에서 앞으로 AI 교육과 인재 육성은 AI 발전의 승부수가 될 것이다. 하지만 중국의 AI 인재는 아직 500만 명이 부족하다. 국무원이 2017년에 발표한 〈차세대 인공지능 발전 계획〉에는 '전 국민 스마트 교육 프로젝트를 실시해 초중고교에 인공지능 관련 수업을 개설한다'라고 명확하게 지시하고 있다. 문제는 많은 학교에 AI 교육 수요가 있는데도 적합한 교육자료 시스템과 솔루션이 부족하다는 점이다.

이에 바이두는 사회에 AI 인재육성 계획을 제시했다. 더구나 바이두 교육용 제품 매트릭스의 월 사용자 수는 모바일 단말기 사용자 3억 4천만 명과 PC 단말기 사용자 2억을 더해 총 5억 4천만 명에 달한다. 또 2억+전문파일, 20만+출판도서, 7만+정품 커리큘럼 등 우수한 교육자원을 갖추고 있다.

(1) 클라우드 스마트 학원은 산업 스마트화를 위한 인재 지원을 제공한다. 2017년 2월에 개설된 클라우드 스마트 학원은 업계 내에서 최초 AI 인재 육성을 전문으로 하는 AI 교육 산업 플랫폼이다. 이는 기업의 산업 스마트를 위해 충분한 인재를 육성해 지원해주기 위함이다. 지금까지 바이두 클라우드 스마트 학원은 AI, 빅데이터, 클라우드 컴퓨팅, 딥러닝 등 관련 영역에서 300개가 넘는 과목을 갖추고 있으며 수업 시간은 4,000시간을 초과했다. 베이징 교통대학, 선전대학, 우다오커우 금융학원, 화베이 전력대학(바오딩 캠퍼스), 사오싱 문리학원, 선전 취업 기술학원 등 100여 곳이 넘는 대학과 함께 커리큘럼, 교사, 실습실 등 방면에서 협력을 진행하고 있다. 이에 양성한 연인원이 누적 40만 명이 넘었으며, 앞으로 매년 15만 명 넘는 AI 인재가 양성될 것으로 예측된다.

(2) 바이두 교육 브레인이 중국성구(中國聲谷, China Speech Valley), 슝안신구(雄安新區)에 적용되어 AI 교육 실험실이 건설됐다. 'AI+교육' 영역에서 급히 필요로 하는 사회 세력이 함께 힘을 모아 AI 교육제품 생태계와 스마트 교육이 새로운 모델을 구축한 것이다. 바이두 인공지능 실험실은 K12 전체 교육과정에 적용되어 AI 커리큘럼 시스템, AI 교육 플랫폼, 조립 하드웨어 교구, 교원 양성 등 서비스를 제공한다. 그리고 음성 기술, 패턴인식, NLP, AR, 딥러닝 등 여러 AI 기술과 교사와 학생 교육시나리오를 결합한 AI 온라인 교육 플랫폼을 개설해 탐색구역과 실천구역 감지를 통해 AI 기술을 연구하고 있다(그림 12-1). 2018년 9월에 중국성구, 바이두 교육 브레인이 함께 계획한 '중국성구 인공지능 교육실험실'이 허페이에 준공됐다. 중국성구는 공신부와 안후이성이 공동으로 건설한 중국 최초 AI 국가급 산업기지다. 이 실험실은 현지 AI 교육, STEAM(과학, 기술, 공학, 예술, 수학) 교육과 교사의 새로운 기술 능력 훈련을 서비스하고 있다. 같은 시기 바이두 교육, 베이징 사범대학 스마

트 연구원, 바이양뎬 고등학교가 공동으로 계획한 '슝안신구 인공지능 교육실험실'도 정식 실행됐다.

(3) 바이두 '가상 명사'는 학습 재미를 키운다. 전통 교육기관은 교육 내용과 교육 연구 수준 격차가 심했고, 비용도 높았다. 바이두는 혁신적으로 가상 시각 기술과 음성 합성, 스마트 문답 및 지식 그래프 등 기능을 결합해 '가상 명사' 제품을 만들어 교육 기관이 작은 비용을 투자해 큰 교육 가치를 실현할 수 있도록 도왔다. 바이두의 가상 명사는 교육 기관이 진짜 사람이나 만화 이미지의 음성, 표정을 참고해 회사 대표 이미지를 만들어 친밀한 목소리와 표정, 문장 등 방식으로 학생들과 상호작용을 할 수 있게 도와준다. 또 학생들의 학습 흥미를 높이고 학생들의 자발적인 학습 시간이 길어지도록 유도한다. 가상 명사는 더 스마트한 방과 후 질의응답을 실현해 학생이 질문을 하면 해당 수업 동영상, 평가 시험문제, 강의 필기, 교육 자료 등 관련 내용을 제공할 수 있다. 또 이를 근거로 백엔드 시스템이 실시간으로 학생의 학습상황 데이터를 수집할 수 있어 지도 교사의 방과 후 비용 투자를 대폭 줄일 수 있다. 바이두의 스마트 지식 그래프 기술은 지식 라이브러리로 교육 연구 시스템에서 중요한 '교육 연구 브레인'을 구성해 '복제 가능한' 지식 기술을 이루어낼 수 있다. 이에 저렴한 비용으로 교사가 '명사 기준'에 이르는 것을 효율적으로 도울 수 있다. 현재 바이두 가상 명사는 이미 리쓰천(立思辰) 등 유명 교육 양성 기구에서 성공적으로 응용되어 리쓰천이 전속 '리쓰천 브레인'을 건립할 수 있도록 돕고 있다.

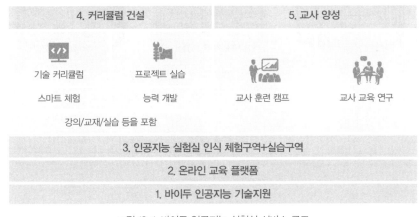

그림 12-1. 바이두 인공지능 실험실 서비스 구조

(4) 샹원과학 기술(象文科技)은 AR을 이용해 새로운 유아 글자 공부 체험을 개시했다. 샹원과학 기술은 획기적으로 AR 기술을 교육에 응용해 아동이 글자 공부를 더욱 재미있게 할 수 있게 했다(그림 12-2). '스샹 AR – 상형문 글자 공부 카드'는 2D 식별과 추적기술을 통해 평문 문자를 AR 시나리오로 전환했다. 이로써 애니메이션 상호작용 방식으로 상형문자가 가진 뜻을 생동감 있게 표현했다. 동시에 바이두 AR 렌더링 엔진을 사용해 입자 특수효과를 더해 시나리오를 더욱 풍부하고 치밀하게 표현함으로써 효율적으로 아이들의 학습 흥미를 높이고 전통문화를 깊이 이해할 수 있게 했다. 이 제품은 상형문자와 AR 기술을 결합해 신선한 재미와 편리한 조작, 자연스러운 체험을 실현했다. 이에 2019년 바이두 휴대폰 앱에 게시된 이후 조회수가 누적 연인원 100만 명에 이르렀으며, 평균 주간 연인원 2만 5천 명 정도가 증가하고 있어 후난 위성방송 〈톈톈샹상〉프로그램에서 추천하기도 했다.

그림 12–2. 샹원과학 기술 AR 글자 공부

스마트 자동차 : 스마트 외출+스마트 카 라이프

자동차는 연료자동차 - 전기자동차(디지털화) - 커넥티드카(인터넷화)로 발전 과정을 거쳐 이제는 무인주행 자동차(스마트화)로 빠르게 발전해 나아가고 있다.[180]

스마트 자동차와 스마트 교통은 하나로 연결되는데, 스마트 교통에 대해서는 13장에서 다시 언급할 예정이다. 여기서 우리는 창사 지역 사례를 통해서 무인주행 택시가 어떻게 창사를 중국 '자율주행 도시'로 만들었는지를 살펴볼 것이다.

현대 도시 교통은 많은 문제점을 가지고 있다. 도시 내부 차량의 밀집도가 높고 도로 체증 문제가 심각해 도시 관리에 어려움을 겪고 있다. 그리고 도시 시민 입장에서는 러시아워일 때 도로 상황이 너무 복잡해지고 중심지역에 주차가 어려운 문제가 있어 자가용을 가지고 외출하면 비용과 시간이 많이 허비되는 문제가 있다. 게다가 운전면허가 없거나 면허는 있는데, 자가용이 없는 거주민이 외출할 때 필요한 요구를 만족시킬 방법도 필요하다. 이에 바이두 로보택시 무인주행 택시는 아폴로 개방 플랫폼의 도움을 받아 바이두 AI와 빅데이터 등 기술을 융합해 현대도시의 교통 문제를 해결하고 새로운 스마트 교통 시대를 맞이하기 위해 시범도시에 협력을 진행했다(그림 12-3).

바이두 로보택시 무인주행 택시는 전방위 '주위 보안' 스마트 교통 도구다. 위치 측정, 인지, 예측, 계획, 통제, 시뮬레이션, 고정밀지도, 추가적인 안전 등 핵심 자율 주행 기술을 갖추고 있어 로보택시는 엄청나게 많은 양의 도시 도로 시나리오에 대처할 수 있다. 차량 내부에서는 다양한 기능을 활용해 사용자의 요구를 이해하고, 차량 외부에서는 스마트 상호작용을 통해 다른 사람의 안전을 보장한다. 로보택시가 제공하는 다차원 '신뢰할 수 있는 보안'의 스마트화 외출 서비스는 바이두 자율 주행 패키지, 클라우드 서비스 패키지, 보안제품 페키지, 상호작용 제품 패키지와 유지 보수 서비스 지원과 결합해 도시 도로 시나리오의 전천후 자율주행을 실현했다. 이로써 사용자에게 더욱더 친화적이고 개성화된 서비스 체험을 제공할 수 있게 됐다(그림 12-4).

---

180. '차세대 인공지능이 이끄는 스마트 제조 연구' 프로젝트팀, 중국 스마트 제조 발전전략 연구, 중국궁청커쉐(中國工程科學), 2018년 제20권 제4기.

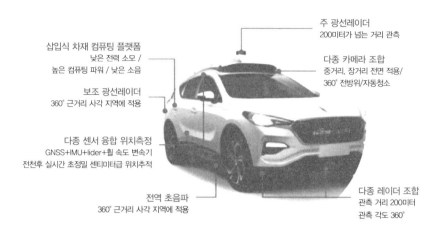

주 광선레이더
200미터가 넘는 거리 관측

삽입식 차재 컴퓨팅 플랫폼
낮은 전력 소모 /
높은 컴퓨팅 파워 / 낮은 소음

다종 카메라 조합
중거리, 장거리 전면 적용/
360° 전방위/자동청소

보조 광선레이더
360° 근거리 사각 지역에 적용

다종 센서 융합 위치측정
GNSS+IMU+lider+휠 속도 변속기
전천후 실시간 초정밀 센티미터급 위치추적

다종 레이더 조합
관측 거리 200미터
관측 각도 360°

전역 초음파
360° 근거리 사각 지역에 적용

그림 12-3. 바이두 무인주행 택시의 하드웨어 설비

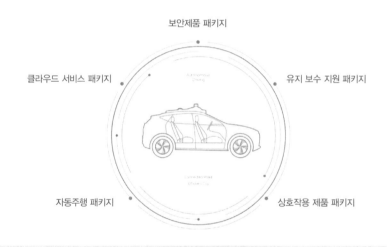

보안제품 패키지

클라우드 서비스 패키지

유지 보수 지원 패키지

자동주행 패키지

상호작용 제품 패키지

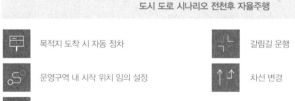

도시 도로 시나리오 전천후 자율주행

목적지 도착 시 자동 정차

갈림길 운행

운영구역 내 시작 위치 임의 설정

차선 변경

충돌 회피

그림 12-4. 바이두 무인주행 택시의 소프트웨어 패키지 및 기능

바이두는 스마트 외출 시나리오에 맞는 완전한 차재 대화 솔루션을 제공하고, 소음 환경에서 AI 효과를 보증하기 위해 차재 전속 음성 솔루션을 제공했다. 그리고 자동차 제조공장 전문 용어 맞춤 플랫폼을 통해 이 시나리오의 개성화 수요를 최대한 만족시키고, 차재 시나리오 네트워크가 불안정한 문제를 해결하기 위해 삽입 설치식 대화 기능과 온라인 오프라인 융합을 이용한 AI 기술 방안을 지원했다(그림 12-5).

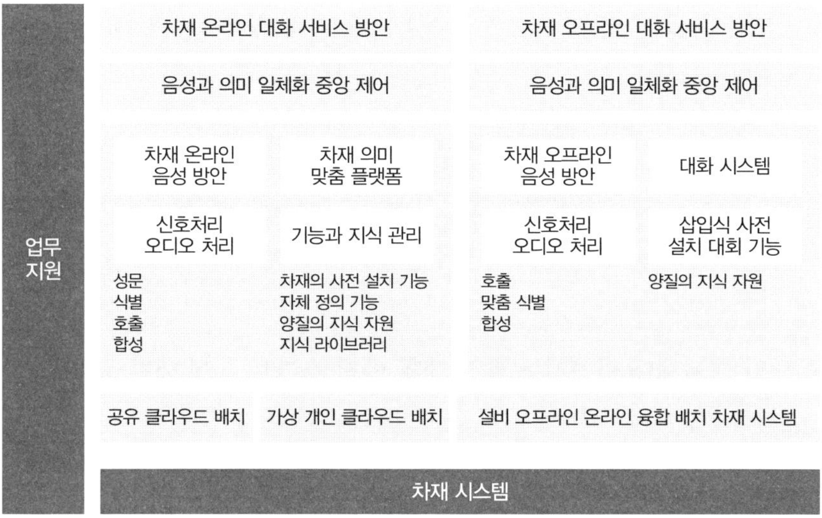

그림 12-5. 바이두 차재 대화 방안

스마트 홈 : 시나리오, 플랫폼과 설비의 새로운 정의

전 세계 스마트 홈 시장은 급속도로 성장하고 있다. 시장조사 연구기업인 Strategy Analytics는 2019년까지 소비자의 스마트 홈 관련 하드웨어, 소프트웨어, 서비스, 설비 비용의 지출이 1,030억 달러에 이를 것이며, 연평균 11% 성장률을 보여 2023년에는 1,570억 달러까지 성장할 거라 지적했다. 조명통제와 홈 모니터링 / 보안 시스템을 갖춘 인공지능 스피커, 스마트 TV 등 다양한 엔터테인먼트 설비가 스마트 홈 시장에서 가장 큰 몫을 차지하게 될 것이다. 아마존, 애플, 구글, 삼성, ADT, 허니웰(Honeywell),[181] 보쉬, 아사아블로이(Assa Abloy),[182] ABB, 잉가솔랜드(Ingersoll Rand), 제너럴 일렉트릭은 전 세계 스마트 홈 사업을 선두에서 이끌고 있으며, 모두 합해 전 세계 스마트 홈 시장 점유량 중 40~45%를 차지하고 있다.[183]

스마트 홈의 영역은 어디까지일까? 이 질문에 대한 답은 바라보는 관점에서 따라 다르다. 생각의 틀을 깨고 넓게 바라본다면 자동차까지도 스마트 홈의 일부분으로 볼 수 있다. 그리고 더 넓게 생각한다면 지역사회, 공원, 자주 가는 식당, 영화관도 스마트 '홈'의 유기적인 구성 부분이라 할 수 있다. 의료 서비스와 마찬가지로 스마트 홈도 일체화 설계, 전체적 고려 방향으로 나아가게 될 것이다. 여기서는 상상의 폭을 최대한 넓혀서 가정과 지역사회, 가정과 도시가 융합되고 쌍방, 다방면으로 연결되는 모습을 상상해볼 필요가 있다. 스마트 의료 부분에서 샤오두 홈을 활용해 만성질환 환자를 관리하는 방식을 소개했듯이 스마트 홈을 각종 생활, 오락, 건강 관련 콘텐츠와 서비스에 연결하면 시나리오, 플랫폼과 설비를 새롭게 정의할 수 있다.

[특별란] 〈차세대 인공지능 발전 계획〉에서 스마트 홈에 대한 요구

인공지능 기술과 홈 건축 시스템의 융합 응용을 강화해 건축설비 및 가전제품의 스마트화 수준을 향상한다. 각기 다른 응용 시나리오에 적용할 수 있는 가정 상호접속 협의, 인터페이스 기준을 연구 개발하고 전자제품, 내구재 등 가전제품 감지와 연결 능력을 발전시킨다. 스마트 홈 기업의 혁신 서비스 모델을 지원하고 상호연결 공유 솔루션을 제공한다.

다룰 스마트 홈 사례는 많이 있지만 우리는 일단 AI+TV를 사례를 중점적으로 살펴보도록 하겠다. AI 리모컨으로 TV를 켤 수 있을지, '대형 디스플레이'를 새롭게

---

181. 미국 다국적 기업. - 역주.
182. 디지털도어록 제조기업. - 역주.
183. 참고 : https://www.fortunebusinessinsights.com/industry-reports/smart-home-market-101900, Fortune Business Insights, https:// www.fortunebusinessinsights.com/industry-reports/smart-home-market-101900.

정의할 수 있을지 등을 살펴볼 계획이다.

AI 리모컨은 단순한 상호작용만을 넘어 진정으로 사용자를 이해할 수 있어야 스마트해질 수 있다.

이미 알고 있는 이야기겠지만 2018년 3월, 바이두와 스카이워스가 전략협의를 맺은 뒤 바이두는 10억 5,500만 위안을 투자해 스카이워스 그룹 자회사인 쿠카네트워크(酷開網絡) 지분을 전략적으로 매수했고, 지분 11%를 차지해 제2대 주주가 됐다.

협력 발표회 둘째 날은 중국에서 처음 TV가 생산된 지 60주년이 되는 날이었다. 스카이워스는 선전 화창베이(華强北)에서 TV 리모컨 제조기업으로 시작해 전 세계 선두 TV 제조기업으로 성장했다. 30년 동안 스카이워스는 중국 TV 업종의 흥망성쇠를 직접 목격했다. 리모컨 제작에서부터 시작한 스카이워스가 바이두와의 협력으로 AI 리모컨으로 전환할 수 있었던 이유는 TV브레인, 아이치이 등 생태자원 및 풍부한 사용자 서비스와 접근 방식을 가지고 있기 때문이다.

인공지능 시대에서 TV의 변화가 단순히 리모컨으로만 끝날까? 물론 아니다. 인터넷을 활용해 쌍방 상호작용 디스플레이로 변화할 수도 있다. 현재 시중 TV도 이런 기능을 갖추고 있지만, 아직은 이전 시대의 제품이다. 이른바 '이전 시대'라는 건 인터넷 시대의 제품이라는 것을 의미한다.

인공지능 시대에 TV는 상호작용을 진행할 수 있을 뿐만 아니라 사용자를 이해할 수도 있어야 한다. 스카이워스 창업 초기에 리모컨은 사람들을 TV 버튼 앞에서 해방시킨 일종의 혁신이었다. 하지만 이제는 사용자가 명령을 내리기 전에 이미 사용자의 의도를 파악하고 있어야 진정한 스마트라 할 수 있다. 그리고 이런 스마트 기능의 출발점은 DuerOS가 노력해 만든 상호작용 시스템이라 할 수 있다.

그렇다면 사용자가 더 편리하게 TV와 상호작용을 하게 하려면 어떻게 해야 할까? 바로 자연언어를 이용해야 한다. 사용자가 어떤 채널이 보고 싶다고 말하면 해당 채널로 이동하고, 사용자가 어떤 방송 프로그램을 보고 싶다고 말하면 해당 방송 프로그램으로 이동하는 것이다. 심지어 방송 프로그램의 내용을 이해해서 사용자가 어느 프로그램의 어떤 장면이 보고 싶다고 말하면 해당 장면을 찾아서 보여줄수도 있다. 또 사용자가 등장하는 여배우의 상황을 물으면 사용자에게 다양한 자료를 제공해줄 수도 있다. 이렇게 모든 요구를 자연언어로 처리하는 기술은 빠르게 발전해 응용되고 있다.

TV는 앞으로도 엄청나게 큰 혁신 공간을 가지고 있다. 예를 들어서 미래에는 '방송국', 채널과 상호작용하는 개념이 존재하지 않고 '비디오 스트리밍(Video Streaming)'만 존재할 수 있다. 사용자가 뭘 원하든 이미 준비되어 있는 것이다. 바이두는 직접 TV를 제작하지는 않지만 여러 TV 제작 기업과 협력을 맺고 있다. 바이두와 스카이워스의 협력은 두 회사를 더 좋은 방향으로 발전할 수 있게 이끌 것이다. 더 중요한 점은 소비자를 잘 이해하는 바이두가 좋은 디스플레이를 통해 사용자가 더 좋은 체험을 하게 함으로써 전체 TV 생태에 변혁을 가져올 수 있다.

AI 시대의 가장 눈에 띄는 특징은 자연어를 핵심으로 한 사람과 기계의 상호작용이다. 샤오두 스피커+기존 TV= 스마트 TV가 되는 일은 이전에는 상상조차 하지 못했던 것이다. 샤오두 비서의 응용 시나리오는 계속해서 확장되어 TCL, 하이얼, 궈안광스(國安廣視), 지미(極米), 레노버 등 브랜드 제품에 적용되고 있다. 중국 공영방송 CCTV도 'AI 텔레비전'에 뛰어들고 있다. 이렇듯 TV가 더 총명해지고 더 스마트해지면 서비스 시나리오도 더 풍부해지게 된다.

스마트 농업 : 오래된 산업에도 봄이 올 수 있을까?

인공지능 기술은 정보 감지, 일정량 결정, 스마트 통제, 정밀 투입, 화상 원격진단, 원격제어, 재해경보 등 방면에서 농업의 효율을 높이고, 농업 자원을 더 합리적으로 이용할 수 있게 돕고 있다. 그리고 농작물 생산량과 품질향상, 생산자본 인하, 생태환경 개선을 통해 농업이 계속 발전할 수 있도록 돕고 있다.

(1) 바이두 브레인은 징둥팡의 식물공장 건설을 돕고 있다. 징둥팡 식물공장은 실제 업무 추진 과정에서 농업 인재가 부족하고, 성장 상황 확인 효율 저하, 대규모 응용의 불가능 등의 문제에 직면했다. 이에 바이두는 시각 기술, 패들패들, EasyDL, EdgeBoard 등 AI 기술을 이용해 징둥팡 식물공장의 기존 업무 능력을 업그레이드했다. 또 해충 모니터링 모델, 성장 영향 요소 모델 등 제품 연구개발을 진행해 농업 전문가의 경험을 디지털화, 제품화했다. 이로써 전문가가 여러 번 확인해야 했던 일을 기계가 식별할 수 있게 되어 전문가의 업무 효율이 대폭 상승했으며

효율적이고 정확한 기계 식별을 통해서 제품 품질과 생산량도 향상됐다. 불량제품 생산이 적어지자 생산량은 15% 증가했으며 생산에 필요한 재료(씨앗, 배양기, 영양액) 구입비용은 15% 줄었다.

(2) 마이페이 과학 기술(麥飛科技)[184]은 하이난 테스트 밭에서 진행한 벼 병충해 식별을 도왔다. 중국에서 벼는 총생산량이 세계 1위를 차지할 만큼 주요 농작물이며, 병충해는 논벼의 생산을 방해하는 주요 요인이다. 국제연합식량농업기구(FAO)의 측정에 따르면, 전 세계에서 매년 병충해로 인한 식량 감산량이 총생산량의 약 25%를 차지하는 것으로 나타났다. 베이징 마이페이 과학 기술은 드론과 다분광 카메라 결합, 초분광 원격 탐지 기술을 이용해 센티미터급 해상도 분광 데이터를 확보했다. 또한, 여러 식생 건강 지수를 컴퓨팅해 관련성 분석을 통해 벼의 성장 환경에 대한 다차원 묘사를 진행했다. 패들패들의 지원을 받아 지면에서 채집한 도열병에 걸린 벼의 등급 데이터를 통합한 마이페이 과학 기술은 랜덤 포레스트(Random forest) 알고리즘을 이용해 다차원 분광 고유값을 기반으로 도열병 등급의 머신러닝 모델을 구축했다. 이에 병충해 등급의 정밀 식별로 정확도를 86% 이상 올려 모니터링, 예방치료 효율을 대폭 향상했다. 이로써 확산을 예방할 수 있게 됐고, 농약 정밀 분사로 50% 이상의 낭비를 줄였다.

(3) 바이두 패들패들용 AI로 산림 병충해 모니터링을 돕고 있다. 소나무좀은 소나무과 식물에 굉장한 위협이 되는 해충으로 1998~2004년 피해 면적이 52만 7천 ㎢에 달하며 600여만 그루가 고사했다. 기존 모니터링 방식은 전문 식별 능력을 갖춘 전문가들이 현장 조사를 하는 방식으로 진행됐다. 하지만 이제는 패들패들 훈련을 통한 테스트 모델로 정확하게 소나무좀을 식별해낼 수 있어 병충해 원격 모니터링이 가능해졌고, 조사 임무 시간이 2주에서 1시간으로 줄었다.

(4) 중커싸이눠(中科賽諾)는 AI 기술을 이용해 농지 지역 조사를 도왔다. 정확한 농업 구조에서 위성 원격탐지 영상분광기술을 응용해 농지 파종 접합도, 농작물 성장도, 토양 양분 상황 및 작물 성숙도 정보를 수집했다. 이에 작물 파종, 비료 도포, 수확 등 농업 생산 활동 계획을 위한 데이터를 제공할 수 있게 됐다. 기존 원격탐지 영상은 원격탐지 전문가가 전문 소프트웨어를 사용해 분석을 진행해 위성원격감지

---

184. 농업 전문 빅데이터 업체. - 역주.

영상 데이터 폭이 크고, 육안 분별률이 낮고, 식별자의 전문 수준 요구가 높았다. 더구나 사람이 일일이 식별하는 반복 노동이라서 비용과 시간이 많이 들었다. 중커싸이눠는 패들패들의 자동 농작지 조사 시스템을 기반으로 빠르게 자동으로 농작용지 구역 및 면적을 확인할 수 있고, 효율적으로 생산량 예측을 할 수 있어 농업 활동을 도울 수 있다. 패들패들 Deeplab V3 응용으로 구역 면적 확인율이 80% 이상으로 올랐으며 작물 성장, 작물 분류, 성숙 시기 예측, 재난 모니터링, 생산량 예측 등 업무를 도와 기존 인건비를 대폭 줄였다.

스마트 에너지 : 갈수록 빨라지는 전력 산업의 스마트화 업그레이드

스마트 에너지와 에너지 네트워크 건설은 신인프라 건설의 중요 부분으로 줄곧 높은 관심을 받아왔다. 스테이트 그리드는 최근 '디지털 신인프라 건설' 10대 중점 건설 임무를 발표했다. 거기에는 전력망 디지털화 플랫폼, 에너지 빅데이터센터, 전력 빅데이터 응용, 전력 사물 인터넷, 에너지 산업 클라우드 네트워킹, 스마트 에너지 종합서비스, 에너지 인터넷 5G 응용, 전력 인공지능 응용, 에너지 블록체인 응용, 전력 베이더우 응용 등 프로젝트가 포함되어 있다. 2020년 전체 투자액은 약 247억 위안이며 약 1,000억 위안 정도 사회 투자를 촉진할 것으로 예상된다. 6월 15일 스테이트 그리드는 바이두, 알리바바, 텐센트, 화웨이 등 협력 파트너들과 '디지털 신인프라 건설' 전략 계약 협의를 체결했다.

바이두 AI 미들엔드, 지식 미들엔드를 대표로 한 AI 기술은 이미 스테이트 그리드, 남방전력망(南方電網)에서 드론 순찰, '안면 인식 신청 결제', 통합 에너지 등 20여 가지 업무 시나리오에 광범위하게 응용되고 있다.

바이두 패들패들·남방전력망 : '무인 시대'로 나아가는 전력 순찰

전력 순찰의 핵심 업무 내용은 변전 설비 유지 보수를 진행하는 것이다. 지금까지는 사람이 해온 번거롭고 자질구레한 전력 순찰의 스마트한 AI 순찰 도입이 시급하게 필요했다.

광둥전력망(廣東電網)은 2017년부터 바이두와 전력 협력 관계를 맺고 패들패들 딥러닝 플랫폼의 도움을 받아 AI 알고리즘을 이용한 장비 기능 업그레이드를 실현했다. 이에 변전소 스마트 순찰 로봇의 도움을 받아 설비 이미지 인식의 정확성을 개선하고 설비의 스마트화 수준을 높여 유지 보수 비용을 대폭 줄이고 노동에서도 해방될 수 있었다.

스마트 순찰 로봇을 이용해 실외 순찰을 하려면 로봇의 순찰 포인트를 설정하기만 하면 된다. 그럼 로봇은 계획된 순찰 노선을 따라서 자동으로 점검 사항을 검사하고 판독하게 되며 직원들은 6시간 동안 현장 순찰을 할 필요 없이 주 통제실에서 클릭 한 번으로 원격으로 순찰 임무를 하달하면 된다.

양측은 현재 집중되어 있는 변전설비 순찰 영역에서 송전선 순찰, 현장 리스크관리 통제 방면까지 확대해 전력 순찰 업무를 스마트화 방향으로 발전시키기로 협의했다.

스테이트 그리드 산둥전력 : 유지 보수의 난제를 해결한 AI

2020년 3월 8일, 산둥성 쯔보시(淄博市)의 사람이 드문 교외 지역에서 갑자기 화재가 발생했다. 그리고 위에는 스테이트 그리드의 220킬로볼트의 고압전선이 있어 화재를 즉시 제압하지 못한다면 심각한 결과가 초래될 수 있었다. 다행히 바이두 AI 기술을 바탕으로 한 송전선 가시화 촬영 장치가 가장 먼저 화재를 발견해 알렸고, 재난이 발생하는 것을 피할 수 있었다.

이것은 바이두와 스테이트 그리드 산둥전력의 협력으로 만들어진 결과다. 스테이트 그리드 산둥전력은 바이두 스마트 클라우드 AI 미들엔드를 기반으로 자신들의 AI 미들엔드를 빠르게 구축하고 신속한 업무 건설과 응용을 실현했다. AI 미들엔드를 기반으로 송전선 가시화 플랫폼을 구축해 야외의 각종 복잡한 시나리오를 안전하게 순찰하고 기중기, 전선 이물질, 불꽃, 타워크레인, 시공 기계 등 복잡한 시나리오에 스마트 순찰을 진행할 수 있어 송전선의 안전하고 안정적인 운행을 보장할 수 있게 됐다. 데이터에서도 프런트엔드 스마트 분석의 식별 정확도가 대폭 향상되어 각종 시공 차량의 식별 정확률은 기존의 80%에서 95%까지 올랐으며, 불꽃 식별 정확률은 기존 70%에서 90%까지 올랐고, 전선 이물질 식별률은 60%에서 80%

까지 올라 실용성이 대폭 좋아졌다(그림 12-6).

패들패들을 기반으로 한 스마트 순찰 로봇
설비 계기 식별 정확률은 90% 이상
인력 순찰 작업률은 90% 감소

그림 12-6. 패들패들 스마트 순찰 로봇

운행 시나리오에서 AI 안면 인식을 응용해 영업점 진입 식별, '안면 인식 신청 결제' 등 기능을 실현할 수 있다. 정확한 마케팅을 통해서 사용자의 체험을 향상하고 전력 영업점의 효율을 높일 수 있다. 기업의 자체 AI 플랫폼을 기반으로 업무응용 속도를 높여 영업 환경과 생산 관리 수준을 끌어올릴 수 있다.

스마트 유통 : 사용자에 대한 통찰에서 기반한 체험 폐쇄형 루프

유통은 중국 경제 발전의 버팀목이다. 전자상거래 업종은 20년 동안 발전을 거치면서 소비자 데이터를 대량 수집했으나 거래 비중이 큰 오프라인 유통 시나리오의 데이터는 상대적으로 빈약한 편이다. 하지만 유통 효율을 향상하기 위해서는 데이터를 바탕으로 운영을 세밀화하는 과정이 반드시 필요하다.

AI 기술 유통 기업을 도와 온라인과 오프라인이 일체화된 완전한 소비 데이터 폐쇄형 루프와 소비자에 대한 더욱 깊은 통찰을 이루었고, 동시에 유통업에 새로운 마케팅 형식과 관리 방법을 도입해 소비자가 더 좋은 체험을 할 수 있게 했다.

(1) 스처과학 기술(視車科技)은 자동차 마케팅에서 새로운 체험이 가능하게 했다.

자동차 소비자들은 습관적으로 온라인에서 자동차 정보를 수집한 뒤 오프라인 브랜드 체험점에 가서 시승한 다음 자동차 대리점에서 주문, 인수를 진행한다. 소비 과정과 정보 수집 방식이 분산되어 있는 탓에 유통과 소비체험이 연결되지 못하고 나누어져 있다. 이에 과정이 전환될 때마다 고객을 잃을 위험도 증가한다. 이에 스처과학 기술은 3D 가시화 방식을 통한 3D 가상 자동차 전시로 고객이 온라인과 오프라인에서 AR/VR을 통해 자동차를 볼 수 있도록 했다. 그리고 자동차 제조업체와 대리점을 도와 공간, 시간, 재고 수량 등 조건을 제한받지 않으면서 더욱 생동감 있는 체험, 더욱 일체화된 디지털 판매를 할 수 있는 솔루션을 만들었다. 이 모든 건 사용자가 바이두 앱에서 자동차 모델을 검색해 온라인 전시장에 접속하면서부터 시작된다. 3D 자동차 모델 세팅 기술을 사용해 마음에 드는 자동차 모델 색깔을 선택할 수 있고, 구입 의향이 있을 경우 시스템 안내에 따라 알맞은 대리점에 시험주행을 예약하고 주문을 할 수 있다. 스처과학 기술은 Web3D 엔진기술을 통해 모바일 단말 3D 실시간 배색을 실현하고 바이두 DuMix AR 엔진과 협력해 공간 위치측정 전면 적용을 실현했다. 또 바이두 AI 시각 기술을 응용해 더욱 효율적인 사람+자동차 합성 이미지를 실현했다. 이러한 기술을 통해서 잠재적인 자동차 구매 고객에 효과적으로 접근해 자연스러운 체험을 제공함으로써 대리점의 차량 보유량과 전시 공간을 대폭 절약했다.

(2) 바이두 셀프계산대는 제과 업종의 소비자 체험을 향상했다. 2017년 제과 총 판매 규모는 2,000억 위안에 달했다. 이는 소비가 증가는 제품 자체 수요뿐만 아니라 '제품+체험'의 복합 수요가 드러난 것이다. 하지만 가게의 혼잡도가 극심해지고 수납직원의 유동성이 비교적 높아 인건비가 해마다 증가하고 있었다. 반면 바이두 셀프계산대는 시각 이미지 식별 기술을 사용해 고객이 계산대에 놓은 제과 제품을 자동으로 빠르게 식별할 수 있어 주문 확인과 결제를 신속하게 진행할 수 있었다. 이와 같은 스마트 수금은 계산 효율을 대폭 향상해 사용자가 더 좋은 체험을 하게 할 수 있어 현재 이미 베이징 웨이뒤메이(味多美), 진펑청샹(金鳳成祥) 등 제과점에서 사용되고 있다. 바이두 셀프계산대는 체인 음식점, 과일 가게 등 신유통 무인 결제 시나리오에 응용되어 유통업종의 '빠른 속도, 비용 절약, 체험 향상'이라는 3대 핵심 요구를 만족시킬 수 있다.

(3) 바이두 스마트 모니터링은 소매점 마케팅 분석에 새로운 통찰을 제공해준다.

바이두는 스마트 영상 모니터링 방안을 개발해 컴퓨터 비전과 빅데이터 알고리즘의 장점을 활용한 소매점에 효율적인 광고, 전환 지원, 제품 선택 건의, 고객 화상 분석 방안을 제공했다. 예를 들어 지리적 위치를 참고해 앱 단말기에서 현지 맞춤 광고를 진행해 고객을 끌어들이고, 얼굴 스냅 사진기를 활용해 가게에 온 VIP 고객을 확인해 점원의 서비스 질을 높이게 하며, 인파 열전도 카메라로 상업지역 열전도를 제작해 제품 선택과 동선 계획에 필요한 핵심 데이터를 제공하며, 바이두 결제 시스템과 마케팅 실제 데이터를 통해 고객 빅데이터 화상 분석 등을 제공할 수 있다.

(4) 후이허 과학 기술(惠合科技)은 AI를 활용해 제품 진열 순찰 효율을 향상했다. 소매 유명 업체들은 줄곧 사람이 직접 점검하는 방식을 사용해 매장 제품 진열을 관리해왔다. 후이허 과학 기술은 바이두 AI 이미지 인식 기술을 기반으로 소매점 마케팅의 일부분인 진열 심사를 데이터화했다. 개발한 'e뎬자 소매점 진열 AI 자체 점검(e店佳零售門店陳列AI自檢)' 시스템을 활용해 업체가 효율적으로 소매점의 마케팅, 진열, 소비자 활동 지원 등 일련의 업무를 관리할 수 있도록 했다. 이 시스템은 바이두 맞춤 이미지 식별 모델, 알고리즘 및 훈련 모델을 통해 업체가 소량의 샘플 데이터만 제공한다면 정확한 모델을 훈련해낼 수 있다. 가게가 내부 진열 영상을 'e뎬자' 플랫폼에 업로드하면 영상을 화상 파일로 처리한 뒤 시스템은 바이두의 맞춤 이미지 식별 인터페이스를 사용해 현재 이미지가 수요를 만족시킬 수 있는지, 아닌지를 자동 식별한다. 후이허 과학 기술은 2018년 1월부터 소매점 3,000곳에 'e뎬자' 시스템 서비스를 제공했으며, AI 기술을 활용해 진열 심사의 디지털화 변혁을 추진했다. 이로써 업체는 생산비용을 대폭 줄였고, 직원 효율도 30% 향상됐으며, 소매점마다 자신들만의 기초 식별 라이브러리를 구축할 수 있게 됐다.

스마트 고객 서비스 : 새로운 디지털 직원의 탄생

유통 업계는 고객에게 맞는 제품 파악해 관련 제품을 추천해주기 위해서 전통 고객 서비스 시스템에 인공지능을 적용하고 있다. 유통 기업은 소셜 미디어와 협력해 마이크로 서비스(Micro Service) 형식으로 메신저 도구를 활용해 사용자에게 서비스를 제공하고 있다. 이에 단독으로 고객 서비스 시스템을 구축하려 하지 않고 소셜 플랫폼의 대화 시스템을 활용해 사용자에게 서비스하려고 하는 중소 유통 기업들이 갈수록 많아지고 있다. 현재 업계에서 광범위하게 응용되고 있는 자동 콜백 서비스는 번거롭던 콜백 시스템에서 해방될 수 있게 해주었다.[185]

스마트 대화기술의 주요 사용자는 크게 업계 사용자와 응용 개발의 서비스 업체 두 종류를 포함한다. 그리고 스마트 대화는 시나리오와 상호작용 목적에 근거해 문답형, 대화형, 임무형으로 나눌 수 있다.

바이두는 스마트 고객 시나리오에 관한 완전한 솔루션을 제공하고 있다. 고객 서비스 영역의 업무 수요를 만족시키기 위해서 바이두는 완전하고 효율적인 대화 기술, 대화 흐름과 지식 구축 기능을 제공했다. 또 콜센터를 위한 독자적인 음성 솔루션을 개방했으며 자체 훈련 및 최적화를 지원함으로써 개발자에게 더 나은 서비스를 제공했다.

더 완전하고 효율적인 통합 솔루션을 구축하기 위해서 바이두는 표준화한 호출 플랫폼 접속 프로토콜 지원을 제공했으며, 음성과 의미가 일체화한 프레임워크를 구축해 한 번의 호출로 음성 및 대화 기능을 효율적으로 통합하고 중단 및 무음과 같은 다양한 접속 이상 상황에 대한 처리 모듈을 제공했다(그림 12-7).

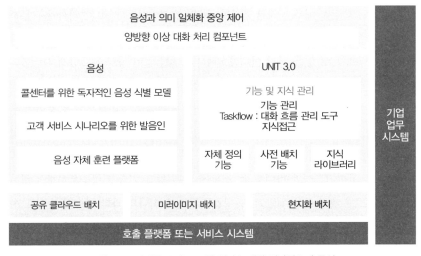

그림 12-7. 바이두 스마트 고객 서비스 대화 시나리오 솔루션

185. IDC, 바이두 AI 산업연구센터, 〈바이두 브레인 스마트 대화엔진 백서〉, 2019년 5월.

최근 바이두의 스마트 고객 서비스 제품 매트릭스가 다시 확장되고 있다. 과거 누적된 AI 디지털 이미지, 대화식 마케팅, 스마트 텔레마케팅 등 제품과 스마트 대화, 온라인 고객 서비스 등 기존 제품을 고객 마케팅과 서비스 플랫폼에 새롭게 융합했다. 이 플랫폼에서 스마트 마케팅과 고객 서비스의 적용 시나리오도 호출 플랫폼에서 휴대폰 앱, PC 웹사이트, 가정용 인공지능 스피커 등으로 발전하고 있다.

매번 사용자에게 더 좋은 서비스를 제공하길 바라는 기업은 여기서 자신에게 알맞은 솔루션을 찾을 수 있다. 기업은 자사의 제품을 완벽하게 이해하고 고객을 파악하고 있는 마케팅 컨설턴트와 고객 서비스 매니저를 '고용'해 고객이 출현하는 시간과 장소에 고품질 서비스를 제공할 수 있다. 과거 반년 동안 바이두는 협력 파트너들과 함께 기존 제품 전시와 처리의 단조로운 웹페이지를 AI 마케팅 컨설턴트가 있는 대화 안내의 상호작용 모델로 개조했다. 새로운 상호작용 모델을 통해 새로운 고객의 처리 전환율이 10% 이상 향상됐다.

디지털 직원 : 상하이푸동발전은행의 슈퍼 직원

바이두와 상하이푸동발전은행은 함께 협력해 디지털 '슈퍼 직원'을 만들었다. 뛰어난 브레인을 갖춰 매우 영리한 데다가 주6일 오전 9시부터 저녁 9시까지 근무하는 '996 근무'도 무리 없이 수행할 수 있다. 먹거나 잘 필요가 없어 7×24시간 사람들에게 서비스할 수 있을 뿐만 아니라 화를 내는 법 없이 항상 친절하게 사람들의 마음을 잘 이해해준다.

상하이푸동발전은행은 디지털화 전환 방면에서 아주 두드러진 진전을 보이며 무한 오픈뱅킹을 실현했다. 이에 많은 사람이 상하이푸동발전은행을 금융기관이자 첨단 기술 기업으로 바라보고 있다.

상하이푸동발전은행과 바이두 등 선두에 있는 첨단 기술 기업들은 9개의 혁신 실험실과 20여 개의 금융 첨단 기술 기업을 설립해 하나의 과학 기술 공동체를 형성했다.

금융 서비스는 사용자와 고객에게 맞춤 체험을 제공하는 게 아주 중요하다. 상하이푸동발전은행과 바이두, 차이나모바일은 '디지털 직원' 계획을 통해 모든 사용자와 고객에게 일대일 맞춤형 디지털 가상 금융 비서를 제공하길 바란다. 개인의 금융 자산, 계좌 관리는 물론이고, 더 중요한 건 자금 활동, 자산배치, 소비행위에 대한 건의를 알아서 제공할 수 있어야 한다.

새로운 종류의 '디지털 직원'은 금융 영역에서 응용뿐만 아니라 여행안내, 의료 건강, 이동통신 등 영역에서 아주 큰 가치를 지니고 있다. 앞으로 미래에는 모든 사람이 한 개, 또는 여러 개의 전속 '디지털' 직원에게 서비스를 받게 될 것이다.

바이두·차이나유니콤 : 고객 서비스 주도형 성장, 고객의 가치를 새롭게 정의하는 AI

콜센터 위주의 기존 고객 서비스 시스템은 서비스 격차가 크고 사용자 체험의 질이 떨어지는 문제에 직면했다. 2016년 바이두와 함께 전략협력을 맺은 차이나유니콤은 5G+AI 연합 실험실을 설립해 스마트 고객 서비스를 구축한 뒤 고객 서비스를 스마트화로 전환했다.

2017년 차이나유니콤과 바이두 스마트 클라우드는 톈진에서 스마트 고객 서비스 테스트를 진행해 검색, 처리, 상담 등 100여 가지 모델을 실현함으로써 첫 번째 전환을 성공적으로 마무리했다.

2018년 5월, 바이두 스마트 클라우드의 지원을 받아 차이나유니콤은 '새로운 고객 서비스' 프로젝트를 추진해 전국적으로 새로운 고객 서비스 시스템을 구축함으로써 통신 업계에서는 처음으로 대규모 AI 상업화를 실현했다.

차이나유니콤은 바이두의 정확한 음성과 언어 식별 기술, 자연적인 멀티대화 상호작용 능력, 원활한 주문 제작이 가능한 EDP운영 플랫폼을 기반으로 삼아 구조화된 기업 지식 그래프에 의지해 사용자를 위해 스마트하고 친절하게 시나리오화된 서비스를 제공했다.

스마트 고객 서비스는 데이터를 기반으로 해 더 정확하게 고객을 이해하고 접근할 수 있어 더욱 정밀한 고객 마케팅과 서비스 제공이 가능하다. 기존 사용자 처리 관련 업무는 5가지 버튼을 사용해 대략 120초마다 한 가지 업무를 완료할 수 있었다. 반면 현재 스마트 고객 서비스는 사용자 의향 파악률이 95% 이상이고 업무 처리가 15초밖에 걸리지 않아 효율이 88.7% 향상됐다. 또 대기 시간은 70% 절약되고, 직원 서비스 시간은 12% 감소해 인건비가 약 10% 정도 줄었다. 반면 고객 만족도는 90% 이상으로 순수 추천 고객 지수(Net Promoter Score)가 30%~50%에 달한다.

양광보험의 스마트 대화 실행

보험회사 콜센터는 전형적인 '노동밀집형' 영역으로 고객 서비스 직원들은 오랜 시간 강도 높은 노동에 시달려야 한다. 또 이로 인한 인력 유출, 서비스 질 하락 등의 문제는 보험회사의 인건비와 서비스 질에 부정적인 영향을 미친다. 이 때문에 보험 업계는 인공지능 고객 서비스를 도입해 자원과 인력의 연쇄반응 촉발을 시도하고 있다.

양광보험(陽光保險)은 2017년 AI 대화에 대한 탐색을 시작했고, 2018년 말에 스마트 고객 서비스인 '샤오양(小陽)'을 정식으로 선보였다. 현재 텍스트 상호작용을 바탕으로 한 스마트 고객 서비스를 업무 시나리오 70% 이상의 문제에 적용했으며, 음성 상호작용의 스마트 고객 서비스는 주로 콜백 서비스를 사용해 대화 정확률이 85%에 달한다. 스마트 고객 서비스의 협조를 받아 온라인 고객 서비스의 응대 속도가 대폭 향상되어 사람이 하는 고객 서비스 수량 및 작업 시간이 기존보다 평균 50% 줄었다. 이에 직원들도 더 열정적이고 전문적으로 고객들에게 서비스를 할 수 있게 됐다. 이처럼 스마트 대화 기술은 기업의 경영비용을 대폭 줄여준 동시에 고객 체험을 향상했다.

상하이시 쉬후이구 행정 서비스센터 스마트 대화 실행

'인터넷+정부'가 지속적으로 추진됨에 따라 각 지역의 정부 기관도 인공지능, 빅데이터의 도움을 받아 서비스를 업그레이드할 새로운 경로를 계속 탐색하고 있다. 이미 많은 지역 정부 기관이 음성 상호작용 기능을 갖춘 셀프 단말기를 사용해 행정 직원의 업무 부담을 줄이고 업무 처리 효율을 높였다. 스마트 단말은 멀티대화를 통해 사람들을 필요한 업무 처리 위치로 빠르고 정확하게 안내하고 필요한 자료를 수집 심사해 대기 시간을 대폭 줄였다.

2018년 11월, 상하이시 쉬후이구(徐匯區)는 다양한 종류의 24시간 셀프 정부서비스 단말기를 설치해 29개 부서의 654개 정부 서비스의 셀프 처리를 제공했다. 이 프로젝트를 실행한 뒤 누적 서비스는 연인원 6만 7천 건이 넘었으며 셀프 서비스 업무 처리량이 전체 처리량의 45%를 차지했다.

현재 셀프 서비스 설비는 셀프 처리 작업대, 셀프 기입기와 사회 보험, 의료 보험 셀프 단말기 등 10가지 종류를 포함한다. 스마트 음성 안내, 안면 인식, 텍스트 식별 등 프로그램을 통해 자료를 수집 심사하고 딥러닝과 데이터 공유를 통해서 심사 비준된 데이터, 심의 요점을 꾸준히 학습해 자료 처리 업무 간소화와 스마트 심의를 실현했다.

쥐판신시(卓繁信息)는 바이두 UNIT가 개발한 스마트 음성 비서를 통해 전 과정 대화 상호작용을 제공해 사용자 의도를 분석하고, 사람들이 셀프 기계에서 검색하는 과정을 간소화해 몇 번의 대화만으로 업무를 처리할 수 있도록 했다. 이에 시각 장애인과 정보를 반복 확인할 필요가 있는 사람들도 스마트 음성의 도움을 빌려 언제든지 기본 정보 조회를 진행할 수 있다(그림 12-8).

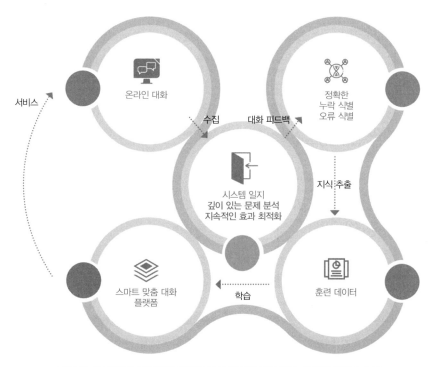

그림 12-8. 지식 폐쇄형 루프 사용을 통한 인간과 기계 대화 효과의 최적화 추진

AI+문화관광 : 새로운 문화관광 산업을 추진해야 할 때

AI로 병마용, 〈청명상하도(淸明上河圖)〉와 같은 유명 문화유산을 복원하고 AI+AR을 통해 여행을 새롭게 정의하며 AI에 문화 창작의 기능을 부여하는 등 과거 SF 이야기에서나 볼 수 있었던 일들이 이제 현실에서 실현되고 있다.

AI 문화유산 복원, 국보가 들려주는 '중국의 이야기'

중국은 굉장히 오랜 역사를 지니고 있으며 자금성만 해도 600년의 역사를 담고 있다. AI+문화유산은 조용히 나타나 모든 걸 자연스럽게 보여준다.

다큐멘터리 〈나는 자금성에서 유물을 수리한다〉, 〈만약 국보가 말을 할 수 있다면〉이 굉장한 인기를 끌면서 자금성에 대한 관심이 뜨거워졌다. 이에 사람들과 고대 문명의 거리가 더욱 가까워지면서 시장에서도 새로운 문화 창작을 더욱 쉽게 받아들일 수 있게 됐다.

바이두는 AI 기술과 문화의 융합을 시도하고 있는데, 그중 하나가 AR 기술을 사용해 문화재와 소통을 할 수 있게 하는 것이다. AI 기술을 활용해 진(秦)나라 시대 병마용을 '부활'시켜 병마용을 감상할 때 휴대폰을 사용해 2천 년 전 채색된 병마용의 모습을 볼 수 있게 하고, 병마용 관련 질문이면 어떤 것이든 대답을 할 수 있게 했다. 이것은 과학 기술을 사용해 문화를 발전시키고, 중국의 찬란한 문명을 널리 알린 좋은 사례다.

어떻게 하면 국제사회에 중국 문화를 더욱 정확하게 이해시킬 수 있을까? 기술적인 방법으로는 번역이 있다. 이미 30여 종의 언어의 번역을 진행한 바이두 번역은 자금성에서 해외 관광객이 손쉽게 중국 문화를 이해할 수 있게 해주고 있다.

2차원 문화와 충돌한 전통문화

문화상품의 새로운 형태로는 이모티콘을 예로 들 수 있다. 중국에서 가장 대중에게 널리 알려진 이모티콘으로는 2016년 리우올림픽에서 동메달을 획득한 수영선수 푸위안후이(傅園慧)의 이모티콘을 들 수 있다. 인터넷 게시판을 통해서 전파된 푸

위안후이 이모티콘은 중국에서 많은 인기를 끌었다. 바이두는 AR 기술을 사용해 더욱 생동감 넘치는 이모티콘을 만들어냈다. 책에서 동영상을 실을 수 없는 게 매우 유감스러운데, 한편으로 이는 종이책이 여전히 전통적인 정보저장 장치라는 것을 설명하는 것이기도 하다.

몇 년 동안 인터넷은 빠르게 발전했다. 그 과정에서 처음 텍스트 콘텐츠에서 시작해 이후로는 이미지 콘텐츠로 바뀌었고 나중에는 동영상 콘텐츠로 발전했다. 과거의 동영상은 긴 동영상 위주였지만 지금은 갈수록 짧아지고 있고, 심지어는 30초짜리 동영상도 생겨났다. 사람들은 2~3분 안에 관점을 이야기하거나 간단한 이야기를 다루는 짧은 동영상을 좋아하며, 심지어 긴 동영상을 짧게 편집하는 걸 선호한다. 더욱더 새롭고 고급스러우면서 업로드 문턱이 낮은 동영상을 사람들이 더욱 쉽게 받아들인다. 이렇듯 문화 상품의 형태가 새롭게 변화하고 있고, 아울러 새로운 문화 산업이 생겨나고 있다. 현재 중국 문화 산업이 GDP에 차지하는 비중은 4%에 이른다. 이에 갈수록 더 많은 인기가 있는 제품들이 문화 속성을 띠기 시작했다.

중국 문화는 매우 빠른 속도로 발달하고 있으며 세계화로 나아갈 수 있기를 바라고 있다. 그리고 중국 기업, 중국 인터넷 기업이 세계에 진출할 수 있느냐의 문제도 중국 문화의 세계화와 관련 있다. 많은 사람이 중국 인터넷 기업이 경쟁력을 갖추고 있고, 모든 기업이 성공적인 성장을 거두었지만 국제 시장에서 인정받기는 힘들다고 공공연하게 이야기한다. 그 이유는 무엇일까? 하나는 국제 시장에서 중국의 문화가 인정을 받지 못하고 있기 때문이고, 다른 하나는 인터넷이 문화적 색채가 아주 짙은 산업이기 때문이다. 만약 국제 시장에서 중국의 문화가 인정을 받지 못한다면 아무리 좋은 제품과 기술을 만들어도 소용이 없다. 중국 인터넷 기업들은 아무리 강한 경쟁력을 지닌 기업이라도 중국에만 의존해야 할 것이다. 우리는 기술을 활용해 중국 문화가 세계에 알려지도록 도와 중국 문화를 세계 사람들이 받아들이고 좋아하게 할 수 있다. 그리고 이미 이런 추세가 현실화하고 있다. 지금 일본인이 가장 많이 사용하는 입력기는 바이두 입력기다. 이것은 일본인들이 점차 중국의 인터넷을 접하기 시작했으며, 중국 인터넷 제품, 중국 문화를 받아들이기 시작했다는 것을 증명하는 예다. 이런 사례가 앞으로 계속 많아진다면 중국 문화도 분명 세계 사람 모두에게 인정받게 될 것이다.

바이두·중국 과학 기술관 : AI 과학 기술관 및 AI 과학보급 도서 계획

2018년 바이두와 중국 과학 기술관은 'AI 과학 기술관' 및 'AI 과학보급 도서'를 공동 발표하고 전력 협력 계약을 체결했다. 양측은 각자의 기술과 자원을 바탕으로 경기장 정보화, 과학보급 교육, 과학 기술 혁신 등 영역에서 협력하기로 했다. '스마트 과학 기술관' 건립 프로젝트를 통해서 사용자는 온라인과 오프라인에서 과학보급 서비스에 접촉할 수 있고, 동시에 중국 과학 기술관의 정보화 발전을 촉진할 수 있다.

중국 과학 기술관은 바이두와 손을 잡고 중국 과학 기술관(디지털 과학 기술관)의 과학보급 콘텐츠를 직관적이고 생동감 넘치는 방식으로 사용자에게 보여줌으로써 과학보급 정보 스마트화, 정확한 서비스의 혁신적 탐색을 실현했다.

양측은 과학 기술 교육 서비스 공익 플랫폼을 조성해 바이두의 앱에서 '중국 과학 기술관'을 검색하면 '전시품 해설', '파노라마 로밍', '안면 인식 신청' 서비스 콘텐츠를 얻을 수 있게 했다. 그중에서 전시품 해설은 AR 기술의 도움을 받아 많은 과학보급 지식을 직접 보는 것처럼 생동감 있게 그려내 사용자들이 온라인에서도 직접 과학 기술관을 방문한 것과 다름없는 체험을 할 수 있게 했다.

바이두 안면 인식, 자동주행 기술이 적용된 문화관광 시나리오

문화관광 업종과 AI 기술은 관광지 구조, 관광객 체험, 운영 관리 등을 결합함으로써 업계의 전방위 업그레이드를 실현할 수 있다. 또 이를 통해 관광지의 매력을 향상하고 관광객에게 더 좋은 체험을 제공해 주변 산업 성장에도 영향을 줄 수 있다.

바이두는 자체 AI 기술을 이용해 문화관광 업종의 스마트 업그레이드를 돕고 있다. AI 기술을 이용해 기존 공원, 관광지를 AI 공원, 관광지로 업그레이드해 관람 서비스 질을 향상하고, 동시에 특색 있는 시나리오를 만들어 관광객을 끌어들이고 있다. 또 관광지 운영 관리 능력을 높여 관광객 관람, 관광지 관리, 정부 관리 감독을 더욱 쉽게 할 수 있게 했다.

'아폴로' 자율주행 소형버스 온라인 예약, 실시간 상태 표시 등 스마트 기술을 통해서 기존 문화관광 시나리오에 AI 포인트를 추가하고 전 코스에 AI 기술을 도입하면 더 많은 관광객을 끌어들일 수 있다. 동시에 스마트 클라우드 운영 관리 시스템을 통해서 스마트 공원, 관광지 시스템, 스마트 데이터 전시 시스템 등에 한 번에 접속할 수 있다. AI 스마트 공원 클라우드 운영 관리 플랫폼을 구축해 수입과 기준을 통일하면 통일된 시각을 활용해 관광지 스마트 관리를 할 수 있고, 구역 관리 능력 향상을 위한 초석을 다질 수 있다.

허비(鶴壁) 차오거 문화원(朝歌文化園), 푸젠 우이산(武夷山), 장시 우위안(婺源), 항저우 사파리 공원(野生動物世界), 선전 진슈중화(錦繡中華) 등 관광지와 포산 첸덩후(佛山千燈湖)에 속속 응용되고 있다.

AR, 바이두 지도의 도움을 받아 스마트 업그레이드를 실행한 타이산 (泰山) 관광지

AR 기술은 기존 관광업의 체험 콘텐츠, 상호작용 방식, 홍보 효과에서 혁신을 실현해 여행객의 오락 욕구, 상호작용 욕구와 지식 욕구를 만족시켰다. 2019년 바이두 AR, 바이두 지도와 타이산 관광지는 협력을 통해 설비와 클라우드의 일체화 시각 위치측정과 증강 서비스(VPAS)를 기반으로 바이두 지도 시나리오화 능력과 융합해 관광지를 위한 전 과정 상호작용 솔루션을 만들어 온라인 유입과 오프라인 사용자 응집을 촉진했다.

투어 전에 바이두 지도와 휴대폰에 설치된 바이두 미니앱을 통해서 모래모형 형식으로 관광지 시나리오를 체험하면 관광객은 직접 그 장소에 간 것처럼 관광지의 풍경과 특색 있는 문화를 감상할 수 있다. 또 사용자가 세밀하게 묘사된 모래모형을 확대하거나 축소해 관광 과정에서 생기는 궁금증을 해소할 수 있다. 다양한 시청각 관람 방식을 통해서 사용자에게 현장에 있는 것 같은 생동감 있는 체험을 제공하고, 유적을 '터치'해 배후에 숨겨진 역사 문화를 이해할 수 있게 하는 건 스마트 여행 솔루션에서 가장 특색 있고 차별화된 부분이다.

더구나 관광 과정에서 더 깊은 체험을 할 수 있게 해준다. 관광객이 관광 장소를 스캔하기만 하면 시스템이 알아서 관광 정보를 식별해 상세한 내용을 소개해주고 가상모델 카드와 상호작용해 '위즈윅(What You See Is What You Get)'을 실현할 수 있다. 예를 들어서 관광객이 타이산 난톈먼(南天門) 명소에 도착했을 때 바이두 지도를 사용해 AR을 가동하고 장소를 스캔하면 구름바다 위 하늘 궁전을 방문하는 듯한 신비로운 체험이 가능하다.

미디어 융합 : 미래의 '미디어+AI'

2020년 전국 양회(兩會)[186] 기간에 중국 공영방송 CCTV의 아름답고 영리하며 친근한 AI 인간 '샤오즈(小智)'가 뜨거운 주목을 받았다(그림 12-9).

양회 개최 기간에 중국 공영방송 CCTV 웹사이트는 바이두 스마트 클라우드와 함께 중국 전역에서 최초로 스마트 대화, 음성 상호작용이 가능한 시사 AI 제품인 '유창하게 대답하는 양회 스마트 개최'를 내놓았다. 제품은 '뉴스+AI+모바일 상호작용'을 모델로 하고, 새로운 사람과 기계의 협동 메커니즘을 기초로 해서 전국 양회 기간에 화제가 됐다. 기계가 사용자와 '스마트'한 대화를 진행하며 사용자가 대략적인 상황을 이해하고 국가사업을 알고 이해할 수 있도록 도와주었다. 제품에서 AI 인간 '샤오즈'는 메인 아나운서 보도 방식을 타파하고 사람과 기계 상호작용의 한계를 넘었다. 정밀한 상호작용 설계를 통해 사용자는 머리를 쓰고 입과 손을 움직이는 엔터테인먼트 시나리오를 통해서 정보를 수집하고 이해하게 된다. 이와 같은 새로운 전파 형식과 표현 방식으로 주류의 목소리를 전달하고 공통 인식을 확대해 나갈 수 있다.[187]

---

186. 전국인민대표대회와 전국인민정치협상회의를 말한다. - 역주.
187. 중국 공영방송 CCTV, 스마트하고 예의 바르면서 대답도 유창하게 할 줄 아는 시사 AI 응답 제품을 처음 선보인 중국 공영방송 CCTV, 2020년 5월 26일.

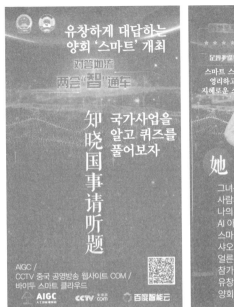

그림 12-9. 2020년 전국 양회 기간 중국 공영방송 CCTV와 바이두 스마트 클라우드가 함께 선보인 '유창하게 대답하는 양회 스마트 개최'

자료 출처 : 중국 공영방송 CCTV 웹사이트 클라이언트

미디어 융합의 발전을 추진하려면 콘텐츠와 과학 기술의 심도 있는 융합이 필요하다. 또 사용자에게 더 가까이 다가가고 상호작용 체험을 강화해 뉴스 보도의 흡인력과 감화력, 영향력을 높여야 한다. 그러면 더욱 효율적인 전파, 더욱 재미있는 해석, 더욱 깊이 있는 설명을 할 수 있다. 기술에서 바이두의 음성식별, 의미분석, 머신러닝, 정보검색 등 기술을 종합 운용해 강력한 데이터베이스를 구축해 사용자와 음성 상호작용을 통한 정확한 대화를 진행할 수 있다. AI 인간 샤오즈는 고정밀 3D 기술을 활용해 사람의 모습을 시뮬레이션했다. 사람의 얼굴 근육 조직을 모방하고 사람의 입술 형태, 표정과 동작을 알고리즘해서 현실적이면서 과학 기술적인 모습을 두루 갖췄다.

과거 20년 동안 미디어는 새로운 기술의 도전에 직면해왔다. 처음 인터넷 콘텐츠의 주요 형식은 문자였기에 가장 먼저 충격을 받은 건 신문 미디어들이었다. 이후 인터넷 속도가 점점 빨라지면서 온라인에 이미지가 점점 많아졌고, 아름다운 이미지를 활용해 독자들을 끌어들이던 미디어들이 충격을 받았다. 그리고 현재 온라인에는 동영상이 널리 보급되고 있다. 대역폭, 서버가 발전하고 스마트폰이 대중화되면서 사람들은 휴대폰을 사용해 콘텐츠를 보는 데 익숙해졌고, 이에 방송국을 포함한 많은 미디어가 충격을 받았다.

비록 TV를 보는 사람은 줄어들었지만, 청년층의 동영상 콘텐츠 수요는 상당히 강하다. 사용자의 콘텐츠 소비, 사용자와 미디어의 접촉 방식은 계속 변화하고 있어 현재는 미디어가 과학 기술 발전의 흐름에 맞춰 AI와 함께 발전해야 하는 상황이다.

소셜 미디어에서의 전파는 전통 미디어에서의 전파와는 다른 점이 많다. 콘텐츠의 사실 여부를 판단하기 어렵고 가짜뉴스가 범람하고 있다. 몇 년 전에 인터넷에서 보스턴의 어느 방송국이 해킹을 당해 30분 동안 음란물이 방송됐고, 이후 여러 사람이 책임을 져야 했다는 뉴스가 퍼졌다. 하지만 이 뉴스는 가짜뉴스였으며, 방송국은 해킹을 당한 적도 없고, 음란물을 방송한 적도 없었다.

이와 같은 문제를 해결하기 위해 가짜뉴스를 삭제하고 반박하는 것도 방법이 될 수 있겠지만 바이두는 다른 방법을 선택했다. 사람들이 휴대폰으로 바이두 신시류를 본다면 문장 끝에 바이두 백과 로고가 있는 걸 볼 수 있다. 우리는 바이두 백과가 비교적 권위 있고 공정하므로 기술을 사용해 어떤 뉴스던지 핵심 주제어를 추출할 수 있다고 믿는다. 만약 사용자가 알아야 하는 주제어라면 백과 로고를 붙이는 방식을 사용해 모두가 지식을 보충하고 거짓 정보를 피하게 해줄 수 있는 것이다.

인공지능 시대에서는 과거에는 상상하지 못했던 일들이 현실에서 이루어지고 있다. 그중에서 한 가지 예를 들자면 로봇을 사용해 원고를 쓰는 걸 들 수 있다. 이것은 전통 미디어에는 새로운 도전이다. 예를 들어서 바이두가 새로운 발표를 하면 대동소이한 뉴스들이 대량 생산되는데, 사실 이런 뉴스들은 기계도 쓸 수 있다. 그리고 상장회사의 재무 보고 분석에서 몇 가지 중요 부분을 추려서 보도하는 것 역시 기계도 할 수 있다. 물론 인공지능이 아무리 뛰어나도 사람과 같을 수는 없다.

기술 유전자가 비교적 강한 바이두는 인공지능 시대에 개발한 음성, 이미지, 자연어 처리 등 다양한 기술들을 미디어에 제공해줄 수 있다.

바이두 자연어 처리, 지식 그래프 및 빅데이터 기술을 기반으로 구축한 '스마트 창작 플랫폼'은 자동 창작, 창작 보조 등의 기능을 실현할 수 있다. 또 인기 화제 발견, 화제어 분석, 문장 다듬기, 제목 생성, 다양한 창작 등 8대 기술 능력을 구축해 더 풍부한 데이터를 가지고 소재를 지원할 수 있고, 스마트 시 짓기, 스마트 대련 같은 독특한 체험도 가능하다.

2020년 바이두 연구원은 통용 가능하고, 대규모 생산을 지원할 수 있는 스마트 동영상 생산 플랫폼 VidPress를 개발했다. 뉴스 문장과 이미지 콘텐츠 링크를 입력하면 나머지 업무는 플랫폼에서 자동으로 완성하는 식이다. 이에 동영상 소재 스마트화 취합, 논평 생산, 음성 합성, 음성과 동영상 맞추기와 채색까지 모든 제작 과정을 9분 만에 완성할 수 있게 됐다.

왕하이펑 :
차분하고 성실히 일하며 다른 건 시간에 맡긴다

왕하이펑 : 바이두 최고기술경영자, 인공지능 시스템 책임자, 바이두 연구원 원장
인터뷰 일자 : 2020년 4월 28일

장샤오펑 : 선생님이 국가 차세대 인공지능 발전전략 자문 위원회 위원으로 임명되신
것에 주목하고 있습니다. 2017년 국가발전개혁위원회가 바이두에 '딥러닝 기술 및 응
용 국가 공정실험실' 건립을 맡긴 것과 과학 기술부가 바이두에 자율주행 국가 차세
대 인공지능 개방 혁신 플랫폼 건설을 맡긴 일이 의미하는 바는 무엇인가요?

국가급 플랫폼 협동 혁신, 생태화 개방 오픈소스

왕하이펑 : 이 자문 위원회가 아주 중요한 이유는 첫째로 중국 국내 인공지능 전문가
들이 모여서 기술과 산업 방향 등에 대해 의견을 제시하고 국가 정책 결정에 참여해
산업의 발전을 이끌 수 있다는 겁니다.
둘째로 국가가 이 부분의 중요성을 인식하고 실질적인 행동에 나섰다는 점입니다. 이
점은 획기적인 사건이자 전환점이라 할 수 있습니다. 그리고 바이두는 이번 일들이 성
사되기 전부터 〈차세대 인공지능 발전 계획〉을 위해 여러 차례 건의하는 등 많은 일
을 해왔습니다.
인공지능 발전전략 자문 위원회 외에도 인공지능 산업 연맹, 인공지능 기술혁신 발전
연맹을 비롯해 중국 전자학회, 컴퓨터 학회, 인공지능 학회, 중국어 정보처리 학회, 자
동화 학회 등 학술 조직에서 AI와 관련된 영역에서 활약하고 있습니다.
바이두가 건설을 맡은 딥러닝 기술 및 응용 국가 공정실험실과 자율주행 국가 차세
대 인공지능 개방 혁신 플랫폼은 아주 중요한 국가급 플랫폼입니다. 이것은 한편으로
는 국가가 바이두가 AI 분야에서 이룬 딥러닝, 자율주행 기술혁신 성과를 인정했다는
걸 의미하며, 다른 한편으로는 바이두가 이런 플랫폼들을 바탕으로 전체 생태를 이끌

어 AI 발전이 중국 전역에서 추진될 수 있도록 할 책임이 있다는 의미입니다. 바이두는 항상 국가에 공헌하기를 바라며 노력을 해왔습니다. 딥러닝 기술 및 응용 국가 공정실험실은 칭화대, 베이징 항공항천대 등 대학과 중국 정보통신연구원 등 과학 연구 기관과 연합해 기술혁신을 추진해 각종 기술 성과를 거두었습니다. 예를 들면 플랫폼에서의 오픈소스, 개방이나 조직에서의 고등교육 교사 양성, 바이두 황푸 아카데미에서 기업 기술 고위직 교육을 진행하는 것을 들 수 있습니다.

장샤오펑 : CTO를 맡으신 1년 동안 업무량이 너무 많아지지는 않았습니까?

왕하이펑 : CTO의 업무량이 많을 수밖에 없는 이유를 설명해야겠군요. 첫째, CTO는 전체적인 시각에서 바이두의 핵심 기술이 선두를 지킬 수 있도록 지속적인 발전을 추진해야 합니다.

둘째, CTO는 전체 기술 플랫폼의 기초를 다져야 합니다. 각종 기술을 완전하고 체계적으로 관리하면서 한편으로는 플랫폼화와 프로젝트의 효율을 향상해야 합니다.

셋째, CTO는 기술 및 응용을 책임지고, 기술의 단계적 성장을 책임져야 할 뿐만 아니라 기술자를 꾸준히 양성해야 합니다. 한마디로 '실무적이고 선두에서 철저히 책임을 지는' 엔지니어 문화를 지켜야 합니다.

넷째, CTO는 혁신 기술로 더 좋은 업무 지원을 하고, 바이두 자체 업무와 외부 산업에 더 좋은 서비스를 제공해야 합니다.

컴퓨팅 파워, 알고리즘, 빅데이터, 풀 스택 돌파

장샤오펑 : 알고리즘, 컴퓨팅 파워와 빅데이터는 AI의 3대 기초입니다. 그리고 바이두는 이 3가지 방면에서 유리한 위치에 있습니다. 전 세계적인 시각이나 중국의 국내적인 시각에서 비교해주시겠습니까?

왕하이펑 : 저는 기술을 다루는 사람인 만큼 이 주제는 진지하게 다루어야 할 것 같습니다. 먼저 빅데이터의 경우 저희가 빅데이터 분야 전체에서 선두에 있다고 말할 수는 없습니다. 다만 일부 분야에서 선두에 위치에 있는 건 사실입니다. 더욱이 빅데이터 분석 기술, 처리기술 등 빅데이터 기술 면에서는 뛰어난 장점이 있습니다. 빅데이

터 자체만 두고 본다면 기업마다 각자의 특색을 가지고 있지만, 검색 빅데이터나 지도 같은 시공간 빅데이터만 두고 본다면 바이두는 확실히 선두에 있습니다.

인공지능 알고리즘의 경우에는 비교적 광범위한 영역입니다. 기본적인 딥러닝, 패들패들 플랫폼 방면에서 바이두는 확실히 선두에 있습니다. 딥러닝의 핵심 구조인 훈련과 추리를 포함해서 패들패들의 초대형 딥러닝 모델 훈련 기술은 세계 선두에 있으며 단순히 실험실 안에서가 아니라 실제 산업에서도 응용이 되고 있습니다. 추리는 응용에 사용하는 기술로 바이두는 추리 기술도 발전되어 있습니다. 저희는 자체적으로 알고리즘을 만드는 동시에 중요한 파트너들과 협력을 진행했습니다. 예를 들어서 화웨이의 칩을 함께 최적화해서 좋은 효과를 거두었습니다. 또 개발한 정적 이미지와 동적 이미지, 제공된 산업급 오픈소스 모델 베이스도 유용하게 사용되고 있습니다.

딥러닝 학습과 관련된 분야로 강화학습도 들 수 있습니다. 저희는 강화학습 방면에서 유명한 NIPS 대회(현재 NeurIPS)에서 2년 연속 여러 항목에서 선두에 올랐습니다.

이러한 바탕에서 저희는 음성에서 인식 기술, 인지 기술과 같이 특색 있는 작업을 진행해 식별, 합성뿐만 아니라 클라우드부터 설비에도 적용했고, 더 나아가 칩까지 결합해 바이두 훙후칩을 발표했습니다.

알고리즘 측면에서 살펴보자면 저희는 아주 많은 획기적인 발전을 거두었습니다. 최근에 이룬 텐서플로를 기반으로 한 단대단 모듈은 이미지 식별, 안면 식별, 동영상 이해 등 일일이 열거할 수도 없을 정도로 광범위한 시각 기능을 갖추고 있습니다.

또한, 바이두 AI 기술은 응용이 다양해 고객의 검증 테스트에서 1위를 여러 번 차지했고, 국제 대회에서도 마찬가지로 여러 번 1위를 거뒀습니다.

특히 인지 레이어에서 바이두는 더욱 강력한 장점이 있습니다. 바이두의 자연어 처리와 지식 그래프 방면은 중국에서만이 아니라 세계에서도 선두에 올라 있습니다. 기술, 발표 성과뿐만 아니라 팀에서도 저희는 세계 인공지능 영역에서 굉장한 영향력을 갖춘 인재를 보유하고 있습니다. 그리고 의미 이해 측면과 ERNIE 모델과 같이 여러 방면에서도 세계적으로 우수한 기술을 많이 보유하고 있습니다. 기계 번역에서도 저희는 세계에서 처음으로 신경망을 기반으로 한 기계 번역을 선보였으며, 현재 동시통역 영역에서도 많은 성과를 거두고 있습니다. 또 예를 들자면 대화를 포함한 음성 생성 시리즈를 들 수 있습니다. 현재 대화는 아주 중요한 부분으로 UNIT 플랫폼의 영향력이 갈수록 커지고 있습니다. 저희는 세계에서 가장 큰 지식 그래프를 갖추고 있어 현재 지식의 총량이 대략 5,000억을 초과했습니다.

장샤오핑 : 인식, 연결뿐만 아니라 국가가 추진하는 디지털화, 네트워크화, 스마트화 전환과 '클라우드, 빅데이터, 디지털화 지원' 행동에서도 데이터가 대량으로 쏟아지고 있습니다. 최근 국가가 '요소 시장화'를 언급하며 앞으로 알고리즘, 컴퓨팅 파워에 영양 있는 '양식'이 갈수록 풍부해질 거라 했는데, 이 점이 바이두에 의미하는 바는 무엇입니까?

왕하이펑 : 저는 이 점을 기회로 보고 있습니다. 바이두뿐만 아니라 전체 업종에 기회가 될 겁니다. 국가는 이런 일들을 비교적 중요시하며, 동시에 점차 규범화해서 모두가 규정을 따르도록 하고 있습니다. 이것은 전체 업종이 성장하는 과정에서 필요한 부분입니다. 바이두는 보안 문제에서 스스로 엄격한 요구를 하는 동시에 전체 국가 기준을 정하고 법규를 제정해 전체 업종이 더욱 규범화되고 건강하고 안전하게 되도록 할 것입니다.

소프트웨어와 하드웨어의 일체화

장샤오핑 : 2014년 9월, 바이두는 샤오두 로봇을 추진했고, 관련 기술의 연구는 그 이전부터 해왔습니다. 그리고 이런 기술은 샤오두 비서(DuerOS)로 발전해 다시 소프트웨어와 하드웨어 일체화 제품에 이르렀습니다. 앞으로 더 많은 시나리오에 적용할 생각이십니까?

왕하이펑 : 샤오두는 겉으로는 단순히 음성 상호작용으로 보이지만 사실 자연어 처리, 자연어 대화 기능을 내재하고 있습니다. 아이는 태어나 몇 년이 지나면 말을 할 수 있고, 사람의 말을 이해할 수 있습니다. 하지만 복잡한 대화를 이해하기 위해서는 끊임없이 학습해야 합니다. 단순히 음성인식 능력만 갖추는 게 아니라 지식과 언어를 동시에 이해할 줄 알아야 하니까요.
샤오두 로봇 제작과 인공지능 스피커, 스마트 이어폰의 제작 시간은 다르지 않습니다. 처음 인공지능 스피커를 시도한 게 2013년 여름이었습니다. 당시 자연어 처리, 의

미 이해, 대화와 같은 음성 기술은 비교적 성숙해 있었고, 지식 그래프와 검색 엔진은 풍부한 정보와 지식을 제공해주어서 음성의 상호작용 능력과 이해 능력도 대폭 향상됐습니다.

그래서 스마트 이어폰과 인공지능 스피커 제품이 승인되어 시범 제품이 나왔지만, 당시에는 상용화가 불가능했습니다. 저희는 그중 소프트웨어 부분인 바이두 브레인 능력을 추출해 상용화가 가능한 휴대폰에 적용했는데, 바로 DuerOS입니다. DuerOS가 2015년에 발표된 이후로도 저희는 소프트웨어와 하드웨어 일체화를 포기하지 않았습니다. 그래서 2016년 4분기에 다시 도전을 시작했고, 마침 2017년에 인공지능 스피커의 시장 수요가 점점 생겨나기 시작했습니다. 사실 비즈니스 측면에서 보면 기술의 성숙 여부도 중요하지만, 상용화가 가능한 시점인지도 매우 중요합니다. 이 2가지 부분이 모두 갖춰져야 본격적인 상용화를 진행할 수 있으니까요.

장샤오펑 : 맞습니다. DuerOS는 주로 가정과 자동차 시나리오에 사용됐지요. 자동차가 to B에 치중해 있는 부분을 해결하기 쉬웠습니까? 그리고 가정과 자동차 외에 다른 적용된 부분이 있습니까?

왕하이펑 : 자동차는 to B, to C를 모두 갖추고 있지만, 최종적으로 to C를 사용합니다. 물론 그 외에 풍부한 시나리오가 있습니다. 예를 들면 자연어 대화 능력이나 많은 기업이 도입한 스마트 고객 서비스, 신종 코로나 바이러스 방역을 도운 스마트 호출 등을 들 수 있습니다.

장샤오펑 : 검색은 저희가 사용자의 각 차원의 수요를 더욱 잘 이해하고 판단할 수 있게 해주고, 저희의 사용자 프로필을 더욱 정확하게 해줍니다. 미래 스마트화가 공급과 수요를 더욱 정확하게 매칭해줄 수 있을까요? 저희가 그것을 사용자 행위 스마트 식별 시스템으로 볼 수 있을까요? 그리고 이를 통해 정확한 매칭을 이루거나 공급이나 업·다운스트림을 역추진할 수 있을까요? 만약 이러한 것들을 연결해서 스마트 검색+사용자 행위 스마트 식별 시스템+카테고리 정확 매칭+공급 역추진을 이룰 수 있지 않겠습니까?

왕하이펑 : 그렇습니다. 이러한 것들은 공급에 유용합니다. AI 기술 플랫폼의 기초능력을 두루 갖추고 있어 산업 생산 부품처럼 마음대로 조합할 수 있으니까요.

산업 스마트화를 돕는 스마트 클라우드

장샤오펑 : 이제 클라우드에 관해서 이야기해보죠. 우리는 그것을 스마트 클라우드라 정의했는데, 그렇다면 본질적 속성에서 다른 클라우드와 차이점이 있습니까?

왕하이펑 : 처음에는 그냥 클라우드로 불렀으나 사실 클라우드 컴퓨팅 자체가 더 많은 컴퓨팅 파워를 가지고 있으며, 컴퓨팅, 저장, 대역폭 등이 뛰어납니다. 사실 바이두는 이 영역에서 아주 빨리 발전하지는 못했습니다. 스마트 클라우드 또는 ABC 클라우드로 불리는 이유는 바이두의 클라우드가 AI, 빅데이터와 클라우드의 결합이기 때문입니다. 그래서 바이두 스마트 클라우드의 전략은 클라우드 컴퓨팅을 기반으로 하고, 인공지능을 수단으로 삼아 산업과 시나리오를 진행하고 있습니다.

바이두 클라우드의 특징은 인공지능을 수단으로 삼고 있다는 겁니다. 바이두의 전체 구조 역시 이렇습니다. 제가 책임지고 있는 '인공지능 시스템' 아래에는 기술 플랫폼과 스마트 클라우드 업무가 있습니다. 스마트 클라우드 업무가 전체 인공지능 시스템 안에 속해 있는 것이지요.

바이두 브레인은 스마트 클라우드 다음으로 아주 중요한 AI 기술로서 뒤에서 클라우드에 완벽하고 발전된 AI 기술을 제공해줍니다. 스마트 클라우드는 산업에 응용해 고객의 수요를 충족하는 것이고, 브레인은 핵심 능력을 제공하는 기술 플랫폼입니다.

장샤오펑 : 선생님께서는 세계적으로 저명한 과학자이시지요. 그런데 인공지능이 4차 산업혁명의 핵심 원동력이 될 거라 판단하셨습니다. 인공지능이 경제에 가져올 가장 큰 변화로는 어떤 게 있을까요?

왕하이펑 : 거시적인 관점에서 이야기한 겁니다. 인공지능이 4차 산업혁명의 핵심 원동력이 될 거라 말한 이유는 AI가 생산활동 곳곳에 적용되어 변화를 일으킬 거라 생각하기 때문입니다. 에너지인 전기는 생산력의 변화를 가져다주었고, 인간을 노동에서 해방할 수 있게 해주었습니다. 그렇다면 AI는 무엇을 가져다줄까요? AI는 인간의 일부 지적 활동을 대체하게 될 겁니다. 인간의 지적 활동은 세계를 바꿀 가장 근본적인 원동력이며, AI는 이 부분에서 큰 힘을 가지고 있습니다. 평상시 번잡스럽고 복잡한 일들을 AI를 통해 쉽게 해결할 수 있습니다. AI가 앞으로 더 고차원적이고 더 복잡

한 지적 활동을 할 수 있게 발전된다면, 그건 근본적인 변화가 될 겁니다. 바이두 스마트 클라우드가 추진하고 있는 방향 중 하나인 스마트 제조의 경우 품질 검사와 같은 일부 부분에서 이미 근본적인 변화가 일어났으며, 전체 생산 과정에 깊숙이 적용되고 있습니다. 제조업뿐만 아니라 어느 업종이든 마찬가지입니다. 지식과 정보는 바이두의 핵심입니다. 저희는 기업 내부 지식과 정보의 회전 과정을 전환해 기업의 효율을 더 높일 수 있습니다. 그리고 이것은 기업의 전체 생산 과정에 근본적인 변화를 가져올 겁니다.

장샤오펑 : 지식과 정보가 언급됐으니 질문드리겠습니다. 기관의 지식을 소프트웨어화, 함수화해서 패키징 모델링으로 재사용을 하는 플랫폼화 제품성에 대한 계획이 있습니까?

왕하이펑 : 앞에서 언급한 지식 기업을 위한 미들엔드와 바이두의 지식 그래프가 있습니다. 몇천억 개 지식의 통용 지식 그래프를 기본 플랫폼으로 삼고, 지식을 컴퓨팅과 추리할 수 있도록 바꿉니다. 어떤 업종이든 기초 지식은 전문 지식이 함께 역할을 발휘할 수 있습니다. 저희는 이미 통용 지식 그래프를 구체적인 영역에 응용해 영역 지식을 대량 누적했고, 이를 통해 업종이나 영역의 지식 그래프를 구축했습니다.

몰두해야 비로소 알 수 있고, 독창적인 가치를 가질 수 있다

장샤오펑 : 화웨이는 과거 산업 디지털화, 스마트화 전환 솔루션과 관련된 백서를 발표했습니다. 바이두가 진행한 산업 스마트화 사례는 아주 강한 설득력을 가지고 있고, 적용 영역도 굉장히 넓습니다. 하지만 산업 스마트화에 대한 가치제안, 로드맵을 제시하거나 솔루션에 대한 설명이 부족합니다.

왕하이펑 : 저희는 모든 영역에 대한 가치제안을 계속 설명해왔습니다. 다만 산업이 계속 발전함에 따라서 저희의 인식도 계속해서 발전하고 있습니다. 그래서 몇몇 부분의 설명이 미흡했거나 제대로 알려지지 않은 부분이 있을 수 있습니다. 최근에 저와 팀원들은 함께 스마트 도시의 가치제안에 관해 토론했고, 그것을 한 단계 더 발전시

켰습니다.

장샤오펑 : 2016년에 저와 팀원들은 마이금융(螞蟻金服)을 도와 〈중국 신형 스마트 도시 백서〉를 만들었습니다. 사실 바이두는 스마트 도시 구축에 상당한 경쟁력을 가지고 있습니다. AI 전체 능력은 말할 필요도 없고, 바이두는 시공간 빅데이터, 스마트 교통에서도 첫째로 손꼽히고 있습니다. 또 지능형 차량 인프라 협력 시스템, 스마트 교통신호 제어 시스템, 자동 주차 기술에서도 대체 불가능한 기술력을 확보하고 있습니다.

왕하이펑 : 맞습니다! 도시마다 상황이 다르므로 스마트 도시를 이루기 위해서는 상황에 맞는 각기 다른 착안점이 있어야 합니다. 예를 들어서 스마트 교통에 관심이 있는 경우도 있고, 시공간 빅데이터로 도시 관리를 최적화하는 데 관심이 있는 경우도 있고, 비상상황 관리 시스템을 먼저 구축하는 게 더 가치가 있다고 생각하는 경우도 있을 겁니다. 저희는 각 도시 관리자와 만날 때 저마다 다른 수요가 있다는 걸 발견합니다. 그리고 기업은 저마다 각기 다른 시각을 가지고 있고, 장점이 있는 영역도 다릅니다. 예를 들어서 아주 중요한 비상상황 관리 시스템의 경우 저희는 국가 비상 관리부와 함께 화재 위험 조짐 발견이나 위험 화학제품 추적 처리 등 많은 일을 진행해본 경험이 있습니다. 도시는 인류 생활의 기본 조건인 만큼 적용할 수 있는 부분도 많습니다.

왕샤오펑 : 과거에 도시나 산업 방면에서의 스마트 지수를 발표한 적이 있지 않습니까?

왕하이펑 : 저희는 발표를 고려해볼 수 있습니다. 사실 내부에서 이 점을 토론해본 적도 있었습니다. 부족한 부분을 더 다듬는다면 외부에 발표할 수도 있을 겁니다.

바른 판단을 내리고 꾸준히 전진해야 대변혁의 시대를 맞이할 기회가 온다

장샤오펑 : 10년 전 AI에 힘을 쏟기 시작했을 당시 자율주행과 같이 불확실성이 큰 부

분이 많았습니다. 아마도 10년 동안 꾸준히 투자하고, 뛰어난 인재를 모으는 과정에서 느끼는 점도 많으셨을 것 같습니다.

왕하이펑 : 10년 전에 저는 AI가 대변혁의 시대를 추진할 중요 동력이 될 거라고는 생각하지 못했습니다. 당시에 저는 그저 AI 기술이 아주 중요하다고만 생각했습니다. 사실 당시에는 AI를 언급하는 사람도 거의 없었습니다. 처음에 바이두는 단순히 자연어 처리, 딥러닝이 중요한 기술인 만큼 앞으로 비즈니스에 도움이 될 거라는 생각에 투자를 시작한 겁니다. 그렇게 진행하던 중 AI의 중요성을 발견하면서 중요한 일이 됐습니다. 더구나 나중에는 전 세계가 AI에 대해 통일된 생각을 가지게 됐지요. 돌이켜 보면 당시에는 이 일을 거시적 관점에서 바라보지 못했습니다. 그저 저희는 바른 판단을 내렸기에 꾸준히 이 길을 걸어온 것입니다.

장샤오펑 : 바이두 연구원을 소개해주시기 바랍니다. 현재 7개의 실험실로 이루어져 있나요?

왕하이펑 : 네, 7개입니다.[188] 몇 개의 단계로 나눠 설명하겠습니다.

가장 먼저 2013년 초에 IDL이 건립됐는데, 그 이전인 2012년 초에 딥러닝 연구가 시작됐습니다. 모두가 딥러닝이 가치가 있다고 생각해서 IDL이 건립된 겁니다.

다음으로 2014년에 두 개의 실험실이 추가됐는데, 하나는 빅데이터 실험실이고, 나머지 하나는 실리콘밸리 인공지능 실험실입니다. 이때 전체가 바이두 연구원으로 업그레이드됐습니다.

이 3가지 방면은 기술 방면과 관련이 있습니다. 딥러닝 기술, 빅데이터 기술은 넓은 의미에서 인공지능이라 할 수 있습니다.

2017년에 저희는 상용화를 고려하기 시작했습니다. 그래서 비즈니스 스마트 실험실을 설립해 비즈니스에 AI를 활용해 스마트 비즈니스로 발전시킬 수 있을지 연구하는 한편, 로봇과 자율주행 실험실을 설립해 응용 시나리오에서 전망이 있는 기술을 연구했습니다. 그리고 양자컴퓨팅 연구소를 설립해 양자컴퓨팅을 연구했습니다. 양자컴퓨팅은 아직 대규모로 응용되고 있지는 않지만, 미래지향적인 기술인 만큼 연구가 필

---

188. 2020년 8월, 바이두 연구원에 바이오 컴퓨터와 보안실험실이 추가되어 실험실이 9개로 늘어났다.

요합니다.

이후에 인식 컴퓨팅 실험실을 설립했습니다. 인식 기술은 음성 식별 기술만큼 진전을 이루었고, 계속해서 발전하고 있습니다. 다만 인지 기술은 아직 해결해야 할 문제가 많이 있는 상태입니다. 하지만 앞으로 이런 방면이 중요해질 겁니다. 기본적으로 이런 과정을 거쳐서 7개의 실험실이 생겨났습니다.

장샤오펑 : 외부에서 보면 신비하게 느껴질 겁니다. 딥러닝 기술 및 응용 국가 공정실험실과 자율주행 국가 차세대 인공지능 개방 혁신 플랫폼, 그리고 7개의 실험실에는 분명 비밀무기나 블랙기술, 하드코어 테크놀로지가 숨겨져 있을 겁니다. 지금 비축하고 있는 차세대 무기가 무엇인지 공개해주실 수 있으십니까?

왕하이펑 : 아주 많은 것들이 있습니다. 그리고 저희가 가치가 있다고 생각해 더욱 관심을 가지는 방면도 몇 가지가 있습니다. 예를 들면 음성 기술을 들 수 있습니다. 과거에는 응용 가치가 별로 없었지만, 저희는 이 방면을 중요하게 생각했습니다. 또 저희가 CDC와 협력한 RNA(리보핵산) 2차 구조 예측 알고리즘인 LinearFold는 신종 코로나 바이러스가 발병하기 전에 개발한 것으로 신종 코로나 바이러스의 전체 유전자 2차 구조 예측에 사용할 수 있었습니다. 일단 저희는 과학 연구 측면에서 가치가 있고, 앞으로 더 많은 사회적 가치와 비즈니스 가치를 불러올 수 있다고 판단이 되면 연구를 진행합니다. 일찍부터 꾸준히 연구를 진행한 것들 중에서 기회가 왔을 때 상당한 가치를 발휘한 경우가 많이 있었습니다. 기회는 준비된 사람에게 옵니다. 필요한 순간이 왔을 때 저희는 모든 준비를 완료해두고 있을 겁니다. 많은 일이 이렇게 발전했습니다. 양자컴퓨팅도 마찬가지입니다. 지금은 응용이 많이 되고 있지 않지만, 저희는 미래를 생각하며 계속 연구하고 있습니다. 이게 바로 저희의 논리입니다.

Part 5.

인공지능과 우리 :
스마트와 미래

13

스마트 사회 :
실시간 감지, 효율적인 관리

인공지능과 사회 관리의 결합을 강화해 정부 서비스와 정책 결정에 인공지능 시스템을 개발해 적용한다. 행정정보자원 통합과 공공 수요 정확 예측을 강화해 스마트 도시 건설을 추진하고 공공 안전 영역에서의 인공지능 심화 응용을 촉진한다. 생태 영역에서 인공지능 응용을 강화하고 인공지능을 응용해 공공 서비스와 사회 관리 수준을 향상한다.[189]

시진핑의 19회 중앙정치국 9차 집단학습 연설

(2018년 10월 31일)

　　스마트 시대가 도래하면서 사람들의 인식도 바뀌고 있다. 스마트 과학 기술은 이미 일반 가정과 생활에 깊이 침투했다. 앞에서 분석했듯이 인공지능은 각 분야와 업종, 시나리오, 시공간과 깊이 융합되고 있으며, 경제 발전의 패러다임과 논리를 다시 쓰고 생산 요소와 생산 관계를 새롭게 구축하고 있다.

　　신종 코로나 바이러스가 유행하면서 생산, 생활, 비상상황 관리, 사회 관리 등 각 방면에서 스마트 과학 기술의 중요 역할이 두드러지고 있다. AI 온도측정, 건강코드(Health Code), 클라우드 쇼핑, 클라우드 계약, 클라우드 세금 납부, 클라우드 진찰, 클라우드 강의, 클라우드 회의와 전시, 클라우드 대회는 신종 코로나 바이러스의 유행으로 업무의 일상이 됐다. '재택 쇼핑', '재택 근무', '자가 경제'는 사람들이 신종 코로나 바이러스로 인한 사회 제약을 극복하는 데 도움을 주고 있다.

　　크게는 스마트 도시 방안부터 작게는 스마트폰 칩까지 스마트 기술은 어디에나

---

189. 시진핑이 주관한 중국 공산당 중앙 위원회 정치국 제9차 집단학습에서 발언, 중국 정부 홈페이지 http://www.gov.cn/xinwen/2018-10/31/ content_5336251.htm 참고.

있다. 스마트 의료, 스마트 외출, 스마트 홈 등은 물론이고 생체공학 로봇, 커넥티드카, 3D프린터, 온라인 음악회, 안면 인식, 현금 없는 결제 등 사회생활 전체 영역에서 최신 스마트 기술과 제품을 찾을 수 있다.[190]

스마트 사회 : 새로운 생각, 새로운 구조, 새로운 행동으로 그려낸 새로운 청사진

경제 발전과 사회 진보는 나눌 수 없는 동전의 양면이다. 앞에서 기술, 경제, 사회 삼각형으로 기술, 경제, 사회와 인간의 관계를 설명한 바 있다. 기술혁명, 산업혁명 및 스마트 생활 추구라는 3가지 동력으로 사회의 스마트화 발전은 빠르게 추진되고 있으며 사람과 사회, 사람과 자연, 사람과 미래의 관계를 새롭게 구축하고 있다.

하지만 스마트 사회는 단번에 이루어질 수 없다. 스마트 사회에 이르기 위해서는 인공지능과 사람의 지혜가 모이고 각 주체가 협력해 새로운 생각, 새로운 구조, 새로운 행동을 활용해 미래의 스마트 사회, 스마트 생활의 새로운 청사진을 그려나가야 한다.

새로운 발전 이념, 새로운 관리 시스템, 새로운 목표 방향 등 여러 동력이 필요한 스마트 사회

전 세계가 인공지능을 전략적으로 높이 인식하고 있다. 그러니 인공지능은 앞으로 변혁을 이끌 전략 기술이 될 것이며, 역대 산업혁명과 비교했을 때 전 세계에 훨씬 더 큰 영향을 줄 것이다. 이와 같은 인공지능 시대에 적응하기 위해서는 전 세계적인 시각에서 인공지능 문제를 고려, 분석, 해결할 필요가 있다. 인류 역사의 발전 추세를 참고해 장기적인 안목에서 시세를 살피고, 아울러 자신의 위치를 정확히 찾아야 한다. 미래의 중국은 여러 신기술의 발원지가 될 수 있을 뿐만 아니라 더 많

---

190. 훠옌화(霍艷華), 다이타오(戴濤), 6월 23일 톈진에서 개막한 제4차 세계 스마트 대회, 학습 강국, 톈진 학습 플랫폼, 2020년 6월 12일

은 혁신성과를 이루어 전 세계에 영향을 주고 인류의 행복을 가져올 수 있다. 중국의 경제 전환 업그레이드를 위해서는 먼저 인공지능 서비스를 위해 실물 경제에서 광범위한 공간을 제공하고, 다양한 응용 시나리오로 첨단 기술 기업을 위한 소중한 '훈련' 기회를 제공해야 한다. 아울러 무수히 많은 네티즌이 생산한 수많은 데이터로 머신러닝을 위한 풍부한 '재료'를 제공해 기술의 교체와 혁신을 대대적으로 가속화해야 한다.[191]

AI 사고는 5대 발전 이념과 결합해 사회 발전, 국가 경쟁력 차원에서 깊이 적용되어야 한다. 또 도시, 산업, 지역 시나리오와 신인프라 건설, 사회 관리 방향에 깊이 침투해야 하며 행정, 교육, 의료, 교통, 공익, 협동 혁신, 지적자산 추진 등 각종 공공 서비스, 생태 건설 계획에 깊이 적용되어야 한다.

중국의 미래는 어떤 모습일까? 중국의 차세대 인공지능이 세계 인공지능 영역에서 어떤 지위를 가지게 될까? 〈차세대 인공지능 발전 계획〉 전략의 '3단계 발전 목표'는 이미 방향이 명확해졌다. 당의 19차 4중전회에서 "국가 관리 시스템과 관리 능력 현대화를 추진한다"라는 언급은 전체적인 지도방침이라 할 수 있다. 그리고 최근에 공개적으로 실시한 생산요소 시장화 등 개혁개방 계획은 중요 보장이며, 신인프라 건설은 스마트 경제, 스마트 사회의 신인프라다. 또 '국민의 새로운 아름다운 삶에 대한 기대를 꾸준히 만족시키는 것'은 기술혁명, 산업혁명, 스마트 경제 사회 발전의 귀착점이라 할 수 있다.

그중 〈차세대 인공지능 발전 계획〉에서 언급된 '안전하고 편리한 스마트 사회 건설'에 관련해 체계적으로 정리해 요점을 파악해보고자 한다.

191. 리엔훙, 차세대 인공지능의 건강한 발전 추진, 런민일보, 2019년 7월 22일 제17판.

[특별란] 〈차세대 인공지능 발전 계획〉의 '안전하고 편리한 스마트 사회 건설'

국민 생활 수준과 질적 향상 목표를 핵심으로 인공지능의 심도 있는 응용을 가속해 언제 어디서나 스마트 환경을 누릴 수 있도록 전 사회의 스마트화 수준을 대폭 향상한다. 단순성, 복잡성, 위험성이 있는 임무는 점진적으로 인공지능을 활용해 처리함으로써 개인의 창조력을 최대한 발휘할 수 있는 양질의 쾌적한 일자리를 만들어내도록 한다. 정확한 스마트 서비스를 더욱 다양하게 제공해 사람들이 양질의 서비스와 편리한 생활을 최대한 누릴 수 있도록 하고, 사회 관리 스마트화 수준을 대폭 향상해 사회가 더욱 안전하고 효율적으로 운영될 수 있게 한다.

1. 편리하고 효율적인 스마트 서비스를 발전시킨다

교육, 의료, 양로 등 국민 생활의 시급한 수요를 중심으로 인공지능 혁신 응용을 가속화하고 대중을 위해 개성화, 다원화, 고품질 서비스를 제공한다.

(1) 스마트 교육 : 스마트 기술을 이용해 인재양성 모델, 교육 방식 개혁을 하루속히 추진해 스마트 학습, 상호교류식 학습을 포함한 새로운 교육 시스템을 구축한다. 스마트 캠퍼스 건설을 전개하고 수업, 관리, 자원 건설 등 인공지능을 전체 과정에 응용한다. 입체적이고 종합적인 교육 환경, 빅데이터를 기반으로 한 스마트 온라인 학습 교육 플랫폼을 개발한다. 스마트 교육 보조를 개발하고, 스마트하고 빠르며 전면적인 교육 분석 시스템을 건립한다. 학습자를 중심으로 한 교육 환경을 건립해 정확한 교육 서비스를 제공하고 일상 교육과 평생 교육 맞춤화를 실현한다.

(2) 스마트 의료 : 인공지능 치료를 새로운 모델과 새로운 수단으로 삼아 널리 응용해 빠르고 정확한 스마트 의료 시스템을 구축한다. 스마트 병원 건설 방법을 모색하고 인간과 기계가 서로 협동할 수 있는 수술 로봇, 스마트 진료 보조를 개발한다. 또 착용할 수 있고 생체에 적합한 생체 모니터링 시스템을 연구 개발하고 사람과 기계가 협동하는 임상 스마트 치료방안을 연구해 스마트 영상 식별, 병리 분석과 스마트 합동 진료를 실현한다. 인공지능을 기반으로 대규모 게놈 식별, 단백질체학, 대사체학 등 연구와 신약 개발을 전개하고 의학 모니터

링 스마트화를 추진한다. 전염병 스마트 모니터링과 방역을 강화한다.

(3) 스마트 건강과 양로 : 집단 스마트 건강 관리를 강화하고 건강 빅데이터 분석, 사물 인터넷 등 핵심 기술을 획기적으로 발전시킨다. 착용 가능한 건강 관리 설비와 홈 스마트 건강 모니터링 설비를 개발해 건강 관리를 부분 모니터링에서 연속 모니터링으로, 단기 관리에서 장기 관리로 전환될 수 있게 한다. 스마트 양로 지역사회와 기관을 건설해 안전하고 편리한 스마트화 양로 인프라 시스템을 구축한다. 노인 제품을 스마트화하고 스마트 제품을 노인이 사용하기 편하게 수정하며 시청각 보조설비, 물리 보조설비 등 스마트 홈 양로설비를 개발해 노인의 활동 공간을 확장한다. 노인의 모바일 사교와 서비스 플랫폼, 감정 관리 비서를 개발해 노인의 삶의 질을 향상한다.

2. 사회 관리 스마트화를 추진한다

행정 관리, 사법 관리, 도시 관리, 환경 보호 등 중요하지만 해결하기 어려운 사회 관리 문제를 중심으로 인공지능 기술 응용을 추진해 사회 관리 현대화를 실현한다.

(1) 스마트 행정 : 정부 서비스와 정책 결정에 적합한 인공지능 플랫폼을 개발해 개방환경의 정책 결정 엔진을 연구 제작한다. 복잡한 사회 문제 연구 판단, 정책 평가, 위험 예측, 긴급 처리 등 중대한 전략 결정 방면에서 응용을 확대한다. 행정 정보 자원의 통폐합과 공공 수요의 정밀 예측을 강화해 정부와 공공이 원활히 상호작용할 수 있게 한다.

(2) 스마트 법정 : 재판, 인원, 데이터 응용, 사법 공개와 능동적 모니터링이 결합된 스마트 법정 데이터 플랫폼을 건설한다. 증거수집, 판례 분석, 법률 문건 열람과 분석에 인공지능 응용을 촉진하고, 법원 재판 시스템과 재판 능력 스마트화를 실현한다.

(3) 스마트 도시 : 도시에 스마트 인프라를 건설하고 스마트 빌딩을 확대하며 지하 관로 등 도시 행정 인프라를 스마트화로 개조 업그레이드한다. 도시 빅데이터 플랫폼을 구축하고 다양한 데이터가 융합된 도시 운행 관리 시스템을 만든다. 이로써 도시 인프라와 도시 녹지, 습지 등 중요 생태 요소에 대한 전반적인 인식 및 도시의 복잡한 시스템 운영 방식을 파악한다. 지역사회 공공 서비스 정보 시스템을 구축하고, 지역사회 서비스 시스템과 거주민 스마트 홈 시스템의 협력을 통한 도시계획, 건설, 관리 운영의 전체 라이프 사이클의 스마트화를 추진한다.

(4) 스마트 교통 : 운행차량 자율주행과 지능형 차량 인프라 협력 시스템의 기술 시스템을 연

구 개발한다. 복잡한 시나리오의 다양한 교통 정보를 종합할 수 있는 빅데이터 응용 플랫폼을 연구해 스마트화 교통정리와 종합 운행 협조 지휘를 실현해 지면, 궤도, 저공, 해상에 대한 스마트 교통 모니터링, 관리와 서비스 시스템을 구축한다.

⑤ 스마트 환경 보호 : 대기, 수질, 토양 등 환경 영역의 스마트 모니터링 빅데이터 플랫폼 시스템을 구축한다. 육상과 해상 통합, 하늘과 땅 일체화, 상하 협동, 정보 공유가 가능한 스마트 환경 모니터링 네트워크와 서비스 플랫폼을 건설한다. 자원 에너지 소비, 환경 오염물질 배출의 스마트 예측 모델과 조기경고 방안을 연구한다. 베이징, 톈진, 허베이와 장강 경제벨트 등 국가 중대 전략 지역의 환경 보호와 갑작스러운 환경적 사건을 방지할 수 있는 스마트 통제 시스템을 구축한다.

3. 인공지능을 활용해 공공안전 보장 능력을 향상한다

공공안전 영역에서 인공지능의 심도 있는 응용을 촉진하고, 공공안전 스마트화 모니터링 예측 경고와 통제시스템 구축을 추진한다. 사회 종합 관리, 신종 범죄 조사, 테러 등 긴박한 수요를 중심으로 다양한 관측 감지 기술, 영상 정보 분석 식별 기술, 생물특징 식별 기술을 조합한 스마트 보안과 경찰용 제품을 개발하고, 스마트화 모니터링 플랫폼을 구축한다. 중점 공공지역 보안 설비에 대한 스마트화 개조 업그레이드를 강화하고, 지역사회 또는 도시에서 조건부로 인공지능을 기반으로 한 공공 보호 지역 시범 운영을 실시할 수 있게 지원한다. 인공지능을 활용해 식품 안전을 더욱 강화한다. 식품 분류, 조기 경고 등급, 식품 안전 취약점 및 평가 등을 중심으로 스마트화 식품 안전 조기 경고 시스템을 구축한다. 인공지능을 활용해 자연재해의 효과적인 모니터링을 강화하고 지진, 지질, 기상, 홍수와 가뭄, 해양 재해 등 중대한 자연 재해를 중심으로 스마트 모니터링 조기 경고와 종합 대응 플랫폼을 구축한다.

4. 사회 교류를 촉진하고 상호신뢰를 공유한다

인공지능 기술을 충분히 활용해 사회의 상호교류를 강화하고, 믿을 수 있는 교류를 촉진한다. 차세대 소셜 네트워크 연구를 강화하고 증강현실, 가상현실 등 기술이 하루속히 광범위하게 응용될 수 있게 한다. 이로써 가상현실과 실제 환경의 융합을 촉진하고 개인 인식, 분석, 판단과 결정 등 실시간 정보 수요를 만족시키고 업무, 학습, 생활, 오락 등 각기 다른 시나리오의 빠른 전환을 실현한다. 대인관계 소통의 장애 요인 개선 필요성에 따라 감정을 가진 상호작용 능력, 사람의 수요를 정확하게 이해하는 능력을 갖춘 스마트 비서 제품을 개발해 감정 교류와 수요 만족의 선순환을 실현한다. 블록체인 기술과 인공지능의 융합을 촉진해 새로운 형태의 사회 신용 시스템을 구축하고 교류 비용과 위험을 최대한 낮춘다.

자료 출처 : 국가 발전개혁위원회 혁신 및 첨단 기술발전사, 2019년 4월 발표

중국 스마트 사회 실현에 큰 획을 그을 신인프라 건설

모두가 인공지능이 생산과 생활에 어떤 변화를 가져올지 정확하게 인식하지 못하고 있을 때 중국 정부는 신인프라 건설 개념을 제시했다. 이는 중장기적인 계획이지 절대 신종 코로나 바이러스 유행에 대처하기 위해 마련한 임시방편이나 임시대책이 아니다.

사회에서도 신인프라 건설을 제시한 시기가 적절했는지를 두고 많은 논의가 있었다. 단순히 산업 발전 규칙에서 본다면 산업에 응용될 인공지능 기술의 완성도가 들쭉날쭉한 상황이다. 우리는 칩, 운영체제부터 IP까지 진정한 산업화, 진정한 에지 컴퓨팅이라 하기에는 발전이 고르지 못하고 구조가 불안전하다. 더구나 일부 영역의 경우 자립도가 높지 않으며 능력과 업종 수요에서도 격차가 존재한다. 인공지능 전문가 중 대다수는 아직 기술 연구에 집중하고 있으며, 일부 완성도 높은 기술은 적용할 만한 기회를 찾지 못했다. 그러니 지금 상황에서는 성급하게 산업화를 강조하다가는 오히려 일을 그르칠 수 있다.

그리고 시각을 바꿔 생각해보면 이러한 현실은 중국 인공지능 발전이 필연적으로 독특한 노선을 따를 수밖에 없다는 사실을 발견하게 한다. 질적 성장 동력의 아래에서 우리는 상식적인 사고, 행동을 따를 수 없다. 중국은 이미 풍부한 데이터, 유비쿼터스 응용 시나리오를 가지고 있을 뿐만 아니라 기술 발전을 이루었고 독자적인 체제에서 우위를 결정할 수 있다. 그러니 이전 기술혁명이나 산업혁명처럼 무턱대고 모방할 수는 없다. 더구나 국가안보의 필요성 때문에라도 우리는 앞장서서 나아가야 한다.

신인프라 건설은 스마트 사회의 도래와 사회 관리의 스마트화를 위해서 튼튼한 기반을 제공해줄 것이며, 스마트 경제에도 충분한 동력이 되어줄 것이다. 우리는 인

재양성과 확보에 자신이 있으며 정부가 포용력을 가질 거라는 것도 믿고 있다. 또한, 기술적 지원을 받아 혁신을 일궈 나갈 수 있다는 자신감도 있다. 선진국과 비교했을 때 우리의 컴퓨팅 파워, 알고리즘, 빅데이터는 저마다 장점이 있다. 바이두 브레인, 패들패들 딥러닝 플랫폼, 아폴로 에이스(Apollo ACE) 교통엔진과 같은 플랫폼, 생태와 시스템도 사회 관리 시스템의 건설과 사회 관리 능력 향상을 촉진할 것이며, 새로운 스마트 도시의 수준을 대폭 발전시켜 스마트 사회가 하루속히 도래할 수 있도록 도울 것이다. 바이두는 갈수록 풍부한 과학 연구 기반을 구축하고 있으며 업무는 빅데이터, 인공지능의 연구와 광범위하게 연결되어 있다. 인터넷을 기반으로 한 디지털 경제가 모든 것을 아우를 수 없는 이상 전통 비즈니스의 관심은 미래의 새로운 동력, 새로운 생산요소, 새로운 생산관계로 이동하게 될 것이다.

스마트 경제에서 중국의 자신감과 장점은 더욱 두드러진다. 모바일 인터넷이 널리 보급되어 있어 전 사회의 모바일 인터넷에 대한 이해와 광범위한 체험, 참여 정도가 유럽이나 미국보다 앞서 있다. 모바일 인터넷이 전 사회의 발전과 국민에게 미치는 영향력에서 중국은 유럽과 미국을 앞질렀다. 더구나 미국과 중국이 모바일 결제, 전자상거래, 소셜 네트워크, 공유경제 등이 발전해 세계 디지털 경제 발전의 핵심 선두주자가 된 것과 달리 유럽은 양질의 인터넷 생태를 형성하지 못했다. 인공지능 영역에서 유럽은 전통 영역의 스마트화, 특히 의료, 산업 등 방면에서는 정보화, 디지털화가 어느 정도 이루어졌지만, 스마트 경제 영역에서는 적합한 응용 시나리오를 찾기가 어려워 선규제 후발전 노선을 취하고 있다. 더구나 중국은 제도적 장점, 시장 장점, 데이터 장점, 뛰어난 인재 등 요소를 바탕으로 스마트 경제에서 전 세계의 선두에 있는 만큼 중국과 미국은 이 영역에서 처음으로 격차가 생기게 될 가능성이 있다.

산업 스마트화 전환은 정부가 직면한 최대의 도전이자 질적 성장의 절박한 요구다

스마트 산업 사고가 어떻게 실행되느냐는 스마트 경제 발전의 핵심이다. 스마트 경제, 스마트 사회의 발전이 앞으로 정상 궤도에 진입하려면 산업이 진정으로 발전에 유리한 길을 찾고 AI와 산업의 알맞은 결합점을 찾아야 한다.

정부의 앞으로의 지원+바이두 등 AI 기업의 기술 발전과 서비스 능력+스마트에 대한 업종의 수요와 이해가 모여 신인프라 건설의 대토대를 형성할 것이다. 특히 이 3가지 힘이 모여 혁신 인프라와 AI 생태의 버팀목이 되고 최종적으로는 체계적으로 추진해 차세대 인공지능을 더 많은 시나리오, 더 넓은 지역, 더 깊은 융합을 이루게 할 것이다.

모두가 발전 방향에 대한 공감대를 이루는 게 아주 중요하다. 기술을 장악하고 있는 사람만 미래의 스마트 사회, 스마트 경제가 무엇인지 알아서는 안 된다. 더욱이 AI를 단순하게 미래에 이용할 도구로만 바라보아서는 안 된다. 오히려 기본 요소를 바꾸고, 산업 구조를 다시 세워 모두가 미래 산업 발전에 대한 인식을 가질 필요가 있다. 한마디로 말해서 전체적인 변화가 필요하다. 특히 정부는 앞장서서 관점을 전환해 정세에 따라 유리한 방향으로 이끌어 나갈 수 있어야 한다.

중국에서 정보화 발전은 1990년대에 이루어졌다. 당시 중국 정부가 정보화를 추진하면서 중국의 IT 업종 대발전의 서막이 열렸다. 그 당시 민간 창업자 중 대다수는 정보화와 인터넷이 핵심 비즈니스 모델이 될 거라는 생각을 하지 못했다. 그저 정부가 제공하는 창업 기회를 이용해 to G 항목에 뛰어들었을 뿐이었지 정보화의 진정한 가치를 이해하지는 못했다. 일부 기업과 기관이 이른 시기에 정보화를 이루기는 했지만 to C, to B에 이르지는 못했다. 이에 도시와 사회 제품과 서비스는 정부 기관에만 적용됐을 뿐 국민에게 미치지는 못했다.

인터넷 시대가 시작되면서 to C의 역할이 중요해졌지만, 이후 업종에 대한 행정 모니터링에 사각지대가 생겼고, 많은 데이터와 응용 시나리오가 체제 밖의 자원이 되어 제도의 관리를 받지 못했다. 그런 만큼 미래의 스마트 경제 영역에서 바이두는 하나의 기술 플랫폼으로서 사회, 공공, 소비자, 각 업종을 위해서 마땅히 공헌해야 한다.

공공 서비스, 사회 관리, 과학 기술 발전, 경제 성장의 진정한 의미는 사람의 발전과 성장을 존중하고, 더 나은 삶에 대한 국민의 기대를 만족시키는 것

기존 IT 시대에 정보화는 PC의 버스 구조(Bus Structure)에 가까워서 위에서부터 아래로 통일된 출구가 있어 일정 정도 발전하면 대역폭 부족, 데이터화 축적 부족

등이 나타나는 일종의 통용 도구였다. 그리고 인터넷 시대에 이르자 2010년 이후부터 10년 동안 핵심적인 중심 형태가 형성됐고, 각기 다른 영역에서 몇 개의 대형 인터넷 기업과 플랫폼이 형성됐다.

이후 인공지능이 발전하고 에지의 스마트화, 모든 노드의 스마트화가 강조되면서 수요가 높아졌다. 모든 사람이 더 큰 존중과 자유를 얻길 바랐고, 모든 개체의 스마트 서비스에 대한 만족은 인공지능의 다음 단계 발전의 주요 목표가 됐다.

단순한 플랫폼 통용 서비스는 이미 개성화된 요구를 만족시킬 수 없으며 정보 단말의 다양성은 가장 기본적인 요구가 됐다. 미래 모든 서비스는 모든 개체에 독특한 서비스 방식을 제공해야 한다. 개성화 수요를 만족시키는 에지 능력, 에지 스마트는 미래에 아주 중요한 평가 기준이 될 것이다. 개성화에 대한 존중과 만족은 스마트 경제, 스마트 사회의 미래 발전 가치와 방향이다.

인공지능의 빠른 발전은 인류의 취업 방식, 협력모델에 깊은 영향을 끼치게 될 것이다. 이미 신종 코로나 바이러스가 유행하면서 공유직원, 공유경제가 새로운 취업 모델로 등장했고, N잡으로 생계를 유지하는 모습을 어디에서나 볼 수 있다. 취업 형태는 앞으로 아주 달라질 것이며, 특히 인공지능이 사람의 반복 노동을 대체한 뒤 우리는 시간과 에너지를 더 나은 혁신과 창조를 이루기 위해 집중해야 할 것이다.

새로운 흐름 속에서 모두가 인공지능이 기존 경제를 어떻게 발전시키고 이끌어 갈지에 관심을 가지는 한편 취업에도 관심을 가져야 한다. 사실 인터넷 경제가 이미 우리에게 답을 제시하고 있다. 인터넷 시대 초기에 인터넷 업종이 실물 경제의 취업 기회를 침해할 거라는 우려가 있었지만, 막상 현실은 그렇지 않았다. 지금 많은 사람들이 전자상거래, 생방송, 홍보, 지식과 콘텐츠 제작, 모바일 차량 예약 서비스 플랫폼에서 일하고 있다. 인공지능 시대의 도래에 대해 일부 보수적인 시각을 가진 사람들은 인류 취업의 재난을 가져올 거라 생각한다. 인공지능으로 인한 새로운 변화는 과연 취업 기회를 만들어낼까? 아니면 취업 기회를 없애버릴까? 사실 이 문제에 대해서는 걱정할 필요가 없다. 일정 정도 조정 과정을 거친 뒤 인터넷처럼 새로운 업종을 만들어내고 새로운 취업 기회가 생겨날 테니 말이다. 현재 바이두의 모바일 생태와 AI 생태는 이미 수천만 명에게 가치 창조 기회를 제공했으며, 앞으로 더 많은 취업 기회를 만들어내거나 그들의 취업 능력을 계속 향상시킬 것이다.

인류 과학 기술의 발전 과정을 볼 때 영국의 산업혁명으로부터 지금까지 과학 기술의 발전은 인류의 삶을 더 좋아지게 했다. 인류가 더욱 자유롭게 자기 생각을 발휘할 수 있게 해주었고, 정신적으로 더 많은 만족을 얻게 해주는 동시에 더욱 안락하고 존엄한 취업 기회와 취업 형식을 가져왔다. 미래 20년 뒤에 우리는 인공지능을 통해서 이와 같은 결과를 보게 될 것이다.

전통 경제, 인터넷 경제로부터 더 개방적인 스마트 경제로 발전하는 것은 인간 본성에 대한 존중이자 인간의 생존 욕구에 대한 존중이다. 그리고 이는 과학 기술 발전의 진정한 의미이기도 하다. 스마트 사회는 최종적으로 생산 관계의 스마트화, 운영 메커니즘의 스마트화, 전체 사회 메커니즘 스마트화의 실현이다. 기술에서부터 경제, 사회, 사람으로까지 적용되어야 비로소 모든 사람이 능력과 관계없이 존중받을 수 있고, 모두가 끊임없이 성장할 수 있으며 더 나은 삶에 대한 모두의 기대를 만족시킬 수 있다.

스마트 행정과 스마트 공공 서비스

"완전한 운용 인터넷, 빅데이터, 인공지능 등 기술 수단에 행정 관리의 제도 규칙을 세운다. 디지털 정부 건설을 추진하고 데이터가 질서 있게 공유될 수 있게 하며 개인정보가 법의 보호를 받을 수 있게 한다."

이것은 당의 19차 4중전회 〈결정〉에서 제안한 요구다.

행정 서비스와 공공 서비스의 새로운 변혁을 요구하는 스마트 사회

신인프라 건설은 행정 서비스와 공공 서비스에 새로운 서비스 공간과 형태를 제공해주었다. 국가가 추진하는 혁신 플랫폼, 매스 이노베이션 공간, 단지 전환도 새로운 서비스의 중요 구성 부분이다. AI 플랫폼형 기업이 구축한 AI 신생태도 한층 사회화되어 외부성을 가지게 될 것이다. 종합해보면 스마트 사회의 공공 서비스 제공 방식은 혁신을 거듭해 기존의 기본 민생 수요인 육아, 교육, 노동, 의료, 양로, 주거, 취약계층 지원 방면에서 국가의 기본 공공 서비스 제도 시스템을 더 완벽하게 갖출 필요가 있으며 공공 생태에 대한 지원, 혁신과 협동 강화, 종합능력 발전 촉진은 새로운 서비스, 새로운 관리의 주요 방향 중 하나가 되어야 한다.

스마트 교육은 전통 교육에 변화를 불러오고 있고 스마트 의료는 공급의 구조적 난제를 해결하고 있다. 정부 서비스, 공공 서비스의 변화는 신종 코로나 바이러스 이후 정부의 사회 관리에 엄청난 변혁을 몰고 올 것이다. 스마트 도시도 새롭게 정의되어 중국이 제창하는 새로운 형태의 스마트 도시의 내용이 갈수록 풍부해질 것이다.

기술은 스마트 경제의 기초이며, 스마트 경제는 어느 정도 스마트 관리를 촉진하는 역할을 한다. 그러니 기술, 스마트 경제, 스마트 관리는 밀접하게 관련된 만큼 함께 추진되어야 한다.

현재 스마트 경제의 산업 스마트화와 관련된 몇 가지 방향은 정부 서비스, 공공 서비스와 밀접하게 관련되어 있다. 그중 하나는 스마트 의료 또는 스마트 건강이다. 의료, 양로, 재활과 요양, 건강 등이 포함되어 있어 정부와 국민 모두가 매우 주목하고 있는 영역이다. 더욱이 신종 코로나 바이러스가 유행하면서 이 영역에 관한 관심이 더욱 높아지고 있으며, 많은 기대가 있다. 다음으로는 스마트 교통, 스마트 외출이다. 교통 영역의 데이터는 상대적으로 정부에 집중되어 있어 산업 적용이 비교적 쉽게 이루어질 수 있으며, 이미 어느 정도 응용이 이루어졌다. 미래 경제가 발전하고 사회자원이 부족해짐에 따라서 교통 효율 향상에 거대한 공간이 갖춰질 것이다. 마지막은 스마트 교육, 그리고 스마트 보안 영역이다.

종합해보면 건강, 외출, 교육, 보안은 국민의 생활과 밀접하게 관련된 영역으로 공통된 업종 우위를 가지고 있다. 첫째, IT 시대 누적된 데이터양이 아주 많다. 둘째, 관련 기업이 컴퓨팅 파워, 알고리즘이든 SaaS, PaaS에서든 참여하는 측면이 다르기는 하지만, 업무 목표가 일치해 공감대를 이룰 수 있다. 셋째, 국가 경제와 국민 생활 안전과 긴밀하게 연결되어 있어 순조롭게 정부 추진 방향을 따를 수 있다.

이러한 영역은 제일 먼저 구체적인 연구를 진행해야 하며, 미래지향적 시선으로 앞으로의 추세를 예측하고, 더 많은 개발을 이루어 더 많은 상상과 협동 행동을 일으켜야 한다.

예를 들어서 건강 영역의 경우 1년 동안 중국 국내에서 건강 관련 검색이 32% 증가했다. 건강 업종의 전체 수요가 안정적으로 증가하고 있고, 질병에 관한 지식 수요가 최근 대폭 늘어났다. 또한, 건강 업종 수요가 시대적 변화로 인해 새로운 소비자의 수요가 나타나고 건강 업종에 대한 새로운 추세와 사용자 특징이 출현했다.

이에 선견지명을 가진 지방 정부가 앞장서서 탐색을 진행하고 있다. 구이저우(貴州)는 중국 최초 빅데이터 종합 시범지구로 빅데이터와 실물 경제, 민생 서비스, 사회관리 등 융합을 가속화하고, 신구 동력 전환과 전 사회 정보화 발전을 추진하고 있다. 현재 구이저우 농촌에서는 전자상거래를 이용해 산촌 농민들이 가난에서 벗어나도록 해주고 있다. 성(省), 시(市), 현(縣), 향(鄕)에서 원격 의료를 활용해 진료를 보기 힘들었던 산촌 지역 문제를 해결하고 있으며, '스마트 TV'로 농촌 사람들이 디지털 생활을 누릴 수 있게 해주었고, '하나의 클라우드, 하나의 네트워크, 하나의 플랫폼'으로 정부의 업무 처리 효율을 높였다. 사회 관리에도 AI의 그림자를 볼 수 있다. 귀이저우성 경찰은 톈왕 프로젝트(天網工程)와 AI 등 기술을 결합해 안면 인식을 통해서 수많은 인파 속에서 도주범을 체포하는 데 성공했다. 정부의 행정 간섭을 줄이고 기업에 경영 자율권을 주는 방향이 대대적으로 추진되고 있을 때 구이저우성 행정 서비스 부서는 '빅데이터+행정'을 통해 '데이터를 통합해 사람들이 편리한 이용'을 할 수 있게 함으로써 정부 관리 수준을 향상했다.[192]

정부 정보 서비스 효율을 향상한 바이두 스마트 정부

정부는 온라인 행정 서비스를 적극적으로 추진해 '인터넷+스마트+행정 서비스'를 모두가 더 빠르고 쉽게 사용할 수 있게 하고 있다. 바이두 융합 음성 기술, 안면 인식, 텍스트 식별 등 다양한 AI 기술은 스마트 도시, 정부 업무, 정보 관리와 공공 서비스 등의 시나리오에 응용되어 정부 정책 결정, 업무 과정 최적화를 도울 뿐만 아니라 기업과 국민의 편의를 향상할 수 있다. 예를 들어 '스마트 문답'의 경우 2가지 점에서 응용 가치가 있다.

하나는 정책 정보를 더 쉽게 확인할 수 있다. 바이두 UNIT 기술을 통해서 정부 웹사이트 등 정보 채널에 24시간 스마트 문답 서비스를 제공해 기업, 국민이 언제든지 정책 규범 등 정보를 찾아볼 수 있게 함으로써 정부 정보를 더욱 쉽게 확보할 수

---

192. 뤄페이(駱飛), '사람의 의중을 파악할 줄 아는' 인공지능 스마트 사회 건설을 추진한다, 구이양(貴陽) 신화통신, 2019년 5월 27일.

있게 해줄 수 있다.

다음으로 정부 정보 문답 서비스 체험을 향상할 수 있다. 국가 정책, 처리 지침 등 정보에 바이두 UNIT 플랫폼을 이용하면 문답, 멀티대화 배치를 신속하게 진행할 수 있어 스마트화 문답 서비스를 구축해 정부의 정보 서비스 효율을 높일 수 있다.

2018년 국가 발전개혁위원회 대도시와 소도시 개혁 발전 센터와 바이두는 공동으로 '바이두 첸청계획(百度千城計劃)'을 추진해 정부 관리 모델과 '인터넷+행정 서비스'의 혁신과 전환을 진행했다. 2019년 말까지 '바이두 첸청계획'은 베이징, 항저우, 장춘 등 3개 성 26개의 시 및 국가급 경제개발지구 2곳에서 실행됐다. 그리고 그중에서 베이징, 저장, 푸젠은 전체 지역 협력을 실현해 바이두 지식인의 도움을 받아 정책 정보, 업무 처리 정보, 행정 서비스 등 내부 배치를 완료해 총 1억 5,800만 명에게 적용했다.

푸젠성을 예로 들면, 바이두 지식인은 '민정통(閩政通)'과 결합해 지방정부 서비스 문답 콘텐츠를 설립했다. 그리고 여권, 법정 적립금, 자동차 연례 정기 검사 등 주요 행정 업무를 정리해 정부 관련 부서에 권위 있고 정확한 답변을 제공받아 정부의 행정 정보를 문답 시나리오에 적용했다. 그리고 이를 구조화해서 한 번에 원하는 정보를 제공받을 수 있도록 했다.

검색 엔진은 국민이 행정 서비스 정보를 확인하는 주요 통로다. 바이두 검색은 매일 수억 회에 달하는 검색을 처리하고 있는데, 그중에서 거의 7천만 건이 행정 서비스 관련된 검색이었다. 그리고 바이두 지식인 플랫폼에서 발생한 행정 관련 질문 중 60%가 정책 관련 질문이었고 40%는 업무 처리를 위한 것이었다.

현재 사람들이 행정 서비스를 이용할 때 어디서 처리해야 할지 알지 못하거나 처리 가능 시간, 과정, 필요한 자료가 무엇인지 정확히 알지 못하거나 처리 과정을 조회할 수 없는 등의 문제를 겪고 있다. 효율과 체험은 행정 서비스의 가장 핵심 문제로 곧바로 정확하게 원하는 서비스에 연결될 수 있어야 스마트 행정 수요를 만족시킬 수 있다. 이에 국민이 정부 기구에서 일을 처리할 때 정보를 조회할 수 없거나 물어볼 곳이 없거나 절차가 너무 복잡한 등 문제를 해결하기 위해서 바이두 검색, 바이두 지식인은 미니앱과 연동해 정부 서비스에 직접 접속할 수 있게 하고 있다.

행정 '일괄 처리'가 가능한 바이두 스마트 미니앱

행정 서비스를 손바닥에서 원터치로 처리할 수 있도록 2019년 11월, 바이두는 베이징시와 함께 손을 잡고 스마트 미니앱 '베이징퉁(北京通)'을 선보였다. 여기에는 시 공안국, 시 위생 보건 위원회 등 30여 개 관련 부처의 사회 보험, 호적 관리, 교통, 세무, 의료, 교육 등 620여 종의 서비스가 제공되고 있다. 사람들의 다양한 행정 서비스 수요를 파악해 시민들이 직접 찾지 않아도 빠르게 서비스를 받을 수 있어 만족도가 높다.

사용자가 바이두에서 '베이퉁', '베이징 행정', '수도 행정 서비스' 등 관련 키워드를 검색하면 단번에 출생 등록, 호구 변경과 말소, 호적부 교환 재발급, 신분증 교체 등 예약 처리를 할 수 있다. 한마디로 손바닥 위에서 누리는 정보 서비스, 원터치로 끝내는 업무 서비스, '모바일 단말기'를 통한 상호작용 서비스를 누릴 수 있게 된다.

이와 같은 스마트 미니앱은 특정 계층의 사람들에게 편익을 가져다줄 수 있다. 예를 들어서 바이두 스마트 미니앱인 '베이징퉁'은 장애인을 위한 서비스를 제공한다. 또한, 장애인들의 증명서 처리, 변경, 분실, 재발급 서비스 및 장애인들의 보조금 보조 신청 서비스를 제공한다.

'베이징퉁' 스마트 미니앱 외에도 바이두는 국무원 관공서, 충칭, 푸젠, 청두 등 여러 정부 부처와 협력해 행정 서비스 영역에서 범위를 더 넓히고 응용 빈도를 높이는 데 집중하고 있다. 이에 '국가 행정 서비스 플랫폼', '위콰이반(渝快辦)', '민정퉁(閩政通)', '톈푸스민윈(天府市民雲)' 등 스마트 미니앱을 추진해 행정 서비스 문턱을 대폭 낮췄다.

이 밖에도 스마트 미니앱은 정부 부서가 민생 영역에서 중대한 사건이나 행사 홍보를 해야 할 때 더 빨리 국민의 관심을 끌 수 있도록 도울 수 있다. 바이두 데이터, 사용자 영상 등 분석 기술을 기반으로 중대 사건과 행사 정보를 스마트 미니앱에 적용해 잠재적 수요가 있는 사용자에게 정보를 전달하고 전파 범위를 확장해 홍보 효율과 효과를 향상할 수 있다.

흥미로운 점은 중국 각 정부 부처뿐만 아니라 해외 정부에서도 스마트 미니앱의 편리성에 주목하고 있다는 점이다. 2019년 4월 25일, 바이두는 주중 스위스 대사관에서 협력 의향서를 체결했다. 그리고 리옌훙과 스위스 연방 의장 율리 마우러(Ueli

Maurer)는 함께 최초의 국가 미니앱인 '스위스'가 바이두 앱에 정식 게시되는 걸 지켜봤다.

바이두는 일대일로, 베이징 세계원예박람회, 세수 홍보의 달, 세계 헌혈의 날 등 중요 행사와 관련해 '스위스 국가 미니앱', '바이두 온라인 세계원예박람회', '수도 헌혈' 등 스마트 미니앱을 통해 비자 처리, 관광 방법, 헌혈 예약 등 기능을 '즉시 검색, 즉시 사용'할 수 있도록 하고 있다.

민간 서비스 영역에서 협력을 추진한 바이두와 광둥성 공안청

바이두는 광둥성 공안청과 민간 서비스 영역에서 협력을 달성했다. 이에 바이두가 제공하는 기술 플랫폼의 도움을 받아 광둥성 공안청은 행정 바이두 ID를 개통했다. 그리고 이를 이용해 운전면허증 정보, 자동차 위법 사항 등 다양한 정보를 온라인에서 조회할 수 있게 제공하고 광둥성에서 검색을 기반으로 새로운 형태의 디지털화 도시 건설을 추진했다.

인터넷 생태에서 검색 엔진은 민간과 정부 부서 소통에 중요한 출구를 만들 수 있다. 바이두에서 매일 공안 관련된 정보검색 요청만 900만 건이 넘고, 연 검색 배포량은 35억 회가 넘는다.

하지만 웹사이트로 대표되는 기존 검색 생태는 정부 부서와 민간 소통이 취약하다. 사용자의 시각에서 출발하는 서비스 인식이 부족하기 때문에 편리한 민간 서비스 최적화, 관리가 잘 이루어질 수 없다. 그리고 정부 부서가 제공하는 서비스는 종종 제삼자나 매체 콘텐츠에 밀려 후방에 위치하거나 서비스에 접촉할 방법을 찾기 어려운 문제가 발생한다. 이 밖에도 설사 서비스에 접속할 방법을 찾았다고 하더라도 검색 엔진에서 정부 웹사이트로 넘어가야 하고, 다시 두 번 또는 세 번 웹페이지를 이동한 다음에야 비로소 행정 정보를 확인할 수 있다.

하지만 바이두 ID는 이와 같은 산적한 문제들을 해결했다. 그 이유는 바이두 ID가 콘텐츠와 서비스 제공자의 운영 비용을 최대한 절약할 수 있게 해서 잘하는 일에 더 많은 에너지를 쏟을 수 있게 할 수 있기 때문이다.

바이두 ID의 강력한 기능과 풍부한 권익 덕분에 정부 부서의 '원스톱 서비스'가 더는 불가능한 일이 아니게 됐다. 그리고 사용자는 검색 결과에서 행정 바이두 ID를 식별해 검색 결과 페이지에서 직접 서비스를 이용할 수 있게 했다. 이렇게 전 과정 최적화를 통해 정부 부서가 '국민을 위해 집권한다'는 이념을 실현할 수 있게 됐다.

공안부서의 경우 호적 처리와 차량 관리는 온라인 검색 서비스의 양대 주요 영역이다. 이에 광둥성 공안청 행정 바이두 ID는 주로 양대 주요 영역과 관련된 서비스를 제공한다. 사람들은 바이두 ID를 통해 즉시 신분증, 여권, 홍콩과 마카오 통행증, 타이완 통행증 등 증명서 처리 과정과 심사 과정을 조회할 수 있으며, 동시에 직접 온라인에서 자동차와 운전면허증으로 교통 법규 위반 사항을 조회해볼 수 있다.

이와 같은 기술 활용을 통해서 정부 부서의 업무 부담이 줄었을 뿐만 아니라 행정 효율도 자연스럽게 향상됐다. 통계에 따르면 교통 법규 위반 사항을 온라인에서 조회할 수 있게 된 뒤 바이두 ID 홈페이지 조회 수가 93%를 넘겼고, 매일 서비스를 이용하는 운전자가 연인원 5만 명에 달하는 것으로 나타났다. 2018년 7월부터 지금까지 광둥성 공안청 바이두 ID 팔로우 수 증가 폭은 1,200%가 넘었다.

칸칸스마트 : 바이두 AI와 협력해 스마트 사회 보험을 돕다

인사부 통계에 따르면 2017년 9월 말까지 사회 보험 카드를 소장한 사람 수가 10억에 달하며, 매년 사회 보험을 부당 수령하는 사람 수가 20만~50만 명에 이르는 것으로 나타났으며 부당 수령액은 20억 위안에 근접했다. 부당 수령액수가 크고, 부당 수령기간이 긴 데다가 모방 범죄도 만연해 사회 보험의 건강한 발전에 심각한 영향을 주고 있다.

칸칸스마트(看看智能) 과학 기술의 칸칸 사회 보험 앱은 사용자가 많고 지역이 광범위한 스마트 사회 보험 인증 소프트웨어로, 바이두 AI 안면 인식 기술을 적용한 뒤 사회 보험 부당 수령, 대리 수령, 지역이동 부당 수령의 문제를 효과적으로 해결할 수 있게 됐다. 현재 이 제품은 허베이성 장커우시(張家口市)와 랑팡시(廊坊市), 허난성 핑딩산시(平頂山市), 산시성 진중시(晉中市) 등 전국 10개 성, 106개 지역에서 사용되고 있다.

사용 과정에서 안면 인식 정확률은 99% 이상이며, 평균 2초 안에 수령인의 신분 증명이 끝난다. 이에 더욱더 효율적이고 편리하고 안전한 심사가 가능한 동시에 거동이 불편한 국민도 언제 어디서든 신분 증명을 할 수 있게 됐다.

전국에서 첫 번째 AI 공원인 하이덴 공원, 새로운 공공 서비스 탐색을 진행해야 할 때

2018년 11월 1일, 바이두와 하이덴구가 협력해 조성한 전 세계에서 첫 번째 AI 공원이 정식 개방됐다. 하이덴 공원은 이로써 AI 공원으로 변모했다.

이 공원은 AI 기술을 활용한 스마트 트랙, 샤오두 스마트 정자, 아폴로 무인주행 자동차가 있을 뿐만 아니라 AR 태극권도 이용할 수 있다.

또 아폴로 자율주행 미니버스를 타고 젊은 부모들이 아이에게 미래는 어떤 모습 일지, 무인주행은 어떤 기술인지를 설명해주기도 한다.

지금 하이덴 공원이 AI 기술로 이루어진 것처럼 앞으로 전 세계가 AI 기술로 이루어질 것이다.

인공지능과 새로운 사회 관리

사회 관리 시스템과 사회 관리 능력의 현대화는 이미 유례를 찾아볼 수 없을 정 도로 고도화되어 있다. 그리고 스마트화는 현대화의 가장 중요한 부분이다.

AI를 이용해 스마트화 사회 관리를 진행하는 데 중국은 자신만의 충분한 장점을 지니고 있다. 더 광범위한 의미에서의 사회 관리, 포괄적인 민간 지원정책, 디지털 정부, 스마트 관리 보급에서 중국은 이미 선두에 위치해 있다. 이것은 정부 행정 능 력, 제도적 우세뿐만 아니라 동시에 스마트 기술, 스마트 산업에 더 큰 성장 공간을 제공했기 때문이다. 중국은 거대한 민간 데이터를 가지고 있어 인터넷 기업, 인공지 능 기업을 위해 더 좋은 학습과 훈련, 응용 기회를 제공했고 더 큰 오차 용인 공간 을 확보했기 때문이기도 하다.

보이스피싱, 인터넷 사기 범죄를 정확히 겨냥한 공안부의 '광명 행동계획'

2019년 5월 28일, 국무원 연석판의 지도로 바이두는 '광명 행동계획'을 발표했다. 이에 바이두는 AI 기술과 '검색+신시류' 더블 엔진 생태를 기반으로 공안부와 협력해 인터넷 범죄집단을 모니터링하고 추적했다. 정부 부서와 국민을 위해서 사기 방지 정보를 제공하고, 보이스피싱, 인터넷 사기 범죄를 정확하게 공격했다. 그리고 베이징, 톈진 등 31개 성, 자치구, 직할시와 신장 생산 건설병단의 365개 사기 범죄 척결 센터가 정식으로 바이자하오에 입점해 공안부 형사국과 함께 전국 사기 범죄 척결 센터 홍보 진지를 세웠다.

보이스피싱과 인터넷 사기를 척결하기 위해서 바이두는 '스마트 기술+바이두 보안+바이자하오'를 기반으로 한 사기 범죄 척결 삼두마차를 구축했다. 그러고는 사기 범죄 사례 및 범죄자들이 자주 쓰는 사기 수법을 집중적으로 알려 공안기관을 도와 보이스피싱, 인터넷 사기 척결 업무 효율과 역량을 향상했다. 이처럼 바이두 AI와 빅데이터 등 선두 기술은 정부가 사기 범죄자를 추적하고, 국민이 사기 범죄를 예방하는 데 상당한 역할을 발휘하고 있다. '바이두 광명 행동계획'은 AI 기술을 활용해 인터넷 사기 범죄의 예방과 척결에 굉장한 도움을 주었다. 이처럼 바이두는 공안기관을 위해서 인터넷 범죄집단을 감별하고 추적하는 기술을 제공하고 있으며, 인터넷 사용자들이 인터넷 사기를 식별해 예방할 수 있도록 돕고 있다.

인공지능 미디어 융합 발전

2018년 상반기 바이두와 런민일보는 신속하게 일련의 협동 업무를 완성했다. 양측은 콘텐츠, 기술, 자원 등에서 깊이 있는 조사 연구와 검토를 진행해 이를 기반으로 전방위 전략 협력을 맺었다. 콘텐츠 측면에서 2018년 3월, 런민일보 공식 계정이 정식으로 바이자하오에 입점하자 바이두는 발전된 추천 알고리즘을 통해서 런민일보의 양질의 권위 있는 콘텐츠를 수만 명의 독자에게 제공했다. 제품 측면에서는 2018년 6월 런민일보의 '런민하오(人民號)'가 발표되면서 양측은 계정 상호소통, 콘텐츠 공동 제작을 이루었다. 또 기술 측면에서는 '런민하오' 제품 기술 개발을 지속적으로 지원하는 것 외에 양측은 공통으로 당 미디어 사용자 특징을 바탕으로 콘텐츠 알고리즘 방면에서의 연구와 탐색을 진행했고, 정보 추천과 제품 체험 최적화를 진행했다.

양측의 협력이 계속 추진됨에 따라 2019년 6월까지 '런민하오'에서 1년 동안 발표된 문장은 누적 2천만 편이 넘으며, 런민일보가 미디어 플랫폼 영향력을 확장하는 새로운 동력이 됐다. 그리고 이는 인공지능 시대에 주류 미디어와 혁신 기술의 융합 발전의 모범 모델이기도 하다.

2019년 9월 19일, '런민일보 스마트 미디어 연구원'이 설립되어 런민일보와 바이두가 공통으로 '인공지능 미디어 실험실'을 건립했다. 이에 미디어 전체 영역에서 AI 기술을 응용해 콘텐츠 건설, 알고리즘 추천에서 스마트 플랫폼 구축을 확대하고 런민일보가 콘텐츠 통제 능력을 강화할 수 있도록 도와 콘텐츠 생산과 배포 효율을 높이고, 더 나아가 권위 있는 미디어 플랫폼의 영향력을 확대할 수 있게 했다. 인공지능 미디어 실험실 제1기 연구 방향은 바이두가 이미 기술 성과를 거둔 음성, 영상, 자연어 처리, 지식 그래프 등 AI 기술로 런민일보를 위한 스마트화 '편집팀'을 구성하는 것이었다. 그리고 이 편집팀은 미디어의 뉴스 생산을 도와 일반 편집 생산효율을 높이고, 기술과 인공 편집의 결합을 진행했다.

짧은 1년 반의 시간 동안 양측은 '인터넷에서 콘텐츠의 빠른 전파'와 '인공지능 기술의 심도 있는 응용'에서 협력을 진행했다. 바이두 기술 능력은 이미 '런민하오' 백엔드와 런민일보 클라이언트에서 응용이 진행되고 있다. 예를 들어서 뉴스 보도에서 AI 기술을 활용해 신문 소재를 자동으로 해석, 가공함으로써 뉴스 창작의 효율을 높이고 사용자가 제때 정보를 얻을 수 있게 할 수 있다.

이러한 성과와 실천으로 런민일보 뉴미디어 센터의 혁신 업무를 지원할 수 있을 뿐만 아니라 미래에 다른 미디어 기구에도 계획을 공개할 수 있다. 그리고 산업화의 스마트 솔루션을 만들어 전체 업종의 콘텐츠 생산효율을 높이고, 미디어 업종의 스마트화 전환 업그레이드를 가속해 사용자에게 가장 필요로 하고 가장 완성도 높은 콘텐츠를 즉시 제공하게 할 수 있다.

이선시스템 : 충칭법원 스마트 사건 처리 플랫폼

상하이 후이구퉁융(慧谷通用)은 전자 행정, 법원 정보화 영역의 서비스를 제공하는 업체다. 이에 충칭시 법원의 전자 파일, 전자 자료의 사건 처리 업무 서비스를 충분히 이용할 수 있도록 전자 파일과 전자 자료 정보의 데이터 추출, 데이터 복원,

문서 자동 생성 등을 진행했다. 그리고 이를 통해 전자 파일 서비스 법관 능력을 향상하고 법관의 스마트화 사건처리 수준을 높였다. 이선 시스템(易審系統)은 바이두 텍스트 식별 서비스를 활용해 3급 법원 사건 관리 시스템에 업로드된 전자 자료에 OCR식별을 자동 진행함으로써 전통적인 의미에서 전자 파일 데이터화를 실현했다. 전자 파일 식별을 완성한 뒤에는 정보 취득, 콘텐츠 검색 등 기능을 개발해 중복 입력 업무량을 줄이는 동시에 전자 파일 재료의 목록 자동화 분류 기능을 통해 파일 정리 부담을 줄였다. 그리고 충칭법원 전자 파일과 전자 자료 정보추출과 종합분석 시스템을 건설해 법관의 사건 처리를 돕고 법원 관리를 편리하게 함으로써 법원의 업무 효율과 서비스, 사회 공공 능력을 향상했다.

전자 파일 자동 생성 시스템은 바이두 OCR 식별 소프트웨어 제어, 중국어 분석 어휘 데이터베이스를 집약한 것으로 정보 자동 추출 기술을 이용해 법원 사건 처리, 파일과 데이터 분석 시스템을 통합했다. 이로써 전자 파일과 전자 자료에 대한 스마트 식별과 핵심 정보추출 저장을 통해 비정형 데이터의 정형화를 실현했으며, 또 정형화된 데이터를 이용해 사무, 사건 처리 정보를 자동 생성함으로써 사무, 사건 처리 효율을 높였다. 그리고 전자 파일과 전자 자료에서 추출한 정보를 이용해 심도 있는 응용 개발을 진행해 충칭법원의 비정형 데이터 분석, 검색 수요를 만족시켰으며 경찰의 수작업 입력에만 의존해 분석 효율이 낮고 분석 범위가 좁아 법원이 다년간 골머리를 썩여온 빅데이터 분석 시스템 문제도 해결했다.

인공지능과 새로운 스마트 도시 : 시티 브레인+도시 운영 시스템+도시 생태

새로운 스마트 도시는 활력이 넘치는 도시이자 과학 기술이 충만하고 미래지향적인 도시이며 전 세계 스마트화 발걸음을 가속하는 도시다.

시진핑 국가주석은 2017년에 '오늘부터 각 지역은 스마트 도시 건설을 수단으로 삼아 기술 융합, 업무 융합, 데이터 융합을 추진'하라고 요구한 바 있다.[193]

193. 시진핑 : 국가 빅데이터 전략 실시로 디지털 중국 건설을 가속화 하다, 신화통신 홈페이지 참고 : http://www.xinhuanet.com/2017-12/09/c_1122084706.

갈수록 많은 사람이 도시에서 생활하는 이때 아름다운 도시, 선진 도시는 어떤 모습일까? 바이두와 슝안시는 이 문제에 대해 많은 탐색과 토론을 진행했다. 그리고 막힘이 없는 도시, 사람들이 행복하게 생활할 수 있는 도시, 신분증과 기다림이 없고 오염이 없는 도시로 모든 사람이 더욱 건강하고 업무 효율도 높은 도시가 되어야 한다는 공통된 인식을 가질 수 있었다. 하지만 이러한 도시를 이루기 위해서는 많은 상황에서 AI 기술이 충분히 실현될 필요가 있다.

더욱 안전하고 여유 있으며 원활하고 살기 좋은 도시를 만들 바이두 '스마트 도시 솔루션'

중국 도시는 빠르게 발전하는 단계에 있어 도시의 보안, 교통, 교육 등 관리 수요가 나날이 심해지고 있다. 효율은 높고 소모율이 낮은 혁신적인 도시 관리가 가능하기 위해서 바이두는 최근 미래 도시 건설을 도울 '스마트 도시 솔루션'(그림 13-1)을 발표했다. 스마트 도시의 핵심은 '1+2+1' 구조로 도시 스마트 상호작용 미들엔드는 시공간 이미지를 통해 도시에 전체 요소, 전체 상태에 대한 파노라마식 통찰 실현하며 스마트 검색은 멀티모달 검색 능력을 제공한다. 도시 AI 미들엔드와 도시 데이터 센터에서 전자는 AI 핵심 알고리즘의 연구개발, 배치와 운영관리를 책임져 각종 출처와 기능의 AI 모델이 시스템상에서 통합, 운행될 수 있게 보장한다. 그리고 후자는 다양한 데이터 융합, 관리 및 분석 과정을 지원해 데이터의 가치가 최대한 발휘될 수 있게 한다. 도시 인식 플랫폼은 주로 다양한 데이터수집 및 전체 요소 반영을 책임져 상부층에 필요한 데이터를 제공한다. 스마트 도시 솔루션은 더욱 안전하고 여유 있고, 원활하며 살기 좋은 도시의 청사진을 계승한 것으로 도시의 건강한 발전을 위한 핵심 원동력을 제공한다.

스마트 신인프라 건설 바이두 시티 브레인의 '1+2+1' 구조					
공공 안전	긴급상황 관리	도시 관리	스마트 교통	스마트 단지	스마트 교육

도시 스마트 상호작용 플랫폼
시공간 이미지, 스마트 검색

도시 AI 미들엔드	도시 데이터 미들엔드
도시 알고리즘, 컴퓨팅 배치, 운영 관리	데이터 수집, 데이터 관리, 데이터 분석

도시 인지 미들엔드
다양한 데이터 수집, 전체 요소 반영

기본 클라우드

그림 13-1. 바이두 시티 브레인의 구조

스마트 도시 관리 응용에서 바이두 AI 미들엔드를 기반으로 멀티모달, 다양한 시나리오에서의 도시 환경의 지식 능력을 실현한다. 카메라, 드론, 원격탐지위성, 휴대용 단말기 등 다양한 유형의 프런트엔드 설비에 관한 적용을 진행하는 한편 안면, 인체, 자동차, 도시 사건 등의 의미를 이해하기 위해 지원한다. 도시 AI 미들엔드는 이미 다양한 알고리즘 융합 분석, 같은 화면 다중 문제 식별 능력을 갖추고 있으며, AI 알고리즘은 업계 선두 수준이다.

스마트 도시 건설 방면에서 바이두는 독자적인 기술력과 'ACE 교통엔진'을 기반으로 참신한 AI 사고를 운영해 도시가 스마트 교통과 도시 관리 시스템을 구축할 수 있도록 도왔다. 바이두와 하이난성(海南省), 상하이시, 베이징시 하이뎬구, 산시성 양취안시 등 성과 도시 지역은 전략협력을 맺고 바이두의 인공지능, 빅데이터, 자율주행, 클라우드 컴퓨팅 등 영역의 기술력을 바탕으로 스마트 도시 건설을 함께 추진했다. 이에 도시 세부화 관리 수준을 높여 도시 안에 거주하는 사람들이 더 원활한 통근, 더 쾌적한 도시 환경, 더 나은 생활을 누릴 수 있도록 했다.

또 바이두는 슝안시와 협력해 교통체증이 없어 이동 효율이 높고, 간단하게 신분 증명을 할 수 있어 각종 보안검사와 복잡한 과정이 사라진 새로운 '천년대계(千年大計)' 도시 건설 계획을 세웠다. 또 바이두는 충칭 량장신구(兩江新區), 베이징 이좡개발지구(亦莊開發區), 바오딩, 우후(蕪湖), 상하이 자동차 공장 지역 등과 관련 협력을 진행했다. 이와 같은 바이두 시티 브레인의 이점은 아래 그림 13-2에 설명되어 있다.

데이터 이점
시공간 동태, 다원 데이터

지도	375도시 지도 시공간 빅데이터	980만 킬로미터 도로 경로 적용	1억 5천만 전 세계 POL
검색	1조 검색 데이터	1억급 엔티티	1,000억급 사실
IoT	10억급 개발 통신	1,000억/초 데이터 포인트 기입	1초 1억급 데이터 포인트 취합 결과 귀환

기술 이점
풀 스택 AI, 스마트 클라우드

바이두 브레인
소프트웨어와 하드웨어 일체화 AI 대생산 플랫폼

패들패들 중국 최초 오픈소스 딥러닝 플랫폼	바이두 쿤룬 중국 최초 다기능 클라우드 AI칩
바이두 스마트 클라우드 IDC MarketScape : 2019년 중국 AI 클라우드 서비스 시장 1위	바이두 아폴로 전 세계 최대 자율주행 개방 플랫폼과 생태

생태이점
AI 이점을 갖춘 생태

지도	100가구 지도 데이터 협력 파트너	하루 평균 1,200억 회 위치 서비스 요청
바이두 브레인	250항목 AI 능력 개방	180만 개발자
혁신 창업	바이두 벤처 캐피털 바이두 자본	바이두 AI 가속기 바이두 클라우드 스마트 학원

그림 13-2. 바이두 시티 브레인 이점

바이두는 AI 이점과 도시 수요를 중심으로 일련의 생태 경제 발전을 돕는 구조 조정과 솔루션을 제공한다. 공공 보안 영역에서 바이두는 전천후 모니터링 조기 경고가 가능한 실시간 정보센터를 구축했다. 비상상황 관리 방면에서는 재해 모니터링 보안 생산, 스마트 소방 등에서 지연 없는 즉각적인 반응이 이루어지도록 해 사고를 미연에 방지할 수 있다. 도시 관리 측면에서 바이두는 연결망 통일, 안건 스마트 처리 운용으로 도시 관리 융합을 대대적으로 발전시켰다. 스마트 교육 영역에서는 모듈성, 실전성, 다원화의 인재양성 메커니즘을 운용해 생산, 교육을 더 잘 융합되게 했다. 이와 같은 솔루션 및 응용은 이미 여러 도시에서 실행되고 있다.

예를 들어서 하이뎬의 바이두 시티 브레인 실행을 들 수 있다. 바이두는 베이징 하이뎬의 시티 브레인 건설에 적극적으로 참여했다. 하이뎬은 양호한 과학 기술 생태와 풍부한 응용 시나리오를 가지고 있다. 이에 바이두 시티 브레인은 운용 AI, 빅데이터와 클라우드 기술의 장점을 취합해 전 지역, 전 시간, 전량의 데이터를 모았다. 그리고 이를 바탕으로 하이뎬이 도시 잠재력을 발견하고 운행규율을 다듬어 전반적인 협동 결정 근거를 제공하고 관리와 서비스를 지원했다. 하이뎬의 스마트 시티 브레인에서는 특히 빅데이터의 운용 가치가 두드러지며, 도시 교통 사고 식별 시스템과 건축 쓰레기 차량 식별 시스템도 마련했다.

바이두·상하이 : 전면 전략협력으로 세계 스마트 도시 모델을 구축하다

2018년 11월 27일, 바이두와 상하이시 정부는 전략협력 구조 협의를 체결했다. 바이두가 가진 인공지능, 빅데이터, 클라우드 컴퓨팅 등 영역에서의 이점, 특히 자율주행, 스마트 교통 영역에서의 기술과 실천 경험을 기반으로 양측은 함께 상하이 스마트 도시 건설을 추진했다. 상하이는 앞으로 진정한 AI화를 이루어 세계 스마트 도시의 새로운 모범이 될 것이다. 또 상하이를 필두로 창장 삼각주 지역 산업 경제, 사회 관리, 공공 서비스 방면에서 더 높은 일체화 발전을 추진할 것이다.

상하이시 위원회 서기 리창(李强)은 다음과 같이 표명했다.

"바이두가 인공지능 기술을 핵심으로 한 미래지향적인 계획을 진행해 상하이 산업 발전 방향과 결을 함께한다면 양측은 무궁한 협력을 이룰 수 있을 겁니다. 저희는 바이두가 상하이에 혁신센터와 사물 인터넷 총부를 설립할 수 있도록 지원할 것이며 상하이에서 더 많은 혁신 자원 배치, 혁신 기술 발전, 혁신 성과를 이루고 상하이의 대도시 관리에 참여해주기를 바랍니다."

바이두와 상하이 양측은 4가지 부분에서 협력을 강화했다. 첫째, 기술, 인재, 제품 등 방면에서 바이두가 가진 장점을 발휘해 상하이를 전국 중심 도시와 전 세계 과학 기술 혁신 중심으로 삼고, 바이두(상하이) 혁신 센터를 건립해 상하이가 국가 인공지능 산업에서 고지를 점할 수 있도록 돕는다. 둘째, 빅데이터, 클라우드 컴퓨팅, 인공지능, 블록체인 등 영역에서 바이두의 기술 우위와 실전 경험을 충분히 발휘하며, 특히 스마트 교통, 자율주행 영역에서의 이점을 기반으로 상하이 스마트 도시 건설에 참여해 상하이가 도시 관리와 공공 서비스 능력을 향상할 수 있도록 돕는다. 셋째, 바이두 상하이 지점의 시장개척, 업무 발전, 연구개발 혁신 등 영역에서 능력을 향상해 창장 삼각주 일체화를 추진한다. 마지막으로 바이두 사물 인터넷 총부 건설을 가속화해 상하이시 중점지역 사물 인터넷 인식 플랫폼을 구축해 '바이두 산업 브레인'이 상하이에 정착할 수 있도록 추진하고, 상하이 기업 클라우드와 산업 스마트화 업그레이드를 돕는다.

··

장둥천(張東晨) **바이두 그룹 부사장, 편집장**(인터뷰 일자 : 2020년 4월 17일)

장샤오펑 : 당의 19차 4중전회에서 관리 시스템과 관리 능력을 중점적으로 강조했고, 시진핑 국가주석도 이번 신종 코로나 바이러스의 유행이 커다란 시험이 될 거라 말했습니다. 바이두는 이런 방면에서 어떤 준비를 하고 있습니까? 관련된 사례를 말씀해주실 수 있으십니까? 도구 상자 안에 어떤 비장의 카드가 숨겨져 있습니까?

장둥천 : 바이두는 국가 관리 능력 현대화 방면 지원에서 주로 인터넷 콘텐츠 생태에서의 이점 및 인공지능 방면의 개방 기술 능력을 통해 국가 각급 정부 부처의 관리 능력 향상을 돕고 있습니다.

첫째, 바이두는 가장 강력한 검색 능력을 갖추고 있어 신뢰할 수 있는 정보와 긍정적인 에너지 전파, 인터넷+행정 서비스에서 중요한 역할을 발휘할 수 있습니다.

긍정적인 에너지 전파 방면을 예로 들자면, 신중국 성립 70주년 경축 기간에 온라인에서 주요 정신을 알리기 위해 바이두는 각 제품의 업무 특징을 결합한 신중국 성립 70주년 선전 모듈을 설치하고 거의 40항목에 달하는 선전 활동을 기획했습니다. 그리고 바이두 동영상에서 '우리의 70년'이란 테마 페이지를 개설해 중국의 새로운 시대, 중국의 부흥노선 등 7대 주제를 기반으로 한 13가지 전문 칼럼을 제공했습니다. 이에 국경일 당일에는 바이두 앱 열병식 생방송을 시청한 인원이 누적 5억 5천만 명이 넘었고, 중국 공영방송 CCTV와 협력한 '발자취' 등 국경일을 기념하기 위해 특별 제작한 단편 동영상의 경우 일주일 동안 재생 횟수가 2,358만에 달했습니다.

'인터넷+행정' 서비스 방면의 경우 바이두 검색이 대응하는 매일 수억 회에 달하는 사용자 요청 중에 거의 7,000만 건이 행정 서비스 관련 요청입니다. 행정 서비스를 손바닥에서 원터치로 처리할 수 있게 바이두와 국무원 관공서 및 베이징, 충칭, 청두, 푸젠 등 지역 정부 부처가 협력해 범위가 넓고, 응용 빈도가 높은 행정 서비스 영역을 취합해 '국가 행정 서비스 플랫폼', '베이징퉁', '위콰이반', '톈푸스민윈', '민정퉁' 등 행정 서비스 스마트 미니앱을 선보였습니다. 이로써 행정 서비스 접근 문턱을 대폭 낮추고 업무 처리 효율을 높여 사람들이 스마트하고 빠르고 편리한 행정 서비스를 이용할 수 있도록 했습니다. 바이두와 국무원 관공서가 협력해 추진한 '국가 행정 서비스 플랫폼' 스마트 미니앱은 현재 이미 국무원 40여 부서와 32개 지역 정부의 300여만 정부 서비스 사항과 연동되어 있습니다. 이에 법정 적립금, 전자 증명, 교육, 민정 등 영역을 포괄하고 있으며 개인 세금 계산, 개인과 기업 행정 서비스 사항 처리 지침 등의 기능이 있어 매일 백만 명에 가까운 사용자에게 생활 정보조회, 행정 서비스 처리 지침을 제공하고 있습니다.

둘째, 바이두는 전 세계에서 가장 큰 바이두 브레인 플랫폼을 개방해 정부 관리와 행정 서비스의 스마트화를 돕고 있습니다.

스마트 교통 방면에서 바이두는 인공지능, 자율주행, 지능형 차량 인프라 협력 시스템 업무 전체를 포괄한 '스마트 신교통'의 전체 솔루션을 내놓았습니다. 'ACE 교통엔진'은 기술적 우위를 갖추고 있을 뿐만 아니라 원가 우위도 가지고 있어 업종 안에서 유일하게 '미래지향적이면서 현재를 아우를 수 있는' 차세대 인공지능 교통 솔루션입니다. 이에 스마트 교통신호 제어, 스마트 정차, 교통 관리, 스마트 대중교통, 스마트

화물운송, 스마트 차량 인터넷, 스마트 택시, 자동 주차 등 응용 시나리오를 만들 수 있습니다. 바이두 스마트 교통신호 제어 시스템을 예로 들면 시스템은 이미 베이징, 창사, 바오딩 등 도시에 배치됐습니다. 그중 바이딩시의 경우 AI를 기반으로 한 스마트 교통신호 제어 시스템을 실행한 결과 길목과 간선 교통 지연이 효율적으로 내려갔다고 밝혔습니다. 또 주 간선도로의 시간은 30% 하락했으며, 중점 길목의 하루 평균 차열 복잡도는 40% 내려가서 전체 지역 도로 통행 능력이 최대 10% 향상된 걸로 계산됐고, 도로 건설 비용은 최대 10억 위안 정도 절약한 것으로 추산됐습니다.

스마트 의료 방면에서는 등급별 진료 실행, 견실한 기초 의료 수준 구축 추진을 위해서 바이두는 권위 있는 교재, 지침서 및 최고 병원에서 양질의 진료기록을 학습하고 의료 지식 그래프, 의료 자연어 처리 등 AI 기술을 바탕으로 의학 검증 규칙을 엄격하게 지켜 기초 임상 보조 의사결정 시스템(줄여서 '링이즈후이 CDSS')를 개발했습니다. 보조 문진, 보조 진단, 치료방안 추천, 유사 질병 추천, 의사 진단 품질 관리, 진료기록 품질 관리, 의학 지식 검색 등 기술을 포함하고 있어 의사가 언제든지 확인하고 필요한 정보를 얻을 수 있어 오진, 진단 누락률을 낮출 수 있습니다. 이 시스템은 27개 표준 과목의 4,000여 종의 질병에 활용할 수 있으며, 흔하고 자주 발병하는 질병의 경우 정확률이 95%에 달해 양질의 진료를 위한 도움을 제공할 수 있습니다. 현재 이미 중국의 18개 성과 시, 자치구에 있는 1,000곳이 넘는 의료기관에서 사용하고 있습니다. 이 밖에도 비상상황 관리, 전염병 방역 통제, 자료 배분, 사회 관리 방면에서 바이두는 인터넷 능력뿐만 아니라 인공지능 능력도 갖추고 있어 바이두 행정 스마트 클라우드, 블록체인 방면에서 모두 성숙한 솔루션을 포함해 많은 성과를 낼 수 있습니다.

장샤오핑 : 선생님과 팀원들은 정책 연구를 오랜 시간 해오셨습니다. 그렇다면 바이두에 큰 의미가 있는 전환이나 개혁은 무엇이며, 바이두는 어떤 역할을 할지를 설명해주시겠습니까?

장둥천 : 과거 여러 해 동안 바이두는 과학 기술 혁신, 산업생태 구축, 서비스 경제 질적 성장 등 여러 측면에서 중요한 역할을 발휘해왔습니다.

정부 부처와 협력을 예로 들면, 먼저 자주 혁신을 매우 중시하는 과기부가 처음 4개의 기업을 인공지능 개방 혁신 플랫폼으로 지정했을 때 바이두의 자율주행 국가 차세대 인공지능 개방 혁신 플랫폼도 포함되었습니다. 또 산업의 동력과 생태를 중시하는 발전개혁위원회가 2017년 딥러닝 기술 및 응용 국가 공정실험실을 설립할 때 바이두는 주축 역할을 맡았습니다. 또 지방 정부와도 기업 동력의 산업 생태, 실물 경제와의 심도 있는 융합을 추진하는 데 협력하고 지방 디지털 정부 건설, 민생 행정 서비스 등을 이룰 수 있도록 돕고 있습니다.

앞으로 10년은 전 세계가 스마트 경제와 사회로 진입하는 중요한 시기가 될 겁니다. 스마트 경제와 스마트 사회라는 양대 핵심이 발전하는 과정에서 중국 인공지능은 엄청난 발전 기회를 맞게 될 것이며, 바이두 역시 이제껏 없었던 기회를 맞이하게 될 겁니다.

인공지능은 앞으로 몇십 년 동안 경제 성장을 주도할 업종이 될 겁니다. 액센추어가 중국 및 전국 12개 개발도상국을 연구한 결과, 2035년 인공지능이 최근 각국의 경제 성장 하락세를 전환할 수 있게 도와줄 수 있는 것으로 나타났습니다. 해당 연구에서는 인공지능 응용으로 인한 중국 경제 성장률은 7.9%이고, 성장액은 7조 1천억 달러에 이를 것으로 전망했습니다. 그리고 매켄지는 인공지능이 매년 중국 경제 성장에 0.8~1.4% 공헌할 것으로 예측했습니다.

이에 저희는 새로운 시대의 '전력'으로써 인공지능은 가장 중요한 새로운 인프라 중 하나이며, 앞으로 일어날 산업혁명에서 광범위하고 깊이 있는 역할을 발휘할 거라 믿습니다. 영국은 증기기관 시대에 핵심 기술을 장악해 '태양이 저물지 않는 제국'을 이루었고, 미국은 전기화, 정보화 시대의 기회를 포착해 세계 최대 강국이 됐습니다. 그러니 향후 인공지능이라는 새로운 기술혁명의 역사적 기회를 장악한다면 장기간 대발전을 이룰 수 있을 겁니다. 이에 바이두는 인공지능 기술과 응용 방면에서 쌓아온 경쟁력을 통해서 이 새로운 시대적 기회를 포착할 생각입니다.

장샤오펑 : 무인주행, 지능형 차량 인프라 협력 시스템, 스마트 교통, 스마트 도시와 시티 브레인, 더 나아가 신인프라 건설 영역까지 모두 정부와 협력이 필요한 부분입니다. 정부와의 협력 과정에서 가장 인상 깊었던 때가 있었습니까?

장둥천 : 바이두는 2019년에 상하이, 충칭, 후난, 인촨(銀川), 창저우, 양취안 등 지방 정부 및 응급관리부(應急管理部) 등 정부 부처와 전략협력 협의를 맺어 순조롭게 협력

을 추진했습니다. 새로운 기술과 응용에서 중앙과 지방 정부는 대대적인 지원을 해주고 있습니다. 특히 우선 시행하고 우선 테스트를 진행한다는 바탕에서 정책적인 뒷받침을 해주는 건 물론, 체제 시스템을 혁신해 새로운 응용이 적용될 수 있도록 해주고 있습니다.

그중에는 베이징시가 자율주행 기술을 위해 협력한 걸 예로 들 수 있습니다. 바이두는 2013년에 개발을 시작한 이후 2017년 4월에 아폴로 플랫폼을 통해 자동차 기업 등 협력 파트너들에게 자율주행 기술을 전면 개방했습니다. 사실 자율주행 자동차 산업이 발전하기 위해서는 도로 테스트 등 정부 정책의 지원이 필요합니다. 그래서 베이징시는 2017년 12월에 처음으로 자율주행 도로 테스트에 대한 문건을 발표했고, 자율주행 산업이 순조롭게 발전할 수 있도록 해주었습니다. 그리고 이후 2019년 7월에 베이징시는 처음으로 T4등급 자율주행 도로 테스트 허가증을 발급했습니다. 이것은 지금까지 중에서 가장 높은 등급의 자율주행 테스트 허가증으로 자율주행 자동차가 복잡한 도시 도로에서도 자율주행 가능한 수준을 갖추게 됐다는 걸 의미합니다. 바이두가 기술력을 인정받아 5장의 허가증을 발급받았을 때 제가 회사 대표로 수령을 했는데, 정말 감격스러웠습니다. 현재 바이두가 베이징시에서 도로 테스트를 진행한 거리는 89만 3,900km에 달하는 만큼 테스트 도로, 테스트 범위, 서비스 규모, 테스트 허가증 및 테스트 거리에서 모두 세계 1위를 차지하고 있습니다.

중국 정부의 우선 실행하고 우선 테스트한다는 정책 방향은 기업에 가장 좋은 혁신 토대를 제공해주고 있습니다. 이에 몇 년 만에 바이두 아폴로 플랫폼은 전 세계에서 가장 큰 자율주행 개방플랫폼이 될 수 있었습니다. 이곳 생태협력 파트너에는 전 세계 모든 핵심 자동차 제조업체가 포함되어 있으며, 하드웨어부터 소프트웨어까지 모든 산업 사슬을 망라하고 있고 수만 명의 전 세계 개발자들이 포진해 있습니다.

바이두는 이미 창사, 광저우, 창저우, 청두 등의 도시들과 함께 로보택시 차량 응용 시범을 진행하고 있으며, 창사의 경우 2019년 12월 말까지 누적 1만 회 이상 승객을 태우고 안전하게 운행을 진행했습니다. 또 바이두가 전국적으로 보유하고 있는 자율주행 테스트 허가증은 150장으로 전국에서 가장 많이 보유하고 있으며 테스트 거리는 600만km가 넘습니다. 또 2019년 말까지 바이두의 자율주행 관련 전 세계 특허 신청이 1,800여 건이 넘어 중국은 세계 1위를 차지했습니다.

스마트 도시를 예로 들면 예로 들면, 2019년 9월에 충칭시와 전략협력 협의를 맺었습니다. 바이두는 인공지능, 블록체인, 빅데이터 등 선진기술과 인터넷 데이터 이점을 이용해 스마트 정차, 스마트 법원, 스마트 기상 등 응용을 추진하고 있으며 충칭시를 위해 완전한 스마트 도시 시범 방안을 실시할 겁니다. 바이두 스마트 클라우드의 AI를 통해서 충칭시 기상국은 '임시 예보'의 정확률이 40% 향상되어 돌발 기상 상황을 예측해 경고하기까지 2시간이 걸렸던 것이 9분으로 단축됐습니다.

....

지능형 차량 인프라 협력 시스템과 스마트 교통

중국은 전 세계 선두의 자율주행 기술 강국으로 향하고 있다. 교통 강국, 스마트 자동차 강국 등 중대한 발전 전략에 힘입어 바이두는 양대 전략이 순조롭게 실행될 수 있기를 기대하고 있다. 이에 더 많은 자동차 기업이 성공적으로 스마트화 전환을 완성할 수 있길 바라고 있으며, 더 많은 도시가 지능형 차량 인프라 협력 시스템을 실시할 수 있도록 돕고 있다. 또 교통 이동의 스마트화를 추진해 교통 상황 응용, 교통사고 모니터링, 정체 감소를 통해서 교통, 물류, 이동의 전체 효율을 대폭 향상하려 하고 있다.

자율주행, 베이징과의 협력으로 선두에 오른 바이두

베이징은 중국에서 가장 먼저 자율주행을 위해 도로 테스트 기준 법규를 세우고 도로 테스트 허가증을 발급한 지역 중 하나다. 그리고 봉쇄 테스트장에서 개방 테스트장까지 테스트 코스를 건설하고 가장 안전하게 사람과 물건을 싣고 테스트할 수 있는 정책을 내놓았다. 그리고 베이징 스마트 차량 인터넷 산업 혁신센터를 건설해 자율주행 차량 도로 테스트의 제삼자 서비스 기구를 만들었다. 현재 베이징시는 자율주행 개방 테스트 도로, 지역 범위, 서비스 규모, 테스트 허가증 및 테스트 거리에서 모두 중국에서 가장 앞서 있다.

2016년부터 베이징은 '안전제일, 질서 있는 혁신'을 핵심 원칙으로 삼고 자율주행 '중국 기준'을 적극적으로 탐색하며 각 부분 표준 법규 제정을 계속 추진하고 끊임없이 협동과 혁신을 진행하고 있다. 그리고 이를 통해 전 세계 자율주행 발전을 위한 가장 엄격하고 객관적이면서 전체 아시아를 아우르는 비전을 제공하고 있다.

선두에서 중국 표준 스마트 자동차 발전 노선을 이끌고 있는 베이징은 지능형 차량 인프라 협력 시스템 자율주행 기술 노선을 실천하고 있다. 또 관련 기업과 협력해 이쫭 경제개발구에서 40km의 V2X 테스트 도로를 건설하고, 체계화된 차량 인터넷 및 자율주행 시범 운영을 진행하고 있다. 2020년 하이뎬구는 중관춘 자율주행 혁신 시범지구 건설을 계속 추진해 최종적으로 거의 400km에 이르는 개방 테스트 도로를 건설했고, 동시에 베이칭루(北淸路)에도 종합 스마트 인터넷 교통 노선이 건설됐다. 이제 앞으로 자율주행, 5G 차량 인터넷, 고정밀 지도, 베이더우 위성항법 시스템, 스마트 교통 등 신인프라 프로젝트 건설을 통해서 '자동차, 도로, 클라우드, 인터넷, 지도'가 일체화된 스마트 인터넷 시범 응용 혁신시스템이 구축될 것이다.

2020년 3월 2일, 베이징 스마트 차량 인터넷 산업 혁신센터가 발표한 〈베이징시 자율주행 차량 도로 테스트 보고(2019년)〉에서 바이두 아폴로는 테스트 자동차 53 대, 테스트 거리 75만 4천km로 같은 해 테스트를 진행한 기업 중에서 테스트 차량 수가 가장 많고, 테스트 거리가 가장 길었다.

테스트 규모에서 2019년 바이두 아폴로의 도로 테스트 자동차는 52대로 베이징 시에 총투입된 자율주행 테스트 자동차 중 70%를 차지했다. 2019년 바이두 아폴로 테스트 거리는 75만 4천km로 같은 해 베이징시 테스트 총거리의 85%를 차지하며, 누적 테스트 거리는 이미 89만 3,900km에 달했다. 이 밖에도 바이두는 베이징에서 테스트를 진행하는 기업 중에서 유일하게 베이징 경제개발지구, 하이뎬구, 순이구 등 여러 지역에서 테스트를 진행하고 있으며, R1~R4 및 RX(V2X 장비가 설치되어 있어 지능형 차량 인프라 협력 시스템 테스트를 지원)를 전 구역, 전 노선에서 테스트하고 있다.

기술 능력 면에서도 2019년 7월, 바이두 아폴로는 중국 전역에서 처음으로 가장 높은 기술 단계인 T4 등급 도로 테스트 허가증을 발급받아 유일하게 T4 등급 테스트 허가증을 가진 기업이 됐다. 바이두 아폴로가 이치훙치 자동차와 함께 생산해 베이징에서 테스트를 실시한 훙치EV는 당시 중국 국내에서 유일하게 양산에 성공한 자율주행 자동차 모델이기도 했다.

안전수준에서도 바이두 아폴로는 항상 '안전제일'을 강조하며 ISO 26262, ASPICE

및 IATF 16949 인증을 포함해 국제 주요 자동차 업계 표준 인증을 취득했으며, 전문적이고 엄격한 안전 테스트 센터를 설립해 안전사고 제로를 유지하고 있다.

종합해보면, 자율주행, 스마트 교통 영역에서 바이두는 전 세계 유일의 차와 도로의 폐쇄형 루프를 갖춘 기업이자 유일하게 자율주행 국가 인공지능 개방 혁신 플랫폼을 담당하고 있는 기업이다. 지금까지 아폴로가 보유하고 있는 자율주행 도로 테스트 허가증은 150장이며, 전 세계 스마트 자율주행 특허 1,800건, 테스트 거리 600만 킬로미터, 전 세계 개발자 3만 6천 명, 생태협력파트너 200곳, 오픈코드 56만 개에 달한다. 기술, 생태 등 많은 영역에서 아폴로는 10여 항목에서 '1위'에 있으며, 중국 교통 이동 산업 스마트화를 선두에서 이끌고 있다.

전면 지능형 차량 인프라 협력 시스템, 스마트 교통과 스마트 도시를 돕는 바이두 'ACE 교통엔진'

신인프라 건설 배경에서 2020년 5월 9일, 바이두가 발표한 'ACE 교통엔진'은 국내외 최초로 차와 도로가 융합된 풀 스택 스마트 교통 솔루션이다. 이는 또한 중국 특색을 갖춘 스마트 교통 건설에 최적화된 솔루션으로 도시가 신인프라 건설을 추진해 스마트 도시를 건설하고, 교통 강국으로 나아갈 수 있도록 돕고 있다.

바이두 'ACE 교통엔진'은 아폴로 생태를 기반으로 다년간 인공지능, 자율주행, 지능형 차량 인프라 협력 시스템 방면에서 실력을 쌓고 앞장서서 실천하며 인공지능, 인프라 건설, 운송 설비, 운송 서비스, 업종 관리의 심도 있는 융합을 추진했다. 아울러 빅데이터, 클라우드 컴퓨팅, 인공지능 기술을 통해 도시 관리 시스템과 관리 능력 현대화 수준을 끌어올리고, 실시간 감지, 즉각 반응, 스마트 결정 보조의 현대화 스마트 교통 시스템을 구축해 도시의 운영을 더욱 원활하게 하고 삶의 질을 높일 수 있게 했다(그림 13-3).

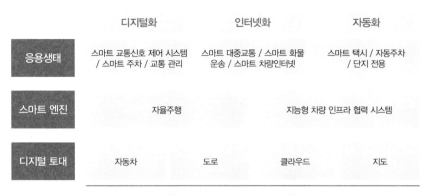

바이두 'ACE 교통엔진' : 1(디지털 토대)+2(스마트 엔진)+N(응용생태)

	디지털화	인터넷화	자동화
응용생태	스마트 교통신호 제어 시스템 / 스마트 주차 / 교통 관리	스마트 대중교통 / 스마트 화물 운송 / 스마트 차량인터넷	스마트 택시 / 자동주차 / 단지 전용
스마트 엔진	자율주행		지능형 차량 인프라 협력 시스템
디지털 토대	자동차	도로	클라우드	지도

패들패들   바이두 지도   바이두 스마트 클라우드   샤오두 차재 OS

그림 13-3. 바이두 'ACE 교통엔진' 전체 구조

　바이두 'ACE 교통엔진'이 취하고 있는 '1+2+N' 시스템 구조는 '하나의 디지털 토대, 두 개의 스마트 엔진, N 응용생태'라고 할 수 있다. 여기서 하나의 디지털 토대는 '자동차', '도로', '클라우드', '지도' 등 디지털 교통 인프라로 샤오두 차재 OS, 패들패들, 바이두 스마트 클라우드, 바이두 지도를 포함한다. 그리고 두 개의 스마트 엔진은 아폴로 자율주행 엔진과 지능형 차량 인프라 협력 시스템 엔진을 말하며, N 응용생태는 스마트 교통신호 제어 시스템, 스마트 주차, 교통 관리, 스마트 대중교통, 스마트 화물운송, 스마트 차량 인터넷, 스마트 택시, 자동 주차, 단지(구역) 전용 등을 포함한다.

　바이두 'ACE 교통엔진' 종합 솔루션은 이미 베이징, 광저우, 창사, 충칭, 바이딩, 창저우 등 10여 개 도시에 적용되어 두각을 나타내고 있다.

스마트화가 시급한 비상상황 관리

　국가 관리 및 도시 관리에서 비상상황 관리 업무는 국가 경제와 국민 생활과 관련이 있는 만큼 비상상황 관리 스마트화는 국가와 국민을 위해 마땅히 해야 하는 일이다. 비상상황 관리에서 차세대 인공지능 기술은 튼튼한 기둥 역할을 할 수 있다. 신종 코로나 바이러스가 유행하는 동안 스마트 과학 기술 산업은 생산, 생활 방면에서 역할이 두드러졌다. AI 온도측정, 스마트 식별, 역학조사 등 스마트 기술과 바이오 기술은 전염병 유행 상황에서 중요한 역할을 발휘했고, 음성식별 번역 소프트웨어는 항구 방역에서 소통 문제를 효과적으로 해결해주었으며 각종 휴대폰 앱은 데이터 기술을 통해 기업이 업무 복귀, 생산 재개를 할 수 있게 도왔고 건강 코드, 이동 코드로 이동을 보장하는 등 스마트 과학 기술 산업은 이미 중국이 전염병을 관리하는 데 중요한 수단이 됐다.[194]

···

[특별란] 중국 공산당 중앙 위원회, 국무원 〈한층 보완된 요소 시장화 분배 체제 메커니즘 구축에 관한 의견〉에서 '국가 비상상황 관리 시스템 건설'에 관한 요구

요소의 응급 배치 능력 강화

요소의 응급 관리와 배치는 국가 비상상황 관리 시스템 건설의 중요 내용이다. 응급물자 생산 배치와 응급 관리 수요를 알맞게 조절하고, 관련 생산요소에 대한 긴급 조달, 구매 등 제도를 구축하며 비상상황에서의 요소 고효율 협동 배치 능력을 향상한다. 빅데이터, 인공지능, 클라우드 컴퓨팅 등 디지털 기술을 응용해 비상상황 관리, 전염병 관리, 자원 분배, 사회 관리 방면에서 더 나은 역할을 발휘하도록 격려한다.

···

2019년 11월 4일, 응급관리부 통신정보센터와 바이두는 '인공지능 응용 연합 혁신 전략 협력 협의'를 했다.

응급관리부 과학 기술과 정보화부 국장, 통신정보센터 주임인 웨이핑옌(魏平巖)

---

194. 휘옌화, 다이타오, 6월 23일 톈진에서 개막한 제4차 세계 스마트 대회, 학습 강국, 2020년 6월 12일.

은 비상상황 관리 정보화에는 자연재해 모니터링 조기 경고, 안전 생산 감독 관리, 응급 지휘 구조 등 여러 영역이 포함되어 있어 신기술을 응용해 업무 혁신과 동력 변혁을 이루고 경계를 뛰어넘는 획기적인 발전을 이루는 것이 절박하게 필요하다고 말했다. 그러니 비상상황 관리 업무와 인공지능 신기술 융합을 가속해서 과학 기술 연구성과를 실전 작전 능력에 투입될 수 있게 함으로써 국민의 안전한 삶과 사회 질서 유지, 국가 안정을 위해 공헌해야 했다.

전략 협력 협의에 근거해 양측은 인공지능을 필두로 한 최신 기술을 통해 비상상황 관리 영역의 응용과 발전을 추진했다. 양측은 응급 장비와 정보화 기술 연구, 과학 연구, 기준 제정과 생태 융성 방면에서 협력을 강화해 중국 국내 비상상황 관리 업무의 스마트화 업그레이드를 추진했다.

동시에 양측은 '비상상황 관리 인공지능 응용 연합 혁신 실험실'을 함께 설립했는데, 이는 중국에서 처음으로 비상상황 관리에 인공지능을 적용한 실험실이다. 바이두와 응급 관리부 통신정보 센터는 산림 화재 모니터링 기술을 함께 연구하는 것을 포함해 산림 화재 모니터링 서비스를 만들었다. 2020년 자연재해 위험 예비 경고 능력은 쓰촨, 산시, 티베트 등 산림 화재 구호 지휘 현장의 정보 결정 지원에서 긍정적인 역할을 발휘하고 있다.

이번 전략 협력은 인공지능을 통한 비상상황 관리 영역에서 혁신을 시작해 중국 국내 비상상황 관리 사업의 스마트화 건설을 위한 새로운 장을 열고, 새로운 모델을 탐색하게 해주었을 뿐만 아니라 인공지능 기술을 위한 새로운 공간을 열어주었다.

인공지능과 교육 훈련

'온라인 교육과 인공지능 이점을 발휘해 교육과 학습 방식을 혁신하고 모든 사람에게 적합한 개방적이고 원활한 교육 시스템 개발을 가속해 학습형 사회를 건설한다.'[195] 19회 4중전회에서는 '전 국민 평생학습의 교육 시스템을 구축해 서비스한다',

---

195. 〈중국 공산당 중앙 위원회의 중국 특색의 사회주의 제도 보완과 견지, 국가 통치체계와 통치 능력 현대화 추진의 중대 문제에 관한 결정〉, 2019년 10월 31일 중국공산당 제19회 중앙위원회 제4차 전체 회의 통과.

'학습형 사회를 건설한다'라는 임무 목표가 제시되면서 인공지능의 핵심적 역할이 강조됐다.

신종 코로나 바이러스가 유행하면서 원격 온라인 교육, 온라인 진단이 중요해졌다. 또 비대면 활동을 위해서 국가 기본 공공 서비스 제도 시스템의 건설과 구축이 촉진됐고, 사회 공공 서비스 내용이 풍부해졌다. 그리고 여기에는 2가지 큰 의미가 있다. 바로 국민 모두가 교육 서비스를 누릴 수 있도록 공평한 보급, 시스템 보급이 촉진됐으며, 구조적으로 불균형하고 안배가 고르지 않던 교육, 의료 자원과 서비스가 보편성, 균등성, 접근성, 노출성의 특징이 강조되면서 모두에게 기본 생활이 보장됐다.

이 밖에도 이 책에서 계속 강조해왔던 것처럼 인공지능의 최종 목표는 사람의 성장을 돕는 것인 만큼 인공지능은 교육 훈련이 스마트 교육의 길로 나아가도록 이끌어야 한다. 중국은 스마트 사회로 나아가기 위해서 심화 교육 영역의 종합 개혁과 수업, 훈련, 성장 방식의 혁신이 시급하다. 또한 인공지능 관련 인재 육성 역시 아주 중요한 부분이다. 인공지능 기술은 발전, 산업, 경쟁, 성장을 위해 필요한 만큼 교육 훈련의 풍부한 시나리오, 인간의 전체 라이프 사이클에서 심도 있는 응용과 성장 보호를 통해서 평생학습, 사람과 직장 매칭을 추진해 인력 자원의 활력과 창조력을 최대화하고 새로운 인구 보너스를 발굴해야 한다.

〈인공지능 행동 계획〉이 설정한 목표에 따라 2020년 인공지능 학원, 연구원 또는 교차연구센터 50곳이 건설된다. 잠정 통계에 따르면 2019년 1월 말까지 인공지능 학원인 고등교육기관이 이미 38곳 건립된 것으로 나타났다. 얼마 전에 교육부가 공개한 2019년 일반고등학교 본과목 등록과 심사 결과에서 180곳 고등학교가 새롭게 인공지능을 과목에 포함했는데, 그해 등록한 과목 중에서 가장 많이 증가한 과목이었다.

교육은 미래를 위한 사업이자 사회를 위한 사업이다. 사람의 성장은 전체 시나리오, 전체 시공간, 전체 주기의 성장이다. 그런 만큼 적합한 교육, 개성화 훈련, 맞춤화 사용, 통일된 협력을 위한 전 사회의 지원이 필요하다. 바이두가 2020년에 제시한 양대 '500만' 목표 중의 하나는 인재 서비스 계획이다. 2020년 6월 20일, 바이두는 앞으로 10년 동안 계속해서 신인프라 건설 투자를 확대할 것이라고 선포했다. 2030년까지 바이두 스마트 클라우드 서버는 500만 대가 넘을 것으로 예상되며, 앞으로 5년 안에 500만 명의 AI 인재가 배출될 것으로 예상된다.

이전에 바이두는 이미 AI 인재 100여만 명을 배출한 바 있다. 그리고 푸단대학, 우한대학, 화중과학 기술대학, 난카이대학, 중국 농업대학 등 200여 고등교육기관과 함께 딥러닝, 인공지능 과목을 개설했으며, 칭화대학, 베이징대학, 저장대학, 하얼빈 공업대학 등 400여 곳의 고등교육기관에서 천 명이 넘는 AI 전공 교수를 양성했다.

인공지능과 사회의 새로운 공익

인공지능이 사회 공익사업에 응용되는 것을 흔히 볼 수 있다. 2016년 연말부터 바이두는 민간정부(民政部), 바오베이회이자(寶貝回家) 등 전문기관과 함께 실종자 찾기 협력을 시작했고, 안면 인식 기술을 통해 많은 사람이 집으로 돌아갈 수 있도록 도왔다. 가족을 찾는 사람들이 민간정부 전국 실종자 찾기 사이트, 바이두 AI 실종자 찾기 미니앱 등을 통해 찾는 가족의 사진을 올리면 클릭 한 번에 전국 각지 보호시설에 등록된 수만 명의 사람의 얼굴과 대조를 통해서 실종자와 비슷한 얼굴을 가진 사람의 사진을 볼 수 있다. 2020년 7월 6일까지 바이두 AI 실종자 찾기 플랫폼에는 총 414,653건의 안면 인식 대조 신청이 접수되어 그중 11,538 가족이 다시 한자리에 모일 수 있도록 도왔는데, 실종된 지 20여 년이 지난 사람도 있었다.

과거에는 인터넷에 접속하지 못하거나 키보드를 사용하지 못하는 어르신들을 자주 볼 수 있었는데, 이러한 디지털 세대 격차가 '인공지능 세대 격차'로 이어지지는 않고 있다. 샤오두 인공지능 스피커, 샤오두홈과 같은 스마트 설비로 노인들도 음성 소통을 편안하게 사용할 수 있다.

사실 인공지능을 이용한 새로운 공익사업은 이것만 있는 게 아니다.

텐센트가 지속적으로 펼치고 있는 '9·9공익일(公益日)'은 2020년 이미 6년째가 됐다. 당시 다른 사건의 영향으로 공모 펀드 팀이 신임을 잃을 위기에 몰려 단번에 모든 게 무너질 위기에 처했다. 하지만 텐센트 츠산공익재단(慈善公益基金會)은 '인터넷+공익'을 사용해 공익 사업에 손쉽게 접근할 수 있도록 했고, 이를 통해 연결의 힘, 작은 개인의 힘을 발견했다. 그리고 신임을 기반으로 한 관계망을 이용해 홍보하고 공유하며 기증을 바라는 기업들과 더 많이 연동할 수 있었고, 사회 기구도 더 많이 가입하게 됐다. 2019년 공익일이 모집한 기부금은 총 25억 위안에 달했고, 참가자는 4천 800만 명에 달했으며 참가한 공익 조직은 1만 곳이 넘었다. 텐센트는 빅데이터, 블록체인 기술을 이용해 공익 조직의 참여 상황을 함부로 조작할 수 없는 확실한 기록으로 남겨두고 있다.

4천 800만 명에게 이 데이터는 굉장한 설득력이 있다. 공익은 많은 사람이 자발적으로 나서는 협동 행동으로 변화할 때 공익환경도 새롭게 변하게 된다.

바이두가 추진하는 '스타 플랜'은 과학 기술 공익계획으로, 정확하게는 '스마트 공익'이라 말할 수 있다. 바이두가 세운 CSR기술 플랫폼은 지속 발전 가능 원칙과 기술을 통한 사회문제 해결 이념을 계승해 트래픽, 기술, 생태, 자금이라는 4대 능력을 기반으로 생태 능력 공유 플랫폼을 구축해 더 많은 창작자, 개발자, 기업, 비정부조직이 참여할 수 있도록 하고 있다. 보잘것없어 보일지라도 이 작은 선의들은 모두 거대한 가치를 가지고 있으며, 변화의 힘을 가지고 있다.

그러니 인공지능의 힘을 빌려 사회에 새로운 공익인 'WE 대중'의 힘, 생태의 힘을 계속 불어넣고 사회의 새로운 공익을 계속 혁신하고 생태를 완성해나가야 한다.

14

스마트 생활 :
생활 속으로 들어온 AI

민생을 보장하고 개선하는 일에 인공지능 적용을 강화한다. 민생을 보장, 개선하는 일과 더 나은 삶을 이루고자 하는 필요에서 출발해 일상 업무, 학습, 생활에 인공지능을 응용하고, 더욱 스마트한 작업 방식과 생활 방식을 창조한다.[196]

시진핑의 19회 중앙정치국 9차 집단학습 연설

(2018년 10월 31일)

기술은 사회 전체를 바꾸고, 우리도 변화시킨다.

하지만 우리 역시 기술을 변화시킨다.

기억하는가? 2006년 '당신'은 〈타임(Time)〉지 올해의 인물에 선정된 바 있다(그림 14-1). 당시 '당신'이 스포트라이트를 받았던 것처럼 필자는 미래에도 '당신'이 주목을 받을 수 있을 것이라고 예상한다.

그 당시 우리는 경계 없는 디지털 사회의 국민이 됐다. 이것은 거의 '슈퍼 시민'으로 Wiki,[197] Web2.0,[198] UGC에서 당신은 거의 주인공이 되었고, 동시에 각기 다른 인터넷 기업의 플랫폼이자 그들이 이른바 '인터넷 보너스'라고 하는 것의 일부분이자 그것들의 가치 평가 일부분이 됐다.

---

196. 시진핑이 주관한 중국 공산당 중앙 위원회 정치국 제9차 집단학습에서 발언, 중국 정부 홈페이지 참고 : http://www.gov.cn/xinwen/2018-10/31/ content_5336251.htm.
197. Wiki, 여러 사람이 협력해서 작성하는 시스템으로 일종의 인터넷상에서 개방되어 여러 명이 협동해 창작할 수 있는 하이퍼텍스트 시스템이다. 워드 커닝햄(Ward Cunningham)이 1995년 처음 개발해 하이퍼텍스트 시스템으로 공동으로 문서를 작성하는 협업식 글쓰기를 지원했다. 워드 커닝햄은 Wiki에 대해서 '사용자들이 간단한 묘사로 웹페이지를 만들고 연결할 수 있는 소셜 컴퓨팅 시스템'이라 정의한 바 있다.
198. Web2.0은 Web을 이용하는 플랫폼을 가리키는 것으로 사용자가 주도해서 콘텐츠를 생산하는 인터넷 제품 모델이다. 기존 웹사이트 직원이 생산한 콘텐츠와 구분하기 위해서 차세대 인터넷이라 정의하는 만큼 Web2.0은 새로운 시대다.

그림 14-1. 미국 〈타임〉지가 선정한 2006년 올해의 인물은 우리 중의 모든 개인이었다.

원래 이 장에서는 기계를 내려놓고 인공지능으로 완성하고 싶었다. 하지만 그러지 않은 이유는 이 대화가 더 친밀했으면 좋겠고, 또 우리가 당신에게 하고 싶은 말이 아직 많이 남아 있기 때문이다. 기계가 쓴 문장에 우리가 하고 싶은 말을 추가하면 원래 '기계 작품'의 특징이 살지 않는다. 더욱이 우리는 더 많은 탐색, 검증, 체험의 기회를 당신에게 제공함으로써 당신의 체험이 무엇으로도 대신할 수 없는 독보적인 체험이 되기를 바란다.

당신에 대한 이해 : 진정한 인공지능

인공지능은 본질적으로 사람에 대한 이해다. 그러니 진정한 인공지능은 당신을 이해하는 인공지능, 당신을 돕는 인공지능, 함께 진화하는 인공지능이어야 한다.

현재 스마트 혁명은 우리에게 많은 것을 가져다주는 동시에 많은 것을 없애버릴 것이다. 여기서 없애버릴 거라고 말하는 이유는 인공지능이 오컴의 면도날[199]처럼

---

199. 오컴의 면도날 법칙 또는 '오컴의 면도날'이라고도 불린다. 14세기 잉글랜드 논리학자이자 프란치스코회 수도회 수사인 오컴의 윌리엄(William of Occam)이 제기했다. 이 원칙은 '필요 없이 실체가 증가해서는 안 된다'라는 '간단하고 효율적인 원리'를 강조한다. 이 점은 그가 《잠언서주(箴言書註)》 2권 15제에서 '굳이 많은 걸 낭비할 필요가 없다. 비교적 적은 것을 사용해도 마찬가지로 일을 잘 해낼 수 있다'라고 한 말과 유사하다.

자동차 핸들, 키보드와 같이 이제는 필요 없는 것들을 제거할 것이기 때문이다. 앞으로는 우리가 각종 도구를 배우는 시간이 줄어들 것이다. 왜냐하면 도구가 당신을 이해할 것이기 때문이다. 도구는 사용자 친화형으로 발전해갈수록 당신을 이해하고, 당신의 스타일이나 진정한 요구에 가까이 접근할 것이다. 그러니 배우지 않아도 도구를 '조종'하고 다룰 수 있다.

바이두가 기술로 복잡한 세상을 더 단순하게 만든다는 생각을 견지하고 있는 만큼 AI 개방 플랫폼, 패들패들, 아폴로, 샤오두 비서 모두 사용자가 빠르고 편리하게 사용하고 시간을 절약할 수 있도록 최적화되어 있다. 우리가 TV를 볼 때 화면에 사람이 나타나는 원리가 뭔지 알 필요가 없는 것처럼 AI를 사용해 글쓰기, 문장 편집, 동영상 편집, 더빙, 내비게이션을 하면서 배후에 어떤 원리와 논리가 있는지 알 필요는 없다. 바이두가 검색 등 제품에서 단순 철학을 견지하는 이유도 사용자를 더 오래 머물게 하기 위해서가 아니라 사용자가 자주적으로 통제해 필요하면 언제든 검색할 수 있게 하기 위해서다.

이전에 우리는 여러 사례를 통해서 인공지능이 어떻게 양손, 눈, 시간에서 우리를 해방시키고 효율 향상과 체험 개선을 가져올 수 있는지를 설명했다.

인공지능은 자동차의 핸들을 바꿀 수 있을 뿐만 아니라 우리 모든 사람의 생활과 직업의 방향과 선택을 바꿀 수 있다. 그러므로 인공지능 시대는 새로운 상호작용의 시대라고 할 수 있다. 우리가 '대연결'을 이루면 이어서 '대상호작용'이 발생할 것이고 '대협력'도 도래할 것이다. 당신과 자동차, 집, 설비, 서비스, 지식 창작자, 스크린에 등장하는 연기자, 잠재적인 개발 협력 파트너가 다 함께 연결되어 언제 어디서나 상호작용을 하고 언제든지 감지해낼 수 있게 된다. 더욱이 사람과 기계의 상호작용 방식이 바뀌고 기계와 대화도 더 쉬워질 것이다.

기술이 무거워질수록 세상은 가벼워진다. 그리고 이 점은 우리에게 외부 세계, 그리고 미래의 관계에 대해 생각해볼 시간과 기회를 제공해준다.

이전 과학 기술 발전은 설명서가 더욱더 두꺼워진다는 의미였다. 하지만 이제 AI는 당신을 더욱더 자유롭게 해주어서 갈수록 많은 시간을 마음대로 쓸 수 있게 해줄 것이다.

우리는 도구에 종속되어 있다. 가장 분명한 예는 스마트폰으로 어디서든 스마트폰에 중독된 사람들을 볼 수 있다. 이에 우리는 간혹 자신에게 '이것이 공상과학 세계의 종점인 걸까?'라고 반문할 수밖에 없다.

비록 지금 우리는 AI시대의 여명 속에 있을 뿐이지만 우리의 눈앞에 아름다운 미래가 서서히 드러나고 있다는 기대를 품기에는 충분하다.

오늘, 바이두는 당신을 더 잘 이해하고 있다!

클라우드 생존 : 어디에나 있는 클라우드

클라우드 응용은 기업이나 정부만의 특권이 아니다. 당신도 클라우드와 떨어질 수 없는 만큼 '구름'(컴퓨팅)과 '안개'(컴퓨팅) 능력을 활용할 수 있고, 심지어 에지 컴퓨팅의 일부가 될 수 있다.

당신의 휴대폰을 바이두 왕판에 직접 연결하면 사진, 동영상, 주소록, 중요 파일을 즉시 올려 백업할 수 있다. 당신이 아이치이에서 본 동영상도 사실은 클라우드에 있는 콘텐츠다. 클라우드는 당신의 집사이자 책장이자 저장실이자 당신의 컴퓨팅 센터와 IDC센터다. 앞으로 클라우드는 당신의 업무 비서, 오락 상대가 되는 등 더 많은 역할을 할 것이다.

당신은 개인용 마이크와 바이자하오 계정을 가지고 자신만의 생방송을 해보려 한 적 있는가? 신종 코로나 바이러스에 대응하기 위해 훠선산병원(火神山醫院)을 건설할 때 클라우드를 통해 공사 현장을 지켜봤던 경험이 있는가? 만약 없다고 하더라도 당신은 에베레스트 초모랑마 봉의 5G 클라우드 생방송을 보거나 클라우드 전시회에 참가하거나 클라우드 계약을 해본 적은 있을 것이다.

클라우드는 거의 협동을 위해 생겨났다고 할 수 있다. 그리고 이러한 클라우드 연결, 클라우드 협동은 감동을 자아낸다. 신종 코로나 바이러스 유행으로 사회적 거리 두기를 위해서 전 세계가 '집' 안에 머무는 것을 강조하자 음악은 가장 좋은 위로이자 가장 좋은 표현 방식이 됐다. 이에 3월 20일, 유럽 30개국 이상에서 183개의 방송국이 그림 14-2처럼 리버풀 축구팀 주제곡인 〈당신은 결코 혼자 걷지 않아(You Will Never Walk Alone)〉[200]를 방영했다. 그러자 청중도 자신이 부르는 동영상을 녹화해 업로드했다. 'Walk on, walk on, with hope in your heart. And you'll never walk alone, You'll never walk alone(계속 앞을 향해 나아가라. 계속 전진해라. 마음속에 항상 희망을 품어라. 당신은 결코 혼자 걷지 않아. 당신은 결코 혼자 걷지 않아'라는 노래 가사처럼 클라우드가 있으면 혼자가 되지 않는다.

'하늘과 땅처럼 영원히 변치 않으며 만물과 조화를 이루면 천지와 내가 하나가 된다.' 4월 12일 중국 작곡가 탄둔(譚盾)은 5G 3D의 클라우드 생방송 〈우한12징(武漢十二鑼)〉[201]을 통해 15개 국가 예술가들과 클라우드 온라인, 클라우드 생방송, 클라우드 교향악을 진행해 전 세계에 '희망, 온기, 사랑과 축복'을 전달했다.

4월 19일에는 온라인 합동 콘서트 〈하나의 세계(One World : Together at Home)〉가 개최되어 8시간 동안의 음악 온라인 마라톤을 진행하며 총 1억 2,790만 달러를 기금을 모아 의사와 간호사들에게 보호장비를 제공했다.

아마도 많은 사람이 '클라우드 폰(Cloud phone)'이 뭔지 잘 모를 것이다. 클라우드+폰은 스마트폰을 새롭게 정의했다. 전통 휴대폰의 기능은 주로 휴대폰에 내장된 칩, 메모리에 의해 고정된다. 바이두 클라우드 폰은 앞선 기술과 안정적인 서비스 제공이 가능한 바이두 스마트 클라우드를 바탕으로 휴대폰에 있는 모든 앱을 클라우드로 이동시켜 원래 휴대폰 단말기로 제공받았던 컴퓨팅 능력, 저장 능력을 클라우드 서버를 통해 제공받을 수 있게 했다. 이에 사용자는 휴대폰 단말기의 경계를 넘어 서비스를 체험할 수 있을 뿐만 아니라 지속적인 '업그레이드 최적화'를 통해서 하나의 계정으로 휴대폰 단말기, TV 단말기, Pad 단말기 등 각종 단말기에 로그인 할 수 있다.

그림 14-2. 유럽 183개 방송국이 일제히 방영한 리버풀 주제곡

200. 감상 주소: https://www.iqiyi.com/v_19rwztrqwg.html.
201. 감상 주소: https://v.qq.com/x/page/c0951n3e7tb.html?ptag=qqbrowser.

스크린을 넘어, 시나리오를 넘어 : 전체 시나리오의 스마트 생활과 스마트 사무실의 시작

스크린을 넘고, 시나리오를 넘는 능력은 우리에게 더 큰 편익을 가져다줄 것이며, 여러 스크린의 상호작용, 콘텐츠 공유의 표준이 될 것이다. 원래 TV는 아주 중요한 스크린이지만, 스마트화를 해야만 비로소 하나의 단말기가 될 수 있다. 현재 미디어 융합은 콘텐츠가 스크린을 넘어 일상이 되게 해줄 수 있다. 화웨이 EMUI10 이상 버전의 휴대폰과 Pad, 노트북은 설비 간격을 돌파해 스마트 전체 연결을 실현했고, 전 시나리오 스마트 생활과 여러 스크린 협력, 스마트 업무를 시작했다. 데이터 트래픽을 사용하지 않고 가벼운 접촉만으로 연결해 휴대폰 단말기에 방송되고 있는 음악, 동영상이나 편집 중인 문서를 컴퓨터로 송출해 이어서 방송되게 하거나 편집할 수 있다. 동시에 하나의 스크린에서 2가지 일을 동시에 조작할 수도 있고, 드래그해서 컴퓨터나 휴대폰에 있는 완성된 파일을 전송할 수도 있다. 컴퓨터 키보드와 마우스 및 입력기를 사용해 휴대폰 대화에 대답하거나 휴대폰 안에 있는 사진이나 텍스트 내용 등 자료를 컴퓨터 문서 파일에 삽입해 편집할 수도 있다.

휴대폰은 또 자동차와 연결을 해서 자동차 스크린을 통해서 휴대폰 안에 있는 음악, 내비게이션 등 서비스를 편리하게 사용할 수도 있고, 휴대폰을 통해서 자동차 상태를 실시간 점검하거나 미리 자동차 에어컨을 틀 수도 있다. 이뿐만 아니라 스마트 차재가 운전자의 운전상태를 파악할 수도 있다. 만약 졸음운전, 주의력 분산 등 이상 행동이 나타난다면 즉시 운전자에게 휴식을 권하고 안전 운전을 해야 한다고 경고할 수 있다.

시나리오 융합 : 모두가 누리는 더 나은 삶

최첨단, 고효율 스마트 경제 발전이 목표인 〈차세대 인공지능 발전 계획〉은 3가지 단계를 포함하고 있다. 첫 번째 단계는 인공지능의 전략적 신흥 산업으로 패턴 인식, 안면 인식, 스마트 로봇, 스마트 운반 도구, 증강현실과 가상현실, 스마트 단말을 포함한다. 두 번째 단계는 전통 산업의 스마트화로 스마트 제조, 스마트 농업,

스마트 물류, 스마트 비즈니스, 스마트 교육을 포함한다. 세 번째 단계는 기업에 스마트 업그레이드를 진행해 인공지능 산업의 선두기업을 육성하는 것이다. 현재 스마트 커넥티드카, 스마트 서비스 로봇, 스마트 드론, 의료 영상 보조 진단 시스템, 영상 이미지 신분 식별 시스템, 스마트 음성 상호작용 시스템, 스마트 번역 시스템, 스마트 홈 영역에서 이미 기술적 진전이 이루어져 일상생활에 널리 적용되고 있다.

AI 기술을 통해 오래된 영상을 복원하고 국보가 담긴 이야기를 전달해 역사를 다시 재현하고, AI를 통해 디지털 박물관을 건설해 미래와도 연결될 수 있다. AI 과학 기술은 또한 공공 장소와 공공 서비스도 바꾸고 있다. 2018년 10월, 베이징시 하이뎬 공원은 전 세계에서 최초의 AI 공원이 되어 대중들에게 개방됐다.

2018년 2월, 바이두와 하이뎬구는 〈하이뎬구 '시티 브레인' 건설 협력 비망록〉을 체결해 과학도시 건설 방면에서 유익한 탐색을 진행하고, 하이뎬 공원을 시범 장소로 결정했다. 이에 양측은 대중의 수요와 인공지능 기술의 실제 상황을 바탕으로 하이뎬 공원을 AI 공원으로 새롭게 꾸며 AI를 하이뎬 공원의 DNA[202]로 삼았다. 이로써 개혁개방 과학 기술 발전 성과를 모두와 함께 나눌 수 있게 되면서 과학 기술의 보편적 혜택은 하이뎬의 새로운 모토가 됐다.

주변의 사물과 함께 대화를 나누고 조깅을 한 뒤 얼굴 스캔만으로 자신의 운동 데이터를 볼 수 있고, 지갑이나 휴대폰이 없어도 얼굴 스캔만으로 물건을 살 수 있다….

스마트 산책로, 스마트 정자, 미래 공간, 전 세계에서 최초 양산에 성공한 L4등급 무인주행 버스 아폴로가 관광객들의 체험을 기다리고 있다(그림 14-3).

---

202. DNA, 즉 데옥시리보핵산(Deoxyribonucleic acid).

그림 14-3. 관광객들이 하이뎬 공원에서 최초 양산에 성공한 L4등급 무인주행 버스 아폴로를 체험해 보기 위해 줄을 서 있다.

인공지능과의 공생 : 새롭게 정의될 당신과 기계의 관계

많은 사람이 미래에 기계가 인간을 대체하고, 심지어는 지배하게 될지도 모른다고 걱정한다. 하지만 사실 기계는 어디까지나 인류를 보조하는 도구일 뿐이므로 인간을 대체할 수는 없다. 앞으로 인공지능은 인류의 스마트 비서가 되어 신뢰할 수 있고, 잠시도 떨어질 수 없는 듬직한 파트너가 될 것이다. 인간과 기계, 인간과 인공지능의 공생 관계는 공동 진화가 가능하다. 인간의 지능+인공지능은 하이브리드 지능에서 슈퍼지능으로 나아가게 될 것이다.

(1) AI가 불러올 독서혁명 : 독서체험은 이제 듣고, 보고, 상호작용하고 함께 창작하는 체험으로 바뀌게 될 것이다. VR은 단편적으로 남아 있는 역사 서적을 복원하고 이어폰을 끼고 책을 듣고, 3D프린터 기술을 이용해 책을 '옷'으로 바꾸는 등 5G, VR, 인공지능 등 신흥 기술은 독서에 새로운 변혁을 불러오고 있다.[203] 병마용

---

203. 쉬둥위안(許東遠), 보고 듣고 체험할 수 있는 : 인공지능 등 신기술이 가져올 독서혁명, 상하이 신화통신 2019년 8월 20일.

관련 책을 펼치면 병마용 3D 입체 형상이 출현하고, 박물관 서적을 읽으며 증강현실에서 상호작용을 할 수 있을 뿐만 아니라 독자와 작가 사이에 더 많은 상호작용과 창작체험이 가능해질 수 있다.

(2) AI가 불러올 창작혁명 : 인공지능이 원고 작성과 동영상 편집을 도와주고 함께 생방송을 시청하는 일이 가능할까? 자료 검색과 수집, 원고 작성, 동영상 편집, 더빙, 생방송과 같은 창작, 편집, 콘텐츠 제작과 관련된 일을 인공지능의 도움을 받아 처리하게 될 수 있다. 바이두 브레인 '스마트 창작 플랫폼'은 자연어 처리와 지식 그래프 기술을 종합해 풍부한 자동 창작과 보조 창작 능력을 갖추고 있어 사용자를 더 잘 이해하는 스마트 비서로서 역할을 할 수 있다. 그리고 VidPress는 바이두 연구원이 개발한 업계 최초 대규모 생산이 가능한 통용형 스마트 동영상 합성 플랫폼이다. 사용자가 뉴스 문장과 이미지 콘텐츠 링크를 입력하면 나머지 전체 작업은 플랫폼이 자동으로 알아서 완성한다. 동영상 소재 스마트화 취합, 논평 생산, 음성 합성, 음성과 동영상 맞추기와 채색까지 모든 제작 과정이 9분 만에 완성된다.

(3) AI가 불러올 취업혁명 : 과거 우리는 대부분 피고용 신분으로 취직할 회사를 찾고, 자신이 임금을 받을 만큼의 가치가 있다는 걸 증명해야 했다. 하지만 지금은 자유로운 취업 형태를 자주 볼 수 있고, 직원 공유도 일상적인 모습이 됐다. 이에 각기 다른 플랫폼을 통해서 모든 사람이 자신이 가진 다양한 능력의 가치를 전부 발휘하고 자신에게 더욱 알맞은 일을 맡을 수 있게 됐다. 바이자하오, 위챗 공식 계정, 스핀하오(視頻號), 콰이서우하오(快手號)나 지식 유료화, '누구나 방송 진행자가 될 수 있는' 환경은 누구나 자신의 취미, 장기를 활용해 직업으로 삼을 수 있도록 가능성을 열어주었다. 또한 개인이 각기 다른 생태에 서식하며, 다른 사람과 가상의 팀을 이루어 협력을 진행할 수 있게 됐다.

(4) AI가 불러올 성장혁명 : 지식 그래프, 데이터 어노테이터, 프로파일링, 연합학습 등 기술을 이용해 교육 훈련과 평생학습 형태를 새롭게 구축한다. 인공지능의 도움을 받아 개인의 잠재력 평가, 성장 평가가 갈수록 다양해지고 정확해질 것이다. 또 매칭도 정확해져서 인력 자원 서비스로 많은 사람의 인생이 바뀌게 될 것이다. 사람들은 자신이 흥미 있어 하는 부분을 발전시키고, 사교 관계를 맺으며 목표를 확정해 자신의 가치를 발현할 수 있게 되는 것이다. 지식이 봉인된 '블랙 기술'의 문턱이 없어지거나 아주 낮아져서 많은 사람이 기술을 사용하고 더 많은 성장 체험

을 얻을 수 있게 될 것이다. 예를 들어 제로 코드를 기초로 인공지능 기술을 파악하는 것처럼 간단하게 배치하고 빠르게 생성해 손쉽게 사용할 수 있게 될 것이다. 가령 기업이 AI 모델을 개발하려면 데이터 준비, 모델 훈련, 그리고 다시 서비스 배치까지 모든 부분에 기업이 관심을 기울여야 한다. 그리고 데이터의 질과 양은 모델의 효과에 직접적인 영향을 주는 만큼 기업은 고효율, 저비용으로 데이터 수집, 업로드, 정리와 표기를 완성해 신속하게 모델 훈련에 적용해야 한다. 하지만 지식 집약형 산업은 데이터의 양이 너무 많아 이해하고 처리하는 데 어려움을 겪고 있다. 더구나 숙련된 직원을 양성하는 데 많은 시간이 필요한 데다가 경험 전수가 쉽지 않아 인재를 양성하는 비용도 높은 편이다.

바이두 EasyDL은 AI 개발 플랫폼으로 스마트 표기, 모델 훈련, 서비스 배치 등 전 과정의 기능을 제공하고 AI 모델 개발 과정에서 복잡한 업무에 대한 편리하고 효율 높은 플랫폼화 솔루션을 제공한다. 데이터 관리 문제에서도 EasyDL의 EasyData 스마트 데이터 서비스 플랫폼은 수집, 정리, 표기, 가공 등 원스톱 데이터 처리 기능을 제공해 모델 훈련 부분과 완벽하게 협력을 이루어 데이터 폐쇄형 루프 기능을 통해 효율적인 모델 교체를 지원한다. 이와 같은 EasyDL은 각기 다른 집단에 표준 버전, 전문 버전, 업종 버전이라는 3종 제품 형태를 제공하고 있다. 그중에서 고정밀 업무 모델 개발을 지원하는 EasyDL 전문 버전은 풍부한 사전 훈련 모델을 내재하고 있어 여러 시나리오에 적용할 수 있고 소량의 데이터만으로도 우수한 모델 효과를 거둘 수 있다.

오프라인에서 만나지 않은 채 팀이나 동료와 자신의 능력을 공유할 수 있고, 교육 자원을 언제든지 쉽게 손에 넣을 수 있어 대학의 높은 문턱을 넘을 수 있다. 이렇게 5G+AI+생태화 플랫폼, 신인프라 건설은 개인의 성장, 발전을 위한 햇빛, 공기, 토양이 될 수 있다. 신뢰감, 이타심, 협력, 공유, 협동은 스마트 세계를 누비는 윤활제다.

각기 다른 교육 기구와 학습 시나리오에서 인공지능은 새로운 교육과 훈련 모델을 제공해준다. 바이두가 투자한 숙제 도우미가 최근 다시 대규모 투자를 받았다. 그리고 초등학생 프로그래밍 사고 배양, 학습 성과 향상을 연구하는 시과창커(西瓜創客)도 얼마 전에 텐센트B+투자를 얻었다. 업종 기구가 전문화됨에 따라서 아동 관련 프로그램 제작 경쟁도 갈수록 과열되고 있다. 〈2017~2023년 중국 아동 프로그램 제작 시장 분석 예측 및 발전 동향 연구 보고〉에서는 현재 중국의 아동 프로그램 시장 규모는 105억 위안이며, 침투율이 1% 오를 때마다 전체 시장 규모가 100억 위안씩 확장된다고 나와 있다.

화웨이는 중국 전역에 체험식 서비스를 제공할 예정이다. 오프라인에서 배치가 아주 빠르게 이루어지고 있는데 그중에서 시(市)급은 1,800여 곳이고, 현(縣)급은 3,000여 곳, 진(鎭)급은 3,000여 곳이다. '화웨이 학당'을 개설하면 사용자들이 전체 시나리오 스마트 생태를 체험할 수 있고, 앞으로 온라인과 오프라인 전체에 적용할 수 있다. 마이크로소프트는 GitHub를 인수해 '.NET 재단(.NET Foundation)'을 설립하고 오픈소스 프로젝트를 전면 지원하고 있다. GitHub 연례 데이터 보고에 따르면 GitHub 전 세계 4,000만 명의 개발자 중에서 중국 개발자는 수량에서나 오픈소스 프로젝트의 공헌에서나 2위를 차지하고 있는 것으로 나타난다.

바이두 : 개인 IP의 운영 업체

바이두가 사람의 성장을 돕는 건 굳이 언급할 필요가 없다. 바이두는 이미 플랫폼 생태, 황푸 아카데미, 윈즈 아카데미, 교원 양성, 대학 협력, 온라인 자원 개방을 통해서 100만여 명의 교육 훈련과 성장 촉진을 진행했고, 앞으로 5년 동안 500만 명의 AI 인재를 양성해 중국 스마트 경제와 스마트 사회 발전을 위한 AI 인재를 제공할 예정이다. 바이두는 생태 파트너와 함께 더 많은 집단이 이용하고 도움을 받을 수 있도록 평생학습 범위를 확대하고 있다.

이 밖에도 바이두는 취업 촉진, 민생 발전을 위해서도 계속 노력하고 있다. 2020년 7월 2일, 바이두는 앞으로 계속 신인프라 건설 데이터 산업 방면에 대한 투자를 확대할 것이며, 앞으로 5년 동안 바이두(산시) 인공지능 기초 데이터 산업기지에서 5만 명의 AI 데이터 어노테이터를 육성하고 더 많은 AI 협력 파트너를 받아들일 것이라고 발표했다. 이러한 협력 모델이 앞으로 더 많은 성과 시로 확장되어 더 많은 AI 관련 일자리를 제공하고 현지 과학 기술 산업의 발전을 지원할 것이다.

AI 데이터 어노테이터는 인공지능의 발전으로 출현한 신흥 일자리다. 2020년 2월, 인공지능 트레이너(AI Trainer)가 정식으로 새로운 직업이 되어 국가 취업 분류 목록에 기재됐다. 데이터 수집과 표기는 인공지능 트레이너의 주요 임무 중 하나다. 데이터 어노테이터의 업무는 AI에 인지 데이터를 가르쳐 양질의 데이터를 충분히 많이 보유하게 해 AI가 사람과 비슷하게 인식, 사고, 결정하게 하고, 인류에게 더 좋은 서비스를 제공하게 한다. 현재 바이두(산시) 인공지능 기초 데이터 산업기지에는 2,000명이 넘는 AI 데이터 어노테이터가 근무하고 있으며, 영업 수익은 1억 위안이 넘고 35개의 기업이 입주해 있다.

바이두의 AI 기술이 계속 발전하고 AI의 생태가 갈수록 확장됨에 따라서 바이두 AI 생태에는 많은 우수한 AI 생태 파트너와 다양한 주체와 종이 서식하고 있다. 바이두는 가장 좋은 검색과 배포 기술과 양질의 많은 양의 콘텐츠, 가장 적합한 AI 생태를 갖추고 있어 각종 IP, 개발자, 콘텐츠 기여자, 지식 혁신가들과 연결, 집단을 이루었고 광범위한 시나리오, 프로젝트, 생태와 연결할 예정이다. 이에 바이두는 더 많은 IP가 진정한 슈퍼급 IP로 바뀔 수 있도록 돕고, 사용자의 전체 라이프 사이클 과정, 전체 시나리오, 전체 직업 생애의 평생교육, 개인 성장, 취업 발전과 심도 있는 결합을 할 수 있는 능력과 의지를 가지고 있다.

IP조성과 관련해서 문화유산 수호자 계획(文化遺産守護者計劃)을 예로 들면, 바이두는 과학 기술을 이용해서 장인을 보호하고, 장인 정신을 계승하며 공예품을 널리 알릴 수 있을지 고민했다.

2018년 바이두는 '바이두 문화유산 수호자 계획·바이두 중국 장인 정신 계승' 행동을 시작했다. 이것은 인터넷 기술과 제품을 이용하고 비즈니스 마케팅 사고를 활용해서 전통 무형 문화유산을 전파하는 데 목적이 있다. 이전에 바이두는 이미 검색, 신시류, AR기술을 이용해 슝씨 법랑(熊氏琺瑯), 진씨 연(金氏風箏), 장중창(張忠强)의 투얼예(兔兒爺)[204] 등 여러 무형 문화유산을 전파하고 홍보해 인터넷 시대에 연로한 장인들의 목소리를 전하고 기술 전수의 어려움을 극복할 수 있도록 도왔다.

슝씨 법랑의 3대 전수자인 슝쑹타오(熊松濤)는 법랑 기술을 줄곧 지켜왔다. 53가지 제조공정을 수공예로 진행해 작품이 나오려면 최소 2개월이 걸리는 600년 문화가 축적된 유명한 기술이다. 하지만 일반 시장에서 슝씨 법랑은 잘 알려지지 않고 있다.

또한, '바람 없이도 날릴 수 있는' 판잉펑정(盤鷹風箏)을 연구하며 60년 동안 기술

204. 중추절에 진흙으로 만드는 중국 전통 인형으로 토끼 머리에 사람의 몸을 하고 있다. - 역주.

을 계승해온 진씨 연의 4대 계승자 왕츠펑(王赤峰)도 과거 연을 수출했음에도 불구하고, 비슷한 어려움을 겪고 있다.

무형문화재는 전수가 너무 어려운 문제가 있지만 그렇다고 문화의 맥이 끊겨서는 안 된다. 수백 년, 수천 년에 거쳐 검증된 우수한 작품인 만큼 청년들의 지속적인 관심과 흥미를 끌 방법과 형식을 마련할 필요가 있다. 이에 바이두는 인터넷을 활용해 수공예 장인들을 돕는 시도를 해봤다. 장인들의 경력과 이야기를 신시류를 통해서 사용자에게 정확하게 전달하고 AR 기술을 활용해 연 제작 과정을 복원해 더 많은 사람이 전통문화의 매력을 경험할 수 있게 했다.

아름다운 세계의 고아가 아닌 스마트 경제의 건설자가 되자

여기서 우리를 벅차게 했던 〈차세대 인공지능 발전 계획〉 3단계 전략목표를 다시 한번 복습해볼 필요가 있다. '3단계인 2030년 인공지능 이론, 기술과 응용이 세계 선두 수준에 이르도록 한다. 세계 주요 인공지능 혁신센터가 되어 스마트 경제, 스마트 사회에서 명확한 성과를 거두고 혁신형 국가의 선두에 올라 경제 강국의 핵심 토대를 다진다.'

모든 사람이 AI로 인한 이점을 누릴 수 있다.

모두가 함께 가장 가치 있는 융합 생태를 건설하고 서식하며 각자의 위치에서 함께 창조와 협동을 이룰 수 있기를 기대한다.

좋은 콘텐츠 창작 플랫폼을 찾는 콘텐츠 창작자이든 지식 전파자로 지식 생방송, 라이브커머스를 진행하거나 쇼트클립을 게시하려 하든 적합한 배포 플랫폼을 찾을 수 있다. 개발자이든 창업자이든 서비스업체이든 프리랜서이든 교사이든 의사이든 부모이든 학생이든 상관없이 바이두는 모두를 수용해 무한한 협력을 이루고 가정에서 모든 걸 누리게 할 수 있다.

인공지능은 우리를 위해 아름다운 신세계를 열었다. 중국 인기 가수 왕펑(汪峰)의 〈아름다운 세상의 고아〉에는 '가끔 망연자실해지면서 한 포기 풀처럼 느껴질 때가 있어. 가끔은 이유 없이 공허 속에 빠진 것 같은 기분이 들어. 시간은 흐르는데 나는 여전히 제자리, 깊은 소용돌이에 빠진 것 같아'라는 구절이 있다.

모든 일은 끝을 시작으로 삼아야 한다. 미래를 제대로 이해하면 미래를 받아들이고 맞이하고 포용하는 방법을 찾을 수 있다.

이 방법은 스스로 동기부여를 하고 효율적으로 성장하며 생태를 정확히 선택하고 협동하는 것이자 모두가 스마트 경제의 건설자가 되어 미래의 물결을 따라 나아가는 것이다.

우리 모두 함께 나아가자.

리옌훙 :
AI의 최종 꿈은 인류를 위해 더 많은 자유와 가능성을 가져다주는 것

리옌훙 : 바이두 창업자. 회장 겸 최고경영자로 제12회, 제13회 전국인민정치협상회의에서 국가가 특별 초청한 전문가다. 베이징대학에서 정보경영을 전공하고 뉴욕주립대학교 버펄로대학에서 컴퓨터공학 석사를 마쳤다. 보유하고 있는 '하이퍼텍스트 링크(Hypertext Link)' 기술 특허는 현대 검색 엔진 발전 추세와 방향의 기본 발명 중 하나다. 2000년 중국으로 돌아와 바이두를 설립했고, 이후 2005년 바이두는 미국 나스닥 상장에 성공했다. 개혁개방 40주년을 맞아 개혁 선구자라는 칭호를 수여 받았다. 중국 인터넷 기업가 최초로 〈타임〉지 표지 모델로 등장했다.
인터뷰 일자 : 2020년 5월 8일

장샤오펑 : 책은 사람이 외부와 대화하는 중요 매개체이자 아주 좋은 상호작용 인터페이스입니다. 《스마트 경제》도 우리가 외부와 대화, 사회와 대화, 미래와 대화에 도움이 되리라 믿습니다.

리옌훙 : 그렇습니다. 우리는 널리 소통하며 마음속 생각을 드러내야 합니다.

장샤오펑 : 추이산산 선생님이 기술에 대해 말할 때 리 선생님의 눈빛이 밝아진다고 하던데, 먼저 기술에 관해 이야기해볼까요?

리옌훙 : 좋습니다.

검색 엔진의 발전과 미래

장샤오펑 : 최초 하이퍼텍스트 링크 특허부터 머신러닝, 딥러닝, 자연어 처리를 핵심으로 한 여러 AI 기술을 전체 검색 시스템에 적용하셨습니다. 그렇다면 스마트 검색이 일반 사용자들에게 어떤 새로운 경험을 선사해줄 것으로 생각하십니까?

리옌훙 : 검색은 본질적으로 인공지능이 궁극적으로 해결해야 하는 문제를 해결하는 것입니다. 바로 기계가 진정으로 인간의 의도를 이해하고 상응하는 반응을 할 수 있게 하는 것이지요.

검색 엔진이 처음부터 시작한 것이 바로 이 일입니다. 사용자가 요구를 표현하면 저희는 기계를 사용해서 요구를 이해하려 시도한 뒤 반응합니다. 초기 검색 기술은 AI가 적용되지 않았습니다. 1세대 검색은 단어 사용 빈도 통계를 사용했고, 2세대는 제가 발명한 하이퍼텍스트 링크로 다른 사람의 인용을 활용해 콘텐츠의 완전성과 연관성을 증명했습니다. 2010년 전반기 이후 검색 기술은 완전히 AI 기술로 전환됐습니다. 바로 머신러닝의 방식을 활용해 어떤 사용자가 어떤 단어를 검색하고, 어떤 결과를 클릭하며, 검색 결과 페이지에서 얼마나 오랜 시간을 머무르는지 등을 파악한 겁니다. 이렇게 사용자의 행동을 학습한 뒤 새로운 사용자나 새로운 정보 방면의 수요에 응답했습니다. 이것은 하나의 발전의 과정이었습니다.

현재 단계의 AI 기술은 약한 인공지능(Weak AI)에 속해 있어 인공 지능 머신과 사람의 지능에 적합한 통용 인공지능 단계에 이르려면 아직 멀었습니다. 바이두가 최근 10여 년 동안 진행한 연구 투자의 목적은 인공 지능 머신을 점차 인간의 지능에 가까운 단계까지 발전시키는 것입니다. 이 과정에서 검색은 여전히 가장 주요한 응용 방향입니다.

앞으로 검색은 갈수록 정확하게 인간의 의도를 이해하고 인간의 각종 요구도 더 잘 표현하게 될 겁니다. 과거 사람들은 키워드를 입력해 검색했지만, 이제는 음성, 이미지를 통해 검색이 가능합니다.

만약 미래에 발생할 일을 상상해본다면 샤오두 스피커는 지금과 유사하지만, 인간을 더 잘 돕게 될 거고, 단순한 도구를 넘어 인간과 비슷해질 겁니다. 지금 이미 많은 사람이 샤오두홈을 '사람'처럼 대하고 있습니다. 그 이유는 사람처럼 질문에 대답하고 가끔은 농담도 할 줄 알기 때문입니다. 사용자가 수십 가지 다양한 방식으로 날씨를 물어도 샤오두홈은 사용자의 질문을 이해하고 요구를 만족시킬 수 있습니다.

앞으로 검색 결과는 지금의 텍스트, 이미지, 음성, 동영상 외에 다른 새로운 형식으로 표현될 수 있을 겁니다. 예를 들면 생방송도 일종의 형식이 될 수 있습니다. 사용자가 백송 나무 심는 법을 알고 싶어 하면 식물학자가 진행하는 생방송 방으로 이동시켜 직접 질문하고 대답을 얻게 하는 겁니다. 사용자의 질문을 직접 사람이 생방송 방에서 대답해주는 건 기대할 가치가 있는 시나리오입니다. 하지만 이런 시나리오를 실현하려면 바이두의 매칭 능력이 중요합니다.

다른 형식으로는 홀로그래픽 이미징(Holographic Imaging)을 들 수 있습니다. 현재의 평면, 2차원 표현 방식을 3D 입체로 표현하는 겁니다. 예를 들어 가상 인물이 등장해 백송 나무를 심는 방법을 하나하나 설명해준다면 사용자가 더 쉽게 이해할 수 있습니다. 미래 검색은 현재는 없는 기술들을 사용하게 될 것이므로 지금과는 아주 다른 모습일 것입니다. 하지만 그럼에도 검색은 AI와 관련이 있고, 우리가 지난 10년, 20년 동안 사용해온 기술들과도 밀접한 관련이 있을 겁니다.

스마트 비서화, 인격화, 개성화

장샤오펑 : 방금 스마트 비서에 대해 언급을 하셨는데, 업무 서비스, 건강 서비스, 생활 서비스, 심지어는 노인과 아이를 돌보는 스마트 비서까지 각기 다른 속성을 가지고 있습니다. 앞으로 어느 방향에 노력해야 한다고 보십니까?

리옌훙 : 사실 다양한 방향에서 노력해야 합니다. 저희가 통용 AI에 접근하기 전에 많은 전용 AI 비서가 출현할 수 있습니다. 의료를 예로 들면, 보조 진료에서 AI 비서가 유용한 역할을 할 수 있습니다. 바이두가 개발한 CDSS 스마트 진료 보조 시스템은 환자에게 질문을 해서 질병 진단 및 처방을 도와 의사를 보조할 수 있습니다. 그러니 앞으로 CDSS 스마트 진료 보조 시스템은 의료 방면의 스마트 비서로 발전하게 될 겁니다. 또 교육 방면의 경우 현재 자녀에게 각종 과외를 가르치고 학원을 보내는 집들이 많습니다. 하지만 미래에는 AI가 아이들의 전속 가정교사가 되어 아이가 알지 못하는 지식을 반복 학습할 수 있게 지도해줄 수 있습니다. 이처럼 완벽하게 개인 맞춤형 교육 비서는 머지않은 미래에 실현될 수 있습니다.
이처럼 의료, 교육, 금융 등 모두에게 익숙한 영역에서 전용 스마트 비서가 출현할 수 있습니다.

장샤오펑 : 모두가 신뢰하고 의지할 수 있는 가상이기는 하지만 항상 연결되어 있고, 인격화된 모습으로 변할 거란 말씀이시군요.

리옌훙 : 그렇습니다. 인격화될 뿐만 아니라 완전한 개성화를 이루어 사용자의 수요를 바탕으로 상응하는 답을 제공할 수 있게 될 겁니다.

사람들의 성장을 돕는 : 사람을 기초로 사람을 섬기고 사람이 성취하게 한다

장샤오펑 : 2019년 초에 바이두가 발표한 비전 중에 '사람들의 성장을 돕는다'라는 부분은 아주 중요하면서 내면의 공감을 일으켰습니다. 저는 이것이 말에 그치거나 구호에 그치지 않을 거라 믿습니다. 그때를 정해서 비전을 발표한 이유가 있습니까? 그리고 사람들의 성장을 돕는다는 비전과 관련해서 전체적인 구상이나 계획이 있으십니까?

리옌훙 : 저희도 다른 기업을 연구했습니다. 모든 기업이 완전하고 뚜렷하게 정의된 사명, 비전, 문화, 가치관 등을 가지고 있는 건 아닙니다. 설사 대기업이라도 말입니다. 바이두는 이미 20년의 역사를 지니고 있습니다. 초기에 바이두의 핵심 제품이 검색이었을 때 제시한 사명은 '사람들이 가장 평등하고 빠르게 정보를 얻어 원하는 것을 찾을 수 있게 하는 것'이었습니다. 그러던 중 2017년 바이두는 점차 인공지능 시대에 들어서면서 보유한 능력으로 더 많은 일을 하고 싶어졌고, 사명은 '과학 기술을 사용해 복잡한 세상을 더 단순하게 만든다'로 바뀌었습니다. 이 일을 잘 해낸다면 세상은 어떤 모습으로 바뀌게 될까요? 더욱 커진 사명을 이루기 위해 모든 직원이 힘을 모아 노력한다면 바이두는 어떤 기업으로 변하게 될까요?

2018년 여름에 이 문제에 대해 진지하게 고민했고, 바이두가 '가장 사용자를 잘 이해할 수 있고 사람들의 성장을 도울 수 있는 세계 일류 첨단기업'이 되기를 바랐습니다. 첫째로 바이두는 이런 능력을 갖추고 있고, 둘째로 저희가 사명에 따라 전진해나간다면 최종적으로는 이 단계에 이르게 될 겁니다.

그렇다면 사람의 성장을 도우려면 어떻게 해야 할까요? 또는 시장에 수요는 있지만, 사람의 성장을 돕는 게 불가능한 상황이라면 포기해야 할까요? 어떤 선택을 내려야 할까요? 이때 저희의 사명, 바람, 가치관이 역할을 하게 됩니다.

예를 들어서 검색의 경우 저희는 새로운 비전, 사명, 가치관을 동력으로 삼아 광고 퉈관예를 만들었습니다. 이로써 바이두의 규범에 따라야 하는 업체들은 더는 하고 싶은 대로 할 수 없게 됐고, 바이두는 광고나 퉈관예의 내용에 책임을 져야 했습니다. 이것은 일종의 자정 노력입니다. 설사 광고 수입에 영향을 미치더라도 계속 진행해야 양질의 생태가 건립되고, 신뢰 관계를 이룰 수 있습니다.

다른 예로 샤오두홈의 경우 2017년에 출시됐습니다. 이 제품을 뭐라 정의하고 정립해야 할까요? 처음 사용자들 중에는 샤오두홈을 사용해 공부하거나 강의를 듣는 등 지식을 배우는 용도로 사용하는 사람도 있었고 게임을 하는 사람도 있었습니다. 일종의 모순이 생긴 겁니다. 이에 2019년, 저희는 샤오두홈을 아이들의 학습 성장을 돕는 설비로 정하고 점차 게임 기능을 낮추고 교육 기능을 강화했습니다. 이것은 저희가 사명과 비전을 바탕으로 취사선택을 진행한 겁니다. 바이두 제품의 발전 과정에서 모순이 발생해 취사선택을 해야 할 때 사명, 비전, 가치관의 도움을 받을 수 있습니다.

장샤오펑 : 이 방법은 이해가 되고, 공감이 갑니다. 사람은 모든 것의 바탕이고, 버팀목이며 귀착점입니다. 그래서 사람에 대한 존중, 사람의 성장에 대해 존중해야 하고, 사람을 이해하고 사람의 성장을 돕는 기술이 중요한 것이겠지요.

홀로그래피 화상에 기반한 디지털 트윈, 더욱 잘 이해해야 비로소 더욱 정확한 매칭이 가능하다

장샤오펑 : 이제 개인의 관찰과 사고에 관해 이야기해보겠습니다. 사람은 사용자이자 파트너로서 가장 중심입니다. 우리 생태의 종이자 우리의 선전자, 공유자, 심지어는 대규모 협력 파트너가 될 수도 있습니다. 이렇듯 개인이 할 수 있는 역할은 아주 많습니다.

저와 많은 인터넷 기업들은 공통집합을 이룬 뒤에야 비로소 미래에 개인에 대해 더 세밀한 묘사, 더 전면적인 서술, 더 정확한 표현이 가능하다는 걸 발견했습니다. '개인'에 대한 묘사가 홀로그래피에 근접한 것은 바이두뿐입니다. 바이두는 사용자의 흥미, 습관, 수요, 관계, 능력 등을 이해하고, 그들의 모든 차원, 모든 슬래시 능력, 모든 종류의 흥미, 모든 종류의 수요를 이해합니다. 또 바이두는 AI 기술과 AI 생태, 모바일 생태를 갖추고 있어 홀로그래피 이해를 기반으로 디지털 트윈을 구축할 수도 있습니다. 스마트 사회에 이것은 아주 중요한 부분입니다. 미래의 CPS에서 왕페이웨 선생님은 뒤에 S(사회)를 추가하셨는데, 저는 앞에 클라우드를 뜻하는 C를 더 추가해 CCPSS로 바꾸어야 한다고 생각합니다. 사실 이건 스마트 사회의 구조입니다. 그리고 바이두는 이 구조에서 모든 부분을 꿰뚫고 있으며, 사람을 기반으로 한 연결, 전환, 확대를 진행하고 있습니다. 선생님이 '영생'에 대해 말했던 것처럼 저는 미래에 바이두가 모든 사람을 위한 홀로그래피, 디지털, 동적 트윈을 구축해 물질세계의 사람을 하나하나 반영할 수 있는 기술을 갖추리라 믿습니다.

바이두는 일찍부터 개방을 선택했고, 바이두 생태계에는 많은 우수한 생태 파트너, 다양한 주체와 종이 서식하고 있습니다. 그래서 저는 다른 사람은 '제품'을 만들려 하는 반면, 바이두는 '사회'를 구축하려 하며, 앞으로 바이두가 구축한 '사회'는 모든 사람, 모든 IP를 반영하게 될 거라 이해했습니다.

리옌훙 : 참신한 관점입니다. 바이두가 타고난 이점을 가지고 있는 건 분명합니다. 예를 들어서 바이두는 사용자의 데이터를 이미 상당히 오랜 시간 누적해와서 수억 명의 사용자의 다양한 행동 데이터를 확보하고 있습니다. 그리고 더 중요한 것은 바이두의 유전자가 기술 유전자라는 겁니다.

일부 기업 중에는 사용자 데이터를 굉장히 많이 확보한 기업들도 있습니다. 바이두보다도 데이터가 많을 정도지요. 하지만 저는 그들의 이념은 사람과 사람 사이의 소통에만 치중해 있을 뿐 기계가 사람을 이해할 수 있도록 시도하지는 않는다고 생각합니다. 바이두는 진정으로 사람과 기계를 연결하려 하고, 그래서 줄곧 기술에 대한 투자를 아끼지 않으며 기계가 더 잘 사람을 이해할 수 있도록 시도를 해왔습니다.

이러한 데이터는 인공지능 시대에 연료가 되어줍니다. 저희는 기술을 사용해 그것에 대해 더욱 깊은 이해를 진행할 것이며, 더 나은 연결, 서비스를 통해 사람들의 성장을 돕는다는 저희 비전을 구현할 겁니다. 앞으로 디지털 트윈을 구축하고 '영생'을 이룬다면 사람의 육체가 사라져도 그의 생각, 정신은 영원히 남을 수 있을 겁니다. 그럼 그 사람의 생각 논리, 사물에 대한 판단 반응을 AI 방식을 통해서 컴퓨팅할 수 있습니다.

장샤오핑 : 미래의 사람과 시나리오, 사람과 사람, 사람과 기관, 사람과 기계, 사람과 조직의 연결은 기하급수적으로 성장을 할 겁니다. 홀로그래피를 이해하면 고효율 연결, 빠른 배포, 정확한 매칭이 가능합니다. 그리고 정확한 매칭은 사회 자본의 투입과 매칭 실패에 대한 손실을 대폭 낮출 수 있습니다. 이런 의미에서 바이두는 '슈퍼 인터

페이스'를 구현할 조건과 능력을 갖추고 있으므로 모든 IP의 '매개자', '중개인'이 될 수 있습니다. 그러니 미래 바이두는 어쩌면 인적자본 은행이 될 수 있을 겁니다.

리옌훙 : 이건 바이두가 노력해볼 가치가 있는 방향입니다. 검색 엔진, 모바일 생태가 이 일을 하고 있습니다. 검색 엔진이 생기기 전에는 세상의 광범위한 지식을 1초 안에 수집할 수 있다는 상상을 하기 힘들었습니다. 이전에는 지식을 외우고 기록해야 했지만 이제는 그럴 필요가 없습니다. 알고 싶은 지식을 바이두에서 검색해보면 즉시 결과를 얻을 수 있게 됐으니까요. 시간이 지날수록 검색이 복잡한 질문에도 답을 할 수 있게 되는 건 단순한 하나의 지식 포인트나 정보 포인트가 아니라 대량의 추리, 알고리즘이 필요한 문제입니다.

이 때문에 최종적으로 바이두의 도구가 얼마나 좋든 보조가 얼마나 뛰어나든 궁극적으로는 사람이 더욱 경쟁력을 갖출 수 있게 하고, 과거 오랜 시간을 들여야 할 수 있었던 일을 1초 만에 할 수 있도록 하며, 과거 한 사람이 할 수 없었던 일을 할 수 있도록 하는 것입니다. 개인에게 능력을 부여하고 전체 사회에 기능을 부여해 사회의 인프라를 바꾸는 겁니다.

사람이 가진 각기 다른 차원, 속성, 행동은 데이터를 사용해 지표화할 수 있습니다. 이를 지식 그래프의 도움을 받아 학습해 AI 방법을 사용해 성장을 도우며 학습 곡선을 파악하면 미래의 발전 방향과 영역을 인도할 수 있습니다.

우리는 기술, 사회, 사람을 거대한 미래도 안에 놓고 보면 바이두가 지금 노력하는 방향이든 전체 사회의 발전추세이든 AI가 사람을 이해하는 기술을 발전시키고 현실 사회의 더 많은 사람, 사물의 디지털화를 이루면 우리는 새로운 사회 인프라를 구축할 수 있습니다. 교통에는 교통 인프라가 있고, 의료에는 의료 인프라가 있고, 보안에는 보안 인프라가 있고, 비상상황 관리에는 비상상황 관리 인프라가 있는 겁니다. 이러한 것들을 전부 디지털화해서 디지털 트윈을 구축하면 그것과 사람 사이에 각종 상호작용이 생길 것이고 사회 효율이 대폭 향상되어 모든 사람의 성취감이 증가하고 전체 보안성이 강화될 겁니다.

신인프라 건설, 갈수록 빨라지는 바이두의 사회 인프라 건설

장샤오펑 : 최근에 국가가 여러 중요한 정책과 개혁 조치를 발표했습니다. 그중에서도 신인프라 건설을 이야기를 안 할 수 없을 것 같습니다. '신인프라 건설이 많은 전략 방향에서 스마트 경제의 묘사와 부합한다'라는 평가가 있는데, 어떻게 생각하십니까? 앞으로 신인프라 건설에서 사회가 바이두의 목소리를 들을 필요가 있으니까요. 바이두는 신인프라 건설, 스마트 경제 구축, 더 나아가 스마트 사회의 발전에서 맡은 역할이 뭐라 생각하십니까?

리옌홍 : 정부가 말한 신인프라 건설을 개혁발전위원회는 3가지 측면으로 나누어 해석했습니다. 첫 번째 측면은 인공지능, 빅데이터, 인터넷 등을 포함한 정보 인프라입니다. 두 번째 측면은 스마트 교통, 스마트 에너지 네트워크와 같은 융합 인프라입니다. 그리고 마지막 세 번째 측면은 혁신 인프라로 과학 연구, 기술 개발을 지탱하는 인프라입니다.

융합 인프라에서 바이두는 에너지 네트워크에는 별다른 기여를 하지 못했지만,[205] 스마트 교통에서는 많은 기여를 했습니다. 예를 들면 아폴로 자율주행 자동차, 지능형 차량 인프라 협력 시스템, 스마트 교통신호 제어 시스템을 들 수 있습니다. 저희는 창사, 바오딩, 하이뎬 등 지역과 협력해 스마트 교통 신호등을 배치해 통행 효율이 높아질 수 있도록 도왔습니다. AI 방식, 디지털 트윈 방식을 사용해 효율이 15~30%까지 향상될 수 있게 했는데, 이는 GDP 상승까지 촉진했습니다.

이것은 하드웨어는 고정한 채 전부 소프트웨어에 의지하는 방식으로 진행한 겁니다. 도시는 의료, 교육, 금융, 교통, 물류, 보안, 비상상황 관리, 종합 관리 등 모든 방면에서 디지털 트윈을 사용해 효율을 대폭 향상하고 위험성을 줄이고 만족도를 증가시킬 수 있습니다. 사회의 인프라를 사람과 완전히 연결하면 지금과는 다른 새로운 사회를 구축할 수 있고, 우리의 모든 면을 바꿀 수 있습니다.

그리고 혁신 인프라는 기본적으로 제가 5년 전에 '양회'에서 건의한 '중국 브레인'과 매우 유사합니다. 바이두의 딥러닝 구조와 완전한 오픈소스 개방은 사람의 혁신을 도

---

205. 최근 바이두는 중국 국가 전력 기구인 스테이트 그리드와 전략 협의를 맺었다. - 편집자 주.

울 수 있으며 자연어 처리 구조는 사람이 기초 작업을 더는 하지 않게 할 수 있습니다. 게다가 이것은 모두 중국이 자주적으로 통제할 수 있는 인프라입니다.

우리가 지금 직면한 새로운 기회는 바로 AI를 활용해 사회에 새로운 인프라를 건설하는 겁니다. 이는 100여 년 전에 미국이 산업화 과정에서 맞이한 기회와 매우 유사합니다.

반드시 필요한 클라우드 스마트화, 어디에나 있는 스마트 클라우드

장샤오핑 : 앞으로 바이두의 AI는 스마트화 인프라의 토대가 되고, 스마트 사회의 대 토대가 될 겁니다. 최근 스마트 클라우드에 대한 새로운 요구가 있는데, 언제쯤 완성될 수 있다고 보십니까?

리옌훙 : 클라우드는 아직 초기 단계에 머물러 있고, 사람들의 인식도 완전하지 않습니다. 바이두의 경우 저는 바이두 AI 기술의 이점을 활용해 한층 단대단 클라우드의 통합을 이루고 싶습니다. 단순하게 기초 클라우드 측면에서 확장해 다른 사람과 비슷한 경쟁력을 갖춰서는 안 됩니다.

장샤오핑 : 알겠습니다. 말씀하신 그것을 스마트 클라우드라고 정의하지요. 저희의 AI 능력은 의심할 여지가 없는 만큼 스마트 클라우드라 부르는 게 합리적일 것 같습니다. 물론 마이크로소프트도 스마트 클라우드라는 용어를 사용하고 있습니다. 이 산업과 서비스는 반드시 스마트화되어야 한다는 점에 의문을 제기할 사람은 없겠지만, 고객들은 정확하게 인식하지 못하고 있을 수 있습니다. 바이두 스마트 클라우드의 브랜드 인식과 시장 세분화가 이루어졌습니까?

리옌훙 : 클라우드는 아주 넓은 트랙입니다. 많은 영역에서 모두가 발휘할 수 있는 공간이 있습니다. 현재 바이두가 비교적 선두에 있는 기술인 스마트 고객 서비스는 자연어 이해 방면에서 이점을 완전히 이용하고 있습니다.

예를 들어서 이동통신과 협력을 들 수 있습니다. 모바일 전화 고객 서비스는 요금제 설명, 서비스 팩 개선과 같이 고객 요구가 단순함에도 사람이 답변해야 해서 경제적이지 않았습니다. 바이두 스마트 고객 서비스 방식을 사용하면 소통 효율을 대폭 향상할 수 있고, 더 좋은 솔루션이나 정확한 답변을 제공할 수 있습니다. 이런 트랙에서 바이두는 이미 선두에 있습니다.

금융 서비스 시나리오의 경우 상하이푸동발전은행과 협력해 만든 가상의 디지털 직원은 금융 방면 상담 서비스를 제공해 고객들의 인정을 받았습니다. 그리고 의료 보조 진료 방면에서도 바이두 기술이 여러 현급 병원에서 광범위하게 적용되고 있습니다.

긴 흐름으로, 기술에 대한 믿음이 있는 기업은 이상을 품고 있다

장샤오펑 : 과거 스스로 기술에 대한 신념을 가졌다고 하신 적도 있고, AI 선생으로 불리기도 하십니다. 바이두는 연구개발에 많은 투자를 하고 있고 미래지향적인 특징을 지니고 있습니다. 이에 몇 가지 기술은 응용을 통해 실용화를 이루긴 했지만 대부분은 더 오래 투자를 진행해야 합니다. 저는 '전략은 미래에 서서 현재에 뭘 해야 할지를 보는 것'이라고 생각합니다. 바이두가 전략을 결정할 때 고려했던 점은 무엇입니까? 내부나 외부에서 의문을 제기하지는 않았습니까? 전략을 견지하는 데 어렵지 않았습니까?

리옌훙 : 많은 압력이 있었습니다. 주변에서는 매일 주식 가격만 신경을 쓰면서 저에게 인기를 끌 수 있는 히트 상품을 만들어야 한다고 말했습니다. 하지만 저희는 긴 흐름에서 기술적 가치에 주목하고 싶었습니다. 3, 5년을 기준으로 보면 많은 유혹에 부딪히게 됩니다. 하지만 30년, 50년을 기준으로 하거나 더 긴 흐름에서 바라보면 자신의 이상을 지킬 가치가 있으며 결국에는 이익을 거둘 수 있다는 사실을 발견하게 됩니다.

어떤 산업이든 정점과 밑바닥이 있습니다. 저는 인터넷의 흥망성쇠를 모두 경험한 사람입니다. 저는 1991년 미국에서 처음 인터넷을 접했습니다. 그리고 1994년부터 인터넷 상업화가 시작됐고, 2000년 초까지 고속 성장을 이루더니 이후 상당히 긴 시간 동안 침체기를 겪었습니다. 나스닥 지수를 보아도 2000년 5,000포인트를 돌파했지만, 2001년에는 1,000포인트 정도까지 떨어졌습니다. 2000년 수준으로 돌아오기까지는 10여 년이 걸렸습니다. 만일 당시 인내심을 가지지 않고 포기했다면 이후 있을 인터넷 번영을 누리지 못했을 겁니다.

AI도 마찬가지입니다. 2016년부터 지금까지 AI는 빠른 발전을 이루어 널리 알려지고 인정을 받는 단계에 이르렀습니다. 하지만 앞으로 침체기가 와서 많은 AI 기업이 도산하면 빨리 수익을 낼 수 없는 만큼 많은 사람이 회의를 느끼고 떠날 겁니다. 하지만 기본 기술이 축적된 만큼 시간이 지나면 인공지능은 인프라에서 영향을 미치게 될 것이며, 늦든 이르든 가치가 드러날 거라고 생각합니다. 어쩌면 5, 6년이 걸릴 수도 있고 7, 8년이나 10년이 걸릴 수도 있습니다.

저는 믿음을 가지고 있는 사람입니다. 그래서 압력이나 유혹이 아무리 많아도, 의문이 생겨도 자신의 판단을 믿고 이 방향에 대한 투자를 지속할 겁니다.

장샤오펑 : 팀원들의 생각도 같습니까?

리옌훙 : 일종의 자연선택이라 할 수 있겠군요. 만약 이런 점들을 믿지 않는다면 다른 회사로 이직할 기회는 많습니다. 바이두 직원들은 능력이 출중해 좋은 직장을 찾는 게 어렵지 않으니까요. 남은 사람 중 대부분은 저와 같이 이 점을 믿을 겁니다. 믿지 않는다면 꾸준히 견지해나가기 어려울 테니까요. 이런 자연선택을 통해 뜻이 맞는 사람들만 남게 됩니다. 진정으로 기술을 믿어야 세계를 바꿀 수 있고, AI가 산업혁명처럼 거대한 물결이라는 걸 믿는 사람이어야 함께 위대한 일을 해낼 수 있습니다.

장샤오펑 : 이렇게 꿋꿋하게 흔들리지 않고 자신의 신념을 지키는 게 참 대단합니다. 제가 자료를 보니 전체 연구개발에 15% 정도를 꾸준히 투자했더군요?

리옌훙 : 최근 몇 년 동안 기본적으로 15% 정도를 유지했고, 가끔 조금 더 높을 때도 있었습니다. 바이두와 같은 기업에 15%는 사실 상당히 높은 숫자입니다. 하지만 바이두는 첨단 기술 기업인 만큼 이 정도 투자를 유지할 필요가 있습니다. 게다가 아까 말씀하셨던 것처럼 2, 3년 안에 수익을 낼 수 없는 분야가 많은 만큼 투자는 큰 인내심이 필요합니다. 하지만 만약 해당 분야에 믿음이 있다면 7년, 10년 꾸준히 투자할 수 있습니다.

사실 애초 바이두를 설립했을 때 저도 검색 엔진이 돈이 될 거라는 건 몰랐습니다. 다만 제가 잘 아는 기술이었고, 많은 사람에게 유용한 좋은 기술이라고 생각했을 뿐입니다. 당시 2000년에는 검색 엔진이 비즈니스 모델에 적합하지 않아 인정받지 못하고 있었으니까요.

개방플랫폼의 생태 철학

장샤오펑 : 만약 생태 철학의 방식으로 바이두의 생태와 개방플랫폼을 바라본다면 특별히 중요시해야 할 점이 뭐라고 생각하십니까?

리옌훙 : 이 점에서 저희는 사실 괴로운 사고 과정을 거쳐야 했습니다. PC 시대에 전체 인터넷은 완전히 개방되어 있어 하나의 생태와 같았습니다. 그 당시 바이두는 기술만 좋으면 됐습니다. 외부 전체 콘텐츠가 전부 개방이 됐고, 양식도 표준화되어 있어 기술만 좋으면 문제가 없었지요.

하지만 이후 모바일 인터넷 시대가 되자 앱이 하나하나 스스로를 봉쇄하기 시작했고 바이두는 비교적 어려운 선택에 직면했습니다. 만약 저희가 완전 개방 노선을 따르는 상황에서 앱들이 계속 봉쇄를 선택한다면 얻을 수 있는 정보가 갈수록 줄어들 수밖에 없었습니다. 그렇다고 저희도 봉쇄 노선을 따르면 저희의 이념과 모순이 생기고, 자체적으로 콘텐츠 시스템과 표준 양식을 구축해야 할 필요도 있었습니다.

몇 년간의 쟁론과 탐색을 거쳐 바이두는 계속 개방을 유지하기로 했고, 무엇이든 저희에게 개방하는 것은 포용했습니다. 이와 동시에 바이두는 스스로에게 꼭 필요한 기술을 확보하려 했습니다. 이것 역시 중국의 현재 국가 전략과 유사한 부분입니다. 저희는 세계화를 믿었기에 개방 노선을 유지하면서도 핵심 부분에서 경쟁력을 갖춰야 할 필요가 있는 기술을 자체적으로 개발해 핵심 기술의 자주화를 이루려 했습니다. 바이두의 오늘의 이념 또는 생태는 기본적으로 이러한 이념을 바탕으로 실현된 것입니다.

장샤오펑 : 이러한 부분에서 출현한 스마트 경제는 컴퓨팅 파워, 알고리즘, 빅데이터 3가지 발전과 잘 들어맞는다고 볼 수 있지 않을까요?

리옌훙 : 맞습니다. 아마 그것이 임계점에 이른다는 건 기술, 데이터, 컴퓨팅 능력이 그만큼 누적된 거라고 말할 수도 있습니다. 그리고 마침 이 3가지 점은 폭발적인 능력을

갖추고 있습니다. AI 기술이 더욱더 성숙해 많은 영역에서 응용이 가능해지면 효율이 대폭 향상되어 사람들의 생산과 생활 방식도 바뀌게 될 겁니다.

지금 말하는 신인프라 건설은 혁신 인프라, 정보 인프라, 융합 인프라 건설만이 아니라 스마트 경제의 기본 특성을 아주 생동감 있게 묘사한 것입니다. 이 3가지 방면에서 바이두는 많은 성과를 올렸습니다. 예를 들어 혁신 인프라 건설의 경우 저희는 패들패들 플랫폼을 갖추었고, 언어 이해 기술과 플랫폼 ERNIE를 구축했습니다. 특히 ERNIE의 경우 많은 지표에서 구글 BERT를 능가합니다. 현재 학술계에서 많은 사람이 ERNIE를 사용해 실험을 진행하고 논문을 작성하고 있습니다. 이것이 바로 산업의 영향력입니다.

바이두의 개방성과 생태 철학을 드러낸 바이두의 패들패들 플랫폼은 누구든 마음껏 무료로 사용할 수 있습니다. 바이두의 자율주행 플랫폼인 아폴로 역시 소스 코드를 언제든지 사용할 수 있습니다. 상대방이 바이두와 경쟁 관계든 협력 파트너 관계이든 상관없이 모두가 사용할 수 있습니다. 저는 앞으로 이러한 것들이 신인프라로 바뀔 때 그것의 교체 속도는 더욱 빨라질 거라고 생각합니다. 이것은 이념에서 다른 점입니다.

장샤오펑 : 전문가들은 스마트 경제가 불가능한 일이 아니라고 판단하고 있습니다. 이 부분은 컴퓨팅 파워, 알고리즘, 빅데이터 발전에 교집합을 형성해 AI를 위해 풍부한 연료와 조건을 제공하는 것 외에 질적 성장 업그레이드, 전환도 매우 중요한 부분입니다. 스마트 경제라는 새로운 형태에서 협력 모델, 게임 규칙에 어떤 변화가 있을 거라 판단하십니까?

리옌훙 : 사실상 미래 예측과 관련된 문제인 만큼 대답하기가 어렵습니다만, 일단 저는 협력 모델, 게임 규칙이 이전과는 아주 다를 거라 판단합니다.

역사의 흐름에서 살펴보면 중국 특유의 사회주의 노선은 사회주의를 바탕으로 시장 경제의 규칙을 따르고 있습니다. 이에 42년 동안 계속 고속 경제 성장을 유지하면서 정부는 자본주의국가와 비교했을 때 경제 성장에서 많은 역할을 했습니다. 2020년 신종 코로나 바이러스 방역에서도 중국 문화와 제도는 많은 역할을 발휘했고, 서양 국가, 선진국과 비교해서 좋은 성과를 거두었습니다. 스마트 경제 시대는 신인프라 건설 시대라 할 수 있는 만큼 중국 정부가 많은 역할을 담당할 수 있습니다. 이건 중국에 유리한 부분입니다.

민간 기업 중에서 일부는 인프라 건설을 국영 기업이 주도하면 시장화가 이루어지지 않아 정부 역할만 늘고 민간 기업은 도태될 수 있다고 주장합니다. 하지만 이 점은 걱정할 필요가 없습니다. 신인프라 건설에는 민간 기업이 참여할 공간이 많이 있습니다. 예를 들어 스마트 교통의 경우 바이두는 어떤 국영 기업보다 더 많은 프로젝트를 맡았습니다. 그리고 설사 국영 기업이 프로젝트를 맡는다고 하더라도 민간 기업도 중간에서 이익을 얻을 수 있습니다. 예를 들면 5G 건설을 맡은 3대 통신 기업이 모두 국영 기업이지만, 5G가 건설되면 민간 이동통신 회사들도 이익을 얻을 수 있습니다. 신인프라 건설 추진 과정에서 정부, 국영 기업이 중요한 역할을 맡더라도 민간 기업 역시 자신의 위치를 정확하게 파악해 적극적으로 참여하고 신인프라에서 적극적으로 혁신을 해야 합니다. 이런 변화의 과정을 거친다면 중국은 전 세계적으로 한 단계 더 높은 지위에 오를 수 있을 겁니다.

바이두의 통찰, 바이두의 솔루션을 외부와 공유하다

장샤오펑 : 일부 논리 방법을 정리해 외부와 소통할 필요가 있습니다. 예를 들어 신인프라 건설, 산업 스마트화, 스마트 교통 방향에 대한 예측이나 바이두의 통찰, 구축한 솔루션 체계, 사례는 목소리를 내서 알릴 가치가 있습니다.

리옌훙 : 맞습니다. 2020년 4월, 저희는 전문 스마트 교통 백서를 발표해 일반인들이 이해할 수 있는 언어를 사용해 설명했습니다. 처음에는 비교적 전문적이고 계통도도 아주 많았지만, 이후 더 시각적으로 교통과 관련된 미래 모습을 그려보고 싶었기에 이미지를 사용해 미래 이념을 설명해 가장 앞에 두었습니다. 백서가 발표된 뒤에 전체적으로 반응이 좋았고, 사람들은 우리가 이념을 뛰어넘어 실질적인 솔루션을 갖추었다고 생각하게 됐습니다.

회사 내부에서는 스마트 도시[206]와 같은 다른 영역의 백서도 준비를 시작했습니다.

---

206. 이미 발표됐다. – 편집자 주.

각 영역에서도 점차 백서를 발표해 저희가 바라보는 스마트 경제, 스마트 사회가 어떤 모습인지 사람들이 이해할 수 있도록 했습니다.

장샤오펑 : 사실 스마트 교통, 스마트 관리에 포함되는 비상상황 관리 시스템은 스마트 도시의 일부분이기도 합니다.

리옌훙 : 맞습니다. 이것은 아직 형성되는 과정에 있습니다. 큰 사고의 맥락은 여전히 디지털 트윈의 개념입니다. 먼저 디지털화할 수 있는 건 모두 디지털화해야 합니다. 그리고 일단 디지털을 완성한 뒤에는 시뮬레이션해야 하는 건 시뮬레이션을 하고, 하나의 매개변수를 미세하게 조정해 이 사회에 어떤 상응하는 변화가 생길지 등 실험을 해야 하는 건 실험을 해야 합니다. 먼저 디지털화를 이루어야 비로소 각종 실험을 할 수 있습니다. 이러한 것들은 사실 한 층 한 층 쌓아서 올라가야 하는 겁니다.

스마트 산업화는 하부기술, 인프라에 치중해 있는 반면, 산업 스마트화는 응용에 치중해 있습니다. 스마트 산업화는 스마트 기술을 진정으로 시장에 필요한 것으로 변화시키고, 무에서 유를 만들어내고, 작은 것에서 큰 것을 만들어내는 것입니다. 이것은 최첨단 과학 기술 기업에 기회입니다. 산업 스마트화는 모든 기업에 새로운 기회가 될 겁니다.

스마트 산업화는 확실히 많은 새로운 기회를 가지고 있습니다. 예를 들어 PC, 모바일 인터넷 시대에서 칩은 CPU, GPU에 사용되는 칩처럼 상대적으로 표준화되어 있었습니다. 하지만 인공지능 시대에 오면서 전용 칩이 많이 출현하게 될 겁니다. 예를 들어 인공지능 스피커의 음성 식별 칩은 사람의 목소리를 정확하게 식별해내기만 하면 되기 때문에 다른 복잡한 컴퓨팅이 필요하지 않고, 큰 메모리도 필요하지 않습니다. 이렇게 칩이 전용화되면 비용이 대폭 하락해도 성능에 영향을 받지 않게 됩니다. 응용 시나리오가 풍부해짐에 따라서 앞으로 음성 식별 전용 칩이든, 이미지, 동영상 전용 칩이든, 자연어 이해 전용 칩이든 새로운 기회가 출현하게 될 겁니다.

Do better, 종점은 없다

장샤오펑 : 저는 줄곧 바이두가 신종 코로나 바이러스 유행 기간에 해온 행동에 주목

해왔습니다. 그 과정에서 기술의 힘과 책임의 의미를 입체적이고 전면적으로 보여줄 수 있었던 건 바이두가 견지해온 Do better의 단계적 성과라고 생각합니다.

리옌훙 : 바이두는 오랜 시간 발전을 거쳐왔기에 내부적으로든 외부적으로든 어떤 의미에서 공공시설의 역할을 담당하고 있습니다. 그래서 모두가 한편으로는 바이두에게 요구와 기대를 품고 있고, 저희도 줄곧 책임감을 느끼며 외부의 기대를 만족시키려 노력했습니다.

신종 코로나 바이러스는 설날 전후로 해서 유행을 시작했습니다. 저는 미국에서 연구 센터 과학자들과 연구 프로젝트와 관련해 대화를 나누는 과정에서 RNA 2차 구조 예측 알고리즘이 있다는 사실을 알게 됐습니다. 중국에 퍼진 전염병에 대응하기 위해 효과적인 백신과 치료제를 연구하려면 바이러스의 RNA 구조를 하루속히 컴퓨팅하는 게 필요했습니다. 생명을 구하는 게 먼저였고, 빨리 발표할수록 중국이 전염병에 대응하는 데 도움이 되는 만큼 주저할 수 없었습니다. 그래서 저희는 신속하게 발표를 진행했습니다. 이후에 베이징시 공동 예방 통제 특별 조사반은 바이두의 알고리즘이 과학 연구 기관이 백신과 신약을 빨리 연구하는 데 도움이 될 수 있다고 말하며 모두에게 사용하라고 추천했습니다.

바이두는 할 수 있는 범위 내에서 생각할 수 있는 건 모두 실행했습니다. 저만 이런 생각을 가졌던 게 아닙니다. 회사 직원들도 바이두가 이걸로 어떤 이득을 얻을 수 있을지, 얼마나 많은 돈을 벌 수 있을지를 고민하는 사람은 단 한 사람도 없었습니다. 모두가 현재 국가가 무엇을 필요로 하며, 우리가 무엇을 할 수 있는지만 생각했습니다.

장샤오펑 : 이번 양회에서 하신 제안 중에 업무 복귀와 생산 재개를 위해 중소기업과 혁신기업을 지원해야 한다고 건의하셨습니다. 게다가 앞장서서 이런 지원을 약속하셨는데, 이런 노력에는 많은 의미가 담겨 있을 것 같습니다.

리옌훙 : 경제 회복을 위해서 각 지역 정부 기관이 소비 쿠폰을 발급해 사람들의 소비 능력을 향상해야 합니다. 바이두 생태에서도 20억 위안 규모의 소비 쿠폰을 발급해 고객과 중소기업에 제공했습니다. 이들이 소비 쿠폰을 사용해 바이두에서 광고를 진행해 저렴한 비용으로 바이두 플랫폼에서 고객을 확보한다면 경기가 빨리 회복될 수 있을 것입니다.

장샤오펑 : 영세 기업에 필요한 지원이군요.

리옌훙 : 바이두는 트래픽과 사용자 등 기반을 갖추고 있어 중소기업이 하루속히 소비자를 확보할 수 있도록 도울 수 있을 것입니다.

직책을 고수하고 신뢰에서부터 시작해 사용자가 바이두를 정의하게 한다

장샤오펑 : 제가 가진 생각을 먼저 이야기해보겠습니다. 한마디로 말해서 사용자가 바이두를 정의하게 할 수 있습니까? 이게 가능하다고 보시나요?

리옌훙 : 저희는 사용자가 바이두를 정의하게 하고 싶습니다. 현재 바이두의 제품 담당 책임자가 매일 하는 업무 중 대부분은 사용자의 행동을 분석하는 겁니다. 어떤 기능을 변경하거나 업그레이드하려면 먼저 테스트를 진행해 사용자가 좋아할지, 받아들일지를 봐야 합니다. 그리고 사용자가 받아들이지 않는 건 하지 않을 확률이 높습니다.

기업의 이념에 따라 제가 제품 담당 책임자에게 요구하는 건 사용자의 즉각적인 반응과 함께 장기적인 행동의 변화도 봐야 한다는 겁니다. 제품이 교체되면서 짧은 시간 동안 사용자에게 환영받았다고 해서 장기적으로 사용자의 환영을 받을 수 있는 것은 아닙니다. 예를 들어서 오락성 콘텐츠의 경우 시간에 따라 사용자가 증가할 수 있는 만큼 바이두는 직원들에게 판단과 용기를 가지고 단기간 사용자의 반응이 부정적이더라도 걱정하지 말라고 요구합니다. 단기간 부정적인 데이터 압력을 견디며 2, 3년, 심지어는 더 긴 시간 동안 장기적으로 일을 추진한다면 정확한 제품 계획을 세워 추진할 수 있습니다.

이 점에 비교적 대표적인 예는 검색 엔진과 관련 있습니다. 저희의 이념은 관련성을 높이면 사용자에게 이득이 되고 트래픽이 증가할 수 있다는 겁니다. 하지만 관련성이 아무리 높아져도 트래픽이 즉시 증가하지는 않습니다. 그러니 만약 이념에 대한 믿음이 없다면 관련성을 높여 사용자에게 이득을 주고 트래픽이 증가할 시도를 할 수 없을 겁니다. 반년 안에 사용자가 머무르는 시간을 향상시킬 수는 없습니다. 하지만 장기적으로 저는 사용자가 갈수록 더 좋은 체험을 할 수 있다면 바이두를 이용하는 빈도가 갈수록 높아질 거라 믿습니다. 이것은 시간이 필요한 일인 만큼 자신이 하는 일에 대해 인내심, 용기, 믿음을 가져야 합니다.

장샤오펑 : 그렇습니다. 그래서 사람의 성장을 돕고, 더 나아가 사람을 기초로 사람을 섬기고, 사람이 성취하게 해야 한다는 이념이 제품 철학, 제품 이념부터 구체적인 제품의 형태까지 드러나는 것일 겁니다. 그리고 사용자들과 상호작용을 하며 가치 있는 곳에 시간을 사용키 바라는 겁니다. 이와 다른 측면에서 신념형 관계를 양성하려 한다고 분석할 수도 있습니다. 신념형 관계는 희귀하지만, 신뢰의 보너스가 있으니 미래에 완전한 자본화가 가능할 겁니다.

리옌훙 : 그렇습니다. 이것이 바로 바이두가 견지하고 있는 이념입니다. 더욱이 사용자가 바이두에 의지하면 할수록 저희는 더욱더 큰 책임감을 느끼고 사용자가 가치 있는 지식 정보와 서비스를 얻을 수 있게 할 겁니다.

어떤 경로로 얻은 정보이든 그 진위를 판단하고 싶을 때 사용자들은 대부분 바이두를 찾아와 확인하려 합니다. 저희는 이 부분에 책임감을 느끼고 있으며 앞으로도 모두가 신뢰할 수 있게 바이두의 콘텐츠, 바이두의 정보나 지식, 서비스를 보장할 것입니다.

변화를 포용하고 상황에 적응한다

장샤오펑 : 바이두의 몇 개의 트랙이 갈수록 분명해지면서 모바일 생태와 AI 생태가 서로 보완 관계를 형성하고, 각 플랫폼 사이의 협동역할도 갈수록 두드러지고 있습니다. 2017년 '모바일 기반을 다져 AI시대 승리를 확정 짓는다'라는 중요한 전략 업그레이드가 있고 나서 변화나 새로운 방향이 있었습니까?

리옌훙 : 모바일 기반을 다져 AI시대 승리를 확정 짓는다는 전략에는 변화가 없었지만, 진전이 계속 이루어졌습니다. 이른바 '모바일 기반을 다진다'라는 점에서 바이두는 모바일 기초가 무엇인지에 대해 대답하지 못했습니다. 하지만 전체 모바일 시장에 대한 이해가 깊어지면서 바이두의 모바일 기초, 모바일 생태가 무엇을 포함할지 점차

명확해졌고, 정의를 내릴 수 있게 됐습니다. 바이자하오, 스마트 미니앱, 퉈관예는 모바일 생태의 3대 기둥이며, 많은 바이두 제품이 3대 기둥을 중심으로 구축됐습니다. 바이자하오, 스마트 미니앱은 외부에 비교적 많이 알려졌지만, 퉈관예를 아는 사람은 많지 않을 겁니다. 퉈관예는 사용자에게 더 믿을 수 있는 정보를 제공하기 위한 것입니다. 이전 검색엔진은 개방된 생태라서 사용자들은 검색 후 다른 웹사이트로 넘어갔습니다. 이에 다른 웹사이트에서 뭐라 말하든 바이두는 통제할 방법이 없었습니다. 그래서 바이두는 과거에 이 부분 때문에 골머리를 썩여야 했습니다. 문제를 해결하려고 심사를 진행해 불법 웹사이트나 불법 콘텐츠를 찾아내 개선하고 업종을 나눠 의료 업종과 같이 리스크가 가장 큰 업종을 가려냈습니다. 그리고 문제 있는 웹사이트로 바이두 사용자가 넘어가지 않도록 차단하고, 정해진 규칙에 따라 정보를 게시하게 했습니다. 예를 들면 병상이 몇 개이고, 의사가 몇 명이며, 의사들이 어떤 직책을 맡고 있는지 등을 구체적으로 밝히게 하는 겁니다. 이렇게 구조화되고 비교 가능한 정보가 완성되면 쉽게 변경하지 못하게 했습니다. 이후에 점점 많은 업종에 퉈관예를 보급했고, 리스크를 통제할 수 있게 됐으며, 사용자가 저희 플랫폼을 더 신뢰할 수 있게 됐습니다.

바이두는 또 동영상, 생방송 등과 같은 새로운 형식을 적극적으로 포용하며 정보가 사람과 점차 더욱 긴밀하게 조합될 수 있게 합니다.

'AI시대에 승리를 확정 짓는다'라는 건 얼마 전에 등장했던 스마트 교통, 무인주행, 스마트 생활, 스마트 홈 등을 말합니다. 다른 업종은 기본적으로 스마트 클라우드 업무 안에 포함이 됩니다. 예를 들어서 제가 방금 설명했던 CDSS, 스마트 고객 서비스, 스마트 금융, 스마트 도시 등은 조금씩 바이두의 특색을 가진 솔루션이 될 겁니다.

장샤오펑 : 20년은 정말이지 아주 중요한 시기였습니다. 상황에 적응하며 지속적인 성찰을 통해 발전을 거듭하는 게 상당히 힘들었을 것 같습니다.

리옌훙 : 정말 힘들었습니다. 사람의 근육 기억이 강하기 때문에 어떤 작업 방식에 익숙해진 뒤에는 바꾸기가 쉽지 않고, 바꾸려면 오랫동안 힘들고 고통스러운 과정을 거쳐야 합니다. 하지만 천천히 반복해서 시도한다면 반드시 성공할 수 있습니다.

장샤오펑 : 바이두를 가까이서 관찰하고 알아가는 동안 외부에서 생각하는 바이두와

많이 다르다는 걸 발견했습니다. 바이두는 그 자체가 하나의 슈퍼 IP입니다. 앞으로 다가올 스마트 시대에 바이두는 좋은 일에 앞장서는 선두기업이 될 것이며, 동시에 사회화 인프라를 구축해 바이두 생태에서 사회의 각기 다른 IP가 서식하고 그들과 시나리오, 가치, 미래의 연결과 매칭을 실현할 겁니다. 바이두는 견실한 믿음을 품고 있으며 그것들과 성실히 상호작용하고 기꺼이 대화를 하고자 합니다. 저희의 《스마트 경제》도 어느 정도는 이러한 역할을 할 수 있기를 바랍니다.

편집장 후기

2015년 텐센트와 《인터넷 플러스 혁명》을 함께 쓰고 2016년 디디와 《디디 : 공유 경제로 중국을 바꾸다(滴滴: 分享經濟改變中國)》, 마이금융과 《신공간·신통치·신생 활·중국 신형 스마트 도시·마이모델 백서(新空間·新治理·新生活·中國新 型智慧城市·螞 蟻模式白皮書)》를 집필한 뒤 나는 오랫동안 펜을 들지 않았다. 그 이유는 첫째, 쉬면 서 학습에 매진할 필요가 있었고, 둘째, 계속 더 많은 기업에 서비스하기 위해서는 대협동의 방향에서 서비스, 실천 그리고 연구에 집중할 필요가 있었기 때문이다.

2019년 제4분기 약속대로 바이두와 《스마트 경제》의 연구를 논의하기 위해 만났 을 때 솔직하게 말해서 나는 3가지 걱정이 있었기 때문에 주저하고 있었다. 첫째는 국내외적으로 스마트 경제 관련 연구가 부족해 차세대 인공지능 발전과 함께 다룰 수 있을지 알 수 없어 내심 불안했다. 둘째는 외부에 바이두가 잘 알려지지 않아 바 이두의 참모습을 알지 못한 채 다른 부정적인 평가에 스스로 말려들까봐 걱정스러 웠다. 그리고 마지막 셋째는 집필에 투자할 시간이 부족하다는 것이었다.

설날 전에 바이두 그룹 부사장인 위안포위, 상급 전문가 판샤오즈(凡曉芝), 과학 기술과 사회연구센터 주임 두쥔과 만나 함께하기로 결정했고, 이후 바이두를 가까 이서 관찰하고 알아갈수록 스스로의 결정이 옳았다는 확신이 생겼다. 그 이유는 바 이두를 이해하면 할수록 나도 모르게 바이두에 호감을 느끼게 됐고, 바이두의 문 화, 전망, 경험, 가치를 발견했기 때문이다. 협력할수록 얻는 지원도 더욱 많아졌고, 자신감도 더욱 강해졌다.

이전 책들에서 쓴 후기를 살펴보니 감격이 밀려온다. 2015년부터 중국은 빠르게 발전하면서 불확실성과 알지 못하는 분야를 포용하고 미래 발전을 위한 동력을 기 를 수 있었다. 하지만 동시에 외부 환경은 풍전등화처럼 예측하기 힘들고 많은 위 험이 도사리고 있다. 이런 와중에도 중국 모바일 인터넷 기술과 애플리케이션이 발 전하면서 전 세계를 선도하고, 5G 기술은 전 세계 선두를 차지했다. 더욱이 주목할 점은 '인터넷+' 이후 '스마트+'가 국가 전략의 한 부분이 되어 질적 성장의 새로운 동력, 새로운 엔진이 됐다는 점이다. 국무원의 〈차세대 인공지능 발전 계획〉에 제정된 패기만만한 계획을 통해 신인프라의 전체 계획도 곧 실행될 것이다. 바이두, 화웨이, 텐센트, 알리바바, 센스타임, 메그비 등 기업들의 노력과 지도로 중국 차세대 인공지능 기술과 응용은 신뢰할 수 있고 사람들의 존경을 받는 성과를 거둘 수 있었으며, 어떤 영역에서는 선두를 달리거나 나란히 선두에 오르는 결과를 만들어냈다. 이와 같은 공동의 노력을 통해 더 큰 기대를 품고 스마트 경제의 새로운 시대를 맞이할 조건을 갖출 수 있게 됐다.

전략은 미래에 서서 현재에 무엇을 해야 할지를 살펴보는 것이다. 국가에서부터 지역까지, 업종에서부터 기업까지, 대중에서부터 개인까지 미래를 바라보는 능력은 생각의 수준과 혁신 동력을 결정한다. 그리고 기술 혁신, 사고 혁신, 시스템 혁신, 모델 혁신의 포용도를 결정한다. 국가가 발전하고 기업이 영향력을 갖춰 함께 미래를 향해 나아갈 수 있다면 개인에게는 큰 행운이다.

〈철학자의 잡지(Philosopher's Magazine)〉를 공동 발행한 줄리언 바지니(Julian Baggini)와 제러미 스탠그룸(Jeremy Stangroom)은 철학 서적 《당신의 생각이 정말 당신의 생각이라고 생각하는가?(Do you think what you think you think?)》를 공동 집필했다. 이 제목은 만담꾼 먀오푸(苗阜)가 2015년 중국 공영방송 CCTV 춘완에서 한 대사와 유사해서 유명하다.

바이두에 대한 모두의 인식도 마찬가지다. 나도 과거에 '편견'을 가지고 있었고, 이러한 편견이 시각을 제한하고 판단을 방해한다는 걸 알게 된 뒤에야 편견을 없앨 수 있었다. 바이두는 자신만의 철학과 기술에 대한 굳건한 믿음을 가지고 투자를 꾸준히 지속했다. 이 덕분에 인공지능 기술을 개발하는 10년 동안 단기적인 기회의 유혹에 빠지거나 외부에서 제기하는 의문 때문에 사람의 성장을 돕는다는 초심이 흔들리지 않을 수 있었고, 행동보다 말이 앞서는 것을 부끄러워해야 한다는 관점을 견지했다. 그렇게 미래에 중점을 둔 독특한 엔지니어 문화를 조성하고 기술 능력과 엔지니어 능력을 구축해 오픈소스를 개방함으로써 사람을 기초로 사람을 이해하고, 사람을 섬기고, 사람이 성취하게 하는 플랫폼형 기업이 됐다. 이런 성과를 이룬 기업인 만큼 우리의 동경과 추앙을 받아야 마땅하지 않을까?

이 책은 더 많은 협동 파트너들을 부르기 위한 탐색이자 경건하고 솔직한 대화다. 시선을 멀리하면 아름다운 경치를 볼 수 있지만, 고정관념에 사로잡히면 '구름이 눈을 가리는 것'처럼 멀리 볼 수 없어 생태계와 공생하고 스마트 미래로 향할 기회를 놓치게 된다.

이 책이 만들어진 과정은 협동의 과정이었다. 책임감 있게 책 전체를 계획하고 원고를 쓸 수 있게 지원해준 리옌홍 선생에게 감사하다는 말을 전하고 싶다. 말은 마음의 소리다. 그의 말에는 지혜가 충만한 생각과 통찰, 진솔한 심리변화 과정, 내면에서 우러나오는 진심이 담겨 있다. 바이두 검객 7인 중 한 명인 추이산산 선생은 인터뷰에서 리옌홍에 대해 평소에는 겸손하고 조용하지만, 기술에 대해 말할 때는 눈동자가 밝게 빛나는 전형적인 이공계 남자라고 평가했다. 우리 사이의 교류와 공통 창작 과정은 나에게 깊은 인상을 심어주었고, 바이두 정신의 핵심과 이 책의 영혼을 찾게 했다.

바이두 그룹 부사장, 홍보 및 마케팅 총책임자인 위안포위 선생의 믿음도 감사드린다. 이 책의 고문을 맡은 그는 책의 주제, 구조조정, 내용 분배, 인터뷰 계획, 전체 심의 및 홍보에 중요한 공헌을 해주었다. 그리고 뛰어난 협동력을 보여준 두쥔 선생에게도 감사의 인사를 올리고 싶다. 《인터넷 플러스 혁명》 이후 다시 함께 편집을 담당할 기회를 얻게 되어 영광으로 생각한다. 홍보의 고수이자 엄청난 설득 능력을 갖춘 그는 '텐센트, 알리바바, 바이두를 두루 다루어야 하지 않겠어요?'라는 말 한마디로 나를 설득했다. 이 밖에도 인터뷰 내용 정리와 책 전체 구성에 다양한 의견을 준 양쯔(楊子) 선생에게도 감사의 말을 전하고 싶다. 그리고 두쥔 선생이 책임지고 있는 과학 기술과 사회연구센터의 정징(鄭靜) 선생과 웨이수원(韋戍文) 선생 등 인내심을 가지고 나를 지원해주고 포용해준 분들에게도 감사 인사를 전하고 싶다. 시종일관 인내심을 가지고 소통과 지적을 해준 상급 전문가 판샤오즈 선생에게 감사 인사를 전하고 싶다. 인터뷰에 응해주고 많은 자료를 공유해준 바이두 브랜드 마케팅 및 AI 마케팅 사장 쉬칭 선생에게도 감사 인사를 전한다.

아울러 바쁜 와중에도 인터뷰에 참여하고 지식을 모아준 바이두 각 고위 임원들에게 감사를 드리고 싶다. 바이두 수석 기술관, 인공지능 시스템 책임자, 바이두 연구원 원장 왕하이펑 선생, 바이두 그룹 부사장, 모바일 생태 사업 책임자인 선더우 선생, 바이두 그룹 수석 부사장, 바이두 문화 위원회 사무총장인 추이산산 선생, 바이두 그룹 부사장, CEO 업무 그룹 전략 및 전략 투자관리 책임자 루위안 선생, 바이두 그룹 부사장, 편집장 장둥천 선생, 바이두 그룹 부사장, 딥러닝 기술 및 응용 국가 공정실험실 부주임인 우톈 선생, 바이두 그룹 부사장, 스마트 자율주행 사업 그룹 사장 리전위 선생, 바이두 그룹 부사장, 바이두 스마트 생활 사업그룹(SLG) 사장 징쿤 선생, 바이두 그룹 부사장, 투자합병 책임자 허쥔제(何俊傑) 선생에게 감사드린다. 또 인터뷰에서 정확한 의견을 제시해주신 인터넷 가치 사상가, 인터넷 가치 연구자, 〈포브스〉 차이나 전 부편집장인 인성 선생에게도 감사드린다.

정확한 의견을 제공해 우리가 스마트 경제가 거짓 명제가 아니라는 공통의 견해에 도달할 수 있게 도와주고, 이 책이 많은 시행착오를 겪지 않도록 해준 웨이쎠즈쿠(葦草智酷), '인터넷+백인회(互聯網+百人會)'의 돤융차오(段永朝) 선생, 장치핑(姜奇平) 선생, 왕쥔슈(王俊秀) 선생, 왕페이웨(王飛躍) 선생, 궈신(郭昕) 선생, 양페이펑(楊培芳) 선생, 스창(石强) 선생, 저우타오(周濤) 선생, 장신훙(張新紅) 선생, 후옌핑(胡延平) 선생, 류펑(劉鋒) 선생, 웨이지강(魏際剛) 선생, 마치지(馬旗戟) 선생, 싱커(醒客) 선생, 천샤오샤오(陳小小) 선생, 선자정(申佳正) 선생, 리팅미(李亭秘) 서장에게 감사 인사를 전하고 싶다.

그리고 이전과 다름없는 지원을 해준 중신출판그룹(中信出版集團)에도 감사를 전하고 싶다. 특히 중신출판그룹 당 위원회 부서기 훙융강(洪勇剛) 선생에게 감사하다. 이 책이 진행되는 과정에서 많은 관심을 쏟고 직접 정리해주었다. 또 《인터넷 플러스 혁명》에 이어 두 번째로 함께 협력해준 중신출판사 관리지국 부사장 자오후이(趙輝) 선생에게도 감사를 올리고 싶다. 이 책에 계획, 교열, 출판, 발행과 홍보 업무를 총괄하며 많은 힘을 쏟아주신 기획 편집자 후이루야오(惠璐瑤) 선생과 편집 담당자 왕진창(王金强) 선생에게도 감사를 드리고 싶다.

마지막으로 나의 사랑하는 가족, 친척들에게 감사하다는 말을 전하고 싶다. 나의 집필, 생활, 건강, 심지어 수면과 운동까지 신경을 써주며 내가 함께할 시간을 내지 못함에도 너그럽게 이해해주어서 감사하다. 만일 가족들의 지지와 지원이 없었다면, 이 책은 예정대로 세상에 나올 수 없었을 것이다.

아울러 책에는 미디어 융합과 관련된 정보를 한정해서 실을 수밖에 없었다. 이에 나와 리옌훙 선생, 선더우 선생, 위안포위 선생이 상의한 내용이 한정되어 있고, 그 형식도 비교적 단조로운 것에 한정되어 있다. 이에 우리는 이 책을 기반으로 '도서+스마트 미니앱' 모델을 사용한 '스마트 경제 사고 모음' 미니앱을 만들어 최신 정보, 관련 동영상, 지식 생방송, 커뮤니티, 생태 연결, 이벤트와 추첨 등 풍부한 콘텐츠를 제공하기로 했다. 또한, 여기서 '바이두 공장'을 참관하거나 바이두 각종 대회에 참가할 수 있는 기회도 제공할 생각이다. 독자들은 바이두 앱에서 검색해 체험해보기를 바란다.

미지 앞에서 우리는 경외심을 가져야 하고,

독자 앞에서 우리는 경건함을 품어야 하며,

스마트 경제, 스마트 사회의 미래를 향해 함께 혁신하며 나아가야 한다!

2020년 7월 9일 베이징에서

장샤오펑

바이두(Baidu), 인공지능이 이끄는 미래를 말하다
스마트 경제

제1판 1쇄   2022년 5월 10일

지은이   리옌훙
편집   장샤오펑, 두쥔
옮긴이   이서연, 송은진, 고경아

펴낸이   장세린
편집   배성분, 박을진
본문 디자인 얼앤똘비악
표지 디자인 장세영

펴낸곳   (주)버니온더문
등록   2019년 10월 4일(제2020-000051호)
주소   서울특별시 용산구 청파로93길 47
홈페이지   http://bunnyonthemoon.kr
SNS   https://www.instagram.com/bunny201910/
전화   050-5099-0594
팩스   050-5091-0594
이메일   bunny201910@gmail.com

ISBN   979-11-969927-7-4 (93000)

책값은 뒤표지에 있습니다.

파본은 구입하신 서점에서 교환해드립니다.